LA PRATIQUE DU MANAGEMENT

3ᵉ édition

Bernard Turgeon
Cégep Édouard-Montpetit

Consultant
Michel Laflamme
Cégep du Vieux-Montréal

Chenelière/McGraw-Hill
MONTRÉAL • TORONTO

La pratique du management, 3ᵉ édition

Bernard Turgeon

© 1997 Les Éditions de la Chenelière inc.
© 1989, 1985 McGraw-Hill, Éditeurs

Coordination : Patrick St-Hilaire
Révision linguistique : Louise Hurtubise
Correction d'épreuves : Lucie Bernard
Infographie : Point Virgule
Conception graphique et couverture : Norman Lavoie

Données de catalogage avant publication (Canada)

Turgeon, Bernard, 1944-

    La pratique du management
    3ᵉ éd.

    Comprend des réf. bibliogr. et un index
    Pour les étudiants de niveau collégial

    ISBN 2-89461-022-X

    1. Gestion. 2. Organisation. 3. Personnel – Direction.
4. Entreprises – Planification. 5. Gestion – Contrôle.
6. Gestion – Problèmes et exercices. I.

HD33.T87 1997   658   C96-941456-0

Chenelière/McGraw-Hill
215, rue Jean-Talon Est
Montréal (Québec)
Canada H2R 1S9
Téléphone : (514) 273-1066
Télécopieur : (514) 276-0324
e-mail : chene@dlcmcgrawhill.ca

Tous droits réservés.

Toute reproduction, en tout ou en partie, sous quelque forme et par quelque procédé que ce soit, est interdite sans l'autorisation écrite préalable de l'Éditeur.

ISBN 2-89461-022-X

Dépôt légal : 1ᵉʳ trimestre 1997
Bibliothèque nationale du Québec
Bibliothèque nationale du Canada

Imprimé et relié au Canada

1   2   3   4   5   01   00   99   98   97

L'Éditeur a fait tout ce qui était en son pouvoir pour retrouver les copyrights. On peut lui signaler tout renseignement menant à la correction d'erreurs ou d'omissions.

À ma petite-fille Doriane

PRÉFACE

« Le management ne s'ajoute pas à l'organisation, il s'y incorpore... Il couronne l'effort des individus en établissant une meilleure combinaison et une meilleure utilisation des ressources de l'organisation. » C'est ainsi que l'auteur suggère que le management participe à l'élaboration d'un monde meilleur. Des organisations plus efficaces, tout en permettant l'épanouissement de ceux qui y œuvrent, contribuent à améliorer le bien-être de l'ensemble de la population.

Depuis le début des années 80, les inscriptions aux différents cours de management aux niveaux collégial et universitaire témoignent de l'intérêt croissant à une saine gestion de nos organisations. Vous êtes déjà engagé dans l'apprentissage de cet art qui vous permettra d'évoluer dans un monde de vive compétition où les innovateurs et les créateurs constituent notre garantie d'un milieu de vie à la hauteur de nos attentes.

La demande pour des gestionnaires efficaces et compétents n'a jamais été aussi grande que maintenant. Dans toutes les organisations, la nécessité d'accroître la qualité, la productivité et la satisfaction de la clientèle se fait pressante. L'éthique et le respect de l'environnement sont aussi devenus des préoccupations quotidiennes.

Le management des organisations interpelle les personnes qui ont le talent, les habiletés, les attitudes et les valeurs requises. Elles se doivent d'être créatrices, flexibles, habiles dans les relations interpersonnelles, motivées, autonomes, possédant l'esprit d'équipe et les compétences de son domaine d'activités.

Vous, la relève, représentez nos espoirs. Investissez-vous entièrement dans votre formation d'aspirant gestionnaire, car nous vous accueillerons bientôt à nos côtés pour vous permettre de réaliser votre plein potentiel. La carrière de gestionnaire qui s'offre à vous est exigeante et excitante, mais les satisfactions que vous en retirerez sauront vous combler. Le manuel *La pratique du management* par sa présentation des principes, théories et pratiques du management représente un des outils qui vous faciliteront l'apprentissage de votre futur métier. L'auteur a su vous offrir un guide à la fois concis et complet et les sujets abordés évoquent les préoccupations quotidiennes des gestionnaires. Faites-en une lecture attentive, mais surtout, analysez constamment votre entourage afin de vérifier comment les praticiens de la gestion appliquent quotidiennement les éléments du management.

Jacques Spencer
Vice-président
Services de détail
Banque Royale du Canada

TABLE DES MATIÈRES

AVANT-PROPOS

PREMIÈRE PARTIE :
Introduction au management 1

CHAPITRE 1
Le rôle du gestionnaire
et son environnement 2
INTRODUCTION 3
UNE ORGANISATION 5
LE MANAGEMENT 5
LES ÉLÉMENTS DU PROCESSUS
DE MANAGEMENT 7
LES COMPORTEMENTS
À RECHERCHER DANS
LE RÔLE DE GESTIONNAIRE 9
LES NIVEAUX
DE GESTIONNAIRE 10
LES PRINCIPALES ÉCOLES
DE PENSÉE EN MANAGEMENT 11
    LES ÉCOLES CLASSIQUES 11
    *L'approche du management
    scientifique* 11
      Frederick W. Taylor 11
      Frank et Lillian M. Gilbreth 12
      Henry L. Gantt 12
    L'approche bureaucratique 12
      Max Weber 12
    L'approche administrative 13
      Henry Fayol 13
      Chester I. Barnard 14
    LES ÉCOLES MISANT SUR
    LES RELATIONS HUMAINES 14
    Elton Mayo 14
      Les facteurs sociologiques
      et psychologiques 16
    Abraham Maslow 16
    R.M. McGregor 16
    LES APPROCHES QUANTITATIVES 17
    La science du management 17
    La gestion des opérations 17
    *Les systèmes d'information
    administrative* 17
    LES ÉCOLES CONTEMPORAINES 17
    L'approche systémique 18
    L'accent mis sur les circonstances 19
    Théorie Z 20
LE RÔLE DU GESTIONNAIRE 21
LES VARIABLES
DE L'ENVIRONNEMENT
QUI INFLUENCENT
LE COMPORTEMENT
DU GESTIONNAIRE 24
RÉSUMÉ 26
Vocabulaire 27
Questions de révision 27
Sujets de discussion 28
Exercices pratiques 29
Cas 29
Bibliographie 32

DEUXIÈME PARTIE :
La planification 33

CHAPITRE 2
Le processus de planification 34
INTRODUCTION 36
LE PROCESSUS DE PLANIFICATION 36
LES DIFFÉRENTS NIVEAUX
D'OBJECTIFS 37
    LES OBJECTIFS STRATÉGIQUES 37
    LES OBJECTIFS TACTIQUES 37
    LES OBJECTIFS OPÉRATIONNELS 37
LES CARACTÉRISTIQUES
DES OBJECTIFS EFFICACES 38
LE CONTENU D'UN PROGRAMME 39
LES ÉTAPES DU PROCESSUS
DE PLANIFICATION 42
    LA PRISE DE CONSCIENCE
    D'UNE OPPORTUNITÉ 42
    LA DÉTERMINATION DES OBJECTIFS 42
    L'ANALYSE DE L'ENVIRONNEMENT 42
    L'ÉLABORATION DES SOLUTIONS
    DE RECHANGE 43
    LE CHOIX 43
    L'ÉTABLISSEMENT DE BUDGETS 43

LES CARACTÉRISTIQUES DE LA PLANIFICATION	44
LES IMPLICATIONS DE LA PLANIFICATION	46
LES AVANTAGES DE LA PLANIFICATION	46
LES CRITIQUES À L'ÉGARD DE LA PLANIFICATION	48
LES TECHNIQUES DE PLANIFICATION À LONG TERME	49
LE BUDGET	49
LA DIRECTION PAR OBJECTIFS	51
LES RÉSEAUX	52
LES TECHNIQUES STATISTIQUES	54
LA SIMULATION	55
LES TECHNIQUES DE PLANIFICATION À COURT TERME	55
LA FEUILLE DE CONTRÔLE	55
L'AGENDA	55
LE DIAGRAMME DE GANTT	56
REVENONS AUX ORDINATEURS	56
LA PLANIFICATION PERSONNELLE	57
LES MYTHES	57
Le mythe de l'économie	58
Le mythe de la semaine bien remplie	58
Le mythe de la faute des autres	58
Le mythe de l'action	58
Le mythe du service par soi-même	58
Le mythe de la délégation	58
Le mythe de la rapidité	59
Le mythe de la qualification issue d'en haut	60
Le mythe de l'analyse	60
Le mythe de l'ennemi	60
PLANIFICATION DE LA PROCHAINE SEMAINE	60
LES VOLEURS DE TEMPS	61
Voleur no 1 : le téléphone	61
Voleur no 2 : les dérangements	61
Voleur no 3 : les réunions	61
Voleur no 4 : la gestion par crises	62
Voleur no 5 : le désordre	62
Voleur no 6 : les lectures	62
Voleur no 7 : le courrier	63
Voleur no 8 : les déplacements	63
Voleur no 9 : le surplus de travail	63
RÉSUMÉ	64
Vocabulaire	66
Questions de révision	66
Sujets de discussion	67
Exercices pratiques	68
Cas	69
Bibliographie	76
CHAPITRE 3	
Le processus décisionnel	78
INTRODUCTION	79
LA PRISE DE DÉCISION	80
LES CATÉGORIES DE PROBLÈMES	82
LES CATÉGORIES DE PRISES DE DÉCISIONS ET LEURS FONDEMENTS	83
LES DÉCISIONS PROGRAMMÉES	83
LES DÉCISIONS NON PROGRAMMÉES	84
LA RATIONALITÉ ET LA CRÉATIVITÉ DANS LA PRISE DE DÉCISION	85
LES ÉTAPES DU PROCESSUS DE DÉCISION	86
LES PRATIQUES À ÉVITER LORS DE LA PRISE DE DÉCISION	91
LES AVANTAGES DE LA PRISE DE DÉCISION PAR LE GROUPE	94
LES INCONVÉNIENTS DE LA PRISE DE DÉCISION PAR LE GROUPE	95
LES APPROCHES MODERNES À LA PRISE DE DÉCISION	96
L'ANALYSE DU POINT MORT	96
LA RECHERCHE OPÉRATIONNELLE	98
LE CONTRÔLE DES STOCKS	99
LA THÉORIE DES JEUX	100
LA THÉORIE DES FILES D'ATTENTE	100
LA PROGRAMMATION LINÉAIRE	101
LES PROBABILITÉS DANS LA PRISE DE DÉCISION	101
L'analyse du risque	101
L'arbre de décision	102
La théorie de la préférence	104
L'ORDONNANCEMENT DES ACTIVITÉS	105
RÉSUMÉ	106
Vocabulaire	107
Questions de révision	108
Sujets de discussion	108
Exercices pratiques	109

Cas	110
Bibliographie	113

TROISIÈME PARTIE :
L'organisation — 115

CHAPITRE 4
Le processus organisationnel — 116

INTRODUCTION — 118

LES FONDEMENTS DE LA STRUCTURE ORGANISATIONNELLE — 118

LES ÉTAPES DU PROCESSUS D'ORGANISATION — 120
- LA MISSION — 120
- LES FONCTIONS — 121
- LES NIVEAUX HIÉRARCHIQUES — 122
- L'INTÉGRATION — 122
- LA DESCRIPTION DES TÂCHES — 122

LES PRINCIPES DE L'ORGANISATION — 122
- LE PRINCIPE DE LA DÉPARTEMENTALISATION — 122
- LE PRINCIPE DE LA SPÉCIALISATION — 122
- LE PRINCIPE DE L'ÉVENTAIL DE SUBORDINATION — 123
- LE PRINCIPE DES ÉCHELONS — 124
- LE PRINCIPE D'ÉQUIVALENCE DE L'AUTORITÉ ET DE LA RESPONSABILITÉ — 124
- LE PRINCIPE DE L'UNITÉ DE COMMANDEMENT — 124

LES TECHNIQUES DE CONCEPTION DES EMPLOIS — 125
- LA SURSPÉCIALISATION DU TRAVAIL (LA SIMPLIFICATION DES TÂCHES) — 125
- LA ROTATION DES EMPLOIS — 125
- L'ÉLARGISSEMENT DES TÂCHES — 126
- L'ENRICHISSEMENT DES TÂCHES — 126
- LES MODIFICATIONS À L'HORAIRE DE TRAVAIL — 126

LE CHOIX D'UNE STRUCTURE ADÉQUATE — 128
- LA DÉPARTEMENTALISATION PAR FONCTION — 129
- LA DÉPARTEMENTALISATION DIVISIONNAIRE — 129
  - *La départementalisation territoriale* — 129
  - *La départementalisation par produit* — 130
  - *La départementalisation par type de clientèle* — 131
  - *La départementalisation par procédé* — 132
  - *La départementalisation en fonction des horaires de travail* — 132
- LA STRUCTURE MATRICIELLE — 133

LES RELATIONS D'AUTORITÉ DANS LES ORGANISATIONS — 133
- DÉFINITION DE L'AUTORITÉ — 135

LES SERVICES DE COMMANDE ET LES SERVICES DE CONSEIL — 136

L'AUTORITÉ DE COMMANDE — 136

L'AUTORITÉ DE CONSEIL — 137

LES TYPES D'ACTIVITÉS DE L'AUTORITÉ-CONSEIL — 138
- LES SPÉCIALISTES-CONSEILS AVISEURS — 139
- LES SPÉCIALISTES-CONSEILS DE SERVICE — 139
- LES SPÉCIALISTES-CONSEILS DE CONTRÔLE — 139
- LES SPÉCIALISTES-CONSEILS DE SOUTIEN PERSONNEL — 139
- LES SPÉCIALISTES-CONSEILS FONCTIONNELS — 140

LES CONFLITS ENTRE LES DÉTENTEURS D'AUTORITÉS — 141
- LES CAUSES — 142
- LES SOLUTIONS — 142

L'AUTORITÉ CENTRALISÉE ET L'AUTORITÉ DÉCENTRALISÉE — 143

RÉSUMÉ — 147

Vocabulaire	149
Questions de révision	149
Sujets de discussion	150
Exercices pratiques	150
Cas	152
Bibliographie	155

CHAPITRE 5
Les ressources humaines — 156

INTRODUCTION — 159

LA GESTION DES RESSOURCES HUMAINES ET L'ORGANISATION — 159

LES TÂCHES DE GESTION DES RESSOURCES HUMAINES DÉVOLUES AU GESTIONNAIRE — 160

L'ENVIRONNEMENT EXTERNE DE LA GESTION DES RESSOURCES HUMAINES — 162
- LES INFLUENCES GOUVERNEMENTALES — 162
- LES INFLUENCES ÉCONOMIQUES — 163
- LES INFLUENCES DE LA SOCIÉTÉ — 164
- LES INFLUENCES TECHNOLOGIQUES — 164
- LES INFLUENCES ÉTHIQUES — 164
- LES INFLUENCES INTERNATIONALES — 165

LE PROCESSUS DE GESTION DES RESSOURCES HUMAINES — 165
- LA PLANIFICATION DES POSTES DE TRAVAIL ET DES RESSOURCES HUMAINES — 165
- L'ACQUISITION DES RESSOURCES HUMAINES — 168
  - *Les sources de recrutement* — 169
  - *Les étapes du processus de sélection* — 169
- LA FORMATION — 171
  - *La détermination des besoins de formation et l'élaboration des objectifs* — 172
  - *L'implantation des programmes de formation* — 172
  - *L'évaluation de l'efficacité de la formation* — 173
- L'ÉVALUATION DU RENDEMENT — 175
  - *Les critères de rendement* — 175
  - *Les méthodes d'évaluation du rendement* — 176
    - *Les méthodes d'évaluation des comportements* — 176
    - *La méthode d'évaluation des résultats* — 177
  - *Les erreurs les plus courantes lors de l'évaluation du rendement* — 177
  - *L'entrevue d'évaluation du rendement* — 178
- LA SANTÉ ET LA SÉCURITÉ DES EMPLOYÉS AU TRAVAIL — 178
- LA RÉMUNÉRATION ET LES AVANTAGES SOCIAUX — 179
  - *L'établissement d'un programme de rémunération* — 180
  - *Les approches non traditionnelles de la rémunération* — 181
  - *Les avantages sociaux et les services offerts aux employés* — 182
- LA DISCIPLINE ET LE *COUNSELING* — 182
  - *Le processus disciplinaire* — 182
  - *Les mesures disciplinaires* — 183
    - *Les motifs de mesures disciplinaires* — 183
    - *La détermination de la sévérité de la sanction* — 183
    - *Le principe de la progressivité des mesures disciplinaires* — 183
  - *Le counseling* — 184

RÉSUMÉ — 185
Vocabulaire — 187
Questions de révision — 187
Sujets de discussion — 188
Exercices pratiques — 188
Cas — 189
Bibliographie — 195

CHAPITRE 6
La gestion des groupes — 198
INTRODUCTION — 200
LE GESTIONNAIRE ET LES GROUPES — 201
LA CLASSIFICATION DES GROUPES — 202
- LES GROUPES FORMELS — 202
- LES GROUPES INFORMELS — 203

LES RAISONS D'ÊTRE DES GROUPES — 205
- LES RAISONS PHYSIQUES — 205
- LES MOTIFS ÉCONOMIQUES — 205
- LES MOTIFS PSYCHOSOCIOLOGIQUES — 206

LE FONCTIONNEMENT DES GROUPES — 206
- LES INTRANTS D'UN GROUPE — 206
  - *La composition du groupe* — 206
  - *Les rôles des membres* — 207
  - *La taille du groupe* — 209
- LES COMPORTEMENTS D'UN GROUPE — 210
  - *L'établissement de normes* — 210
  - *Le maintien de la cohésion du groupe* — 210
  - *Le cycle de vie d'un groupe* — 211
- LES EXTRANTS — 213
  - *La productivité du groupe* — 213
  - *La satisfaction des membres* — 213
  - *Le développement de la capacité de travail en groupe dans des projets ultérieurs* — 214

CARACTÉRISTIQUES DES GROUPES DE TRAVAIL — 214

LES CERCLES DE QUALITÉ	217
LA GESTION DES GROUPES	217
LA GESTION DES GROUPES FORMELS	217
LA GESTION DES GROUPES INFORMELS	218
LES STRUCTURES DE RELATIONS INFORMELLES	219
LES RÉSEAUX DE RELATIONS INFORMELLES SUPÉRIEUR-SUBORDONNÉ	219
LES RÉSEAUX DE RELATIONS INFORMELLES SUBORDONNÉ-SUPÉRIEUR	221
LES RÉSEAUX DE RELATIONS INFORMELLES HORIZONTALES	222
LES RÉSEAUX DE RELATIONS INFORMELLES DE PROCÉDURES	223
LES RÉSEAUX DE RELATIONS INFORMELLES EXTERNES	224
RÉSUMÉ	224
Vocabulaire	228
Questions de révision	228
Sujets de discussion	228
Exercices pratiques	229
Cas	230
Bibliographie	233

QUATRIÈME PARTIE : La direction   235

CHAPITRE 7
La motivation   236

INTRODUCTION	238
LA NATURE DE LA MOTIVATION	238
LA FRUSTRATION	240
LE RÔLE DU GESTIONNAIRE DANS LA MOTIVATION	242
LES THÉORIES DE LA MOTIVATION	244
LES THÉORIES ORIGINELLES	245
L'ÉCOLE CLASSIQUE	245
L'ÉCOLE DES RELATIONS HUMAINES	246
LES THÉORIES AXÉES SUR LE CONTENU (BESOINS)	247
LA THÉORIE DE LA HIÉRARCHIE DES BESOINS	247
Besoins physiologiques	247
Besoins de sécurité	248
Besoins d'appartenance	248
Besoins d'estime	248
Besoins d'actualisation	248
LA THÉORIE MAC	250
LA THÉORIE DES DEUX FACTEURS	251
LA THÉORIE DE L'ACCOMPLISSEMENT	254
L'ENRICHISSEMENT ET LA RESTRUCTURATION DES TÂCHES	255
LES THÉORIES COGNITIVES (AXÉES SUR LE PROCESSUS)	257
LA THÉORIE DES RÉSULTATS ESCOMPTÉS	257
LA THÉORIE DE L'ÉQUITÉ	260
LA THÉORIE DE L'ÉTABLISSEMENT DES OBJECTIFS	261
LA THÉORIE DU RENFORCEMENT	261
LES CATÉGORIES DE RENFORCEMENT	262
LA THÉORIE DE LA SOCIALISATION	264
L'ARGENT ET LA MOTIVATION	265
RÉSUMÉ	266
Vocabulaire	269
Questions de révision	270
Sujets de discussion	270
Exercices pratiques	271
Cas	272
Bibliographie	274

CHAPITRE 8
Le leadership   276

INTRODUCTION	278
LA NATURE DU LEADERSHIP	279
LE POUVOIR, L'AUTORITÉ ET LE LEADERSHIP	279
LES THÉORIES DU LEADERSHIP	282
LES APPROCHES TRADITIONNELLES	282
LES TRAITS DE CARACTÈRE D'UN LEADER	283
LES COMPORTEMENTS DES LEADERS	284
Les études de l'Université de l'Iowa	285
Les théories X et Y	286
Le continuum des styles de leadership	288
Les études de l'Université du Michigan	289
Les études de l'Université de l'Ohio	291
Blake et Mouton	292
Le style de gestion « anémique » (1, 1)	292
Le style de gestion « club social » (1, 9)	292

Le style de gestion « autocratique » (9, 1)	293
Le style de gestion « intermédiaire » (5, 5)	293
Le style de gestion par le travail en équipe (9, 9)	294
LES THÉORIES SITUATIONNELLES	294
La théorie de la contingence	294
L'approche de l'intégration des buts personnels Evans-House	296
Le modèle normatif de leadership	298
Le modèle situationnel de Hersey et Blanchard	299
La théorie de Reddin	302
LES APPROCHES CONTEMPORAINES	303
LE MODÈLE TRANSACTIONNEL	303
LE MODÈLE TRANSFORMATIONNEL	304
LA NÉCESSITÉ DES LEADERS	305
RÉSUMÉ	306
Vocabulaire	308
Questions de révision	308
Sujets de discussion	309
Exercices pratiques	309
Cas	313
Bibliographie	316

CHAPITRE 9
Les communications dans les organisations — 318

INTRODUCTION	320
LA NATURE DE LA COMMUNICATION	321
LE PROCESSUS DE LA COMMUNICATION	322
LES VOIES DE LA COMMUNICATION	324
LES GESTIONNAIRES ET LA COMMUNICATION	326
LES COMMUNICATIONS ORGANISATIONNELLES	328
LES TYPES DE CANAUX DE COMMUNICATION FORMELLE	329
Les communications descendantes	329
Les communications ascendantes	330
Les communications horizontales	330
Les communications extérieures	331
Le canal de communication le plus approprié	332
LES TYPES DE CANAUX DE COMMUNICATION INFORMELLE	333
Le type linéaire	334
Le type en rayon	334
Le type aléatoire	334
Le type en grappe	334
LA COMMUNICATION INTERPERSONNELLE DANS LE CANAL	334
LES FORMES DE RÉSEAUX DE COMMUNICATION	335
LE CERCLE	335
LA ROUE	335
LA CHAÎNE	337
LA FORME « Y »	337
LA TOILE D'ARAIGNÉE	337
LES VARIABLES AFFECTANT LA FORME DES RÉSEAUX DE COMMUNICATION	338
LES EFFETS DE LA FORME DU RÉSEAU SUR LA GESTION	339
LES OBSTACLES À LA COMMUNICATION	341
L'ÉMETTEUR	341
L'ENVIRONNEMENT	343
LE RÉCEPTEUR	343
LA RÉTROACTION	344
DES SOLUTIONS AUX PROBLÈMES DE COMMUNICATION	344
LE RÔLE DU GESTIONNAIRE DANS LE PROCESSUS DE COMMUNICATION ORGANISATIONNELLE	346
RÉSUMÉ	346
Vocabulaire	350
Questions de révision	350
Sujets de discussion	351
Exercices pratiques	351
Cas	352
Bibliographie	357

CHAPITRE 10
La gestion des conflits — 358

INTRODUCTION	360

LES CONFLITS 361

LES PERCEPTIONS DU CONFLIT 362
LA PERCEPTION TRADITIONNELLE DU CONFLIT 362
LA PERCEPTION MODERNE DU CONFLIT 363

LES AVANTAGES ET LES INCONVÉNIENTS DES CONFLITS 363
LES AVANTAGES 363
LES INCONVÉNIENTS 365

LES TYPES DE CONFLITS 368
LES FORMES DE CONFLITS INTRAPERSONNELS 368
LE CONFLIT INTERPERSONNEL 369
LE CONFLIT ENTRE UN INDIVIDU ET SON GROUPE 371
LE CONFLIT ORGANISATIONNEL 371

LES CAUSES DE CONFLITS ORGANISATIONNELS 372

LES VARIABLES AFFECTANT LES CONFLITS ORGANISATIONNELS 374

LES STRATÉGIES DE RÉSOLUTION DES CONFLITS ORGANISATIONNELS 376
GAGNANT - PERDANT 377
PERDANT - PERDANT 378
GAGNANT - GAGNANT 379

LES CONDITIONS FAVORISANT LA RÉSOLUTION D'UN CONFLIT 380
LES CONDITIONS FONDAMENTALES 380
LA QUALITÉ DE LA COMMUNICATION 381
LA CENTRATION SUR LE PROBLÈME 381
LA SOLIDARITÉ 381
LA PROCÉDURE DE GESTION DES CONFLITS 382

LA GESTION DES CONFLITS 382

LA CRÉATION DE CONFLITS 384

RÉSUMÉ 385

Vocabulaire 388
Questions de révision 388
Sujets de discussion 388
Exercices pratiques 389
Cas 392
Bibliographie 393

CHAPITRE 11
La gestion du changement 396

INTRODUCTION 398

LE CYCLE DE VIE DES ORGANISATIONS 399
LE STADE ENTREPRENEURIAL 400
LE STADE CHARISMATIQUE 400
LE STADE DE LA FORMALISATION 401
LE STADE DE LA STRUCTURATION 401

LE CHANGEMENT DANS LES ORGANISATIONS 401
LA DISTINCTION ENTRE LE CHANGEMENT ET L'INNOVATION 401
LA CLASSIFICATION DES CHANGEMENTS 402
Les catégories de changements 402
Les changements réactionnels 402
Les types de changements planifiés 403
Les changements stratégiques 403
Les changements structuraux 403
Les changements technologiques 404
Les changements au niveau des employés 405
Les changements culturels de l'organisation 405

LE PROCESSUS DU CHANGEMENT 406
LES PHASES DU CHANGEMENT 406
LES CAUSES DE RÉSISTANCE AU CHANGEMENT 407
LES STRATÉGIES DES GESTIONNAIRES POUR FACILITER LE CHANGEMENT 410
L'information 411
La participation 411
Le soutien 412
La manipulation 412
La négociation 413
La contrainte 413
LES ÉTAPES DU PROCESSUS DE CHANGEMENT 415
LE DÉVELOPPEMENT ORGANISATIONNEL 417
LE PROCESSUS DE DÉVELOPPEMENT ORGANISATIONNEL 418
Le diagnostic 418
L'intervention 418
L'évaluation des résultats 419
LES HABILETÉS DU GESTIONNAIRE DANS LE DÉVELOPPEMENT ORGANISATIONNEL 420
LES CONDITIONS FACILITANT LE SUCCÈS DU DÉVELOPPEMENT ORGANISATIONNEL 420

LE STRESS 421

LES CAUSES DU STRESS	421
LA GESTION DU STRESS	423
LES CONSÉQUENCES DU STRESS	424
RÉSUMÉ	**426**
Vocabulaire	429
Questions de révision	430
Sujets de discussion	430
Exercices pratiques	431
Cas	431
Bibliographie	435

CINQUIÈME PARTIE : Le contrôle 437

CHAPITRE 12
Le processus de contrôle 438

INTRODUCTION	**440**
DÉFINITION DU CONTRÔLE	**441**
L'UTILITÉ DU CONTRÔLE	**442**
LES TYPES DE CONTRÔLE	**443**
LES CONTRÔLES PROACTIFS	443
LES CONTRÔLES CONCOMITANTS	444
LES CONTRÔLES RÉTROACTIFS	444
LES ÉLÉMENTS DU PROCESSUS DE CONTRÔLE	**444**
LES STANDARDS	446
LES MOYENS DE MESURE ET DE COMPARAISON	447
L'ANALYSE DES ÉCARTS	448
LES MESURES CORRECTIVES	449
LE FACTEUR HUMAIN ET LE CONTRÔLE	**450**
LES PRINCIPES FONDAMENTAUX DU CONTRÔLE	**451**
L'ORIENTATION VERS LE FUTUR	451
LA SÉLECTION DES POINTS DE CONTRÔLE	451
LE PRINCIPE DU CONTRÔLE PAR EXCEPTION	452
LE PRINCIPE DU CONTRÔLE DES POINTS STRATÉGIQUES	453
LE PRINCIPE DE L'ÉCHANTILLONNAGE ALÉATOIRE	453
LE PRINCIPE D'ÉCONOMIE	453
LE PRINCIPE DE LA RESPONSABILITÉ	453
LES TECHNIQUES DE CONTRÔLE À LA DISPOSITION DES ORGANISATIONS	**454**
LES CONTRÔLES BUDGÉTAIRES LES PLUS UTILISÉS	454
Le budget des produits d'exploitation (revenus)	455
Les budgets d'exploitation	455
L'état des résultats prévisionnels	456
Le budget de trésorerie	456
Le budget d'investissement	456
Le bilan	456
Les avantages des contrôles budgétaires	457
LES CONTRÔLES FINANCIERS ET LES RATIOS	457
LE RÔLE DE LA VÉRIFICATION	460
La vérification externe	460
La vérification interne	460
La vérification de gestion	460
Les techniques de contrôle des opérations	461
La gestion des ressources financières	461
La gestion des ressources humaines	463
La gestion des ressources physiques et matérielles	464
La gestion de la commercialisation	464
LES CONTRÔLES UTILISÉS DANS L'APPROCHE SYSTÉMIQUE	465
La recherche opérationnelle	465
La gestion de projets	465
Les techniques PERT et CPM	466
RÉSUMÉ	**467**
Vocabulaire	469
Questions de révision	469
Sujets de discussion	469
Exercices pratiques	470
Cas	471
Bibliographie	474
GLOSSAIRE	**475**
INDEX	**487**

AVANT-PROPOS

Face à un besoin réel de connaissances des principes fondamentaux de gestion et de supervision, la parution de ce livre en 1985 se voulait un élément de solution.

L'accueil enthousiaste qui lui a été réservé et les nombreux commentaires et suggestions reçus, nous a amenés à vous présenter une nouvelle édition. Nous désirons remercier tous ceux qui nous ont fait connaître leur point de vue et particulièrement les réviseurs dont la collaboration fut une source d'inspiration.

La rédaction de ce livre vise deux objectifs fondamentaux : permettre à l'étudiant de s'intégrer au monde du management et fournir au professeur un outil de travail qui saura compléter son enseignement.

Le premier objectif nous a amenés *à fournir à l'étudiant une synthèse des principaux concepts à la base des comportements et des actions des gestionnaires*. Ces différents concepts seront toujours présentés dans un contexte où l'étudiant sera à l'aise, où il pourra facilement imaginer s'y retrouver et même, parfois, dans un contexte familier de son univers quotidien.

Le deuxième objectif justifie la composition de chacun des chapitres et l'existence du *Guide de l'étudiant*. Le professeur ayant à former les futurs gestionnaires doit présenter les concepts théoriques fondamentaux du management et amener l'étudiant à les mettre en pratique. Ce livre offre donc un éventail des théories étudiées dans le cours et fournit un ensemble de questions, de sujets de discussion d'exercices et de cas permettant à l'étudiant de vérifier sa compréhension réelle des concepts.

Ce livre a donc été rédigé pour aider l'étudiant à apprendre. Nous avons donc voulu que *La pratique du management* soit un livre clair, direct, concret, précis et agréable. C'est pourquoi nous y avons inclus les éléments suivants :

Dans chaque chapitre

Un aperçu : Tableau-synthèse des différentes questions soulevées dans le chapitre et qui permet d'en comprendre la structure.

Objectifs du chapitre : Définition de l'orientation à donner à l'étude du chapitre en présentant les éléments fondamentaux que l'étudiant doit comprendre à la suite de la lecture du chapitre.

Mise en situation : Situation concrète permettant de soulever une question à laquelle le chapitre tente d'apporter une réponse et qui permet aussi de présenter les concepts par l'intermédiaire d'un exemple plutôt que par des éléments théoriques.

Texte : Présentation des théories et des concepts du management dans un style accessible et en faisant de nombreuses références à l'environnement de l'étudiant.

Mots en exergue : Éléments essentiels du paragraphe et dont l'ensemble permet à l'étudiant de prendre des notes tout au long de la lecture et de se faire une synthèse du chapitre.

Figures : Synthèse visuelle permettant de percevoir les liens entre les éléments essentiels du texte. Elles permettent aussi à l'étudiant de faire une révision du chapitre en fonction d'un examen.

Résumé : Synthèse concise des points importants du chapitre.

Questions de révision: Interrogations permettant de revoir les éléments importants du chapitre et de mesurer la compréhension de l'étudiant.

Sujets de discussion: Thèmes permettant de soulever des discussions en classe et d'amener l'étudiant à réévaluer les concepts étudiés en fonction de ses valeurs et de ses expériences.

Exercices pratiques: Exercices permettant à l'étudiant de s'impliquer plus activement dans sa formation en stimulant son esprit et d'expérimenter certains concepts ou d'aller vérifier ce qu'ils deviennent dans la réalité de l'entreprise.

Cas: Problèmes issus d'une situation concrète et permettant à l'étudiant de mettre en pratique les concepts appris et de comparer ses solutions avec celles proposées par ses consœurs et confrères.

Références: En plus d'indiquer la provenance de certains éléments du chapitre, les références sont un guide pour ceux qui voudraient poursuivre l'étude de certains aspects du chapitre.

Bibliographie: Cette liste de volumes vous offre les premiers guides à consulter si vous désirez poursuivre la démarche entreprise dans l'étude du chapitre.

Pour l'ensemble du livre

Glossaire: Liste des termes spécifiques au management vus dans le livre et dans le cours avec leur définition afin d'enrichir le vocabulaire de l'étudiant.

Index: Liste des termes utilisés dans le livre afin d'aider l'étudiant à localiser facilement les informations nécessaires.

Il est fortement suggéré à l'étudiant de suivre la méthode suivante afin de tirer le maximum du cours de gestion:

1. Suivre attentivement l'exposé du professeur et noter les éléments essentiels des théories présentées.
2. Lire entièrement le chapitre et compléter ses notes de cours. Il est recommandé de résumer en marge le contenu de chaque paragraphe en utilisant les mots en exergue.
3. Répondre aux questions de révision en se servant du livre.
4. Préparer quelques notes personnelles pour participer aux sujets de discussion indiqués par le professeur.
5. Compléter les questionnaires et les exercices du guide-étudiant selon les indications du professeur.
6. Analyser les cas choisis par le professeur.
7. Vérifier si les objectifs mentionnés au début du chapitre ont été atteints.

Une telle démarche vous assurera le succès dans ce cours.

Remerciements aux conseillers techniques:
1re édition: Jacques Guillaume (Cégep Ahuntsic) et Pierre Chano (Cégep Édouard-Montpetit)
2e édition: Serge Carrier (Cégep John Abbott)
Marcel Elbaz et Jacques Guillaume (Cégep Ahuntsic)
Paul Guy (Cégep de Sainte-Foy)
Fernand Oligny et Gérard Parent (Cégep du Vieux-Montréal)
Isabelle Piperni et Guy Robert (Cégep Maisonneuve)
3e édition: Michel Laflamme (Cégep du Vieux-Montréal)

PREMIÈRE PARTIE

Introduction au management

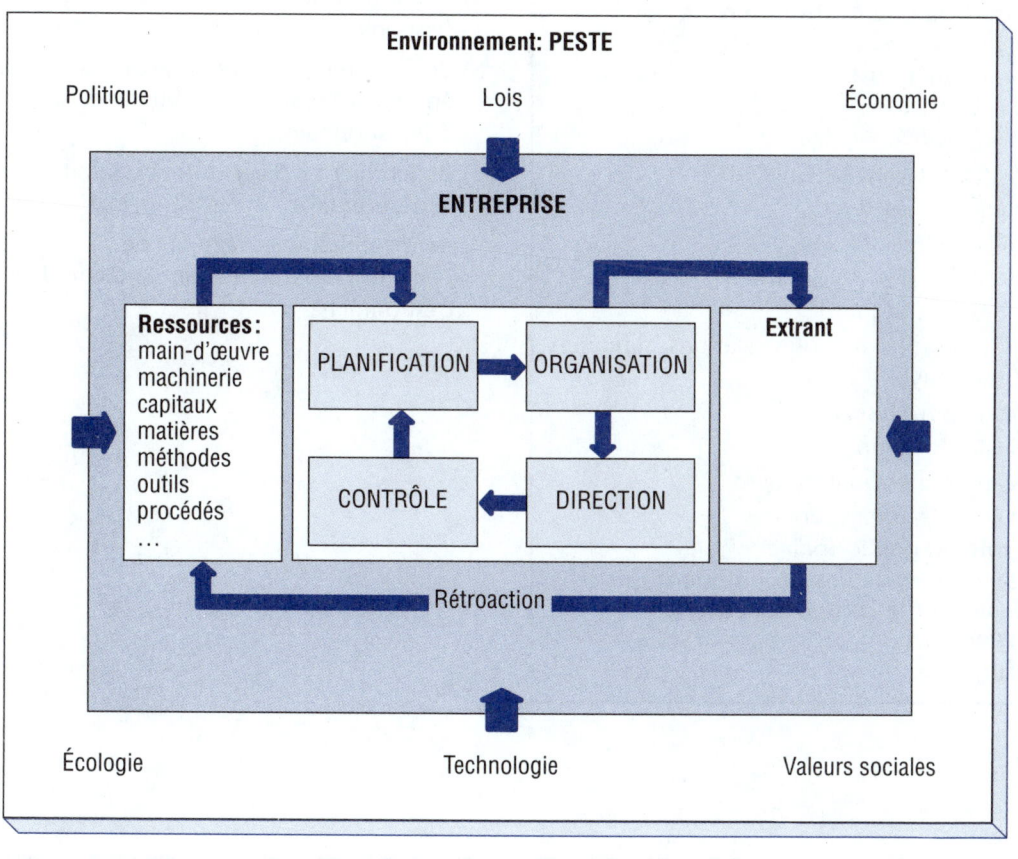

CHAPITRE 1
Le rôle du gestionnaire et son environnement

UN APERÇU

Introduction
Une organisation
Le management
Les éléments du processus de management
Les comportements à rechercher dans le rôle de gestionnaire
Les niveaux de gestionnaire
Les principales écoles de pensée en management
Les écoles classiques
- Frederick W. Taylor:
- Frank et Lillian M. Gilbreth
- Henry L. Gantt
- Max Weber
- Henri Fayol
- Chester I. Barnard

Les écoles misant sur les relations humaines
- Elton Mayo
- Abraham Maslow
- R.M. McGregor

Les approches quantitatives
Les écoles contemporaines
Le rôle du gestionnaire
Les variables de l'environnement qui influencent le comportement du gestionnaire
Résumé

OBJECTIFS SPÉCIFIQUES

Après avoir lu ce chapitre, vous devriez être en mesure:

1) de décrire une organisation;
2) de définir le management;
3) de présenter les éléments du processus de management;
4) de rappeler les qualités nécessaires au gestionnaire efficace;
5) de décrire les différentes écoles de pensée en management et leur influence sur le rôle du gestionnaire;
6) d'identifier les divers rôles que doit remplir le gestionnaire;
7) de reconnaître les facteurs de l'environnement affectant la tâche du gestionnaire.

MISE EN SITUATION

Daniel Auclair a été représentant dans le domaine informatique depuis sa sortie du cégep, il y a cinq ans. Durant cette période, la société Systémex, pour laquelle il travaille, a triplé son chiffre de ventes et elle emploie maintenant plus de trente représentants à temps plein. Daniel était un des meilleurs représentants de l'entreprise pour tout le pays.

Il connaissait sa profession parfaitement et avait même innové dans l'art de convaincre les clients. Il y a un mois, Mylène Darmy, vice-présidente du marketing pour la province de Québec, lui proposa le poste de directeur des ventes pour la région de Montréal. Sans aucune hésitation Daniel accepta la proposition de madame Darmy. Il ne voyait pas tellement de différence entre sa fonction de représentant et celle qu'on lui proposait.

Maintenant en poste depuis un mois, il commence à percevoir l'impact des décisions qu'il doit prendre. Il réalise petit à petit que, dans la direction de son équipe de représentants, il y a plus de facettes à considérer que les seules techniques de vente. Il constate qu'il ne contrôle pas tous les éléments de son environnement, car lors des premières décisions concernant de simples modifications à l'organisation des territoires ou aux délais de livraison, il a dû modifier ses choix initiaux.

Lors du petit déjeuner le lundi matin suivant, il fait part de ses préoccupations à son épouse Isabelle, directrice du service de la comptabilité dans un grand magasin du centre-ville. Celle-ci lui indique qu'il doit maintenant cerner totalement le rôle qu'il a accepté, oublier pour un certain temps qu'il a été représentant et acquérir les connaissances et les habiletés nécessaires pour faire face au défi de sa nouvelle fonction. « Tu n'es plus représentant, lui dit-elle, tu diriges l'équipe de représentants. » En route pour le bureau, Daniel réfléchit à cette dernière phrase.

— Quelles différences majeures y a-t-il entre les anciennes fonctions de Daniel Auclair et les nouvelles ?

— Qu'est-ce qui distingue le rôle d'un gestionnaire de celui des autres employés ?

— Quels sont les facteurs de l'environnement qui affectent la tâche du gestionnaire ?

INTRODUCTION

Le management est perçu comme un processus nécessaire à la gestion des entreprises. Cela est partiellement vrai, mais la réalité dépasse ce concept. Toute activité humaine nécessitant la participation d'un groupe afin d'atteindre un objectif commun requiert du management.

Le management remonte au tout début de l'humanité. Il est nécessaire dans toutes les activités humaines de production de biens ou de services aussi bien dans les entreprises privées que publiques ou encore dans les organismes gouvernementaux.

Le management est une discipline qui repose sur un ensemble de disciplines. Ainsi, le management trouve ses fondements dans d'autres disciplines plus spécialisées telles que la psychologie, la sociologie et même l'anthropologie, car l'être humain est au centre même du management. Puisque gérer c'est l'art de prendre des décisions, il faudra alors signaler la contribution d'autres disciplines plus techniques telles que la statistique, les mathématiques, l'économie, la comptabilité et plusieurs autres encore.

En moins d'un siècle, le management en tant que discipline a évolué d'une façon phénoménale. Bien sûr, les controverses demeurent toujours quant à son étendue, ses principes et ses concepts, mais l'univers du management est tellement vaste qu'aucune des définitions n'est tout à fait vraie.

La compétence en management exige l'assimilation d'un certain nombre de connaissances de base et la compréhension de certains principes. Mais l'exercice quotidien de la gestion, dans le respect de ces quelques principes, demeure la principale source d'enrichissement.

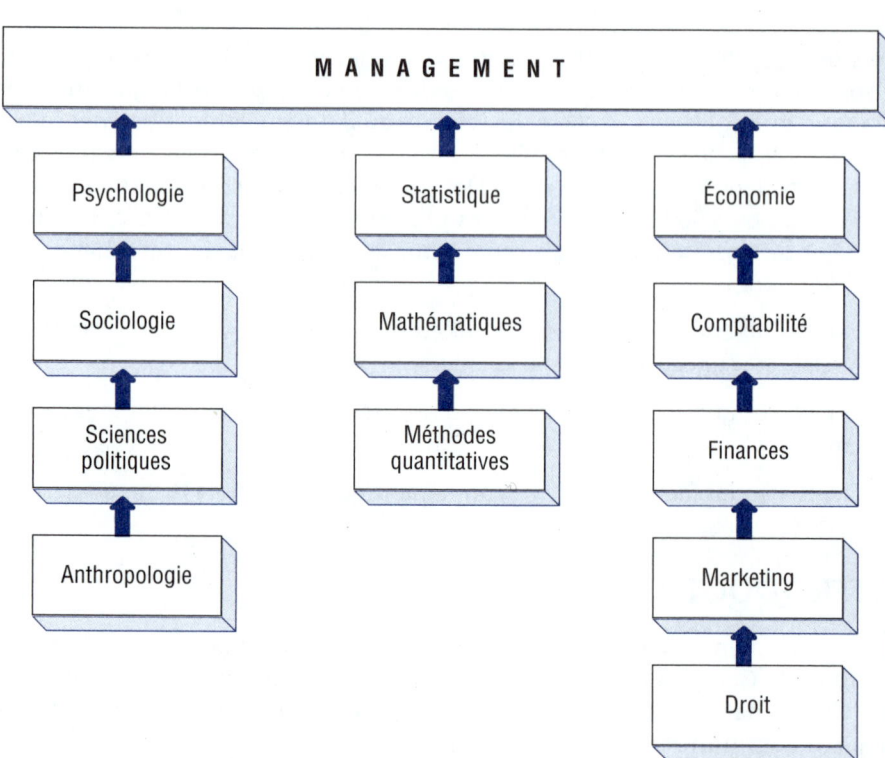

FIGURE 1.1
Les sources du management

UNE ORGANISATION

Correspond à la définition d'organisation[1] tout regroupement de personnes et d'autres ressources consacré systématiquement à la réalisation d'un objectif précis. En fait, votre collège, le magasin où vous travaillez les fins de semaine constituent des organisations. Il en est de même pour le Centre hospitalier de l'Université de Sherbrooke ou encore pour la Banque Nationale du Canada ou les magasins Provigo.

L'organisation est parfois plus ou moins formelle et peut être à durée limitée. Un groupe d'étudiants organisant le bal des finissants est un exemple de cette dernière forme d'organisation. Notez que « organisation » correspond aussi à une des étapes du processus de management. Dans le premier cas, il s'agit d'un corps organisé, dans le second, d'une activité.

ORGANISATION : GROUPE DE PERSONNES CONSACRÉ À LA RÉALISATION D'UN OBJECTIF PRÉCIS

Les intrants, ou les ressources des organisations, sont très diversifiés. On retrouve parmi eux les individus, les ressources matérielles, les équipements, les ressources financières, les brevets et les aménagements physiques pour ne nommer que les principaux. Ces organisations produisent des extrants tels que des cours, des soins aux malades, des services financiers, des produits alimentaires, des autos, des caméras, etc.

**INTRANTS
ORGANISATION
EXTRANTS**

Chaque organisation comprend différents éléments dont les principaux sont les *personnes* qui la composent, les *tâches* qu'elles accomplissent et le *management*, c'est-à-dire le processus qui consiste à prendre les décisions, à fixer les buts, à organiser les ressources, à les diriger et à contrôler la réalisation des objectifs.

**ORGANISATION :
– PERSONNE
– TÂCHE
– MANAGEMENT**

Enfin, n'oubliez pas que les organisations sont des entités imbriquées dans un environnement dont elles sont dépendantes. Les variables politique et légale, économique, sociale, technologique et écologique (la PESTE) affectent la vie des organisations. De la même façon, un service dans une entreprise est affecté par des variables provenant de la haute direction ou des autres services. Pensons, par exemple, à la réallocation des ressources dans l'entreprise ; ce qu'obtient un service affecte directement les ressources disponibles pour les autres services.

**ORGANISATION :
SYSTÈME OUVERT**

LE MANAGEMENT

Le management est un processus, une suite d'activités dont le but consiste à réaliser l'objectif de l'organisation. Nous pouvons dire que le management ne s'ajoute pas à l'organisation[2] ; il s'y incorpore. C'est un catalyseur. Il couronne l'effort des individus en établissant une meilleure combinaison et une meilleure utilisation des ressources de l'organisation.

Il nous semble souvent que la relation de supérieur à subordonné existant dans une situation de travail aille de soi. Que certains individus aient la responsabilité de superviser le travail d'autres individus apparaît parfois comme

---

1. L. Urwick, « That Word "Organization" », *Academy of Management Review*, janvier 1976, p. 89-91.
2. *Ibid.*, chap. 2.

une tâche évidente. La direction des personnes repose, semble-t-il, sur l'application de la logique du « bon sens » et s'appuie sur un instinct naturel de l'être humain.

Des exemples pris dans la vie de tous les jours confirment cette croyance, et nombreux sont les gestionnaires que vous pouvez observer chez qui les bonnes décisions semblent aussi naturelles que spontanées. Vous retrouvez aussi un certain nombre de situations où les décisions des meneurs vous apparaissent plus ou moins acceptables, sinon fautives.

Cette constatation ayant été faite depuis longtemps, un grand nombre de théoriciens et de praticiens ont tenté d'élaborer des modèles visant à améliorer l'art de diriger. Certaines de ces théories remettent entre les mains du gestionnaire toute l'autorité et la responsabilité face à l'action, les subordonnés étant peu enclins à prendre en main la réalisation des objectifs de la tâche.

D'autres théories invitent le gestionnaire à découvrir les vertus de ses subordonnés ou à tenter de satisfaire leurs besoins. Enfin, des théories offrent des « recettes », des guides sûrs, mais qui souvent négligent de prendre en considération la complexité de certaines situations.

Chacun de vous a consacré une partie de sa vie à se préparer à remplir un emploi où ses connaissances techniques et ses habiletés seront utilisées. Il est évident que les préalables fondamentaux de la plupart des emplois relèvent du domaine technique. L'exercice de ces talents permet, lorsque le rendement est satisfaisant, d'occuper des postes professionnellement plus exigeants.

Puis, soudain, une promotion vous placera en face de responsabilités de direction, comme cela a été le cas de Daniel Auclair dans notre exemple au début du chapitre. Vos compétences techniques s'avéreront toujours nécessaires, mais de nouvelles exigences apparaîtront. Vous devrez alors influencer le comportement de subalternes, les amener à travailler en équipe et créer un climat de coopération[3].

La nécessité du processus managérial provient de l'obligation de réunir plusieurs personnes et de combiner leurs efforts afin de réaliser certaines tâches et certains objectifs trop lourds pour un seul individu. De la présence de plusieurs individus impliqués dans l'accomplissement d'une même tâche découle l'obligation de coordonner les efforts de chacun et de répartir les ressources disponibles[4].

P.O.D.C.

Quel que soit le niveau de management où l'exercice de l'autorité se manifeste, il est évident que les fonctions fondamentales de *p*lanification, d'*o*rganisation, de *d*irection et de *c*ontrôle sont fort semblables.

Le management consiste donc, monsieur Daniel Auclair, à s'impliquer dans des activités visant la réallocation des ressources rares (ressources humaines, ressources financières, ressources matérielles, énergie, machinerie, même son propre temps et celui des autres) afin de satisfaire des besoins

---

3. À lire : John J. Gabarro, *The Dynamics of Taking Charge*, Boston, Harvard Business School Press, 1987 (particulièrement le chapitre 2 : Stages of Taking in Charge).

4. Voir à ce sujet : Robert Kreitner, *Management*, 3e édition, Boston, Houghton Mifflin Company, 1986 (particulièrement le chapitre 1, The Nature of Management).

nombreux et souvent concurrentiels. De plus, les décisions doivent être prises en tenant compte de l'instabilité des contraintes de l'environnement qui viennent souvent bouleverser les plans établis dans les périodes antérieures.

L'importance du management repose sur la constatation que les décisions des gestionnaires, fondées sur leurs habiletés et leurs compétences, déterminent la relation de causalité « moyen-fin ». Ainsi, nous sommes tous plus ou moins directement tributaires de quelques gestionnaires.

LES ÉLÉMENTS DU PROCESSUS DE MANAGEMENT

Nouvellement promu à un poste de gestionnaire, Daniel Auclair constate que ses fonctions diffèrent énormément de ses activités comme subordonné. Il doit maintenant *planifier* le travail de ses subordonnés, c'est-à-dire déterminer le but de la tâche de chacun, établir les ressources dont il devra disposer, déterminer les moyens à utiliser. Il s'agit de définir la nature de l'entreprise et son positionnement dans l'environnement. De même, il doit prendre les décisions nécessaires concernant la tâche que chacun devra accomplir. À titre de subordonné, il n'avait à se préoccuper que de la planification de son propre travail.

PLANIFICATION

L'*organisation* du travail des autres, la répartition des tâches et l'établissement du niveau d'autorité et de responsabilité de chacun entrent maintenant dans son champ d'action. À titre de subordonné, il ne supportait que la responsabilité d'accomplir le plus adéquatement possible la tâche qui lui était assignée. En tant que gestionnaire, il doit structurer l'organisation en différentes unités, les services, et confier à chacune un sous-objectif.

ORGANISATION

De plus, à titre de gestionnaire, il *dirige* ses subordonnés. Il est détenteur de l'autorité et il doit utiliser son leadership judicieusement, de manière à motiver ses subordonnés et à assurer une bonne communication avec eux et entre eux.

DIRECTION

Enfin, il doit *contrôler* le travail des subordonnés afin de s'assurer du déroulement du plan d'action et de la réalisation des objectifs. Il doit veiller à ce que soient respectés les standards de qualité et de quantité relativement à la production. Il doit aussi évaluer le rendement de ses subordonnés. Lorsque la situation s'écartera des objectifs, il sera de son devoir de prendre les mesures correctives nécessaires.

CONTRÔLE

Il est maintenant un gestionnaire, c'est-à-dire un meneur, puisque dorénavant son travail sera accompli par l'intermédiaire de subordonnés.

Ces différentes tâches forment un cycle que l'on nomme le processus administratif, cycle administratif ou encore P.O.D.C. (voir figure 1.3), et qui démontre le lien entre les différentes activités du gestionnaire. En réalité, ces tâches (ou fonctions) peuvent être accomplies indépendamment ou dans l'ordre imposé par la situation. Dans une seule journée, un gestionnaire peut accomplir le cycle complet. Par contre, il peut se consacrer pendant des mois à planifier un projet pour ensuite l'organiser en quelques semaines, le diriger pendant des années et le contrôler tous les mois.

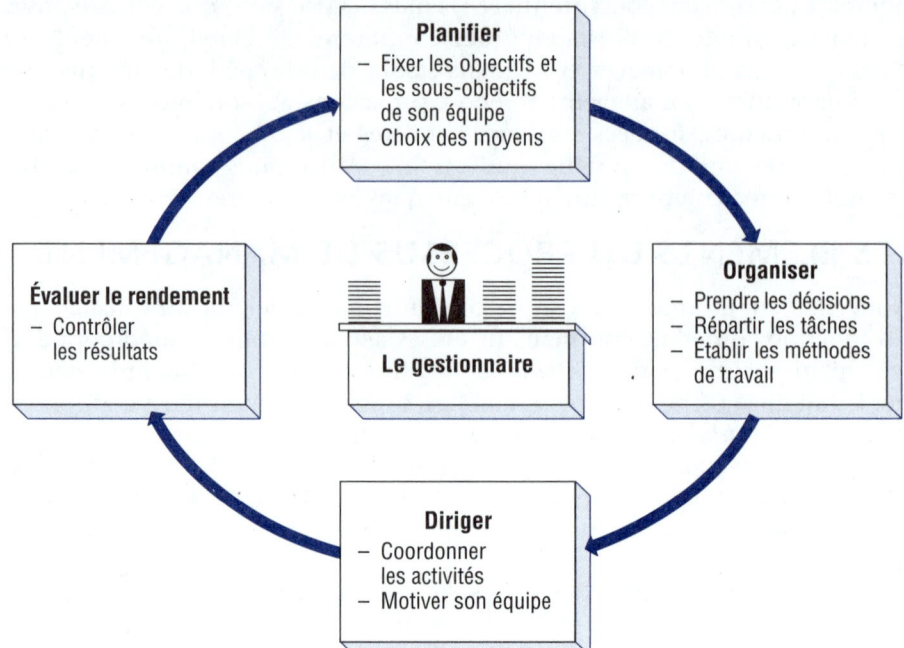

FIGURE 1.2
Les tâches du gestionnaire

Si vous cherchez à connaître laquelle est la plus importante, analysez cet exemple-ci :

Vous partez en voyage à bicyclette et vous accomplissez les tâches suivantes :

Étudier le trajet	Planification
Vérifier la bicyclette, acheter les provisions, etc.	Organisation
Pédaler	Direction
Lire les indicateurs routiers	Contrôle

Maintenant, répondez à la question : Laquelle de ces activités est la plus importante ? Elles le sont toutes et leur coordination assurera le succès du voyage.

LES COMPORTEMENTS À RECHERCHER
DANS LE RÔLE DE GESTIONNAIRE

Une fois en poste, nombreuses sont les personnes qui ne répondent pas aux attentes de leurs supérieurs. N'ayant pas compris l'implication profonde du rôle de gestionnaire, vous pourriez commettre des erreurs de comportement ou d'attitude qui risqueraient de compromettre votre réussite dans vos nouvelles fonctions. La figure 1.3 résume les principales sources de succès de ce groupe de gestionnaires classés à jamais dans la catégorie des compétents.

CAUSES D'ÉCHEC
– TÂCHES DE GESTION NÉGLIGÉES
– AUTORITARISME
– MAUVAISES RELATIONS HUMAINES
– INFLEXIBILITÉ
– IMMATURITÉ
– INCOMPÉTENCE
– VISION RESTREINTE

Face à cette nouvelle situation, parfois anxiogène, Daniel Auclair pourrait décider de se réfugier dans le travail d'exécution en continuant d'axer son travail sur son rôle de représentant, et ainsi négliger d'acquérir les habiletés maintenant requises par cette nouvelle fonction de gestionnaire. Il lui faut mettre l'accent sur ses nouvelles tâches de gestionnaire. Les énergies doivent être réorientées des tâches d'exécution vers la délégation. Gérer consiste surtout à prendre les décisions et à les mettre en action par l'entremise de subalternes.

Daniel peut aussi favoriser le libéralisme et utiliser son pouvoir de façon à créer un climat de soutien mutuel et de collaboration par le respect qu'il inspire à ses subordonnés.

En outre, il peut se rapprocher de ses subalternes et créer une situation où les bonnes relations humaines[5], nécessaires au règlement de tout conflit, soient le lot quotidien.

Face à des situations particulières, le succès[6] pourrait découler de sa flexibilité et de son attitude de souplesse.

Il faut, par ailleurs, que le gestionnaire atteigne le degré de maturité nécessaire à sa fonction. Face à des situations d'urgence, à des décisions difficiles ou à des subordonnés récalcitrants, son instabilité émotionnelle se manifesterait par un comportement peu digne de la fonction d'un gestionnaire.

De plus, il faut qu'à toutes fins utiles il soit au mieux dans ses compétences de planification, d'organisation, de délégation, de contrôle ou de quelque autre habileté nécessaire à la bonne exécution de la tâche.

Enfin, il doit percevoir le changement d'emploi et ses implications, avec des objectifs à longue portée et une source de succès: vision globale, intégrant son rôle et celui de son service dans l'ensemble de l'entreprise.

Comment alors devient-on meneur? Ce volume — pas plus que les autres, d'ailleurs — ne fera de vous un gestionnaire. Seules la pratique et la mise en situation vous permettront d'acquérir les qualités et les réflexes nécessaires au gestionnaire. Dans ce volume, nous décrirons le rôle du gestionnaire, son

---

5. Lire: «Facteur Humain: clé de succès», *La revue de la comptabilité de management,* 61, n° 3, mai-juin 87, p. 24-29.
6. Article intéressant: Chris Daniels, «Joies et peines du chef d'entreprise», *Profits,* 6, n° 3, hiver 87, p. 7.

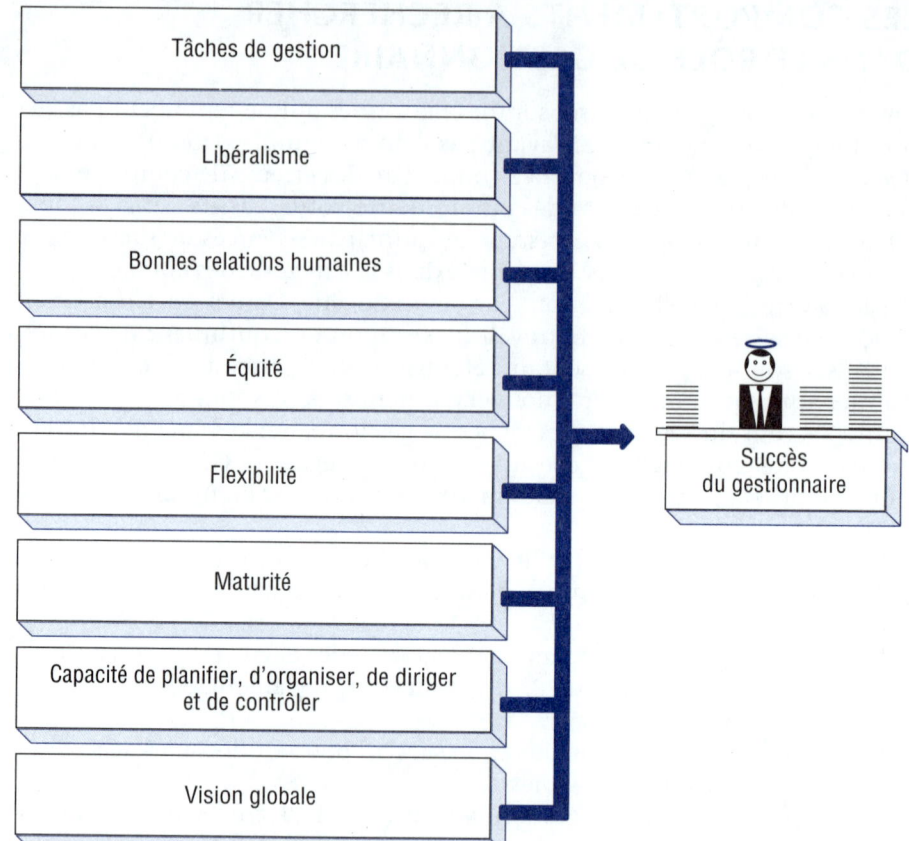

FIGURE 1.3
Les comportements menant au succès dans la fonction du gestionnaire

environnement et surtout les variables mises en jeu dans ce nouvel univers, la direction des individus.

LES NIVEAUX DE GESTIONNAIRE

Les gestionnaires portent des titres parfois très différents d'une organisation à l'autre. À titre d'exemple, nous vous soumettons une hiérarchie des gestionnaires qui rencontre un certain consensus.

Au premier niveau de la pyramide, nous retrouvons les gestionnaires d'exécution. Ces derniers sont responsables des opérations et portent des titres tels que contremaîtres, coordonnateurs, chefs de service, etc.

Au niveau moyen sont regroupés les gestionnaires intermédiaires tels que les directeurs de service, les ingénieurs en chef, etc.

Enfin, au sommet de la pyramide, les gestionnaires de niveau supérieur, tels les présidents, les vice-présidents et les directeurs généraux sont surtout responsables de la stratégie de l'entreprise.

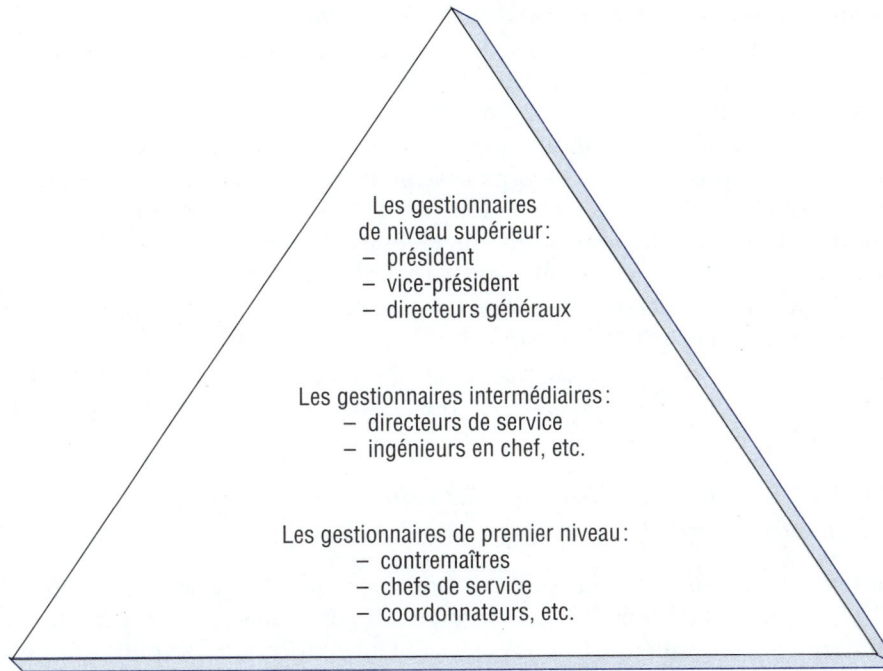

FIGURE 1.4
Les niveaux de gestionnaire

LES PRINCIPALES ÉCOLES DE PENSÉE EN MANAGEMENT[7]

À travers l'histoire[8], plusieurs théoriciens nous ont laissé leur point de vue concernant le rôle du gestionnaire. L'impact de ces théories sur les mentalités se reflète au sein de l'entreprise soit dans les attentes des uns, soit dans le comportement des autres.

Résumons les théories les plus répandues et les plus acceptées : les écoles classiques, les écoles misant sur les relations humaines, les approches quantitatives et les écoles contemporaines.

LES ÉCOLES CLASSIQUES

L'approche du management scientifique

Frederick W. Taylor : L'accent mis sur les tâches

L'approche du management scientifique, dont Taylor[9] est un représentant typique, considère qu'il n'y a qu'une façon efficace d'accomplir chacune des

TAYLOR = TÂCHE

---

7. Voir à ce sujet : Robert Kreitner, *op. cit.* (particulièrement le chapitre 2, The Evolution of Management Thought). Aussi, W. Jack Duncan, *Great Ideas in Management,* San Francisco, Jossey-Bass, 1989.
8. André Gingras, *Les fondements du management dans l'histoire,* Chicoutimi, Gaëtan Morin éditeur, 1980.
9. Frederick W. Taylor, *The Principles of Scientific Management,* New York, Harper and Brothers, 1911.

fonctions placées sous la responsabilité du gestionnaire. Celui-ci doit donc étudier attentivement ces emplois, déterminer les méthodes de travail les plus efficaces et s'assurer que les travailleurs suivent les procédures retenues[10].

Cette approche repose sur la conviction que la prospérité économique repose sur la productivité maximale des travailleurs et que ceux-ci accepteront une structure rigide dans l'organisation de la tâche et y adhéreront contre une rémunération plus élevée, souvent à l'intérieur d'un programme de rémunération au rendement. Toutes les chaînes d'assemblage dans nos usines existent en raison de l'acceptation de cette approche.

Il s'agit d'une redécouverte des idées avancées par Charles Babbage en 1835 dans son livre « On the Economy of Machinery and Manufactures ». Les idées de Babbage n'ont pas retenu l'attention à l'époque, car on croyait que les qualités de gestion et de leadership étaient héréditaires et ne pouvaient s'apprendre.

Frank et Lillian M. Gilbreth : Les études de temps et de mouvements

GILBRETH = ÉTUDES DE TEMPS ET DE MOUVEMENTS

Contemporains de Taylor, ils sont considérés comme les pionniers de l'utilisation des études de temps et de mouvements dont le but était d'améliorer l'efficacité des travailleurs. Ils ont consacré leurs efforts à la simplification du travail en décomposant la tâche d'un travailleur, en réduisant le nombre des actions requises et en améliorant les autres.

Henry L. Gantt : La planification et la gratification des employés

GANTT = LA PLANIFICATION ET LA GRATIFICATION DES EMPLOYÉS

L'approche de Gantt repose sur la conviction que l'inefficacité des travailleurs découlait surtout de l'incapacité des gestionnaires à établir des standards de production réalistes. La contribution la plus connue de Gantt demeure son diagramme de planification. Les parties noires indiquent à quel moment l'exécution d'une activité devait avoir lieu, quelle en serait la durée et qui en serait responsable. Il offrait aussi aux employés une rémunération fondée sur les quotas de production standards. Il s'agissait d'un bonus récompensant tout travailleur ayant dépassé le quota de production quotidien.

L'approche bureaucratique

Max Weber : Les caractéristiques d'une bureaucratie efficace

Max Weber invite les gestionnaires et les propriétaires d'entreprises du début du siècle à remplacer leurs lubies par une approche rationnelle. Il s'attaque à la norme de l'époque où seuls les aristocrates pouvaient devenir officiers de

---

10. Lectures suggérées concernant Taylor : Sidney Pollard, *The Genesis of Modern Management*, Baltimore, Penguin Books Incorporated, 1965 ; Edwin A. Locke, « The Ideas of Frederick W. Taylor : An Evaluation », *Academy of Management Review*, 1982, vol. 7, n° 1, p. 19.

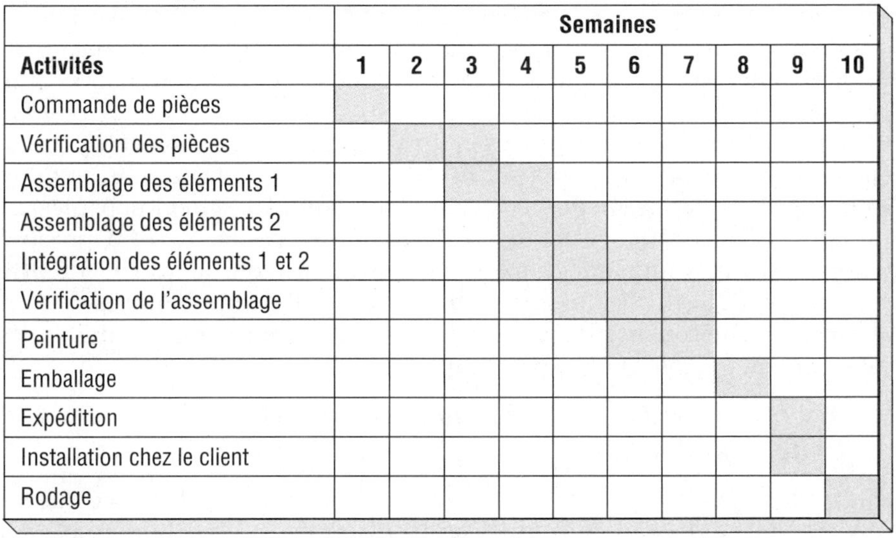

Activités	Semaines									
	1	2	3	4	5	6	7	8	9	10
Commande de pièces	■									
Vérification des pièces		■								
Assemblage des éléments 1			■							
Assemblage des éléments 2				■						
Intégration des éléments 1 et 2					■					
Vérification de l'assemblage						■				
Peinture							■			
Emballage								■		
Expédition									■	
Installation chez le client									■	
Rodage										■

FIGURE 1.5
Un diagramme de Gantt

l'armée, hauts fonctionnaires ou cadres supérieurs des entreprises. Cette pratique lui paraissait injuste et, surtout, elle représentait un réel gaspillage de ressources humaines.

Voici les principales caractéristiques de la bureaucratie (gestion) idéale de Weber :
- spécialisation du travail ;
- règles et procédures formelles ;
- application uniforme des règles et des procédures ;
- hiérarchie clairement définie ;
- système de promotion basée sur le mérite.

ORGANISATION RATIONNELLE

L'approche administrative

Henri Fayol : L'approche axée sur l'organisation

À l'opposé des approches précédentes plutôt orientées vers le travailleur individuel, l'approche de Fayol était plutôt orientée vers l'organisation. L'évolution des entreprises dont la taille et la complexité ne cessaient de croître exigeait une analyse plus globale.

Dans ses principes, Fayol aborde des sujets tels que la division du travail, l'équité, l'initiative et le recours à l'autorité et à la responsabilité. Il insiste beaucoup sur le principe de l'unité de commandement en vertu duquel chaque employé ne doit répondre directement de ses activités qu'à un seul chef. Il a abordé le sujet de la décentralisation, soulignant que les caractéristiques de chaque organisation doivent déterminer le degré de centralisation idéal. Enfin, il a consacré ses réflexions à d'autres sujets qui, encore aujourd'hui, se retrouvent au centre des préoccupations du management des organisations[11]. Il est de plus le premier à avoir identifié cinq fonctions clés du management, soit la planification, l'organisation, le commandement, la coordination et le contrôle.

FAYOL = ORGANISATION

L'approche fondée sur les principes universels de Fayol, considéré comme le père du management, repose sur la croyance qu'il y a un certain nombre de principes en management qui, s'ils sont appliqués avec mesure par le gestionnaire, permettront d'atteindre une grande efficacité. Fayol a proposé quatorze principes fondamentaux en management (voir tableau 1.1) à titre de guides pratiques et flexibles menant au succès. Il définit l'administration comme l'activité consistant à diriger des individus dans des contextes variés et ses principes reflètent cette préoccupation.

Chester I. Barnard : L'organisation est un système d'activités coordonnées

Dans un livre publié en 1938, *The Functions of the Executive,* il avance que les individus ont un besoin de compenser leurs limites qu'ils comblent par un esprit de coopération. L'organisation devient donc pour lui un système coopératif où les individus ont la volonté de contribuer par leurs gestes et leur comportement à la réalisation de l'objectif global de l'entreprise.

THÉORIE DE LA COOPÉRATION

Il attire aussi l'attention des gestionnaires sur la motivation, la communication, la prise de décision et la détermination des objectifs. De même, il définit l'acceptation des travailleurs comme étant la source du pouvoir et de l'efficacité des gestionnaires.

LES ÉCOLES MISANT SUR LES RELATIONS HUMAINES

L'approche fondée sur les relations humaines[12] est née d'une réaction au mouvement du management scientifique. Selon cette approche, le gestionnaire doit se préoccuper des besoins de ses employés et prendre en considération l'élément humain (besoins psychologiques, besoins sociologiques) dans la répartition des tâches, l'établissement des méthodes de travail, etc. Le but visé consiste à associer les besoins de l'individu à ceux de l'entreprise.

Un des principaux résultats de l'approche des relations humaines très utiles aux gestionnaires concerne le défi. En effet, les tenants de ces écoles ont démontré que les individus au travail atteignent un degré de performance supérieur si des défis stimulants, réalisables, précis et mesurables leur sont présentés.

Elton Mayo : Les besoins psychologiques et sociologiques

L'implantation des principes de F.W. Taylor dans une usine textile de Philadelphie n'avait eu aucun effet sur la productivité, tandis qu'elle avait eu des

---

11. Henri Fayol, *Administration industrielle et générale,* Paris, Dunod, 1966. (Première parution dans le *Bulletin de la Société de l'industrie minérale,* 3e livraison de 1916.)

12. Aussi nommée « école behavioriste ».

TABLEAU 1.1 Les principes universels de Fayol[13]

1. Spécialisation du travail	La spécialisation des fonctions et la séparation du pouvoir. « Chaque membre d'un organisme doit être chargé d'une fonction unique. »
2. Autorité et responsabilité	Le droit de commander et, en contrepartie, l'obligation de rendre compte.
3. Initiative	La possibilité pour les cadres subalternes de bénéficier d'une marge de manœuvre dans la conception et la réalisation des objectifs, car c'est le facteur de motivation par excellence de l'activité humaine.
4. Unité de commandement	Chaque subordonné ne doit répondre qu'à un seul supérieur. « Dans toute entreprise, on doit retrouver une chaîne de commande bien définie, reliant tous les membres. »
5. Unité de direction	« Les tâches doivent être regroupées de façon à faciliter la coordination et l'unité d'effort. » Toute la programmation des activités de l'organisation doit intégrer l'ensemble des tâches vers une finalité commune.
6. Échelle hiérarchique	L'autorité est déléguée par le haut et elle respecte les niveaux hiérarchiques.
7. Discipline	Le respect des conventions concernant l'obéissance, l'assiduité et les activités du travail.
8. Subordination de l'intérêt particulier à l'intérêt général	L'intérêt de l'employé doit être subordonné à l'intérêt de l'organisation.
9. Rémunération	Le salaire des employés doit être fonction des services rendus.
10. Centralisation	Le degré de délégation de l'autorité à adopter doit être fonction de la meilleure utilisation des compétences du personnel. « La structure administrative doit assurer un bon équilibre entre ses fonctions, à la lumière des objectifs de l'organisme. »
11. Ordre	L'entreprise doit prévoir une place pour chaque chose et chaque chose doit être à sa place, y compris l'individu.
12. Équité	La résultante de la combinaison de la justice et de la bienveillance.
13. Stabilité du personnel	La permanence de l'emploi et un faible taux de roulement sont nécessaires.
14. Esprit de corps	Assurer l'existence de relations harmonieuses au sein de l'organisation.

---

13. Note : Les extraits cités dans les définitions sont tirés de Henri Fayol, *Administration industrielle et générale*, Paris, Dunod, 1966.

conséquences désastreuses sur le taux de roulement des employés. Appelé à la rescousse, Mayo obtient que l'entreprise accorde plus de périodes de repos aux employés et il fait même installer des lits de camp dans la salle de repos. Malgré les résultats positifs obtenus, il doute toujours que ses suggestions en aient été la cause directe. Le fait d'avoir écouté et pris en considération les plaintes des employés lui paraissait être l'élément qui a modifié pour le mieux le climat et la productivité.

Ce qui importe chez les adeptes de l'approche des relations humaines, c'est de maintenir un contact quotidien avec les subordonnés en favorisant les communications et l'implication des employés dans l'établissement des procédures de travail.

Les facteurs sociologiques et psychologiques

Grâce à ses études à l'usine de Hawthorne Works of the Western Electric Co.[14] à Chicago, il constate que les modifications de l'environnement des travailleurs (éclairage, température, etc.) n'avaient pas d'impact sur la productivité. C'est la participation à une expérience significative qui augmente le sentiment d'appartenance au groupe et qui permet aux individus de s'identifier à leur groupe de travail. Bref, la productivité au travail est directement reliée aux facteurs psychologiques et sociaux autant qu'à la tâche elle-même. Les gestionnaires doivent dorénavant accepter que les sentiments des travailleurs sont la source des hausses de productivité et de l'efficacité du gestionnaire.

Abraham Maslow : La hiérarchie des besoins

Maslow a développé une théorie de la motivation fondée sur trois hypothèses concernant la nature humaine. Premièrement, l'être humain a des besoins qui ne peuvent jamais être entièrement satisfaits ; deuxièmement, les actions de l'être humain visent surtout à satisfaire les besoins non comblés ; troisièmement, l'être humain tend à satisfaire ses différents besoins selon un ordre hiérarchique préétabli.

LA PYRAMIDE DES BESOINS ET L'AUTORÉALISATION

La hiérarchie des besoins selon Maslow comprend cinq niveaux : les besoins physiologiques, les besoins de sécurité, les besoins d'appartenance, les besoins d'estime et les besoins d'actualisation.

R.M. McGregor : La théorie X et Y

THÉORIES X ET Y

McGregor a développé une approche à deux volets concernant les hypothèses qu'un gestionnaire peut développer à propos des travailleurs : la théorie X versus la théorie Y. La théorie X suppose que les ouvriers sont paresseux, sans ambition et intéressés uniquement à satisfaire leurs besoins de sécurité. La théorie Y prétend que le travailleur est capable d'autocontrôle et de créativité.

L'attitude du gestionnaire, selon McGregor, sera influencée grandement par les hypothèses auxquelles il adhérera. En conséquence, les travailleurs

---

14. F.J. Roethisberger et W.J. Dickson, *Management and the Worker,* Cambridge, Harvard University Press, 1939.

réagiront à cette situation en adoptant un comportement qui aura tendance à confirmer les hypothèses du gestionnaire.

LES APPROCHES QUANTITATIVES

Le point commun des diverses approches quantitatives repose sur l'utilisation des systèmes d'information, des mathématiques et des statistiques dans la prise de décision[15].

La science du management

Cette approche repose sur l'utilisation intensive de modèles mathématiques et de méthodes statistiques pour améliorer la qualité de la prise de décision. Nous nous attarderons un peu plus à ces techniques lors de l'étude de la prise de décision, mais pour illustrer l'utilité de ces techniques, mentionnons qu'elles pourraient être utilisées pour évaluer s'il est rentable d'offrir des réductions aux consommateurs pour augmenter le volume de ventes ou de diminuer les réductions, et par conséquent le volume de ventes, mais d'accroître les profits sur chaque article.

UTILISATION DE MODÈLES MATHÉMATIQUES ET DE MÉTHODES STATISTIQUES

La gestion des opérations

Les champs d'étude de cette fonction sont surtout la gestion des inventaires, la planification des horaires de travail, la planification de la production, la localisation et l'aménagement physique des lieux de production, et la gestion de la qualité. Ces techniques sont souvent appliquées à la production de biens dans les domaines des horaires de travail et des réseaux d'entreposage et de distribution, mais le secteur des services peut aussi bénéficier des avantages découlant de l'utilisation de ces techniques.

ÉTUDE DE LA FONCTION RESPONSABLE DE LA PRODUCTION DES BIENS ET SERVICES.

Les systèmes d'information administrative

C'est une approche qui favorise la conception et la mise en opération de systèmes informatisés visant à transformer l'ensemble des données disponibles dans les organisations en information utile à la prise de décision par les gestionnaires. La gestion de l'entretien de flotte de camions par une entreprise de location à partir de l'information enregistrée dans un ordinateur de bord en est un exemple.

SYSTÈMES D'INFORMATION INFORMATISÉS À L'USAGE DES GESTIONNAIRES

LES ÉCOLES CONTEMPORAINES

Les nouvelles approches à la gestion des organisations sont parties intégrantes de l'étude du management. Les autres approches ne doivent pas pour autant être mises au rebut, car elles présentent encore de nombreuses solutions applicables aux problèmes contemporains. Les deux approches les plus répandues sont l'approche systémique et l'approche situationnelle (de la contingence).

---

15. James R. Miller et Howard Feldman, « Management Science – Theory, Relevance and Practice in the 1980s », *Interfaces*, octobre 1983, p. 56-60.

L'approche systémique

ACCENT MIS SUR LES INTERDÉPENDANCES

L'approche systémique définit l'organisation comme un système dont les parties sont reliées entre elles[16]. On ne peut étudier un système sans penser qu'il est quelque chose de plus et quelque chose d'autre que la somme des parties qui le composent. Une organisation, telle une entreprise, existe en soi, mais pour bien en comprendre le fonctionnement, il faut analyser et comprendre les éléments extérieurs qui l'affectent (comme les concurrents, les lois, les clients, etc.) autant que les éléments intérieurs, tels les groupes qui la constituent. Dans ce contexte, la tâche du gestionnaire comprend alors cinq étapes[17]:

a) définition de l'organisation comme système;
b) identification des systèmes plus vastes;
c) création de sous-systèmes organisés;
d) établissement des communications entre les sous-systèmes;
e) intégration des éléments du système.

Selon l'approche systémique, une organisation est composée de six éléments (voir IPEMER[18]):

Les **intrants** ou ressources: toutes les ressources humaines, matérielles, financières, les équipements et toutes les connaissances qui permettent l'exécution d'une activité, c'est-à-dire la production d'un bien ou d'un service.

Le **processus** ou méthode: suite d'actions qui utilisent les ressources et tiennent compte des contraintes de l'extérieur, afin d'atteindre un but. On distinguera des activités visibles, concrètes, d'ordre physique (déplacer, lancer, transformer) et des activités d'ordre intellectuel (écouter et interpréter, réfléchir, décider). Ces activités vont s'enchaîner selon un certain ordre pour atteindre le but poursuivi.

Les **extrants**: résultats obtenus lorsque l'activité prend fin. Tout comme les intrants, les extrants peuvent être tangibles (une boîte de conserves, une maison, une auto) ou intangibles (l'acquisition d'une connaissance, la satisfaction du public venu à un concert).

La **mission** ou l'objectif: les grands objectifs des organisations. Ainsi, on parlera de la mission sociale d'un gouvernement, de la mission sociale d'un syndicat, de la mission économique d'une entreprise. Il s'agit du but poursuivi par l'organisation qui agit à l'aide des ressources, et compte tenu des contraintes.

L'**environnement**: l'ensemble des facteurs extérieurs incontrôlables (la PESTE) qui influencent le déroulement de l'activité. Ces influences peuvent

---

16. Seymour Tilles, «The Manager's Job - A Systems Approach», *Harvard Business Review,* 1962. Fremont E. Kast et James E. Rosenzweig, «General Systems Theory: Application in Organizations and Management» *Academy of Management Journal,* décembre 1972, p. 447-465. Et pour une discussion plus poussée, lire: M.L. Markus, *Systems in Organizations,* Marshfield, Mass., Pitman Publishing, 1984.

17. Discussion intéressante dans: Thomas G. Cummings, *Systems Theory for Organizational Development,* New York, John Wiley and Sons, 1980.

18. J. Guillaume, B. Turgeon et C. Benedetti, *La dynamique de l'entreprise,* 2e édition, Laval, Éditions Études Vivantes, 1993, p. 5.

être favorables ou défavorables. Il s'agit des facteurs *p*olitiques et légaux, de la situation *é*conomique, des facteurs sociaux et culturels, de l'évolution de la *t*echnologie et des facteurs *é*cologiques.

La **rétroaction** : l'information qui peut être tirée de l'analyse de l'atteinte ou de la non-atteinte des objectifs. On examine donc ici si les extrants correspondent aux objectifs visés.

L'accent mis sur les circonstances

L'approche situationnelle (*contingency*), proposée entre autres par P.R. Lawrence[19], invite le gestionnaire à utiliser les techniques et la philosophie de management qui conviennent aux circonstances. C'est une opposition directe aux théories de Taylor et de Fayol qui recherchaient « la meilleure méthode ». L'approche systémique souligne la relation entre les parties dans l'organisation, tandis que l'approche situationnelle tente de comprendre comment ces différents éléments sont interreliés et dépendent l'un de l'autre.

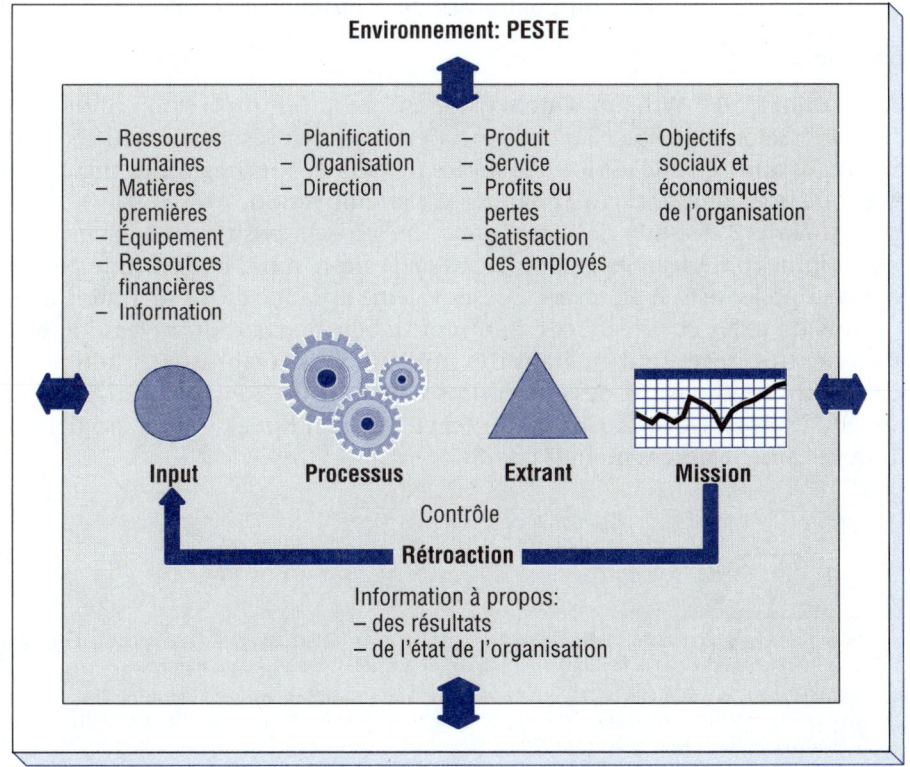

FIGURE 1.6
Le processus administratif et l'approche systémique

---

19. Paul R. Lawrence et Jay W. Lorsch, *Organization and Environment*, Homewood, Ill., Richard D. Irwin, 1969. À lire aussi, Sang M. Lee, Fred Luthans et David L. Olson, « A Management Science Approach to Contingency Models or Organizational Structure », *Academy of Management Journal*, vol. 25, 1982, p. 553-566.

APPROCHE SITUATIONNELLE

Par exemple, le choix d'un style de leadership ne peut reposer sur des critères prédéterminés ; le meilleur choix dépend des subordonnés, des valeurs de l'entreprise, de la personnalité du gestionnaire, du temps disponible, bref, de la situation. Cette approche est maintenant très répandue et acceptée comme méthode de management. Elle est réaliste et reconnaît la grande complexité du processus de management ainsi que le besoin d'être flexible et de s'adapter aux variables de chaque situation.

De nos jours, chaque décision, chaque action du gestionnaire se situe dans l'univers complexe des organisations contemporaines. Les éléments fournis par les écoles du management scientifique, des relations humaines, des principes universels, l'approche quantitative et bien d'autres auxquelles nous ne nous sommes pas arrêtés forment un bagage disponible au gestionnaire contemporain.

INTÉGRATION DE TOUTES LES APPROCHES

Il ne s'agit pas de renier les apports de ces écoles, mais plutôt de les utiliser et d'y rajouter les nouvelles conceptions. Puisque la fonction et les décisions du gestionnaire seront évaluées par divers éléments impliqués dans une situation particulière, aucune approche, aucune philosophie de management ne peut se réclamer du qualificatif de solution universelle.

Théorie Z

Cette théorie de William Ouchi propose de créer un « clan » industriel (l'*amae*[20]) selon l'idéologie japonaise[21]. Cette approche est nommée Théorie Z, indiquant ainsi qu'elle est fondée sur les travaux de McGregor (les théories X et Y) que nous étudierons au chapitre sur la motivation.

La théorie Z découle de l'amalgame des aspects positifs de chacune des philosophies américaines et japonaises de gestion afin d'obtenir une performance supérieure tout en respectant les valeurs de la société nord-américaine.

Dans de telles circonstances, l'entreprise bénéficiera d'un niveau de productivité très élevé. Tout en étant très prudent dans l'établissement du parallèle, Ouchi souligne que des entreprises telles que IBM, Procter and Gamble, General Motors, Hewlett-Packard, Intel et Eastman Kodak ont réalisé dans le contexte américain ces mêmes conditions[22].

---

20. L'*amae* désigne une tradition profondément ancrée dans la société japonaise et impliquant des rapports hiérarchiques dans la famille et dans la communauté, y compris dans l'entreprise.

21. Voir à ce sujet: William Ouchi, *Theory Z*, Reading, Mass., Addison-Wesley Publishing Co., 1981 et W.G. Ouchi et Alfred M. Jaeger, « Theory Z Organizations: Stability in the Midst of Mobility », *Academy of Management Review*, vol. 3, 1978, p. 308-312.

22. Lire aussi les critiques suivantes sur la théorie Z: B. Bruce-Briggs, « The Dangerous Folly called Theory Z », *Fortune*, 17 mai 1982, p. 41 et ss.; Jeremiah J. Sullivan, « A Critique of Theory Z », *Academy of Management Review*, vol. 8, n° 1, janvier 1983, p. 132-142; Edgar Shein, « Does Japanese Management Style Have a Message for American Managers? », *Sloan Management Review*, vol. 23, n° 1, automne 1981, p. 55-68.

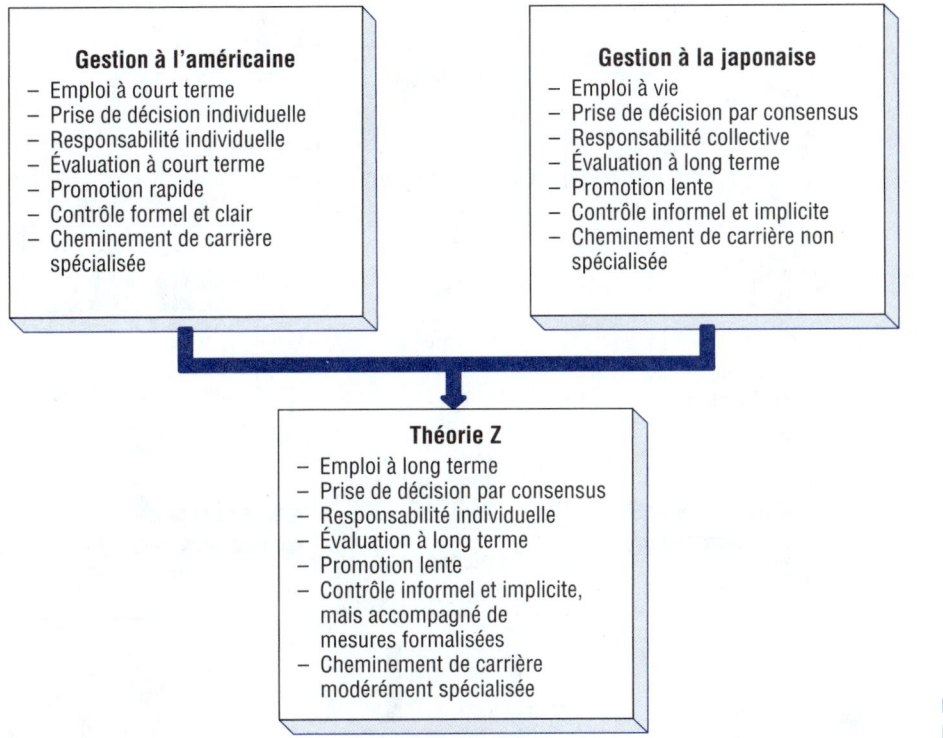

FIGURE 1.7
La théorie Z

LE RÔLE DU GESTIONNAIRE[23]

L'ACCENT MIS SUR LA STRUCTURE SOCIALE DES GENS

Si vous analysez la perception et les attentes des employés, des autres gestionnaires et surtout des cadres supérieurs de l'entreprise, vous constaterez que le rôle du gestionnaire n'en sera que le reflet. En effet, le rôle réel du gestionnaire dans l'entreprise repose en grande partie sur les attentes des autres membres de l'organisation. La figure 1.8 démontre les différentes attentes de chacun des membres de l'organisation ou des personnes qui y sont reliées sous une forme ou sous une autre.

Les attentes variant d'un groupe à l'autre, d'un niveau hiérarchique à l'autre et aussi d'une époque à l'autre, vous avez déjà deviné que ce rôle est très vaste et fort diversifié. Il arrive aussi que le mode d'opération de l'entreprise, la compétence et l'initiative des employés, et, plus fondamentalement, l'organisation même de l'entreprise imposent au gestionnaire un rôle[24] plutôt qu'un autre.

Dans certaines circonstances, on s'attend à ce que le gestionnaire analyse les différentes facettes d'un emploi et détermine les méthodes de travail

---

23. Lire aussi un ouvrage fondamentalement empirique : Henry Mintzberg, *Le manager au quotidien (les dix rôles du cadre)*, Montréal, Éditions d'Organisation et Éditions Agence d'Arc, 1984.
24. Article d'intérêt : J. Rosow, « New roles for managers », *Personnel Administrator*, 32:24, octobre 1987.

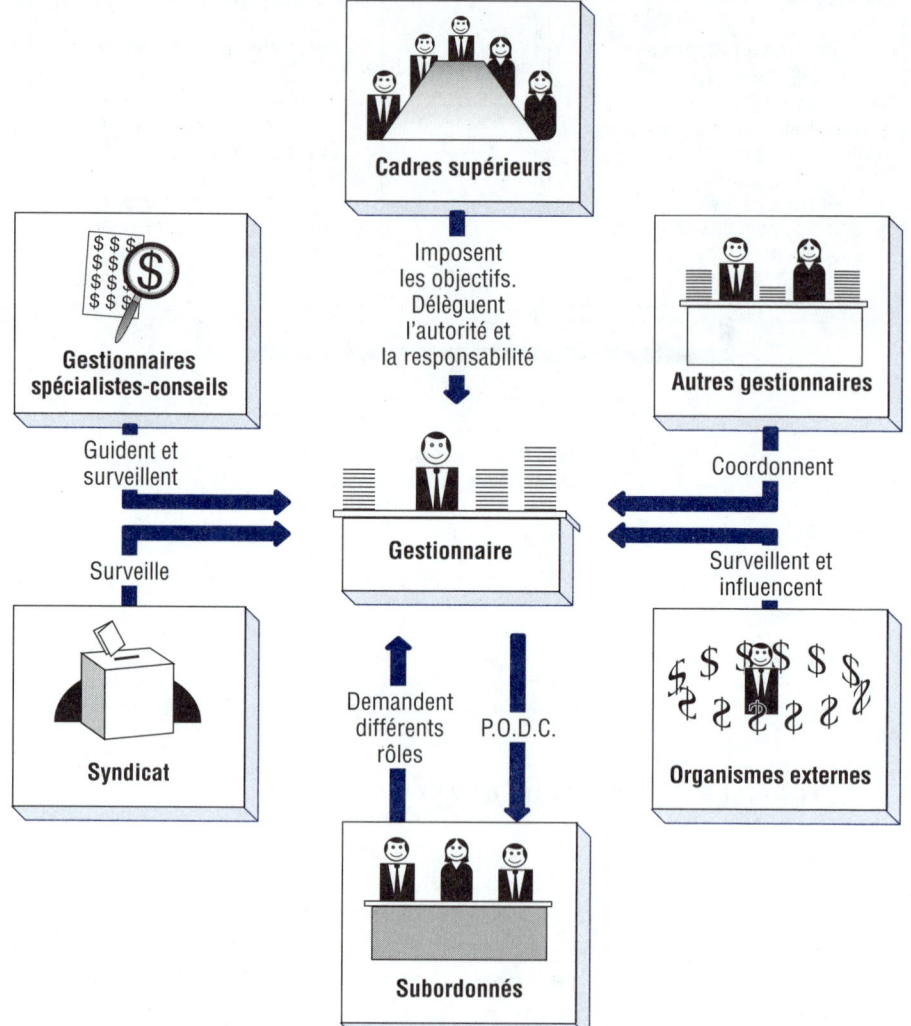

FIGURE 1.8
Les interrelations du gestionnaire dans l'entreprise

appropriées. Dans cette perspective du management scientifique, le gestionnaire aura à assumer les rôles suivants[25]:
1. **Technicien.** Il apparaît dans ce rôle comme la personne-ressource à laquelle les employés se réfèrent lorsqu'ils font face à des problèmes trop complexes.

---

25. La classification a été faite à partir de : Fred Luthans et Mark J. Martinko, *The Practice of Supervision and Management*, New York, McGraw-Hill, 1979, p. 12-16 ; Sydney Pollard, *The Genesis of Modern Management*, Baltimore, Penguin Books Inc., 1965, p. 296-297 ; Chris Argyris, *Personality and Organization*, New York, Harper and Brothers, 1957 ; Chester I. Barnard, *The Functions of the Executive*, Cambridge, Mass., Harvard University Press, 1938.

2. **Analyste.** Le gestionnaire doit parfois répondre aux attentes de ses subordonnés concernant la réorganisation de la tâche.
3. **Contrôleur.** Ce rôle lui revient d'emblée, car le gestionnaire a la responsabilité de la production de son groupe et du respect des méthodes et des procédures de travail.

Dans d'autres circonstances, le gestionnaire est perçu comme celui qui, étant près des besoins de ses subordonnés, pourra le mieux les intégrer aux objectifs de l'organisation. En réponse à ces attentes, il doit assumer les rôles suivants :

1. **Conseiller.** Première personne-ressource pour beaucoup d'employés, le gestionnaire représente souvent celui qui peut les aider à régler leurs problèmes.
2. **Expert en relations humaines.** Il doit être capable d'allier les demandes de la haute direction et les exigences des employés. Très souvent aussi, il doit agir à titre d'arbitre ou de médiateur auprès des employés lorsque des conflits naissent entre eux.
3. **Motivateur.** S'il est un rôle primordial que doit accomplir le gestionnaire, c'est bien celui de motivateur. Connaître les besoins de ses subalternes et créer un environnement propice à les satisfaire demeure le rôle fondamental du gestionnaire.
4. **Formateur.** En réponse aux besoins manifestés par ses employés, le gestionnaire doit, entre autres, fournir à ceux-ci le support nécessaire à leur développement et leur assigner des tâches permettant d'acquérir des habiletés.

Enfin, l'adhésion à l'école des principes universels de gestion nous pousse à exiger du gestionnaire qu'il adopte une approche plus globale. Il doit définir les objectifs de son unité administrative en fonction des objectifs globaux de l'entreprise. Dans ces circonstances, il sera invité à endosser les rôles suivants :

1. **Planificateur.** Il doit, dans ce rôle, fixer les objectifs de son unité en fonction de la réalisation d'un objectif plus large. Il doit déterminer les étapes nécessaires pour parvenir à ces objectifs ainsi que les méthodes à utiliser pour les atteindre.
2. **Preneur de décisions.** De par sa fonction, le gestionnaire se trouve donc dans la position idéale pour prendre toutes les décisions opérationnelles.
3. **Organisateur.** Il se doit d'organiser les ressources mises à sa disposition de la manière la plus efficace possible afin que l'effort de chacun soit optimisé.
4. **Leader.** Face à ses subalternes et devant la tâche à accomplir, le gestionnaire doit orienter les actions de chacun dans le respect de leurs compétences et intérêts et surtout dans le respect de l'objectif à atteindre.

Bref, le gestionnaire est un comédien à qui on a confié plusieurs rôles et qui, dans le déroulement de la pièce, revêt un costume ou un autre en fonction des exigences de la situation.

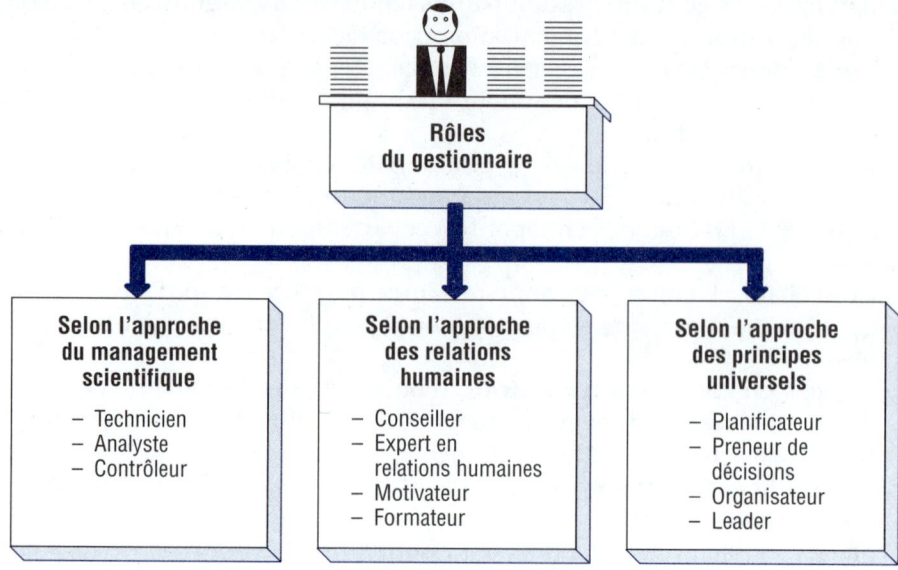

FIGURE 1.9
Les rôles du gestionnaire

LES VARIABLES DE L'ENVIRONNEMENT QUI INFLUENCENT LE COMPORTEMENT DU GESTIONNAIRE[26]

L'entreprise est un système ouvert ; elle échange avec le monde extérieur sur les plans matériel et financier. Mais il faut aussi constater que, dans beaucoup d'autres domaines, ses cloisons sont perméables et que nombreuses sont les variables qui influencent son orientation.

Les gestionnaires doivent être de plus en plus sensibles à cet environnement et modifier leur comportement en fonction de ces facteurs[27]. L'entreprise doit, entre autres choses, tenir de plus en plus compte de l'influence des institutions politiques[28]. Les lois et la réglementation qui s'y rattache touchent maintenant des domaines aussi variés que les pratiques de concurrence, les conséquences écologiques de la fabrication et de l'utilisation des produits, les conditions de santé et de sécurité au travail, les relations avec les syndicats, la protection des consommateurs, le traitement accordé aux groupes minoritaires lors de l'embauche, etc. Souvenez-vous de la PESTE.

Examinons brièvement quelques-uns de ces facteurs :

---

26. De nombreux exemples intéressants sont cités dans : J.D. Glover, *The Revolutionary Corporations*, Homewood, Ill., Dow Jones-Irwin, 1980. Lire aussi à ce sujet : Robert Kreitner, *op. cit.* (particulièrement le chapitre 3 : The Changing Environment of Management).

27. Ouvrage sur ce que font les gestionnaires et l'influence de la technologie et de la structure : Maurice Boisvert, *Le manager et la gestion*, Montréal, Éditions Agence d'Arc, 4e réimpression, 1987.

28. Voir : David W. Fisher, « Strategies toward Political Pressures : A Typology of Firm Responses », *Academy of Management Review*, janvier 1983, p. 71-78.

Les valeurs. Afin d'être efficace, le gestionnaire doit être sensibilisé à la grande variété et aux modifications rapides des valeurs affectant le comportement des travailleurs.

De nos jours, les employés sont en général plus scolarisés, plus curieux, moins tolérants face à l'approche autoritariste de certains gestionnaires et accordent au travail une importance différente de celle empreinte de conformisme que l'on a connue au début du siècle.

De plus en plus, la qualité de vie remplace le désir de biens matériels; le pluralisme et la diversité prennent plus d'importance que l'uniformité et le conformisme; l'autoritarisme cède le pas à la participation; les dogmes organisationnels courbent sous le poids des convictions individuelles; l'efficacité économique doit céder du terrain à la justice et à l'équité.

La législation ouvrière. De nombreuses lois se posent en balise et limitent la marge de manœuvre du gestionnaire. La Loi sur la santé et la sécurité au travail et la Charte des droits et libertés de la personne en sont des exemples.

La technologie. L'entreprise est soumise à une explosion de changements dans le domaine technologique. De nouveaux outils et de nouveaux procédés révolutionnent chaque jour les modes de fabrication et de distribution des produits.

La technologie nouvelle et l'automation ne font pas que modifier l'environnement technique du travail; elles transforment les relations entre les travailleurs, créent de nouvelles fonctions et en éliminent d'autres.

Les consommateurs. De très nombreuses lois concernent les consommateurs et la publicité. Il est vrai qu'elles n'affectent pas directement le gestionnaire en ce qui concerne sa relation avec ses subordonnés, mais elles imposent des contraintes à l'entreprise et se traduisent par un niveau d'exigences plus élevé quant à la qualité du produit fini. C'est cela qui se répercute sur les fonctions du gestionnaire qui doit inculquer à son groupe le désir du travail bien fait.

Les facteurs économiques. L'inflation, le chômage, la récession, la crise énergétique, les fluctuations des marchés financiers, des monnaies, la concurrence internationale, les ententes internationales (le libre-échange), la dette des pays du tiers-monde, etc. appartiennent maintenant à notre vocabulaire quotidien. Leur réalité se fait sentir de façon plus évidente dans une entreprise qui doit affronter la concurrence du marché.

Cette liste de facteurs de l'environnement du gestionnaire est loin d'être exhaustive[29]. Nous pourrions l'allonger indéfiniment, mais sans jamais cerner un facteur prédominant. La complexité de la tâche du gestionnaire découle surtout de l'amalgame de tous ces facteurs et de leurs répercussions sur l'entreprise, le gestionnaire et ses subalternes.

---

29. Lire à ce sujet : Peter F. Drucker, *Managing in Turbulent Times,* New York, Harper and Row, 1980; Peter F. Drucker, «Entrepreneurial Strategies,» *California Management Review,* hiver 1985, p. 9-25. Concernant les influences internationales, il faut lire : W. Ouchi, *Theory Z : How American Business Can Meet the Japanese Challenge,* Reading, Mass., Addison-Wesley Publishing, 1981; Lester M. Thurow, *The Management Challenge : Japanese Views,* Cambridge, Mass., MIT Press, 1985.

RÉSUMÉ

(Il faut noter que le texte suivant ne représente qu'un résumé de la description des objectifs.)

1) Décrire une organisation.

   C'est un regroupement de personnes et d'autres ressources consacré systématiquement à la réalisation d'un objectif précis. Les intrants sont les individus, les ressources matérielles, les équipements, les ressources financières, les brevets et les aménagements physiques pour ne nommer que les principaux.

   Chaque organisation comprend différents éléments dont les principaux sont les personnes qui la composent, les tâches qu'elles accomplissent et le management.

   L'organisation est une entité imbriquée dans un environnement dont elle est dépendante. Les variables politique et légale, économique, sociale, technologique et écologique (la PESTE) affectent la vie des organisations.

2) Définir le management.

   Le management est un processus dont le but consiste à réaliser l'objectif de l'organisation. La nécessité du processus managérial provient de l'obligation de réunir plusieurs personnes et de combiner leurs efforts afin de réaliser certaines tâches et certains objectifs trop lourds pour un seul individu; de là l'obligation d'accomplir les fonctions fondamentales de planification, d'organisation, de direction et de contrôle.

3) Présenter les éléments du processus de management.

   Les quatre éléments du processus de management sont: a) la planification qui consiste pour le gestionnaire à fixer les objectifs de l'entreprise, à déterminer le but de la tâche de chacun; b) l'organisation du travail des autres, la répartition des tâches et l'établissement du niveau d'autorité et de responsabilité de chacun entrent dans le champ d'action du gestionnaire; c) la direction des subordonnés représente un autre élément du processus de management; d) la direction des subordonnés qui oblige le gestionnaire à utiliser un style de leadership susceptible de motiver ces derniers et d'assurer une bonne communication avec eux et entre eux; d) le contrôle du travail des subordonnés afin de s'assurer du déroulement du plan d'action et de la réalisation des objectifs représente la dernière fonction.

4) Rappeler les qualités nécessaires au gestionnaire efficace.

   La réussite dans la fonction de gestionnaire est très exigeante et certains comportements constituent les causes de succès les plus fréquentes: se réorienter vers les tâches de gestion, être plus libéral, avoir de bonnes relations humaines avec ses subalternes, être flexible, être mature, être compétent en planification, en organisation, en direction et en contrôle, avoir une vision globale de son rôle.

5) Décrire les différentes écoles de pensée en management et leur influence sur le rôle du gestionnaire.

   Les différentes écoles de pensée classique en management sont celles de l'approche du management scientifique (Taylor, Gilbreth, Gantt), l'approche bureaucratique (Weber), l'approche administrative (Fayol, Barnard).

   Les écoles de pensée misant sur les relations humaines sont celles de Mayo, de Maslow et de McGregor.

Les approches quantitatives sont représentées par les écoles de la science du management, la gestion des opérations et les systèmes d'information administrative.

Les écoles contemporaines sont représentées par les approches systémique, situationnelle et la théorie Z qui ont surtout mis l'accent sur les relations et les interdépendances des différents éléments à l'intérieur de l'entreprise et aussi avec ceux de l'extérieur.

6) Identifier les divers rôles que doit remplir le gestionnaire.

Le rôle réel du gestionnaire dans l'entreprise repose en grande partie sur les attentes des autres membres de l'organisation. Les attentes varient d'un groupe à l'autre, d'un niveau hiérarchique à l'autre et aussi d'une époque à l'autre. Il arrive aussi que le mode d'opération de l'entreprise, la compétence et l'initiative des employés, et, plus fondamentalement, l'organisation même de l'entreprise imposent au gestionnaire un rôle plutôt qu'un autre.

Les rôles les plus fréquents sont celui de technicien, d'analyste, de contrôleur, de conseiller, d'expert en relations humaines, de motivateur, de formateur, de planificateur, de preneur de décisions, d'organisateur et de leader.

7) Reconnaître les facteurs de l'environnement affectant la tâche du gestionnaire.

Un certain nombre de facteurs de l'environnement influencent la tâche du gestionnaire, car il travaille au sein d'une organisation qui subit les remous de la société. Parmi ces facteurs, nous retrouvons principalement : les contraintes **p**olitiques et légales, les facteurs **é**conomiques, les influences culturelles et **s**ociales, les modifications **t**echnologiques et les facteurs **é**cologiques.

Vocabulaire

Approche des principes universels
Approche des relations humaines
Approche du management scientifique
Approche situationnelle
Approche systémique
Contrôle
Direction
Gestionnaire
Organisation
Management
Processus de Management
Théorie Z

QUESTIONS DE RÉVISION

1. Définissez chacun des termes de la section «Vocabulaire».
2. Comment les facteurs suivants affectent-ils le rôle du gestionnaire ?
   a) le changement technologique ;
   b) le changement dans la composition de la main-d'œuvre ;
   c) le changement dans les valeurs.
3. En quoi consiste l'approche situationnelle en management ? Est-ce la seule approche efficace ?
4. Décrivez brièvement l'approche de trois auteurs des écoles classiques étudiées dans ce chapitre.

5. Qu'y a-t-il de commun entre toutes les organisations ?
6. Quelles sont les principales activités ou principaux rôles du gestionnaire ?
7. Décrivez cinq principes parmi ceux qu'a énoncés Fayol.
8. Si, comme Daniel Auclair dans la mise en situation au début du chapitre, vous étiez promu de représentant au poste de directeur des ventes pour la région de Montréal, qu'est-ce qui serait différent dans vos fonctions ?
9. Établissez une comparaison entre l'approche de la science du management, l'approche de la gestion des opérations et l'approche des systèmes d'information.
10. Établissez une comparaison entre l'approche du management scientifique, l'approche bureaucratique et l'approche administrative.

SUJETS DE DISCUSSION

1. À travers l'histoire de l'humanité, les grandes réalisations doivent plus au management et à la capacité d'organisation de certaines personnes qu'aux connaissances techniques et scientifiques. Discutez et donnez des exemples.
2. Est-ce qu'un bon directeur de la production peut devenir un bon directeur de succursale bancaire ? Discutez.
3. Un bon gestionnaire doit être capable d'exécuter toutes les fonctions et les tâches de ses subalternes. Discutez.
4. Le management est-il un art ou une science ?
5. Un gestionnaire peut-il éviter d'être influencé par les facteurs de l'environnement externe ?
6. Croyez-vous que le management peut s'apprendre dans les livres et en classe ? Justifiez.
7. Croyez-vous que le style de management des gestionnaires a changé au cours des dernières années ? Justifiez.
8. Si vous étiez promu à un poste de gestionnaire, cela signifierait-il, selon vous, une diminution de votre liberté de comportement et de pensée ?
9. Quels sont les problèmes que risque de rencontrer le gestionnaire lorsqu'il dirige son service comme s'il s'agissait d'un système fermé, c'est-à-dire sans interrelations avec les autres services ?
10. Est-ce que le droit de faire des erreurs devrait être accordé au gestionnaire afin qu'il puisse exercer plus facilement son autorité ?
11. Pourquoi croyez-vous que les managers ont changé, consciemment ou non, leur style depuis le début du siècle ?
12. Comment définiriez-vous le « management » ? En quoi votre définition diffère-t-elle du manuel ?

CHAPITRE 1 : *Le rôle du gestionnaire et son environnement*

EXERCICES PRATIQUES

1. Obtenez une entrevue avec un des cadres de votre collège. Informez-vous sur le mode de financement du collège et sur les implications que ces différentes sources peuvent avoir sur la prise de décision.
2. Rencontrez un directeur de Caisse populaire et renseignez-vous sur les facteurs d'environnement qui influencent sa prise de décision.
3. Préparez un exposé de 15 minutes sur les sujets suivants :
   a) Taylor ;
   b) Mayo ;
   c) Fayol ;
   d) l'approche systémique ;
   e) l'approche situationnelle ;
   f) les variables de l'environnement influençant le gestionnaire (avec des exemples québécois).
4. À l'aide des articles de journaux et de revues, les plus récents possible, faites un exposé sur l'influence des différents facteurs réels de l'environnement sur les entreprises :
   a) les facteurs politiques et légaux ;
   b) les facteurs économiques ;
   c) les facteurs sociaux ;
   d) les facteurs technologiques ;
   e) les facteurs écologiques.
5. Interviewez un gestionnaire dans votre milieu et demandez-lui comment il a appris à gérer.
6. Pourquoi est-ce important de comprendre les différentes théories du management ?
7. Quels sont les principes de Fayol qui sont encore applicables de nos jours ?
8. Pourquoi l'approche systémique est-elle plus appropriée aujourd'hui qu'elle ne l'était au temps de Fayol ?
9. Décrivez en quoi la tâche du gestionnaire diffère selon son niveau hiérarchique.
10. Commentez la phrase suivante : « Gérer consiste à réaliser des objectifs à l'aide des autres. »

CAS

CAS 1.1 : LE PATRON

Jean-Claude Levert vient de terminer son D.E.C. en techniques administratives. Depuis quatre ans, il a travaillé durant l'été et les fins de semaine dans différents magasins et entreprises de sa région. Diplôme en main, il se met à la recherche d'un emploi. Ayant eu à «subir» de nombreux patrons, il aimerait se trouver un travail qui lui permettrait de donner des ordres plutôt que d'en recevoir.

QUESTIONS-GUIDES POUR L'ANALYSE DU PROBLÈME
1. Que pensez-vous de ses raisons motivant la recherche d'un emploi de gestionnaire ?
2. Croyez-vous qu'il soit prêt à devenir gestionnaire ?
3. Quel est, selon vous, le rôle d'un gestionnaire ?

CAS 1.2 : QUEL EST MON RÔLE ?

Lors d'une entrevue d'évaluation du rendement, Robert McNeil, directeur de la production, demande à Aline Patenaude, gérante de l'atelier d'embouteillage depuis six mois, comment elle considère son rendement en tant que gestionnaire. Voici la réponse d'Aline :

Je ne sais vraiment pas. N'ayant jamais suivi de cours en management, je ne sais trop quel rôle je dois remplir. Je crois que mon travail consiste à donner des ordres et à veiller à leur exécution, mais je me surprends très souvent à écouter les problèmes d'une de mes employées et à tenter de la motiver. Certains jours, je mets la main à la pâte et je tente d'améliorer les méthodes d'exécution du travail. Ce matin, j'ai dû consacrer plus d'une heure à enseigner à un nouvel employé l'utilisation d'une machine. Il me semble que je consacre trop de temps à des activités qui ne sont pas de mon ressort.

QUESTIONS-GUIDES POUR L'ANALYSE DU PROBLÈME
1. Que répondriez-vous à Aline ?
2. Quels sont les rôles qu'elle a remplis ?
3. Pourquoi adopte-t-elle ces rôles ?
4. Quels sont les autres rôles d'un gestionnaire ?

CAS 1.3 : HENRI WILLIAMSON

Claude Corbeil, diplômé de cégep, assume la fonction de directeur de succursale d'une compagnie d'assurances depuis trois ans. Il vient d'apprendre de son supérieur immédiat, Jean Tardif, directeur régional, qu'il a été choisi pour occuper un nouveau poste créé dernièrement au service du marketing de la division du Québec. Il se rapportera à son futur supérieur dans trois semaines et doit, d'ici là, se choisir un remplaçant et le préparer à assumer les fonctions de direction de la succursale.

Claude choisit alors Henri Williamson parce que son rendement dans ses fonctions actuelles est au-dessus de la moyenne, qu'il est aimé de ses collègues et qu'il est un des plus anciens employés. Claude rencontre séparément Nicole et Robert et leur explique les motifs de son choix, car ces deux personnes auraient pu croire que le poste leur revenait de droit. En fait, Claude Corbeil a envisagé cette éventualité, mais il croit que chacun d'eux devra acquérir un peu plus de maturité.

Henri commence donc à faire le travail de Corbeil, sous la supervision directe et suivie de ce dernier. Pressé de régler des problèmes urgents, Claude néglige un peu Henri, se promettant toutefois de lui accorder plus d'attention avant son départ, se gardant même pour la dernière semaine le règlement d'un certain nombre de problèmes.

Malheureusement, un appel du bureau divisionnaire oblige Claude à se présenter à son nouveau patron une semaine plus tôt que prévu. Celui-ci, en effet, doit aller passer trois semaines aux États-Unis, mais avant, il veut expliquer à Claude son travail.

Jean Tardif est informé que Williamson n'est pas tout à fait prêt à assumer la fonction de directeur, mais il croit que ce dernier pourra demeurer en contact avec Corbeil et lui demander conseil s'il y a lieu.

Les nouvelles fonctions de Claude Corbeil occupent tout son temps. Il est heureux, motivé, et il a tout investi dans ses responsabilités au point où il a complètement oublié Williamson. Un mois plus tard, Jean Tardif vient rencontrer Corbeil et son nouveau supérieur afin de discuter des problèmes auxquels il a à faire face. La succursale fonctionne au ralenti, les problèmes s'accumulent, le moral des employés est au plus bas et certains parlent de demander une mutation. Tardif veut savoir pourquoi Corbeil a choisi Williamson. Corbeil justifie son choix et Tardif accepte ses arguments. Mais devant la situation catastrophique devant laquelle il se trouve, il demande à Claude Corbeil s'il peut retourner à la succursale le temps de redresser la situation.

QUESTIONS-GUIDES POUR L'ANALYSE DU PROBLÈME
1. Faites une liste des tâches d'un directeur de succursale.
2. Quelles sont, selon vous, les qualités requises pour remplir adéquatement cette fonction ?
3. Williamson semble-t-il posséder ces qualités ?
4. Quelles sont les causes possibles de l'échec de Williamson ?
5. Comment Corbeil aurait-il dû le préparer ?
6. Claude Corbeil retourne temporairement assumer ses anciennes fonctions. Quelles sont les conséquences possibles de cette décision ?

BIBLIOGRAPHIE

BARTOL, Kathryn M., *Management,* New York, McGraw-Hill Book Co., 1991.

johnson, robert, « What You Need to Know to Be a Supervisor », *Supervisory Management,* mars 1983, p. 35-42.

MANGRUM, C.T., « Making the Transition to Supervisor », *Supervisory Management,* septembre 1978, p. 7-13.

MILLER, R., *La direction des entreprises, concepts et applications,* Montréal, McGraw-Hill, 1985.

MINTZBERG, H., *The Nature of Managerial Work,* New York, Harper and Row, 1973.

MONTANA, P.J., Management, New York, Barron's Educational Series inc., 1993.

SABOURET, J.-F., *L'état du Japon,* Paris, Éditions de la découverte, 1988.

WEIHRICH H. et Harold KOONTZ, *Management, A Global Perspective,* New York, McGraw-Hill Book Co., 1993.

DEUXIÈME PARTIE

La planification

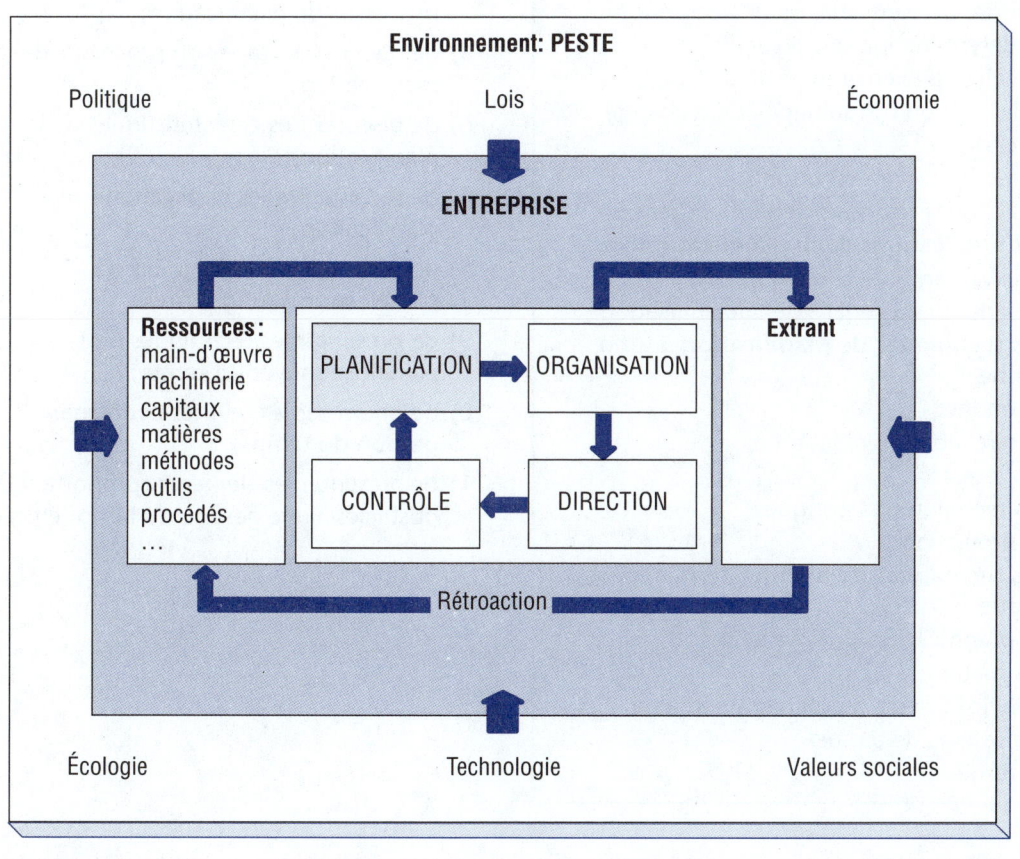

CHAPITRE 2
Le processus de planification

UN APERÇU

Introduction
Le processus de planification
Les différents niveaux d'objectifs
Les objectifs stratégiques
Les objectifs tactiques
Les objectifs opérationnels
Les caractéristiques des objectifs efficaces
Le contenu d'un programme
Les étapes du processus de planification
La prise de conscience d'une opportunité
La détermination des objectifs
L'analyse de l'environnement
L'élaboration des solutions de rechange
Le choix
L'établissement de budgets
Les caractéristiques de la planification
Les implications de la planification
Les avantages de la planification
Les critiques à l'égard de la planification
Les techniques de planification à long terme
Le budget
La direction par objectifs
Les réseaux
Les techniques statistiques
La simulation
Les techniques de planification à court terme
La planification personnelle
Les mythes
Planification de la prochaine semaine
Les voleurs de temps
Résumé

OBJECTIFS SPÉCIFIQUES

Après avoir lu ce chapitre, vous devriez être en mesure :

1) de présenter un schéma conceptuel du processus de planification ;
2) de distinguer les différents niveaux d'objectifs ;
3) de rappeler les caractéristiques des objectifs efficaces ;
4) d'expliquer les différents plans du processus de planification ;
5) de décrire les étapes du processus de planification ;
6) de discuter des caractéristiques de la planification ;
7) de reconnaître les implications de la planification ;
8) de présenter les techniques de planification à long terme ;
9) de présenter les techniques de planification à court terme ;
10) de présenter les mythes concernant la gestion du temps ;
11) de présenter les éléments comportant des obstacles à une gestion du temps efficace.

MISE EN SITUATION

Geneviève Dormeau est vice-présidente des ventes pour Ordinatrix, une société internationale de vente de systèmes informatiques. Cette société est en pleine croissance, mais a consacré encore très peu d'énergie à son organisation interne, préférant répondre d'abord à la demande de la clientèle. Il existe encore des problèmes quant à l'organisation de l'entreprise en départements spécifiques et à la répartition des tâches permettant de déterminer les responsabilités de chacun, son autorité et son champ d'action. Madame Dormeau a récemment assisté à un séminaire sur la planification. Fortement impressionnée par les conclusions du professeur, elle a décidé d'implanter un système de planification plus structuré au sein de son service. Elle a donc préparé une présentation des diverses méthodes de planification ainsi que des différentes possibilités d'application.

Lors d'une réunion avec son équipe de direction, elle soumit ses projets d'augmentation des ventes et des profits et demanda à chaque membre de réfléchir aux avantages qu'il pourrait en retirer. Malheureusement, ses collaborateurs n'eurent pas la même réaction qu'elle devant cette nouvelle approche de leurs responsabilités. Tous acceptèrent évidemment de collaborer, mais lors de la réunion suivante, les interrogations furent plus nombreuses que les suggestions d'application.

Les nombreuses questions vinrent en particulier de Normand Saint-Hilaire, directeur de la division du Québec, qui se demandait si la haute direction avait elle-même établi des objectifs pour l'année à venir. Madame Dormeau répliqua que c'était son idée à elle et qu'il fallait se préoccuper des ventes et non de la haute direction.

Saint-Hilaire insista sur l'impossibilité d'agir dans de telles conditions et invita tout le monde à remettre à plus tard cet exercice et à laisser d'abord la haute direction s'impliquer.

La réponse de la vice-présidente fut très claire: «Personnellement, j'attends de notre service l'atteinte des objectifs suivants: des ventes 8% supérieures au total de l'an dernier, une augmentation du profit brut de 7%, une augmentation du profit net de 3% et surtout le maintien de notre part du marché au Canada.»

De plus, elle annonça à son équipe que le nombre de vendeurs passerait à 65 et que tous suivraient un nouveau programme de formation de deux semaines intensives et ce, dans les prochains six mois. «Il semble, ajouta-t-elle, que ces objectifs sont clairs et réalisables. Il vous suffit maintenant de préciser les objectifs de votre territoire en fonction de ceux que je viens d'énumérer.»

Normand Saint-Hilaire fut surpris et impressionné à la fois. Si sa supérieure pouvait établir de façon aussi nette l'orientation de l'ensemble du service des ventes, il se devait lui aussi de contribuer à cette nouvelle façon de procéder. Mais la question demeurait toujours : qu'est-ce que la planification dans les faits ? quels en sont les avantages ? par où commencer ? quelles sont les étapes à suivre ?

INTRODUCTION

Ce deuxième chapitre définira l'essence même de la planification. Il vous permettra d'aborder les différents outils de planification à long terme et vous familiarisera avec les techniques quotidiennes de la planification.

Rappelez-vous qu'au premier chapitre nous avons distingué le rôle du gestionnaire de celui de ses subordonnés en nous fondant entre autres sur les différents niveaux d'autorité et de responsabilités de chacun. En effet, la rémunération, le statut et la satisfaction du gestionnaire découlent surtout de la fréquence, de la complexité et de la variété des décisions concernant la planification des activités de son service.

LE PROCESSUS DE PLANIFICATION

PLANIFIER : PRÉPARER LE FUTUR

La planification est le fondement même de la fonction du gestionnaire. Il s'agit d'un processus par lequel vous définissez les objectifs de l'entreprise compte tenu de sa mission ou de sa raison d'être. De plus, ce processus comprend la description des différentes étapes nécessaires pour réaliser les objectifs visés, c'est-à-dire les plans. Donc la *planification*[1], c'est l'étape du processus de gestion où l'on décide des objectifs à atteindre, des ressources requises pour ce faire, en tenant compte des forces environnementales susceptibles d'influencer l'activité.

Par exemple, nous sommes le 1er mars et vous désirez terminer le 15 avril un travail de recherche en équipe afin de le remettre au professeur trois jours plus tard, soit le 18. Pour atteindre cet objectif, plusieurs possibilités s'offrent à vous. La planification consiste à choisir la plus efficace de ces possibilités en prenant en considération les compétences et la motivation des membres de l'équipe. Chacun des membres devra être informé du rôle qui lui a été confié et les points de contrôle devront être établis. Au cours de la session, toutes les semaines par exemple, le plan devra être évalué, les étapes mesurées et les mesures correctives effectuées, afin de vous assurer que tout sera complété le 15 avril.

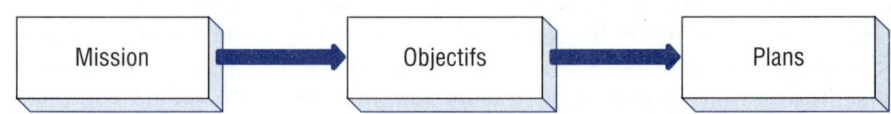

FIGURE 2.1 Les éléments du processus de planification

---

1. Nous vous suggérons un très bon ouvrage sur la planification en général : David I. Cleland et William R. King, *Management: A Systems Approach*, New York, McGraw-Hill, 1972.

Le rôle du gestionnaire n'est aucunement différent du vôtre lorsque vous organisez ainsi votre session. Avant d'établir les buts de l'entreprise, il lui faut prendre conscience des facteurs internes et évaluer les ressources disponibles. En effet, il serait inutile d'établir des objectifs que la pauvreté des moyens vous empêcherait d'atteindre.

Cette évaluation de nos ressources et des variables du marché doit reposer sur une information de qualité. Les sources d'information utilisées, les modes de classification de ces informations et les processus de validation et d'analyse utilisés doivent être fiables. Tout le processus de planification en dépend.

LES DIFFÉRENTS NIVEAUX D'OBJECTIFS

Les organisations établissent généralement trois niveaux d'objectifs, soit les objectifs stratégiques, les objectifs tactiques et les objectifs opérationnels.

LES OBJECTIFS STRATÉGIQUES

Ce sont des objectifs définis en termes très larges; ils émanent de la haute direction de l'entreprise et la concerne globalement. La volonté d'une organisation d'offrir le meilleur produit sur le marché tout en maintenant un système de livraison *juste-à-temps* représente un exemple typique d'un tel objectif. Généralement de tels objectifs portent sur le niveau de profits visés, les ressources financières, humaines et matérielles, l'innovation, la part du marché, la productivité et la responsabilité sociale. Ainsi, le désir d'une entreprise d'augmenter sa part de marché pour se classer au troisième rang de l'industrie représente un objectif stratégique.

LES OBJECTIFS TACTIQUES

Ces objectifs sont généralement établis par les gestionnaires intermédiaires dans l'organisation. Il s'agit en fait d'un ensemble d'objectifs provenant de divers services et qui permettront d'atteindre les objectifs stratégiques. Il pourrait s'agir d'objectifs telles l'augmentation des ventes, la baisse des coûts de distribution ou encore l'ouverture de nouveaux magasins. Généralement, ces objectifs sont définis de façon plus précise, parce que plus facilement mesurables que les objectifs stratégiques. Afin d'atteindre l'objectif stratégique mentionné plus haut, l'entreprise décide d'ouvrir de nouveaux magasins dans les régions où elle est sous-représentée, soit un à Montréal, un à Québec, un en Montérégie et un en Estrie.

LES OBJECTIFS OPÉRATIONNELS

Ce sont les objectifs établis par les gestionnaires de premier niveau. Il s'agit d'objectifs très spécifiques et définis en termes quantitatifs. La réduction des plaintes de la clientèle de 5 %, la transformation de cinq postes à temps partiel en deux postes à temps plein, l'augmentation de la marge de profit brut à 22 % sont des objectifs de ce niveau. Les services de gestion des ressources humaines procédera à l'embauche dans les trois prochains mois de cinq

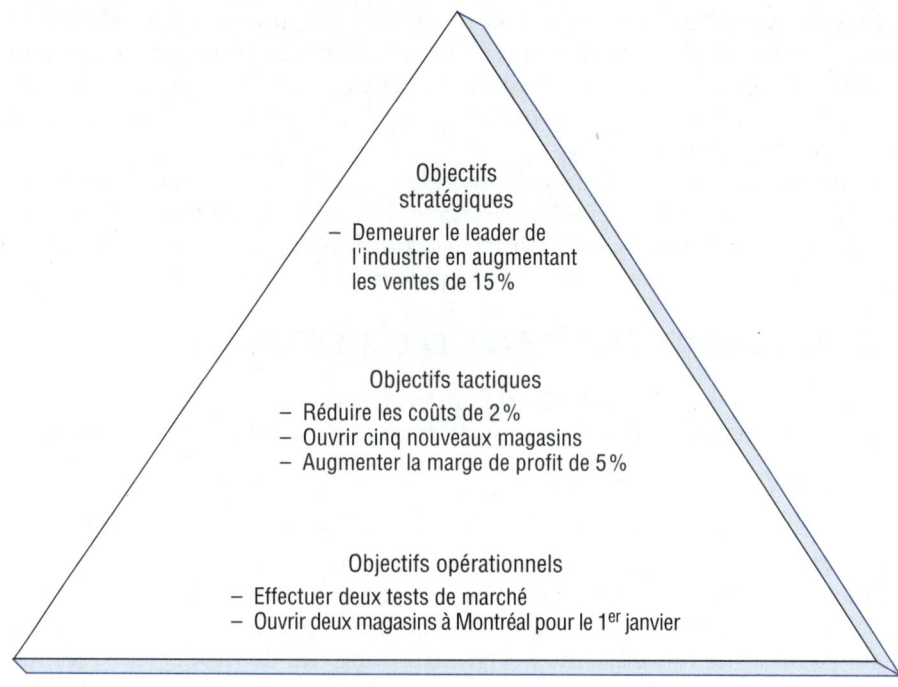

FIGURE 2.2
Les niveaux d'objectifs

nouveaux directeurs de magasins et cinq nouveaux directeurs adjoints pour combler les postes dans les futurs magasins.

LES CARACTÉRISTIQUES DES OBJECTIFS EFFICACES

Afin de permettre la réalisation de la mission de l'organisation, les objectifs doivent représenter un défi, être réalisables, mesurables, pertinents et comporter un délai.

L'objectif est une source de motivation et d'accroissement de la performance. La confrontation à un objectif clairement établi représente une source de motivation plus grande qu'une invitation à « faire de son mieux ».

La possibilité de réaliser l'objectif présenté doit aussi représenter un défi réalisable. Exiger l'atteinte d'un objectif irréalisable aura certainement un effet négatif. En effet, les employés risquent de se décourager face à une tâche impossible. Le maintien d'un niveau de performance élevé et constant sera impossible si les exigences sont irréalistes.

Des objectifs spécifiques et mesurables sont efficaces, car ils établissent clairement ce qui est attendu de l'employé et, surtout, ils facilitent le constat de l'atteinte du but visé. Généralement, les objectifs associés à ces critères quantitatifs sont préférables compte tenu de la facilité de vérification qu'ils permettent. Toutefois, il ne faudra pas négliger certains critères qualitatifs.

La pertinence d'un objectif signifie que celui-ci a un rapport direct avec l'objectif global de l'organisation. En effet, chacun des objectifs des individus et des services de l'organisation n'a de réelle valeur que s'il contribue à la réalisation de la mission de l'organisation.

Les objectifs doivent se situer à l'intérieur d'un calendrier qui en fixe les délais de réalisation. Un objectif ne comportant pas de délai n'a aucune signification; il ne présente aucun défi puisqu'il peut toujours être considéré «en voie de réalisation».

LE CONTENU D'UN PROGRAMME

Les programmes. Il s'agit d'un ensemble composite de mission, d'objectifs et de plans (stratégies, politiques, procédures, règlements et budgets). Les programmes comprennent généralement les actions à être entreprises, les ressources nécessaires, les hypothèses concernant l'environnement et les champs d'action. Le renouvellement de la flotte d'avions d'Air Canada constitue un programme, de même qu'une campagne de recrutement de techniciens de niveau collégial.

ENSEMBLE DE PLANS

Ainsi le programme de recrutement dont l'objectif est de recruter 20 diplômés en techniques administratives pourrait être composé des plans suivants:

Stratégies	Organiser une tournée de tous les cégeps au cours de la session d'automne
Politiques	Ne retenir que les candidatures des étudiants ayant obtenu des notes généralement au-dessus de la moyenne; favoriser les candidatures de ceux qui désirent poursuivre des études universitaires à temps partiel.
Procédures	Définition des étapes pour contacter les départements de chacun des collèges, sélection des tests à être utilisés, choix du mode d'entrevue à retenir, etc.
Règlements	Tous les candidats retenus devront être recommandés par trois professeurs.
Budget	Dépenses de publicité, de déplacements, frais de correction des tests, etc.

La planification consiste à formuler des objectifs et à élaborer des plans d'action pour les réaliser. Les plans sont donc un aperçu des moyens à utiliser pour atttendre les objectifs visés. Il existe de nombreux modes de classification des plans. Les plans peuvent être classés selon la période visée (plan à court terme, plan à moyen terme, plan à long terme), selon le niveau hiérarchique des gestionnaires impliqués (plan stratégique, plan tactique et plan opérationnel) et selon plusieurs autres critères. Nous allons maintenant établir une classification des plans en fonction de la mission de l'organisation. Les plans inclus dans notre sélection sont donc les *stratégies*, les *politiques*, les *procédures*, les *règlements*, les *budgets* et les *programmes*. La figure 2.3 nous présente un résumé de cette classification.

La mission. La mission représente la raison d'être de l'organisation, c'est son objectif premier.

Futur

Les objectifs. Ils représentent la fin, le but ultime, ce vers quoi tend toute l'activité de l'organisation. Puisqu'ils sont liés aux activités futures, les objectifs imposent des plans et exigent alors une démarche en ce qui concerne leur élaboration. La recherche d'un rendement de 15 % sur le capital investi dans une entreprise représente un objectif.

Les plans. Les plans représentent les moyens que l'organisation utilisera pour atteindre les objectifs visés.

Moyen

Les stratégies. Les stratégies représentent la définition des objectifs à long terme de l'organisation. Elles impliquent l'élaboration de plans d'action et la distribution des ressources nécessaires à la réalisation des objectifs. La décision d'offrir une gamme complète de produits représente une stratégie visant à atteindre l'objectif de profit.

Guides d'action

Les politiques. Ce sont des énoncés ou des conventions (politiques implicites) guidant la prise de décision ou la réflexion dans la démarche effectuée en vue d'atteindre les objectifs. Les politiques sont élaborées par les gestionnaires de niveau supérieur pour guider les gestionnaires de niveau intermédiaire et ceux du premier niveau. Elles reflètent les objectifs. Compte tenu du fait qu'elles représentent le cadre dans lequel doivent s'inscrire la réflexion ou la prise de décision, il va de soi que les politiques sont constituées d'énoncés larges laissant au gestionnaire une marge d'initiative et de jugement appréciable. Des politiques rigides s'apparenteraient aux règlements que nous verrons plus loin. La politique de « satisfaction garantie ou argent remis » est connue de tous les consommateurs nord-américains.

Déroulement

Les procédures. Ce sont des plans qui définissent le déroulement normal des activités en indiquant les méthodes utilisées, les étapes, les mouvements, les outils, etc. En fait, elles expliquent d'une façon précise la façon d'accomplir l'activité en question. Comparées aux politiques, les procédures sont plus détaillées et s'appliquent plus particulièrement à une activité donnée dans la recherche d'objectifs plus spécifiques. Les différentes transactions bancaires obéissent à des procédures très strictes qui permettent le contrôle et l'uniformité dans le déroulement des activités à l'intérieur de milliers de points de vente différents.

Comportement attendu

Les règlements. Les règlements sont les énoncés d'actions ou de comportements imposés et attendus dans certaines situations ou encore des comportements interdits dans certaines situations. Ce sont des exigences qui ne laissent aucune place à la réflexion et au jugement, ce qui n'est pas le cas des politiques. Les règles d'abandon de cours au cégep ou à l'université ne laissent

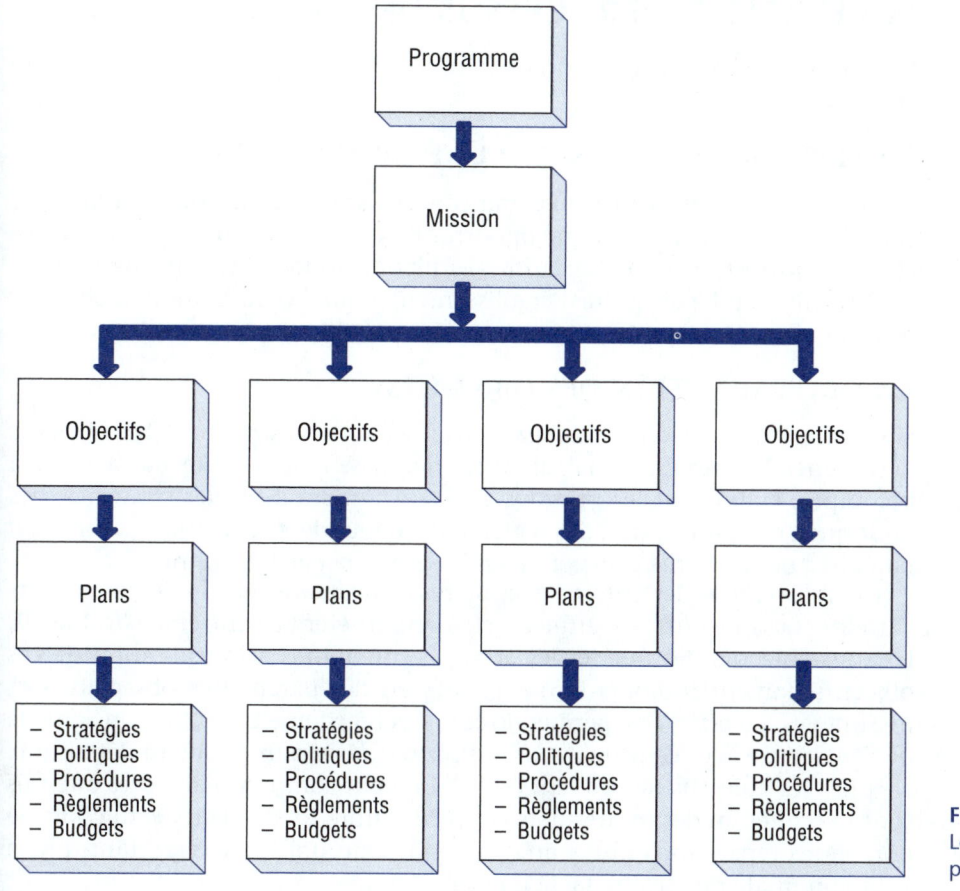

FIGURE 2.3
Le contenu d'un programme

aucune marge à l'interprétation dans leur application. L'interdiction de fumer en classe témoigne aussi de la rigidité de cette catégorie de plans.

Les budgets. Ce sont l'expression des résultats attendus exprimés en termes quantitatifs, c'est-à-dire à l'aide de toute fonction mesurable numériquement et non seulement en termes financiers. Les budgets dans une entreprise représentent souvent le plan le plus important. En fait, ils définissent de façon quantitative les besoins en ressources pour compléter les programmes. Les budgets d'exploitation, de production, de charge de vente, de trésorerie sont tous des exemples de ces plans. Les budgets étant aussi des outils de contrôle, nous y reviendrons plus en détail au chapitre concernant le contrôle.

RÉSULTATS QUANTIFIÉS

LES ÉTAPES DU PROCESSUS DE PLANIFICATION

Le processus comporte donc un certain nombre d'étapes[2] que vous présente la figure 2.4.

LA PRISE DE CONSCIENCE D'UNE OPPORTUNITÉ

Il s'agit ici plutôt d'une prémisse au processus de planification. La prise de conscience de l'existence d'une opportunité de marché représente le déclencheur du processus de planification. La planification exige cette analyse des opportunités qui permettra l'établissement pour l'organisation d'objectifs réalistes tenant compte de ses forces et de ses faiblesses.

LA DÉTERMINATION DES OBJECTIFS

**OBJECTIF :
OUTIL DE MOTIVATION**

Si vous ne savez pas où vous allez, vous n'y parviendrez jamais. Les objectifs déterminent le résultat final attendu, définissent la finalité des actions à accomplir, établissent les priorités et fixent l'orientation des stratégies, des politiques, des procédures, des règlements, des budgets et des programmes. Il faut aussi des objectifs clairs et précis basés sur la participation.

**CRITÈRES :
OBSERVABLES ET MESURABLES**

L'établissement des critères nécessaires à l'évaluation de la démarche vers l'atteinte des objectifs constitue un élément inhérent à cette étape. L'objectif, les sous-objectifs, les buts et les activités inhérentes à la réalisation de ces objectifs doivent toujours être exprimés en des paramètres observables et mesurables. En effet, cela permet de comparer facilement la situation actuelle de l'entreprise avec celle que vous désirez retrouver à un moment déterminé. De plus, les objectifs ne peuvent être clairement compris et acceptés que s'ils sont exprimés en des termes nets et précis. Enfin, lors de l'étape du contrôle dont nous reparlerons plus loin, on verra pourquoi il est important que la situation finale puisse être facilement mesurable.

**TEMPS :
OUTIL DE MESURE**

Tous les objectifs sont des guides pour mesurer l'évolution d'une situation dans le temps. Ainsi, les objectifs à court terme sont qualifiés d'opérationnels, car ils se rapportent aux activités quotidiennes que vous devez accomplir. Les objectifs à long terme, quant à eux, sont qualifiés de stratégiques, car ils concernent l'orientation même de l'entreprise. Les objectifs à moyen terme seront alors qualifiés de tactiques et ils se situent au niveau de chacun des services. Mais quel que soit le type d'objectifs, le facteur temps y est inclus et sert d'outil de mesure au gestionnaire et à ses subordonnés.

L'ANALYSE DE L'ENVIRONNEMENT

ÉTABLIR DES HYPOTHÈSES CONCERNANT L'INCONNU

Planifier, c'est parler du futur, et il faut alors tenir compte des impondérables de toutes sortes. Pensons seulement à l'insuffisance des données, aux changements dans l'offre et la demande des différentes ressources nécessaires

---

2. Si vous désirez une bonne description du processus de planification, référez-vous à : H.R. Knudson, R.T. Woodworth et C.H. Bell, *Management: An Experiential Approach*, New York, McGraw-Hill, 1973, p. 119-133.

pour atteindre des objectifs, etc. La présence de ces facteurs ne doit pas vous empêcher de faire de la planification; au contraire, l'anticipation des effets de ces facteurs permettra au gestionnaire, s'ils se présentent, de réagir rationnellement et d'éviter les réactions à courte vue.

D'ailleurs, ces ajustements en fonction des impondérables constituent un exercice de planification en cours de réalisation des objectifs, car la planification est un processus continu qui nécessite une adaptation perpétuelle, d'où l'importance d'un suivi.

L'ÉLABORATION DES SOLUTIONS DE RECHANGE

Comme vous avez pu le constater, il y a plusieurs cheminements possibles vous permettant de finaliser un travail de session. Cela est dû au grand nombre de variables et à l'étendue des combinaisons possibles de celles-ci. Ainsi, le planificateur se doit d'être créatif afin d'élaborer le plus grand nombre d'options. C'est là un des aspects les plus importants de la planification.

Les solutions de rechange appellent la créativité

Une fois les solutions de rechange élaborées, il faudra procéder à leur analyse. À cette étape, vous devez soupeser toutes les variables et les possibilités disponibles afin de déterminer la combinaison la plus propice à la réalisation de votre objectif. Cela nécessite évidemment l'intervention d'outils tels que les ordinateurs, les techniques mathématiques et toutes les autres méthodes structurées de prise de décision.

Éventail

LE CHOIX

L'adoption réelle d'un plan se situe à cette étape; nous parlerons plus loin de la prise de décision. Il faut procéder à la sélection du plan qui nous offre le plus de chances d'atteindre les objectifs visés. Notons que si les ressources le permettent, le gestionnaire pourra retenir plus d'un plan.

Plan = une des possibilités

La planification stratégique à long terme est du ressort des cadres supérieurs. Tout d'abord exprimée en termes généraux, la planification devient de plus en plus précise et détaillée au fur et à mesure qu'elle se rapproche de l'exécution.

Plan d'action

Jusqu'à maintenant, vous avez sans doute tenu pour acquis que toutes les activités au sein de l'organisation sont effectuées de la façon la plus rationnelle et la mieux organisée possible. La rationalité signifie ici que chacune des activités est évaluée afin de déterminer son effet sur les buts de l'organisation; en un mot, toutes les activités sont planifiées. En fait, c'est un des objectifs de la planification de permettre une meilleure organisation des ressources.

Rationalité

L'ÉTABLISSEMENT DE BUDGETS

La planification demeure une démarche inutile à moins qu'elle ne serve véritablement de guide dans l'action. Tous et chacun, les cadres supérieurs aussi bien que les employés, doivent être mis à contribution. La planification doit être perçue comme faisant partie de la tâche de chacun.

Planification : guide réel dans l'action

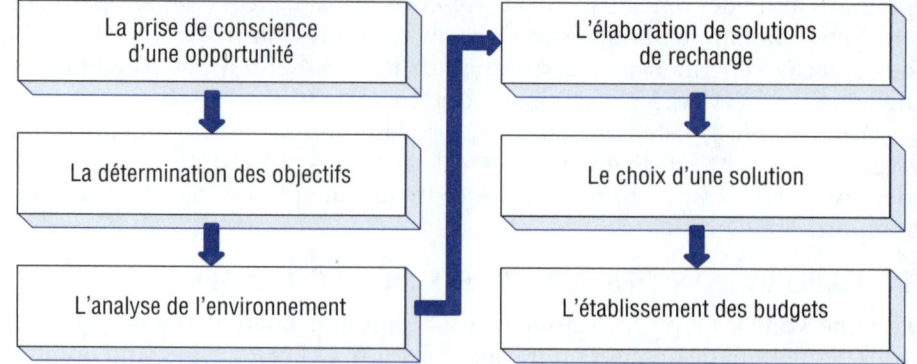

FIGURE 2.4
Les étapes du processus de planification

Chaque plan doit inclure une procédure de suivi et de révision périodique. Des critères précis et mesurables doivent être indiqués, afin que chacun puisse mesurer périodiquement ce qu'il a accompli en fonction des objectifs définis.

Le suivi implique obligatoirement la flexibilité. Rarement verrez-vous un plan se dérouler entièrement tel que prévu, surtout s'il est le moindrement complexe. Un plan est un guide d'action et non pas un tracé immuable sculpté dans le marbre. Ainsi, même les objectifs fondamentaux de toute une organisation peuvent être modifiés en cours de route si les circonstances le justifient. Vue sous cet angle, vous devez considérer la planification comme un processus continu faisant partie intégrante du travail du gestionnaire.

CONTRÔLE : FIN DE LA BOUCLE

Les budgets servent à quantifier les objectifs et les plans. Dans une situation idéale, les budgets sont un moyen de synthétiser les divers plans et ils seront aussi un excellent outil de contrôle.

La suite de ce chapitre sera consacrée à la présentation et à la discussion des différentes techniques et méthodes utilisées par le gestionnaire. Ces techniques seront partagées en deux groupes : les techniques à long terme et celles à court terme. Il faut savoir que cette division est artificielle, car dans le quotidien les deux sont interreliées.

LES CARACTÉRISTIQUES DE LA PLANIFICATION

Vous avez vu que la planification consistait à déterminer à l'avance ce qui doit être fait et comment cela doit être fait pour atteindre le résultat désiré. C'est en quelque sorte une série de décisions qui mènent à un objectif. La planification possède aussi ses propres caractéristiques dont les principales sont les suivantes :

UN PROCESSUS CONTINU

a) *Un processus continu* : La planification est une activité importante de tous les gestionnaires quel que soit leur niveau. C'est l'essence même de leur fonction et cela doit les imprégner totalement. En effet, la planification repose sur des variables en constante évolution et le gestionnaire se doit de réévaluer régulièrement ses objectifs et ses modes d'action en fonction de l'évolution de ces variables.

b) *Un travail mental*: La planification, qui précède l'action, est de nature intellectuelle, puisqu'elle utilise la réflexion, l'imagination et la prévision. Si vous planifiez, vous manipulez des intangibles en les confrontant avec votre expérience et vos connaissances.

UN TRAVAIL MENTAL

c) *Un exercice concret*: Quand vous planifiez, il ne s'agit pas seulement d'exprimer des désirs vagues et souhaitables. C'est un exercice qui consiste à trouver des solutions réelles et concrètes. Planifier exige que des réponses aux questions suivantes soient clairement élaborées :
   1) Pourquoi doit-on atteindre tel sous-objectif?
   2) Quelles actions sont nécessaires?
   3) Quand devra-t-on entreprendre ces actions?
   4) Où devront-elles être exécutées?
   5) Qui devra les accomplir?
   6) Quelles sont les méthodes qui devront être utilisées?
   Les réponses à ces questions sont la matière fondamentale de la planification.

UN EXERCICE CONCRET

d) *Activité soumise à l'environnement*[3]. Un grand nombre des éléments de la planification reposent sur une certitude quasi absolue. Ainsi, le nombre d'employés nécessaires pour accomplir un travail, l'équipement requis ou encore le temps à allouer pour une action sont facilement prévisibles. Mais certaines autres composantes de la planification sont incertaines et rendent celle-ci difficile. Entre autres, les variables de l'environnement sont de plus en plus complexes et soumises à une interdépendance croissante, ce qui rend les prévisions de plus en plus difficiles.

ACTIVITÉ SOUMISE À L'ENVIRONNEMENT

e) *Un processus axé sur l'information*: Il ne faut pas oublier que la valeur de la planification repose grandement sur la disponibilité et la qualité de l'information. Tous les renseignements concernant les variables internes et externes viennent justement diminuer l'impact de l'incertitude. Il faut donc que le gestionnaire ait accès à tout un ensemble de données que l'introduction de l'informatique de l'entreprise rend facilement, rapidement et économiquement accessibles. L'utilisation du « gros bon sens », que certains gestionnaires de la P.M.E. en particulier s'enorgueillissent de posséder, correspond probablement beaucoup plus à une aptitude très développée d'analyser et d'intégrer les perceptions de l'environnement.

UN PROCESSUS AXÉ SUR L'INFORMATION

Retenons que tous les plans sont des tentatives et qu'ils doivent être révisés continuellement en fonction des nouvelles informations obtenues concernant les ressources de l'entreprise et les facteurs de l'environnement.

---

3. Voir à ce sujet: William M. Lindsay et Leslie W. Rue, « Impact of the Organization Environment on the Long-Range Planning Process: A Contingency View », *Academy of Management Journal*, septembre 1980, p. 385-404.

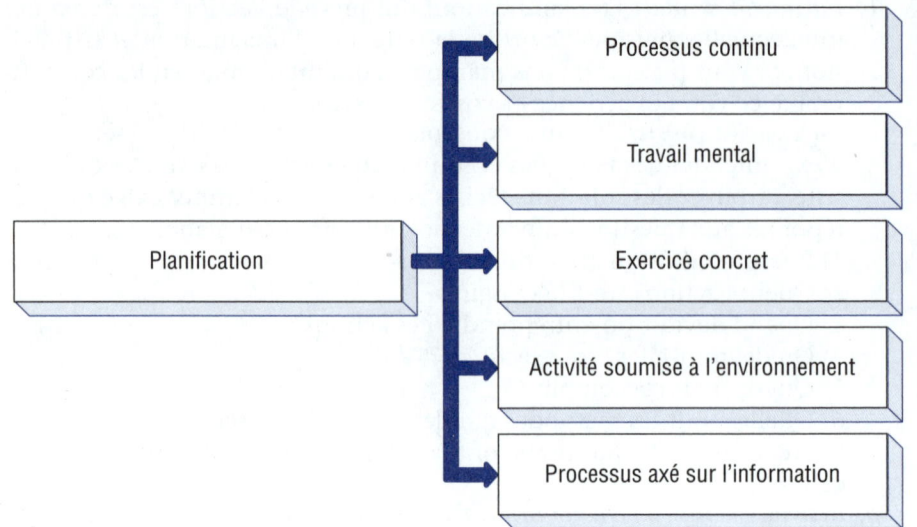

FIGURE 2.5
Les caractéristiques de la planification

LES IMPLICATIONS DE LA PLANIFICATION

En management, la valeur d'une décision repose sur les conséquences qui en découlent. Ainsi, aucune décision n'a de réelle valeur en soi ; il faut plutôt s'attarder à analyser les suites probables d'une décision, compte tenu des circonstances.

Si vous décidez de consacrer une partie de vos ressources à la planification, vous devrez connaître les aspects positifs et négatifs de votre choix. Ces éléments sont résumés au tableau 2.1.

LES AVANTAGES DE LA PLANIFICATION[4]

Les activités de planification apportent de nombreux avantages au gestionnaire dont les principaux sont :

JUSTIFIE ET ORDONNE LES ACTIVITÉS

a) *Justification et ordonnancement des activités.* À la suite d'une bonne planification, les activités sont évaluées selon leur utilité par rapport à l'objectif visé et à la logique de leur ordre d'exécution. En fait, il ne s'agit pas d'entreprendre plusieurs activités et de dépenser ainsi beaucoup d'énergie, mais plutôt d'entreprendre les activités qui seront dictées par la logique[5].

AMÉLIORE LE RENDEMENT DES RESSOURCES

b) *Amélioration du rendement des ressources.* Les ressources disponibles de l'entreprise sont dorénavant utilisées de façon optimum. Leur quantité

---

4. Inspiré en partie de : Darryl J. Ellis et Peter P. Pekar, *Planning for Nonplanners*, New York, Amacom, 1980, p. 22-23.

5. Lire sur le sujet : E.A. Locke et R.L. Somers, « The Effects of Goal Emphasis on Performance on a Complex Task », *Journal of Management Study*, n° 24, p. 405-411, juillet 1987.

et les moments de leur utilisation sont prévus en fonction d'un maximum de résultats possibles fondé sur les meilleures combinaisons.

c) *Anticipation du futur.* La planification vous sensibilise aux problèmes qui peuvent survenir et vous permet de profiter des modifications éventuelles de l'environnement plutôt que de les subir.

PERMET L'ANTICIPATION DU FUTUR

d) *Base du contrôle.* La planification et le contrôle forment un couple parfait. Le contrôle n'a de sens que si la planification a été faite, et la planification sans contrôle perd énormément de sa valeur. D'ailleurs, plusieurs nouvelles techniques combinent ces deux fonctions. Nous verrons plus loin le budget, le PERT, la feuille de contrôle, l'agenda, etc. La planification détermine les délais, les dates où les actions doivent être entreprises et où les objectifs doivent être atteints; de plus, elle établit les critères et les standards ainsi que les budgets de revenus et de dépenses. Nous retrouvons là la base du contrôle.

FOURNIT UNE BASE AU CONTRÔLE

e) *Encouragement de l'accomplissement*[6]. Si, au début d'une journée, vous décidez d'accomplir des choses sans préciser lesquelles, il y a alors de fortes chances pour qu'à la fin de la journée vous n'en ayez pas réalisé beaucoup. En effet, la rédaction claire et nette de certains objectifs nous motive et oriente nos actions de la journée. Ainsi, la planification réduit les dépenses d'énergie inutiles, les chevauchements improductifs et les actions non pertinentes.

ENCOURAGE L'ACCOMPLISSEMENT

f) *Obligation à une vision d'ensemble.* Lors de la planification, le gestionnaire doit avoir une vue d'ensemble de son service afin de mieux saisir les relations existant entre les différents éléments au sein de celui-ci et de mieux comprendre l'apport de chaque élément à l'ensemble. Cette vue d'ensemble lui permet aussi de mieux percevoir les forces et les faiblesses de son service.

OFFRE UNE VUE D'ENSEMBLE

TABLEAU 2.1 Les avantages et les inconvénients de la planification

Avantages	Inconvénients
Ordonnancement des activités	Retard dans l'action
Meilleur rendement des ressources	Réduction de la marge d'initiative
Anticipation du futur	Fondement sur des incertitudes
Base du contrôle	Coût élevé en énergie
Encouragement de l'accomplissement	

---

6. Lire à ce sujet : Sidney Shoeffler, Robert D. Buzzell et Donald F. Heany, « Impact of Strategic Planning on Profit Performance », *Harvard Business Review*, vol. 52, n° 2, mars-avril 1974, p. 137-145.

LES CRITIQUES À L'ÉGARD DE LA PLANIFICATION

Certains gestionnaires préfèrent passer immédiatement à l'action. Voici quelques-unes des critiques qu'ils avancent concernant la planification :

RETARDE L'ACTION

a) *Retard dans l'action.* Lorsque surviennent les urgences, il devient inutile de consacrer temps et énergie à la réflexion alors que le problème exige une solution immédiate. Cela paraît difficilement réfutable mais, dans tous les cas, un minimum de planification pourra éviter des erreurs coûteuses.

Il faut ajouter que pour beaucoup de gens l'action est rassurante, même si elle ne signifie pas toujours une dépense d'énergie utile. Enfin, il nous apparaît téméraire de nous lancer dans l'action sans consacrer un minimum d'énergie à définir l'objectif visé, la meilleure façon de l'atteindre et les conséquences de notre action sur les autres éléments du service ou de l'entreprise.

RÉDUIT LA MARGE D'INITIATIVE

b) *Réduction de la marge d'initiative.* Plusieurs gestionnaires croient que la planification établit un cadre d'opération rigide et limite toute initiative nouvelle. C'est justement pourquoi nous avons vu plus haut que tout programme de planification doit avoir une certaine flexibilité afin de permettre les ajustements de dernière minute face à une modification de la situation.

REPOSE SUR DES DONNÉES INCERTAINES

c) *Fondement sur des données incertaines.* Les planificateurs fondent leurs prévisions sur des données concernant la situation actuelle et future, données qui ne sont pas toujours adéquates et sûres. Personne ne pouvant prédire l'avenir, la formulation de plans ne peut résister à l'épreuve de la variation des éléments de l'environnement. Cela est vrai, mais le programme de planification doit être réévalué continuellement et toute modification des facteurs de l'environnement ou des ressources de l'entreprise doit amener des changements dans les objectifs ou dans la façon de les atteindre. L'avantage du plan d'action dans une telle situation découle de la connaissance des effets de ces modifications de l'environnement interne ou externe sur les autres éléments de l'entreprise.

COÛTE BEAUCOUP EN ÉNERGIE

d) *Coût élevé en énergie.* Il est vrai que la planification consomme énormément de temps et de ressources de l'entreprise, mais elle permet d'éviter des erreurs coûteuses dans l'action. Enfin, comme pour toutes les activités de l'entreprise, la planification doit être accomplie en tenant compte des circonstances. Son coût doit être proportionnel aux résultats finals. Cela s'applique aussi à toutes les autres fonctions de l'entreprise, que ce soit la formation, le contrôle, la publicité, etc.

Comme vous pouvez le constater, la planification comporte plus d'avantages que d'inconvénients lorsqu'elle est effectuée par des personnes compétentes et dans le but de faciliter l'action.

LES TECHNIQUES DE PLANIFICATION À LONG TERME

Lorsque nous parlons de planification à long terme pour une entreprise, nous faisons allusion à une période d'au moins trois ans. Cette catégorie de planification est élaborée au niveau de la hiérarchie supérieure de l'entreprise et vise principalement à intégrer les activités de tous les services de façon à atteindre un objectif global.

Les principaux outils utilisés pour y parvenir sont les *budgets,* la *direction par objectifs* (D.P.O.), les *réseaux,* les *techniques statistiques* et la *simulation.*

LE BUDGET[7]

Nous avons déjà fourni une définition du budget dans ce chapitre; notons aussi qu'il représente un des principaux outils de planification et aussi un des plus répandus. Rappelez-vous qu'un *budget* consiste en une représentation systématique des ressources financières, matérielles, humaines ou autres requises pour une période déterminée par une entreprise ou un élément de celle-ci afin d'atteindre les objectifs fixés.

REPRÉSENTATION SYSTÉMATIQUE

On prépare des budgets pour deux raisons principales. D'abord, ils permettent aux gestionnaires de l'entreprise d'évaluer l'efficacité et la contribution de chaque unité de l'organisation, la contribution d'une unité devant justifier l'utilisation des ressources. Puis, au niveau de la planification, les budgets fournissent une synthèse des besoins en capitaux, en main-d'œuvre ou en toute autre ressource de toute l'organisation pour une période déterminée. Ainsi, la précision de la planification budgétaire devient un élément important en ce qui a trait à la santé et à la survie de l'organisation. Les budgets seront aussi utilisés lors du contrôle.

---

7. Voici quelques sources intéressantes concernant les budgets: Larry N. Killoygh et Wayne E. Leininger, *Cost Accounting: Concepts and Techniques for Management,* New York, West Publishing, 1984; Michel Hammer et James Champy, *Reengineering the Corporation,* New York, Harper Collins, 1993; W. Morley Lemon, Alvin A. Arens et James K. Loebbecke, *Auditing: An Integrated Approach,* 5ᵉ édition canadienne, Scarborough, Ont., Prentice-Hall Canada, 1993; Joseph A. Maciariello, *Management Control System,* Englewood Cliffs, N.J., Prentice-Hall, 1984; James C. Van Horne, *Financial Management and Policy,* Englewood Cliffs, N.J., Prentice-Hall, 1989; J. Guillaume et Roger Lamontagne, *La fonction finance,* 2 vol., Montréal, McGraw-Hill, 1991; J. Weston et Brigham, *Gestion financière,* Montréal, Éditions Études Vivantes, 1992.

A) Budgets d'exploitation de la société ABC pour janvier :
par postes :

main-d'œuvre	2650 $
temps supplémentaire	400
encadrement	350
matières premières	3000
fournitures	300
communications	60
frais de déplacement	80
fournitures de bureau	40
	6880 $

par région :

Région est	1600 $
Région nord	1580
Région ouest	2000
Région sud	1800
	6880 $

B) Budgets de production :

Service A

Sujet	Prévision	Réel	Écart	Commentaires
1. Article #632 nb unités	25 000	24 241	(759)	Très bien
2. Article #928 nb unités	32 000	26 200	(5800)	Bris des couteaux de la machine C
3. Coût de main-d'œuvre directe en heures	7 800	7 630	(130)	Bon... ?
4. Coût de main-d'œuvre indirecte en heures	880	960	80	Problème dû à la machine C
5. Articles refusés #632 #928	200 250	184 320	(16) (28)	Machine C
6. Nombre d'heures pour entretien	40	62	22	Réparation machine C 27 heures

7. Commentaires :
Tous les écarts sérieux ont été causés par le bris imprévu des couteaux de la machine C. La réparation a nécessité l'arrêt de la production et le rejet des articles déjà fabriqués.

Signature : _____Léo Marsan_____
Contremaître

FIGURE 2.6
Les budgets d'exploitation de la société ABC

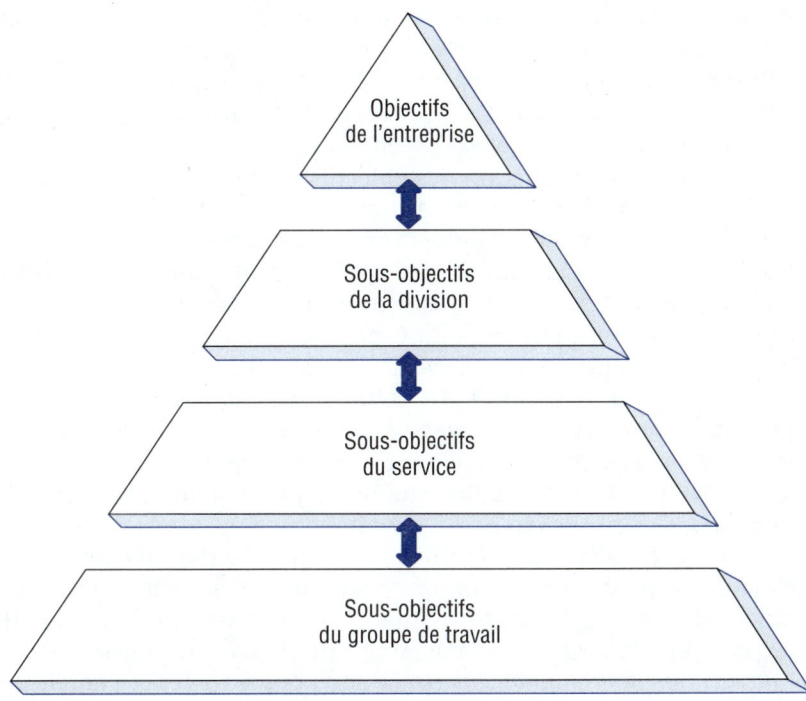

FIGURE 2.7
Les relations entre tous les niveaux

LA DIRECTION PAR OBJECTIFS

La *direction par objectifs* (D.P.O.)[8] est une technique très populaire. Cette technique consiste à établir des objectifs pour l'ensemble de l'entreprise et pour chaque unité, et à évaluer par la suite la performance de chacune en se basant sur les résultats. Les objectifs globaux de l'organisation sont définis par la haute direction et chacune des unités de l'entreprise doit établir les siens, ces sous-objectifs devant contribuer à la réalisation des objectifs globaux. La figure 2.7 vous fera comprendre les relations existant entre les objectifs.

ORIENTATION BASÉE SUR DES OBJECTIFS

Voyons maintenant plus en détail chacune des caractéristiques de la D.P.O. :
1. *Participation.* La définition des objectifs selon cette approche suppose une participation de tous les membres de l'organisation, et ce, à tous les niveaux. Les objectifs globaux orientent les sous-objectifs de chaque unité ; en revanche, en définissant ses sous-objectifs, un service peut influer sur les objectifs globaux. Bref, la D.P.O. est un processus bidirectionnel dans lequel les échanges vont du haut vers le bas et vice-versa.
2. *Orientation ascendante.* Nous avons déjà souligné les relations existant entre les différents niveaux quant à la planification et, malgré ce qui

PARTICIPATION

ORIENTATION VERS LES OBJECTIFS GLOBAUX

---

8. Pour des renseignements complémentaires, référez-vous à : A. Beck et E.D. Hillmar, « OD to MBO or MBO to OD : Does It Make a Difference ? », *Personnel Journal*, vol. 51, 11, p. 827-834.

vient d'être dit sur la participation, il faut insister sur la primauté des objectifs globaux de l'entreprise. Ainsi, chacun dans l'organisation contribue à l'ensemble et doit pouvoir identifier son apport au succès final. Donc, même s'il s'agit d'un processus d'orientation ascendante, les objectifs ne sont pas imposés par la haute direction. Ils sont plutôt discutés et évalués en fonction des objectifs globaux de toute l'entreprise.

Primauté des résultats sur les moyens

3. *Primauté des résultats.* Par définition, la D.P.O. privilégie les résultats. Ainsi, les objectifs établis sont énoncés en termes de résultats désirés et non d'activités à accomplir. Les gestionnaires doivent atteindre les objectifs définis par la haute direction, mais ils sont libres quant aux moyens à utiliser pour ce faire. Cette marge d'initiative dans le choix des stratégies représente une excellente source de motivation au travail.

Objectifs clairs et précis

4. *Précision des objectifs.* Les objectifs sont tous énoncés de façon claire et précise en des termes observables et mesurables; idéalement, ils sont même exprimés quantitativement. Ceci afin de mieux comprendre les buts à atteindre et de faciliter grandement l'activité de contrôle dont nous reparlerons plus loin.

Les objectifs guident la définition des rôles

5. *Définition des rôles.* Une définition aussi précise des objectifs permet à chacun de percevoir sa propre responsabilité dans la réalisation des objectifs globaux. De cette manière, les coûteux chevauchements de responsabilités sont évités et aucune activité n'est négligée.

La D.P.O. exige des échanges

6. *Amélioration des communications.* Le suivi des activités et l'amélioration de la qualité de la communication dans l'organisation sont deux exigences de la D.P.O. En effet, le processus de détermination des objectifs inhérent à cette méthode oblige les gestionnaires à réviser périodiquement l'évolution du programme et à échanger avec les cadres des différents niveaux sur la pertinence de poursuivre certains objectifs et sur la valeur du travail déjà accompli.

Bref, chaque gestionnaire constate qu'il est un chaînon et que l'ensemble de l'organisation de même que sa structure administrative sont liés l'un à l'autre par des sous-objectifs qui ne visent que la réalisation des objectifs globaux.

LES RÉSEAUX[9]

La planification à l'aide de *réseaux* consiste à tracer un diagramme des objectifs à atteindre ainsi que des activités à accomplir pour y arriver. Il existe plusieurs méthodes de présentation dont les principales sont:

– **PERT:** *Program Evaluation and Review Technique* (méthode de programmation optimale);

---

9. Si vous désirez pousser plus loin votre étude du PERT, voici quelques suggestions: Claudio Benedetti, *Gestion des opérations*, 3e édition, Montréal, Éditions Études Vivantes, 1991, chap. 5; K.D. Lawrence et S.H. Zanakis, *Production Planning and Scheduling*, Atlanta, GA., Industrial Engineering Management Series, 1984; Nollet, Kélada et Diorio, *La gestion des opérations et de la production*, Montréal, Gaëtan Morin éditeur, 1986; K. Roscoe Davis et Patrick G. McKeown, *Quantitative Models for Management*, 2e édition, Kent, Boston, 1984; Everett E. Adam et Ronald J. Ebert, *Production and Operations Management*, 3e édition, Englewood Cliffs, N.J., Prentice-Hall, 1986.

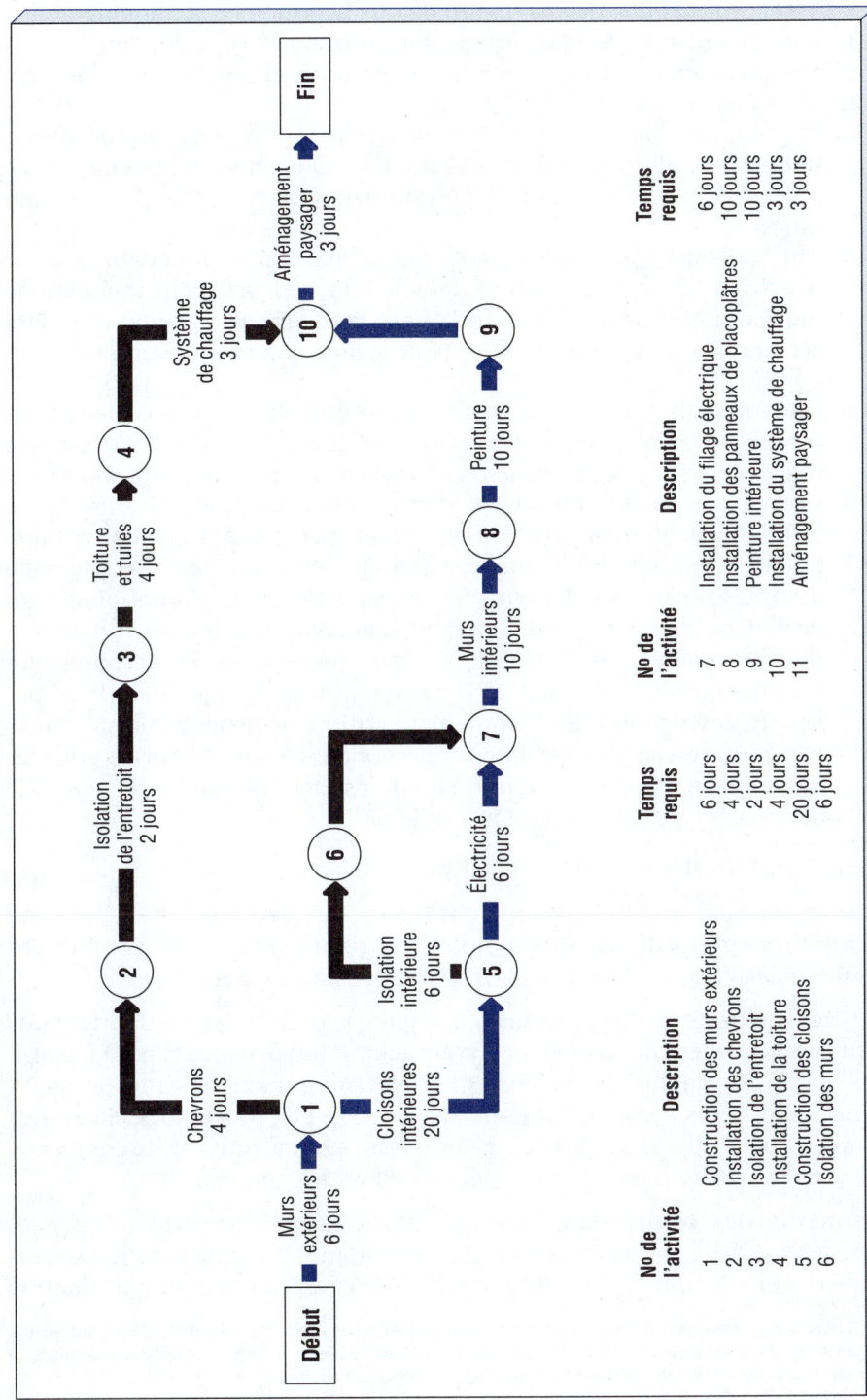

FIGURE 2.8
Le diagramme PERT pour la construction d'une maison

– **CPM :** *Critical Path Method* (méthode du cheminement critique);

Ces méthodes sont fondamentalement les mêmes et se fondent sur un résultat probabiliste ; vous pouvez d'ailleurs noter leurs points communs. Voici la liste des étapes de ces méthodes :

SOUS-OBJECTIFS

a) La première étape consiste à faire la liste de tous les *sous-objectifs* nécessaires à la réalisation de l'objectif final. Il faudra ensuite placer ces sous-objectifs par ordre logique ou chronologique afin d'en faciliter la réalisation.

ACTIVITÉS

b) Afin de réaliser les sous-objectifs, il faut accomplir un certain nombre d'*activités*. Celles-ci se situent dans le temps et occupent une période plus ou moins longue. Elles indiquent la nature du travail devant être accompli et le temps nécessaire pour le faire et atteindre ainsi un sous-objectif.

INTÉGRATION

c) Une fois établis les sous-objectifs et déterminé le temps nécessaire pour accomplir les activités qui leur sont reliées, il s'agit de construire un réseau démontrant les *relations unissant les activités* et ces sous-objectifs.

ANALYSE DU RÉSEAU

d) Une fois le réseau établi et le cheminement critique défini, la tâche réelle du gestionnaire commence. Notez que le cheminement critique représente le réseau le plus long, donc celui qui doit être surveillé davantage, car un délai dans les activités de ce réseau entraînera un délai dans le projet global. Il faut donc analyser la situation afin de tenter continuellement de réduire le temps nécessaire pour accomplir les activités qui s'y trouvent. Il arrive fréquemment que, pendant le déroulement des activités, le cheminement critique se déplace vers une autre partie du réseau. Même si cette méthode est surtout utilisée pour les projets d'envergure, le gestionnaire constatera qu'un réseau simplifié de ses activités peut lui être fort utile.

LES TECHNIQUES STATISTIQUES

Vous verrez dans les lignes qui suivent l'usage qui peut être fait de certaines techniques simples de statistique ; nous négligerons volontairement les techniques plus avancées[10] qu'il serait trop long de développer ici.

Les techniques de projection. Il s'agit de prévoir les comportements futurs de certaines variables en analysant leurs comportements passés. Ainsi, les ventes ont augmenté en moyenne de 7 % pendant les cinq dernières années, alors elles connaîtront une hausse de 7 % l'an prochain. Cela est très simple et peu coûteux ; ce faisant, nous tenons pour acquis que le comportement d'une variable sera constant, ce qui est en soi un peu risqué.

L'analyse des tendances. L'analyse des tendances consiste à éviter les inconvénients de la projection directe en utilisant les tendances du comportement. Par exemple, si les ventes des trois dernières années ont connu une

---

10. Le lecteur peut toujours se référer aux sujets suivants dans des livres plus spécialisés : l'accroissement moyen, la corrélation et la régression linéaire, les ajustements saisonniers, la corrélation multiple, la régression non linéaire, le lissage exponentiel, l'analyse factorielle, etc.

croissance de 70 000 $, 60 000 $ et 50 000 $, nous prévoirons une augmentation de 40 000 $ au lieu de 60 000 $ que nous indiquerait la technique de projection (soit 180 000 $ en 3 ans, donc 60 000 $ par année).

Les techniques de corrélation. Une troisième technique de statistique fort utilisée prend en considération le degré de relation entre les variables : il s'agit de la méthode de corrélation. Ainsi, lorsque la tendance d'une variable subit une modification, il est possible de prévoir la tendance que prendra une autre variable si la corrélation a été préalablement établie. Mais cela ne signifie en aucune façon que la première variable est la cause de la deuxième. La corrélation ne témoigne que d'un lien entre les tendances. Mais comme dans les autres techniques, la prévision n'est pas parfaite, car le lien même entre les tendances peut être modifié dans le temps.

LA SIMULATION

Les techniques avec lesquelles vous venez de faire connaissance s'utilisent beaucoup plus facilement à l'aide d'un ordinateur. Mais ce dernier offre une autre possibilité fort intéressante, consistant à créer une situation, à faire varier certains facteurs de l'environnement, puis à mesurer leur impact. Il s'agit bien sûr de la simulation. La méthode permet de réunir toutes les variables ayant quelque influence sur une situation donnée, d'établir ensuite la corrélation existant entre chacune et de construire un modèle mathématique capable de prédire cet impact.

SIMULATION

LES TECHNIQUES DE PLANIFICATION À COURT TERME

Les techniques de planification à long terme sont surtout l'apanage des cadres supérieurs de l'entreprise, alors que les techniques à court terme peuvent être utilisées par tous les gestionnaires.

Nous nous limiterons ici aux techniques de planification des activités quotidiennes du gestionnaire et de son équipe de travail.

LA FEUILLE DE CONTRÔLE

Vous avez sans doute connu de ces journées où vous n'avez pas cessé d'aller et de venir pour constater à la fin de la journée que peu de travail significatif avait été accompli. En fait, vous avez entrepris beaucoup de tâches sans jamais pouvoir les compléter. La méthode la plus simple pour pallier ce problème consiste à vous faire en début de journée une *liste des activités* à accomplir et de les classer par *ordre de priorités*. Ainsi, au cours de la journée, vous rayez chacune des tâches complétées. Si la liste des tâches prioritaires demeure longue, il faudra réévaluer les priorités ou déléguer plus de travail.

LISTE DES ACTIVITÉS

L'AGENDA

Certaines tâches et certaines rencontres doivent être accomplies ou avoir lieu à des moments précis. La liste des priorités présentées plus haut sera donc

MOMENT SPÉCIFIQUE

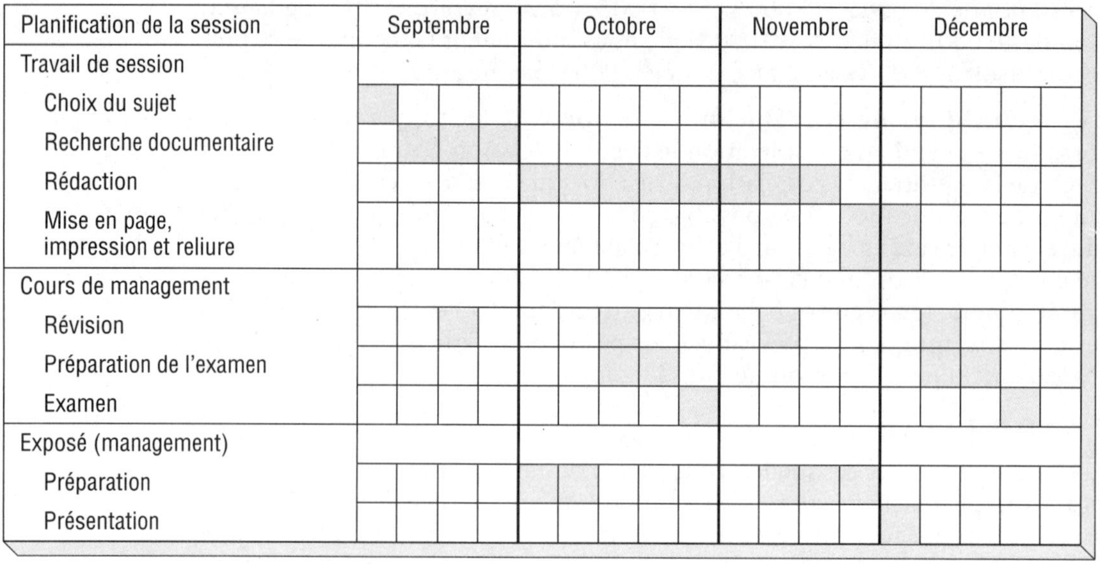

Planification de la session	Septembre				Octobre				Novembre				Décembre			
Travail de session																
Choix du sujet	■															
Recherche documentaire		■	■													
Rédaction			■	■	■	■	■	■	■	■						
Mise en page, impression et reliure											■	■	■			
Cours de management																
Révision		■		■		■		■		■		■		■		
Préparation de l'examen							■	■				■	■			
Examen								■					■			
Exposé (management)																
Préparation					■	■	■				■	■	■			
Présentation								■					■			

FIGURE 2.9 Un diagramme de Gantt

accompagnée de références quant aux *dates* et aux *heures*. Ainsi, il sera possible de prévoir certaines réunions à votre agenda et d'accomplir dans les jours qui précèdent le travail préparatoire à celles-ci.

LE DIAGRAMME DE GANTT

Nous vous présentons à la figure 2.9 un outil très utile de planification opérationnelle au service du gestionnaire, le diagramme de Gantt. C'est un diagramme dont la constitution permet au gestionnaire d'*utiliser au maximum les ressources mises à sa disposition*. Cette technique est utilisée entre autres pour la gestion des ressources humaines, car elle permet d'éviter, là où les tâches sont interreliées, que le retard dans une activité entraîne des conséquences en chaîne sur les autres tâches. Enfin, en plus de permettre l'organisation efficace des tâches des travailleurs, cette technique peut être utilisée pour répartir les commandes entre les différentes machines ou les différents groupes d'employés.

REVENONS AUX ORDINATEURS

En conclusion, il existe une très grande variété de techniques permettant d'améliorer la qualité de la planification. Nous avons donné un aperçu du fonctionnement des plus importantes et, bien qu'elles puissent paraître complexes, il est toujours possible de n'utiliser que les principes fondamentaux lorsque la situation n'en exige pas plus ou de les modifier pour mieux répondre à vos besoins.

Ces dernières années, toujours à l'aide des ordinateurs, un nouvel outil a été mis au point : les systèmes en temps réel. Ces systèmes enregistrent toutes les formes de transactions immédiatement et offrent sur demande des résumés des transactions précédentes. Pensons aux réservations de billets d'avion ; pensons aussi aux caisses enregistreuses qui contrôlent l'inventaire et permettent même que les commandes d'articles ayant atteint le niveau critique minimum soient automatiquement envoyées aux fournisseurs. Cet outil simplifie le travail de planification du gestionnaire et donne à celui-ci l'occasion de se consacrer davantage à la planification à long terme.

SYSTÈMES EN TEMPS RÉEL

LA PLANIFICATION PERSONNELLE

La gestion du temps[11] représente un aspect de la planification. Notez d'ailleurs que même si l'on parle toujours de gestion du temps dans de nombreux volumes et articles, *il s'agit d'abord et avant tout non pas de gérer le temps, mais bien les activités que vous accomplissez pendant une certaine période*[12].

GESTION DU TEMPS = GESTION DES ACTIVITÉS

Le Petit Robert définit le temps comme le « milieu indéfini où paraissent se dérouler irréversiblement les existences dans leur changement, les événements et les phénomènes dans leur succession ». L'espace mesure la distance entre les objets ; le temps mesure la distance entre les changements. Selon l'âge que nous avons, par exemple, la perception du temps est différente. À 40 ans, le gestionnaire qui n'a pas atteint ses objectifs de carrière s'inquiète de la façon dont se dérouleront les 5 prochaines années. Le finissant de cégep entrevoit les 5 prochaines années comme la période qui lui est allouée pour se tailler une place au soleil. N'oubliez pas qu'à 20 ans, 5 années représentent le quart de votre vie.

LE TEMPS

La gestion du temps consiste à concentrer ses efforts et ses ressources au moment approprié sur les problèmes importants que nous seuls pouvons solutionner. Il existe certaines solutions applicables universellement, mais la gestion du temps doit avant toute chose être personnalisée, car chacun possède un rythme propre et des ressources particulières.

LES MYTHES

Voyons pourquoi certains gestionnaires, malgré leur bonne volonté, n'ont pas encore atteint le niveau d'efficacité qui les distinguerait des autres. Souvent confrontés à leur incompétence à bien s'organiser, certains gestionnaires se sont inculqués une série de croyances qu'ils invoquent à titre d'excuses lorsque l'occasion s'y prête[13]. Examinons ces mythes.

---

11. Lire à ce sujet : Norman Kobert, *Managing Time*, Boardroom books, New York, 1984 (particulièrement les chapitres 6 et 7).
12. Voir : R.C. Dorney, « Making Time to Manage », *Harvard Business Review*, 66 : 38-40, janv.-févr. 1988.
13. Le terme « mythe » est utilisé par Mackenzie. Les mythes énumérés proviennent en partie de R. Alec Mackenzie, *New Time Management for You and Your Staff*, Chicago, Ill., The Dartnell Corporation, 1975, section 1 ; Fred Luthans et Mark J. Martinko, *The Practice of Supervision and Management*, New York, McGraw-Hill Book Co., 1979, chap. 4.

Le mythe de l'économie

Le temps peut être utilisé à d'autres activités, mais ne peut pas être emmagasiné. Et lorsque vous réduisez le temps consacré à une activité pour l'ajouter à celui d'une autre, vous devez agir avec discernement. Prendre une décision rapide afin d'économiser du temps à l'étape de l'analyse des solutions de rechange ou de la recherche des données risque de se traduire par une mauvaise décision dont le coût dépassera la valeur du temps « économisé ».

Le mythe de la semaine bien remplie

Chez le gestionnaire qui travaille de 8 heures à 19 heures, dont le bureau est inondé de dossiers, dont le téléphone ne dérougit pas et dont la présence est requise partout, on ne peut que constater le manque de planification, d'organisation et de délégation.

Le mythe de la faute des autres

Plusieurs gestionnaires accusent les autres de leur faire perdre du temps, principalement par leurs intrusions inopportunes, leurs longues conversations inutiles, leurs rapports interminables, leurs réunions mal organisées et indûment prolongées. Ne croyez-vous pas que nous avons un contrôle sur nos activités, que nous acceptons les intrusions et les conversations, et peut-être même les suscitons-nous?

Le mythe de l'action

La réflexion est aussi nécessaire au gestionnaire que l'action. Pourtant, certains gestionnaires vouent une sorte de culte à l'action, ou plutôt au mouvement. Un employé dont le pupitre est en ordre recevra une nouvelle tâche, celui qui semble débordé se verra probablement retirer un projet. C'est la meilleure façon de récompenser l'inefficacité.

Le mythe du service par soi-même

Déléguer nécessite une dépense de temps et d'énergie. Il faut choisir la bonne personne, lui expliquer le travail à accomplir, vérifier si elle a bien compris et contrôler le travail final, tout cela sans avoir l'assurance que le travail sera fait à notre satisfaction. Cette façon de voir amènera le gestionnaire à accomplir toutes les tâches pour lesquelles il se croira le plus apte; jamais il ne pourra déléguer, car jamais il n'a formé de subalternes.

Le mythe de la délégation

Afin d'éviter les tracasseries et les inconvénients inhérents à la prise de décision, d'autres gestionnaires ont une tendance exagérée à la délégation. Cela leur laisse aussi l'impression d'accomplir davantage. Il ne faut jamais oublier que si l'on peut déléguer sa responsabilité, on ne peut pour autant s'en dégager.

Le mythe de la rapidité

La quantité est une façon de mesurer l'efficacité, mais il ne faudrait pas oublier la qualité. Prendre plusieurs décisions rapidement ou lancer des ordres sans réfléchir peut entraîner une dépense disproportionnée de ressources. L'efficience consiste à accomplir les bonnes actions correctement et non à faire plusieurs actions dans le but qu'une d'entre elles soit rentable.

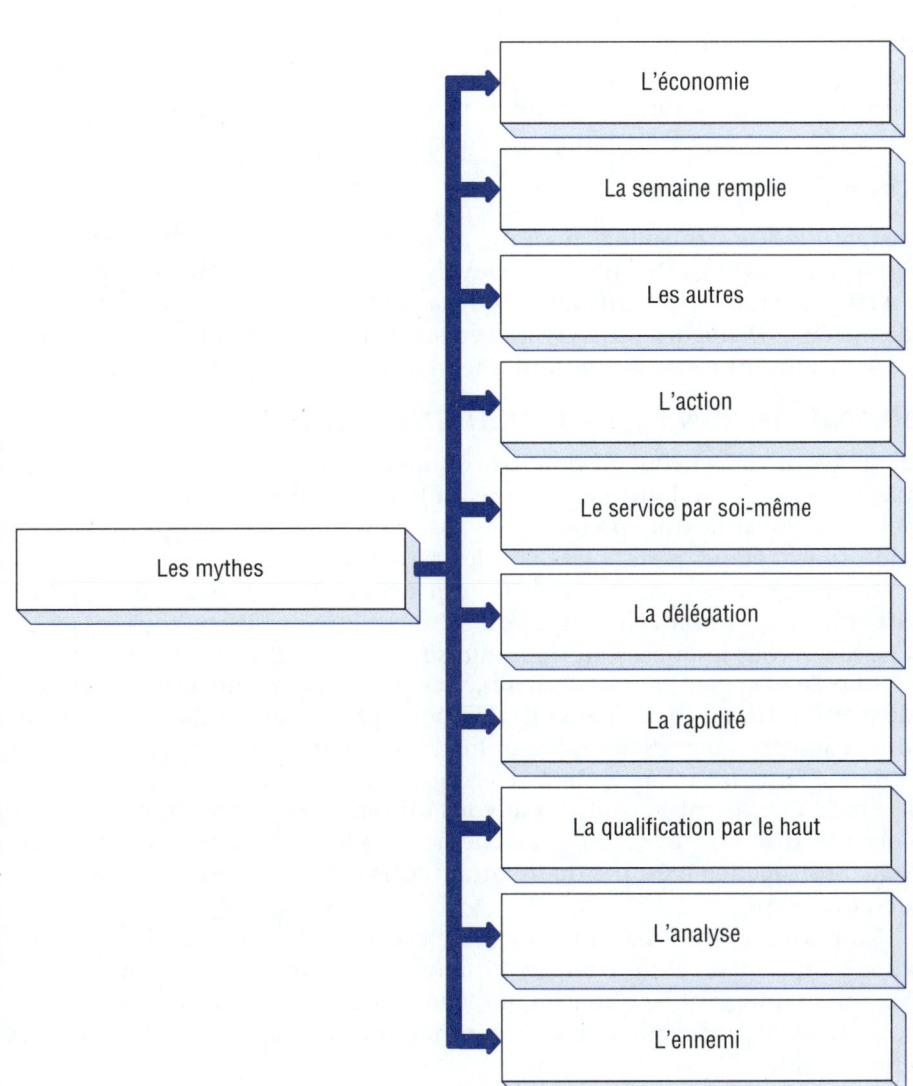

FIGURE 2.10
Les mythes concernant le temps

Le mythe de la qualification issue d'en haut

Se basant un peu sur les principes de Taylor, certains gestionnaires sont très réfractaires à la délégation et désirent se réserver toutes les décisions. Il y a pourtant un principe en administration qui veut que les personnes les plus aptes à prendre les décisions soient celles qui sont le plus familières avec le problème, c'est-à-dire celles qui participent directement à l'exécution de la tâche.

Le mythe de l'analyse

Certains gestionnaires sont paralysés devant une décision à prendre et tentent alors d'obtenir des données supplémentaires avant de faire un choix final. Vous connaissez sûrement de ces personnes qui, ayant lu une dizaine de revues concernant les chaînes stéréo, visitent cinq magasins à plusieurs reprises et discutent du sujet avec une demi-douzaine de leurs amis, sont encore indécises devant le contrat de vente et demandent au vendeur une ou deux journées supplémentaires de réflexion.

Le mythe de l'ennemi

Le temps est une ressource, un outil, au même titre que la D.P.O., l'informatique, etc. À cet égard, il n'est ni mauvais ni bon ; il est uniquement ce qu'on en fait. Le temps est neutre, tandis que la gestion qu'on en fait est efficace ou désastreuse. D'ailleurs, observez les personnes qui maugréent contre le temps, ce sont souvent celles qui en font une mauvaise utilisation.

PLANIFICATION DE LA PROCHAINE SEMAINE

OBJECTIF = PLUSIEURS SOUS-OBJECTIFS

Nous avons vu au début du chapitre comment établir des objectifs. Par exemple, la préparation d'un examen vise un terme relativement court, ce qui en soi est motivant. Alors pourquoi ne pas diviser les grands objectifs en une multitude d'étapes réalisables dans des périodes plus courtes ?

Gérer, c'est prendre des décisions. Commencez d'abord par choisir vos objectifs et le moment où vous désirez qu'ils soient atteints. Parmi tous ces objectifs, savez-vous lesquels sont importants ? Avez-vous des priorités ?

AGENDA : OUTIL DE PLANIFICATION

Afin de bien planifier vos activités, vous avez besoin d'un agenda ; cet outil de planification est indispensable. Un bon agenda permet d'enregistrer une liste d'activités quotidiennes par ordre d'importance, tels les appels téléphoniques à faire ou encore les lettres à écrire.

FLEXIBILITÉ

Quels que soient les outils que vous utilisez, vous devez en conserver le contrôle, d'abord en y recourant réellement, puis en demeurant flexible. Réévaluer son agenda n'est pas traumatisant : cela fait partie intégrante de la gestion du temps.

Vous avez analysé dans une première étape votre façon d'utiliser le temps alloué, puis vous avez compris l'importance d'une bonne planification. Voyons maintenant les obstacles qui pourront se présenter à vous et certaines techniques permettant de les contourner, ou du moins d'en diminuer les effets négatifs.

LES VOLEURS DE TEMPS[14]

Un bon moyen de gérer votre temps et vos activités consiste à identifier les situations qui grugent du temps d'une façon excessive. Une fois placé face à ces voleurs, vous êtes déjà en meilleure posture, sinon pour les éliminer, du moins pour en réduire l'action néfaste.

Voleur n° 1 : le téléphone

Invention extraordinaire, le téléphone est probablement un des outils qui nous fait gagner le plus de temps, car il nous évite de nombreux déplacements à l'intérieur comme à l'extérieur de l'entreprise. Il remplace le courrier dans la grande majorité des cas et permet même de tenir des réunions tout en éliminant la nécessité de la présence physique des personnes dans une même salle (conférence téléphonique).

COURT ET DIRECT

Le temps perdu au téléphone provient en grande partie de la mauvaise utilisation que l'on en fait ou que nos interlocuteurs en font. Par conséquent, tentez à l'avenir d'écourter vos appels téléphoniques en mentionnant ou en vous enquérant, dès le début, de l'objet de l'appel. Concentrez vos appels sur une même période de la journée et ayez à votre portée tous les documents nécessaires pour répondre aux questions de vos interlocuteurs.

Voleur n° 2 : les dérangements

VOTRE BUREAU, UNE SALLE DE REPOS ?

Les dérangements occasionnés par les visiteurs importuns[15] qui désirent « passer le temps » ou se reposer après une période de travail intense en dégustant un café dans votre bureau sont une autre cause majeure de perte de temps. Vous pouvez aussi exiger que les gens prennent rendez-vous, écartant ainsi tous les individus qui ont un problème mineur et que rebutera l'obligation de prendre rendez-vous. Fixez dès le départ le but de l'entretien et, si possible, le temps maximum que vous voulez y consacrer.

Voleur n° 3 : les réunions[16]

BON OUTIL DE TRAVAIL

Tous les gestionnaires maugréent contre les réunions, mais très peu d'entre eux prendront les mesures nécessaires pour les écourter ou même les éliminer à l'occasion. Il n'est pas question de nier la valeur des réunions comme technique de travail en gestion, il ne s'agit que de les rendre plus productives.

VOTRE PRÉSENCE

N'oubliez pas qu'une réunion ne doit avoir lieu que lorsqu'elle est nécessaire ; ne doivent y assister que les personnes intéressées — et encore, seulement durant la partie qui les concerne. Ce dernier point implique que l'agenda de la réunion doit tenir compte des personnes qui doivent y assister

---

14. Afin d'améliorer votre propre gestion du temps, lire : Warren Keith Schilit, *Personnel Journal*, septembre 1983, p. 740.

15. Voir aussi : J.P. Davidson, vol. 25, août 87, p. 17-18.

16. Si vous êtes aux prises avec ce problème, voyez les nombreuses suggestions de Fred Luthans et Mark J. Martinko, *The Practice of Supervision and Management*, New York, McGraw-Hill Book Co., 1979, p. 106-107.

Deuxième partie : La planification

PRÉPARATION

et des problèmes qui touchent celles-ci. Il faut choisir l'heure et le lieu en fonction des participants, s'assurer de commencer à l'heure fixée, déterminer la durée de la réunion et terminer à l'heure prévue.

De plus, vous devez préparer la réunion, surtout si vous y présentez des propositions ; la documentation doit parvenir à l'avance aux participants et ceux-ci doivent en prendre connaissance avant la réunion. Il faut un président d'assemblée ferme qui suivra l'ordre du jour et la procédure de façon à améliorer l'efficacité de la réunion. La réunion doit avoir un suivi qui se traduit par la rédaction, dans un délai très court, d'un procès-verbal qui sera distribué aux participants et par un contrôle des décisions prises à la réunion ainsi que de leur application.

Voleur n° 4 : la gestion par crises

CRISES VS PRIORITÉ

Les urgences sont souvent les impératifs de la journée, et nombreux sont les gestionnaires dont la principale activité quotidienne consiste simplement à répondre aux urgences. Il n'est pas toujours possible de rester impassible devant les urgences, les impératifs de l'emploi vous obligeant souvent à intervenir. Mais avant tout, il faut garder son sang-froid, analyser le problème, comparer ce problème avec vos priorités et déterminer si c'est vraiment à vous de régler ce problème ; n'intervenez que si votre participation apparaît indispensable et déterminante. N'oubliez pas qu'une des principales causes de la gestion par crises demeure l'hésitation à prendre des décisions au moment opportun.

Voleur n° 5 : le désordre

CLASSEUR N° 13

Un bon système de classement représente un investissement extrêmement rentable. Ne classez pas tout ; interrogez-vous d'abord sur l'utilisation future du document avant de le ranger. Gardez votre pupitre dégagé et ne conservez dans votre classeur de bureau que les documents que vous pensez utiliser à très court terme. Essayez de parachever un travail à la fois ; s'il y a des interruptions, revenez immédiatement au dossier inachevé avant d'entreprendre l'étude d'un autre dossier. Vous pourriez, par exemple, toujours commencer par la tâche la plus difficile. Imposez-vous des délais.

Voleur n° 6 : les lectures

NE PAS TOUT LIRE

Il ne faut pas tout lire simplement parce qu'on l'a écrit. Sélectionnez scrupuleusement vos lectures ; elles peuvent être enrichissantes, mais sont certainement de grandes consommatrices de temps. N'oubliez pas de consulter les condensés et les comptes rendus qu'on trouve à la fin des volumes ou des revues.

Surlignez et annotez vos textes, cela vous évitera de les relire. Lisez rapidement. Vous pouvez facilement doubler la vitesse de lecture qui vous est habituelle. Le rythme de vos lectures doit aussi être fonction de l'importance du texte à lire. Choisissez vos lectures suivant ce qu'elles peuvent apporter à votre travail, à votre développement personnel et à votre détente.

Voleur n° 7 : le courrier

Le téléphone remplace souvent très efficacement le courrier, coûte considérablement moins cher, vous permet un contact plus personnel et vous offre un *feed-back* immédiat. Lorsque vous devez questionner sur un sujet précis ou encore confirmer une information, le courrier est irremplaçable. C'est l'outil que le représentant commercial utilise d'ailleurs avant un appel téléphonique et, parfois, à la suite de cet appel pour confirmer une entente ou remercier son interlocuteur. Dans ce cas, adoptez un style direct, net, dynamique et vivant. Avez-vous déjà utilisé l'Internet ?

Voleur n° 8 : les déplacements

Toujours la même question : devez-vous absolument vous déplacer ? Au moment d'une conversation, si votre interlocuteur vous indique qu'il serait avantageux de vous rencontrer, soyez accueillant, spontané et rapide : invitez-le. Si les déplacements sont nécessaires, planifiez-les et n'oubliez pas de confirmer les rendez-vous avant de quitter votre bureau.

<small>Soyez accueillant</small>

Voleur n° 9 : le surplus de travail

Plus vous accomplissez de travail, et plus de tâches, de responsabilités et de crises se présentent à vous. Il faut donc prendre des décisions énergiques si vous ne voulez pas succomber à la tâche. Une des solutions miracles consiste simplement à déléguer aux subordonnés tout ce qui relève de leur expérience et de leur compétence. Cela vous libère et permet à vos subordonnés de faire face à de nouveaux défis, leur offrant ainsi une possibilité de développement. Une autre technique trop peu utilisée consiste à se plaindre.

Si vous êtes surchargé, n'hésitez pas à confier le travail à une autre personne pour atteindre votre objectif. Si vous n'apprenez pas à dire NON poliment, mais fermement, vous joindrez rapidement le groupe des gestionnaires stressés qui, de toute façon, ne pourront répondre aux demandes qu'ils ont acceptées.

<small>Non</small>

Combattre cette bande de voleurs constitue un bon départ, mais ce n'est là qu'un moyen de gagner du temps. La véritable gestion du temps commence au moment où nous utilisons le temps ainsi gagné à une meilleure planification, une meilleure organisation, une meilleure délégation et une meilleure sélection des activités à entreprendre.

RÉSUMÉ

(Il faut noter que le texte suivant ne représente qu'un résumé de la description des objectifs.)

1) Présenter un schéma conceptuel du processus de planification.

   La planification est le fondement même de la fonction du gestionnaire. Il s'agit d'un processus par lequel vous définissez les objectifs de l'entreprise compte tenu de sa mission ou de sa raison d'être. De plus, ce processus comprend la description des différentes étapes nécessaires pour réaliser les objectifs visés, c'est-à-dire les plans. Donc, c'est l'étape du processus de gestion où l'on décide des objectifs à atteindre, des ressources requises pour ce faire, en tenant compte des forces environnementales susceptibles d'influencer l'activité.

2) Distinguer les différents niveaux d'objectifs.

   Les organisations établissent généralement trois niveaux d'objectifs, soient: a) les objectifs stratégiques qui sont des objectifs définis en termes très larges, ils émanent de la haute direction de l'entreprise et la concerne globalement; b) les objectifs tactiques établis par les gestionnaires intermédiaires de divers services et qui permettront d'atteindre les objectifs stratégiques; c) les objectifs opérationnels sont les objectifs spécifiques et définis en termes quantitatifs, établis par les gestionnaires de premier niveau.

3) Rappeler les caractéristiques des objectifs efficaces.

   Afin de permettre la réalisation de la mission de l'organisation, les objectifs doivent représenter un défi, être réalisables, mesurables, pertinents et comporter un délai.

4) Expliquer les différents plans du processus de planification.

   Les principaux plans du processus de planification sont: a) les objectifs qui représentent ce vers quoi tend toute l'activité de l'organisation; b) les stratégies qui représentent la définition des objectifs à long terme de l'organisation et qui impliquent l'élaboration de plans d'action et la distribution des ressources nécessaires à la réalisation des objectifs; c) les politiques qui sont des énoncés ou des conventions guidant la prise de décision ou la réflexion dans la démarche effectuée en vue d'atteindre les objectifs; d) les procédures qui sont des plans qui définissent le déroulement normal des activités en indiquant d'une façon précise la façon d'accomplir l'activité en question; e) les règlements qui sont des énoncés d'actions ou de comportements imposés et attendus dans certaines situations ou encore des comportements interdits dans certaines situations; f) les budgets qui sont l'expression des résultats attendus exprimés en termes quantitatifs; g) les programmes qui sont un ensemble composite de buts, de stratégies, de politiques, de procédures, de règlements et de budget et qui comprennent généralement les actions à être entreprises, les ressources nécessaires, les hypothèses concernant l'environnement et les champs d'action.

5) Décrire les étapes du processus de planification.

   Les étapes du processus de planification sont: a) la prise de conscience de l'existence d'une opportunité de marché représente le déclencheur du processus de planification; b) la détermination des objectifs devant mener vers le résultat attendu; c) l'analyse de l'environnement; d) l'élaboration de solutions de rechange due au grand nombre de variables et à l'étendue des combinaisons possibles de celles-ci; e) le choix du plan qui nous offre le plus de chances d'atteindre les objectifs visés; f) l'établissement de budgets.

6) Discuter des caractéristiques de la planification.

La planification possède ses propres caractéristiques dont les principales sont les suivantes : a) un processus continu, car elle repose sur des variables en constante évolution de sorte que le gestionnaire doit réévaluer constamment ses objectifs et ses modes d'action en fonction de l'évolution de ces variables ; b) la planification est de nature intellectuelle, précédant l'action puisqu'elle utilise la réflexion, l'imagination et la prévision, c'est un travail mental ; c) un exercice de solutions réelles et concrètes ; d) une activité soumise à l'environnement ; e) un processus axé sur l'information.

7) Reconnaître les implications de la planification.

Vous devrez connaître les aspects positifs et négatifs de la planification.

Les activités de planification apportent de nombreux avantages au gestionnaire dont les principaux sont : a) la justification et l'ordonnancement des activités ; b) l'amélioration du rendement des ressources ; c) l'anticipation du futur ; d) l'établissement d'une base de contrôle ; e) l'encouragement de l'accomplissement ; f) l'obligation à une vision d'ensemble.

Voici quelques-unes des critiques qu'ils avancent concernant la planification : a) cause des retards dans l'action ; b) réduit la marge d'initiative ; c) repose sur des données incertaines ; d) consomme beaucoup d'énergie.

8) Présenter les techniques de planification à long terme.

Cette catégorie de planification est élaborée au niveau de la hiérarchie supérieure de l'entreprise et vise principalement à intégrer les activités de tous les services de façon à atteindre un objectif global. Les principaux outils utilisés pour y parvenir sont : a) les budgets qui consistent en une représentation systématique des ressources requises afin d'atteindre les objectifs fixés ; b) la direction par objectifs qui consiste à établir des objectifs pour l'ensemble de l'entreprise et pour chaque unité et à évaluer par la suite la performance de chacune en se fondant sur les résultats ; c) les réseaux qui consistent à tracer un diagramme des objectifs à atteindre ainsi que des activités à accomplir pour y arriver ; d) les techniques statistiques de projection, d'analyse des tendances et de corrélations ; et e) les simulations qui permettent de réunir les variables influençant une situation donnée, d'établir la corrélation existant entre chacune et de construire un modèle mathématique capable de prédire cet impact.

9) Présenter les techniques de planification à court terme.

Limitons-nous aux techniques de planification des activités quotidiennes du gestionnaire et de son équipe de travail. Il y a tout d'abord a) la feuille de contrôle, soit une liste des activités à accomplir et à classer par ordre de priorités ; b) l'agenda, soit la liste des priorités présentées plus haut sera donc accompagnée de références quant aux dates et aux heures ; le diagramme de Gantt dont la constitution permet au gestionnaire d'utiliser au maximum les ressources mises à sa disposition ; et d) les ordinateurs et les systèmes en temps réel qui enregistrent toutes les formes de transactions immédiatement et offrent sur demande des résumés des transactions précédentes.

10) Présenter les mythes concernant la gestion du temps.

Les principaux mythes concernant la gestion du temps sont : a) le mythe de l'économie ; b) le mythe de la semaine bien remplie ; c) le mythe de la faute des autres ; d) le mythe de l'action ; e) le mythe du service par soi-même ; f) le mythe de la délégation ; g) le mythe de la rapidité ; h) le mythe de la qualification issue d'en haut ; i) le mythe de l'analyse ; et j) le mythe de l'ennemi.

11) Présenter les éléments comportant des obstacles à une gestion du temps efficace.

Les facteurs pouvant entraîner une mauvaise gestion du temps sont: a) le téléphone; b) les dérangements; c) les réunions; d) la gestion par crises; e) le désordre; f) les lectures; g) le courrier; h) les déplacements; et i) le surplus de travail.

Combattre cette bande de voleurs constitue un bon départ, mais ce n'est là qu'un moyen de gagner du temps. La véritable gestion du temps commence au moment où nous utilisons le temps ainsi gagné à une meilleure planification, à une meilleure organisation, à une meilleure délégation et à une meilleure sélection des activités à entreprendre.

Vocabulaire

Agenda
Budget
Délégation
Direction par objectifs
Gestion du temps
Objectifs
Planification
Politiques

Priorités
Procédures
Processus de planification
Programme
Règlement
Réseaux
Simulation

QUESTIONS DE RÉVISION

1. Définissez tous les termes de la section «Vocabulaire».
2. Énumérez la hiérarchie des plans; décrivez-en tous les éléments en donnant un exemple pour chacun.
3. Décrivez l'impact des objectifs sur la motivation des employés.
4. Quelles sont les caractéristiques de la D.P.O.?
5. Quelles sont les six questions concrètes devant être posées durant la préparation du plan d'action?
6. Pourquoi doit-on inclure la variable «temps» lorsqu'on fixe des objectifs?
7. Quelle est la relation entre la planification et le contrôle?
8. Qu'y a-t-il d'incorrect dans les objectifs suivants:
   — Améliorer les ventes.
   — Accroître le rendement de la publicité.
   — Embaucher de meilleurs candidats.
   — Réduire les plaintes des clients.

   Comment peut-on les améliorer?
9. Quels sont les avantages et les inconvénients de la planification?
10. Décrivez les méthodes de planification à long terme.

11. Comment le gestionnaire peut-il changer les activités de crises en activités de routine?
12. Décrivez cinq obstacles à une bonne gestion du temps et dites comment on peut lutter contre eux.
13. «Planifier, c'est regarder vers le futur, et contrôler, c'est regarder vers le passé». Commentez.

SUJETS DE DISCUSSION

1. Un des objectifs de la planification est de faire face au changement, aux impondérables. Comment feriez-vous pour améliorer votre capacité à tenir compte de ces phénomènes?
2. La plupart des employés et des cadres exigent que l'entreprise définisse clairement ses politiques. Qu'est-ce qui, selon vous, motive cette attente?
3. Les expériences passées servent souvent de base à la prise de décision. Quels sont les dangers d'un tel procédé et comment peut-on, malgré ces dangers, bénéficier des enseignements du passé?
4. Quels sont les avantages d'une participation de tous et de toutes dans la planification?
5. Comment un organisme comme un cégep peut-il définir ses objectifs?
6. Lorsqu'on établit des objectifs, pourquoi le processus commence-t-il par les cadres supérieurs de l'entreprise?
7. Pourquoi les plans diffèrent-ils selon la période de temps qu'ils couvrent et quel est le lien entre la longueur de cette période et le niveau hiérarchique?
8. «La planification est une activité à laquelle un cadre ne devrait se consacrer que lorsqu'il n'a rien d'autre à faire.» Commentez.
9. Selon vous, quels sont, pour un gestionnaire, les avantages et les inconvénients de faire participer ses subordonnés à la planification des objectifs de l'unité administrative qu'il dirige?
10. Est-ce que la planification vise la prise de conscience des implications futures des décisions présentes ou la prise de conscience des implications présentes des décisions futures?
11. À moins d'être le «grand patron» de l'entreprise, toute personne travaillant dans une organisation voit la planification de son temps décidée par ses supérieurs et ne peut rien faire quant à la gestion de son temps. Discutez.
12. Si vous aviez à diriger une réunion de votre service, comment procéderiez-vous?
13. Décrivez les principaux avantages des objectifs à l'aide d'une situation que vous avez vécue.

EXERCICES PRATIQUES

1. À l'occasion d'une visite dans une entreprise de votre localité, renseignez-vous au sujet des politiques de celle-ci sur des points tels que :
   — les relations avec les fournisseurs,
   — l'environnement,
   — les relations avec la communauté,
   — l'embauche,
   — autres sujets de votre choix.

   Faites un compte rendu devant la classe en présentant les différentes politiques, leurs objectifs, les personnes visées, les procédures qui en découlent, etc.

2. Rendez visite au secrétaire général de votre collège et obtenez copie d'une procédure du cégep concernant :

   — les achats,

   — la location des locaux,

   — l'embauche d'un cadre,

   — tout autre sujet de votre choix.

   Expliquez la procédure devant la classe et donnez-en les implications.

3. Rendez visite à un cadre d'une entreprise de votre localité et questionnez-le sur les techniques de planification à court terme dont il se sert. Essayez d'obtenir une copie d'un document qu'il utilise et faites-en un exposé devant la classe.

4. En équipe, rencontrez un cadre du collège ou d'une entreprise de votre localité faisant usage d'un budget comme outil de planification. Renseignez-vous sur les méthodes de préparation et d'utilisation du budget. Est-ce un outil de prévision, de contrôle, etc? Les budgets antérieurs se sont-ils avérés utiles? Quels ont été les résultats? Le gestionnaire de cette entreprise doit-il s'en tenir strictement aux données de son budget dans ses opérations quotidiennes? Discutez les résultats de l'entrevue avec la classe.

5. Rédigez un plan d'action concernant vos objectifs de carrière pour les cinq prochaines années. Décrivez vos objectifs en termes assez précis, de façon à pouvoir vérifier la réalisation de ceux-ci. Décrivez deux façons d'atteindre ces mêmes objectifs et faites une évaluation des avantages et des inconvénients de chacune. Sur quels critères repose votre évaluation? Croyez-vous ces objectifs assez importants pour y investir vos ressources?

6. Faites chacun l'inventaire de vos activités pour deux semaines. Après analyse, un étudiant explique devant le groupe ses constatations et les résolutions qui s'imposent dans son cas.

7. En groupe, trouvez les 5 voleurs de temps les plus courants chez les étudiants ainsi que 10 façons d'en diminuer les effets négatifs.

8. Chaque groupe choisit un obstacle à la gestion efficace du temps pour un gestionnaire et élabore 10 moyens de supprimer, de contourner, de minimiser ou de combattre cet obstacle.

9. Choisissez un travail à long terme que vous devez compléter pendant la session. Présentez à la classe la planification de votre temps afin de respecter les délais et sollicitez des suggestions.

10. Faites une liste des objectifs que vous désirez atteindre au cours des cinq prochaines années. Sont-ils réalisables? sont-ils vérifiables? ont-ils des échéances?

CAS

CAS 2.1 : C'EST UN DÉPART

De retour d'un séminaire d'une semaine à New York, Pierre-André Romondt ne rapporte qu'une seule idée : « Le profit d'une entreprise dépend de sa part du marché. » En tant que vice-président des ventes de la société Robotronique ltée pour l'est du Canada, il est convaincu qu'en appliquant ce principe le séminaire s'avérera fort rentable.

Il prépare donc ses objectifs de l'an prochain en y inscrivant les points suivants :
a) augmentation des ventes de 7 % ;
b) réduction des prix de vente de 3 % ;
c) accroissement de la force de vente de neuf personnes ;
d) accélération du service après-vente en répondant aux appels des clients dans un délai réduit de trois à deux jours.

La société Robotronique fabrique de petits robots électroniques utilisés par les ateliers mécaniques et les fabricants d'appareils électroménagers. Ces robots se vendent entre 25 000 $ et 50 000 $ chacun et sont des outils d'une extrême précision, ce qui rend leur fabrication délicate. Les acheteurs sont très exigeants compte tenu du prix des robots et attendent de ceux-ci souvent plus que ce que l'appareil peut réellement accomplir.

Le marché dans lequel opère Robotronique ltée est cyclique, et il est très sensible aux fluctuations de l'économie en général. Lorsque les affaires sont au ralenti, il est évident que les entreprises n'investissent pas dans de nouveaux équipements ; mais lorsque les activités reprennent, les commandes affluent et il devient difficile de respecter les délais de livraison.

QUESTIONS-GUIDES POUR L'ANALYSE DU PROBLÈME
1. Sur quelles hypothèses reposent les objectifs de Pierre-André Romondt ?
2. Supposons que vous soyez le directeur ou la directrice des ventes pour le Québec et que ces objectifs vous soient présentés, quels commentaires feriez-vous à votre patron Pierre-André Romondt ?
3. Ayant lu et compris le chapitre 2, que diriez-vous à monsieur Romondt s'il vous demandait conseil ?

CAS 2.2 : OÙ EST L'ERREUR ?

Marie-Claude Godmaire rencontre aujourd'hui son patron pour lui faire part de ses prévisions concernant l'entreprise pour le prochain trimestre. Elle travaille pour Clairvue inc. depuis deux mois et sa tâche consiste à présenter chaque mois les résultats de ses évaluations au vice-président administration. Clairvue fabrique des fenêtres de qualité selon les spécifications des clients et son marché se situe principalement dans la construction des usines et des édifices à bureaux.

Le vice-président : Où sont les prévisions du service des ventes dans votre rapport ? Je ne les trouve pas.

Marie-Claude : Je ne les ai pas incluses.

Le vice-président : Et pourquoi cela ? Il faut toujours les mentionner.

Marie-Claude : Je fais des calculs à partir des ventes des années antérieures en tenant compte des indices de l'économie actuelle et j'ai indiqué mes conclusions à la fin de la section 2 du rapport.

Le vice-président : Je vois bien, mais le service des ventes doit chaque mois me faire part de ses prévisions et je ne retrouve pas ces chiffres dans le rapport.

Marie-Claude : C'est-à-dire que j'ai obtenu ces prévisions, mais elles m'apparaissent tellement farfelues que je n'ai pas osé les inclure dans le rapport.

Le vice-président : Ah !

Marie-Claude : Je ne sais sur quelles bases ils ont fait leurs prévisions, mais compte tenu de la relance économique actuelle et de l'accroissement du nombre de mises en chantier, je suis convaincue que les données du service des ventes sont beaucoup trop pessimistes.

Le vice-président : J'aimerais que vous regardiez à nouveau vos prévisions ; n'oubliez pas que les gens du service des ventes ont l'expérience du marché.

QUESTIONS-GUIDES POUR L'ANALYSE DU PROBLÈME
1. Quels sont les autres éléments sur lesquels vous pourriez fonder vos prévisions ?
2. Croyez-vous que les prévisions du service des ventes auraient dû être incluses, même si Marie-Claude n'était pas d'accord avec leurs conclusions ?

CAS 2.3 : EST-CE UN BON PLAN ?

La société Cycle II ltée est installée dans une petite ville au sud de Québec depuis 11 ans déjà. Elle fabrique toutes sortes de roues pour voiturettes d'enfants, landaux, poussettes, tricycles, mais 70 % de sa production est constituée de bicyclettes de marque Cycle O dont la réputation dépasse maintenant les frontières.

Depuis plusieurs années, la direction de l'entreprise est préoccupée par la productivité de l'atelier d'assemblage. Deux personnes ont successivement dirigé l'usine ces quatre dernières années et, avec l'aide du directeur des ressources humaines, plusieurs programmes ont été mis sur pied. Un programme de rémunération avec bonus a été implanté il y a quatre ans, puis, à la suite d'une étude de temps et de mouvements, de nouveaux critères de production ont été imposés. La cafétéria a été agrandie et des repas chauds sont maintenant offerts par une concessionnaire. L'atelier d'assemblage a été entièrement réaménagé il y a cinq ans et les conditions sanitaires (température, éclairage, bruit, poussière, etc.) sont sans reproche.

Diplômée du cégep en techniques administratives, option gestion industrielle, Sandrine Vaillant travailla au service d'organisation et méthodes pendant six mois avant d'être nommée à la tête de l'atelier d'assemblage il y a un mois. Elle étudia alors la situation pendant deux semaines, puis proposa un programme de D.P.O. afin de solutionner le problème chronique de productivité.

Afin d'éviter de faire peur à tous, elle nomma son programme «Mon plan» et jamais elle ne mentionna le terme D.P.O. Selon ses directives, chaque employé devait établir ses propres objectifs de production pour les six mois à venir, d'où le titre «Mon plan». À l'occasion d'une rencontre avec madame Vaillant, l'employé devait justifier ses objectifs et, après un échange concernant la pertinence de ceux-ci, elle devait les approuver. Par la suite, toutes les quatre semaines, l'employé devait rencontrer à nouveau son supérieur et lui faire part des progrès et des problèmes touchant l'atteinte des objectifs. Ces contrôles périodiques devaient permettre de faire le point sur l'évolution de la situation et surtout offrir une occasion de discuter des problèmes et de trouver des solutions pour que les objectifs finals soient atteints. Lorsque l'employé atteindrait ses objectifs mensuels, une demi-journée de congé serait rajoutée à ses vacances, permettant ainsi aux employés productifs de bénéficier de six jours de vacances de plus par année.

Devant le scepticisme de ses supérieurs, Sandrine se transforma en avocate et plaida si bien sa cause que l'on accepta de la laisser tenter l'expérience pour une période d'un an, après quoi le programme serait réévalué. Tellement de tentatives avaient été entreprises que le directeur de l'usine et le directeur des ressources humaines ne trouvaient plus l'énergie nécessaire pour essayer quoi que ce soit de nouveau. La fougue de Sandrine et son désir de s'imposer rapidement chez Cycle II lui fournissaient toute l'énergie nécessaire à la défense de son programme et à son implantation.

Elle rencontra la cinquantaine d'employés de l'atelier par groupes de 10 pour une période d'une heure chaque fois et leur fit part de ses intentions ainsi que du fonctionnement du programme. La séance était complétée par une période de questions et de suggestions. Sauf trois employés (les moins productifs, comme par hasard), tous semblaient d'accord et même enthousiasmés par son projet.

QUESTIONS-GUIDES POUR L'ANALYSE DU PROBLÈME
1. Croyez-vous que ce projet, tel qu'il a été présenté et mis sur pied, fonctionnera? Pourquoi?
2. Avez-vous des suggestions pour améliorer ce projet?

CAS 2.4: LA SOCIÉTÉ TOCKUPÉ LTÉE

Vous êtes monsieur G.L. Than, et voici votre situation pour le mois d'août. Celle-ci correspond à votre rythme de travail habituel, mais depuis que vous avez assisté à un séminaire sur la gestion du temps, vous avez décidé de mettre en pratique les idées fantastiques qui vous ont été communiquées.

Située dans la région de Saint-Hyacinthe depuis deux ans, la société Tockupé se spécialise dans la fabrication de fils électriques. Il y a cinq personnes pour diriger l'entreprise, et le style de management qui prévaut est plutôt collégial, c'est-à-dire que les décisions importantes sont discutées en groupe.

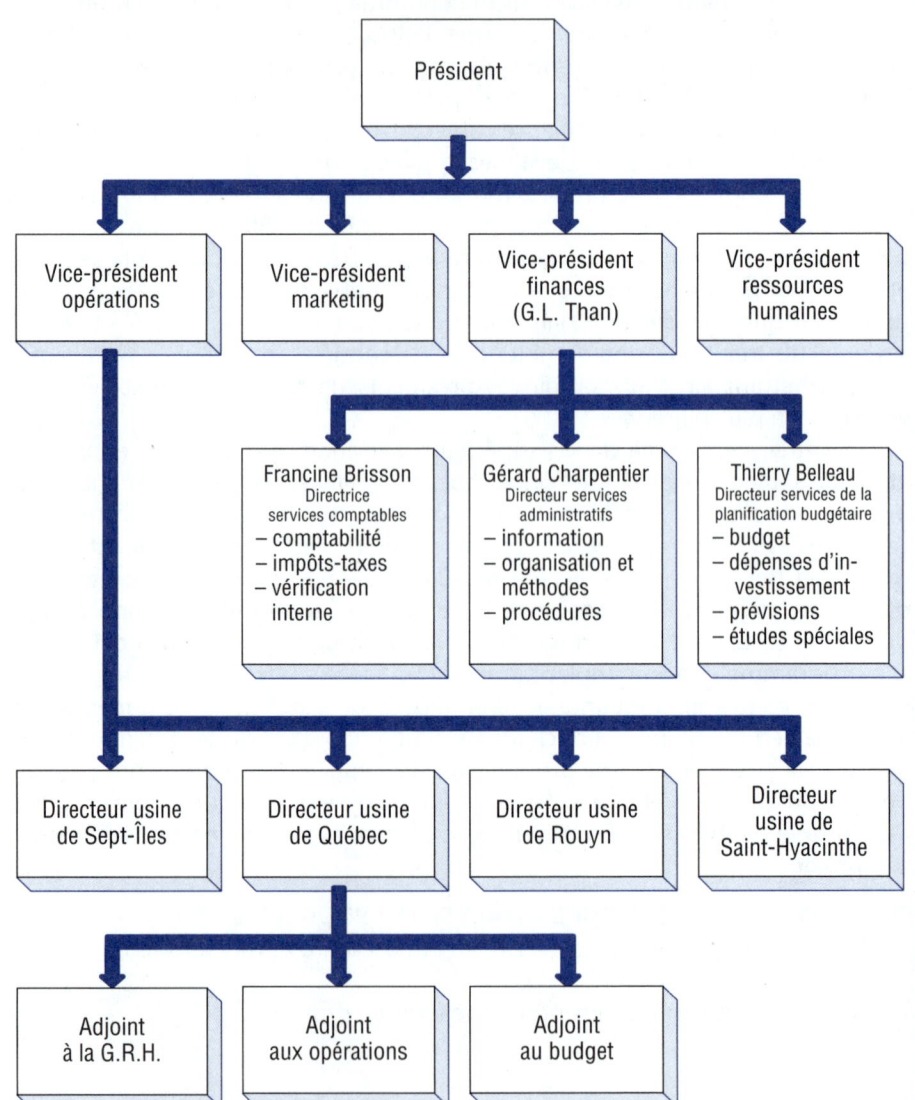

Organigramme de la société Tockupé.

Chapitre 2 : *Le processus de planification*

Vous dirigez une équipe de trois personnes (voir l'organigramme), soit Francine Brisson, directrice de la comptabilité ; Gérard Charpentier, directeur des services administratifs ; et Thierry Belleau, directeur de la planification budgétaire.

Vous êtes vice-président aux finances depuis 18 mois déjà et vous ne vous êtes jamais senti à l'aise dans vos fonctions. Il semble qu'il n'y ait aucune routine dans votre travail et que vous dépensiez toute votre énergie à répondre aux crises. Vous vous attendiez à subir des pressions au début, car ce travail est nettement plus exigeant que celui que vous faisiez précédemment, mais vous avez l'impression depuis un an qu'un volcan va exploser. Vous avez d'ailleurs souvent pensé à quitter votre emploi.

Une journée par mois est consacrée à la révision du budget d'opération et du programme de production. Cette réunion de planification prend toujours la journée entière, car on en profite pour discuter des problèmes de planification de la main-d'œuvre, de motivation et de rendement des cadres. Chaque année, un plan budgétaire est établi pour toute l'entreprise et il couvre l'année financière qui débute en novembre.

Le lundi matin de chaque semaine est consacré au petit déjeuner-causerie des cinq dirigeants de l'entreprise. Habituellement, la réunion a lieu de 8 heures à 10 heures. Vous considérez que ces réunions sont absolument essentielles pour faire le point sur plusieurs dossiers. De plus, il n'y a pas d'autre moment de la semaine où les cinq cadres supérieurs peuvent se libérer.

Malheureusement, lors des réunions du lundi, les dirigeants acceptent souvent de prendre une responsabilité urgente et imprévue qu'ils doivent accomplir la semaine même. En ce qui vous concerne, vous devez systématiquement consacrer une demi-journée à régler chacun de ces problèmes.

Habituellement, vers la fin du mois, vous tenez à votre bureau une réunion d'une journée avec vos trois directeurs afin de coordonner les efforts de tous et de faire le point. De plus, vous consacrez 12 jours par année à chaque responsable de la comptabilité dans chacune des usines. Vous révisez avec eux les différents rapports et procédures et vous en profitez pour les motiver et recueillir des renseignements sur les problèmes auxquels ils font face. En août, vous avez prévu passer deux jours avec le responsable de la comptabilité de l'usine de Québec et trois jours avec celui de Rouyn.

En regardant les notes de votre agenda, vous remarquez que les priorités du mois d'août sont fort nombreuses. Il vous faudra analyser le rapport de la firme de comptables, soumis une semaine plus tôt et portant sur les implications futures concernant des modifications à la loi de l'impôt (quatre heures). Il vous faudra concevoir et rédiger la première version du budget de l'an prochain et tenir compte du rapport des comptables. Ce plan exige beaucoup de travail et doit être prêt pour une présentation préliminaire à l'occasion de la réunion mensuelle de planification fixée le 25 août. Cela suppose que vous consacrerez deux ou trois jours pour en rédiger les grandes lignes et qu'ensuite vous en discuterez avec vos subalternes. Enfin, il faudra au moins deux autres journées pour la révision et la mise au point des détails. Vous avez de plus à embaucher un nouveau responsable de la comptabilité pour l'usine de Sept-Îles, car celui qui était en poste a démissionné au bout de trois mois seulement. Il y a 23 candidatures présentement pour ce poste. À la fin du mois, c'est-à-dire les 27, 28 et 29 août, vous devez assister à un cours de l'American Management Association à Boston.

Votre travail implique une grande partie de routine qui vous oblige à consacrer cinq heures par semaine au téléphone avec les responsables de la comptabilité dans chacune des usines. Il faut ajouter à cela les visites que vous leur faites régulièrement ainsi que la supervision du service de comptabilité de l'usine de Sept-Îles. Finalement, vous passez une demi-heure par jour à différentes tâches.

Cette dernière année, vous avez fait face à de nombreux problèmes, en particulier celui d'assurer la remise des rapports comptables des différentes usines dans les délais prévus. À chaque fin de trimestre, il y a un goulot d'étranglement et les résultats des opérations ainsi que la révision du budget n'ont jamais pu être présentés aux réunions du comité exécutif.

De plus, votre corbeille d'entrée contient les documents suivants :

a) une note de service du président vous rappelant que vous devez présenter le 31 août les prévisions de dépenses de voyage pour tout votre service, ce qui demande une douzaine d'heures de préparation ;

b) un message du président vous convoquant à une rencontre le 3 août à 14 heures avec le président d'une firme américaine qui désire vous vendre certains droits de distribution de leurs produits. La note se termine par :

c) 17 messages téléphoniques de différents services de l'entreprise ;

d) une lettre d'une très bonne amie qui vous invite à jeter un coup d'œil sur son travail de session pour son cours de comptabilité à l'université et à y noter vos commentaires ;

e) une note de votre secrétaire ;

f) une formule du service médical à remplir pour le 20 août (une heure) ;

g) un questionnaire de la chambre de commerce de Saint-Hyacinthe que vous aviez promis de retourner le 28 juillet au plus tard (deux heures) ;

h) une lettre de votre courtier concernant votre accident d'automobile avec un questionnaire à remplir (une heure) ;

i) une confirmation de la Société Saint-Jean-Baptiste de Saint-Hyacinthe au sujet de votre participation à titre de conférencier au dîner-causerie du 13 août — et que vous aviez complètement oublié ;

j) enfin, une note d'une commis de votre service demandant si elle peut participer à un séminaire du 9 au 11 août sur le rôle de la secrétaire au bureau ; le coût : 425 $. La note de service est datée du 23 juillet.

Afin de régler votre problème de rapports à rédiger, vous avez décidé de faire des visites aux usines à un rythme quatre fois supérieur à celui de votre prédécesseur. Mais cet effort reste stérile, compte tenu du fait que tous les bureaux de comptabilité des usines manquent de personnel, et les ressources disponibles sont de jeunes comptables sans expérience quant aux opérations du siège social. De plus, les relations que vous entretenez avec Francine Brisson sont assez tendues puisqu'elle comptait obtenir le poste de vice-présidente que vous avez eu même si vous aviez moins d'ancienneté qu'elle. Ces visites dans les différentes usines se traduisent par une accumulation de travail à votre bureau, sans oublier qu'à quelques reprises le président a tenté de vous joindre, mais sans succès, et cela l'a un peu offusqué.

Le service de planification dirigé par Thierry Belleau échappe à votre contrôle. Les écarts de budget atteignent souvent près de 7% et les rapports contiennent de nombreuses erreurs, lesquelles relèvent d'une incompétence flagrante. Étant encore peu familier avec vos nouvelles fonctions, vous avez décidé, pour le moment, de ne pas blâmer directement Thierry, et afin d'améliorer la qualité des rapports de ce service, vous avez pris l'habitude de les apporter chez vous pour les réviser.

Gérard Charpentier, pour sa part, est au contraire un modèle de précision. Il a mis au point différentes procédures qui éliminent à toutes fins utiles les erreurs, mais qui présentent l'inconvénient d'être très élaborées et de retarder souvent la présentation des rapports.

Le mois dernier, le président de la société a critiqué sévèrement les rapports financiers fournis par vos services et y a trouvé de nombreuses erreurs. De plus, à quelques occasions, vous n'avez pu répondre immédiatement aux questions du président et vous avez dû admettre que certains rapports avaient été soumis sans que vous ayez pu examiner vous-même leur exactitude. Mais vous vous êtes défendu en vous appuyant sur la confiance que vous avez envers votre équipe.

Nous sommes le lundi 25 juillet; il est sept heures du matin et vous êtes assis à votre bureau. Toute la semaine, vous avez participé à une exposition à Toronto et vous êtes revenu hier à l'heure du souper. À midi trente, vous avez un avion à prendre pour Miami, où vous allez faire une dernière évaluation d'une petite entreprise que la société Tockupé désire acheter. Vous prévoyez être de retour le dimanche 31 juillet à 15 heures. Votre épouse et vos enfants vous ont aussi fait remarquer que vous n'étiez pas très disponible pour eux, car, même lorsque vous êtes à la maison, vous vous enfermez dans votre bureau pour travailler.

QUESTIONS-GUIDES POUR L'ANALYSE DU PROBLÈME
1. Faites la liste de vos problèmes.
2. De quel domaine relèvent les principaux problèmes?
3. Quelles sont vos priorités?
4. Quelles tâches devez-vous déléguer? à qui?
5. Préparez votre agenda pour le mois d'août.

BIBLIOGRAPHIE

DAVIDSON, J., *Effective Time Management*, New York, Human Sciences Press, 1978.

HUMBLE, J.W., *How to Manage by Objectives*, New York, AMACOM, 1978.

LORANGE, P., *Corporate Planning*, Englewood Cliffs, N.J., Prentice-Hall, 1980.

MACKENZIE, R.A., *The Time Trap*, New York, McGraw-Hill, 1975.

MAKRIDAKIS, S.S. WHELLWRIGHT et McGEE, *Forecasting Methods and Applications*, New York, John Wiley and Sons, 1983.

McDougle, L.G., «Time Management: Making Every Minute Count», *Supervisory Management*, 24, août 1979, p. 35-40.

REYNOLDS, H. et M.E. TRAME, *Executive Time Management*, Englewood Cliffs, N.J., Prentice-Hall, 1979.

SHIM, J.K., et R. McGLADE, «Current Trends in the Use of Corporate Planning Models», *Journal of Systems Management*, septembre 1984, p. 24-31.

WEBBER, R.A., *Time Is Money*, New York, The Free Press, 1980.

CHAPITRE 3
Le processus décisionnel

UN APERÇU

Introduction
La prise de décision
Les catégories de problèmes
Les catégories de prises de décisions et leurs fondements
Les décisions programmées
Les décisions non programmées
La rationalité et la créativité dans la prise de décision
Les étapes du processus de décision
Les pratiques à éviter lors de la prise de décision
Les avantages de la prise de décision par le groupe
Les inconvénients de la prise de décision par le groupe
Les approches modernes à la prise de décision
L'analyse du point mort
La recherche opérationnelle
Le contrôle des stocks
La théorie des jeux
La théorie des files d'attente
La programmation linéaire
Les probabilités dans la prise de décision
- L'analyse du risque
- L'arbre de décision
- La théorie de la préférence

L'ordonnancement des activités
Résumé

OBJECTIFS SPÉCIFIQUES

Après avoir lu ce chapitre, vous devriez être en mesure :

1) de présenter la prise de décision ;
2) d'identifier les catégories de problèmes ;
3) de reconnaître les catégories de prise de décision et leurs fondements ;
4) de rappeler le rôle de la rationalité et de la créativité dans la prise de décision ;
5) de décrire les étapes du processus de décision ;
6) d'identifier les pratiques à éviter lors de la prise de décision ;
7) de reconnaître les avantages et les inconvénients dans les décisions de groupe ;
8) de décrire les techniques favorisant la prise de bonnes décisions.

MISE EN SITUATION

La directrice des finances de la compagnie Cubec, fabricant de boîtes d'emballage, rencontre aujourd'hui Nicolas de Angelis, récemment diplômé de cégep et engagé par l'entreprise. Nicolas vient de faire son stage de « jeune administrateur » au siège social de la compagnie à Montréal où, pendant trois semaines, il a été initié à l'entreprise et à sa façon d'opérer.

Après les salutations d'usage, la directrice entre immédiatement dans le vif du sujet en lui faisant part de ses exigences concernant tous les employés de son service. « J'exige, dit-elle d'un ton péremptoire, que tous mes adjoints soient de véritables preneurs de décision ; en conséquence vous devrez fonder toutes vos décisions sur un raisonnement cartésien, quasi mathématique. Il faudra donc que vos décisions reposent sur des données exactes et vérifiables, et surtout qu'en tout temps vous preniez la bonne décision. »

« Mon cher, poursuit-elle, l'erreur est humaine et un jeune cadre a le droit de se tromper s'il travaille pour Cubec, sauf dans mon service. En fait, j'accepterai à l'occasion une erreur, mais à la seule condition que votre décision soit la suite d'un raisonnement logique. J'espère que vous êtes d'accord avec moi et que c'est là un élément que vous avez appris au cégep dans vos cours d'administration. »

Nicolas acquiesce évidemment et mentionne que cela a toujours été sa méthode de travail, croyant ainsi impressionner et convaincre sa supérieure. « Je suis très heureuse, rajoute la directrice, que vous partagiez ma façon de voir, mais j'aimerais que vous m'expliquiez ce qu'est pour vous une prise de décision rationnelle. »

INTRODUCTION

La prise de décision consiste à faire un choix parmi un certain nombre de possibilités d'actions et d'utilisation de ressources. En fait, la prise de décision n'est pas une activité parmi d'autres ; elle imprègne toutes les autres fonctions et activités. Planifier, organiser, diriger ou contrôler demande que des décisions soient prises. Vous comprenez donc l'importance de ce chapitre et l'intérêt que vous devrez lui porter.

Nous analyserons d'abord, très brièvement, les différentes techniques de prise de décision s'offrant au gestionnaire et nous comparerons les différentes contributions de chacune d'elles.

Rappelez-vous simplement que la meilleure technique varie selon les circonstances, selon vos connaissances et selon la dextérité avec laquelle vous pourrez utiliser chacune d'elles. Par contre, comme nous le démontrera l'exemple du nouveau Coke, le respect du processus de décision le plus approprié n'est pas garant de la meilleure décision finale.

Le comportement humain consiste surtout à prendre des décisions et à accomplir des gestes. Certaines circonstances appellent des comportements automatiques et ne découlent pas d'un processus logique. Toutefois, la plupart de nos actions – et cela est d'autant plus vrai pour celles du gestionnaire – sont la conséquence d'une série de réflexions et de décisions systématiques et rationnelles.

LA PRISE DE DÉCISION

INFORMATION

Lors de l'étude de la planification, vous avez sans doute remarqué qu'un grand nombre d'activités rattachées à celle-ci consistaient à recueillir toutes les informations disponibles concernant l'environnement, les ressources de l'entreprise et les personnes qui la dirigeaient. Cette étape constituait la prise de conscience du système. De plus, avant d'utiliser les renseignements recueillis, il fallait procéder à une vérification, à une validation critique du contenu et des sources d'information. D'ailleurs, cette étape de la cueillette de l'information ne représente pas un moment précis dans le processus, elle est continue, permettant ainsi à l'entreprise de s'ajuster régulièrement aux fluctuations des variables internes et externes.

CHOIX

Les étapes ultérieures invitaient le gestionnaire à comparer les possibilités retenues et à choisir le plan d'action permettant d'atteindre l'objectif désiré. Ces choix, ces décisions, visent tout d'abord la solution de problèmes auxquels l'entreprise doit faire face. Toute modification de l'environnement ou des ressources disponibles obligera le gestionnaire à faire un nouveau choix, donc à prendre une décision.

TOUT LE MONDE FAIT DES CHOIX

C'est un phénomène que toutes les personnes vivent quotidiennement, car la prise de décision fait partie intégrante de nos vies. Vous avez décidé de poursuivre vos études après le secondaire, vous avez choisi un collège en particulier, vous décidez régulièrement de vos activités de fin de semaine, du repas à prendre à la cantine, d'une soirée consacrée à vos études, etc. Évidemment, certaines décisions sont beaucoup plus importantes que d'autres ; en outre, plusieurs impliquent des conséquences prévisibles, d'autres nous placent devant l'inconnu[1].

DÉCISION : ACTIVITÉ COURANTE MAIS MÉCONNUE

Donc, la prise de décision est un processus avec lequel tout le monde est familier, mais il faut s'interroger sur la qualité des décisions prises quotidiennement. C'est là ce qui surprend le plus : la prise de décision est une activité très répandue, mais le nombre de personnes qui en comprennent le fonctionnement est relativement restreint, et cela, même chez les gestionnaires. En voici quelques exemples[2].

---

1. Pour connaître une série de décisions erronées concernant de très grandes et très sérieuses entreprises, voir R.N. Paul, N.B. Donavan et J.W. Taylor, *Harvard Business Review*, mai-juin 1978, p. 124-130.

2. Certains exemples sont tirés de David Frost et Michael Deakin, *David Frost's Book of the World's Worst Decisions*, New York, Crown Publishers inc., 1983.

Celanese Corp.: Construction d'un moulin à papier près d'une plantation en Sicile dont les arbres n'avaient que quelques pouces de hauteur. Personne n'avait visité la plantation (pertes: 77 millions de dollars).

Ford Corp.: Rejet de la Volkswagen et construction de la voiture Edsel (pertes: plusieurs centaines de millions de dollars; et vous connaissez le succès de la «Beetle»).

Coca-Cola: Coke a déjà refusé de verser 1000 $ pour l'achat de Pepsi-Cola.

Coca-Cola: En 1985, s'appuyant sur des études de marché intensives (40 000 répondants), Coke lance son nouveau Coke «sucré». La réaction des consommateurs fut tellement virulente que trois mois plus tard Coca-Cola remit sur le marché son ancien Coke qu'elle nomma le «Coke classique». Heureusement, la décision était réversible.

Universal Picture: Cette entreprise a refusé de financer les films *American Graffiti* (des profits de plusieurs centaines de millions de dollars) et *Star Wars* (des revenus de 300 millions de dollars la première année, et des revenus de 200 millions de dollars pour *The Empire Strikes Back*).

Vous avez compris que la prise de décision constitue l'essence même de la planification, mais vous la retrouvez aussi dans les fonctions organisation, direction et contrôle.

Processus qui semble instinctif pour plusieurs, la prise de décision demeure donc très difficile à conceptualiser, car elle est composée d'éléments plutôt obscurs, tels que la personnalité du preneur de décision, son expérience, l'environnement organisationnel, la qualité de l'information disponible et la contrainte due à l'incertitude.

Le preneur de décisions peut être un individu manquant d'assurance, un téméraire, un ambitieux ou encore un être influençable ou possédant un tempérament explosif... Ce peut être un «jeune loup» en début de carrière ou un cadre bien installé, en fin de carrière, n'attendant plus de promotion. Mais dans chacun de ces cas, le mode de prise de décision ou la décision même différera dans des situations absolument identiques.

«Chat échaudé craint l'eau froide», dit le proverbe. Il en est ainsi de la prise de décision, car dans les situations qui se répètent, le gestionnaire aura tendance à se référer à ses expériences antérieures et à prendre une décision en fonction des résultats obtenus dans des cas similaires.

Comme dans toutes les activités de l'entreprise, le micro et le macro-environnement influencent les orientations à prendre. Ainsi, la philosophie de gestion du gestionnaire, sa compétence administrative, la capacité des équipements ou encore les lois touchant l'entreprise, la force de la concurrence, la disponibilité des ressources, les relations de travail, les goûts des consommateurs, etc., auront un impact très important sur la prise de décision.

La prise de décision repose aussi en grande partie sur la quantité et surtout la qualité de l'information disponible. Si les renseignements communiqués sont incomplets, tronqués ou désuets, la qualité de la prise de décision en souffrira.

Enfin, le processus de prise de décision est affecté par la capacité du gestionnaire à prendre des risques, par la part d'incertitude que laissent les renseignements disponibles et par les conséquences probables d'une mauvaise décision (voir le tableau 3.1).

La prise de décision est donc un processus qui ne consiste pas seulement à faire un choix concernant l'orientation à donner à nos actions, c'est aussi l'élaboration de solutions de rechange, la cueillette d'informations permettant d'évaluer des solutions ; enfin, c'est tout le processus constitué des étapes dont la première est l'identification du problème et la dernière, l'instant où il est solutionné.

LES CATÉGORIES DE PROBLÈMES[3]

Afin d'améliorer la qualité de votre prise de décision, il faut que vous puissiez catégoriser vos problèmes et ainsi établir la façon dont vous allez les traiter. Chester Barnard a déjà dit : « Une bonne approche aux décisions administratives consiste à ne pas prendre de décision à propos de questions non pertinentes actuellement, à ne pas prendre de décision prématurément, à ne pas prendre de décision qu'on ne peut mettre en vigueur et à ne pas prendre de décision que les autres devraient prendre[4]. »

LES PROBLÈMES URGENTS

Les problèmes urgents sont ceux qui nécessitent une intervention immédiate. Une déclaration de grève, la réaction négative des consommateurs face au lancement d'un nouveau produit (Coke) ou le bris d'une machine importante dans l'usine sont des exemples typiques de ces problèmes.

TABLEAU 3.1 Les facteurs influençant la prise de décision

La capacité des équipements	La compétence du gestionnaire
L'environnement légal	La philosophie de gestion
La disponibilité des ressources	La concurrence
Les relations de travail	L'incertitude
Les consommateurs	Les conséquences d'une mauvaise décision
La personnalité du preneur de décision	La qualité de l'information disponible
La perception du risque	

---

3. Les catégories sont suggérées dans Henry Mintzberg, Duru Raisignhani et André Théoret, « The Structure of Unstructured Decision Processes », *Administrative Science Quarterly*, vol. 21, 1976, p. 246-275 et Paul C. Nutt, « Types of Organizational Decision Processes », *Administrative Science Quarterly*, vol. 29, 1984, p. 414-450.

4. Chester I. Barnard, *The Functions of the Executive*, Cambridge, Mass., Harvard University Press, 1938 – un ouvrage classique. Vous retrouverez des conseils équivalents dans Daniel D. Wheeler et Irving L. Janis, *A Practical Guide for Making Decisions*, New York, Macmillan, 1980, p. 34-35.

Les problèmes non urgents exigent une solution, mais sans présenter le caractère d'importance ou d'immédiateté des problèmes urgents. La très vaste majorité des problèmes de gestion se retrouvent dans cette catégorie.

LES PROBLÈMES NON URGENTS

Enfin, les problèmes d'opportunité sont ceux qui présentent des possibilités de gains énormes si les actions appropriées sont prises. Il s'agit ici surtout de saisir l'occasion d'utiliser de nouvelles idées plutôt que de difficultés à résoudre. L'invention des casse-tête à trois dimensions est un exemple typique de cette catégorie de problèmes. En plus de faire face à différentes catégories de problèmes, les gestionnaires se retrouvent dans différentes situations de prise de décision.

LES PROBLÈMES D'OPPORTUNITÉ

LES CATÉGORIES DE PRISES DE DÉCISIONS ET LEURS FONDEMENTS

Les gestionnaires seraient débordés par la prise de décision s'ils ne tenaient pas compte de la nouveauté des problèmes dans le choix des modes de prises de décisions. Fort heureusement, la plupart des problèmes surviennent à une fréquence fixe et exigent toujours qu'on tienne compte des mêmes variables pour les solutionner. D'autres sont inédits et exigent une toute nouvelle approche.

De plus, ces nouveaux problèmes peuvent ou bien être traités à l'aide d'approches, de techniques ou de procédures déjà utilisées dans l'entreprise, ou exiger de la part du gestionnaire de l'imagination, de l'invention et de la créativité. Le problème inédit exigera évidemment un effort supérieur au niveau de chacune des étapes du processus de prise de décision que nous étudierons plus loin dans ce chapitre. Nous classerons donc les décisions en deux catégories: les décisions programmées et les décisions non programmées[5]. Ces différentes catégories sont présentées au tableau 3.2.

LES DÉCISIONS PROGRAMMÉES

Le comportement du gestionnaire lors de la prise de décision ne sera pas toujours le même, les décisions à prendre n'appartenant pas toujours à la même catégorie. Il arrivera souvent que la décision sera prise en fonction d'un automatisme sans faire appel d'aucune façon au raisonnement. Les habitudes et les réflexes conditionnés font partie de cette catégorie. Ce sont des problèmes qui ont déjà reçu une réponse satisfaisante qui sera répétée par habitude. L'être humain a tendance à répéter les actions donnant des résultats satisfaisants: c'est la théorie du renforcement, fréquemment utilisée en marketing et que nous aborderons dans le chapitre sur la motivation.

Ces décisions courantes sont fondées sur la routine, sur des politiques et des procédures déjà implantées; elles peuvent aussi exiger l'utilisation de

---

5. Herbert A. Simon, *The New Science of Management Decision*, New York, Harper and Row, 1960, p. 8 et ss. Édition révisée publiée par Prentice-Hall (Englewood Cliffs, N.J.) en 1977.

programmes d'ordinateurs déjà en place ou faire appel à des méthodes quantitatives.

Les décisions concernant la gestion des inventaires, le paiement des factures, les congés des employés ou encore la gestion des rames de métro relèvent de cette catégorie. Ce sont généralement les décisions prises par les gestionnaires de premier niveau et les gestionnaires de niveau intermédiaire.

LES DÉCISIONS NON PROGRAMMÉES

Bien entendu, l'environnement en changement exige des preneurs de décisions, qu'ils réévaluent constamment les décisions déjà prises, brisant ainsi les automatismes. Ces décisions impliquent une large part d'incertitude et, par conséquent, certains risques[6]. Il faut alors parler de décisions non programmées ou de décisions novatrices.

Face à ces problèmes, le gestionnaire peut prendre des décisions en se fondant sur son intuition, sur son jugement ou encore en adoptant une approche rationnelle (*problem-solving*)[7]. Il peut aussi faire appel à de nouveaux programmes d'ordinateurs.

INTUITION

Les décisions basées sur l'intuition sont celles où le gestionnaire ne connaît pas les facteurs reliés au problème ou celles où il est peu familier avec les solutions généralement adoptées. Son choix se portera alors vers une solution. En définitive, cette approche empirique est fondée sur le vécu et non sur une analyse poussée.

JUGEMENT

Les décisions basées sur le jugement sont probablement les plus courantes dans le travail du gestionnaire. Les connaissances et l'expérience accumulées dans la fonction qu'il détient ou même au sein de l'entreprise peuvent lui être d'un grand secours dans la prise de décision portant sur de nombreux problèmes routiniers. Son expérience lui a appris à recourir à un ensemble de règles de routine d'une efficacité éprouvée. Son sens commun lui permet de prendre une multitude de décisions quotidiennes sans faire d'analyse détaillée de la situation puisqu'elle lui est de toute façon familière.

APPROCHE RATIONNELLE

Le troisième fondement de la prise de décision consiste à adopter une approche rationnelle ou de type *problem-solving*. C'est d'ailleurs à cette catégorie de décisions que nous allons consacrer l'ensemble de ce chapitre. L'approche rationnelle est un processus analytique faisant appel à des méthodes utilisées dans la recherche plus structurée, telle la recherche scientifique. Cette méthode s'appuie sur les faits et exige du gestionnaire qu'il respecte un certain nombre d'étapes logiques.

---

6. Voir à ce sujet : M.H. Bazerman, *Judgment in Managerial Decision Making*, New York, Wiley, 1986.
7. D.N. Dixon, *Using Logical Techniques for Making Better Decisions*, New York, John Wiley and Sons, 1983.

TABLEAU 3.2 Les catégories de décisions et les fondements de la prise de décision

	Catégories de décisions	
	Décisions programmées	Décisions non programmées
Fondements de la prise de décision	Routine	Intuition
	Politique	Jugement
	Procédure	Approche rationnelle
	Programme d'ordinateur	
	Méthodes quantitatives	

LA RATIONALITÉ ET LA CRÉATIVITÉ DANS LA PRISE DE DÉCISION

Il est difficile de conclure que la prise de décision consiste en un exercice objectif, rationnel et systématique. La prise de décision est un processus mental effectué par un être humain et donc lié à tous les aspects négatifs et positifs caractérisant l'individu. La recherche de la solution idéale comportant le rendement maximum et la consommation minimum de ressources n'est pas l'apanage quotidien de tous les gestionnaires.

En fait, la rationalité est un concept relatif. Dans les organismes, en effet, les objectifs sont souvent conflictuels, par exemple ceux à court terme et ceux à long terme, et souvent la solution idéale comporte une part de risque que ne veut pas prendre le gestionnaire.

Le gestionnaire optera donc pour une solution intermédiaire[8] possédant un certain nombre d'avantages et un minimum de risques: la solution satisfaisante.

COMPROMIS

D'autres gestionnaires opteront pour l'atermoiement, ce compromis à implication minimale comportant moins de risques tout en améliorant minimalement la situation.

TEMPORISATION

D'autres, enfin, utiliseront un mode de décision où la rationalité est totalement absente, soit le modèle aléatoire. Les décisions sont donc prises en fonction du hasard, des personnes impliquées, des préoccupations du moment, des opportunités entrevues. Ils peuvent aussi appliquer leur fameuse solution « miracle » à tous les problèmes.

LE HASARD

L'approche rationnelle s'est rapidement gagné plusieurs adeptes, mais le monde de la recherche scientifique et celui de la gestion diffèrent sur de nombreux points méritant d'être soulignés. Tout d'abord, les données utilisées en

INCONVÉNIENTS : DONNÉES INCERTAINES

---

8. Voir à ce sujet: H.A. Simon, «A Behavioral Model of Rational choice », *Quarterly Journal of Economics*, vol. 69, 1955, p. 99-118.

gestion portent sur les êtres humains et sur l'avenir. Les interprétations peuvent être nombreuses et la certitude dans ces deux domaines n'est pas assurée. Deuxièmement, le gestionnaire subit généralement une contrainte de temps qui l'empêche de cueillir toutes les informations qu'il a pu lui-même juger nécessaires, mais à propos desquelles il devra se contenter d'hypothèses. Abstraction faite de ces inconvénients, cette méthode possède de nombreux avantages, dont ceux d'obliger le gestionnaire à fonctionner de façon rationnelle, à analyser la situation systématiquement et à utiliser les faits plutôt que ses opinions.

Même si les idées de génie saisissent encore le cerveau humain au milieu de la nuit noire, la création et la solution idéale sont surtout le résultat d'une recherche méticuleuse et structurée faite avec des yeux nouveaux. Les outils organisationnels de la créativité sont la libre communication de l'information dans l'entreprise, le travail d'équipe et l'ouverture d'esprit.

LES ÉTAPES DU PROCESSUS DE DÉCISION

Une fois le besoin d'une décision reconnu, un des moyens pour améliorer la qualité de la prise de la décision consiste à adopter une approche logique et systématique. Il existe plusieurs façons de décrire ce processus, mais toutes ont ceci en commun qu'elles utilisent une approche scientifique. Nous avons donc divisé en dix étapes le processus de prise de décision, étapes que vous retrouverez à la figure 3.1.

Nous vous présentons dix étapes afin de décortiquer le plus possible ce processus abstrait et de vous aider à mieux le comprendre. Voici ces étapes :

SYMPTÔMES
1. Perception du problème. Les situations réelles dans l'entreprise ou dans la vie de tous les jours ne sont pas toujours claires. Il faut que le gestionnaire soit à l'affût des symptômes, des indices lui permettant de déceler l'existence d'une situation exigeant une intervention. Il peut s'agir aussi d'une démarche spécifique du gestionnaire dans le but d'effectuer un changement. Il s'agira alors du diagnostic de la situation.

    Les symptômes ne sont pas le problème et il ne faut surtout pas se contenter de les éliminer. Pour faire une analogie, l'aspirine réduit le mal de tête, mais n'attaque pas la cause du mal : elle n'élimine que les symptômes. Il se peut aussi que le processus de décision ne soit pas déclenché par la présence de symptômes d'un malaise, mais simplement par une insatisfaction du gestionnaire à l'égard de la situation présente de l'entreprise (problème d'opportunité).

**ENQUÊTE
OBSERVATION
ANALYSE**
2. Cueillette et analyse des données pertinentes à la situation. Il se pourrait qu'une enquête sur le moral des employés s'avère la méthode idéale dans une situation de baisse de productivité, ou encore qu'une analyse du coût de marketing soit nécessaire pour résoudre un problème de distribution, tout comme une étude de temps et mouvements peut vous fournir les

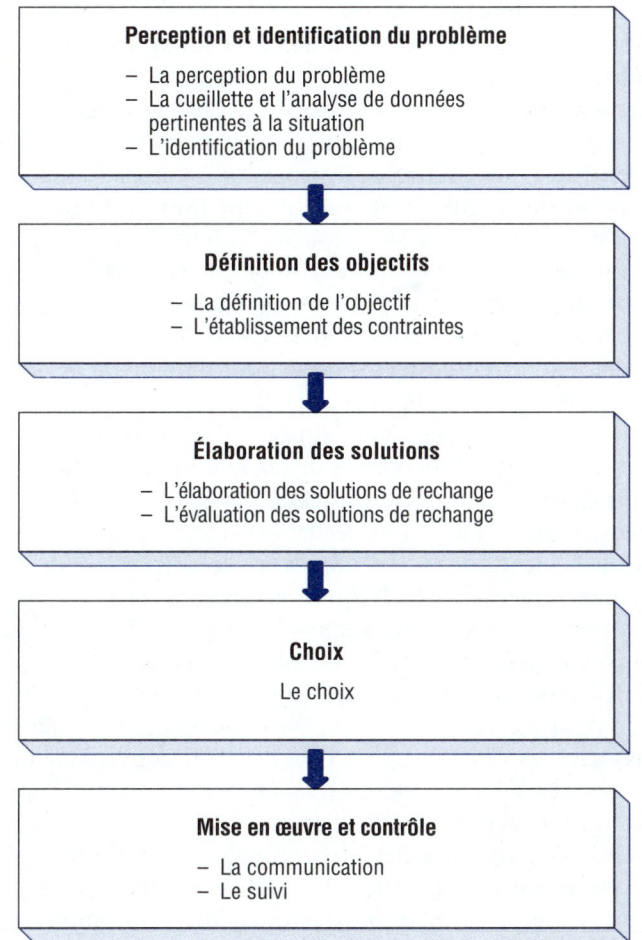

FIGURE 3.1
Le processus décisionnel

données nécessaires à la solution d'un problème chronique de productivité[9].

3. **Identification du problème.** L'identification correcte du problème affectant l'entreprise ou le service représente l'étape cruciale de la prise de décision et aussi la plus délicate. En effet, si vous ne parvenez pas à identifier correctement le problème, quelle que soit la qualité de la solution que vous y apporterez, elle ne pourra être efficace. L'erreur la plus fréquente consiste à confondre les symptômes et le problème, ce qui nous porterait, par exemple, à débrancher le système d'alarme au lieu d'éteindre le feu.

LE PROBLÈME : SOURCE DES SYMPTÔMES

---

9. Jugoslav S. Milutinovich, « Business Facts for Decision Makers : Where to find Them ». *Business Horizons*, vol. 28, n° 2, mars-avril 1985, p. 63-80.

L'OBJECTIF

4. **Définition de l'objectif.** Une fois le problème identifié, il faut établir l'objectif qui servira de fondement à la décision qui vise à résoudre le problème. Quel est le but recherché ? Quelle est la situation idéale attendue ?

RESSOURCES DISPONIBLES

5. **Établissement des contraintes.** Une fois le problème identifié et l'objectif défini, il faut établir le cadre dans lequel la solution s'appliquera. Par conséquent, le gestionnaire doit procéder à l'analyse des ressources de l'entreprise et des contraintes qui lui sont imposées. L'objectif visé, les politiques de l'organisation, les procédures imposées, les règlements et les budgets sont autant de contraintes limitant le champ d'action du gestionnaire. Les budgets mis à la disposition de celui-ci sont des ressources, mais, parce qu'ils sont limités, ils deviennent des contraintes. À ses ressources, il faut ajouter le temps qui lui est alloué pour remédier à la situation.

CRÉATIVITÉ

6. **Élaboration des solutions de rechange[10].** La hâte avec laquelle la plupart des gens saisissent la première solution qu'ils élaborent les empêche de profiter des merveilleux bénéfices de la créativité[11]. Il faut d'abord élaborer le plus grand nombre de solutions possible à l'aide des techniques énumérées ci-après : l'idéation, le concassage, l'association et l'approche analogique. L'idéation est un processus de discussion de groupe où, à l'aide de son imagination, chaque personne génère des suggestions de solutions de problèmes sans aucune contrainte. Le concassage est une forme plus élaborée d'idéation. En partant d'un objet, on doit lui faire subir toutes sortes de transformations (agrandissement, réduction, inversion, etc.) pour arriver à créer un objet nouveau. L'association demande qu'on associe des objets, des techniques, des concepts qui ne sont pas reliés dans la réalité, et ce, pour en créer de nouveaux. L'approche analogique est une technique permettant de saisir les relations évidentes ou cachées qui existent entre des phénomènes fort éloignés et d'utiliser ces ressemblances pour en tirer des idées de solutions à nos problèmes. Il faut éviter les approches simplistes du genre «bon-mauvais», car elles n'offrent que des avenues très étroites de solutions.

ANALYSE : AVANTAGES ET INCONVÉNIENTS DES SOLUTIONS DE RECHANGE

7. **Évaluation des solutions de rechange.** Une approche utilisée fréquemment consiste à faire la liste des avantages et des inconvénients de chacun des choix possibles ; cette approche est similaire à celle que vous utilisez dans la méthode des cas. Cette dernière approche a le grand avantage de vous obliger à être plus objectif dans l'évaluation des différentes possibilités, car, à cette étape-ci, le pire danger qui guette le gestionnaire est qu'il ne recueille que les données favorisant une décision déjà prise au niveau du subconscient. Il ne suffit pas d'évaluer les solutions par rapport à l'objectif, il faut aussi comparer les solutions entre elles.

---

10. Voici quelques sources des plus intéressantes concernant la créativité : Irwin Summers et David E. White, dans *Intercom : Readings in Organizational Communication*, éd. S. Ferguson and S.D. Ferguson, Rochella Park, N.J., Hayden Book, 1980, p. 338-348 ; Marvin Dunnette, John Campbell et Kay Jaastad, *Journal of Applied Psychology*, 1963, p. 30-37.

11. Voici un ouvrage très intéressant sur le sujet : Bernard Demory, *La Créativité en pratique*, Paris, Chotard et Associés, 1974.

Il ne faut pas oublier que la prise de décision ne sera jamais purement rationnelle, car vous ne posséderez jamais toutes les informations nécessaires sur toutes les variables impliquées.

8. **Le choix.** Cette étape peut vous apparaître la plus difficile en temps normal, mais le processus décisionnel vise justement à la rendre la plus simple possible. En effet, si vous avez bien identifié le problème, si vous avez élaboré de nombreuses solutions de rechange intéressantes, si les données recueillies en rapport avec ces possibilités sont complètes et objectives, le travail est déjà fait. Par conséquent, la décision s'inscrit à ce moment dans une suite logique, elle apparaît évidente et constitue une conclusion irréfutable[12].

CHOIX

Le rôle du gestionnaire n'est malheureusement pas aussi simple (heureusement, devrions-nous dire); les données disponibles n'étant pas toujours complètes, l'évaluation objective, rarement possible, il n'y a donc pas d'automatisme. Souvent, plusieurs choix équivalents se présentent et le jugement du gestionnaire demeure à toutes fins utiles l'élément essentiel dans la prise de décision. Il ne faut pas oublier non plus le rôle des valeurs et des émotions qui interviennent très souvent au niveau du subconscient et influent sur le choix d'une solution en particulier.

Voici quelques critères permettant d'exercer un choix final[13] (voir figure 3.2):

La faisabilité. Il s'agit du critère qui permet de vérifier si le choix est applicable compte tenu des contraintes de l'organisation telles que les budgets, la technologie et les politiques de l'entreprise.

La pertinence. Le critère «pertinence» mesure la capacité de la solution devant permettre l'atteinte de l'objectif visé et de régler entièrement le problème. A-t-on retenu la satisfaction totale du client ou le plus grand profit possible comme objectif? Selon le cas, la somme d'énergie consacrée à satisfaire le client sera très différente.

Si c'est le second objectif qui a été retenu, il faudra aussi mesurer la solution en fonction de sa capacité à générer le plus haut degré de profits. Toute solution rapportant un maigre bénéfice sera rejetée.

Le temps disponible. L'environnement est fort variable et le processus de décision doit être adaptatif, dynamique. Une décision face à un problème peut être jugée excellente à un moment spécifique et s'avérer médiocre si elle doit être prise dans une période ultérieure. Une solution à un problème urgent peut s'avérer pertinente, mais s'il y a beaucoup de temps de disponible pour régler le problème, il pourrait y avoir lieu de réévaluer cette solution.

L'acceptabilité. L'acceptabilité correspond à la capacité d'une solution d'obtenir la collaboration des personnes impliquées dans son application.

---

12. Voir R.C. «The Role of the Subconscious in Executive Decision Making» Ferber *Management Science*, avril 1967, p. B519-B526.
13. Tiré en partie de K.M. Bartol et D.C. Martin, *Management*, New York, McGraw-Hill inc., p. 270-271.

Ainsi, une décision peut s'avérer excellente selon tous les critères techniques, mais un manque de collaboration entre les personnes touchées par les changements découlant de la décision peut entraîner des conséquences négatives graves et démontrer que la décision n'était pas pertinente. Le choix d'un candidat de l'extérieur comme nouveau directeur de service peut être excellent; s'il est refusé par les employés du service qui auraient préféré un des leurs, leur tiédeur à collaborer avec lui peut être la preuve que le choix qui a été effectué n'était pas le meilleur et donc signifier un échec pour lui.

Le coût. Le critère « coût » comprend l'ensemble des ressources financières, matérielles, humaines et autres nécessaires à l'application de la solution retenue. Il faut aussi ajouter les conséquences négatives de la décision telles que la baisse de la motivation, le départ de personnes-clés, les conséquences sur les autres services, la réaction des compétiteurs, etc.

La réversibilité. Ce critère mesure la possibilité de renverser ou d'annuler une décision limitant ainsi les effets négatifs si elle s'avère un mauvais choix. La fermeture d'un hôpital représente une décision irréversible une fois réalisée la réallocation des ressources humaines et des équipements. Le choix d'un directeur de service est réversible : il peut toujours être annulé ou une autre personne peut être nommée. Notons qu'une décision techniquement réversible peut être classée irréversible à cause des coûts impliqués.

COMMUNICATION = VENTE

9. **La communication.** Une fois la décision prise, il faut la communiquer aux autres ou plutôt convaincre ceux-ci de la valeur de notre choix. La réussite dans ce dernier exercice distingue les gestionnaires des techniciens ; elle dépend de la qualité de la planification de la décision et de la prise en compte des personnes qui ont participé à la décision ou qui sont affectées par elle.

En effet, nombreux sont les spécialistes hautement compétents qui peuvent élaborer des solutions extraordinaires sur le plan technique, mais qui ne réussissent pas à faire accepter leurs décisions parce qu'ils ne peuvent les vendre, c'est-à-dire démontrer aux autres les avantages qu'ils en retireraient. Nous reviendrons sur ce sujet dans les chapitres portant sur le leadership, les communications et la résistance au changement.

SUIVI = CONTRÔLE

10. **Le suivi.** Prendre une décision, la mettre en œuvre et ne jamais vérifier ce qu'il en est advenu affecte énormément la valeur de la décision. Il faut donc vérifier périodiquement le déroulement des actions conduisant à la situation désirée ou encore réévaluer les forces de l'environnement afin de s'assurer que la décision initiale demeure toujours valable compte tenu des changements qui auront pu se produire en ce qui concerne certains facteurs.

Bien que réaliste, ce processus demeure souvent une approche idéale, car le gestionnaire ne dispose pas toujours des ressources qui lui permettraient de réunir les informations nécessaires ; il n'a pas toujours le temps d'attendre que ces renseignements soient disponibles et, de plus, il est un

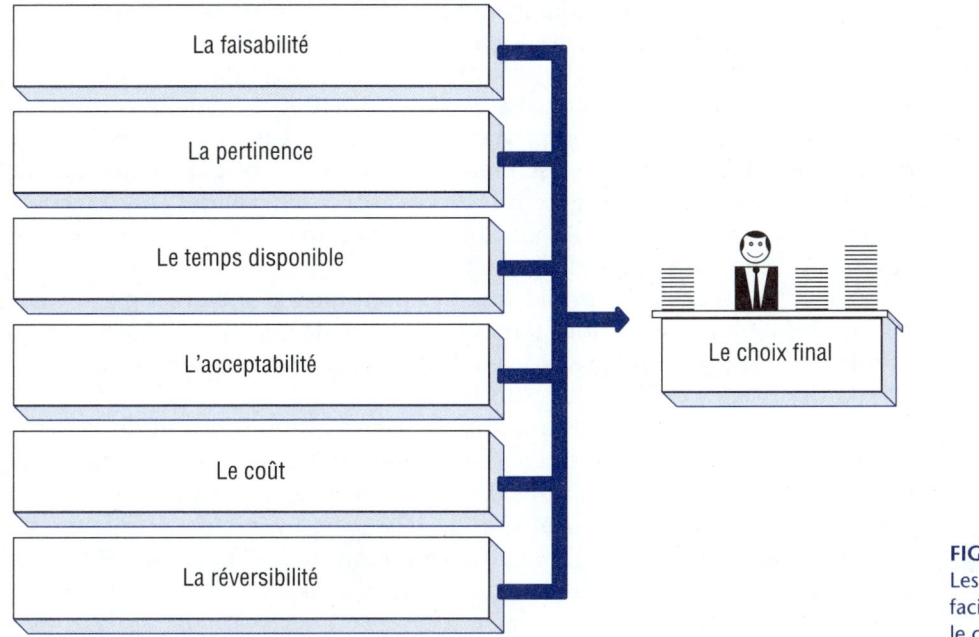

FIGURE 3.2
Les critères facilitant le choix final

être humain. Ce dernier point implique le fait qu'en tant qu'individu il a des objectifs personnels, des forces et des faiblesses, des craintes, des désirs et des sentiments. Alors la rationalité est souvent limitée et l'incertitude, toujours présente.

LES PRATIQUES À ÉVITER LORS DE LA PRISE DE DÉCISION

Malgré une longue pratique de la prise de décision, certains gestionnaires n'ont pas atteint ce degré de qualité qui fait les bons gestionnaires. Vous qui lisez ces lignes avez probablement aussi l'intention de maîtriser ce grand art de la prise de décision. Il faudra alors éviter de contracter certaines habitudes très fréquentes dans nos organisations, dont les principales sont énumérées plus bas (voir figure 3.3).

La première pratique à éviter consiste à minimiser l'effort exigé par le processus décisionnel. Une certaine forme de paresse nous incite à prendre une décision rapide en ne nous appuyant que sur les renseignements obtenus facilement. Plus souvent encore, le temps nous presse et nous oblige à passer à l'action sans procéder à une véritable analyse.

La recherche de données disponibles et l'analyse de la pertinence de ces renseignements exigent un effort, une dépense d'énergie et de temps que plusieurs minimisent. Ainsi, de nombreuses décisions reposent sur des éléments d'information douteux, sur des rumeurs ou sur des suppositions et non sur des données observées, vérifiées et comparées. Accepter le premier

DÉCISION RAPIDE

emploi offert sans tenir compte de nos intérêts et de nos objectifs de carrière représente un bon exemple de cette pratique à éviter.

RÉINVENTER LA ROUE

Une deuxième pratique à éviter consiste à faire table rase de tous les événements advenus dans l'entreprise avant la situation à laquelle vous devez faire face. Quelle que soit l'originalité de la situation, il est toujours possible de remonter à un événement semblable ayant eu cours dans le passé et de fonder sa décision en tenant compte de ces antécédents et des conséquences qui en ont découlé. C'est d'ailleurs un élément important qu'on utilise aussi en droit sous le nom de « jurisprudence ».

C'est aussi un des rôles principaux des politiques d'une organisation que de coordonner les orientations dans les prises de décisions et surtout de faciliter la tâche du gestionnaire face à un choix en lui fournissant des pistes de standardisation de certaines décisions.

Le troisième problème entourant la prise de décision provient du manque de planification. Comme nous l'avons vu au chapitre précédent, la planification permet d'éviter les situations de crise et donne au gestionnaire un contrôle sur les événements plutôt que de laisser les événements orienter ses actions. Dans un état de panique, le gestionnaire acceptera la première solution satisfaisante sans prendre le temps d'en évaluer les désavantages ou sans en chercher de plus efficaces.

GESTION PAR CRISES

L'absence d'une véritable planification obligera le gestionnaire à répondre à toutes les situations au gré de leur apparition. Cette absence de planification peut être quasi volontaire, car la crise laisse à certains gestionnaires une impression d'importance quant à leur rôle ; elle peut aussi découler d'une mauvaise évaluation des ressources, en particulier du temps disponible, et créer chez le cadre un sentiment de panique.

NON-PARTICIPATION

Un quatrième piège consiste à ne laisser aux personnes concernées aucune participation aux décisions, probablement afin de garder toute l'autorité entre les mains d'une seule personne et aussi, peut-être, de témoigner de sa compétence. D'ailleurs, cette forme de suffisance se traduit aussi au moment du suivi de la décision où un constat d'échec est camouflé, où la décision originale est maintenue afin de protéger l'image que le gestionnaire veut donner de lui-même à son groupe. Ce qui doit primer, ce n'est pas qu'une personne en particulier prenne telle décision ou que la première décision soit la bonne, mais plutôt que la meilleure décision soit prise le plus rapidement possible et que toute orientation biaisée soit corrigée dès qu'elle est constatée.

NON-HIÉRARCHISATION DES DÉCISIONS

Une autre pratique dangereuse pour le gestionnaire consiste à ne pas consacrer à chaque décision l'effort proportionnel à son importance. Dans certaines organisations, les gestionnaires tentent de battre le record du plus grand nombre de décisions prises dans une période donnée et consacrent aux décisions importantes comme aux décisions très secondaires le même temps de réflexion et les mêmes ressources pour obtenir les renseignements pertinents. Dans d'autres organisations, les gestionnaires agiront d'une façon diamétralement opposée en traitant chaque décision comme si elle allait changer l'orientation de leur vie ou de l'entreprise.

Le phénomène de l'escalade représente un autre piège dans la prise de décision. Face à une mauvaise décision dont les conséquences sont coûteuses, le gestionnaire se trouvera devant le dilemme suivant : ou il annule sa décision et choisit une autre solution, ou il investit plus de ressources avec le risque d'aggraver ses pertes.

Par exemple, vous achetez un camion usagé pour faire la livraison. Un mois plus tard, le camion nécessite d'énormes dépenses pour de multiples réparations. Vous avez le choix entre vendre le camion à perte et en acheter un autre ou investir plus d'argent pour protéger votre investissement initial. Si deux mois plus tard le camion exige d'autres réparations, que faites-vous compte tenu que vous avez déjà investi beaucoup ?

L'ESCALADE

Enfin, vous avez pu noter que le processus décisionnel représentait une boucle constituée d'un moment de réflexion, d'un moment d'action, d'un moment d'évaluation, puis d'un retour au début. Il s'agit alors de consacrer à chaque étape les ressources nécessaires, mais surtout d'éviter une stagnation à une étape, comme la réflexion, et de remettre continuellement en question les renseignements obtenus ou, pis encore, de s'interroger perpétuellement sur l'à-propos de la décision déjà prise.

L'ÉTERNELLE REMISE EN QUESTION

Cette tendance à éviter l'étape de la prise de décision peut prendre trois formes. La première consiste à rationaliser la situation et à se convaincre que tout va s'arranger sans qu'on ait à intervenir. La seconde forme, la procrastination, nous incite à remettre la décision à plus tard. Enfin, la dernière consiste à laisser la décision à quelqu'un d'autre et à éviter ainsi de s'impliquer.

On ne peut éviter tout à fait ces pièges, car, très souvent, les tendances normales de l'être humain conduisent à ces comportements. Les gestionnaires doivent alors prendre conscience de ce fait et veiller à acquérir des réflexes de défense de manière à ce que ces phénomènes ne viennent pas diminuer la qualité de leurs décisions.

Jusqu'ici dans ce chapitre, la prise de décision vous a été présentée comme une activité individuelle. En fait, dans nos entreprises, le gestionnaire doit assumer ses responsabilités et prendre quotidiennement des décisions. Mais vous avez aussi constaté que la prise de décision rencontre souvent deux problèmes. Le premier est créé par la difficulté, maintes fois reconnue, de l'application d'une décision prise par le supérieur et non partagée par les subordonnés ; il se produit alors un phénomène de résistance que nous verrons plus loin dans ce volume. Pour faire face à cette résistance, une des meilleures solutions consiste à faire participer les personnes affectées par la prise de décision.

Le deuxième problème découle de l'autorité et du pouvoir détenus par le gestionnaire. Cette situation est vécue quotidiennement par les spécialistes-conseils de l'entreprise qui n'ont qu'un pouvoir de suggestion. Mais il arrive très souvent que le gestionnaire doive lui aussi faire face à ce genre de problème. Alors se pose le choix de faire participer ou non toutes les parties concernées par la décision.

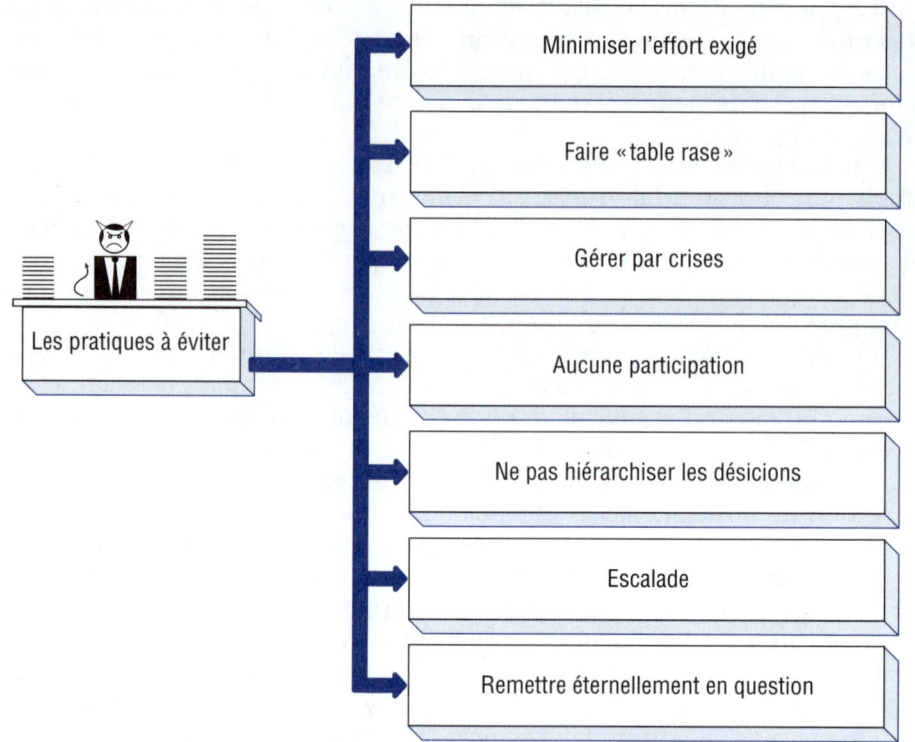

FIGURE 3.3
Les pratiques à éviter lors de la prise de décision

LES AVANTAGES DE LA PRISE DE DÉCISION PAR LE GROUPE[14]

VUE PLUS COMPLÈTE

Le principal argument en faveur de la prise de décision par le groupe tient à la quantité de renseignements pouvant être considérés dans l'analyse des solutions de rechange. Un gestionnaire n'a pas le temps de recueillir toute l'information nécessaire; il possède des biais de perception, est limité par sa seule expérience et s'appuie très souvent sur les seules informations que ses subordonnés ont voulu lui transmettre. La participation de toutes les parties élimine donc ces biais, permet une meilleure interprétation de la situation et assure une vue plus complète.

CRÉATIVITÉ

Deuxièmement, le groupe bénéficie d'un effet de synergie que tentent d'ailleurs d'accélérer toutes les techniques de créativité. La réflexion d'une seule personne peut apporter de très nombreuses et de très intéressantes solutions à un problème, mais la discussion en groupe, le « choc des idées », crée

---

14. Pour une analyse plus poussée des avantages et des inconvénients de la décision en groupe, voir: J.I. Gibson, J.M. Ivancevich et J.H. Donnely fils, *Organizations: Behavior, Structure, Processes,* 3ᵉ éd., Dallas, Business Publications, 1979, p. 117; *id. Fundamentals of Management,* Dallas, Business Publications, 1987, p. 359-362; Norman R.F. Maier, *Psychological Review,* juillet, 1967, p. 239-249.

un effet multiplicateur et donne au groupe une richesse dépassant la somme des compétences de chacun.

Troisièmement, la participation à la sélection d'une solution vous permet d'accepter plus facilement et plus sincèrement la décision finale, même si ce n'est pas celle que vous prôniez. En effet, le fait d'avoir pu exprimer votre opinion librement, d'avoir été réellement écouté, d'avoir pu débattre vos idées avec les autres vous laissent un sentiment de satisfaction et d'équité qui vous permet de collaborer plus facilement à l'application de la décision finale. Vous n'éprouvez pas alors cette frustration que l'on rencontre lorsqu'une décision est imposée et que l'on a négligé, ne serait-ce qu'un instant, de vous écouter. Au moins, la discussion vous aura permis de comprendre le fondement de la décision et les motifs invoqués pour le rejet de votre suggestion.

ACCEPTATION

Enfin, la participation à la discussion et à la prise de décision en groupe favorise le développement des membres et augmente leurs connaissances. De plus, leur capacité de prise de décision s'améliore suite à cet exercice et ils deviennent de meilleurs gestionnaires.

DÉVELOPPEMENT

LES INCONVÉNIENTS DE LA PRISE DE DÉCISION PAR LE GROUPE

Le premier désavantage de la prise de décision par le groupe provient du temps nécessaire pour en arriver à une décision partagée par au moins la majorité des membres. La prise de décision individuelle n'exige pas que l'on écoute tous les points de vue ou que l'on convainque chaque personne en tenant compte de ses valeurs et de ses perceptions.

TEMPS REQUIS

Deuxièmement, la décision finale étant celle du groupe, elle oblige tous et chacun à un minimum de solidarité. Le maintien de la cohésion du groupe peut avoir préséance sur la valeur de la décision. Si l'individu qui a exprimé son opinion n'a pu convaincre le groupe de la valeur de ses arguments, il se doit par la suite de respecter la décision collective. Cette obligation à une certaine forme de conformisme lie les membres et leur interdit toute contestation ultérieure. Il se peut alors que l'acceptation unanime de la décision repose plus sur le conformisme que sur la valeur intrinsèque de cette décision.

CONFORMISME

Troisièmement, l'acceptation d'une solution par tous les membres du groupe représente un objectif souvent difficile à atteindre. Il se produit souvent qu'entre une excellente solution contestée par quelques-uns et une autre acceptable par l'ensemble, le groupe adopte la seconde. En un mot, l'acceptation par le groupe prédomine sur la qualité de la solution.

COMPROMIS

Enfin, la décision individuelle et la décision de groupe comportent toutes deux des avantages et des inconvénients. Or si dans le groupe un individu prend le contrôle par la menace, l'autorité, la compétence ou autrement, la décision de groupe revêt alors tous les inconvénients de cette formule et n'en offre aucun avantage.

PRISE DE CONTRÔLE PAR UN INDIVIDU

TABLEAU 3.3 Les avantages et les inconvénients de la prise de décision en groupe

Décision en groupe	
Avantages	Inconvénients
Vue plus complète	Temps requis
Plus de créativité	Conformisme
Meilleure acceptation de la décision	Compromis
Développement de décideurs efficaces	Contrôle par un individu

LES APPROCHES MODERNES À LA PRISE DE DÉCISION[15]

Le type de décisions auxquelles fait face le gestionnaire d'aujourd'hui croît constamment en complexité et en étendue. Afin de maintenir le succès actuel de son entreprise, de stabiliser sa position concurrentielle et d'éviter les erreurs désastreuses toujours possibles, le gestionnaire doit faire appel à un processus rationnel de prise de décision, processus basé sur des informations pertinentes et une méthode précise d'utilisation de celles-ci.

Dans le cadre de vos cours de comptabilité, de gestion des opérations, de finance, de statistique, de méthodes quantitatives, d'économie et de mathématiques, vous avez appris à vous servir d'un grand nombre des techniques mises à la disposition des gestionnaires pour leur faciliter la prise de décision. Nous mentionnerons quelques-unes de ces techniques en insistant sur leur valeur comme outil de décision. Ces différentes techniques, nous les avons classifiées de la façon suivante: l'analyse du point mort, la recherche opérationnelle, les probabilités, le contrôle des stocks, la théorie des jeux, l'analyse du risque, l'arbre de décision et la théorie de la préférence. Il y aurait lieu d'inclure les techniques budgétaires, mais elles font l'objet du chapitre sur les contrôles.

L'ANALYSE DU POINT MORT

Toute activité entreprise dans une organisation entraîne des coûts – qu'il s'agisse de l'amortissement, des assurances ou du salaire des cadres – qui sont indépendants de la quantité d'unités produites pendant une période donnée. On nomme ces derniers les coûts fixes. Toute activité entraînera aussi des coûts qui seront directement fonction de la quantité d'unités produites, soit le coût de la matière première, de la main-d'œuvre directe, de l'énergie, etc.

---

15. Pour une introduction à la prise de décision mathématiquement fondée dans une fonction précise de l'entreprise, voir: Claudio Benedetti, *Introduction à la gestion des opérations*, 2ᵉ éd., Laval, Mondia, 1983, chapitre 3.

Ce sont les coûts variables. La somme des coûts fixes et des coûts variables donnera les coûts totaux.

La figure 3.4 illustre la détermination du point mort ou du seuil de rentabilité. Nous avons tracé sur ce graphique la courbe représentant les coûts totaux pour les différents niveaux de production, ainsi que les revenus pour différents niveaux de ventes, le prix unitaire étant constant. Le point de rencontre de la courbe des coûts et de celle des revenus détermine le point mort, c'est-à-dire le niveau de ventes où l'entreprise n'enregistre ni profit ni perte. Tout niveau de ventes se situant en deçà de ce point entraînera des pertes ; tout niveau au-delà entraînera des profits. En l'absence de coûts fixes, il est évident que le seuil de rentabilité est atteint dès la vente de la première unité produite.

Voyons un exemple très simple. Vous voulez établir un commerce d'arbres de Noël, afin de vous assurer un revenu pour la période des fêtes de fin d'année. Vous désirez savoir combien de sapins de Noël il vous faut vendre pour atteindre votre point mort. Vous vendrez tous les arbres 20 $ pièce. Si vous ne vendez aucun arbre, votre revenu sera de 0 $; par contre, si vous en vendez 300, soit la quantité maximum que vous croyiez pouvoir vendre, il sera de 6000 $. Les coûts de location du terrain et d'une roulotte, le permis et la publicité totalisent 1250 $. Ce montant représente les coûts fixes, car ils ne varieront pas, quel que soit le volume de ventes que vous atteigniez. Les arbres vous coûtent 7,50 $ pièce, une fois livrés à votre emplacement, et le fournisseur reprendra tout arbre invendu ; c'est tout ce que vous avez comme frais variables.

ANALYSE DU POINT MORT : REVENUS ÉGALENT CHARGES

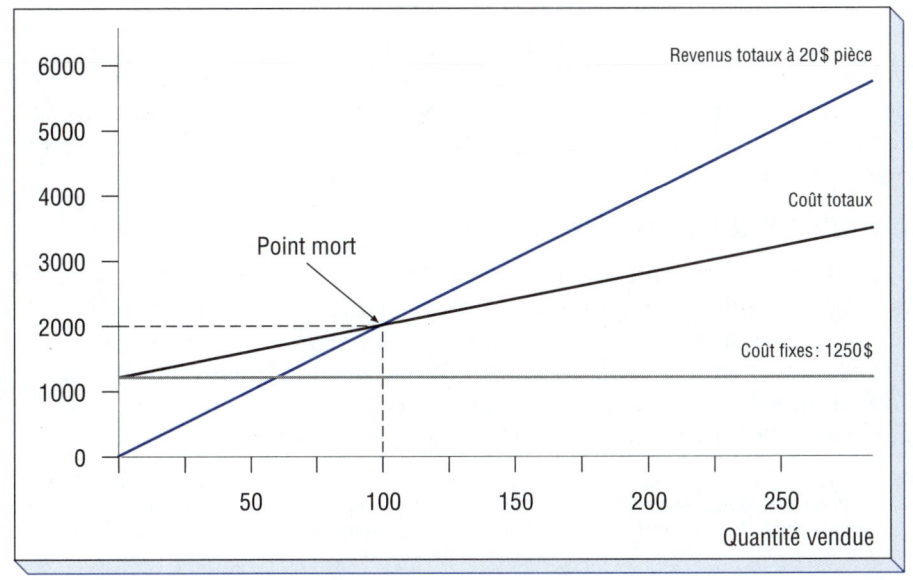

FIGURE 3.4
Le graphique illustrant le point mort

Reportons donc ces différents coûts sur le graphique. L'axe vertical représentera le coût en dollars et l'axe horizontal, le nombre d'arbres achetés. En traçant les deux lignes, vous constatez qu'elles se rencontrent au point où le volume est égal à 100 arbres. Si vous vendez plus d'arbres que ce volume, vous ferez des profits. Toute quantité inférieure à ce volume entraînera pour vous des pertes.

Il est évidemment possible d'obtenir différents points morts en fonction de diverses hypothèses que l'on peut établir concernant les frais fixes, les frais variables, les prix de vente et les quantités de produits vendus.

MÉTHODE SIMPLE ET LIMITÉE

L'analyse du point mort permet au gestionnaire de saisir facilement les implications économiques de certains niveaux de production et de ventes. Cette méthode possède le grand avantage d'être simple. Mais elle se fonde sur la constance des coûts unitaires et des prix, quelles que soient les quantités et, de plus, elle présume qu'il est toujours facile de distinguer clairement les coûts fixes des coûts variables, ce qui n'est vrai que dans très peu de situations. Bref, si vous possédez un grand nombre d'informations, si les conditions d'environnement sont stables et si vous êtes dans un contexte de certitude, c'est la solution idéale.

Soulignons que le point mort peut aussi être établi par calcul et ce, de façon aussi simple que par graphique. Le point mort représente le volume de ventes où les coûts correspondent aux revenus :

Donc
$$(PV \times Q) = CF + (CF \times Q)$$
$$Q = CF / PV - CV$$

Où

PV = prix de vente
Q = quantité vendue
CF = coût fixe total
CV = coût variable unitaire

En conclusion, si vous ne croyez pas pouvoir vendre au moins 100 arbres pendant les 2 semaines où vous exploiterez votre commerce, il est inutile d'y consacrer votre énergie. Avez-vous pensé à un emploi de Père Noël dans un magasin à rayons ?

LA RECHERCHE OPÉRATIONNELLE

La recherche opérationnelle est un outil dont dispose le gestionnaire afin de l'aider à mieux analyser les éléments concrets d'un problème en lui offrant une base pour guider et soutenir sa décision.

Historiquement[16], c'est au début de la Seconde Guerre mondiale que l'armée anglaise élabora cette technique afin de régler les nombreux problèmes auxquels elle était confrontée (distribution des radars, amélioration de l'effi-

---

16. Voici quelques suggestions d'ouvrages classiques sur le sujet : R.L. Ackoff et P. Rivett, *A Manager's Guide to Operations Research*, New York, John Wiley and Sons, 1963 ; N.L. Enrick, *Management Operations Research*, New York, Holt, Rinehart and Winston, 1965 ; F.S. Hillier et G.J. Lieberman, *Introduction to Operations Research*, 2e éd., San Francisco, Holden-Day, 1974.

cacité des bombardements, etc.). Cette méthode fut aussi appliquée après la guerre afin d'aider à la reconstruction des usines et à leur gestion.

La recherche opérationnelle, c'est « l'application de la méthode scientifique à l'analyse des possibilités de solution d'un problème par l'utilisation de données quantitatives, dans le but de définir la meilleure solution possible à la lumière du résultat espéré »[17]. Le terme provient d'« opération », c'est-à-dire une suite logique d'actions nécessaires pour la réalisation d'un résultat désiré. Les opérations sont partie intégrante d'un ensemble plus grand nommé système, et le système qui nous intéresse ici est celui orienté vers un but déterminé. L'entreprise représente donc un tel système.

Pour utiliser la recherche opérationnelle, il faut d'abord un modèle ; voilà une de ses facettes les plus connues. Un modèle, c'est une représentation simplifiée d'un système. Par exemple, si vous étudiez la géométrie, une photographie ou une maquette à l'échelle sera le modèle. Un organigramme constitue aussi un modèle de l'entreprise étudiée. Un modèle mathématique sera pour sa part exprimé plus abstraitement ; par exemple, le volume d'un cube sera exprimé de la façon suivante : $V = H \times Lo \times La$.

MODÈLE

Une autre caractéristique de la recherche opérationnelle est l'approche globale, grâce à laquelle le gestionnaire tente de maximiser le rendement total de l'entreprise et non le seul rendement de son service, car cette dernière situation entraîne souvent des coûts supérieurs pour les autres services. Autrement dit, l'entreprise est vue comme un système global intégré. Les techniques les plus utilisées en recherche opérationnelle sont la programmation linéaire[18], la théorie des files d'attente, la théorie des jeux, les modèles de simulation et les méthodes de contrôle des stocks.

En ce qui concerne les champs d'application de la recherche opérationnelle, ils sont fort nombreux et surtout très variés :

- étude du taux de roulement du personnel ;
- établissement d'horaires ;
- établissement de remises sur la quantité ;
- contrôle de grands projets ;
- localisation de l'entreprise ;
- établissement de modèles de distribution ;
- composition de portefeuilles d'investissement ;
- établissement de soumissions ;
- cheminement de marchandises dans l'usine, etc.

LE CONTRÔLE DES STOCKS

Nous abordons maintenant la technique de modélisation mathématique probablement la plus ancienne et la plus usuelle. Il s'agit encore une fois de

---

17. H. Koontz et C. O'Donnell, *Management : principes et méthodes de gestion*, traduction de Gilles Ducharme, Montréal, McGraw-Hill Éditeurs, 1980, p. 123.
18. Un classique sur le sujet : S.I. Gass, *Linear Programming, Methods and Applications*, 2e éd., New York, McGraw-Hill, 1964.

concilier des objectifs différents en recherchant la solution optimum pour l'ensemble de l'organisation.

SOLUTION OPTIMUM

La gestion des stocks dans une entreprise comporte un ensemble de coûts dont le coût des produits, le coût de l'entreposage, le coût de la commande et le coût d'une pénurie de stock[19]. Une fois que les données sont connues, vous pouvez créer le modèle et calculer la quantité la plus économique à commander et le nombre de commandes nécessaires pour couvrir vos besoins pour une période déterminée. Il s'agit de minimiser les coûts encourus par des stocks trop volumineux. C'est une des techniques de contrôle des stocks connue sous le vocable «quantité économique à commander» ou Q.E.C. et dont la formule est :

$$Q.E.C. = \sqrt{2FV/C}$$

où

F = les coûts reliés au fait de passer la commande
V = les ventes unitaires pour la période
C = les coûts d'entreposage

LA THÉORIE DES JEUX

SIMULATION

Afin de rendre les situations de décisions plus réalistes, il arrive que l'on utilise les jeux qui sont en fait une forme de simulation. Cet outil possède une grande valeur surtout lorsque la décision à prendre se situe dans un contexte de compétition où les comportements des autres affectent la valeur de notre décision. Le principe de base consiste à mettre au point les stratégies permettant d'atteindre nos objectifs lorsque les concurrents prennent les meilleures décisions possible. Cette approche s'avère aussi d'une grande utilité en marketing pour la détermination des prix, d'une campagne de publicité ou d'une stratégie de distribution.

Bien que généralement utilisées comme outil de formation, les simulations sont très utiles comme techniques quantitatives de prises de décisions. Les techniques de projections, de ratios, de recherche opérationnelle, de statistiques ou de probabilités sont mises à contribution dans toutes les phases du jeu. Utilisés en tant que simulations, ces jeux permettent de prévoir la réaction des concurrents sur le marché.

LA THÉORIE DES FILES D'ATTENTE

Il s'agit d'appliquer la théorie reliée aux files d'attente qui permet de réduire le plus possible les périodes d'inactivité des employés tout en assurant le meilleur service à la clientèle. La détermination du nombre de guichets de banque nécessaires pour offrir le meilleur service possible à la clientèle au moindre coût représente une application courante de la théorie des files d'attente. La détermination du nombre de remonte-pentes dans un centre de

---

19. Claudio Benedetti, *op. cit.*, chap. 7, section 7.9.

ski ou de caisses au supermarché sont aussi des problèmes qui relèvent de la théorie des files d'attente.

La programmation linéaire

La programmation linéaire est une méthode permettant la répartition des ressources limitées de l'entreprise de manière à maximiser les résultats désirés et à en minimiser les effets indésirables. La répartition du personnel dans un chantier, l'horaire des livraisons, l'établissement de la séquence optimale des opérations sont des exemples de cette méthode. Il s'agit en fait de construire un modèle fondé sur l'établissement de la relation directe entre deux variables.

Les probabilités dans la prise de décision

La recherche opérationnelle repose sur des modèles dont les données mathématiques ne sont souvent que des évaluations ou des possibilités (probabilités) de réalisation. Dans un contexte d'incertitude, le gestionnaire sera appelé à utiliser certains outils fondés sur les probabilités. Nous verrons donc, dans l'ordre, l'analyse du risque, les arbres de décisions et la théorie de la préférence.

L'analyse du risque

Chaque décision que prend le gestionnaire possède des chances de réussite et des risques d'échec. De plus, la réussite ou l'échec peuvent s'évaluer à des degrés différents. Vous-même estimez vos chances de réussite en fonction de probabilités et de risques. Écoutez un étudiant: je n'étudie que cinq heures pour l'examen de management, mes chances d'obtenir la note de passage sont de 60%. Le gestionnaire utilise le même langage lorsqu'il prend la décision d'augmenter ses prix de 5%: « J'ai 30% de risque de perdre des clients. »

L'INCERTITUDE IMPLIQUE LE RISQUE

Toutes les décisions impliquant des risques reposent sur des probabilités. S'il y avait certitude absolue, c'est-à-dire si le gestionnaire pouvait prédire avec certitude les conséquences de sa décision, la probabilité serait de 1. Il est possible pour le gestionnaire de prédire les probabilités d'un événement à partir de son jugement et de son raisonnement. Par exemple, n'ayant pas assez étudié, vous pouvez prédire que dans un examen objectif de type « vrai ou faux », en laissant le hasard choisir pour vous, le résultat sera une note d'environ 50%.

Malheureusement, si cela est vrai pour un ensemble d'examens, c'est moins certain pour un seul. Une autre façon d'établir des probabilités consiste à utiliser les données historiques disponibles. C'est ce que font les compagnies d'assurances pour établir vos primes; c'est aussi ce que fait l'ingénieur lorsqu'il établit un horaire d'entretien préventif et le directeur des finances lorsqu'il investit les liquidités de l'entreprise à la Bourse.

L'arbre de décision

L'arbre de décision est un outil qui évalue mathématiquement le niveau de risque d'une décision du gestionnaire. Celui-ci peut comparer plus exactement l'éventail de décisions s'offrant à lui, après avoir précisé les probabilités de chacun des événements possibles. Il s'agit essentiellement de la représentation graphique des étapes 6 et 7 du processus de prise de décision, soit l'« élaboration des solutions de rechange » et l'« évaluation des solutions de rechange ».

Un exemple vous permettra de bien comprendre comment fonctionne cette méthode.

La société Arbrodec ltée fabrique des composantes d'ordinateur à l'aide de quatre robots qu'elle possède depuis un an. Les ventes croissant sans cesse et les machines étant utilisées au maximum, la société doit faire un choix : 1. acheter une cinquième machine ; ou 2. faire travailler les opérateurs en temps supplémentaire. Selon les estimations du service du marketing, les ventes avaient 40 % de chances de diminuer de 5 % d'ici un an et 60 % de chances d'augmenter de 20 %. Les prévisions de profits nets préparées par le service de comptabilité sont les suivantes :

	Profits nets	
Décisions :	Achat d'un robot	Temps supplémentaire
1re possibilité : ventes – 5 %	680 000 $	760 000 $
2e possibilité : ventes + 20 %	920 000 $	880 000 $

Le dilemme est le suivant : si tout se passe bien et que les ventes augmentent, il aura été préférable d'acheter le nouveau robot ; mais si les ventes subissent une baisse, la situation de la société sera meilleure avec le choix du temps supplémentaire.

Il faudra évidemment tenir compte des probabilités des divers événements. Présentement, en suivant la démarche indiquée à la figure 3.5, vous êtes à un embranchement (un nœud de décision) et vous avez le choix entre deux possibilités (branches-actions), soit d'acheter un robot, soit de faire faire des heures supplémentaires. D'ici la fin de l'année, la société vivra avec une des deux possibilités d'événements (nœud d'événement), soit une baisse des ventes (probabilité de 40 %), soit une augmentation de celles-ci (probabilité de 60 %).

Afin de faire votre choix, vous devez multiplier les gains correspondant à un événement par la probabilité pour que cet événement se produise. Ainsi, s'il y a accroissement des ventes et que vous avez acheté un cinquième robot, le profit escompté sera de 552 000 $ (0,60 × 920 000 $) ; par contre, si les

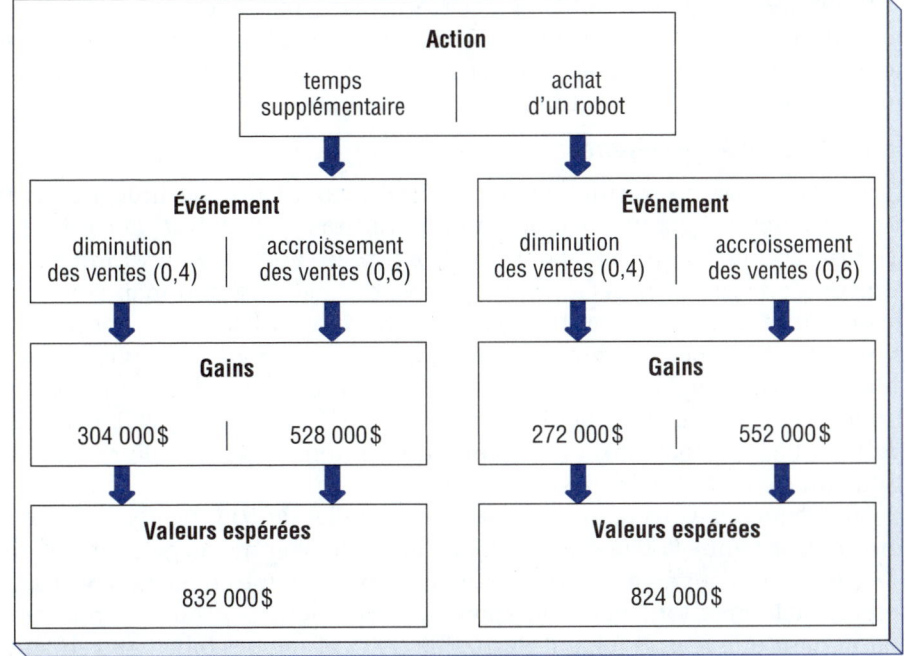

FIGURE 3.5
L'arbre de décision de la société Arbrodec

ventes baissent, le profit escompté sera de 272 000 $ (0,40 × 680 000 $). Si vous additionnez ces deux montants, vous obtiendrez l'espérance de gain découlant de l'achat d'un cinquième robot, soit 824 000 $ (552 000 $ + 272 000 $).

En procédant de la même manière pour le cas où vous optez pour le temps supplémentaire, les résultats seront de 528 000 $ (0,60 × 880 000 $) si les ventes augmentent et de 304 000 $ (0,40 × 760 000 $) si elles baissent. L'espérance de gain dans ce cas sera de 832 000 $ (528 000 $ + 304 000 $).

La meilleure décision possible dans cette situation consiste à opter pour le temps supplémentaire, car il offre la plus grande espérance de gain. Il ne faut pas non plus négliger le fait que la marge est faible entre les deux valeurs espérées. La décision d'opter pour une solution de « souplesse » comprend une valeur qui n'est pas représentée dans le tableau. C'est donc dire que les résultats obtenus par ces différents outils sont des indices qui requièrent de la part du gestionnaire une interprétation intelligente. D'autres facteurs non quantifiables entrent en ligne de compte — dans ce cas-ci la flexibilité — et recèlent des éléments de la solution.

L'arbre de décision permet de prendre conscience de l'existence d'un grand nombre de possibilités importantes qui s'offrent au gestionnaire et de constater les liens qui existent entre une série de décisions (décisions séquentielles).

N'oubliez pas que les outils de décisions mathématiques, statistiques ou quantitatifs sont des aides à la prise de décision. Ce ne sont que des aides ; ils ne prennent pas les décisions. C'est le gestionnaire qui prend la décision finale en se basant sur l'interprétation des résultats.

La théorie de la préférence

LE RISQUE

L'attitude à l'égard du risque varie d'un individu à l'autre et influence son comportement face à une décision à prendre. Lors de l'analyse de l'arbre de décision comme outil pour faire un choix, nous nous sommes fondés sur l'espérance de gain la plus élevée. De plus, le choix d'un gestionnaire selon la théorie du risque correspond à l'option la moins périlleuse. Par contre, un choix hasardeux peut représenter une solution très intéressante pour l'individu qui recherche la possibilité de gain maximum et qui ne craint pas les risques. La théorie de la préférence ou la théorie de l'utilité subjective donne justement aux probabilités un sens pratique en tenant compte du niveau de risque que le gestionnaire désire prendre.

Que risqueriez-vous pour 1 000 000 $? Un billet de 10 $, bien sûr. Supposons qu'il se vende 800 000 billets lors d'une loterie et que le gros lot soit de 1 000 000 $. Si vous achetez un billet, vous n'avez qu'une chance sur 800 000 de gagner le gros lot, mais vous prenez allègrement ce risque. Supposons maintenant que le gros lot soit de 10 000 000 $ et que les billets se vendent 100 $; cela porte à réflexion, et pourtant les probabilités de perte et de gain sont les mêmes ainsi que le ratio risque/gain. Et si le gros lot était de 100 000 000 $ et le prix du billet de 1000 $, que feriez-vous ? Enfin, risqueriez-vous 10 000 $ pour avoir une chance sur 800 000 de gagner un milliard de dollars ? La figure 3.6 nous montre quelques types classiques de courbes de préférence.

Si on utilise de façon stricte l'arbre de décision pour faire un choix, c'est affirmer que tous les individus pensent de la même façon dans une décision risquée ; or tel n'est évidemment pas le cas. À cela il faut ajouter l'importance du risque et les conséquences d'un échec, le niveau hiérarchique du gestionnaire, la durée des conséquences de l'événement en question, la possibilité de modifier son choix en cours de route, la certitude des informations détenues, sans oublier le titre de propriété des ressources. Concernant ce dernier élément, retenez simplement qu'en général, il est plus facile de risquer une voiture de 1 million de dollars dans une course si elle appartient à quelqu'un d'autre que de risquer dans les mêmes conditions sa propre voiture de 15 000 $.

Devant les mêmes chiffres, les mêmes probabilités, les mêmes risques, chacun y va de sa propre évaluation en fonction de sa personnalité, de son ambition, de son plan de carrière, de son attitude face au risque, etc. Rappelez-vous que ces outils ne sont que des aides et que souvent de nombreux facteurs irrationnels entrent en ligne de compte dans une décision. L'achat d'un ordinateur pour une petite entreprise au début des années 70 représentait autant la réponse à un besoin technique que la possibilité d'accroître son prestige et d'épater les clients en voulant « faire sérieux ».

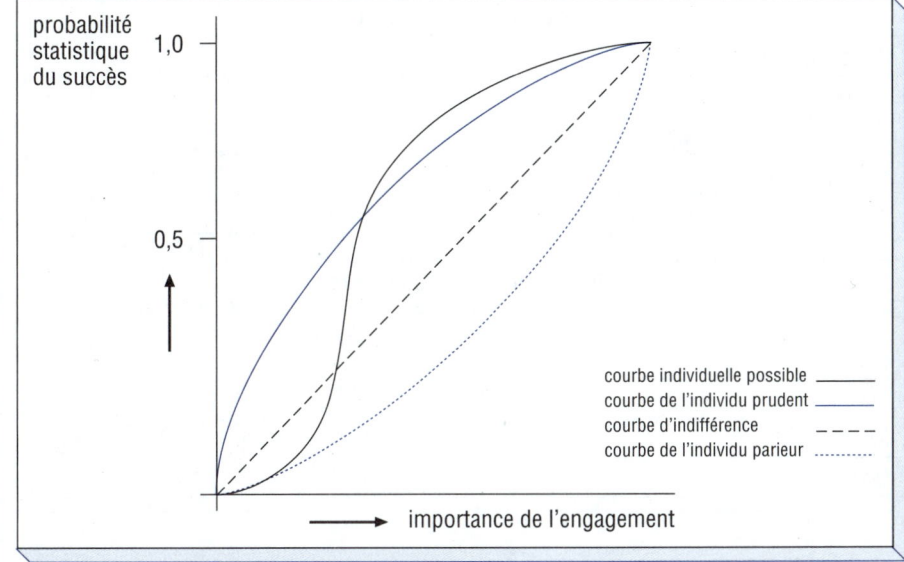

FIGURE 3.6
Les types classiques de courbes de préférence

La théorie de la préférence représente donc un autre outil fort intéressant dans l'arsenal du gestionnaire, car il le contraint à définir son attitude à l'égard du risque et à considérer ce facteur dans son processus décisionnel. Mais le gestionnaire ne doit pas oublier que le cerveau humain constitue une « machine à prises de décisions » très efficace qui a besoin, pour décider, de l'estimation qu'apportent les accessoires déterministes ou probabilistes.

L'ORDONNANCEMENT DES ACTIVITÉS

L'outil de planification et de contrôle de Henry Gantt présenté dans le chapitre précédent s'avère un excellent instrument de prise de décision. Il permet l'ordonnancement des activités en établissant le moment où l'activité doit se réaliser, la durée de l'activité ainsi que les ressources utilisées ou les opérations effectuées.

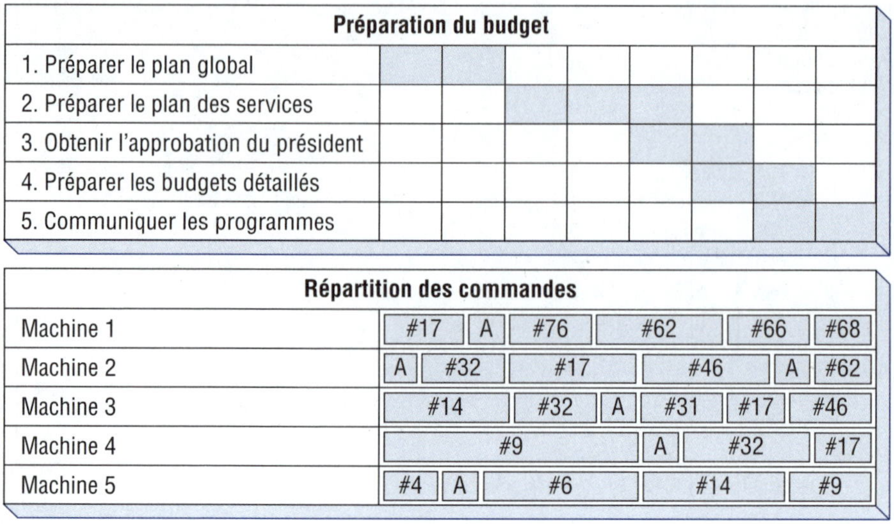

Préparation du budget							
1. Préparer le plan global	■						
2. Préparer le plan des services		■	■				
3. Obtenir l'approbation du président				■		■	
4. Préparer les budgets détaillés					■		
5. Communiquer les programmes							■

Répartition des commandes						
Machine 1	#17	A	#76	#62	#66	#68
Machine 2	A	#32	#17	#46	A	#62
Machine 3	#14	#32	A	#31	#17	#46
Machine 4	#9			A	#32	#17
Machine 5	#4	A	#6		#14	#9

FIGURE 3.7
Le diagramme de Gantt

RÉSUMÉ

(Il faut noter que le texte suivant ne représente qu'un résumé de la description des objectifs.)

1) Présenter la prise de décision.

   La prise de décision est un processus qui consiste à faire un choix entre différentes possibilités. Dans ce processus, on peut être influencé par ses émotions, ses expériences, l'environnement organisationnel, la qualité de l'information accessible, l'incertitude, la philosophie de gestion des cadres supérieurs, leur compétence, la capacité de l'équipement, les ressources disponibles, les consommateurs, les syndicats et le goût du risque.

2) Identifier les catégories de problèmes.

   Il existe plusieurs catégories de problèmes que l'on peut classer en problèmes urgents, problèmes non urgents et problèmes d'opportunité.

3) Reconnaître les catégories de prise de décision et leurs fondements.

   Si les techniques habituelles de l'entreprise, telles que les politiques et les procédures, peuvent être adoptées parce que le problème s'est déjà présenté, nous dirons qu'il s'agit de décisions programmées; si le gestionnaire doit faire appel à son imagination et à sa créativité, nous qualifierons ces décisions de non programmées ou novatrices.

4) Rappeler le rôle de la rationalité et de la créativité dans la prise de décision.

   Même si les bonnes décisions exigent une approche rationnelle, le gestionnaire doit parfois faire des compromis ou choisir en fonction des informations dont il dispose. D'ailleurs, la définition d'une bonne décision n'est pas chose facile; elle dépend de l'objectif visé, de la contrainte de temps, etc. Les outils organisationnels permettant une plus grande créativité sont la libre communication de l'information, le travail d'équipe et l'ouverture d'esprit.

5) Décrire les étapes du processus de décision.

Ce processus comprend un certain nombre d'étapes; nous en avons retenu dix: a) la perception du problème; b) la cueillette et l'analyse des données pertinentes à la situation; c) l'identification du problème; d) la définition de l'objectif; e) l'établissement des contraintes; f) l'élaboration des solutions de rechange; g) l'évaluation des solutions de rechange; h) le choix d'une solution; i) la communication du choix aux personnes concernées; et j) le suivi.

Les critères facilitant le choix final sont: la faisabilité ou l'applicabilité de la solution à l'intérieur des contraintes de l'organisation, la qualité de la solution dans l'atteinte de l'objectif, le temps disponible, l'acceptabilité par les personnes touchées par la décision, le coût total de la solution et la réversibilité de la décision.

6) Identifier les pratiques à éviter lors de la prise de décision.

Pour une meilleure qualité des décisions, il est préférable d'éviter les pratiques suivantes: minimiser l'effort exigé et décider trop rapidement; vouloir réinventer la roue; gérer en fonction des crises; ne pas favoriser la participation; ne pas établir de priorités; se laisser entraîner dans une escalade de mauvaises décisions et, enfin, remettre continuellement en question des décisions déjà prises.

7) Reconnaître les avantages et les inconvénients dans les décisions de groupe.

Les décisions en groupe permettent une vue plus complète de la situation, suscitent la créativité, favorisent l'acceptation, développent la capacité à prendre de meilleures décisions; mais elles consomment énormément de temps, favorisent le conformisme et voient à l'occasion un seul individu contrôler la situation au nom du groupe.

8) Décrire les techniques favorisant la prise de bonnes décisions.

Plusieurs techniques peuvent aider le gestionnaire à prendre de bonnes décisions. Mentionnons: 1) l'analyse du point mort qui permet d'établir le niveau où les revenus égalent les coûts totaux; 2) les différentes techniques offertes par la recherche opérationnelle dont les plus fréquemment employées sont: les modèles de simulation et le contrôle des stocks, la théorie des jeux, la théorie des files d'attente et la programmation linéaire; 3) l'utilisation des probabilités par l'analyse du risque, les arbres de décisions et la théorie de la préférence; 4) l'ordonnancement des activités en établissant le moment où l'activité doit se réaliser, la durée de l'activité ainsi que les ressources à utiliser ou les opérations à effectuer.

Vocabulaire

Analyse du point mort
Arbre de décision
Créativité
Décision non programmée
Décision programmée
Intuition

Jugement
Prise de décision (processus de)
Probabilités
Rationalité
Risque

QUESTIONS DE RÉVISION

1. Définissez chacun des termes de la section.
2. Pourquoi est-ce préférable d'élaborer le plus grand nombre de solutions de rechange possible ?
3. Quelles différences existe-t-il entre la prise de décision fondée a) sur l'intuition, b) sur le jugement et c) celle découlant du processus systématique ? Donnez un exemple pour chacun des cas.
4. Quels sont les facteurs limitant la rationalité dans la prise de décision ?
5. Quelle est la relation entre la prise de décision et la solution au problème ?
6. Quels sont les avantages et les inconvénients des décisions prises en équipe ?
7. À quelle étape du processus de décision croyez-vous que le groupe est le plus utile ?
8. Quels sont les facteurs limitant le nombre de solutions de rechange élaborées dans la prise de décision ?
9. Décrivez les pièges les plus fréquents que l'on rencontre dans la prise de décision.
10. Pourquoi les gestionnaires acceptent-ils des solutions non optimales ?

SUJETS DE DISCUSSION

1. La planification et le contrôle sont directement reliés à la prise de décision. Quelles sont, dans le processus décisionnel, les étapes reliées à la planification et celles reliées au contrôle ?
2. Est-ce que le processus décisionnel décrit dans ce chapitre s'applique de la même façon à une décision personnelle qu'à une décision administrative ?
3. Ayant déjà vécu une situation similaire dans une autre entreprise il y a un certain temps, un gestionnaire se retrouve avantagé face à un problème où la responsabilité de la décision lui revient. Discutez.
4. « Administrez, c'est prendre des décisions. » Commentez.
5. Quand croyez-vous qu'il soit préférable de laisser décider un seul individu ? un groupe ?
6. « La décision prise en groupe sera toujours meilleure que la décision individuelle. » Commentez.
7. Pourquoi la cueillette des informations relatives à une prise de décision est-elle souvent frustrante pour le gestionnaire ?
8. « Les subordonnés devraient toujours participer à la prise de décision. » Commentez.

9. « La venue des ordinateurs rend la prise de décision très facile. »
   Commentez.
10. Quelles sont les caractéristiques d'un bon preneur de décisions ?

EXERCICES PRATIQUES

1. À partir des situations suivantes, illustrez le processus de prise de décision en décrivant les actions à effectuer à chaque étape :
   — Un étudiant à la recherche d'une chambre près du cégep.
   — L'organisation d'une activité dont le but est de recueillir des fonds pour le bal des finissants.
   — L'achat d'une auto.

2. En équipe de trois ou quatre personnes, faites une liste des 10 principales qualités d'un bon professeur et classez-les par ordre d'importance.

3. En équipe, élaborez différentes solutions de rechange pouvant être considérées pour résoudre les problèmes suivants :
   — Un petit entrepreneur a besoin d'accroître son fonds de roulement.
   — Un étudiant a besoin d'une auto pour une fin de semaine.
   — Un professeur veut évaluer ses étudiants.

4. Exercice de calcul du point mort et de propension au risque

   Vous hésitez à acheter une usine fabriquant des porte-clés. Vous avez 60 000 $ disponibles, mais votre courtier vous offre la possibilité d'acheter des obligations de votre municipalité dont le rendement est de 9 %.

   L'usine fabrique actuellement trois types de porte-clés. Vous prévoyez vendre 100 000 unités de type Bleu à 2 $ pièce, 120 000 de type Rouge à 2,50 $ et 160 000 unités de type Or à 2,60 $ chacun.

   Les coûts variables de chaque porte-clé sont les mêmes pour les trois types soit 1 $ en frais de main-d'œuvre directe, 0,50 $ pour la publicité, la distribution et les commissions. La matière première représente 0,60 $ par porte-clé.

   De plus, les frais fixes suivants seront encourus pour la fabrication : des frais de location d'usine de 2500 $ par mois et des frais d'opérations de 29 000 $.

QUESTIONS
a) Quel serait le profit de ce projet ?
b) Tracez le graphique du point mort.
c) Est-il préférable d'investir dans ce projet ou d'acheter les obligations ?

CAS

CAS 3.1 : LE VOLANT INC.

Marc Tesson possède depuis dix ans un magasin de pièces pour automobiles et camions dans une petite ville du nord-ouest du Québec. Bien connu des citoyens de la ville, son commerce a été très prospère les sept premières années, puis pendant deux ans ses stocks ont été très élevés et les ventes ont décliné progressivement à un rythme inquiétant. Il est vrai que deux nouveaux concurrents sont arrivés il y a quelques années, et Marc considère qu'ils lui livrent depuis le début une guerre de prix. En effet, il avait remarqué à certaines occasions des annonces dans le journal local mentionnant des articles à des prix inférieurs aux siens. Il a donc décidé l'an dernier de répliquer en baissant le prix des articles les plus en demande afin de contrer ses compétiteurs.

Examinant les livres comptables de son commerce pour les douze derniers mois, Marc Tesson remarque que ses ventes ont effectivement grimpé, mais ses dépenses se sont accrues elles aussi, si bien que son profit est en baisse pour une troisième année consécutive.

QUESTIONS-GUIDES POUR L'ANALYSE DU PROBLÈME
1. Marc tente-t-il de corriger le problème ou les symptômes ?
2. Comment peut-il définir son problème ?

Ayant entendu vos commentaires, Marc réétudia la situation et constata que son problème en était un de localisation. Il s'enquit donc des locaux à louer et porta finalement son choix sur un emplacement situé près du centre commercial de la banlieue offrant une grande surface ainsi qu'une aire de stationnement pour une trentaine d'automobiles.

3. Marc respecte-t-il le processus de décision étudié dans le chapitre ?
4. Quelles possibilités aurait-il pu envisager ?

CAS 3.2 : VIVE LA PARTICIPATION !

Josiane Lévy vient d'« hériter » de la direction d'un des services les plus déprimants de l'entreprise. Mentionnez un problème de productivité ou de relations humaines et vous le retrouverez dans ce service. Elle se souvient alors qu'au cégep, elle avait lu un chapitre dans un volume où l'auteur vantait les mérites de la participation du groupe à la prise de décision. Elle fait donc en sorte de retrouver le volume en question.

Denis Vinet, son supérieur immédiat, la rencontre pour discuter des moyens de hausser la production de ce service et il lui fait la proposition suivante : « Établissons un quota de production pour chaque opération du service, puis lorsque l'employé aura atteint son quota, nous lui paierons sa journée de travail de huit heures. Tout le temps travaillé après la réalisation du quota sera alors payé en temps supplémentaire. »

Josiane trouva la proposition tellement emballante qu'elle s'empressa de regagner son nouveau service et de faire part à ses subordonnés de la nouvelle

proposition de la direction. Chemin faisant, elle se rappela qu'elle avait considéré la participation comme un moyen de gagner ses employés à sa cause. Elle décida donc de profiter de la situation qui lui était offerte pour mettre en place son processus de participation. Elle réunit les trente employés de son service à la cantine et leur communiqua sa proposition :
a) À partir d'aujourd'hui, toutes les décisions vous concernant seront prises après discussion avec vous tous ;
b) Certaines décisions n'affectant pas la rentabilité de l'entreprise seront laissées à votre entière discrétion ;
c) La première décision que vous aurez à prendre consistera à choisir une des deux possibilités suivantes :
— atteindre votre quota quotidien, être payé pour la journée complète de huit heures et quitter
ou
— continuer de travailler pour compléter vos huit heures et être payé en temps supplémentaire pour la période excédant l'atteinte de votre quota.

Ce premier choix possible n'avait pas reçu l'assentiment de son supérieur, mais Josiane était convaincue de la valeur de la seconde partie de l'alternative et n'offrait la première que pour laisser aux employés l'impression de participer à la décision.

Malheureusement pour elle, les employés qu'elle avait laissés seuls pour faire leur choix démocratiquement optèrent unanimement pour la première partie de la proposition et ce, en moins de trente minutes.

QUESTIONS-GUIDES POUR L'ANALYSE DU PROBLÈME
1. Y a-t-il eu réelle participation ?
2. Que pensez-vous de la décision du groupe dans cette situation ?
3. Que peut faire Josiane maintenant ?

CAS 3.3 : LES CLÉS

Denis Vinet vient de vivre un trimestre extrêmement difficile et il décide de se reposer une semaine à son chalet du lac Beauport, près de Québec. Il est directeur de l'usine de Laval de la société internationale Les Produits chimiques Bio-Chim, qui fabrique un éventail complet de produits chimiques. L'usine de Laval produit surtout des insecticides et, de ce fait, les mesures de sécurité entourant ses activités sont très strictes compte tenu de la grande toxicité des produits.

Un matin, il est réveillé à sept heures par Frank Blais, son assistant, qui l'informe qu'on a constaté la disparition des clés des entrepôts dans la soirée et que, puisqu'un double de celles-ci était gardé dans les coffres du service de sécurité, cela n'a pas affecté les opérations de la nuit. Mais Frank considérait le problème d'une extrême gravité et il a décidé d'en informer son supérieur, malgré le fait que ce dernier soit en vacances.

« Convoquez une réunion pour 14 heures à mon bureau. J'y serai et je veux que tous les directeurs de service y soient. » La phrase est lancée sur un ton sec et Denis raccroche après un bref « Bonjour ».

Lors de la réunion de l'après-midi, Vinet informe les directeurs que seulement deux clés ont disparu, mais, comme il s'agit de passe-partout, il faut envisager l'hypothèse du vol plutôt que celle de la perte. Jusqu'à nouvel ordre, il invite les cadres à la confidentialité absolue concernant cet incident et leur demande de lui faire des suggestions.

La directrice du service de sécurité souligne que, vu l'importance de ces deux clés, il faut immédiatement remplacer toutes les serrures des portes des entrepôts.

Le directeur du service des immeubles intervient, après avoir consulté ses notes quelques secondes, pour indiquer que depuis trois mois tout le monde avait subi des pressions afin que les budgets soient coupés de 20 %, et qu'après avoir fait des mains et des pieds, il a réussi à réduire le sien de 12 %. Or, le remplacement des serrures spéciales sur les différentes portes des entrepôts représente des frais minimums de 38 000 $; de plus, certaines autres serrures doivent être changées, car le même passe-partout peut ouvrir toutes les portes d'un même secteur. Ce dernier facteur représente un coût additionnel de 16 000 $, soit, au total, des dépenses se chiffrant à près de 6 % de son budget. « Peut-être ces clés sont-elles simplement perdues et non volées, ajoute-t-il, ce qui rendrait ces dépenses inutiles. Le service d'entreposage ayant un plus gros budget, il pourrait accepter la facture puisque, de toute façon, les modifications toucheront un des immeubles lui appartenant. »

Le directeur de l'entreposage et de l'expédition suggère plutôt qu'une enquête maison soit entreprise afin de trouver le responsable de cet incident, qu'il soit réprimandé et que son service absorbe les coûts entraînés par ces modifications.

Le directeur des finances limite son intervention à quelques mots : si les clés sont perdues, il n'y a aucun problème ; si elles ont été volées, il sera de toute façon très difficile de les utiliser, car les portes de ces sections d'entrepôts ne sont pas facilement accessibles.

De plus, monsieur Vinet apprend, tout d'abord, qu'un tour cycliste a été organisé dans la région et que 2000 cyclistes passeront devant l'usine après-demain et qu'un des chauffeurs de livraison de l'entreprise vient de remettre sa démission. Monsieur Vinet ajourne la réunion puisqu'il est près de 16 heures 30. À 17 heures, il se retrouve seul dans son bureau, songeur ; il tente de rassembler toutes les données du problème. Il sera probablement question d'une promotion pour lui dans peu de temps. Il ne veut donc pas déséquilibrer un budget qui a nécessité tant d'efforts depuis trois mois ; il y a la sécurité du public, mais aussi les effets négatifs que des changements au budget auront sur son image au siège social. Puis, pense-t-il, le nouveau budget sera préparé dans deux mois et il sera toujours possible d'inclure ces modifications dans les rénovations. Enfin, il y a eu cette erreur d'étiquetage il y a un mois, dont on a réussi à limiter les effets auprès du public. Les questions des journalistes à ce moment bourdonnent encore dans la tête de Denis Vinet et il ne veut pas les revoir une nouvelle fois dans son bureau.

QUESTION-GUIDE POUR L'ANALYSE DU PROBLÈME
Vous êtes monsieur Denis Vinet, appliquez le processus de prise de décision.

BIBLIOGRAPHIE

BIERMAN, H., C.P. BONINI et W.H. HAUSMANN, *Quantitative Approach for Business Decisions*, 5e éd., Homewood, Ill., Richard D. Irwin, 1977.

BOISVERT, M., *L'organisation et la décision*, Montréal, Éditions d'Organisation et Éditions Agence d'Arc, 1985.

BUFFA, E. et JEFFREY G. MILLER., *Production-Inventory Systems : Planning and Control*, 3e éd., Homewood, Ill., Richard D. Irwin, 1979.

BYARS, L.L., *Concepts of Strategic Management : Planning and Implementation*, New York, Harper and Row, 1984.

LEVIN, RICHARD I. et C.A. KIRKPATRICK, *Quantitative Approach To Management*, 3e éd., New York, McGraw-Hill, 1975.

ROWAN, R., *Intuition et management*, Paris, Rivages, 1987.

TROISIÈME PARTIE

L'organisation

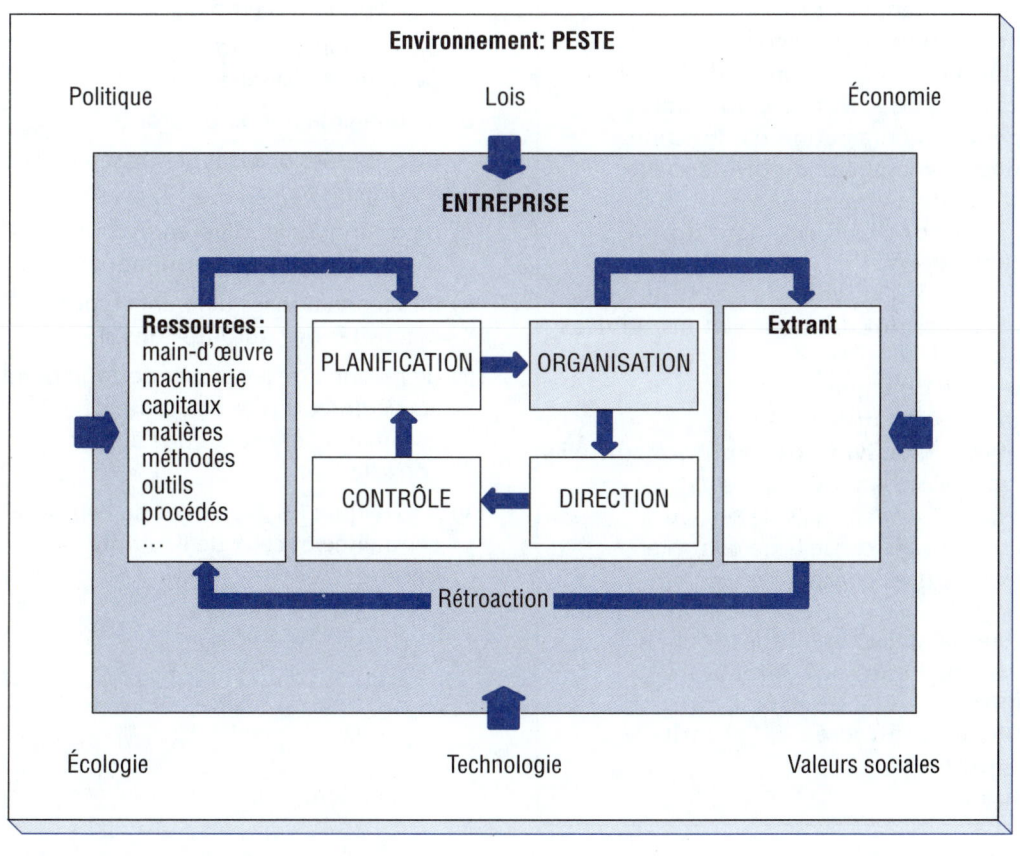

CHAPITRE 4
Le processus organisationnel

UN APERÇU
Introduction
Les fondements de la structure organisationnelle
Les étapes du processus d'organisation
Les principes de l'organisation
Les techniques de conception des emplois
La surspécialisation du travail (la simplification des tâches)
La rotation des emplois
L'élargissement des tâches
L'enrichissement des tâches
Les modifications à l'horaire de travail
Le choix d'une structure adéquate
La départementalisation par fonction
La départementalisation divisionnaire
La structure matricielle
Les relations d'autorité dans les organisations
Définition de l'autorité
Les services de commande et les services de conseil
L'autorité de commande
L'autorité de conseil
Les types d'activités de l'autorité-conseil
Les spécialistes-conseils aviseurs
Les spécialistes-conseils de service
Les spécialistes-conseils de contrôle
Les spécialistes-conseils de soutien personnel
Les spécialistes-conseils fonctionnels
Les conflits entre les détenteurs d'autorités
L'autorité centralisée et l'autorité décentralisée
Résumé

OBJECTIFS SPÉCIFIQUES
Après avoir lu ce chapitre, vous devriez être en mesure:

1) de reconnaître les fondements de la structure organisationnelle;
2) de décrire les étapes du processus d'organisation;
3) de présenter les principes de l'organisation;
4) de distinguer les quatre techniques de conception des emplois;
5) de catégoriser les formes de départementalisation;
6) de définir la notion d'autorité;
7) de classer les divers types de services dans les organisations;
8) de distinguer les différentes formes d'autorité dans les organisations;
9) de reconnaître les différents types d'activités de l'autorité-conseil;
10) de reconnaître les causes de conflits entre les détenteurs d'une autorité de commande et ceux d'une autorité de conseil;
11) d'expliquer les avantages de l'autorité centralisée et ceux de l'autorité décentralisée.

MISE EN SITUATION

François Blais a pris sa retraite il y a trente jours. Il a travaillé pour la société d'équipements motorisés Structurix pendant près de quarante ans, d'abord comme commis et enfin comme directeur du service des ventes. Angèle Romanelli a accepté le poste de François et depuis quatre semaines elle analyse la situation chaotique dans laquelle se trouve le service des ventes. Paradoxalement, ce service était relativement productif, du moins si l'on fait abstraction des énergies qu'il engouffrait.

Bien que François ait pris sa retraite officiellement il y a un mois, il semble à Angèle qu'il l'était «officieusement» depuis au moins cinq ans. Voici d'ailleurs la situation du service telle qu'a pu la comprendre Angèle. La société fabrique sur commande toutes sortes de petits véhicules permettant de transporter des marchandises et des passagers sur de courtes distances soit à l'intérieur d'un entrepôt, soit entre différents immeubles d'un complexe industriel. La société offre de plus cinq modèles de chariots permettant de manutentionner la marchandise dans les entrepôts, deux modèles de véhicules pouvant transporter 10 et 22 personnes, toute la série des véhicules de services à profil surbaissé pour les aéroports, deux modèles de minicamions pour les mines et trois autres utilisés par les chantiers pour le transport du bois dans les endroits difficiles d'accès.

La clientèle de la société comprend les services publics et les entreprises privées. Si les premiers sont surtout concentrés au Québec et dans les Maritimes, les secondes, pour leur part, sont réparties à travers le monde. Elles incluent des entreprises du secteur des mines, du papier, certaines sociétés pétrolières, des aéroports, en plus d'un grand nombre d'entreprises qu'il est impossible de catégoriser et qui font surtout usage de chariots pour les entrepôts.

Pour ajouter à la complexité de l'organisation, le service est structuré en fonction des individus et non des produits ou des clients. Par exemple, Gérard Dubois, à cause de contacts qu'il avait développés dans son emploi précédent, ne traite qu'avec les clients du secteur minier, et cela, partout dans le monde. Quant à Claude Simoneau, il ne s'intéresse qu'aux clients localisés dans la province de Québec, car il n'aime pas voyager. Puis il y a Marc Fournier qui ne fait affaire qu'avec les clients désirant commander pour plus de 200 000 $. François Blais, quant à lui, s'était réservé, sans aucun critère apparent, sept clients dans des domaines différents. Les cinq autres vendeurs se consacraient chacun à un groupe de clients et récupéraient selon une règle obscure les clients potentiels.

De plus, il semble que Blais ait laissé carte blanche à tous ses vendeurs, car ceux-ci négociaient les contrats selon leurs propres critères et n'en informaient Blais qu'une fois la transaction complétée. Or, selon les premières constatations d'Angèle, les concessions faites à certains clients n'étaient pas toujours conformes aux politiques de l'entreprise.

Afin de restructurer le service, Angèle tenta de trouver le critère qui servirait le mieux les intérêts de l'entreprise, mais elle ne savait comment y arriver tout en conservant la collaboration de son groupe. Il fallait que sa réorganisation réponde à des critères techniques valables et acceptables pour l'entreprise.

INTRODUCTION

La gestion a pour but d'atteindre, de la façon la plus efficace possible, les objectifs de l'organisation. Le but de la fonction « organisation » consiste à regrouper les ressources de l'entreprise d'une manière ordonnée et à répartir les individus selon un modèle acceptable leur permettant de remplir la tâche qui leur a été assignée. Ce modèle doit établir aussi les relations d'autorité entre les divers éléments de la structure. Il s'agit, en fait, de diviser l'objectif global de l'organisation en diverses tâches individuelles et de les regrouper en départements sous la responsabilité d'un gestionnaire à qui l'autorité nécessaire sera déléguée.

> EFFETS DE LA DIVISION DU TRAVAIL :
> – CLARIFIE LES RESPONSABILITÉS
> – CLARIFIE L'AUTORITÉ
> – S'APPUIE SUR LES COMPÉTENCES
> – ÉTABLIT LE NIVEAU HIÉRARCHIQUE

Cette division du travail entre les différents services de l'entreprise constitue un outil essentiel à une bonne gestion. Cela apporte une clarification dans la distribution des responsabilités et de l'autorité en indiquant clairement le travail de chacun et les relations d'autorité qui existent entre les individus. De plus, c'est l'unique méthode pouvant permettre que les décisions soient prises par les personnes possédant les connaissances et les compétences pertinentes. Enfin, cela permet d'établir clairement le niveau hiérarchique de chacun et le rôle qu'il a à jouer dans la prise de décision dans une situation donnée.

LES FONDEMENTS DE LA STRUCTURE ORGANISATIONNELLE

Les structures organisationnelles varient grandement selon les objectifs des entreprises, les décisions des gestionnaires concernant la division des tâches, la départementalisation et la délégation de l'autorité. Les tâches peuvent être plus ou moins spécialisées, les emplois peuvent être regroupés en département ou service selon différents modes et, enfin, l'autorité peut être centralisée ou décentralisée.

> FACTEURS :
> MISSION
> ENVIRONNEMENT
> TECHNOLOGIE

La structure de l'entreprise lui permet d'évoluer dans un univers dynamique[1]. Si les besoins de cet univers changeaient, ou encore si les éléments de cet univers subissaient de profondes modifications, cela obligerait l'entreprise à se restructurer. Tous les changements concernant la législation, la concurrence, les besoins de la clientèle, les ressources de l'entreprise, etc. la forceront à adapter ses structures de manière à l'aider à mieux évoluer dans ce nouvel univers.

---

1. Voir à ce sujet : Jacques Guillaume et coll., *La Dynamique de l'entreprise*, Laval, Mondia Éditeurs, 3e éd., 1993, chap. 1.

Ces facteurs exercent un rôle prédominant sur les formes que devra adopter l'organisation[2]. Il y a d'abord les objectifs de l'entreprise. La forme découle de la fonction, soutiennent les architectes. Alors, en administration, la mission que s'est donnée une organisation aura une influence marquante sur la structure qu'elle adoptera. Bien entendu, la modification de la structure en fonction des objectifs de l'entreprise part du principe que l'entreprise a développé une stratégie précise qui répond à une mission clairement définie dans une première étape. Il s'agit du «principe de l'unité des objectifs», c'est-à-dire la facilitation de la réalisation des objectifs de l'organisation par la structure organisationnelle. Il faut noter aussi que certaines études démontrent qu'à l'inverse, certaines structures sont à même d'influencer les stratégies des organisations[3]. Quoi qu'il en soit, il est certain que si la structure et les objectifs d'une organisation ne sont pas bien appariés, des difficultés pointeront à l'horizon.

PRINCIPE DE L'UNITÉ DES OBJECTIFS

Un deuxième facteur influence la structure d'une organisation; il s'agit de l'environnement dans lequel l'organisation doit opérer. Bien sûr, les éléments de cet environnement comptent, mais compte aussi sa stabilité. Plus l'environnement sera calme et constant, plus il sera possible pour l'organisation d'adopter des structures permanentes et clairement définies. L'instabilité de l'environnement a pour effet d'obliger l'organisation à plus de souplesse,

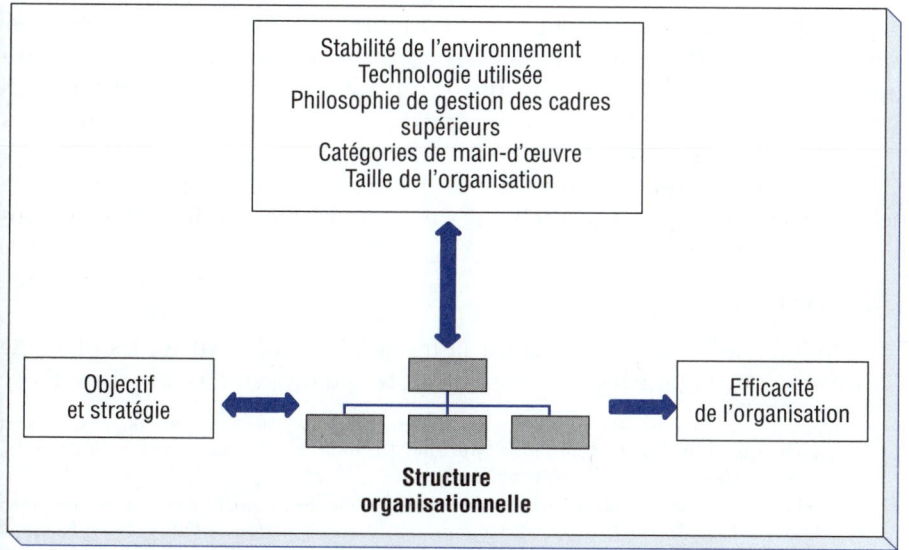

FIGURE 4.1
Les facteurs affectant la structure organisationnelle

---

2. Alfred D. Chandler fils, *Strategy and Structure*, Cambridge, Mass., The M.I.T. Press, 1962.
3. Lire à ce sujet: James W. Frederickson, «The Strategic Decision Process and Organizational Structure», *Academy of Management Review*, vol. 11, 1986, p. 280-297.

afin qu'elle puisse répondre à tout mouvement de l'extérieur sans être handicapée par un lourd appareil administratif[4].

Un troisième facteur peut être retenu parmi les plus importants : la technologie utilisée par l'entreprise[5]. En général, le nombre moyen de niveaux hiérarchiques d'une entreprise augmente lorsqu'on passe d'une entreprise ayant un système de production unitaire (services professionnels, meubles sur mesure) à une entreprise appliquant un système de production en série (réfrigérateurs, automobiles), et il augmente encore lorsque la production se fait par un processus continu (raffinerie).

Une structure en forme de pyramide évasée (très peu de niveaux hiérarchiques) facilite les communications qui sont nécessaires dans ce système de production et permet une prise de décision à l'intérieur même de l'action. À l'autre extrême, un grand nombre de niveaux hiérarchiques reflète le désir de séparer les unités de production, de planification et de contrôle pour assurer le succès de la production de masse.

La taille de l'organisation, les catégories de main-d'œuvre utilisée et la philosophie de gestion des cadres supérieurs sont d'autres facteurs affectant, à un degré moindre, la structure organisationnelle.

LES ÉTAPES DU PROCESSUS D'ORGANISATION

ORGANIGRAMME

La fonction « organisation » dans l'entreprise se définit comme étant le processus permettant de créer une structure organisationnelle favorisant la collaboration efficace entre les individus afin d'atteindre les objectifs de l'entreprise. La structure organisationnelle est le réseau de relations formelles établi entre les différents services de l'entreprise et entre les différentes personnes y œuvrant. Cette structure est souvent représentée par un organigramme (voir figure 4.6 et suivantes), qui est un graphique illustrant les réseaux de communications de l'entreprise, la répartition des responsabilités et la structure hiérarchique.

Ce processus comprend cinq étapes distinctes qui mènent à la construction de relations organisationnelles permettant d'éviter la confusion, les conflits et l'inefficacité.

LA MISSION

La première étape consiste à définir la mission[6], les objectifs et les plans de l'entreprise pour une période couvrant un terme moyen. En fait, cette étape

---

4. Pour une étude combinée de la structure et de l'utilisation de l'arbre de décision, voir : Robert Duncan, « What is the Right Organization Structure ? Decision Tree Analysis Provides the Answer », *Organizational Dynamics*, hiver 1979, p. 59-80.
5. Voici trois textes maintes fois mentionnés sur le sujet et qui ont inspiré beaucoup d'auteurs : Joan Woodward, *Management and Technology*, London, Her Majesty's Stationary Office, 1958 ; *Industrial Organization : Theory and Practice*, London, Oxford University Press, 1965 ; *Industrial Organization : Behaviour and Control*, London, Oxford University Press, 1970.
6. Lire à ce sujet : Alfred D. Chandler, fils, *Strategy and Structure*, Garden City, N.Y., Anchor Books, Doubleday, 1966.

s'est déroulée lors de la planification; les résultats de la planification sont donc la définition de la mission de l'entreprise et des plans à moyen terme. L'organisation permettra de structurer les ressources de façon à réaliser cette mission. Vous noterez ici le continuum entre les différentes fonctions du processus de gestion.

LES FONCTIONS

Puis, dans une deuxième étape, il s'agit de fractionner l'organisation selon les méthodes et les modèles disponibles, c'est-à-dire la fractionner selon les fonctions à remplir, puis la départementaliser afin d'obtenir des unités administratives ayant une tâche précise. À ces unités il faudra adjoindre des unités de soutien, dont nous reparlerons plus loin.

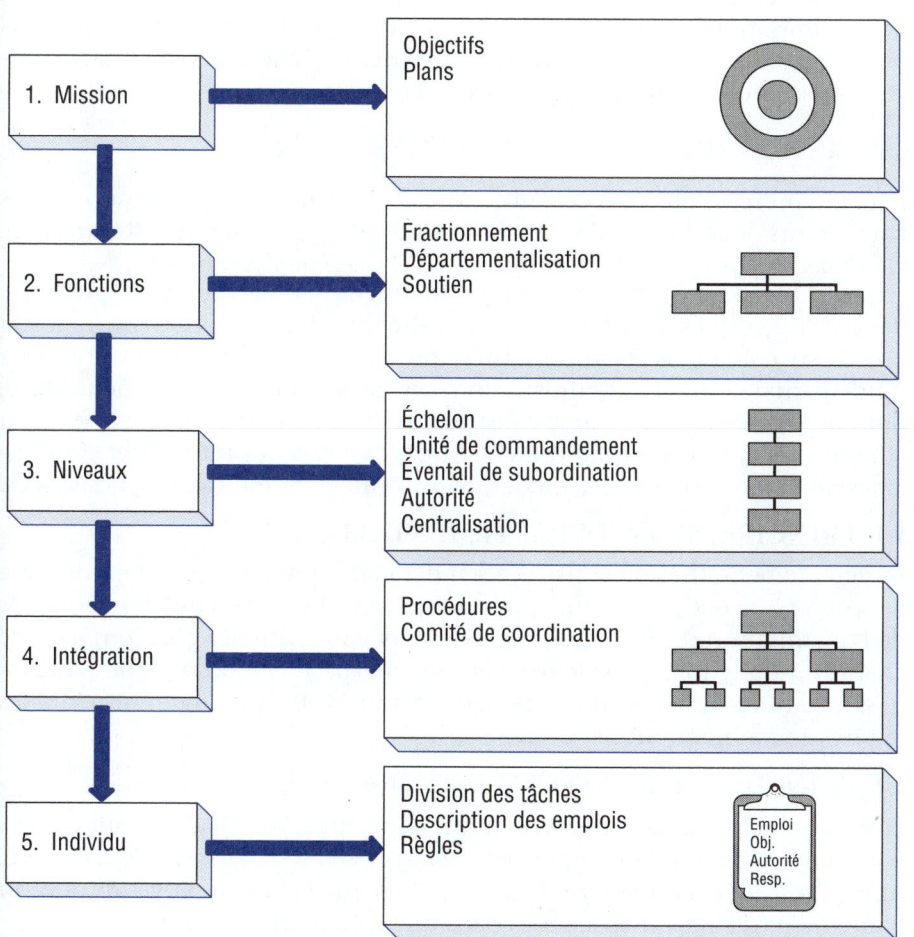

FIGURE 4.2
Les étapes du processus d'organisation

Les niveaux hiérarchiques

La troisième étape consiste à établir des niveaux hiérarchiques en créant des liens d'autorité en vertu desquels certains individus devront rendre compte de leur travail à d'autres individus placés à des niveaux supérieurs dans l'entreprise. Cette étape implique le respect d'un certain nombre de principes fondamentaux de gestion dont on trouve les détails dans les prochaines pages.

L'intégration

La quatrième étape tentera d'intégrer toutes ces fonctions qui ont été divisées dans les étapes antérieures. Ainsi, il faut maintenant établir des procédures et des comités de coordination afin de créer un mouvement de synergie ; autrement dit, par la coordination, les différents éléments de la structure tendront vers une action unique.

La description des tâches

La cinquième étape permet à l'individu de prendre connaissance des attentes de l'organisation à son égard. Il s'agit à cette étape d'établir des descriptions de tâches, de définir des règlements, de diviser la tâche non pour chaque service, mais pour chacun des membres de l'entreprise.

LES PRINCIPES DE L'ORGANISATION

Pour atteindre les objectifs de l'entreprise, il faut embaucher des gestionnaires compétents, leur donner l'occasion de se développer et leur fournir un cadre clairement défini respectant les principes de base de l'organisation.

Règle fondamentale

Les principes les plus importants de l'organisation vous sont présentés dans les pages qui suivent, mais avant d'aller plus loin, nous devons apporter une nuance à la définition du terme « principe ». Un principe est une règle fondamentale ; or en administration ces règles sont extrêmement rares, puisque la seule règle véritable consiste à s'adapter aux circonstances (voir au chapitre 1 L'approche situationnelle). Donc, vous devez interpréter ces principes non comme des règles rigides, mais comme des indicateurs, des guides.

Le principe de la départementalisation

Sectorisation

La départementalisation consiste à scinder l'entreprise en un certain nombre de secteurs, ce qui permet une division du travail entre les différentes unités de l'organisation. Les critères les plus usuels seront étudiés plus loin dans ce chapitre ; soulignons pour le moment que la spécificité de la tâche, sa complémentarité avec les autres tâches et le besoin d'efficacité figurent parmi les critères couramment utilisés.

Le principe de la spécialisation

Lier au principe de départementalisation le principe de spécialisation, c'est poser l'hypothèse qu'un employé devient plus efficace lorsqu'il se spécialise. Ainsi, l'efficacité d'un service s'accroîtra s'il permet à ses employés de devenir hautement qualifiés et spécialisés dans une sphère très restreinte.

Il en va de même des professeurs qui vous enseignent; chacun est spécialisé dans une sphère de l'administration, ce qui lui permet de développer plus à fond ses connaissances dans le domaine qu'il a choisi. Toutefois, il ne faut pas surspécialiser l'employé et rendre ainsi son travail ennuyeux et sans défi, ce qui pourrait engendrer différents problèmes, source d'inefficacité.

SPÉCIALISATION VS EFFICACITÉ

LE PRINCIPE DE L'ÉVENTAIL DE SUBORDINATION

Ce terme désigne le nombre de personnes qui relèvent directement d'un gestionnaire. Le premier texte relatant ce principe se trouve dans la Bible (Exode 18;17-26) où le beau-père de Moïse, Jéthro, lui donne des conseils sur l'art d'organiser le peuple en exode, afin que Moïse ne consacre pas tout son temps à régler les problèmes de tous et chacun.

NOMBRE DE SUBORDONNÉS

Il faut tenir compte de facteurs comme les qualités du gestionnaire et la personnalité des subordonnés, le degré de motivation découlant de la tâche des subordonnés, la similitude des tâches à exécuter, l'environnement dans lequel se trouve l'organisation, le degré d'interaction entre les subordonnés, la proximité physique des employés et la philosophie de gestion des cadres supérieurs. Encore ici, nous faisons allusion à l'approche situationnelle mentionnée au chapitre 1. L'étendue de l'éventail de subordination aura un impact direct et inversement proportionnel sur le nombre de niveaux hiérarchiques.

FACTEURS:
- *QUALITÉ DU SUPERVISEUR*
- *COMPÉTENCE DES SUBORDONNÉS*
- *DÉFI DE LA TÂCHE*
- *SIMILITUDE DES TÂCHES*
- *ENVIRONNEMENT*
- *DEGRÉ D'INTERACTION*
- *PROXIMITÉ DES EMPLOYÉS*
- *PHILOSOPHIE DE GESTION*

Voici un exemple où nous comparons la structure d'une entreprise où l'éventail de subordination est de 4 employés et une autre où l'éventail est de 8 employés. Dans le second cas, le nombre de gestionnaires requiert moins de 780 personnes comparativement à la première entreprise.

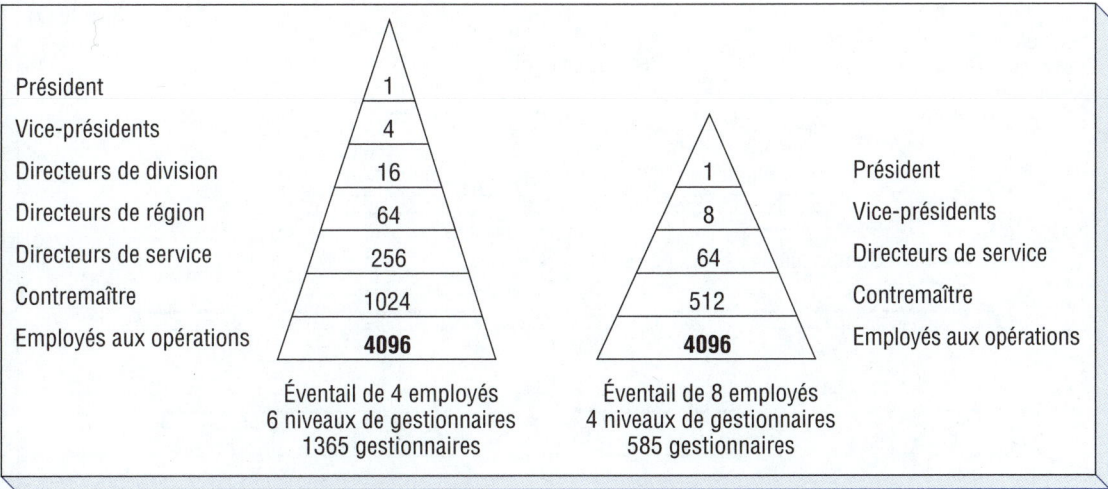

FIGURE 4.3 La comparaison entre différents niveaux d'éventail de subordination[7]

---

7. Inspiré de Stephen P. Robbins, *Organization Theory: The Structure and Design of Organizations*, 3ᵉ édition, Englewood Cliffs, N.J., Prentice-Hall, 1990, p. 88.

LE PRINCIPE DES ÉCHELONS

CHAÎNE HIÉRARCHIQUE

Selon ce principe, l'autorité et la responsabilité dans l'organisation partent du haut et vont vers le bas et définissent une relation supérieur-subordonné à chacun des niveaux. En plus de ses implications dans les liens de l'autorité, ce principe permet de suivre les liens de communication dans l'organisation. Cette chaîne doit être respectée, mais les groupes de coordination permettront d'éviter l'alourdissement de la structure et de viser l'efficacité.

LE PRINCIPE D'ÉQUIVALENCE DE L'AUTORITÉ ET DE LA RESPONSABILITÉ

POUVOIR ET DEVOIR

La responsabilité des actes ne doit être ni plus grande ni moindre que celle qu'implique la délégation d'autorité. Il faut donc donner à chaque gestionnaire une autorité assez grande pour soutenir ses responsabilités. Par exemple, il est très difficile pour un gestionnaire de diriger et de contrôler un groupe d'employés s'il ne peut user de mesures disciplinaires, ni les congédier ni les récompenser.

LE PRINCIPE DE L'UNITÉ DE COMMANDEMENT

« Nul ne peut servir deux maîtres. » Ce principe minimise les conflits et les anxiétés qu'aurait un employé devant se rapporter à deux patrons. Quant aux gestionnaires, cela leur permet de visualiser leur champ d'autorité et de savoir quelles sont les personnes qui doivent leur rendre des comptes. Évidemment, comme c'est le cas pour tous les autres principes de gestion, il y a

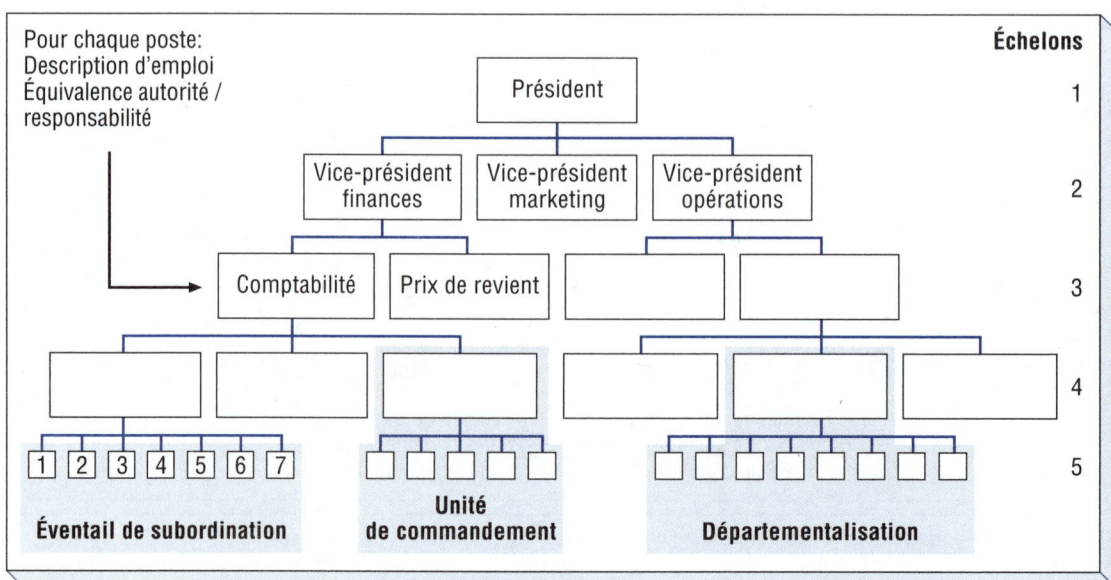

FIGURE 4.4 Les principes du processus organisationnel

de nombreuses exceptions, les plus fréquentes ayant trait aux situations où une personne relève d'un supérieur hiérarchique sur le plan administratif et d'un supérieur technique sur le plan de la tâche. Ainsi, le directeur de la gestion des ressources humaines dans une usine a comme supérieur immédiat le directeur de l'usine, mais il suit les directives du vice-président de la gestion des ressources humaines dans l'accomplissement de son travail.

LES TECHNIQUES DE CONCEPTION DES EMPLOIS[8]

Lors de la cinquième étape du processus d'organisation, nous sommes confrontés à un problème. Il s'agit de concevoir un emploi qui permettra à l'entreprise de regrouper les activités d'une manière logique afin d'atteindre un certain degré d'efficacité. D'autre part, la conception de l'emploi doit aussi permettre à l'employé d'y trouver une source de motivation.

Le dilemme est le suivant: l'efficacité au travail exige la spécialisation à outrance et, par conséquent, impose des limites à la satisfaction des employés et à leur motivation au travail; la satisfaction des employés ne pourra, souvent, être atteinte qu'aux dépens de l'efficacité au niveau de la production. Il y aura continuellement des choix à faire dans la conception des emplois; ces choix permettront d'atteindre un haut degré de productivité, de limiter le temps d'apprentissage, d'offrir de grandes possibilités de motivation au travail ou de limiter le taux de roulement. Il est pratiquement impossible d'atteindre tous ces objectifs: il faut agir par compromis.

Voici les quatre approches les plus souvent utilisées dans la conception des emplois: la surspécialisation du travail (la simplification des tâches), la rotation des emplois, l'élargissement des tâches et l'enrichissement des tâches. Les trois dernières approches sont souvent utilisées pour combattre les effets négatifs de la première.

LA SURSPÉCIALISATION DU TRAVAIL (LA SIMPLIFICATION DES TÂCHES)

La surspécialisation du travail consiste à concevoir des emplois qui n'exigeront de l'employé qu'il n'accomplisse qu'un nombre très restreint de tâches, limitant ainsi les exigences de l'emploi en matière de qualification et ne requérant qu'une formation minimum.

SIMPLIFICATION

LA ROTATION DES EMPLOIS

Cette approche consiste à concevoir les emplois de manière à permettre la rotation systématique entre les différents postes de travail[9] dans le but de

POLYVALENCE

---

8. Richard W. Woodward et John J. Sherwood, «A Comprehensive Look at Job Design», *Personnel Journal*, août 1977, p. 386 ss.
9. Ne pas confondre «poste de travail» et «emploi». Un poste de travail est un lieu où est placé un employé pour l'accomplissement de ses tâches ou un regroupement des tâches qui exigent les services d'une même personne. Un emploi est un groupe de postes dont les tâches et responsabilités importantes se ressemblent. Voir M.T. Miller et Bernard Turgeon, *Supervision et gestion des ressources humaines*, Montréal, McGraw-Hill, 1992, chap. 2.

rompre la monotonie du travail. Cette approche augmente les qualifications des employés ainsi que la flexibilité de l'entreprise dans l'organisation du travail.

L'ÉLARGISSEMENT DES TÂCHES

DIVERSITÉ DES TÂCHES

Cette approche consiste à ajouter des tâches à un poste de travail sans augmenter le niveau de responsabilité et ce, afin de contrer l'ennui d'un travail surspécialisé. Le cycle de travail est prolongé, et les habiletés et les qualifications du travailleur sont ainsi élargies[10].

L'ENRICHISSEMENT DES TÂCHES[11]

TÂCHES PLUS INTÉRESSANTES

Cette approche vise à augmenter le contenu et les exigences du travail. Elle s'attaque donc aux sources de croissance, de réalisation, de responsabilité et de reconnaissance que nous étudierons dans le chapitre sur la motivation au travail. Il s'agit, en fait, d'augmenter le niveau de responsabilité, d'autonomie de l'employé et de réduire les contrôles exercés sur l'exécution de son travail.

LES MODIFICATIONS À L'HORAIRE DE TRAVAIL[12]

**L'HORAIRE VARIABLE
LA SEMAINE COMPRESSÉE
LE TEMPS PARTAGÉ**

Au lieu de modifier le contenu ou les activités d'un emploi, il est aussi possible d'ajuster l'horaire normal de travail, afin d'accroître la satisfaction de l'employé. Trois choix s'offrent aux entreprises. Premièrement, l'horaire variable qui oblige l'employé à respecter un certain horaire préétabli, tout en lui permettant de commencer ou de finir sa journée à sa convenance pourvu qu'il respecte un certain nombre d'heures par jour ou, parfois, par semaine seulement. Puis il y a la semaine compressée qui permet, par exemple, de faire une semaine de travail en 4 jours de 10 heures. Enfin, il y a le temps partagé où deux ou plusieurs personnes se partagent l'horaire de travail normalement accompli par un seul employé.

---

10. Voir à ce sujet: M.D. Kilbridge, «Reduced Costs through Job Enrichment: A Case», *Journal of Business*, vol. 33, 1960, p. 357-362 (cas de Maytag) et Richard W. Woodward et J.J. Sherwood, «A Comprehensive Look at Job Design», *Personnal Journal*, août 1977, p. 386 ss (cas de IBM).

11. Lire à ce sujet: James M. Odato, «U.S. Shoe Revamps», *USA Today*, 24, mars 1988, p. 8B; H. Richard Hackman et Greg R. Oldham, *Work Redesign*, Reading, Mass. Addison-Wesley, 1980; et pour des exemples de réalisation: Brian T. Lohner, Raymond A. Noe, Nancy L. Moeller et M.P. Fitzgerald, «A Meta-Analysis of the Relation of Job Characteristics to Job Satisfaction», *Journal of Applied Psychology*, vol. 70, 1985, p. 280-289.

12. Lire à ce sujet: J.M. Ivancevich et H.L. Lyon, «The Shortened Workweek: A Field Experiment», *Journal of Applied Psychology*, vol. 62, 1977, p. 34-37; Edwards G. Thomas, «Flextime Doubles in a Decade», *Management World*, avril-mai 1987, p. 18-19; «Why a Big Steelmaker Is Mimicking the Minimills», *Business Week*, 27, mars 1989, p. 92.

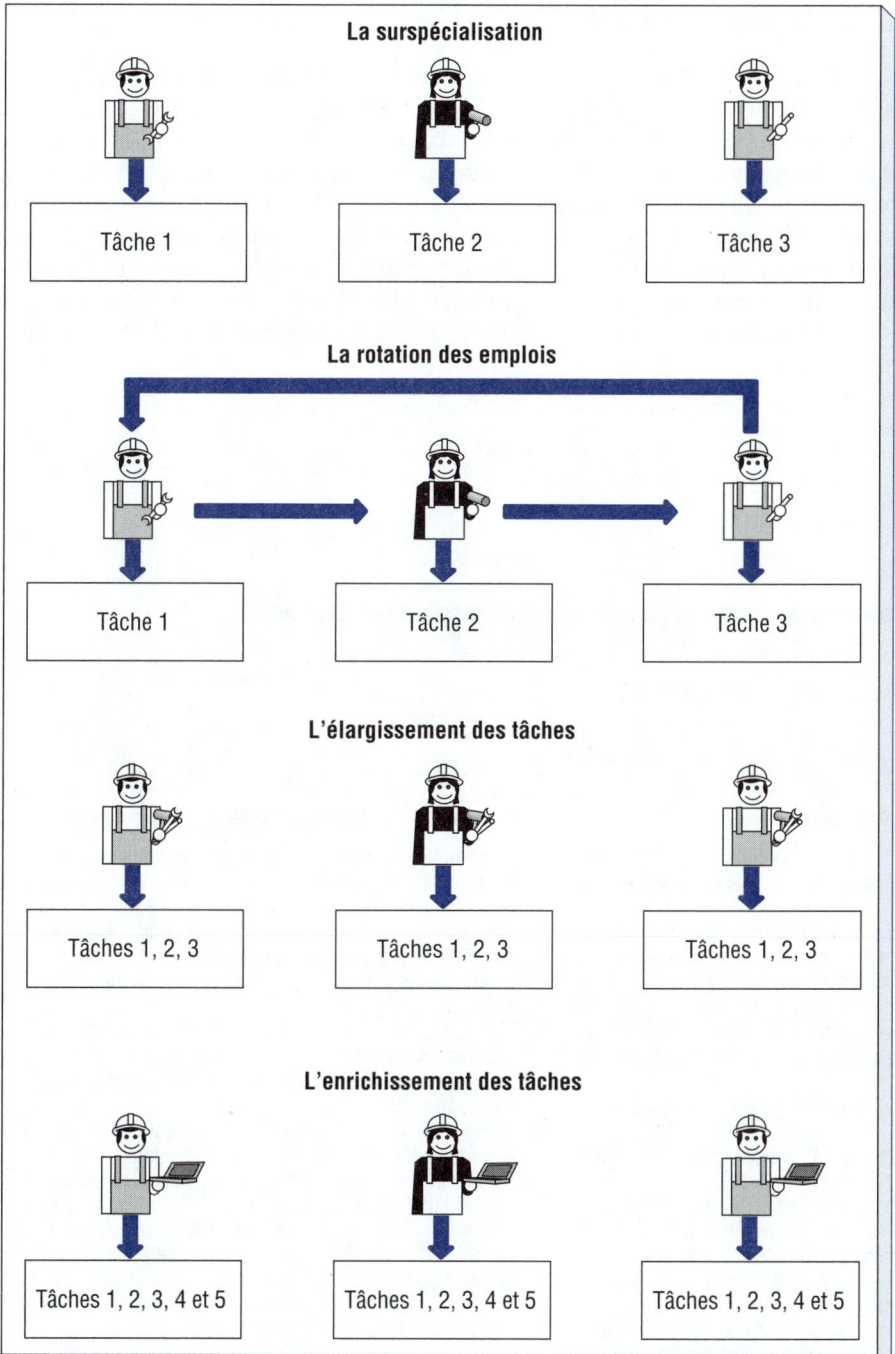

FIGURE 4.5
Les techniques de conception des emplois[13]

---

13. Inspiré de K.M. Bartol et D.C. Martin, *Management*, New York, McGraw-Hill, 1991, p. 340.

LE CHOIX D'UNE STRUCTURE ADÉQUATE

Certaines organisations ont réussi à trouver la structure qui leur convenait à la suite d'une série d'essais plus ou moins fructueux; d'autres ont procédé à une analyse systématique des possibilités s'offrant à elles et ont opté pour la plus adéquate. Les résultats des deux approches nous permettent de distinguer, entre autres, les modes de départementalisation (sectorisation) suivants: par fonction, par produit, par territoire, par type de clientèle, par procédé de production ou équipement, en fonction des horaires de travail et finalement par projet ou structure matricielle. Voyons maintenant chacun de ces modes ainsi que les avantages et les inconvénients que leur adoption comporte.

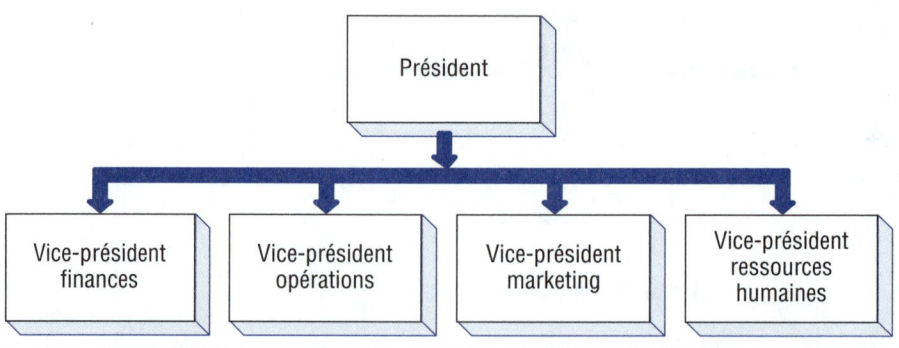

Avantages

1. Concentre les compétences d'une façon fort efficace en orientant et en regroupant les personnes dans une activité spécialisée.
2. Convient adéquatement aux entreprises ayant à accomplir des activités dont le déroulement suit un modèle plutôt stable; elle convient aussi aux entreprises évoluant dans un environnement stable.
3. Respecte des fonctions de base essentielles, permettant ainsi de maintenir le pouvoir des fonctions majeures de l'entreprise.
4. Facilite le contrôle de la haute direction sur les activités de l'entreprise.
5. Permet aussi la formation de cadres spécialisés dans tous les domaines.
6. Facilite la communication entre les membres d'un service, car ils ont la même spécialisation, utilisent le même langage et ont une même approche des problèmes.
7. Réduit la duplication des fonctions de gestion et offre des économies d'échelle.
8. Respecte le principe de la spécialisation du travail et permet une utilisation plus efficace des employés.

Inconvénients

1. Empêche d'avoir une approche plus globale face aux problèmes de l'organisation, car les services ont tendance à se créer des frontières ou des domaines.
2. Entrave la coordination entre les fonctions. Plus les objectifs de l'entreprise exigent la collaboration entre les différents services, et moins cette structure sera adéquate.
3. Laisse à la haute direction seule la responsabilité de réaliser les objectifs de l'entreprise, ce qui, dans les grandes entreprises, représente une tâche quasi impossible à remplir.
4. Surspécialise les cadres supérieurs; l'entreprise peut ainsi faire face à un manque de gestionnaires généralistes capables de prendre en main ses destinées.
5. Réduit l'utilisation d'une approche multidisciplinaire ainsi que l'esprit critique plus difficile, à cause de l'homogénéité de la formation des spécialistes de ces services.
6. Réduit l'adaptation à un environnement instable.
7. Fait ressortir les différents objectifs et engendre des conflits entre les différents services.

FIGURE 4.6 La structure par fonction: ses avantages et ses inconvénients

LA DÉPARTEMENTALISATION PAR FONCTION

La départementalisation par fonction divise l'organisation en unités totalement différentes des autres en matière de responsabilités et de tâches à accomplir. Selon l'exemple classique d'une telle structure, l'organisation est divisée en un service des ventes, un service des opérations, un service de la gestion des ressources humaines, un service de la comptabilité, etc. La départementalisation fonctionnelle constitue le mode d'organisation des activités de l'entreprise le plus répandu; en effet, il est appliqué, à un niveau ou l'autre, dans presque toutes les organisations.

LA DÉPARTEMENTALISATION DIVISIONNAIRE

La départementalisation territoriale

La structure organisationnelle géographique divise les éléments de l'organisation en fonction des territoires. Là où la stratégie et les circonstances démontrent que la réussite dépend de particularités locales, la mise en place d'une telle structure s'impose. C'est le type de structure qu'adoptent presque invariablement les entreprises de services.

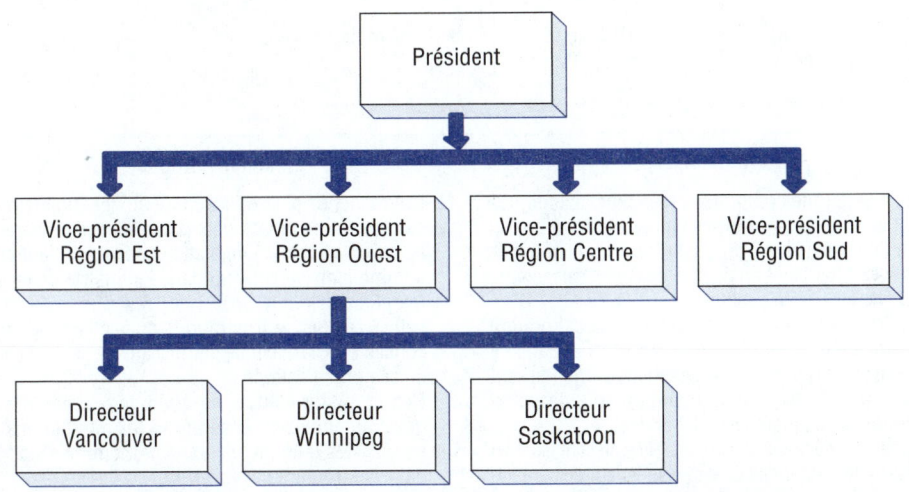

Avantages

1. Détermine plus clairement la responsabilité du succès.
2. Encourage le gestionnaire à opter pour une approche plus globale que celle qu'adopterait un gestionnaire responsable dans une structure fonctionnelle.
3. Tire avantage des différentes conditions régionales.
4. Rend les départements plus aptes à adapter le produit aux besoins des consommateurs et aux problèmes locaux.
5. Décentralise le pouvoir de décision.

Inconvénients

1. Exige un plus grand nombre de gestionnaires ayant une formation générale.
2. Complique le contrôle des activités par la haute direction.

FIGURE 4.7 La structure par territoire: ses avantages et ses inconvénients

La départementalisation par produit

La départementalisation par produit divise les éléments de l'organisation en fonction des produits. Cette structure succède souvent à l'organisation par fonction alors qu'à la suite de la croissance de l'entreprise, les gestionnaires

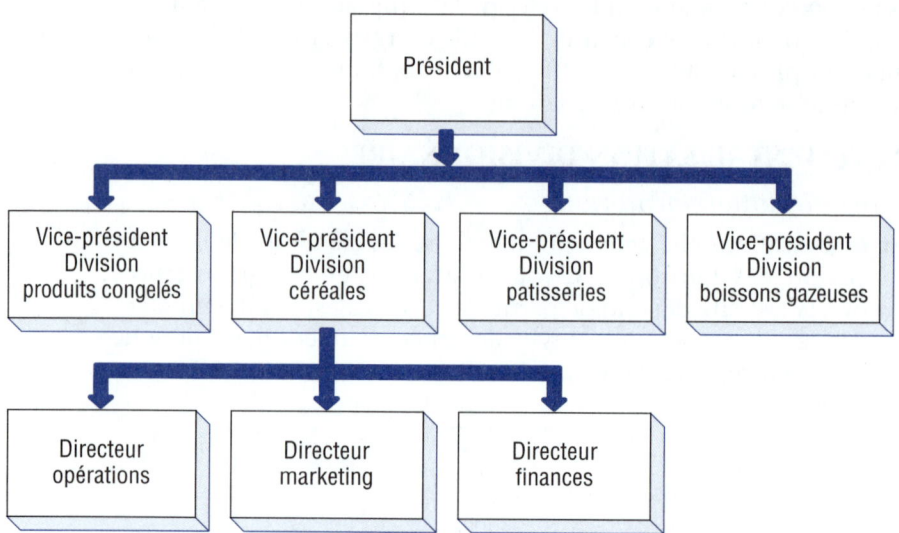

Avantages	Inconvénients
1. Permet de définir des responsabilités plus spécifiques pour le gestionnaire. En effet, celui-ci est évalué en fonction de la réussite d'un produit particulier et ses objectifs sont déterminés en matière de coûts, calendriers, rendements, etc. de ce produit. 2. Stimule l'innovation qui exige une bonne collaboration des individus partageant le même objectif, et dans ce cas-ci le produit représente un élément suffisamment important pour concentrer dans une même direction tous les efforts des membres du service. 3. Permet aussi de déplacer la responsabilité de la réalisation des objectifs de l'entreprise du cadre supérieur de l'organisation vers le gestionnaire responsable du service. 4. Facilite la coordination des activités des différentes fonctions de l'entreprise. 5. Permet la formation de gestionnaires généralistes, car le gestionnaire dans cette structure aura acquis une expérience d'administration générale qui l'aidera à accéder aux postes supérieurs de l'entreprise. 6. Favorise la collaboration entre les spécialistes de différents domaines. 7. Facilite la prise de décision, qui permet de répondre plus rapidement aux besoins du marché et de la concurrence.	1. Fait ressentir plus d'insécurité aux gestionnaires que dans les autres types de structures, si l'industrie dans laquelle ils évoluent connaît beaucoup de fluctuations, comme il arrive souvent dans l'industrie de l'aviation (ex.: Canadair et le Challenger). 2. Fait vivre plus de frustrations dues à l'ambiguïté, aux conflits et à la multitude des niveaux de gestion typiques de ces organisations. 3. Réduit la stimulation vis-à-vis de la créativité et du développement qu'engendrent les interactions entre spécialistes d'un même domaine, comme c'était le cas dans la structure par fonction. 4. Impose des coûts administratifs énormes, compte tenu de la duplication de nombreux services. 5. Complique la formation de gestionnaires généralistes.

FIGURE 4.8 La structure par produit : ses avantages et ses inconvénients

font face à une tâche extrêmement complexe. Le vice-président du marketing ou de la production doit régler, au sujet des produits, des problèmes si différents qu'il lui faudrait toute une batterie d'adjoints pour accomplir ce travail. Dans la presque totalité des cas, il s'agit de très grosses entreprises ayant une très grande variété de produits.

La départementalisation par type de clientèle

L'organisation structurée en fonction de la clientèle (voir figure 4.9) est divisée en fonction des différents clients qu'elle dessert. La compagnie Bell est ainsi divisée : un service de résidence et un service d'affaires. Il en est ainsi des magasins vendant des produits de construction et de rénovation, ils ont un service pour le consommateur et un autre pour les entrepreneurs. Cette division est rendue nécessaire à cause des attentes variées des clients et du besoin des entreprises d'avoir plus d'une méthode de vente et des produits comportant des caractéristiques différentes. Pour prendre un autre exemple, pensons au département de vêtements pour les 15-25 ans dans les grands magasins.

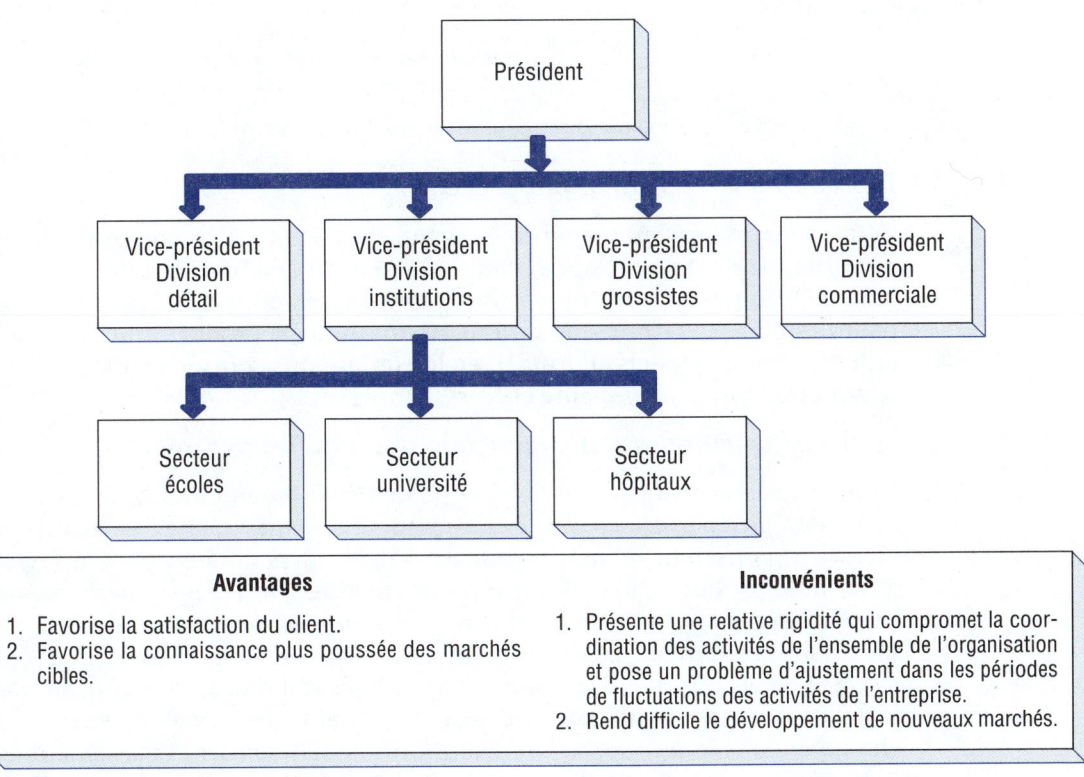

FIGURE 4.9 La structure par clientèle : ses avantages et ses inconvénients

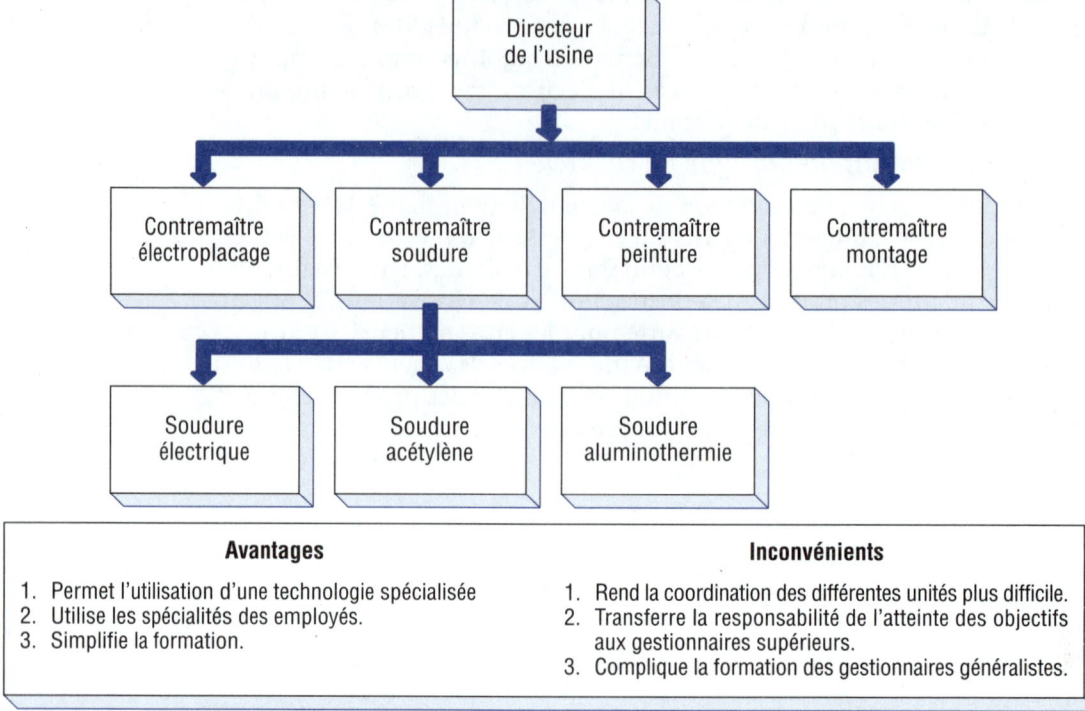

FIGURE 4.10 La structure par procédé : ses avantages et ses inconvénients

La départementalisation par procédé

Cette structure présente d'énormes avantages lorsque la machinerie utilisée nécessite des compétences spécifiques. Les motifs à la base de cette départementalisation sont surtout d'ordre économique et technologique. C'est pourquoi nous la retrouvons surtout au niveau de la production et des opérations, tels les ateliers d'usinage et les restaurants, où les employés sont regroupés selon leur spécialité et leurs compétences.

La départementalisation en fonction des horaires de travail

La principale caractéristique de ce type de départementalisation consiste à avoir des groupes effectuant exactement les mêmes tâches et ayant les mêmes responsabilités, mais travaillant à des heures différentes. Un service d'incendie comme celui de Montréal est structuré selon cette départementalisation en plus de celle, évidemment, de la départementalisation par territoire. Nous retrouvons aussi cette forme de structure dans les entreprises de vente et dans les usines. Dans le premier cas, il s'agit d'offrir aux consommateurs des heures d'ouverture dépassant l'horaire de travail normal d'un employé; dans le second cas, il s'agit plutôt de rentabiliser l'équipement en l'utilisant un plus grand nombre d'heures ou d'opérer selon un procédé de fabrication qui est un cycle continu, comme dans le cas des raffineries ou des usines de produits chimiques.

LA STRUCTURE MATRICIELLE[14]

Voici une nouvelle conception de la structure des organisations[15] fondée à la fois sur une base technique et une base administrative. La gestion est bicéphale, car il existe un cadre administratif et un cadre technique. Ce concept utilise une matrice, d'où l'appellation de la figure 4.11. C'est une forme hybride de structuration qui utilise la départementalisation par fonction et par produit ou projet. Cette structure est surtout utilisée par les entreprises lorsqu'elles désirent réaliser un projet spécifique ou lancer un nouveau produit.

Deux patrons

Prenons par exemple cinq groupes dans les domaines suivants : ingénierie, mécanique, hydraulique, métallurgie et marketing, ayant à leur tête un chef d'équipe relevant du directeur des services techniques. Simultanément, existent des groupes administratifs travaillant à différents projets qui recoupent ceux des groupes techniques. Le groupe 1, par exemple, comprend un technicien du groupe technique de la métallurgie et un du groupe de marketing, alors que le groupe 3 est composé d'un technicien de chacun des groupes techniques.

Ces diverses structures ont été présentées l'une à la suite de l'autre, mais généralement elles se combinent d'une manière aléatoire dans une entreprise. Certaines entreprises pourront même les utiliser toutes, et c'est ce que vous montre la figure 4.12.

LES RELATIONS D'AUTORITÉ DANS LES ORGANISATIONS

Les organisations sont de plus en plus flexibles, et les individus y œuvrant revêtent un pouvoir décisionnel de plus en plus grand. Nous verrons maintenant les différents types d'autorité appliqués dans l'entreprise afin de faire fonctionner l'organisation formelle et de favoriser la coordination verticale. Selon la catégorie de gestionnaires, le pouvoir détenu sera différent en qualité et en quantité, et ce, pour qu'ils puissent atteindre, dans leur champ de responsabilité respectif, les objectifs qui leur ont été assignés. Ces différents types d'autorité que nous retrouvons à travers l'organisation créent des relations variées entre les gestionnaires et affectent le déroulement quotidien des activités de l'entreprise.

---

14. À lire : H.F. Kolodny, « Managing in a Matrix », *Business Horizons*, mars-avril, 1981, p. 17-35 ; Michael V. Fiore, « Out of the Frying Pan into the Matrix », *Personnel Administration*, juillet-août 1979, p. 6 ; John Smale, « Behind the Brands at P & G », *Harvard Business Review*, novembre-décembre 1985, p. 79-89 ; William F. Joyce, « Matrix Organization : A Social Experiment », *Academy of Management Journal*, vol. 29, 1986, p. 535-561 ; Jay Galbraith, « Matrix Organization Designs : How to Combine Functional and Project Forms », *Business Horizons*, février 1971, p. 29-40.

15. Pour d'autres approches, lire : P.F. Drucker, « The Coming of the New Organization », *Harvard Business Review*, janvier-février 1988, vol. 66, p. 45-53.

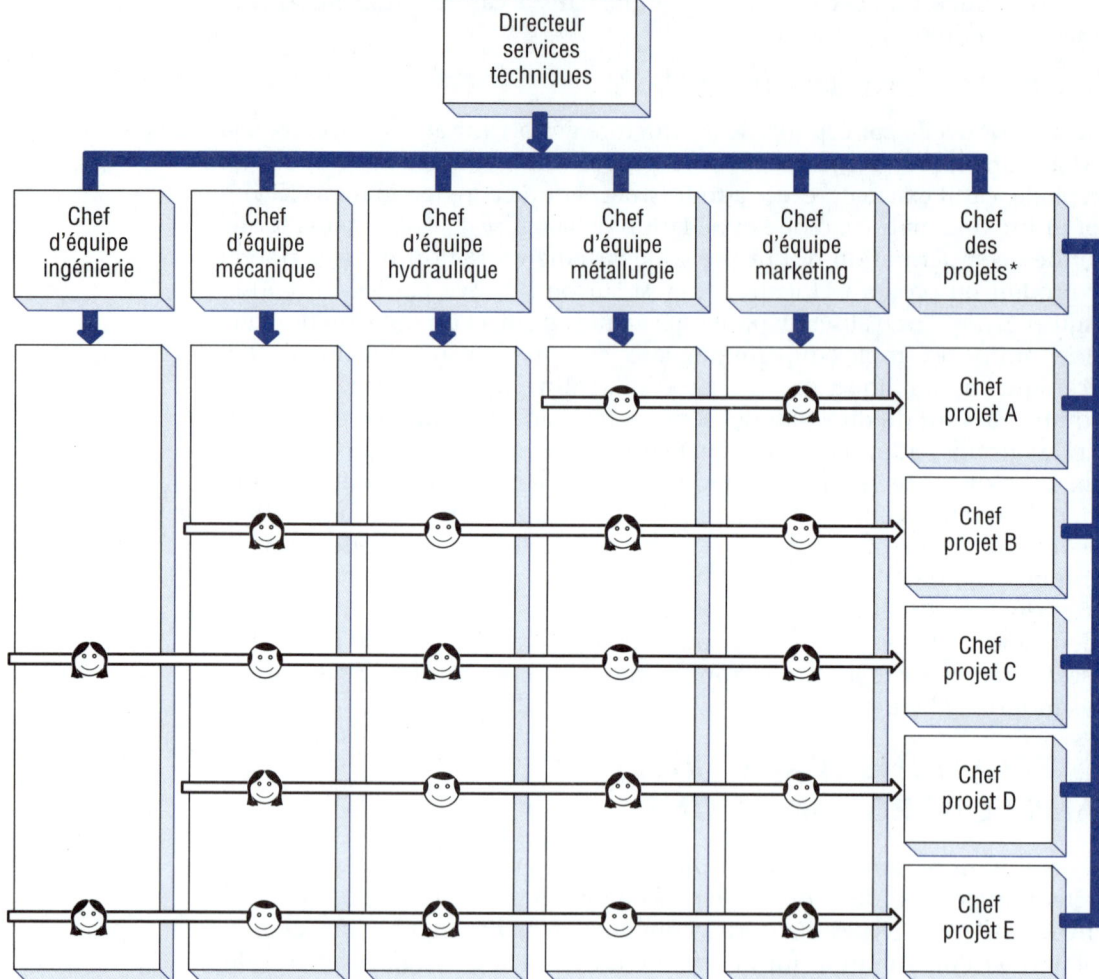

*L'autorité du chef des projets peut provenir d'un niveau supérieur au directeur des services.

Avantages	Inconvénients
1. Présente une réponse à la complexité croissante des entreprises et au besoin de la flexibilité et des compétences techniques que ne peut satisfaire la structure commande-conseil (*line-staff*). 2. S'avère fort utile pour satisfaire à la fois les exigences techniques et les exigences administratives (coûts, besoins du client, calendrier). 3. Permet une meilleure communication entre les différentes entités de l'entreprise. 4. Permet une utilisation plus rationnelle et plus flexible des ressources limitées de l'entreprise. 5. Est orientée vers les résultats.	1. Exige beaucoup de communications, car la relation d'un employé avec un seul supérieur n'existe plus. 2. Ralentit le processus de décision si la définition de la responsabilité et le type d'autorité de chacun ne sont pas clairement définis. 3. Exige une bonne compréhension du fonctionnement de cette structure, sinon le gestionnaire croira continuellement que son autorité est menacée, et l'employé aura de la difficulté à fonctionner avec deux supérieurs. 4. Exige de grandes qualités humaines de la part des gestionnaires.

FIGURE 4.11 La structure matricielle

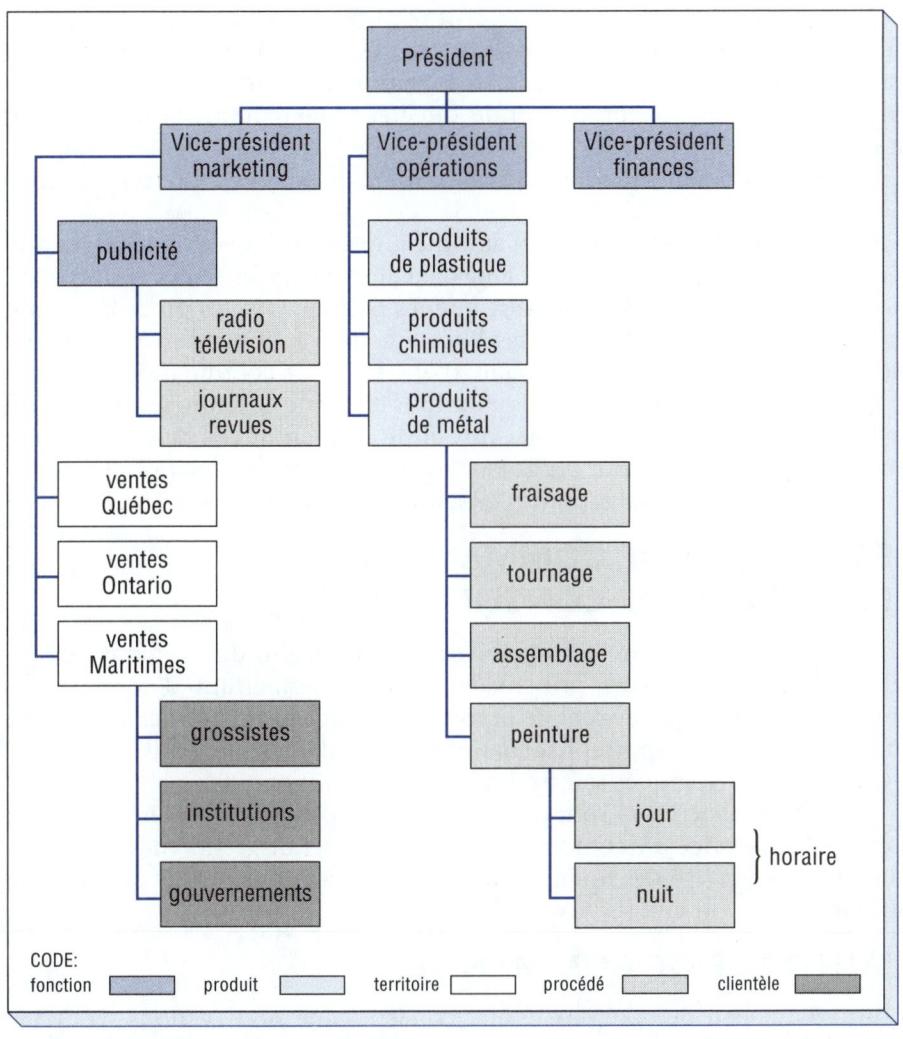

FIGURE 4.12
Une combinaison de facteurs de départementalisation

DÉFINITION DE L'AUTORITÉ

L'autorité, c'est le pouvoir officiel et légal de donner des ordres et d'exercer un contrôle sur des personnes. Le pouvoir peut être légitime, coercitif (contraignant), d'expertise (information), charismatique (influence par sa personnalité), délégué; il peut aussi reposer sur la capacité de punir et de récompenser. Ainsi, une personne en autorité influence le comportement d'autres personnes de façon qu'elles accomplissent des activités déterminées. Les subordonnés acceptent l'autorité du gestionnaire pour de nombreuses raisons, principalement pour être acceptés par le groupe de travail, participer et contribuer à l'accomplissement d'un objectif jugé valable, éviter les mesures disciplinaires ou encore pour obtenir certaines récompenses.

AUTORITÉ = POUVOIR LÉGITIME

LIMITES À L'AUTORITÉ :
– PARTAGE DES DÉCISIONS
– COMPÉTENCE DES SUBALTERNES
– PROCÉDURES
– ENVIRONNEMENT
– LÉGISLATION

Au sein de l'organisation, l'autorité comporte de nombreuses limites. Ainsi, il arrive souvent que deux gestionnaires se partagent l'autorité sur un aspect du travail. Par exemple, une recommandation d'augmentation de salaire doit obtenir l'approbation du directeur hiérarchique et du directeur des ressources humaines ; ou bien l'achat d'une pièce d'équipement doit être sanctionné par le directeur des opérations, le directeur des achats et le directeur des finances.

Le gestionnaire voit de plus son autorité limitée par les politiques et les procédures acceptées par l'entreprise, il ne peut alors suivre ses seuls caprices ou sa façon de voir. Cela ne veut pas dire que les politiques et les procédures sont immuables, mais plutôt que tous les changements à apporter doivent s'inscrire dans un certain cadre. Il s'agit, en fait, d'une forme de coordination verticale.

Notez surtout que lorsque nous abordons le thème de l'autorité, il s'agit en fait de la « relation d'autorité » qui existe entre deux entités ou deux personnes. Aussi sera-t-il possible pour un gestionnaire d'exercer une relation d'autorité sur son service et une relation de conseil vis-à-vis un autre service.

LES SERVICES DE COMMANDE ET LES SERVICES DE CONSEIL

Certains services (départements) de l'organisation sont directement responsables de l'exécution des principales activités permettant d'atteindre les objectifs globaux. Les services de production et de vente sont des services de commande pour une entreprise manufacturière. De même, dans un collège, les services pédagogiques seront des services de commande.

Les services de conseil sont ceux dont le rôle consiste à soutenir, aider ou conseiller les services de commande. Ainsi, le service de gestion des ressources humaines, le service des finances, le service des achats sont des services qui offrent un support aux services de commande.

L'AUTORITÉ DE COMMANDE

LINE

Ajoutons un peu de complexité aux concepts que nous venons d'étudier. Analysons maintenant, non pas le service, mais l'autorité d'un gestionnaire qui dirige un certain service sur les membres de son service et ceux des autres services.

L'autorité de commande, c'est celle exercée par un gestionnaire sur ses subordonnés immédiats. Cette forme d'autorité correspond à la chaîne de commandement représentée par l'organigramme. Cette relation d'autorité porte aussi le nom d'autorité linéaire, d'autorité *line* ou d'autorité hiérarchique. Chacun des membres de l'organisation sait donc de qui il reçoit des ordres et à qui il doit rendre des comptes.

Tout gestionnaire ayant une autorité de commande dirige donc une unité de l'entreprise sur laquelle il exerce son autorité et dont il est redevable aux autorités de l'entreprise. Il est de plus responsable de la quantité et de la qualité du travail qui s'y accomplit, et de la contribution que son unité apporte

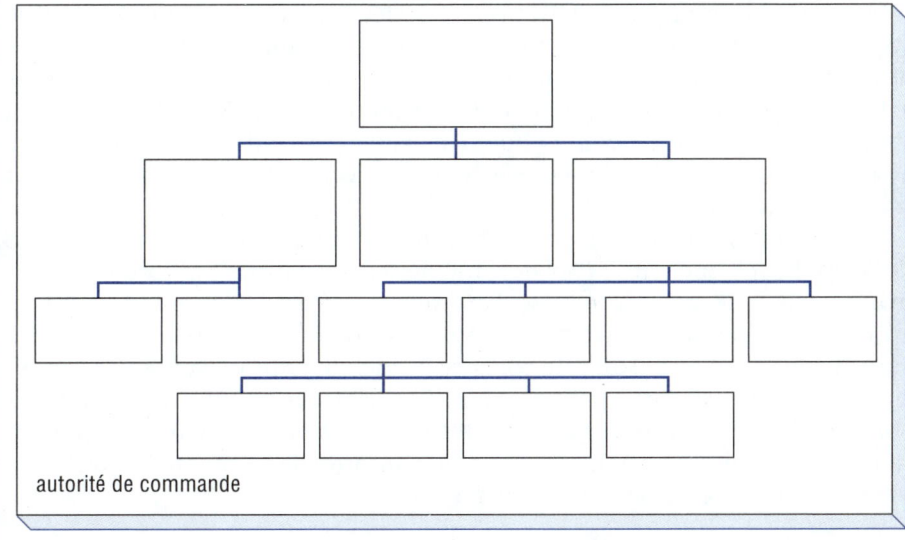

FIGURE 4.13 Les relations d'autorité de commande

à la réalisation des objectifs globaux de l'organisation. En vertu du principe d'équivalence entre l'autorité et la responsabilité, le gestionnaire peut prendre toutes les décisions visant à assurer le bon fonctionnement de son unité et ne consulte ses supérieurs que lorsqu'il le juge nécessaire.

L'AUTORITÉ DE CONSEIL

Le terme autorité de conseil est synonyme d'autorité d'état-major ou d'« autorité *staff* », ce dernier terme signifiant bâton de support, comme celui que portait le pèlerin ou celui que l'on utilise pour faciliter une marche en forêt. Donc, les détenteurs de l'autorité de conseil ont comme rôle de soutenir ou de conseiller les autres gestionnaires.

STAFF

Dans la plupart des entreprises, le fait de recourir à un groupe de gestionnaires ayant une autorité de conseil provient du besoin de faire les analyses nécessaires à la prise de décision, d'obtenir des conseils techniques ou de disposer de dossiers et de données détaillées, et de les analyser. Le principe de la spécialisation de la tâche justifie aussi le recours à des personnes-ressources pouvant fournir une assistance à ceux et celles qui sont au cœur de l'action.

La relation d'autorité de conseil existe entre deux gestionnaires et se situe à n'importe quel niveau hiérarchique dans l'entreprise. De plus, un gestionnaire peut diriger son équipe de travail (son service), sur laquelle il détient évidemment une autorité de commande. Prenons, à titre d'exemple, le directeur du service de la planification budgétaire qui représente un service-conseil. Le directeur détient une autorité de conseil vis-à-vis de l'ensemble de l'entreprise; toutefois, afin d'atteindre les objectifs de la tâche qui lui a été confiée, il doit s'entourer d'une équipe sur laquelle il détient une autorité de commande.

UN GESTIONNAIRE PEUT DÉTENIR DEUX TYPES D'AUTORITÉ

Afin de déterminer si un gestionnaire détient une forme d'autorité ou une autre, vous devez analyser la contribution de son service à l'ensemble des objectifs globaux de l'organisation. Si la catégorie d'autorité exercée sur les activités est directement reliée à la réalisation des objectifs fondamentaux, il s'agit d'une autorité de commande. Par contre, si l'autorité exercée sur les activités n'est qu'indirectement reliée aux objectifs fondamentaux, il s'agit d'une autorité de conseil.

Selon les objectifs de l'organisation, un service peut détenir une autorité de conseil dans une entreprise, et le même service aura une autorité de commande dans une autre entreprise. Par exemple, le service de crédit dans une entreprise industrielle ou dans un commerce de vente au détail exerce une autorité de conseil, car son rôle consiste à aider l'équipe de ventes à accorder aux seuls clients sérieux la marge de crédit nécessaire aux relations d'affaires entre les deux entreprises. Mais ce n'est pas le cas dans une institution bancaire, où le service de crédit est doté d'une autorité de commande, car il remplit la mission même de l'organisation.

LES TYPES D'ACTIVITÉS DE L'AUTORITÉ-CONSEIL

Les activités des services-conseils couvrent un large éventail, ce qui nous permet de les catégoriser de la façon suivante : d'abord, il y a les détenteurs

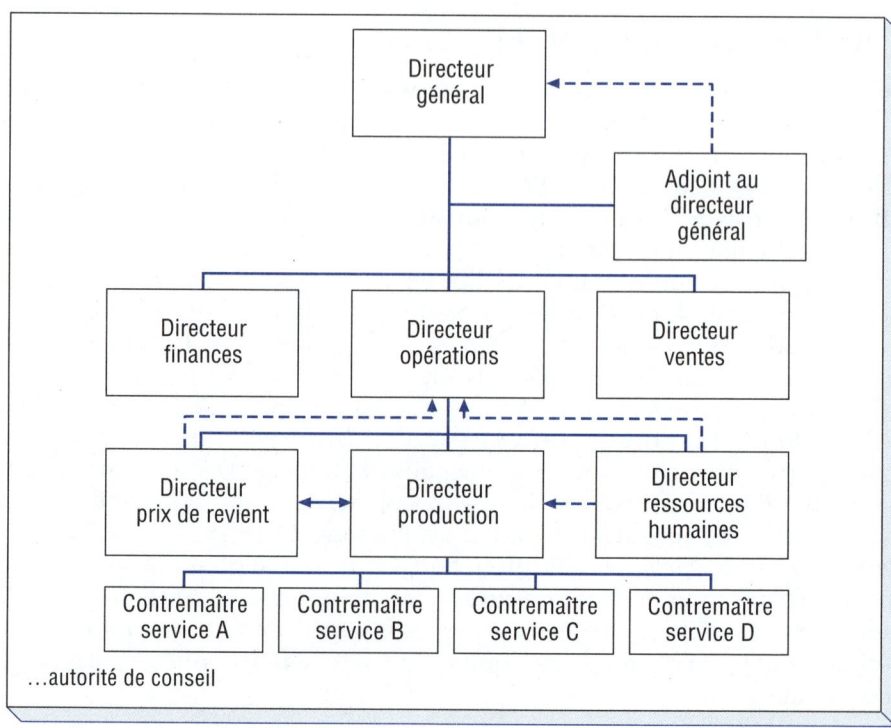

FIGURE 4.14
Les relations d'autorité de conseil

d'autorité de conseil qui remplissent un rôle de spécialistes dans un domaine précis d'activités, soient les spécialistes-conseils aviseurs, les spécialistes-conseils de service et les spécialistes-conseils de contrôle ; puis il y a ceux qui remplissent un rôle de soutien personnel ; et, enfin, il y a les spécialistes-conseils fonctionnels. Nous verrons maintenant plus en détail la responsabilité de chacun.

LES SPÉCIALISTES-CONSEILS AVISEURS

Cette forme d'autorité de conseil consiste à fournir aux gestionnaires des conseils techniques spécifiques à un champ d'activités. Elle a pour rôle d'étudier les problèmes, d'offrir des solutions ou de mettre au point des techniques visant à accroître l'efficacité des services de production. Les services recevant ces conseils sont généralement libres d'accepter, de modifier ou de refuser les propositions des spécialistes-conseils aviseurs.

<small>AVIS</small>

LES SPÉCIALISTES-CONSEILS DE SERVICE

Un grand nombre de services-conseils dans l'entreprise ont un rôle de service plutôt que d'aviseur. La croissance de l'entreprise oblige souvent celle-ci à retirer aux services ayant une autorité de commande un certain nombre de tâches afin de soulager le gestionnaire et de regrouper celles-ci au sein d'un autre service qui pourra les accomplir plus efficacement. Si les conseils des aviseurs pouvaient être librement acceptés ou non, dans le cas des services ils sont généralement imposés aux autres gestionnaires qui doivent les mettre en pratique afin d'éviter la duplication. L'exemple le plus courant est le service de sélection de candidats qu'offre la direction des ressources humaines ou encore le service d'achat qu'offre la direction des approvisionnements.

<small>SERVICE</small>

LES SPÉCIALISTES-CONSEILS DE CONTRÔLE

Un certain nombre de gestionnaires de l'entreprise possèdent une autorité de conseil et exercent directement ou indirectement un contrôle sur les activités des autres services. Le contrôle est une activité qui appartient uniquement aux gestionnaires de l'entreprise ayant une autorité de commande. Mais nombreux sont les cas où l'on délègue à un service-conseil le pouvoir de contrôler directement au nom d'un cadre en autorité ou indirectement en surveillant l'application des politiques et des procédures émises par la haute direction. Dans ce rôle, le service-conseil possède l'autorité nécessaire pour bloquer toute action ne respectant pas ces politiques et ces procédures. Encore ici, il s'agit d'une autorité assez importante puisqu'elle ne se limite plus à donner des conseils, mais peut, à l'occasion, limiter l'action des détenteurs de l'autorité de commande.

<small>CONTRÔLE</small>

LES SPÉCIALISTES-CONSEILS DE SOUTIEN PERSONNEL

Pour exercer ce rôle, nous retrouvons des personnes dont le travail consiste à libérer le gestionnaire. Elles n'ont aucune autorité de commande et ne font qu'accomplir les tâches routinières ou exceptionnelles que leur confie leur

<small>SOUTIEN</small>

supérieur immédiat. Les tâches les plus fréquentes sont le traitement du courrier, l'analyse de dossiers, la participation à des comités et la rédaction préliminaire de rapports.

LES SPÉCIALISTES-CONSEILS FONCTIONNELS

UN GESTIONNAIRE-CONSEIL AGISSANT COMME S'IL AVAIT L'AUTORITÉ DE COMMANDE

Il faut momentanément mettre de côté le principe de l'unité de commandement dont nous avons fait état plus haut. En effet, pour certaines activités précises, il arrive souvent que l'autorité d'un gestionnaire s'exerce à l'encontre des lignes d'autorité définies par l'organigramme. Des motifs d'ordre pratique et d'efficacité justifient un tel non-respect d'une règle de base de l'organisation. Parce que cette autorité s'applique seulement à certaines activités ou fonctions, nous l'appellerons autorité fonctionnelle.

Cette forme d'autorité est très limitée et ne concerne généralement que la manière d'accomplir certaines activités et parfois le moment où elles doivent être accomplies. Si cette limite n'était pas établie, l'autorité fonctionnelle détruirait le réseau de services de l'organisation. Par exemple, pour certaines

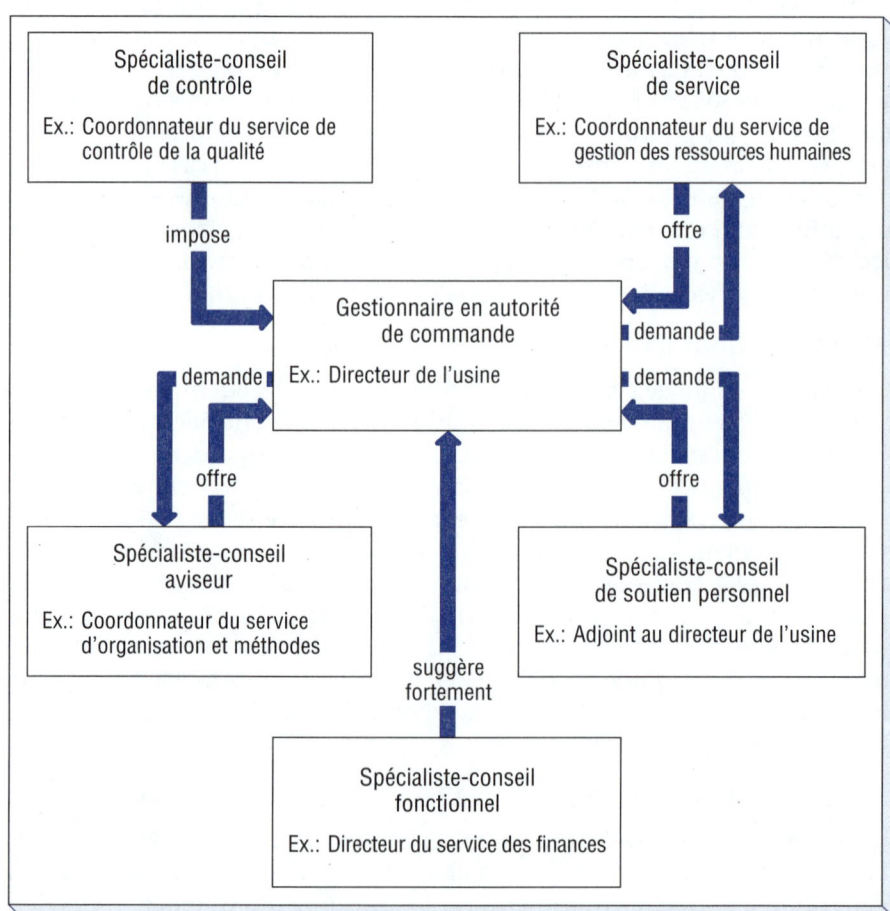

FIGURE 4.15
Les relations du gestionnaire avec les spécialistes-conseils

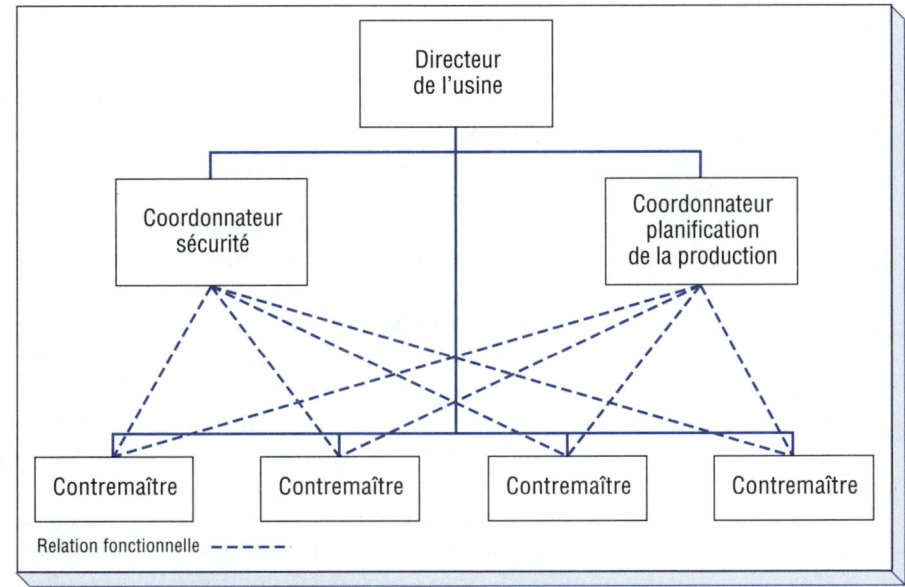

FIGURE 4.16
Les relations d'autorité fonctionnelle

activités du domaine du contrôle de la production, un directeur d'une usine peut permettre à un de ses adjoints, responsable de la qualité, de négocier directement avec un de ses contremaîtres. Mais son autorité se limitera strictement au domaine de la qualité de la production.

LES CONFLITS ENTRE LES DÉTENTEURS D'AUTORITÉS

Dans le quotidien des entreprises, il existe évidemment de nombreux conflits entre les détenteurs de ces deux catégories d'autorité. Il est très difficile de définir clairement le rôle des détenteurs de l'autorité de conseil; cela complique les relations lorsqu'on doit désigner quelle personne détiendra l'autorité pour prendre une décision dans tel domaine. Aussi, face à une décision, le partage des rôles n'est pas toujours effectué avec netteté.

Il est important de rappeler que l'entreprise est composée d'êtres humains et que la structure organisationnelle ne peut annihiler les comportements des personnes qui y évoluent. Nous verrons plus loin que le besoin d'ajustement continu peut être satisfait par la présence dans le processus de gestion de la fonction de direction. Rappelons aussi que les conflits ne sont pas nécessairement des situations négatives et qu'il y a lieu d'en tirer des bénéfices (voir le chapitre 10 sur la gestion des conflits).

Les causes

Plusieurs facteurs peuvent être des sources de conflits entre les détenteurs de l'autorité de commande et les spécialistes-conseils. Les principaux sont :

 a) Les spécialistes-conseils sont souvent plus jeunes et plus scolarisés que les détenteurs de l'autorité de commande. Cela est une source de conflits de générations.

 b) Les spécialistes-conseils peuvent être tentés d'outrepasser leur autorité et de donner des ordres directement aux détenteurs de l'autorité de commande.

 c) Les détenteurs de l'autorité de commande sont portés à croire que les spécialistes-conseils ne comprennent pas leurs problèmes et que leurs solutions seront inapplicables dans le quotidien. Ajoutons qu'en adoptant souvent une approche trop spécialisée, les cadres-conseils négligent certains aspects du problème qu'ils doivent résoudre et offrent des solutions parfois réellement impraticables.

 d) Les spécialistes-conseils peuvent être tentés de s'accréditer le succès d'une situation ; d'autre part, les détenteurs de l'autorité de commande peuvent ne pas reconnaître le rôle des spécialistes-conseils lors d'une réussite.

 e) La formation pointue des spécialistes-conseils les amènent à utiliser un vocabulaire qui peut ne pas être compris par les détenteurs de l'autorité de commande.

 f) Le rôle et le niveau d'autorité des spécialistes-conseils peuvent ne pas avoir été définis clairement par les cadres supérieurs.

 g) Les détenteurs de l'autorité de commande reprochent aux détenteurs de l'autorité de conseil d'utiliser leurs contacts avec les autorités supérieures de l'entreprise pour faire entériner leurs propositions et faire valoir leur version concernant les causes d'échec ou de réussite d'un projet.

 h) Les détenteurs de l'autorité de commande ont l'impression, parfois fondée, que les détenteurs de l'autorité de conseil tentent constamment d'usurper l'autorité des premiers et de dépasser leurs prérogatives, ce qui constitue une source additionnelle de conflit.

Les solutions

Puisque la plupart des problèmes que l'on constate dans les relations entre ces deux catégories d'autorité proviennent d'une mauvaise perception qu'elles ont l'une de l'autre, il faudra surtout travailler à ce niveau.

Il faudra donc :

 a) Mettre l'accent sur les relations existant entre les différents services de l'entreprise. Le rôle du gestionnaire responsable d'un service consiste à accomplir certaines activités qui concourent directement à la réalisation des objectifs de l'entreprise ou qui aident d'autres services à réaliser les leurs. L'organisation a justement pour rôle de fusionner ces différentes

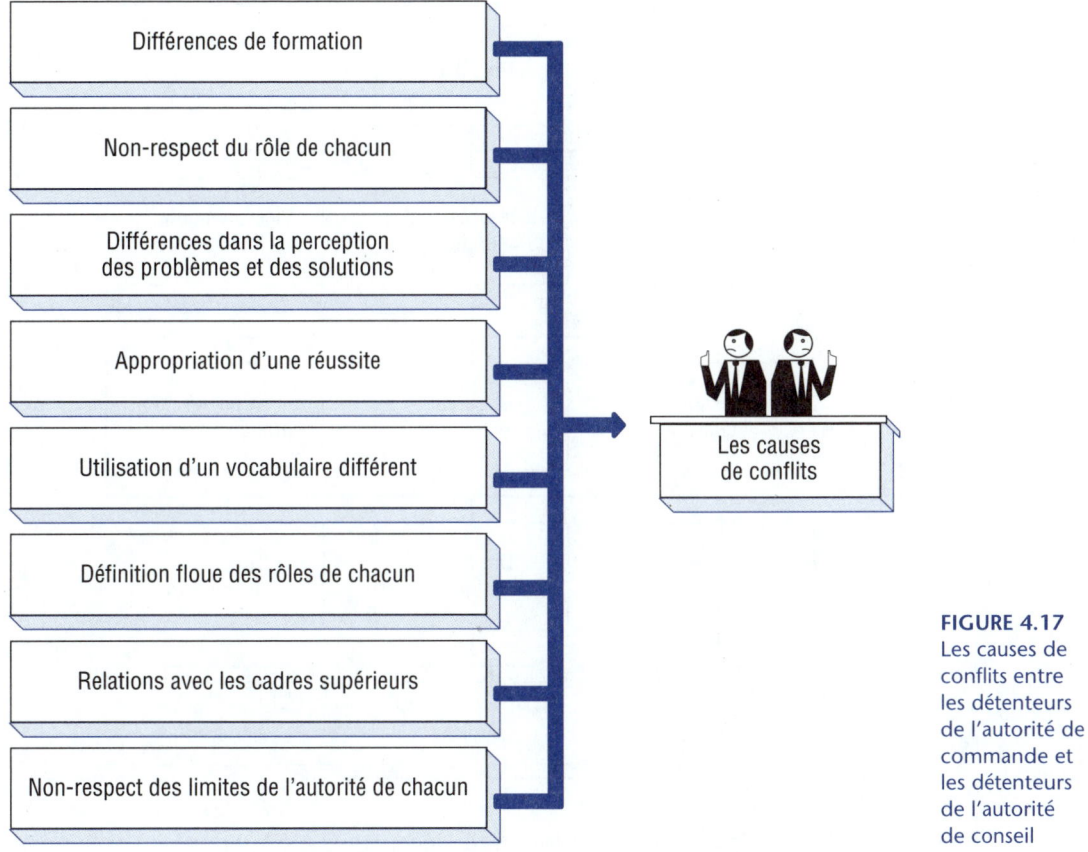

FIGURE 4.17
Les causes de conflits entre les détenteurs de l'autorité de commande et les détenteurs de l'autorité de conseil

entités qui doivent être évaluées en fonction de leur contribution à l'ensemble et non en fonction de leur seule existence.
b) Amener les gestionnaires à percevoir l'importance de chaque cadre. Il n'y a pas de gestionnaire de « premier niveau » et de « second niveau », mais chacun remplit un rôle important dans sa sphère de spécialisation.
c) Améliorer les communications et les relations entre les gestionnaires et définir clairement le domaine d'autorité de chacun.

L'AUTORITÉ CENTRALISÉE ET L'AUTORITÉ DÉCENTRALISÉE

Une structure organisationnelle doit comprendre un nombre adéquat de services permanents reliés entre eux de façon à permettre la meilleure collaboration et la plus grande efficacité possible dans la recherche des objectifs de l'entreprise, compte tenu des conditions environnementales, des préférences des gestionnaires et de la mission de l'entreprise.

RÉPARTITION DE L'AUTORITÉ

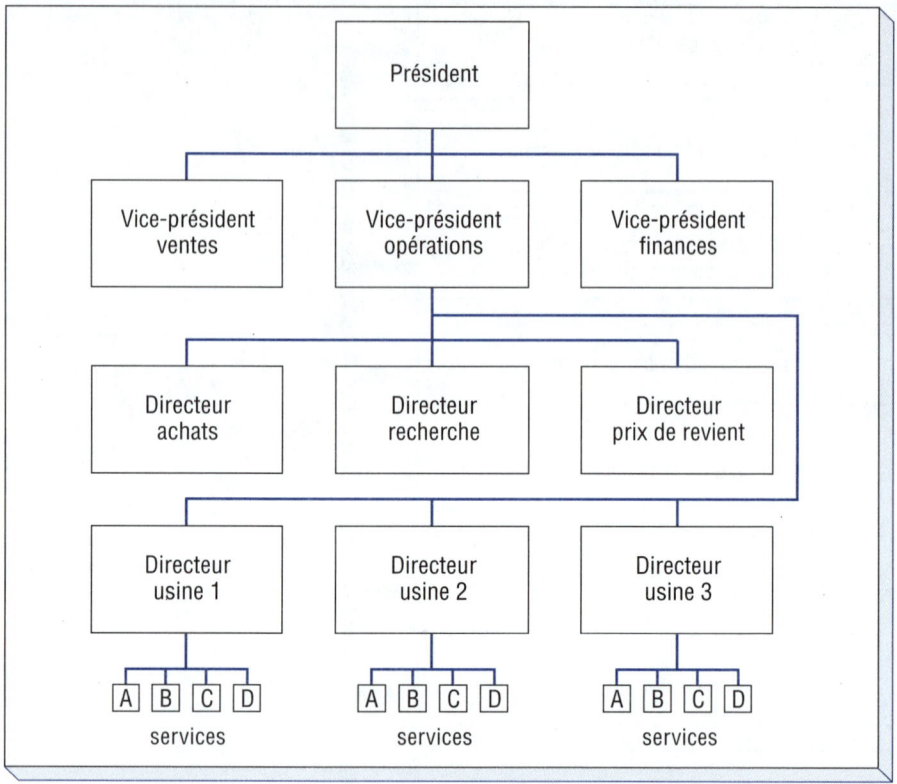

FIGURE 4.18
Une structure organisationnelle centralisée

Les concepts de centralisation et de décentralisation reposent sur la répartition de l'autorité entre les niveaux hiérarchiques de l'organisation et sur les relations existant entre les différents services. Si le nombre de gestionnaires détenant l'autorité et accomplissant les tâches importantes est restreint et se situe au niveau supérieur de la pyramide hiérarchique, la structure organisationnelle sera caractérisée par une autorité centralisée. Un grand nombre de décisions peuvent être prises par les gestionnaires de niveaux inférieurs, mais si elles sont encadrées par des politiques, des procédures et des règles très strictes, il s'agit bien de centralisation.

Si, au contraire, la prise de décision et les responsabilités sont partagées par un grand nombre de gestionnaires situés au niveau inférieur de la structure organisationnelle, l'organisation sera qualifiée de décentralisée.

Ainsi, la différence fondamentale entre la centralisation et la décentralisation repose sur la délégation de l'autorité. Afin de clarifier ces deux notions, vous pouvez analyser les deux organigrammes qui suivent (voir figures 4.18 et 4.19).

L'organigramme de la figure 4.18 illustre la centralisation. Vous y voyez, relevant directement du vice-président des opérations, le directeur des achats, le directeur de la recherche et le directeur du service du prix de

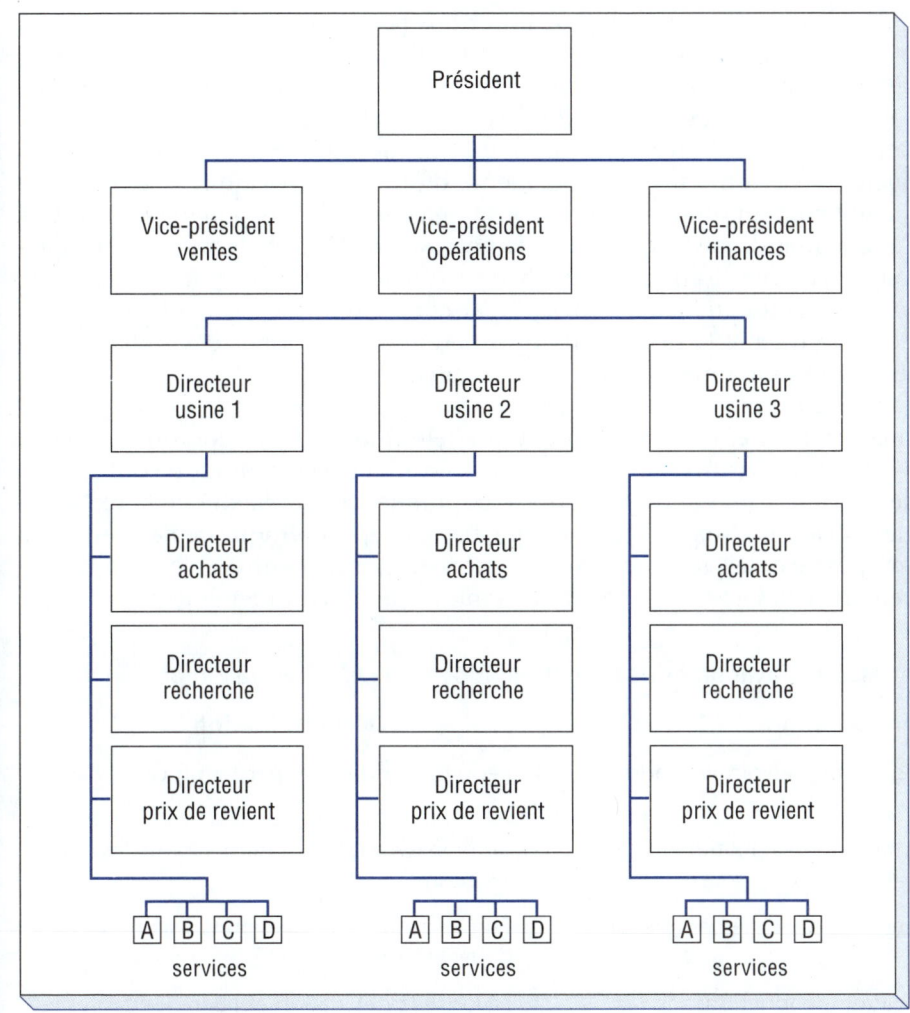

FIGURE 4.19
Une structure organisationnelle décentralisée

revient. De plus, trois directeurs d'usines revêtus d'une autorité de commande relèvent du vice-président des opérations et sont les supérieurs immédiats des directeurs de services à l'intérieur de chacune des usines.

Par contre, dans une structure organisationnelle décentralisée, nous constaterons des aménagements semblables à l'organigramme de la figure 4.19. Ici, chaque usine fonctionne d'une façon plus autonome, ayant regroupé sous l'autorité immédiate du directeur d'usine un responsable des achats, un responsable de la recherche et un responsable du prix de revient.

En règle générale, plus la décentralisation est grande, plus les postes-conseils se rapprochent de l'exécution, car la délégation d'autorité vers la base de la structure entraîne le rapatriement de la prise de décision au plan de l'exécution.

Dans la réalité, toutes les organisations possèdent une structure organisationnelle caractérisée par une autorité de centralisation et une autre de décentralisation; la différence entre les organisations se trouve alors dans l'accent qui est mis sur l'une ou l'autre autorité. Généralement, une organisation commence avec une centralisation des pouvoirs entre les mains de quelques personnes, et parfois même d'une seule personne. La croissance qu'elle connaît amène la direction à déléguer certains pouvoirs à cause de l'augmentation de la tâche et de la nécessité de la spécialisation. Alors apparaît la décentralisation, en vertu de laquelle des tâches plus intéressantes seront offertes aux subalternes, et par conséquent des éléments de motivation; de même, la décentralisation permettra de former des individus qui seront un jour appelés à diriger l'entreprise.

Les deux concepts offrent des avantages (voir figure 4.17), mais ce sont les circonstances et l'environnement qui détermineront l'option offrant le plus d'intérêt. Les principaux facteurs favorisant la décentralisation sont la taille de l'organisation, la dispersion géographique, la complexité de la technologie utilisée, la situation économique favorable, la politique de l'entreprise, la compétence des gestionnaires, les mécanismes de contrôle, le désir d'indépendance des gestionnaires et l'instabilité de l'environnement[16].

TABLEAU 4.1 Les avantages de la centralisation et de la décentralisation

Centralisation	Décentralisation
1. Donne le prestige et le pouvoir aux cadres supérieurs	1. Réduit les risques de perdre un cadre clé
2. Permet l'uniformisation des politiques	2. Stimule les relations interpersonnelles entre les cadres
3. Maintient la poursuite d'un même objectif	3. Forme des généralistes prêts à assumer de nouvelles responsabilités
4. Élimine la duplication de fonctions	4. Favorise la délégation et libère les cadres supérieurs
5. Facilite l'embauche de spécialistes compétents	5. Permet des expériences locales et minimise ainsi les risques d'erreur
6. Permet de former une équipe de haute direction articulée	6. Augmente l'efficacité en favorisant une approche globale
7. Facilite le contrôle de toutes les activités	7. Permet de mieux répondre aux besoins de la clientèle locale
8. Facilite l'intégration	8. Augmente l'implication des cadres
9. Favorise la confidentialité de l'information	9. Favorise l'identification à une unité

---

16. Inspiré de John Child, *A Guide to Problems and Practice*, London, Harper and Row, 1984.

RÉSUMÉ

(Il faut noter que le texte suivant ne représente qu'un résumé de la description des objectifs.)

1) Reconnaître les fondements de la structure organisationnelle.

   La structure de l'entreprise lui permet d'évoluer dans un univers dynamique. Si les éléments de cet univers subissaient de profondes modifications, cela obligerait l'entreprise à se restructurer. Certains facteurs exercent un rôle prédominant sur les formes que devra adopter l'organisation.

   Il y a d'abord la mission que s'est donnée une organisation qui aura une influence marquante sur la structure qu'elle adoptera. Un deuxième facteur influence la structure d'une organisation; il s'agit de l'environnement dans lequel l'organisation doit opérer. Les éléments de cet environnement comptent, mais aussi sa stabilité. Un troisième facteur peut être retenu parmi les plus importants: la technologie utilisée par l'entreprise. En général, le nombre moyen de niveaux hiérarchiques d'une entreprise augmente lorsqu'on passe d'une entreprise ayant un système de production unitaire à une entreprise appliquant un système de production en série, et il augmente encore lorsque la production se fait par un processus continu (raffinerie).

   La taille de l'organisation, les catégories de main-d'œuvre utilisée et la philosophie de gestion des cadres supérieurs sont d'autres facteurs affectant, à un degré moindre la structure organisationnelle.

2) Décrire les étapes du processus d'organisation.

   La fonction « organisation » dans l'entreprise se définit comme étant le processus permettant de créer une structure organisationnelle favorisant la collaboration efficace entre les individus afin d'atteindre les objectifs de l'entreprise.

   Ce processus comprend cinq étapes distinctes qui mènent à la construction de relations organisationnelles permettant d'éviter la confusion, les conflits et l'inefficacité. La première étape consiste à définir la mission. Puis, dans une deuxième étape, il s'agit de fractionner l'organisation selon les méthodes et les modèles disponibles. La troisième étape consiste à établir des niveaux hiérarchiques en créant des liens d'autorité en vertu desquels certains individus devront rendre compte de leur travail à d'autres individus situés à des niveaux supérieurs dans l'entreprise. La quatrième étape tentera d'intégrer toutes ces fonctions qui ont été divisées dans les étapes antérieures. La cinquième étape permet à l'individu de prendre connaissance des attentes de l'organisation à son égard. Il s'agit à cette étape d'établir des descriptions de tâches, de définir des règlements, de diviser la tâche non pour chaque service, mais pour chacun des membres de l'entreprise.

3) Présenter les principes de l'organisation.

   Les principes les plus importants de l'organisation sont: a) le principe de la départementalisation; b) le principe de la spécialisation; c) le principe de l'éventail de subordination; d) le principe des échelons; e) le principe d'équivalence de l'autorité et de la responsabilité; f) le principe de l'unité de commandement.

4) Distinguer les quatre techniques de conception des emplois.

   a) La surspécialisation du travail qui consiste à concevoir des emplois qui n'exigeront de l'employé qu'il n'accomplisse qu'un nombre très restreint de tâches; b) la rotation des emplois qui consiste à concevoir les emplois de manière à permettre la rotation systématique entre les différents postes de travail; c) l'élargissement des tâches qui consiste à ajouter des tâches à un poste de travail sans augmenter le niveau de responsabilité; d) l'enrichissement des tâches qui vise à augmenter le contenu et les exigences du travail; e) les modifications à l'horaire de travail qui permettent d'ajuster l'horaire normal de travail.

5) Catégoriser les formes de départementalisation.

a) Par fonction; b) par produit; c) par territoire; d) par type de clientèle; e) par procédé de production ou équipement; f) en fonction des horaires de travail; g) par projet ou structure matricielle fondée à la fois sur une base technique et administrative.

6) Définir la notion d'autorité.

L'autorité, c'est le pouvoir officiel et légal de donner des ordres et d'exercer un contrôle sur des personnes. Le pouvoir peut être légitime, coercitif, d'expertise, charismatique, délégué; il peut aussi reposer sur la capacité de punir et de récompenser.

7) Classer les divers types de services dans les organisations.

Les services de l'organisation qui sont directement responsables de l'exécution des principales activités permettant d'atteindre les objectifs globaux seront des services de commande.

Les services de conseil sont ceux dont le rôle consiste à soutenir, aider ou conseiller les services de commande.

8) Distinguer les différentes formes d'autorité dans les organisations.

L'autorité de commande, exercée par un gestionnaire sur ses subordonnés immédiats. Cette forme d'autorité correspond à la chaîne de commandement représentée par l'organigramme.

Le terme autorité de conseil est synonyme d'autorité d'état-major ou d'«autorité staff».

9) Reconnaître les différents types d'activités de l'autorité-conseil.

a) Il y a les détenteurs d'autorité de conseil qui remplissent un rôle de spécialistes dans un domaine précis d'activités, soit les spécialistes-conseils aviseurs; b) les spécialistes-conseils de service; c) les spécialistes-conseils de contrôle; d) ceux qui remplissent un rôle de soutien personnel; e) les spécialistes-conseils fonctionnels.

10) Reconnaître les causes de conflits entre les détenteurs d'une autorité de commande et ceux d'une autorité de conseil.

Les principales sont: a) les spécialistes-conseils sont souvent plus jeunes et plus scolarisés que les détenteurs de l'autorité de commande; b) les spécialistes-conseils donnent des ordres directement aux détenteurs de l'autorité de commande; c) les détenteurs de l'autorité de commande sont portés à croire que les conseils seront inapplicables dans le quotidien; d) les spécialistes-conseils qui s'attribuent le succès d'une situation; e) les détenteurs de l'autorité de commande qui ne reconnaissent pas le rôle des spécialistes-conseils lors d'une réussite; f) la formation des spécialistes-conseils les amènent à utiliser un vocabulaire peu familier aux détenteurs de l'autorité de commande; g) le rôle et le niveau d'autorité des spécialistes-conseils peuvent ne pas avoir été définis clairement; h) les détenteurs de l'autorité de commande reprochent aux détenteurs de l'autorité de conseil d'utiliser leurs contacts avec les autorités supérieures; i) les détenteurs de l'autorité de commande ont l'impression que les détenteurs de l'autorité de conseil tentent constamment d'usurper l'autorité des premiers.

11) Expliquer les avantages de l'autorité centralisée et ceux de l'autorité décentralisée.

Les concepts de centralisation et de décentralisation reposent sur la répartition de l'autorité entre les niveaux hiérarchiques de l'organisation et sur les relations existant entre les différents services. Si le nombre de gestionnaires détenant l'autorité et accomplissant les tâches importantes est restreint et se situe au niveau supérieur de la pyramide hiérarchique, la structure organisationnelle sera caractérisée par une autorité centralisée.

CHAPITRE 4 : *Le processus organisationnel*

Les avantages de la structure centralisée sont : a) le pouvoir des cadres supérieurs ; b) l'uniformisation des politiques ; c) la poursuite d'un même objectif ; d) l'absence de duplication des fonctions ; e) la présence de spécialistes compétents ; f) la formation d'une équipe articulée ; g) le contrôle des activités ; h) l'intégration ; i) la confidentialité de l'information.

Les avantages de la structure décentralisée sont : a) la réduction du risque de perdre un cadre-clé ; b) la stimulation des relations ; c) la présence d'une grande délégation de pouvoir ; d) la réduction des risques d'erreur ; e) une approche globale ; f) l'implication des cadres ; g) l'identification à une unité ; h) la formation de généralistes.

Vocabulaire

Autorité
Autorité de commande
Autorité de conseil
Autorité fonctionnelle
Départementalisation
Organigramme
Organisation
Organisation centralisée
Organisation décentralisée
Principe de l'échelon
Principe de l'éventail de subordination
Principe de l'unité de commandement
Principe d'équivalence
Responsabilité
Structure matricielle
Structure organisationnelle
Techniques de conceptions des emplois

QUESTIONS DE RÉVISION

1. Définissez chacun des termes de la section « Vocabulaire ».
2. Qu'est-ce qu'un spécialiste-conseil aviseur ?
3. Pourquoi existe-t-il des conflits entre les gestionnaires ayant une autorité de commande et les gestionnaires ayant une autorité de conseil ? Comment corriger cette situation ?
4. Comment se caractérise une structure organisationnelle décentralisée ? centralisée ?
5. Quels sont les avantages de la centralisation et de la décentralisation ? et expliquez les circonstances qui favorisent l'utilisation d'une approche plutôt que l'autre.
6. Quelle est l'influence de l'approche situationnelle sur la définition de la structure de l'entreprise ?
7. Quel est le lien entre le processus d'organisation et la planification des activités de l'entreprise ?
8. Quelles sont les étapes du processus d'organisation ?

9. Dans la structure d'une entreprise manufacturière, quels sont les services qui posséderont une autorité de conseil et quels sont ceux qui détiendront une autorité de commande (dans la majorité des cas)?
10. Quelles sont les différentes formes de départementalisation? Quels sont les avantages et les inconvénients de chacune d'elles?
11. Décrivez les quatre techniques de conception des emplois.
12. Expliquez les relations qui existent entre l'éventail de subordination et le nombre de niveaux hiérarchiques dans une organisation.

SUJETS DE DISCUSSION

1. Quels critères devraient permettre de déterminer l'étendue de l'éventail de subordination idéale pour un gestionnaire?
2. Si on vous offrait un poste de spécialiste-conseil, quelles résolutions prendriez-vous concernant vos rapports avec les gestionnaires ayant une autorité de commande?
3. Si vous étiez un ou une gestionnaire, centraliseriez-vous l'autorité? Justifiez votre réponse.
4. Pourquoi les organisations utilisent-elles plus d'une base de départementalisation?
5. « Le principe des échelons crée une structure très lourde et très sclérosée, et crée plus de problèmes qu'il n'en résout. » Discutez.
6. Pourquoi, selon vous, les principes de la division et de la spécialisation du travail doivent-ils être appliqués avec précaution?
7. Pourquoi, selon vous, la départementalisation par produit a-t-elle dans beaucoup d'entreprises importantes éclipsé la départementalisation par fonction?

EXERCICES PRATIQUES

1. Rencontrez un gestionnaire d'une entreprise de votre choix et questionnez-le sur les avantages et les inconvénients que présente la structure de l'entreprise dans laquelle il évolue.
2. Faites l'organigramme du cégep et définissez les rôles des principaux gestionnaires et le type d'autorité qu'ils détiennent (de commande ou de conseil). Dites sur quelle base la départementalisation a été faite et exposez les liens hiérarchiques. Décrivez les avantages et les inconvénients d'une telle structure. De quelle façon peut-on remédier aux problèmes actuels? Y aurait-il une autre façon de structurer votre collège? Faites un exposé devant le groupe.

3. Faites une recherche dans votre ville pour trouver une entreprise utilisant la départementalisation:
   - par fonction,
   - par client,
   - par produit,
   - par procédé,
   - par territoire.

   Entrez en contact avec chacune d'elles et tentez d'établir les motifs justifiant ce choix de structuration. Faites un exposé devant la classe.

4. Voici les postes que nous retrouvons dans une entreprise manufacturière. Dressez l'organigramme qui représentera les liens entre ces postes et justifiez vos choix.
   Adjoint au président
   Chef comptable
   Commis à la comptabilité (4)
   Conseil d'administration
   Conseiller en dotation
   Conseiller en planification de l'entretien
   Conseiller en planification de la production
   Conseiller en relations de travail
   Contremaîtres à la production (24)
   Contremaîtres généraux (4)
   Contrôleur
   Directeur de l'entretien
   Directeur de l'ingénierie
   Directeur de l'usine
   Directeur de la publicité
   Directeur de la recherche
   Directeur de la sécurité
   Directeur de la sécurité des immeubles
   Directeur des achats
   Directeur des projets
   Directeur des ventes
   Directeur des ventes-Région est
   Directeur des ventes-Région ouest
   Directeur des ventes-Région sud
   Directeur du budget
   Directeur du contrôle de la qualité
   Directeur du crédit
   Employés de l'expédition et de la réception (8)
   Ingénieur Protection de l'environnement
   Président
   Représentant du service à la clientèle
   Représentants (12)

Trésorier
Vice-président aux opérations
Vice-président des ressources humaines
Vice-président Marketing et ventes
Vice-président Recherche et développement
Vice-président aux finances

CAS

CAS 4.1 : LA RESTRUCTURATION

Patrice Lubidon est directeur du service de conception des produits et travaille sous la direction du vice-président Ingénierie. Il quitte une réunion de gestion mécontent des propositions de la haute direction. En effet, il vient d'apprendre que l'entreprise s'orientera désormais vers une structure matricielle (par projet) et qu'une période d'essai de six mois servira à vérifier la pertinence de cette nouvelle structure. Quatre de vos meilleurs ingénieurs sont retirés de votre département et ils agiront à titre de coordonnateur de projet pour la durée de l'expérimentation.

Patrice ne comprend pas comment ces quatre ingénieurs continueront à être sous sa responsabilité tout en travaillant sous la supervision du nouveau directeur des projets.

Neuf semaines plus tard, un client faisait face à de sérieux problèmes dans l'utilisation d'une nouvelle machine que votre entreprise avait installée dans son usine. Votre personne-ressource idéale était un de vos ingénieurs qui agissait à titre de coordonnateur de projet.

Après plusieurs démarches auprès de cet ingénieur, il vous a été impossible d'obtenir sa collaboration, car il paraît fort occupé à un projet important avec un budget très élevé. Patrice ne put que retourner dans son bureau en se promettant de se rappeler de ce refus de collaboration lors de l'évaluation annuelle de cet employé.

QUESTIONS-GUIDES POUR L'ANALYSE DU PROBLÈME
1. Comment pouvez-vous résoudre ce problème ?
2. Croyez-vous que cette situation démontre l'inapplicabilité de la structure matricielle ?

CAS 4.2 : QUI EST LE PATRON ?

Marc est en colère. Impossible de lui parler aujourd'hui, il fait penser à un volcan. Une de ses employées, Valérie, est assise à son bureau et arbore un grand sourire frôlant le défi. Valérie travaille sous la supervision de Marc depuis près de trois ans. Elle n'a jamais été une employée modèle, son rendement au travail est très moyen et son attitude à l'égard de Marc et de ses collègues de travail ne lui fera jamais gagner de concours de popularité. Chaque fois que Marc lui fait un commentaire sur son travail, elle devient agressive ; s'il lui donne un ordre, elle exprime un commentaire déplaisant. Il n'y a jamais rien eu de sérieux justifiant le congédiement, mais Marc aimerait bien la voir partir.

Il y a deux semaines, elle a demandé la permission de quitter au début de l'après-midi, prétextant qu'elle devait accueillir une amie à l'aéroport, mais il était déjà 11 heures 30 et il y avait beaucoup de travail en retard. Marc a donc refusé. Valérie partit dîner et ne revint que le lendemain matin. Marc la fit venir à son bureau et la congédia sur-le-champ, mais la semaine suivante le service de gestion des ressources humaines renversa sa décision, réintégra Valérie dans son poste en lui remboursant le salaire perdu.

QUESTIONS-GUIDES POUR L'ANALYSE DU PROBLÈME
1. Qui possède l'autorité de conseil et l'autorité de commande au moment de l'incident?
2. Comment résoudre ce conflit entre deux types d'autorité?
3. Est-ce que l'autorité de Marc est insuffisante pour faire face aux responsabilités de gestion qu'on lui a confiées?

CAS 4.3: LA SOCIÉTÉ BONNE COUPE LTÉE

La société Bonne Coupe fabrique des équipements de charcuterie depuis près de vingt ans. Cette entreprise se spécialise dans la fabrication du matériel nécessaire pour couper, peser et emballer les viandes et la charcuterie, et son marché est composé principalement des institutions comme les hôtels, les hôpitaux et les cafétérias.

Devant le dynamisme de son service de recherche et développement, la société est sur le point de lancer sur le marché les mêmes types d'appareils vendus jusqu'ici, mais dans des modèles plus petits et moins coûteux. L'entreprise vise avec ces nouveaux produits deux marchés auxquels elle n'a pas encore touché, les marchands au détail (charcuterie, boucherie, épicerie) et les particuliers, car certains produits ont été conçus pour un usage domestique. Présentement, l'entreprise est structurée sur une base fonctionnelle: un directeur de la recherche et du développement, un directeur des ventes, un directeur des finances et un directeur de la production qui relèvent tous directement du président. Compte tenu de la nouvelle orientation de l'entreprise, le président se demande s'il ne serait pas mieux de restructurer l'entreprise sur la base des produits ou des clients.

QUESTIONS-GUIDES POUR L'ANALYSE DU PROBLÈME
1. Croyez-vous que la situation peut rester telle quelle?
2. Quels sont les avantages de la structure actuelle?
3. Quels seraient les avantages d'une départementalisation par produit?

CAS 4.4: LA SOCIÉTÉ AMDEC LTÉE

Bernard Laramée a été promu directeur du service d'ingénierie de la société Amdec il y a six mois. Étant à l'emploi de cette entreprise depuis trois ans, il attendait impatiemment cette promotion. Son salaire était très intéressant, ses avantages sociaux étaient nombreux et étendus, et son compte de dépenses lui permettait de maintenir un bon train de vie. Il succédait à François Berthiaume qui avait occupé cette fonction pendant quinze ans. Le bureau de Berthiaume était à son image et n'avait d'ailleurs pas subi de modification depuis qu'il y était arrivé. Laramée a donc demandé et obtenu qu'on rénove son bureau au complet et à grands frais. Il a vu dans tous les efforts qu'on faisait pour répondre à ses moindres demandes une marque de considération et une reconnaissance de son statut dans l'entreprise.

Il connaissait aussi la secrétaire de Berthiaume, Agathe Pinsonneault, pour l'avoir rencontrée à plusieurs reprises. Elle travaillait pour la société Amdec depuis vingt-deux ans, dont onze sous les ordres de Berthiaume. Elle était une excellente secrétaire et son travail semblait passer avant tout. Elle possédait une personnalité très forte, mais était difficile à côtoyer en raison de ses sautes d'humeur et de l'habitude qu'elle avait de se comporter comme si elle était la présidente de la société.

Lorsqu'il apprit qu'il allait être promu à ce poste, Bernard Laramée avait demandé de garder la secrétaire qui l'assistait dans son poste précédent. Étant donné qu'on avait acquiescé à toutes ses autres demandes, il était convaincu que celle-là serait satisfaite très facilement. Or, lors d'une rencontre avec le vice-président de la gestion des ressources humaines, celui-ci lui apprit que, compte tenu de la politique depuis longtemps établie dans l'entreprise, madame Pinsonneault garderait sa fonction, ce qui faciliterait la transition, favoriserait la continuité dans le travail et ferait en sorte que la carrière des secrétaires ne soit pas assujettie à des nominations. Puisqu'il entreprenait une carrière prometteuse chez Amdec, Laramée décida de ne pas créer de problème sur ce sujet, qu'il jugeait alors plus ou moins important.

À plusieurs occasions ces derniers mois, les frictions entre Agathe et Bernard ont donné lieu à des scènes difficiles. Laramée voulait modifier certaines procédures du bureau et les adapter à sa façon de travailler, mais madame Pinsonneault non seulement résistait, mais désirait à son tour amener Laramée à travailler en fonction des méthodes qu'elle avait adoptées depuis fort longtemps. Cette semaine, madame Pinsonneault avait refusé à deux reprises de rédiger un rapport selon les spécifications de Laramée, prétextant que cela n'avait jamais été fait de cette façon, et elle avait annulé un ordre de Laramée à un de ses employés de bureau, car elle avait jugé qu'il y avait d'autres priorités. Face à tant d'indiscipline, Laramée fit venir sa secrétaire à son bureau et l'invita à demander une mutation dans un autre service. Devant son refus, il se rendit chez son supérieur immédiat et lui exposa le problème en concluant : « Ou vous la mutez ou vous cherchez un autre directeur ! »

QUESTIONS-GUIDES POUR L'ANALYSE DU PROBLÈME
1. Qui du directeur de l'ingénierie ou du vice-président des ressources humaines devrait choisir la secrétaire personnelle du premier ?
2. Comment une entreprise peut-elle empêcher une employée comme madame Pinsonneault d'outrepasser ses pouvoirs ?

BIBLIOGRAPHIE

BEAUDOIN, PIERRE, *La gestion par projet, aspects stratégiques*, Montréal, McGraw-Hill, 1986.

BERGERON, P.G., *La gestion dynamique: concepts, méthodes et applications*, Boucherville, éditeur Gaëtan Morin, 2e édition, 1995.

DALTON, D.R. et I.F. KESNER, «Organizational Growth: Big Is Beautiful», *Journal of Business Strategy*, été 1985, p. 38-48.

TULEY, Shawn. «The Modular Corporation», dans *Fortune*, 8, février 1993, p. 105.

KIECHELL, Walter, «How We Will Work in the Year 2000», dans *Fortune*, 17, mai 1993, p. 46

CHAPITRE 5
Les ressources humaines

UN APERÇU

Introduction
La gestion des ressources humaines et l'organisation
Les tâches de gestion des ressources humaines dévolues au gestionnaire
L'environnement externe de la gestion des ressources humaines
Le processus de gestion des ressources humaines
La planification des postes de travail et des ressources humaines
L'acquisition des ressources humaines
- Les sources de recrutement
- Les étapes du processus de sélection

La formation
- La détermination des besoins de formation et l'élaboration des objectifs
- L'implantation des programmes de formation
- L'évaluation de l'efficacité de la formation

L'évaluation du rendement
- Les critères de rendement
- Les méthodes d'évaluation du rendement
- Les erreurs les plus courantes lors de l'évaluation du rendement
- L'entrevue d'évaluation du rendement

La santé et la sécurité des employés au travail
La rémunération et les avantages sociaux
La discipline et le *counseling*
Résumé

OBJECTIFS SPÉCIFIQUES

Après avoir lu ce chapitre, vous devriez être en mesure :

1) de présenter les tâches de gestion des ressources humaines du gestionnaire ;

2) de discuter des influences de l'environnement externe affectant la gestion des ressources humaines ;

3) de décrire le processus de la planification des postes de travail et des ressources humaines ;

4) de décrire le processus d'acquisition des ressources humaines ;

5) de décrire le processus de formation ;

6) de décrire le processus d'évaluation du rendement ;

7) de décrire le processus d'établissement des salaires.

MISE EN SITUATION

Robert Pontbriand est directeur du service d'assemblage de la société Bonvent depuis deux ans. Cette petite entreprise compte une cinquantaine d'employés et fabrique un seul produit, soit un ventilateur pour les micro-ordinateurs. C'est un petit appareil fort simple qui permet de forcer la circulation d'air à l'intérieur des micro-ordinateurs tout en protégeant ceux-ci contre les dangers d'une hausse soudaine du voltage. Seul fabricant de cet appareil au Québec, la société Bonvent a connu une croissance phénoménale depuis un an.

Le service de Pontbriand compte trente-deux employés à plein temps depuis onze mois, mais il connaît un problème majeur: depuis la fondation de l'entreprise, les personnes embauchées dans ce service ne semblent pas désirer y demeurer très longtemps. Plus exactement, en quinze mois, il a fallu embaucher soixante-cinq personnes afin de maintenir le nombre d'employés à son niveau actuel. Les départs surviennent au rythme de un par semaine et souvent après deux ou trois semaines de travail.

Certains employés, par contre, œuvrent dans ce service depuis la fondation de l'entreprise. Les salaires et les avantages sociaux se comparent facilement à ceux d'entreprises du même genre, mais le travail y est particulièrement monotone. D'ailleurs, les employés qui demeurent à l'emploi de l'entreprise semblent apprécier le travail routinier et sans responsabilité que représente l'assemblage des ventilateurs. Les autres, c'est-à-dire ceux qui ne peuvent s'adapter, semblent à première vue des personnes qui recherchent un travail exigeant un peu plus d'initiative.

Robert Pontbriand a donc l'impression qu'une sélection plus appropriée des candidats permettrait de réduire le taux de roulement ainsi que les efforts consacrés à la formation des nouveaux. Il suffirait de connaître les caractéristiques des employés qui demeurent et celles des employés qui quittent dès qu'ils sentent que l'emploi ne représente pas le défi qu'ils cherchaient. Ensuite, il faudrait être en mesure de déceler chez les candidats ceux qui appartiennent à chacun de ces groupes et ne retenir que ceux du premier groupe. Mais Robert se demande comment on détermine ces caractéristiques et comment on analyse les candidats afin de découvrir ce qu'ils désirent. « Si seulement je savais, disait-il, je pourrais monter une équipe expérimentée qui ne nécessiterait pas autant de contrôle que l'équipe actuelle. »

De plus, il fait actuellement face à de nombreux problèmes reliés à l'application du système d'évaluation du rendement. Le système de rendement des employés a été conçu par l'adjoint au directeur général il y a près de trois ans et, depuis, on ne l'a jamais remis en question.

Le formulaire utilisé comprenait six facteurs, soit la qualité du travail, la quantité de travail, l'initiative, la collaboration, la responsabilité et l'obéissance aux ordres du supérieur. Un maximum de cinq points pouvait être accordé à chacun des facteurs et le total des points représentait la valeur du rendement de l'employé. L'évaluation avait lieu chaque année à partir de la date d'embauche de l'employé.

Une fois la formule remplie, elle était envoyée au service de gestion des ressources humaines où elle était classée dans le dossier de l'employé. Lors d'une éventuelle promotion ou d'une augmentation de salaire, ce dossier était consulté, mais ne constituait pas nécessairement un facteur prépondérant dans la décision : en fait, ce n'était qu'une simple procédure.

Robert Pontbriand a travaillé dans deux autres entreprises et il a pu se familiariser avec les bons systèmes d'évaluation du rendement et connaître leurs avantages. Or, il y a deux semaines, il a été invité à scruter le système d'évaluation du rendement de l'entreprise. Il a procédé à quelques entrevues informelles, puis il a distribué un questionnaire qu'il avait lui-même conçu. La plupart des gestionnaires ont répondu à ce questionnaire et se sont empressés de le lui retourner. Les résultats ont estomaqué Robert, mais à vrai dire il s'y attendait un peu après avoir effectué les entrevues.

Voici un résumé des résultats :
- 60 % des gestionnaires remplissent la formule d'évaluation sans faire une réflexion sérieuse.
- 30 % des gestionnaires croient que c'est important, mais n'ont pas le temps de le faire sérieusement.
- 10 % des gestionnaires y consacrent au moins trente minutes.
- 20 % des employés ne se rappellent pas avoir été évalués.
- 70 % des employés n'ont qu'une vague idée de l'importance de cet exercice.
- 10 % des employés se souviennent d'avoir reçu une évaluation écrite à un moment donné.

Robert se croit dans l'obligation de proposer à son supérieur une nouvelle approche de l'évaluation du rendement, mais son expérience dans ce domaine étant limitée, il ne sait trop quelle formule proposer. Il tient surtout à établir un système d'évaluation qui permettra à l'entreprise d'identifier les employés aptes à réaliser les objectifs globaux qu'elle s'est fixés.

Son objectif consistera donc, essentiellement, à démontrer aux gestionnaires que l'évaluation des ressources humaines de l'entreprise est essentielle. C'est un outil qui permettra la mise en place d'une structure organisationnelle à l'image de celle qui a été élaborée dans la phase de l'organisation. Il devra donc faire comprendre aux gestionnaires que l'évaluation du rendement n'est pas une fin en soi, mais un outil de gestion très important.

INTRODUCTION[1]

La plupart des auteurs dans le domaine du management considèrent la gestion des ressources humaines en tant que fonction, ce qui les amènent à regrouper les tâches du gestionnaire en cinq fonctions : la planification, l'organisation, la gestion des ressources humaines, la direction et le contrôle. Dans ce manuel, la gestion des ressources humaines est reléguée au niveau d'une sous-fonction dans la fonction « organisation », car elle y est reliée. Par contre, vous devrez considérer cet élément comme primordial.

Le rôle de l'activité gestion des ressources humaines dans les organisations consiste à utiliser efficacement et équitablement le personnel mis à la disposition des gestionnaires pour leur permettre d'atteindre les objectifs stratégiques et opérationnels de l'organisation[2].

C'est là une approche intéressante compte tenu de certaines tendances. D'abord les gestionnaires considèrent souvent que la fonction « organisation » se limite à définir des rôles et à structurer les relations entre les différents rôles. Il est bon alors de rappeler qu'il faut aussi trouver les individus qui vont remplir ces rôles et les préparer à le faire. Ensuite, plusieurs gestionnaires croient que la gestion des ressources humaines est l'apanage du service de gestion des ressources humaines, alors qu'ils en sont les vrais responsables.

Si les résultats attendus de la gestion des ressources humaines sont l'engagement d'employés potentiellement qualifiés (efficaces et efficients) et motivés, qui se développent et s'épanouissent (satisfaits), qui ne quittent pas l'organisation (stables et disponibles), l'élaboration des stratégies appropriées et leur mise en place reposent pour une grande part sur les épaules du superviseur immédiat des employés concernés. Ce même gestionnaire doit aussi rechercher l'accroissement de la productivité de l'organisation, l'amélioration de la qualité de vie au travail et cela, dans le respect des lois qui affectent presque toutes les activités de la gestion des ressources humaines[3].

LA GESTION DES RESSOURCES HUMAINES ET L'ORGANISATION

Bien que beaucoup de programmes de la gestion des ressources humaines soient gérés par le service de gestion des ressources humaines, les gestionnaires (cadres hiérarchiques ou superviseurs immédiats), selon l'essence même de leur rôle, sont responsables de la gestion des ressources humaines de l'organisation. La planification, le recrutement, la sélection, l'intégration, la formation et l'évaluation des employés font partie de leurs tâches quotidiennes

GESTION PARTAGÉE

---

1. Pour plus de détails sur la gestion des ressources humaines, le lecteur est invité à consulter Marie-Thérèse Miller et Bernard Turgeon, *Supervision et gestion des ressources humaines*, Montréal, McGraw-Hill Éditeurs, 1992. Une nouvelle édition est en préparation. Le chapitre suivant est largement inspiré de ce manuel.
2. *Ibid.*, p. 12.
3. Inspiré de la figure 1.2 représentant le système de gestion des ressources humaines, *ibid.*, p. 11.

(prise de décision) qu'ils partagent, évidemment, avec les responsables du service de gestion des ressources humaines (soutien et expertise)[4].

Toute organisation, que ce soit une entreprise de fabrication d'automobiles, un atelier de débosselage, un dépanneur, une banque ou un cégep, repose sur les ressources humaines. Chacun des postes de la structure organisationnelle doit être comblé par un individu compétent qui sera choisi parmi les membres actuels de l'organisation ou qui proviendra du marché du travail. Dans tous les cas, il faudra qu'une personne accepte le poste et consente d'y demeurer parce que la rémunération, les avantages, les conditions de travail et les défis sont des sources de motivation suffisantes.

La gestion des ressources humaines contribue directement à l'amélioration de la productivité en recherchant de meilleures façons d'atteindre les objectifs rattachés à la fonction de chaque employé et, indirectement, en améliorant la qualité de vie au travail des employés[5]. Les exigences des entreprises et les lois ont imposé à la fonction gestion des ressources humaines de nouveaux défis qui dépassent les activités de base telles l'embauche, la rémunération et les relations avec les employés.

Gérer des ressources humaines implique maintenant une collaboration entre les divers niveaux de gestionnaires de l'ensemble de l'organisation lors de l'introduction d'une nouvelle technologie, une participation à l'aménagement des postes de travail, une participation à la définition du plan de carrière des employés et même une participation à la définition des objectifs stratégiques de l'organisation.

Les ressources humaines sont une des ressources essentielles permettant l'atteinte des objectifs organisationnels. La définition des objectifs stratégiques entraîne de multiples décisions au plan de la gestion des ressources humaines telles la rémunération, la planification de la main-d'œuvre et la formation. Par exemple, lors de la planification d'une restructuration, il est important de compter sur de nouveaux gestionnaires issus de l'organisation même ou recrutés dans d'autres organisations ou dans des écoles. La gestion des ressources humaines et la fonction « organisation » sont interreliées.

LES TÂCHES DE GESTION DES RESSOURCES HUMAINES DÉVOLUES AU GESTIONNAIRE[6]

Les responsabilités de gestion des ressources humaines sont partagées entre les gestionnaires et le service de gestion des ressources humaines, lorsqu'il y en a un. Selon le stade d'évolution de l'organisation, surtout de sa taille, le gestionnaire assumera une part plus ou moins importante des tâches de gestion

---

4. *Ibid.*, p. 35-37, principalement la figure 1.13 : Exemple du partage des responsabilités entre le superviseur et le service des ressources humaines.
5. Harold C. White, « Personnel Administration and Organizational Productivity : An Employee View », *Personnel Administrator*, août 1981, p. 37-42, 44, 46 et 48.
6. Marie-Thérèse Miller et Bernard Turgeon, *op. cit.*, p. 27-31.

des ressources humaines. Dans la plupart des situations, il devra assumer, au moins en partie, les tâches de planification des postes de travail et des ressources humaines, d'acquisition des ressources humaines, de formation, d'évaluation du rendement, de protection de la santé et la sécurité de leurs employés au travail, de rémunération, de discipline et de *counseling*.

La planification des postes de travail et des ressources humaines représente l'élément fondamental de la gestion des ressources humaines. Le premier but de cet exercice consiste à déterminer les exigences découlant des postes de travail et de définir le profil des candidats idéaux pouvant combler ces postes, soit l'analyse de poste. Le second consiste à assurer la disponibilité en tout temps du personnel nécessaire déterminé par la prévision de la demande et de l'offre de travail.

EXIGENCES ET DISPONIBILITÉ

L'acquisition des ressources humaines comprend deux séquences d'activités pour embaucher les employés nécessaires. La première séquence concerne le recrutement dont le but est de trouver et d'inciter les candidats potentiels à l'interne et à l'externe à offrir leurs services et à poser leur candidature. La deuxième séquence, la sélection, permet d'identifier et de choisir les candidats dont le profil personnel correspond le mieux aux exigences du poste tel qu'il est déterminé lors de la planification des postes et des ressources humaines.

RECRUTEMENT ET SÉLECTION

Lorsque les candidats ont accepté l'emploi, l'étape suivante consiste à faire en sorte qu'ils rempliront efficacement leurs tâches. **La formation** permettra

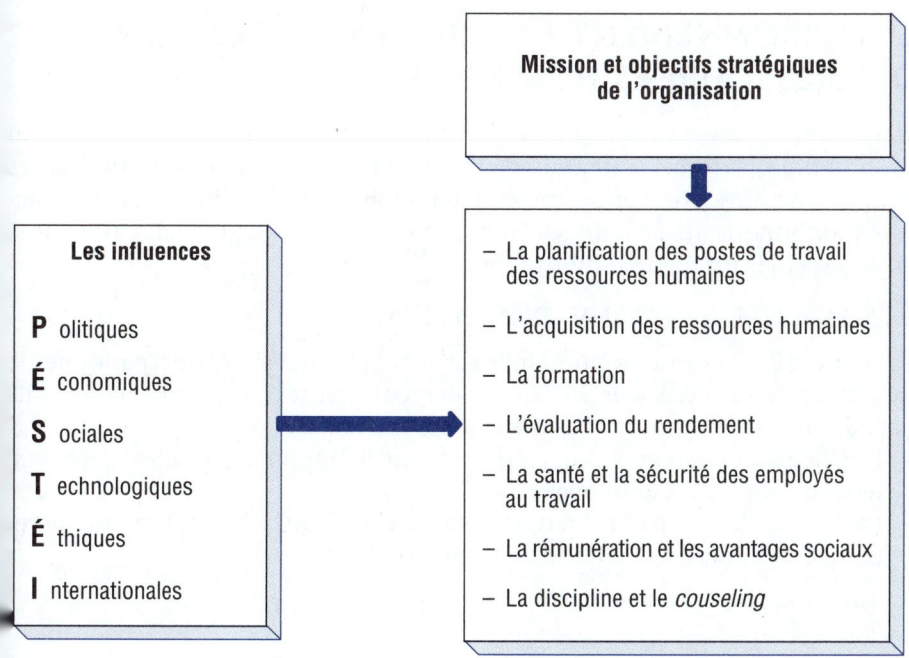

FIGURE 5.1
Les tâches de gestion des ressources humaines dévolues au gestionnaire

d'actualiser leurs connaissances, leurs habiletés et leurs attitudes professionnelles pour améliorer leur performance au travail ou les préparer à une réaffectation ou une promotion.

Afin de vérifier l'apport des employés, une analyse périodique du travail des employés est réalisée à l'aide de **l'évaluation du rendement.** L'exercice permet de mesurer les efforts et les réalisations des employés ainsi que la capacité à travailler en groupe. Dans le cas d'un gestionnaire, l'efficacité de son équipe sera aussi considérée dans son évaluation.

Au Québec, le gouvernement impose aux employeurs de nombreuses obligations en ce qui concerne **la santé et la sécurité de leurs employés au travail.** Les employés doivent être protégés contre toutes formes d'accidents de travail. Il s'agit non seulement d'offrir des moyens de protection, mais surtout d'améliorer les conditions de travail en éliminant à la source les dangers et les risques physiques et psychologiques, favorisant ainsi une meilleure qualité de vie au travail.

La rémunération et les avantages sociaux visent à compenser les employés pour leur travail. Le niveau de rémunération est souvent perçu par les employés comme un indice leur permettant de mesurer le degré d'équité entre leur contribution et les compensations que leur offre l'entreprise. Il s'agit pour les gestionnaires de bien rémunérer leurs employés par rapport au marché du travail et aussi de stimuler la productivité.

La discipline et le *counseling* se réfèrent aux activités encourageant les employés à adopter et à maintenir les principes et les règles de conduite favorisant la productivité et l'harmonie.

L'ENVIRONNEMENT EXTERNE DE LA GESTION DES RESSOURCES HUMAINES

La gestion des ressources humaines évolue dans un monde fort complexe où de nombreuses forces extérieures affectent les décisions des gestionnaires dans ce domaine. Ne mentionnons que les lois et les règlements, la conjoncture économique, les facteurs sociaux, le progrès technologique, les influences éthiques et les influences internationales[7].

LES INFLUENCES GOUVERNEMENTALES

La gestion des ressources humaines est régie et guidée par une panoplie de lois et de règles. Ces lois imposent des contraintes au gestionnaire dans l'exercice de ses fonctions. Les principales lois sont[8]:
- Le Code du travail québécois qui gouverne les rapports entre les employés, les syndicats et les employeurs.
- La Charte des droits et libertés de la personne qui concerne particulièrement les pratiques de discrimination au travail.

---

7. Lire à ce sujet: Marie-Thérèse Miller et Bernard Turgeon, *op. cit.*, chap. 1.
8. *Ibid.*, p. 9.

- La Loi sur la santé et la sécurité du travail qui vise l'élimination des dangers pour la santé et assure la sécurité et l'intégrité physique des employés.
- La Loi concernant l'exercice des droits des personnes handicapées qui vise à garantir leur intégration à la société.
- La Loi sur la fonction publique québécoise qui assure une saine gestion des ressources humaines dans l'administration gouvernementale.
- La Loi sur les normes du travail qui établit les conditions minimales de travail pour tout employé.
- La Loi sur l'abolition de la retraite obligatoire qui interdit de congédier, suspendre ou mettre à la retraite un employé pour le seul motif qu'il a atteint l'âge de la retraite.
- La Charte de la langue française qui permet de travailler en français, à moins que l'emploi n'exige effectivement la connaissance d'une autre langue.
- Les lois sur le bâtiment, sur la fête nationale, sur la formation et la qualification professionnelle de la main-d'œuvre, sur le Régime des rentes du Québec, sur les syndicats professionnels, sur les services essentiels, etc.

LOIS

LES INFLUENCES ÉCONOMIQUES

La conjoncture économique. La concurrence internationale, les politiques de déréglementation et l'existence du libre-échange avec les États-Unis et le Mexique sont autant de facteurs qui modifient les exigences des emplois dans les organisations. La récession de 1991 et des années suivantes aura de graves répercussions sur les politiques et les pratiques de gestion des ressources humaines. La rationalisation des emplois qui se traduit par des mises à pied et les licenciements d'une partie de la main-d'œuvre, souvent la plus jeune, amputeront les organisations d'une relève indispensable pour faire face à la concurrence internationale. Les malaises sociaux engendrés par cette instabilité, les coûts du chômage et autres programmes sociaux limiteront les possibilités des organisations[9].

CYCLE ÉCONOMIQUE

La compétition au niveau de la main-d'œuvre. De nombreuses entreprises, même en période de chômage, ont de la difficulté à combler les emplois requérant du personnel compétent et expérimenté. Cela exige donc qu'elles fassent des efforts extraordinaires pour rencontrer leurs besoins. Les entreprises tentent de retenir les employés, d'en attirer de nouveaux, en augmentant les possibilités de satisfaction au travail par la restructuration des postes de travail et l'accroissement de la marge de manœuvre des employés dans leur fonction[10] (voir: «Théorie de Herzberg» et «Enrichissement des tâches» au chapitre sur la motivation).

RARETÉ DU PERSONNEL COMPÉTENT

---

9. *Ibid.*, p. 45.
10. *Harvard Business Review*, «Manage People, Not Personnel», *Soundview Executive Book Summaries*, novembre 1990, p. 1-8.

Les influences de la société

Le défi actuel des entreprises consiste à concilier les exigences de la productivité et de la spécialisation du travail avec les exigences des travailleurs scolarisés, compétents et autonomes.

Facteurs démographiques

Il faut ajouter, enfin, les modifications démographiques qui affectent la composition de la main-d'œuvre, surtout l'arrivée des femmes sur le marché du travail, la hausse du niveau de scolarité des employés, le vieillissement de la population et l'immigration[11].

Les influences technologiques

Exigences de la technologie

L'automatisation (robotique, micro-informatique et productique) et les autres développements technologiques affectent le nombre de personnes requises pour atteindre les objectifs. Par contre, les nouvelles exigences imposées par cette technologie impliquent le relèvement des exigences d'embauche et la mise sur pied de programmes de formation de la main-d'œuvre. Compte tenu du niveau professionnel de la main-d'œuvre, le rôle du gestionnaire, en ce qui concerne le contrôle par exemple, est modifié d'autant plus, que souvent les employés peuvent effectuer une grande partie de leur travail à la maison avec l'aide des nouveaux réseaux informatiques[12].

Les influences éthiques

Les valeurs

Les influences de l'éthique affecte les ressources humaines. Par exemple, la perception du travail, la définition de l'autorité, la loyauté à vie à une seule entreprise, etc. La qualité de vie au travail, «notion qui réfère à une approche de gestion qui propose un ensemble de principes concernant l'organisation du travail, notamment ceux qui favorisent la participation des employés aux décisions concernant leurs tâches »[13], poursuit cet objectif de développement personnel et d'identification du travailleur aux objectifs de l'organisation. Le résultat de la réorganisation du travail selon les objectifs de l'amélioration de la qualité de vie au travail est la responsabilisation de l'employé, c'est-à-dire l'appropriation de son emploi par le travailleur[14].

Dans l'activité humaine, il n'y a pas que le travail : les loisirs, les activités sociales, la famille et les groupes politiques doivent aussi y trouver leur place. Les attentes des enfants et du conjoint, souvent engagé lui aussi dans une carrière, influent sur la disponibilité et les implications de l'employé à l'égard des objectifs de son travail. Certains phénomènes dépassent l'environnement immédiat et posent un problème au niveau international.

---

11. Marie-Thérèse Miller et Bernard Turgeon, *op. cit.*, p. 46-47.
12. Inspiré de : Joseph Duffey, «Competitiveness and Human Resources », *California Management Review*, printemps 1988, p. 92-100.
13. Marie-Thérèse Miller et Bernard Turgeon, *op. cit.*, p. 7.
14. Joseph F. Coates, Jennifer Jarratt et John B. Mahaffie, *Future Work*, San Francisco, Jossey-Bass, 1990, p. 241-242.

LES INFLUENCES INTERNATIONALES

Lorsque le gestionnaire se retrouve au sein d'une multinationale, il doit s'accommoder des contraintes supplémentaires imposées par les cadres supérieurs d'origine étrangère si l'entreprise se trouve en sol canadien ou par les subordonnés d'une autre culture si l'entreprise est à l'étranger. Les valeurs tels le mode de prise de décision, le style de contrôle ou les relations entre le supérieur et les subordonnés varient grandement d'un pays à l'autre. La rémunération doit être ajustée au niveau de vie du pays d'accueil et les systèmes fiscaux doivent être pris en considération.

LE PROCESSUS DE GESTION DES RESSOURCES HUMAINES

LA PLANIFICATION DES POSTES DE TRAVAIL ET DES RESSOURCES HUMAINES

La planification des ressources humaines est un processus par lequel une organisation planifie l'offre et la demande internes de travail auxquelles elle devra faire face dans le futur et qui comprend la mise sur pied de programmes nécessaires à la rencontre de ses besoins en main-d'œuvre. La demande interne de travail représente le nombre de postes à combler pour respecter les exigences imposées par les objectifs globaux de l'entreprise ; l'offre interne de travail représente la disponibilité quantitative et qualitative de la main-d'œuvre au service de l'entreprise.

Il n'est pas rare de voir les gestionnaires d'une organisation consacrer une partie importante de leur temps à surveiller le rendement des équipements et à veiller à ce que le mode d'utilisation de ces machines et la fréquence d'entretien soient respectés à la lettre. La planification de l'achat de ces équipements, de leur utilisation et de leur remplacement est établie pour de longues périodes, et le choix d'un équipement en particulier implique souvent un très grand nombre de personnes qui soupèsent avec un soin méticuleux les aspects financiers et techniques de la décision à prendre.

Pour les gestionnaires efficaces, la gestion des ressources humaines exige aussi une bonne *planification de leurs besoins en ressources humaines*. Pour y parvenir, ils consacreront les énergies nécessaires à une prévision judicieuse de leurs besoins en main-d'œuvre.

La planification de ressources humaines exige la réalisation des analyses de postes, la prévision de la demande interne de travail, la prévision de l'offre interne de travail, l'évaluation des déséquilibres entre la demande et l'offre, et la mise sur pied de programmes permettant de combler les écarts.

L'analyse de poste. C'est le processus qui permet de recueillir, d'évaluer et d'organiser les données relatives au contenu et au contexte d'un poste de travail dans le but de préciser les exigences requises pour exercer le travail de ce poste avec succès[15]. Ces renseignements peuvent être obtenus à l'aide de

---
15. Marie-Thérèse Miller et Bernard Turgeon, *op. cit.*, p. 65.

diverses méthodes dont le questionnaire, l'entrevue, le relevé des activités et l'observation.

Le questionnaire. L'employé ou le supérieur hiérarchique du service dont les postes sont à l'étude sont invités à répondre par écrit à un questionnaire dans lequel il leur est demandé d'identifier le poste, les principales tâches ou responsabilités, le genre de supervision donnée ou reçue, les conditions de l'environnement et les qualités requises pour accomplir le travail avec succès.

L'entrevue. Le supérieur immédiat et l'employé se prêtent à une entrevue concernant les divers aspects du travail. L'analyste note les réponses à l'aide d'une liste aide-mémoire; il rédige ensuite son rapport, qu'il soumet au titulaire du poste et à son supérieur immédiat pour approbation.

Le relevé des activités. L'employé résume ses activités et les inscrit dans un cahier à une fréquence préétablie pendant une certaine période.

L'observation. L'analyste observe l'employé dans l'exercice de son travail et note les tâches et activités, le temps requis pour les effectuer de même que les conditions dans lesquelles s'accomplit le travail.

DEMANDE

La prévision de la demande interne de travail. Les prévisions touchant les ventes et les opérations de production ainsi que les décisions budgétaires de l'organisation sont des indicateurs qui influencent la demande de produits et services. D'autre part, l'introduction de changements technologiques ou d'automatisation de la production ainsi que la réorganisation du travail peuvent aussi affecter les besoins futurs.

En se basant sur le volume d'activités déterminé à partir des prévisions du service du marketing et des opérations, en particulier, le processus de planification des ressources humaines permet de déterminer le nombre et le type de postes nécessaires à la réalisation des objectifs opérationnels de chacun des services de l'organisation. Donc à partir des objectifs de l'organisation, le gestionnaire doit calculer le nombre de postes dont il aura besoin de même que les caractéristiques requises des employés qui occuperont ces postes. De ce nombre de postes, il doit soustraire ceux qui devront être abolis et décider du nombre de postes qui seront effectivement à combler.

On peut utiliser plusieurs méthodes pour établir les prévisions de la demande future de travail. Les méthodes les plus courantes sont la méthode de prévision par jugement des gestionnaires et les projections de tendances par l'utilisation de statistiques conventionnelles[16]. La méthode de prévision par jugement permet, entre autres, de dresser un plan de succession.

Un *plan de succession* est le résultat d'un processus qui consiste à identifier sous forme d'organigramme tous les postes existants au sein d'une unité administrative avec un ou des remplaçants pour chaque poste, que ce soit à court ou à moyen terme. Chaque employé, en effet, est classé selon le poste qu'il occupe à ce moment-là, selon son ancienneté et son âge, selon sa performance actuelle et son potentiel. Ce tableau indique donc qui sera disponible

---

16. *Ibid.*, p. 133-136.

pour occuper tel poste et quand il le sera, dans un service ou une unité de l'organisation.

La prévision de l'offre interne de main-d'œuvre. Une fois que les besoins ont été identifiés, il s'agit d'établir la disponibilité quantitative et qualitative du personnel actuellement au service de l'organisation. Cet inventaire des ressources humaines consiste à dénombrer les employés disponibles par catégorie de personnel. À ce stade, à l'aide du profil des caractéristiques des employés pour chaque unité administrative, il s'agit d'identifier les caractéristiques personnelles de ces employés, leur scolarité, leur expérience, leur sexe, leur ancienneté, leur âge, leurs habiletés, leurs intérêts de carrière, etc. L'analyse de ces données fournit des renseignements intéressants sur l'effectif de l'organisation, tels que la pyramide des âges du personnel, la structure des compétences et des habiletés et la courbe d'ancienneté. Puis il faut calculer les mouvements internes et externes prévisibles du personnel au sein de l'organisation, tels que les promotions, les mutations, les transferts et les rétrogradations, en vue de déterminer combien d'employés seront disponibles dans chaque unité administrative.

OFFRE

L'évaluation des déséquilibres entre l'offre et la demande. Cette étape du processus de planification des ressources humaines consiste à comparer l'offre et la demande de main-d'œuvre. En soustrayant l'offre prévue de ressources humaines disponibles de la demande prévue pour chaque catégorie de poste, et ce, dans chaque unité administrative, on obtient les besoins nets de main-d'œuvre. On identifie ainsi les écarts significatifs susceptibles de se produire à la fin d'une période.

On peut observer un *surplus prévu de personnel* pour la période lorsque le nombre de postes disponibles est inférieur au nombre de personnes qualifiées pour les occuper. On peut aussi observer une situation de *pénurie de personnel* lorsque le nombre de postes disponibles est plus grand que le nombre de personnes qualifiées disponibles. On peut aussi observer une *situation stable*, ce qui est plutôt rare. Considérant les résultats de l'évaluation des déséquilibres, ces données seront regroupées en un tableau de projection d'effectifs qui indique les possibilités d'emploi pour chaque catégorie de poste au sein de l'organisation, ces renseignements servent à élaborer ou à réviser les politiques et les programmes de gestion des ressources humaines pour les périodes à venir.

SURPLUS
PÉNURIE
STABILITÉ

Dans le cas où une organisation prévoit une *pénurie de personnel*, la solution la plus facile consiste à recruter de nouveaux employés pour combler les postes vacants. Les organisations ont accès aussi à d'autres solutions moins coûteuses telles qu'attribuer des promotions, effectuer des mutations ou des transferts d'employés, recourir aux heures supplémentaires, améliorer la productivité, utiliser différentes formules de restructuration du travail (rotation des postes, élargissement des tâches, enrichissement des tâches, aménagement des horaires de travail, etc.), offrir des programmes de rémunération au rendement, améliorer les habiletés des employés actuels, faire l'acquisition d'équipements ou de technologies de pointe (informatique ou robotique),

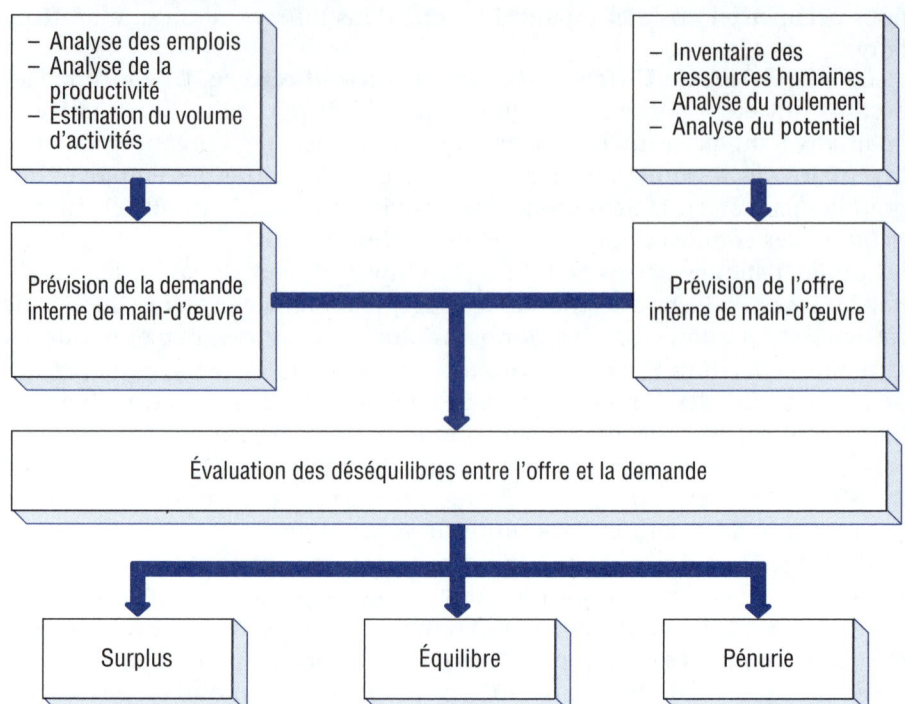

FIGURE 5.2
Le processus de planification des ressources humaines

recruter à l'externe sur le marché du travail ou faire de la sous-traitance avec d'autres organisations.

Lorsqu'un *surplus est prévu* à cause de variables environnementales telles que l'implantation de nouvelles technologies ou à cause de facteurs politiques et économiques comme le libre-échange et la globalisation des marchés, l'organisation pourra, avant de procéder aux mises à pied temporaires ou aux licenciements collectifs, étudier différentes stratégies qui s'offrent à elle. Les plus courantes consistent à décréter un gel de l'embauche, laisser l'attrition éroder les effectifs, réduire la force de travail en redistribuant l'offre de main-d'œuvre (transferts ou promotions), favoriser les mises à la retraite, adopter des mesures de réduction des heures supplémentaires s'il y a lieu, adopter diverses formules de travail à temps partagé, décréter un gel des salaires ou réduire de façon permanente le personnel.

L'ACQUISITION DES RESSOURCES HUMAINES

L'acquisition des ressources humaines comprend les activités de recrutement et de sélection de personnes pouvant combler les postes de l'organisation et lui permettre d'atteindre ses buts.

Les sources de recrutement

Le *recrutement* implique des activités de recherche de main-d'œuvre qui consistent à informer les candidats potentiels qu'un poste est vacant en vue de les inciter à poser leur candidature. Il s'agit donc de déterminer les sources de recrutement qui seront utilisées, compte tenu du type de personne recherchée, du temps disponible, des ressources financières de l'organisation qui lui assureront un échantillon plus large de candidats qualifiés.

Les sources de recrutement interne. La source la plus intéressante pour combler les différents postes demeure sans nul doute le bassin actuel des effectifs de l'organisation. Les postes vacants sont annoncés sur les babillards, dans les journaux internes ou par le biais de notes de service.

Les sources de recrutement externe. Le *réseau de relations personnelles* est une source de recrutement efficace pour les personnes qui travaillent depuis un certain nombre d'années dans le même secteur d'activité. Les *candidatures non sollicitées* provenant de personnes qui font parvenir leur curriculum vitæ ou qui se présentent spontanément aux bureaux de l'organisation pour remplir un formulaire de demande d'emploi offrent une solution économique et valable. Les *établissements d'enseignement*, les *associations professionnelles* et les *syndicats* sont d'autres sources de recrutement pour la recherche de candidats ayant une formation spécialisée. Les *Centres d'emploi du Canada* offrent des services gratuits permettant d'identifier des candidats disponibles pour un grand nombre de postes allant du manœuvre au superviseur. Les *agences privées* de recrutement sont des sociétés-conseils qui agissent comme des courtiers en placement et tentent de coordonner les demandes de main-d'œuvre de leurs clients-employeurs avec les candidats déjà enregistrés dans leurs banques ou avec des candidats qu'ils recruteront afin de satisfaire aux besoins particuliers d'un employeur. Une autre méthode consiste à placer des annonces dans les divers *médias*, que ce soit les journaux locaux et d'affaires, les revues spécialisées, la radio et la télévision, les panneaux-réclames, le métro ou l'autobus.

Quelles que soient les sources de recrutement utilisées, on devrait choisir la méthode la plus efficace pour recruter au meilleur coût la catégorie de personnel désirée.

Les étapes du processus de sélection

La sélection des ressources humaines correspondant à nos besoins suit généralement les étapes suivantes: la présélection, les tests psychométriques, l'entrevue de sélection, la vérification des références et des recommandations et la décision finale. L'ordre et les étapes peuvent varier d'une organisation à l'autre selon les exigences de la situation.

La présélection. Le recrutement a fourni un nombre parfois impressionnant de candidats intéressés à travailler pour l'organisation. La présélection nous amène à faire un premier tri afin d'identifier les candidats qualifiés et ceux qui ne le sont pas. À l'aide des *formulaires de demande d'emploi* ou des *curriculum vitæ*, on compare les caractéristiques des candidats avec les qualifications objectives préétablies pour éliminer ceux qui ne conviennent pas.

Les tests psychométriques. Dans certaines organisations et pour certaines catégories de postes, l'entrevue préliminaire est suivie d'une séance de tests psychométriques portant sur les connaissances et habiletés du candidat, sa personnalité, ses intérêts, ses aspirations, ses compétences, etc., pour évaluer son potentiel. Un bon test de sélection doit en effet comporter certaines

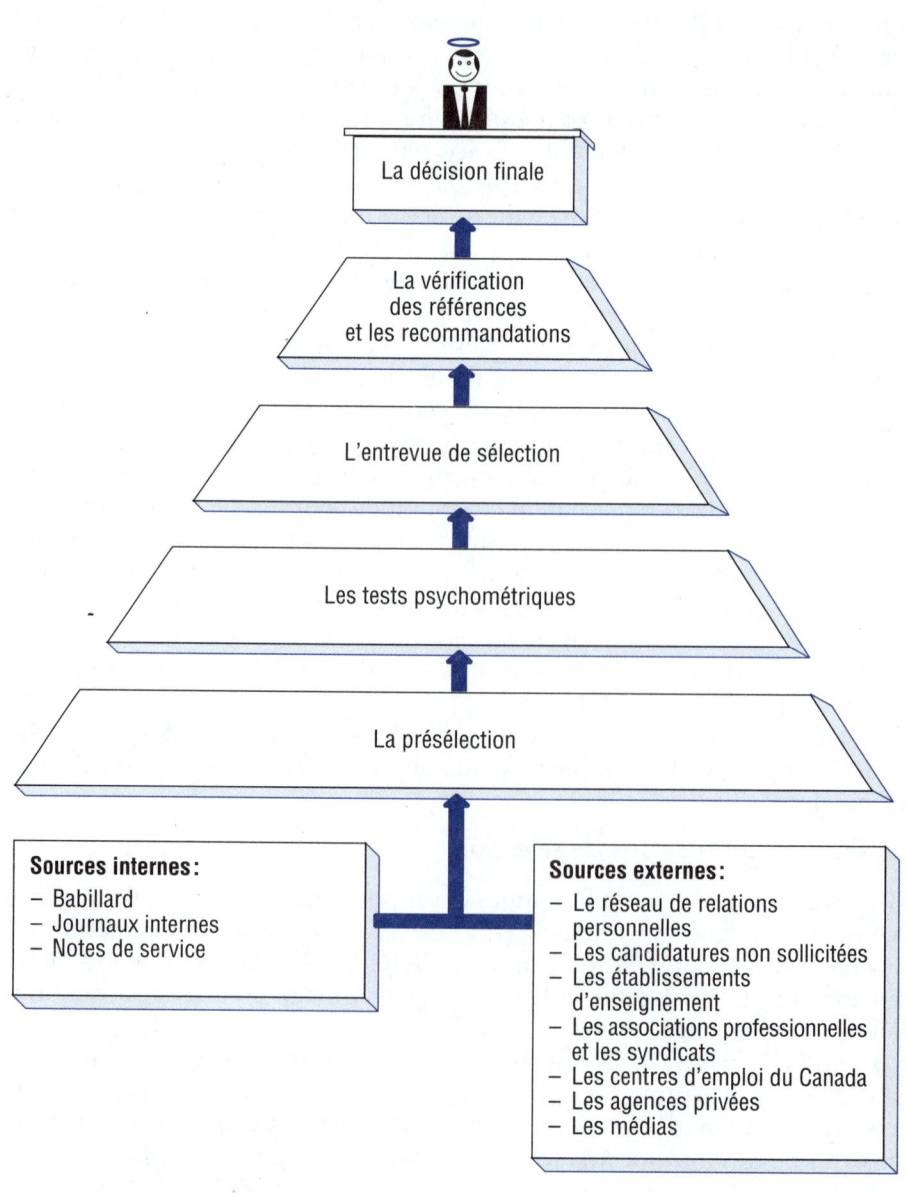

FIGURE 5.3
Le processus d'embauche

caractéristiques, dont les exigences de fidélité et de validité. La validité d'un test réfère à son degré de précision et se reconnaît à sa capacité de mesurer ce qu'il prétend mesurer. Quant à la fidélité d'un test, elle signifie que le même test, soumis à des groupes semblables de personnes, donnera des résultats dont la distribution statistique devrait être équivalente et ce, de façon constante. Ces tests peuvent être administrés par les spécialistes du service de gestion des ressources humaines ou par des psychologues auxquels l'entreprise fait appel au besoin.

L'entrevue de sélection. L'entrevue de sélection est une rencontre structurée entre un candidat et une ou plusieurs personnes, une conversation orientée en vue de partager des renseignements dans un contexte donné. Elle repose sur le postulat qu'une façon de prédire le comportement futur d'une personne consiste à connaître ce qu'elle a fait dans le passé, ce qu'elle cherche dans le présent et ses aspirations à court terme.

L'intervieweur doit en fait réaliser six tâches lors d'une entrevue. Il doit obtenir des renseignements pertinents, répondre aux questions du candidat, évaluer ce dernier, décider s'il embauche ou non le candidat et, si l'entrevue est réalisée par un spécialiste du service du personnel, communiquer cette décision au superviseur et la justifier.

La vérification des références et des recommandations. Ces documents qu'exigent certains employeurs sont aussi des outils permettant d'obtenir plus d'information sur le futur employé. Ceux-ci sont utilisés avant ou après l'entrevue de sélection pour corroborer les données fournies par le candidat. Ces renseignements portent sur les expériences de travail, les objectifs atteints, les diplômes obtenus, les résultats scolaires, etc.

La décision finale. La décision finale consiste à choisir le meilleur candidat dans les circonstances. Cette décision se prend généralement en étroite collaboration avec le spécialiste du service des ressources humaines, qui a fourni tout au long du processus l'aide et les conseils nécessaires aux personnes considérées. On procède généralement en deux étapes: l'évaluation des caractéristiques qui résultent de l'entrevue et l'évaluation de l'ensemble des renseignements recueillis depuis le début du processus. Cette décision appartient généralement au superviseur immédiat du futur employé.

LA FORMATION

La formation a pour but de transmettre ou d'actualiser les connaissances et les habiletés des employés; elle comprend une phase d'analyse, une phase d'implantation et une phase d'évaluation des programmes[17].

---

17. N. Wexley et Gary P. Latham, *Developing and Training Human Resources in Organizations*, Glenview, Scott, Foresman, Ill., 1981.

La détermination des besoins de formation et l'élaboration des objectifs

Les besoins peuvent se manifester sur le plan de l'organisation, des services et des individus. Pour déceler des problèmes de performance, on devra effectuer trois analyses: **l'analyse de l'organisation et de sa stratégie de développement, l'analyse des opérations et de l'organisation du travail, ainsi que l'analyse des compétences individuelles.**

Les *besoins sur le plan de l'organisation et des services* seront déterminés par la collecte de données relatives aux objectifs et aux plans de développement stratégique de l'organisation, aux indices de rendement et de production, aux taux d'absentéisme et de roulement, au nombre de griefs et d'accidents, aux statistiques de performance des services et de l'organisation comparées avec celles des années précédentes ou avec celles du secteur d'activité économique.

L'*analyse des postes et des opérations* est l'étape où l'on cherche, sur la base des résultats attendus et des comportements jugés nécessaires pour atteindre les objectifs de performance, à repérer les écarts de performance d'un poste de travail.

L'*analyse du rendement de la main-d'œuvre* et des besoins de formation consiste aussi à examiner en détail les tâches effectuées par les employés en vue de comparer le rendement actuel de ces derniers avec le niveau de rendement souhaité. Si des écarts significatifs se dégagent de cette comparaison, l'analyste traduit ces différences en besoins et objectifs de formation.

La synthèse des renseignements recueillis lors de ces évaluations permet de constater les besoins communs d'un groupe d'employés ou les besoins individuels de quelques-uns en vue de mettre sur pied des programmes de formation pertinents, par exemple pour les membres d'un même service ou des personnes accomplissant le même travail.

Un objectif de formation est un énoncé qui précise avec concision les connaissances, les habiletés et les attitudes requises au terme d'une activité d'apprentissage. Cet objectif servirait par la suite à l'élaboration du plan d'action permettant de l'atteindre.

L'implantation des programmes de formation

Le processus d'apprentissage. Lorsque les besoins ont été déterminés, le superviseur et les responsables du service des ressources humaines doivent connaître les principes du processus d'apprentissage afin de mieux traduire les objectifs de formation en actions efficaces et d'adapter leurs méthodes de formation aux clientèles visées. C'est en effet par l'apprentissage que les compétences s'acquièrent.

Les méthodes d'apprentissage. Lors des activités de formation, les méthodes doivent convenir aux contenus qui seront diffusés et aux clientèles visées.

Dans la première catégorie de méthodes, on trouve celles axées sur l'apprentissage des savoir-faire reliés aux habiletés techniques que nécessite l'exécution des tâches d'un poste. Elles tentent de développer des habiletés pour la manipulation de matériel ou d'objets et la maîtrise des tâches à réaliser. Les méthodes suivantes font partie de celles qui permettent de répondre à ces besoins : la période d'intégration au poste, le système de l'apprenti et le bureau côte à côte (le *coaching*), la corbeille d'entrée, la rotation des postes et la formation en atelier-école avec ou sans simulateur.

<small>SAVOIR-FAIRE</small>

Dans la seconde catégorie, on trouve les méthodes visant surtout à permettre l'apprentissage de connaissances et d'habiletés intellectuelles, de savoirs, de même que d'attitudes ou de comportements, de savoir-être. L'acquisition d'attitudes et de comportements se rapporte aux valeurs et croyances qui influencent les décisions à prendre face aux personnes, aux idées et aux choses. Ici encore, plusieurs méthodes favorisent ces apprentissages, dont les suivantes : le *cours* magistral ou l'exposé, les cours programmés ou micro-gradués, la discussion de groupe, l'étude de cas, les jeux de rôles et les simulations, les jeux et simulations informatisées d'organisation, et les laboratoires de sensibilisation aux phénomènes de groupe.

<small>SAVOIR-ÊTRE</small>

L'exécution des méthodes de formation. À ce stade, il s'agit de mettre en pratique ou de diffuser le programme de formation. Cela implique le recours à diverses aides techniques tels les supports visuels, les supports auditifs et une combinaison des deux.

Les catégories de programmes de formation. Les trois principales catégories de programmes de formation sont l'accueil et l'orientation, la formation technique visant à augmenter les capacités des employés et le développement organisationnel.

Les programmes d'accueil et d'orientation consistent à recevoir le nouvel employé et à le familiariser avec les aspects administratifs et sociaux de son nouvel employeur. L'intégration rapide à l'équipe de travail est aussi un objectif visé par ces programmes. La formation technique est orientée vers les méthodes et les techniques reliées aux différents emplois, afin d'aider l'individu à améliorer ses connaissances et ses habiletés. Le développement organisationnel est une façon de répondre au changement. Il constitue une stratégie de formation complexe en vue de modifier les croyances, les attitudes, les valeurs et la structure des organisations. Il favorise l'adaptation aux nouvelles technologies, aux nouveaux marchés et aux nouveaux défis.

L'évaluation de l'efficacité de la formation

L'évaluation de la formation consiste à examiner la valeur d'un programme pour découvrir s'il y a des écarts significatifs entre ce qui était prévu et ce qui a été obtenu.

L'organisation peut mesurer la *réaction des participants* à la séance de formation. Il ne s'agit donc pas, ici, de mesurer l'apprentissage en tant que tel, mais plutôt le comportement et les attitudes du formateur et les réactions du groupe devant sa façon d'exposer le sujet.

<small>RÉACTIONS</small>

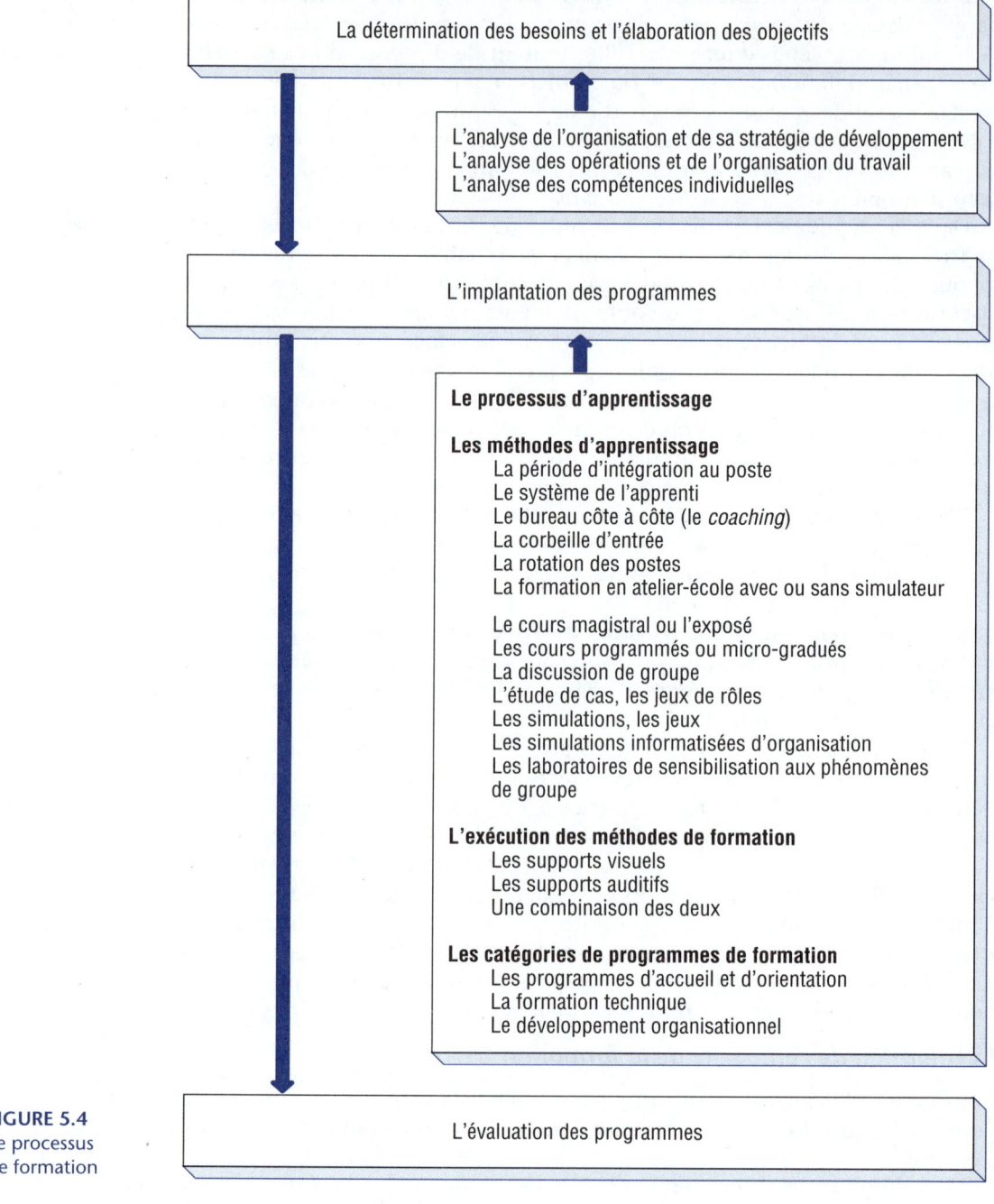

FIGURE 5.4
Le processus de formation

APPRENTISSAGE

Elle peut aussi *mesurer l'apprentissage*, c'est-à-dire les principes, les données et les habiletés qui ont été assimilés par les participants. Cela ne concerne évidemment pas l'application de ces connaissances et de ces habiletés de travail. La mesure de l'apprentissage correspond aux évaluations et aux examens auxquels chacun doit se soumettre périodiquement au cours de ses études ou de sa vie au travail.

Elle peut aussi *mesurer des comportements*. Il s'agit alors de procéder à une analyse systématique des comportements des individus avant et après le programme de formation. Les données de cette analyse seront étudiées à l'aide de méthodes statistiques et comparées avec celles obtenues dans d'autres groupes qui n'ont pas bénéficié du programme de formation et qui serviront de groupes de contrôle.

COMPORTEMENTS

Enfin, il est possible de mesurer les *résultats de la formation*, soit l'accroissement de l'efficacité, de la qualité et de la quantité de biens ou de services offerts, l'amélioration du moral des employés, autrement dit la réduction du taux de roulement, des griefs, celle des coûts des accidents, etc.

Pour juger de la qualité de l'investissement, il est aussi possible de faire une *analyse des coûts et des bénéfices*. On sait que la formation exige des sommes considérables; par conséquent, l'efficacité du programme doit être évaluée en fonction des coûts. Cette information permettra de déterminer l'apport des programmes de formation quant aux profits de l'organisation.

L'ÉVALUATION DU RENDEMENT

L'évaluation du rendement est une activité qui consiste à porter un jugement sur la contribution spécifique de l'employé aux objectifs de l'organisation[18]. En fait, il s'agit de définir les attentes en ce qui concerne le rendement d'un employé, mesurer, évaluer et enregistrer son rendement en fonction de ces attentes et en faire part à l'employé[19]. L'évaluation du rendement est aussi utilisée en relation avec d'autres programmes de gestion des ressources humaines tels que la rémunération, la définition d'objectifs de rendement ultérieurs, l'évaluation des besoins de formation et l'évaluation du potentiel d'un employé en vue d'une promotion[20].

Les critères de rendement

Trois types de critères servent généralement d'indicateurs du rendement. Ce sont les critères reliés à la personne, aux comportements et aux résultats[21]. Les *critères reliés à la personne* visent des traits de personnalité, tels que l'intelligence, la stabilité émotive ou la motivation de l'employé. Les *critères reliés aux comportements* concernent les efforts fournis par l'employé et les activités mises en œuvre pour atteindre les résultats, comme l'habileté d'analyse et de

PERSONNE
COMPORTEMENTS
RÉSULTATS

---

18. André Bazinet, *L'évaluation du rendement*, Montréal, Éditions Agence d'Arc, 1980, p. 3. Citée dans Marie-Thérèse Miller et Bernard Turgeon, *op. cit.*, p. 411.
19. Pour plus de détails, lire: Allan M. Mohrman, Jr., Susan M. Resnick-West et Edward E. Lawler III, *DesigningPerformance Appraisal Systems*, San Francisco, Jossey-Bass, 1989.
20. A. Peck, *Pay and Performance: The Interaction of Compensation and Performance Appraisal*, Research Bulletin n° 155, Conference Board, New York, 1984.
21. Wayne F. Cascio, *Managing Human Resources*, 2e édition, New York, McGraw-Hill, 1989, chap. 9.

synthèse, la capacité d'entretenir de bonnes relations interpersonnelles, de prendre des décisions. Enfin, les *critères reliés aux résultats* s'appuient sur une analyse du poste et sur une analyse des attentes de l'organisation et ont trait à la quantité et à la qualité du travail obtenues ainsi qu'à la manière de les atteindre.

Les méthodes d'évaluation du rendement

Une méthode d'évaluation du rendement est une démarche par laquelle on utilise un instrument de mesure qui permet d'évaluer selon un schéma de référence et qui renvoie donc au formulaire qu'on utilisera pour effectuer cette mesure. La démarche comprend la mesure des résultats obtenus par l'employé dans l'exécution de son travail, la communication des constatations à la personne concernée et l'élaboration d'un programme pour améliorer les résultats futurs. Les approches les plus courantes sont l'évaluation du comportement et l'évaluation des résultats. Une troisième approche portant sur les caractéristiques personnelles de l'employé (ponctualité, esprit de collaboration, initiative, jugement, etc.) a déjà été populaire à cause de sa simplicité[22].

Les principales méthodes utilisées pour évaluer les comportements sont l'évaluation par échelle de notation et l'évaluation par échelle graduée des comportements. Voici d'autres méthodes sur lesquelles nous n'élaborerons pas dans le cadre de ce manuel, soit l'évaluation par choix forcé, l'évaluation par rangement, l'évaluation par paires, l'évaluation par distribution imposée, l'évaluation par événements préétablis, l'évaluation par incidents critiques.

Les méthodes les plus répandues pour évaluer les résultats sont surtout l'évaluation par objectifs.

Les méthodes d'évaluation des comportements

L'**évaluation par échelle de notation** est la méthode d'évaluation que les organisations utilisent le plus souvent. Les principaux critères d'évaluation du rendement selon cette méthode sont les suivants: la quantité de travail, la qualité du travail, la responsabilité, l'initiative et les relations interpersonnelles.

Cette méthode demande à l'évaluateur de déterminer le niveau de rendement de l'employé évalué en choisissant l'énoncé du critère qui décrit le mieux l'employé. Elle sert généralement à mesurer le rendement des personnes en tenant compte des qualités ou capacités nécessaires à l'exécution du travail d'un poste, lesquelles se manifestent dans des comportements au travail.

---

22. Le principal défenseur de cette approche est: M.J. Kanavagh, «The Context Issue in Performance Appraisal: A Review», *Personnel Psychology*, vol. 24, 1971, p. 653-668.

L'**échelle graduée des comportements**[23]. Selon cette méthode, le superviseur fournit au service des ressources humaines des descriptions de bons et de mauvais rendements reliés à un poste donné. Les spécialistes du service regroupent par la suite ces énoncés dans des dimensions rattachées à l'emploi. Ces catégories peuvent être la «connaissance de la matière», les «aptitudes d'organisation», la «capacité de communication», ou d'autres. Des exemples précis de ces comportements sont placés par rapport à une échelle de niveau de rendement. Puis il s'agit de définir en termes concrets, pour chaque comportement, ce qu'on entend par rendement exceptionnel, très bon, bon, acceptable, etc. Cette échelle des niveaux de rendement est par la suite communiquée à l'évaluateur qui n'a qu'à cocher le comportement qui correspond le mieux à ce qu'il a observé.

La méthode d'évaluation des résultats

La méthode d'évaluation par objectifs est fondée sur le processus de direction par objectifs qui permet de mesurer le rendement de l'employé selon les résultats obtenus lors de l'exécution de son travail. La majorité des organisations font appel à la direction par objectifs pour évaluer les gestionnaires.

Cette approche intègre l'évaluation du rendement au processus de gestion des employés et change les perspectives de l'évaluation parce que le supérieur qui évalue les réalisations devient plus un conseiller et un guide qu'un juge du rendement. Au contraire, le gestionnaire qui planifie et contrôle l'ensemble des activités de son secteur devra évaluer les résultats obtenus par ses employés lors de l'exécution de leurs tâches.

Dans ce cas-ci, le gestionnaire évalue non plus la personnalité de l'employé, mais l'écart existant entre les objectifs planifiés inhérents à sa tâche et les résultats et comportements utilisés pour les obtenir. Cette méthode est plus précise et les objectifs particuliers et mesurables diminuent la part de subjectivité de l'évaluateur. Elle a enfin des conséquences positives sur l'organisation en obligeant cette dernière à préciser ses objectifs, à clarifier les responsabilités et à s'attaquer aux problèmes de fonctionnement et d'organisation. On place l'accent sur les résultats à obtenir et on laisse à l'employé l'autonomie quant aux moyens d'y parvenir.

Les erreurs les plus courantes lors de l'évaluation du rendement[24]

Même quand on a les meilleures intentions du monde, l'évaluation du rendement comporte une part de subjectivité. Des erreurs de jugement peuvent se produire quand une personne en évalue une autre, ce qui a pour effet de fausser

---

23. Wayne F. Cascio, *Managing Human Resources*, 2ᵉ édition, New York, McGraw-Hill, 1989, chap. 9; Frank J. Landy *et al.*, «Behaviorally Anchored Sales for Rating the Performance of Police Officers», *Journal of Applied Psychology*, vol. 61, 1976, p. 750-758.

24. À lire sur le sujet: David E. Smith, «Training Programs for Performance Appraisal: A Review», *Academy of Management Review*, vol. 11, 1986, p. 22-40 et David C. Martin et Kathryn M. Bartol, «Training the Raters: A Key to Effective Performance Appraisal», *Public Personnel Management*, vol. 15, 1986, p. 101-110.

l'évaluation. Certains de ces biais sont causés par le manque de détachement émotif des évaluateurs pendant qu'ils procèdent à l'évaluation du rendement. Les erreurs les plus courantes sont:
- L'*effet de halo* est une erreur commise par l'évaluateur quand il utilise un critère ou un élément critique favorable ou défavorable de rendement et l'étend à l'ensemble de l'évaluation.
- Les *stéréotypes* sont des attitudes négatives ou positives de la part de l'évaluateur envers une personne ou un groupe de personnes.
- L'*erreur de tendance centrale* se produit lorsque tous les employés sont jugés moyens et que le superviseur ne peut différencier les employés évalués entre eux.
- L'*erreur des extrêmes* est commise lorsque l'évaluateur est soit trop clément, soit trop sévère dans ses évaluations du rendement.
- La *ressemblance avec l'évaluateur* est une situation où l'évaluateur se montre plus favorable envers un employé évalué parce qu'il partage des intérêts avec ce dernier.
- Les *effets de l'événement* récent se produisent lorsque les évaluations sont trop subjectives et ne portent pas sur l'ensemble de la période à évaluer.

Voici quelques conseils qui permettront de réduire les effets de ces erreurs de jugement. Le superviseur pourrait procéder par étapes et n'évaluer qu'un critère ou un élément à la fois pour l'ensemble des évaluations. Cette façon de procéder aide à réduire considérablement l'effet de halo, les stéréotypes et l'erreur de tendance centrale.

L'entrevue d'évaluation du rendement

L'entrevue constitue une partie essentielle de l'évaluation du rendement. D'après les méthodes d'évaluation utilisées, elle est considérée comme l'étape la plus difficile et la plus stressante par l'évaluateur et l'employé. C'est pendant cette rencontre que le superviseur scrute le passé, le présent et l'avenir. Il fait part à l'employé de ses perceptions et constatations concernant son rendement au travail. Par la suite, il lui précise ses attentes et invite l'employé à lui faire connaître les siennes. Si nécessaire, il établit un programme de formation pour l'employé et tente d'améliorer leur relation supérieur-subordonné.

<small>ACCUEIL
COMMUNICATION
SUGGESTIONS
RÉSUMÉ</small>

Les principales phases de l'entretien sont généralement les suivantes: (1) l'accueil de l'employé évalué pour le mettre à l'aise et préciser les objectifs visés; (2) la communication de l'évaluation et la détermination réciproque des causes individuelles ou organisationnelles des écarts; (3) les suggestions pour l'amélioration de la situation de part et d'autre et les actions envisagées pour corriger les écarts à court, moyen et à long terme; (4) un résumé de l'entretien, une rétroaction réciproque de l'entretien et le plan de la prochaine rencontre.

LA SANTÉ ET LA SÉCURITÉ DES EMPLOYÉS AU TRAVAIL

La santé et la sécurité des employés au travail représente un aspect de plus en plus important du management. Les organisations se sont penchées sur le problème, mais la Loi sur la santé et la sécurité du travail adoptée en 1979 et la Loi sur les accidents du travail et les maladies professionnelles de 1985 ont accéléré le mouvement.

La *Loi sur la santé et la sécurité du travail* (LSST) vise la prévention des dangers reliés à la santé, à la sécurité et à l'intégrité physique des travailleurs et la prise en charge, par les employés et les employeurs, de l'élimination à la source de ces dangers.

La *Loi sur les accidents du travail et les maladies professionnelles* (LATMP) vise l'instauration d'un régime de réparation des lésions professionnelles qui comprend à ce jour les éléments suivants : la fourniture de soins nécessaires à la consolidation d'une lésion, la réadaptation physique, sociale et professionnelle du travailleur victime d'une lésion, le paiement d'indemnités de remplacement de revenu, d'indemnités pour dommages corporels et, le cas échéant, le droit de retour au travail ou le paiement d'indemnités de décès.

Toute organisation a intérêt à implanter des *programmes d'aide aux employés* (PAE) à cause de la gravité des problèmes personnels rencontrés par les employés, de leur effet sur l'organisation et l'excellent outil de prévention que représentent les PAE. Ces programmes visent des objectifs autres que ceux de la LSST et la LATMP tels que le dépistage précoce, l'intervention précoce, l'accroissement du sentiment d'appartenance, le règlement des problèmes, l'amélioration du rendement, l'amélioration de la qualité de vie, la réduction des coûts de remplacement, la diminution des pertes directes et indirectes, l'utilisation du programme par les cadres, le taux d'utilisation et la rapidité d'accès et d'intervention.

LA RÉMUNÉRATION ET LES AVANTAGES SOCIAUX

La rémunération réfère au salaire et au traitement reçus de façon périodique en échange d'un service ou d'un travail. Pour être satisfaisante, cette relation doit être perçue comme étant juste et équitable par les parties, c'est-à-dire conforme aux lois et règlements en vigueur et respectueuse de la contribution particulière de l'employé aux objectifs de l'organisation (équité interne et équité individuelle) et être comparable aux salaires versés sur le marché local ou régional pour un travail équivalent (équité externe)[25].

La *rémunération directe* a trait aux paiements directs, versés pour compenser les employés à la suite de l'exécution d'un travail. Elle comprend le salaire de base, les primes attribuées pour compenser le rendement et stimuler la productivité ; elle comprend aussi les primes d'incitation au rendement et les primes d'intéressement.

La *rémunération indirecte* vise les indemnités non monétaires, consenties par l'employeur sous forme d'avantages sociaux ou de services, en vue de garantir aux employés et à leur famille une sécurité financière, si la situation

---

[25]. Marc J. Wallace, fils et Charles H. Fay, *Compensation Theory and Practice*, 2e édition, Boston, PWS-Kent, 1988. La référence par excellence au Québec concernant la rémunération, c'est Roland Thériault, *Guide Mercer sur la gestion de la rémunération : théorie et pratique*, Boucherville, Gaëtan Morin Éditeur, 1991.

d'emploi est modifiée par suite d'une maladie, d'un accident, du chômage, de la retraite ou du décès.

L'établissement d'un programme de rémunération

Dans une petite organisation où il n'existe que quatre ou cinq types de postes, le propriétaire peut, sans trop de difficulté, classer les postes du plus important au moins important. Il attribuera à ces postes un salaire qui respecte les lois en vigueur et qui se veut conforme à ce qu'il croit être le taux du marché.

Dès qu'une organisation prend de l'ampleur, des pratiques plus formelles doivent être établies pour assurer l'équité interne et l'équité externe. On procède alors aux étapes suivantes : l'évaluation des postes, les enquêtes salariales, la détermination d'une structure salariale et des salaires individuels et la détermination des critères d'augmentation des salaires.

L'évaluation des postes. L'évaluation des postes fournit une grille commune de mesures pour hiérarchiser tous les postes selon l'analyse du contenu des tâches, des caractéristiques du travail et de ses exigences. L'évaluation des postes, c'est un processus qui consiste à évaluer et à comparer les postes au sein d'une organisation en vue d'obtenir un classement qui représente les exigences relatives, donc fondé sur l'analyse des postes. Ce classement permettra par la suite de déterminer le salaire de base proportionnel pour chacun de ces postes.

La méthode par points. Les méthodes utilisées sont nombreuses et doivent être adaptées aux besoins et au contexte particulier de l'organisation dans laquelle l'évaluation des emplois s'effectue. La méthode la plus utilisée au Québec est la méthode par points qui consiste à assigner à chaque poste de travail d'une famille d'emplois un certain nombre de points de façon à obtenir une évaluation chiffrée qui permettra un classement automatique des postes étudiés. Le nombre total de points obtenus servira par la suite à déterminer le salaire du poste. Elle comprend les étapes suivantes :

1. L'identification et la définition des facteurs d'évaluation communs à la plupart des postes d'une même famille d'emplois. Les facteurs les plus courants sont l'habileté, l'effort, la responsabilité et les conditions de travail.

2. La description pour chacun des facteurs d'une série de degrés d'intensité variable qui représentent toutes les situations possibles selon les postes à évaluer, de sorte que les évaluateurs puissent juger du niveau du facteur que l'on peut atteindre dans un poste donné.

3. La pondération des facteurs d'évaluation en accordant un pourcentage d'importance à chaque degré des facteurs selon les politiques et objectifs de l'organisation et selon ce qu'elle décide de rémunérer. Ainsi, le critère « habileté ou qualification » pour un poste de secrétaire peut recevoir 35 % des points, soit 20 % pour la formation et 15 % pour l'expérience, tandis qu'un poste d'électricien dans la même organisation pourra se voir attribuer une importance de 40 %, soit 20 % pour la formation et 20 % pour l'expérience.

4. L'attribution d'une valeur en points à chaque degré de chaque facteur. La décision quant au nombre de points à répartir est technique et celui-ci peut varier de 500 à 5 000 points.

5. La cotation des postes à l'aide du manuel de classification élaboré dans les précédentes étapes. Chaque poste recevra pour chaque facteur un nombre donné de points. Ainsi, on pourra classer les postes en commençant par celui dont la contribution aux objectifs de l'organisation est la plus importante.

6. L'enquête salariale sera par la suite un moyen de valider la méthode d'évaluation et d'ajuster les salaires aux taux du marché. Une enquête salariale est un processus de collecte, d'analyse et d'interprétation de renseignements concernant le niveau, la structure, le mode et le contenu de la rémunération offerte dans les autres organisations de la région ou de la profession.

7. La détermination de la structure salariale qui exige la combinaison des deux types de résultats si l'on veut décider de la structure salariale et fixer les taux de salaire pour chacun de ces postes. Le processus d'évaluation des postes permet de comparer les postes entre eux en vue d'assurer l'équité interne. L'enquête salariale fournit des renseignements sur les taux de salaires versés pour ces mêmes emplois sur le marché, ce qui permet de juger de l'équité externe.

Les approches non traditionnelles de la rémunération

Afin de susciter plus de flexibilité, d'innovation et de rendement chez les employés, les entreprises expérimentent des approches non traditionnelles de la rémunération.

Les **régimes d'incitation** peuvent être classés en régimes individuels, de groupe ou d'établissement. Ils présupposent la détermination d'un rendement standard qui servira de base pour comparer le rendement des employés et l'attribution de primes comme mode d'augmentation des salaires.

À la différence des primes d'incitation, les **régimes d'intéressement** sont basés sur la performance globale de l'organisation, le rendement individuel ou une combinaison de plusieurs critères. L'employé qui en bénéficie reçoit un pourcentage préétabli de bénéfices au-dessus d'un certain seuil de performance de l'organisation. Ces régimes sont classés en régimes de participation aux bénéfices et de participation à la propriété.

Une nouvelle approche qui grandit en popularité consiste à rémunérer les employés en **fonction de leurs compétences.** Cette approche consiste à prédéterminer certains nombres de niveaux de compétences et à rémunérer les employés en fonction du nombre de niveaux qu'ils maîtrisent quel que soit leur emploi. À Santa Clara en Californie, Northern Telecom utilise un tel système qui a aussi été implanté à l'usine de ville Saint-Laurent[26].

---

26. Richard L. Bunning, «Skill-Based Pay», *Personnel Administrator*, juin 1989, p. 65-68; Henri Tosi et Lisa Tosi, «What Managers Need to Know about Knowledge-Base Pay», *Organizational Dynamics*, hiver 1986, p. 52-64. Notes extraites du colloque sur *La polyvalence des ressources humaines*, Chahram Bolouri, v.-p., Northern Telecom Canada, Centre Sheraton, janvier 1993.

Les avantages sociaux et les services offerts aux employés

Les avantages sociaux font partie de la rémunération indirecte. Ce sont des formes de paiement que l'employeur consent à verser à une partie ou à l'ensemble de ses employés, en vertu de leur seule participation continue à l'organisation et sans égard à leur rendement. Ces derniers les préfèrent parce que les services offerts coûtent moins cher sous forme d'avantage social auprès de l'employeur que partout ailleurs sous d'autres formes. Certains régimes sont obligatoires et imposés par les lois, d'autres sont à frais partagés entre l'employeur et les employés, d'autres sont privés et offerts volontairement par l'employeur, d'autres enfin résultent des négociations collectives. Thériault établit les quatre catégories suivantes d'avantages sociaux : les régimes de sécurité du revenu, la rémunération du temps chômé, les divers services offerts aux employés de même que les conditions de travail[27].

LA DISCIPLINE ET LE *COUNSELING*[28]

La discipline est une activité de gestion. Elle se définit comme un ensemble de mesures établies par l'organisation qui permettent de garantir le respect des règles ou règlements établis, de la ligne de conduite ou d'une norme de comportement connue et jugée acceptable. Cet ensemble de règles et de normes régissent les interactions et les comportements au sein de l'organisation dans le but d'assurer son bon fonctionnement ainsi que la réalisation de ses objectifs.

Le *counseling* est un processus complémentaire de la discipline. Il est l'appui et l'assistance que l'organisation, par la voie d'un superviseur, apporte à un employé en difficulté. À travers le *counseling*, l'organisation aide l'employé qui est aux prises avec des problèmes personnels ou professionnels à améliorer son rendement au travail sans avoir à exercer contre lui des sanctions disciplinaires.

Le processus disciplinaire

RÈGLES

Le premier élément du processus disciplinaire consiste dans l'*établissement des règles de travail et de comportement*. Ces objectifs de travail et les standards qui y sont reliés peuvent être discutés avec l'employé dans le cadre, par exemple, d'une revue de performance.

EXPLICATIONS

Le deuxième élément important du processus disciplinaire est l'*explication à l'employé des règles de travail et des normes de comportement*. Il sera difficile, en effet, d'exiger de l'employé qu'il respecte ces règles et ces normes s'il n'est pas au courant de celles-ci.

ÉVALUATION

Finalement, le troisième élément du processus disciplinaire est un *mécanisme d'évaluation*. Dans la plupart des organisations, l'évaluation de la performance constitue le mécanisme de contrôle utilisé pour déterminer les déficiences du comportement de l'employé.

---

27. Roland Thériault, *Guide Mercer sur la gestion de la rémunération : théorie et pratique*, Boucherville, Gaëtan Morin Éditeur, 1991, p. 481-482.
28. Tiré de Marie-Thérèse Miller et Bernard Turgeon, *op. cit.*, chap. 10.

Le processus disciplinaire consiste donc en un système de correction dont le but est de modifier le comportement de l'employé et d'améliorer sa motivation au travail, et de l'amener ainsi à respecter les règles et les normes établies par l'organisation. Le superviseur est le principal agent, au nom de l'organisation, quant à la réalisation de ces objectifs dont il a la responsabilité première.

Les trois catégories du processus disciplinaire sont : la discipline préventive, la discipline corrective et la discipline constructive. La **discipline préventive** informe *a priori* les employés des gestes considérés comme graves par l'organisation et des sanctions qui les accompagnent. La **discipline corrective** impose des sanctions une fois le geste répréhensible posé. Enfin, la **discipline constructive** se trouve à mi-chemin entre les deux autres types de discipline : elle est basée sur des discussions entre le superviseur et l'employé et l'engagement de ce dernier à collaborer à l'atteinte des objectifs fixés.

Les mesures disciplinaires

Les motifs de mesures disciplinaires

Un certain nombre de situations exigent l'application de mesures disciplinaires pouvant aller jusqu'au congédiement : ce sont l'absentéisme, la fraude, la malhonnêteté ou l'abus, l'insubordination, l'inconduite, le vol ou le pillage, le mauvais emploi du temps, le manque de ponctualité, les dégâts matériels ou la destruction des biens, l'infraction aux prescriptions de sécurité, l'absence ou le départ du poste de travail, les actes illégaux, la procédure de règlement des griefs et d'arbitrage, etc.

La détermination de la sévérité de la sanction

Une fois l'enquête terminée, le superviseur a une idée précise des faits ; il connaît la version de l'employé et la place de l'incident ou du manquement dans le contexte de travail de l'organisation.

Lorsque le geste ou le manquement est caractérisé par une « faute », une sanction disciplinaire doit être appliquée. Pour déterminer la sanction appropriée, le superviseur doit examiner les circonstances entourant le geste reproché ou le manquement, afin de pouvoir évaluer la sévérité de la sanction disciplinaire qui sera appliquée.

Certains critères servent à évaluer la sévérité de la mesure disciplinaire. Entre autres, la gravité de la faute reprochée, les pratiques de l'organisation, le dossier personnel de l'employé et ses antécédents disciplinaires et, finalement, les circonstances atténuantes.

Le principe de la progressivité des mesures disciplinaires

Le principe de la progressivité des mesures disciplinaires est appliqué au regard des conclusions de l'enquête et de l'appréciation de la gravité de la faute ainsi que des fautes commises précédemment par l'employé pour lesquelles il fut l'objet de mesures disciplinaires.

L'organisation devra avoir pour principe, chaque fois que des mesures disciplinaires sont nécessaires, d'appliquer normalement celles-ci de façon progressive.

Le principe de la progressivité des mesures disciplinaires signifie que la sanction initiale imposée pour punir l'employé est la moins lourde qui soit pour corriger le problème. Si aucune amélioration du rendement ne se manifeste ou si l'employé récidive dans un laps de temps déterminé, la sévérité de la sanction s'accroîtra à chaque infraction suivante. C'est ainsi que le superviseur doit user de jugement quant au degré de sévérité de la sanction. Celle-ci doit permettre à l'employé de corriger son comportement. Cependant, lorsqu'une faute est d'une extrême gravité, la sanction initiale peut être la plus sévère.

Les mesures disciplinaires vont de la simple réprimande verbale jusqu'au congédiement, en passant par la réprimande écrite et la suspension sans solde.

Parfois, un employé aura gravi tous les degrés de l'échelle des sanctions avant un congédiement tandis que dans d'autres cas, où la gravité de la faute et les circonstances le justifient, le superviseur pourra sauter un degré sans avoir appliqué la sanction disciplinaire qui précède dans l'échelle.

Le counseling

Le *counseling* consiste dans l'aide ou l'appui qu'une organisation apporte à un employé qui a un problème personnel ou professionnel qui se répercute sur son travail. Le *counseling* peut être utile dans les cas où les problèmes reliés au rendement viennent du fait que la quantité ou la qualité du travail d'un employé est insatisfaisante ou que ses méthodes de travail laissent à désirer. Ainsi, les problèmes de rendement peuvent être traités différemment des situations exigeant des mesures disciplinaires.

Parmi les problèmes professionnels d'un employé, on trouve le stress causé par la nature de son travail, l'appréhension d'un nouvel emploi au sein de l'organisation, l'anxiété face à une retraite prochaine. Les problèmes personnels les plus fréquents sont les problèmes affectifs, l'alcoolisme, la toxicomanie et les problèmes de santé mentale.

Un employé qui éprouve un tel problème a besoin d'aide; son problème ne se réglera pas nécessairement si on lui impose une sanction disciplinaire. Pour cette raison, une enquête doit être menée consciencieusement: derrière un geste ou un comportement douteux se cache peut-être un problème plus grave.

Lors de l'entrevue disciplinaire, il appartient au superviseur de voir si le manquement de l'employé dépend d'un problème extérieur au travail. L'employé qui reconnaît son problème et qui accepte d'en parler a besoin d'une oreille attentive! C'est ce que lui offre le *counseling*: une intervention de soutien pour l'aider à faire face à son problème, à le contrôler et à y trouver une solution à court, moyen ou long terme.

RÉSUMÉ

(Il faut noter que le texte suivant ne représente qu'un résumé de la description des objectifs.)

1) Présenter les tâches de gestion des ressources humaines du gestionnaire.

   Les responsabilités de gestion des ressources humaines sont partagées entre les gestionnaires et le service de gestion des ressources humaines, lorsqu'il y en a un. Selon le stade d'évolution de l'organisation, surtout de sa taille, le gestionnaire assumera une part plus ou moins importante des tâches de gestion des ressources humaines. Dans la plupart des situations, il devra assumer, au moins en partie, les tâches de planification des postes de travail et des ressources humaines, d'acquisition des ressources humaines, de formation, d'évaluation du rendement, de protection de la santé et sécurité de leurs employés au travail, de rémunération, de discipline et de *counseling*.

2) Discuter des influences de l'environnement externe affectant la gestion des ressources humaines.

   La gestion des ressources humaines évolue dans un monde fort complexe et de nombreuses forces extérieures affectent les décisions des gestionnaires dans ce domaine. Ne mentionnons que les lois et les règlements, la conjoncture économique, les facteurs sociaux, le progrès technologique et les influences éthiques qui en découlent, et les influences internationales.

3) Décrire le processus de la planification des postes de travail et des ressources humaines.

   La planification de ressources humaines exige la réalisation des analyses de postes, la prévision de la demande interne de travail, la prévision de l'offre interne de travail, l'évaluation du déséquilibre entre la demande et l'offre, et la mise sur pied de programmes permettant de combler les écarts.

4) Décrire le processus d'acquisition des ressources humaines.

   L'acquisition des ressources humaines comprend les activités de recrutement et de sélection de personnes pouvant combler les postes de l'organisation et lui permettre d'atteindre ses buts.

   Le *recrutement* implique des activités de recherche de main-d'œuvre qui consistent à informer les candidats potentiels qu'un poste est vacant en vue de les inciter à poser leur candidature. Il s'agit donc de déterminer les sources de recrutement qui seront utilisées, compte tenu du type de personne recherchée, du temps disponible, des ressources financières de l'organisation qui lui assureront la plus large banque de candidats qualifiés.

   La sélection des ressources humaines correspondant à nos besoins suit généralement les étapes suivantes : la présélection, les tests psychométriques, l'entrevue de sélection, la vérification des références et des recommandations et la décision finale. L'ordre et les étapes peuvent varier d'une organisation à l'autre selon les exigences de la situation.

5) Décrire le processus de formation.

   a) La détermination des besoins de formation et l'élaboration des objectifs

   Les besoins peuvent se manifester sur le plan de l'organisation, des services et des individus. Pour déceler des problèmes de performance, on devra effectuer trois analyses : l'analyse de l'organisation et de sa stratégie de développement, l'analyse des opérations et de l'organisation du travail, ainsi que l'analyse des compétences individuelles.

   b) L'implantation des programmes de formation

   Lors des activités de formation, les méthodes doivent convenir aux contenus qui seront diffusés et aux clientèles visées.

Dans la première catégorie de méthodes, on trouve celles axées sur l'apprentissage des savoir-faire reliés aux habiletés techniques que nécessite l'exécution des tâches d'un poste.

Dans la seconde catégorie, on trouve les méthodes visant surtout à permettre l'apprentissage de connaissances et d'habiletés intellectuelles, de savoirs, de même que d'attitudes ou de comportements, de savoir-être.

Les principales catégories de programmes de formation sont l'accueil et l'orientation, la formation technique visant à augmenter les capacités des employés et le développement organisationnel.

c) L'évaluation de l'efficacité de la formation

L'évaluation de la formation consiste à examiner la valeur d'un programme pour découvrir s'il y a des écarts significatifs entre ce qui était prévu et ce qui a été obtenu.

6) Décrire le processus d'évaluation du rendement.

L'évaluation du rendement est une activité qui consiste à porter un jugement sur la contribution spécifique de l'employé aux objectifs de l'organisation. En fait, il s'agit de définir les attentes en ce qui concerne le rendement d'un employé, mesurer, évaluer et enregistrer son rendement en fonction de ces attentes et en faire part à l'employé.

Trois types de critères servent généralement d'indicateurs du rendement. Ce sont les critères reliés à la personne, aux comportements et aux résultats.

Les principales méthodes utilisées pour évaluer les comportements sont l'évaluation par échelle de notation et l'évaluation par échelle graduée des comportements. Voici d'autres méthodes : l'évaluation par choix forcé, l'évaluation par rangement, l'évaluation par paires, l'évaluation par distribution imposée, l'évaluation par événements préétablis, l'évaluation par incidents critiques.

Les méthodes les plus répandues pour évaluer les résultats sont surtout l'évaluation par objectifs.

7) Décrire le processus d'établissement des salaires.

Dans une petite organisation où il n'existe que quatre ou cinq types de postes, le propriétaire peut, sans trop de difficulté, classer les postes du plus important au moins important. Il attribuera à ces postes un salaire qui respecte les lois en vigueur et qui se veut conforme au taux du marché.

Dès qu'une organisation prend de l'ampleur, on procède alors aux étapes suivantes : l'évaluation des postes, les enquêtes salariales, la détermination d'une structure salariale et des salaires individuels et la détermination des critères d'augmentation des salaires.

L'évaluation des postes, c'est un processus qui consiste à évaluer et à comparer les postes au sein d'une organisation en vue d'obtenir un classement qui représente les exigences relatives, donc fondé sur l'analyse des postes. Ce classement permettra par la suite de déterminer le salaire de base proportionnel pour chacun de ces postes.

La méthode la plus utilisée au Québec est la méthode par points qui consiste à assigner à chaque poste de travail d'une famille d'emplois un certain nombre de points de façon à obtenir une évaluation chiffrée qui permettra un classement automatique des postes étudiés. Le nombre total de points obtenus servira par la suite à déterminer le salaire du poste. Elle comprend les étapes suivantes :

1. L'identification et la définition des facteurs d'évaluation communs à la plupart des postes d'une même famille d'emplois.

2. La description pour chacun des facteurs d'une série de degrés d'intensité variable qui représentent toutes les situations possibles.

3. La pondération des facteurs d'évaluation en accordant un pourcentage d'importance à chaque degré des facteurs selon les politiques et objectifs de l'organisation et selon ce qu'elle décide de rémunérer.

4. L'attribution d'une valeur en points à chaque degré de chaque facteur.
5. La cotation des postes à l'aide du manuel de classification élaboré. Chaque poste recevra pour chaque facteur un nombre donné de points.
6. Une enquête salariale est un processus de collecte, d'analyse et d'interprétation de renseignements concernant le niveau, la structure, le mode et le contenu de la rémunération offerte dans les autres organisations de la région ou de la profession.
7. La détermination de la structure salariale qui exige la combinaison des deux types de résultats si l'on veut décider de la structure salariale et fixer les taux de salaire pour chacun de ces postes.

Vocabulaire

Accueil et orientation
Candidature non sollicitée
Description d'emploi
Discipline
Équité salariale
Évaluation du rendement
Formation

Présélection
Recrutement
Rémunération directe
Rémunération indirecte
Rendement
Sélection

QUESTIONS DE RÉVISION

1. Définissez chacun des termes de la section «Vocabulaire».
2. Décrivez brièvement les tâches de gestion des ressources humaines dévolues au gestionnaire.
3. Décrivez et évaluez les facteurs externes influençant la gestion des ressources humaines.
4. Décrivez le processus de la planification des postes de travail et des ressources humaines.
5. Décrivez le processus d'acquisition des ressources humaines.
6. Décrivez le processus d'évaluation du rendement.
7. Décrivez brièvement la méthode d'évaluation des emplois par points.
8. Énumérez cinq lois affectant la gestion des ressources humaines.
9. Décrivez quatre méthodes d'analyse de postes.
10. Énumérez les solutions à envisager lorsqu'il y a prévision d'une pénurie de personnel, d'un surplus de personnel, d'une situation stable à la suite d'une étude de la planification des ressources humaines.
11. Décrivez brièvement les sources externes de recrutement de personnel.

SUJETS DE DISCUSSION

1. Tracez les grandes lignes d'un processus de sélection pour les candidats déjà à l'emploi de l'entreprise de même que pour les candidats de l'extérieur.
2. Croyez-vous qu'une entreprise aurait avantage à embaucher un diplômé de cégep pour un travail exigeant secondaire V, si ce dernier accepte le salaire offert?
3. Expliquez le rôle de l'analyse des emplois dans un programme de gestion des ressources humaines.
4. Quand feriez-vous une vérification des références d'un candidat? Pour quel genre d'emploi? Comment procéderiez-vous?
5. Quelle est l'importance du premier supérieur immédiat dans la carrière d'un individu dans une entreprise?
6. Croyez-vous que les subordonnés devraient évaluer leur supérieur? À quoi cela pourrait-il servir?
7. Quelle est la méthode d'évaluation du rendement qui vous apparaît la plus efficace? pourquoi?
8. Pourquoi croyez-vous qu'un grand nombre de gestionnaires tentent d'éviter l'évaluation du rendement de leurs subordonnés?
9. Indiquez quelques aspects qui devraient être couverts lors de l'entrevue d'un employé dont le rendement est faible.
10. Décrivez les éléments que l'on devrait inclure dans un programme d'accueil.
11. Quels sont les avantages et les inconvénients d'un système de promotion interne?
12. Dans quels buts communique-t-on à l'employé l'évaluation de son rendement?
13. Décrivez quelques utilisations que l'entreprise peut faire des renseignements obtenus lors de l'évaluation du rendement.

EXERCICES PRATIQUES

1. Veuillez recueillir une dizaine de descriptions et de spécifications d'emplois d'entreprises différentes. Vous pouvez aussi utiliser les pages «Carrières» d'un quotidien. Analysez-les et faites bénéficier la classe de vos découvertes.
2. À partir d'une de ces descriptions d'emploi pour laquelle vous avez les spécifications, organisez une entrevue de sélection devant la classe. Les observateurs doivent noter les questions et les classer selon leur valeur et selon la loi préconisant la non-discrimination.

3. Un groupe est choisi pour cueillir tous les renseignements disponibles concernant un cas de discrimination lors de la sélection. Il communique à la classe tous les renseignements obtenus. Cette séance d'information est suivie d'une discussion sur le sujet.

4. Une équipe obtient d'un employeur de votre localité une formule d'évaluation du rendement; elle la commente en classe en insistant sur les points forts et les points faibles. Si possible, l'équipe recueille toute l'information disponible concernant le programme d'évaluation du rendement de cette entreprise. Quels sont les objectifs visés: l'évaluation ou la rémunération?

5. Une équipe réalise une série de trois entrevues avec des employés d'entreprises différentes. Elle obtient leurs impressions sur la méthode d'évaluation du rendement utilisée dans leurs entreprises et sur le processus d'évaluation en général. Les résultats de l'entrevue sont présentés devant la classe. (Utilisation de la vidéo si possible.)

6. Une équipe élabore le schéma d'un programme que devraient utiliser les professeurs afin d'évaluer le rendement des étudiants. Les résultats sont présentés au groupe.

CAS

CAS 5.1: AU TÉLÉPHONE

La semaine dernière, j'étais dans le bureau de la directrice des finances d'une entreprise d'environ 1 000 employés. Pendant que nous discutions, sa secrétaire nous interrompit pour lui indiquer que le directeur de la gestion des ressources humaines voulait lui parler au téléphone. Voici d'ailleurs une reconstitution assez fidèle de la conversation:

La directrice des finances: Bonjour Robert. En effet, je t'ai téléphoné hier.

Le directeur de la G.R.H.: Il semble que tu cherches un employé?

La directrice des finances: Eh oui! Mon superviseur de la planification m'a annoncé hier qu'il nous quittait dans deux semaines pour un meilleur emploi. Entends-tu cela?

Le directeur de la G.R.H.: Cela arrive, et c'est tant mieux pour lui.

La directrice des finances: Tant mieux (!⚡☠!⚡!)! De toute façon, je lui ai dit qu'il terminait vendredi, et il me faut quelqu'un pour le remplacer dès lundi. Cela te donne quatre jours.

Le directeur de la G.R.H.: Quelles sont les spécifications d'emploi?

La directrice des finances: C'est à toi de t'occuper de cette paperasse-là; après tout, c'est toi qui travailles en personnel.

Le directeur de la G.R.H.: Oui, mais j'aurais besoin de ton aide.

La directrice des finances: Je n'ai pas le temps mon vieux. Écoute, il me faut un bon employé qui peut préparer les rapports promis à la fin du mois. Je le veux jeune et dynamique.

Le directeur de la G.R.H. : As-tu analysé la possibilité de donner une promotion à l'un de tes employés actuels ?

La directrice des finances : Écoute, je viens de perdre un bon employé, je ne veux pas en perdre deux. Ceux qui sont là actuellement font un travail important et je ne veux pas les déplacer. Cela m'a pris tellement de temps à les former pour qu'ils puissent faire leur travail actuel !

Le directeur de la G.R.H. : Oui, je veux bien, mais ce n'est pas la bonne approche...

La directrice des finances : La seule approche valable, c'est de me trouver quelqu'un pour lundi. Je te fais confiance, je sais que ton service est très efficace, alors merci et à lundi, car je dois absolument te quitter, je suis débordée actuellement.

QUESTIONS-GUIDES POUR L'ANALYSE DU PROBLÈME
1. Que pensez-vous de l'attitude de la directrice des finances face au recrutement et à la sélection ?
2. Qui doit décrire les spécifications d'emploi ?
3. Quelle approche devra prendre le directeur des ressources humaines ?

CAS 5.2 : NOUVELLE PROCÉDURE

Gilbert Décary, cadre de niveau intermédiaire dans une entreprise moyenne de la région du Saguenay, est assis à son bureau et semble absorbé dans ses pensées. Hier il a assisté à une réunion de tous les cadres de l'entreprise, convoquée par le président lui-même. La réunion portait sur les nouvelles procédures de recrutement et de sélection de l'entreprise. Surchargé de travail, il n'a pas porté beaucoup d'attention à ce qui a été dit, il a plutôt profité de la réunion pour mettre son courrier à jour.

Mais ce matin, il y a eu des discussions informelles à propos des nouvelles procédures et Gilbert est un peu surpris de l'ampleur des changements, car il avait cru que ceux-ci n'affecteraient que la façon de procéder du service d'embauche. Il est vrai que le service de gestion des ressources humaines a toujours eu l'entière responsabilité du recrutement et de la sélection, le directeur de service ne voyant les nouveaux employés que lorsque ceux-ci se présentent le premier jour de travail.

Or il semble que, dorénavant, le service d'embauche procédera au recrutement et à la sélection préliminaire et retiendra environ six candidats pour une entrevue finale avec le supérieur immédiat qui aura demandé un nouvel employé. À la suite de ces entrevues, le supérieur immédiat devra classer selon ses propres critères les candidats interviewés.

Le service de gestion des ressources humaines s'engage à respecter cette classification dans l'embauche des candidats, sauf pour quelques rares cas. La nouvelle procédure vise à impliquer les supérieurs immédiats dans le processus de sélection et à les rendre plus responsables lorsqu'ils définissent les spécifications des emplois qu'ils désirent combler.

Gilbert Décary comprend d'autant plus les implications de cette nouvelle procédure et ses conséquences sur son mode de fonctionnement que, d'ici deux semaines, au moins trois nouveaux postes devront être comblés dans son propre service.

QUESTIONS-GUIDES POUR L'ANALYSE DU PROBLÈME
1. Décrivez les implications de cette nouvelle procédure pour Gilbert Décary.
2. Que pensez-vous de cette nouvelle procédure ?
3. Quels sont les avantages et les inconvénients de cette nouvelle approche de la sélection ?

CAS 5.3 : L'ACCUEIL

Mariette Laforest a reçu son diplôme en techniques administratives, il y a trois ans. Forte de son diplôme en gestion des ressources humaines et de son expérience, elle a décroché un poste de directrice des ressources humaines dans un petit atelier mécanique embauchant près de 150 employés. Jusqu'à la venue de Mariette, c'était Henri Beauchemin, chef comptable, qui assumait la responsabilité de la gestion des ressources humaines parallèlement à ses fonctions de comptable.

Pendant les deux premiers mois, Mariette analysa la situation de l'entreprise et constata de nombreuses anomalies auxquelles elle devrait s'attaquer. Mais il fallait procéder par priorités et elle décida que l'embauche du personnel représentait un problème majeur ayant des répercussions sur la productivité de l'entreprise. Elle constata que le taux de roulement dans les trois premiers mois suivant l'embauche d'un employé se situait à plus de 60%, que de nombreux griefs étaient logés par les nouveaux employés et que ces derniers se présentaient souvent au bureau du personnel pour obtenir des renseignements qui auraient normalement dû leur être communiqués dès les premiers jours de travail.

Lors de l'embauche d'un employé, la « procédure » appliquée comprenait les étapes suivantes :
– Le chef comptable téléphonait au supérieur immédiat qui déléguait un des ouvriers pour escorter le nouvel employé à travers l'usine jusqu'au directeur du service de la production.
– Tout au long du parcours, l'ouvrier indiquait du doigt au nouvel employé où se trouvaient les toilettes, l'horodateur, la cafétéria et le magasin d'outils.
– Le nouvel employé était alors présenté au directeur de la production qui lui signalait que la politique de l'entreprise consistait à initier les nouveaux employés à ses rouages en les faisant travailler pendant deux semaines pour le service d'entretien.
– Les deux semaines suivantes, on assignait aux employés le travail pour lequel ils avaient été embauchés généralement à titre d'assistants pour des employés plus anciens qui devaient les initier au travail et aux règles de l'entreprise.

Après avoir réfléchi au problème, Mariette présenta la proposition suivante au président de la société :
- La rédaction d'un carnet de bienvenue qui serait remis à tous les nouveaux employés et contenant toutes les procédures et tous les règlements, la liste des personnes-ressources pouvant intervenir en cas de problème, une description du rôle de chacun des services de l'entreprise, etc.
- La conception d'un diaporama illustrant le processus de fabrication de l'entreprise et les différentes utilisations de ses produits.
- La rédaction d'un cahier explicatif concernant la politique salariale de l'entreprise et les politiques de promotions et de mutations.
- La confection d'une liste de vérification des informations transmises aux nouveaux employés par les supérieurs immédiats. Cette liste devrait être un guide pour les gestionnaires qui ont à fournir une foule de renseignements aux nouveaux employés et devrait couvrir les points suivants :
- localisation et utilisation de l'horodateur ;
- localisation de la cafétéria, des douches, des casiers, de la salle de premiers soins ;
- utilisation du parc de stationnement ;
- organisations sociales de l'entreprise ;
- description des avantages sociaux ;
- contenu du bordereau de paye ;
- La présentation des nouveaux employés à un membre du personnel qui leur servira de guide et répondra à toutes leurs questions pendant la période d'initiation, c'est-à-dire les deux ou trois premières semaines.

QUESTIONS-GUIDES POUR L'ANALYSE DU PROBLÈME
1. Dans quelles circonstances la première méthode d'initiation pouvait-elle être efficace ?
2. Que pensez-vous de la procédure proposée ?
3. Avez-vous des suggestions à faire pour l'améliorer ?

CAS 5.4 : LES QUESTIONS EMBARRASSANTES

Élisabeth Dupré vient de recevoir une lettre du bureau de comptables Arsenault et Associés lui indiquant que sa candidature n'a pas été retenue pour le poste de secrétaire.

« C'est ma faute », dit-elle à sa sœur qui était à la maison ce matin-là. « J'ai très mal répondu à plusieurs questions et j'ai paru tellement embarrassée devant les autres qu'il m'a sans doute prise pour une gourde. » Elle explique alors à sa sœur, diplômée universitaire, qu'il est très gênant de nos jours de dire à un futur patron que l'on n'a pas terminé son secondaire, lorsque des milliers de jeunes sont au cégep. « De plus, poursuit-elle, lorsqu'il m'a demandé si j'étais mariée ou célibataire, j'ai répondu : "les deux". Que veux-tu répondre lorsque tu es divorcée ? Il y a eu aussi les questions concernant la garde des enfants et les problèmes que causerait la maladie de l'un d'eux. Je n'ai pas été convaincante lorsque j'ai dit que j'avais réglé mon problème de garde. Il a cru, je suis certaine, que je ne voulais un emploi que pour la durée de la période scolaire et que, les vacances arrivées, je démissionnerais. »

« J'ai pourtant sept ans d'expérience, je connais le traitement de textes, je tape 83 mots à la minute, je me débrouille bien en sténographie et je suis capable de prendre des initiatives. Mais je n'ai eu que deux minutes pour vanter mes mérites. Je crois, conclut-elle, que je ne suis vraiment pas faite pour travailler, car je ne peux même pas défendre mon point de vue. »

QUESTIONS-GUIDES POUR L'ANALYSE DU PROBLÈME
1. Que pensez-vous de l'entrevue de sélection de ce bureau de comptables?
2. Y a-t-il des questions qui étaient illégales?
3. Comment auriez-vous procédé, si vous aviez été l'interviewer?
4. Connaissant les faits énoncés dans le cas, si vous décidiez d'embaucher Élisabeth Dupré, que pourriez-vous faire pour l'aider et pour vous aider?

CAS 5.5 : PLACE À L'AMÉLIORATION

Marc Latendresse a embauché Nicole Saint-Malo il y a onze mois à titre de commis au service de vérification des comptes. Depuis que l'entreprise existe, aucun employé ne fut aussi souvent en retard que Nicole. Plus précisément, elle arrive invariablement à 9 heures 15 le matin.

De plus, Marc doit constamment vérifier le travail qu'elle accomplit, car les erreurs sont très fréquentes. Au début, elle a démontré beaucoup de bonne volonté et Marc avait cru qu'elle s'améliorerait, mais il semble que rien n'ait changé; on croirait même, par moments, voir un nouvel employé à l'œuvre tellement elle fait d'erreurs et accomplit peu de travail. Si par malheur elle est un peu bousculée, elle accélère le rythme et produit un peu plus, mais le nombre d'erreurs devient alors astronomique.

Nicole possède une personnalité fort sympathique et lorsque Marc se voit dans l'obligation de redistribuer aux autres membres du service le travail qu'elle n'a pu accomplir, cela ne semble créer aucun problème. L'esprit d'équipe qui règne dans le groupe permet très facilement de distribuer aux autres le surplus de travail. Il devient même routinier de distribuer aux autres les vérifications un peu longues ou un peu complexes.

QUESTIONS-GUIDES POUR L'ANALYSE DU PROBLÈME
1. Si vous étiez à la place de Marc Latendresse, que feriez-vous?
2. Croyez-vous qu'une entrevue d'évaluation puisse s'avérer efficace dans ce cas?
3. Quelles mesures correctives prendriez-vous?

CAS 5.6 : UN PEU TROP

Stéphanie Lemire dirige le service de production depuis quatre ans. Comme tous les autres directeurs de service de la société Bon Produit, elle subit énormément de pression de la part de la haute direction afin que les commandes soient livrées le plus rapidement possible aux clients. La société œuvre dans un marché de haute compétition et les gestionnaires consacrent tout leur temps aux opérations, négligeant la formation, l'évaluation du rendement, les relations humaines ou toute autre activité dont les répercussions se manifestent à long terme.

Ayant un peu de difficulté au niveau du recrutement et désirant garder en place les employés actuels même si leur rendement laisse parfois à désirer, Stéphanie, comme la plupart des gestionnaires, a pris l'habitude de bâcler les évaluations du rendement en surévaluant les employés au moment de la notation et en insistant uniquement sur leurs bons points.

Les affaires ayant beaucoup ralenti ces derniers temps, l'entreprise se voit dans l'obligation de se séparer d'un certain nombre d'employés. N'ayant aucune convention collective ni politique concernant les mises à pied, le président de l'entreprise demande aux directeurs de service d'utiliser les résultats des évaluations du rendement afin de déterminer la liste des employés qui devront quitter.

QUESTIONS-GUIDES POUR L'ANALYSE DU PROBLÈME
1. Si vous étiez à la place de Stéphanie Lemire, que feriez-vous?
2. Que diriez-vous aux employés?
3. Quelle leçon peut-on tirer de cette situation?

CAS 5.7: QUELS SONT LES CRITÈRES?

Viviane Mathieu travaille pour la société Forex depuis bientôt quatre ans. Elle détient un diplôme en techniques administratives, option marketing, et elle en est à son premier emploi. Lorsqu'elle fut embauchée, elle dut faire face à de nombreux obstacles, car le président de la société ne voulait pas entendre parler du recrutement d'un diplômé sans expérience.

La société Forex loue des équipements spécialisés d'emballage aux entreprises de production. C'est un domaine assez difficile où les compétiteurs se font une lutte acharnée. De plus, la clientèle de Forex était stable depuis de nombreuses années. Si la société progressait, c'était à cause de l'accroissement du chiffre d'affaires de ses clients, mais leur nombre était sensiblement le même depuis dix ans.

Viviane était une passionnée du travail et avait en peu de temps changé les habitudes de recrutement de la société. Elle avait insisté pour participer aux différentes expositions dans différentes villes de l'est du Canada, elle était active à la chambre de commerce de sa ville, participait à l'organisation des «Jeunes entrepreneurs» et écrivait à l'occasion sur l'emballage dans deux revues spécialisées.

Bref, en peu de temps, elle avait fait son chemin dans le monde du travail et avait même remporté le titre de meilleure vendeuse du mois à six reprises. Aucun autre représentant n'avait recruté autant de nouveaux clients dans les deux dernières années. La plupart de ces clients étant de jeunes sociétés tout juste mises sur pied, ses efforts ne se traduisaient pas toujours dans son chiffre de ventes, mais ses clients représentaient un fort potentiel. Enfin, de tous les clients qu'elle avait recrutés, elle n'en avait perdu que deux en quatre ans.

La société évaluait ses représentants en se fondant uniquement sur leurs ventes, et les différentes augmentations de salaires étaient directement reliées à la progression des ventes pour chaque représentant.

Il y a deux mois, un nouveau poste de conseiller technique à la clientèle fut créé. Viviane manifesta son désir d'être promue à ce poste et en parla à plusieurs reprises à ses supérieurs.

Le poste fut finalement octroyé à un autre représentant en raison, précisa-t-on, de sa plus longue expérience. Offusquée, Viviane demanda une rencontre avec son supérieur immédiat, qui la reçut immédiatement.

Voici un bref extrait de leur conversation :

Viviane : Je croyais que j'avais répondu à toutes vos attentes et qu'enfin, j'avais mérité une place de choix chez Forex.

Le patron : C'est un fait, Madame, nous sommes plus que satisfaits de vos services et de votre rendement et nous vous l'avons répété plusieurs fois.

Viviane : Alors, pourquoi en a-t-on préféré un autre pour le poste de conseiller ?

Le patron : Lorsqu'il faut faire un choix, nous devons tenir compte de certains critères. Dans le cas présent, le candidat qui vous a été préféré avait plus de cinq années d'expérience au service des ventes.

Viviane : Je ne crois pas que l'on ait mentionné à un moment ou à un autre que l'ancienneté était un des critères pour accorder les promotions.

Le patron : Non, ça ne l'est pas, mais il faut en tenir compte.

Viviane : Ou bien c'est un facteur, ou bien ce n'en est pas un.

Le patron : Selon vous, comment doit-on mesurer le mérite d'un candidat à une promotion dans notre entreprise ?

QUESTIONS-GUIDES POUR L'ANALYSE DU PROBLÈME

1. Êtes-vous d'accord avec la façon de procéder de Forex ?
2. Si vous étiez Viviane, que répondriez-vous ?
3. Parmi les systèmes d'évaluation décrits dans ce chapitre, lequel conviendrait dans ce cas-ci ?
4. Croyez-vous que l'ancienneté soit un critère valable pour accorder une promotion ? Dans quelles circonstances ?

BIBLIOGRAPHIE

BOURBONNAIS, Jean-Pierre et Alain GOSSELIN, « Les défis de la gestion des ressources humaines pour les années 90 : un tour d'horizon », *Gestion*, vol. 13, n° 1, février 1988.

CASCIO, Wayne F., *Managing Human Resources : Productivity, Quality of Work Life, Profits*, 2ᵉ édition, Toronto, McGraw-Hill, 1989.

DAVIS, K.J. et W. NEWSTROM, *Human Behavior at Work: Organizational Behavior,* 8e édition, Montréal, McGraw-Hill, 1989.

DESSLER, G. et J.F. DUFFY, *Personnel Management,* 2e édition canadienne, Scarborough (Ont.), Prentice-Hall Canada Inc., 1984.

MILLER, Marie-Thérèse et Bernard TURGEON, *Supervision et gestion des ressources humaines,* Montréal, McGraw-Hill Éditeurs, 1992 (deuxième édition en préparation).

MINER, J.B., *Organizational Behavior: Performance and Productivity,* New York, Random House Business Division, 1988.

TYSON, S. et A. YORK, *Personnel Management,* 2e édition, Oxford, 1989.

WERTHER, William B., Keith DAVIS et Hélène LEE-GOSSELIN, *La Gestion des ressources humaines,* 2e édition, Montréal, McGraw-Hill, 1990.

WILS, Thierry, Jean-Yves LE LOUARN et Gilles GUÉRIN, *Planification stratégique des ressources humaines,* Montréal, Presses de l'Université de Montréal, 1991.

CHAPITRE 6
La gestion des groupes

UN APERÇU

Introduction
Le gestionnaire et les groupes
La classification des groupes
Les groupes formels
Les groupes informels
Les raisons d'être des groupes
Les raisons physiques
Les motifs économiques
Les motifs psychosociologiques
Le fonctionnement des groupes
Les intrants d'un groupe
Les comportements d'un groupe
Les extrants
Caractéristiques des groupes de travail
Les cercles de qualité
La gestion des groupes
La gestion des groupes formels
La gestion des groupes informels
Les structures de relations informelles
Les réseaux de relations informelles supérieur-subordonné
Les réseaux de relations informelles subordonné-supérieur
Les réseaux de relations informelles horizontales
Les réseaux de relations informelles de procédures
Les réseaux de relations informelles externes
Résumé

OBJECTIFS SPÉCIFIQUES

Après avoir lu ce chapitre, vous devriez être en mesure :

1) de catégoriser les différents groupes dans les organisations ;
2) de discuter les raisons d'être des groupes ;
3) de présenter le processus de fonctionnement des groupes ;
4) de distinguer les différents rôles des membres d'un groupe ;
5) d'expliquer l'impact de la taille des groupes sur les interactions et le rendement ;
6) de décrire les divers comportements d'un groupe ;
7) de présenter les différentes étapes du développement d'un groupe ;
8) de décrire les extrants d'un groupe ;
9) de présenter les différentes caractéristiques d'un groupe ;
10) de définir les éléments fondamentaux des «cercles de qualité» ;
11) de décrire les facteurs affectant la cohésion dans un groupe ;
12) de discuter des pratiques permettant l'utilisation des groupes informels dans l'atteinte des objectifs de l'organisation ;
13) de décrire les divers réseaux de relations informelles.

MISE EN SITUATION

Dans un atelier mécanique dans la région de la Beauce, quelques ouvriers discutaient devant un café pendant la pause. Tous maugréaient contre les salaires et le coût de la vie; il faut dire que leur employeur ne les gâtait pas et que les contremaîtres les talonnaient. Le système de rémunération comportait deux volets. Le premier volet consistait en un salaire de base à peine plus élevé que le salaire minimum légal; le second volet était composé d'une prime au rendement qui permettait aux travailleurs zélés d'atteindre une rémunération globale intéressante.

La société employait 48 personnes, dont 27 étaient rémunérées selon ce système. Parmi celles-ci, il y en avait quatre, soit Pierre, Jocelyn, Louis et René-Paul, dont le salaire excédait de beaucoup la moyenne de leurs collègues. Quant à Alain, il avait toujours été contre le système de rémunération de la société et avait tenté à un certain moment de mettre sur pied un syndicat dans l'atelier. Il n'était pas aussi rapide que les quatre autres, mais sa production quotidienne avait toujours été au-dessus de la moyenne.

Alain: Salut, Jocelyn! J'espère que tu viens jouer à la balle molle ce soir, nous rencontrons les gars de la brasserie M et M.

Jocelyn: J'aimerais bien, mais les jeunes ne semblent pas apprécier ma présence dans l'équipe. Il est vrai que je ne suis pas une vedette...

Alain: À vrai dire, je crois que cela n'a rien à voir avec l'âge ou la performance au bâton. Écoute: viens jouer ce soir, après la partie nous irons prendre une bière ensemble.

Alain était aussi capitaine de l'équipe. En fait, il était le leader du groupe dans toutes les activités. Les membres de l'équipe de balle molle travaillaient presque tous dans le même service que lui. Aussi, il arrivait souvent qu'après les parties, la discussion à la brasserie portait sur le travail, la journée normale de production, etc. Les journées où la partie s'annonçait difficile, Alain encourageait même les membres de son équipe à mettre la pédale douce, afin de se garder des énergies pour battre l'équipe adverse.

Nous voici à la brasserie après la partie de balle molle.

Alain: Je n'arrive pas à vous comprendre, les gars; vous vous vantez continuellement de dépasser les quotas quotidiens. Encore hier, vous avez produit à vous quatre 4346 unités, soit une moyenne de près de 1100 pour chacun de vous alors que la moyenne de l'atelier est de 875 unités par jour depuis un mois.

Jocelyn: Je sais, vous êtes jaloux parce que nous travaillons bien et vite et qu'aucun d'entre vous ne peut tenir notre rythme.

Alain : Tu sais très bien que là n'est pas la question. En réalité, à vous quatre, vous faites le travail de cinq personnes en produisant 25 % de plus que les autres. Et pour cela vous gagnez à peine 10 % de plus. C'est dire que vous rendez un immense service à l'entreprise.

Jocelyn : C'est une façon de voir les choses.

Alain : Si tout le monde faisait comme vous, la société pourrait mettre à pied environ le quart des ouvriers de cet atelier.

Jocelyn : Oui, oui.

Alain : Bien plus, s'ils en viennent à la conclusion qu'il est possible pour un employé de produire régulièrement 1100 unités par jour, il y aura révision des standards et il faudra dorénavant produire à ce rythme pour atteindre le même salaire que la majorité des ouvriers gagne aujourd'hui.

Jocelyn : C'est un point de vue qui a une certaine valeur.

Deux mois plus tard.

Le contremaître : Jocelyn, il me semble que votre équipe a ralenti depuis un certain temps.

Jocelyn : Non, je ne crois pas. Peut-être les gars sont-ils épuisés après avoir fait un trimestre au-dessus de la capacité d'un homme et qu'ils sont revenus à un rythme plus normal.

Le contremaître : Oui, mais votre équipe s'est toujours distinguée des autres.

Jocelyn : Patron, si vous voulez de la qualité et une réduction du risque des accidents, il faut arrêter d'agir dans l'affolement.

Le contremaître (pour lui-même) : Je me demande ce qui a bien pu se passer ?

INTRODUCTION[1]

Les individus entrent en contact de diverses façons au sein d'une organisation. Leurs interactions sont façonnées par leur personnalité, leurs relations, la tâche et les situations. Puisque la plupart des tâches dans les organisations nécessitent un certain nombre d'interactions, les relations interpersonnelles sont un élément central du rendement global. Bref, les gens dans les organisations travaillent au sein d'un groupe, et parfois de plusieurs groupes, afin de regrouper leurs connaissances, leurs habiletés et leurs efforts.

Rares sont les gestionnaires qui remettent en question l'existence des groupes au travail. Ils sont partie intégrante des organisations et ils nous ont été révélés par les études de Mayo. D'ailleurs, les gestionnaires sont eux-mêmes influencés par les groupes auxquels ils appartiennent.

---

1. Pour une étude du sujet : Daniel C. Feldman et Hugh J. Arnold, *Managing Individual and Group Behavior in Organizations*, New York, McGraw-Hill, 1983.

La performance globale d'une organisation est en grande partie le résultat des normes et des standards des groupes formels et informels qui la composent. Les groupes formels sont créés pour réaliser les objectifs de l'organisation et ils sont fortement orientés vers la tâche. Les groupes informels sont composés d'amis ou de collaborateurs qui établissent eux-mêmes leurs normes et imposent un guide au comportement des participants.

LE GESTIONNAIRE ET LES GROUPES

Les groupes sont un outil extraordinaire pouvant permettre l'atteinte des objectifs de l'organisation. Pour ce faire, ils doivent être gérés et dirigés. Dans ces conditions, le gestionnaire doit avoir une compréhension approfondie de la formation, du développement, du fonctionnement des groupes sans négliger les modes de relations entre les groupes. La capacité du gestionnaire à maintenir le rendement d'un groupe et à gérer les conflits est la base de l'efficacité de toute l'organisation.

GESTION DES GROUPES

Les gestionnaires consacrent énormément de temps et d'énergie à travailler avec les différents groupes de l'organisation. Ils organisent des rencontres formelles avec leurs subordonnés, ils participent à des comités avec leurs pairs et sont convoqués eux-mêmes à des activités de groupe par leurs supérieurs.

Les groupes, quant à eux, tiennent plusieurs rôles dans les organisations. Certains sont évidents, d'autres exigent une analyse plus poussée. Par exemple, un groupe peut être utilisé pour prendre une décision, mais il peut aussi servir à convaincre un des membres de se rallier à la décision de la majorité par les pressions que les autres membres peuvent exercer sur un individu. Ils servent à diffuser certaines valeurs, à contraindre les membres à se conformer à celles-ci, à répondre aux attentes; ils sont aussi un outil très efficace pour discipliner les déviants.

UTILITÉ DES GROUPES

Les groupes formels (départements, services, sections, équipes, etc.) sont la base de l'organisation. Ils sont responsables de la production d'un extrant clairement défini par l'entreprise. Ils sont donc reconnus par l'organisation qui les a d'ailleurs elle-même créés. Le système social de l'entreprise est responsable de l'existence des groupes informels, c'est le résultat des interactions entre les individus. Une fois établis, ces groupes définiront leurs propres objectifs, leur système de récompenses et de punitions, établiront un sociogramme (système de statuts dans le groupe) et une structure hiérarchique avec des leaders et des disciples.

LA CLASSIFICATION DES GROUPES

— Deux personnes
— Effort collectif
— Influence

Un groupe est composé de deux ou de plusieurs personnes qui interagissent et s'influencent mutuellement dans la poursuite d'un but commun[2]. Donc un groupe peut comprendre seulement deux personnes ; son succès dépend de l'effort collectif et, enfin, les membres du groupe ont un impact certain sur le comportement des autres membres. Ce n'est donc pas le simple regroupement de quelques individus réunis dans un même lieu.

Plusieurs types de groupes existent dans le milieu de travail ; la façon la plus courante est de les classifier en deux catégories : les groupes formels et les groupes informels.

Les groupes formels

Un groupe formel représente le regroupement d'individus effectué par une organisation dans un but spécifique. Il existe deux catégories de groupes formels : les groupes fonctionnels et les groupes de travail.

Département

Un **groupe fonctionnel** est un groupe formel composé d'un gestionnaire et de ses subordonnés. Cela correspond en fait à chacun des services ou des sections d'une organisation. Les objectifs d'un groupe fonctionnel ne

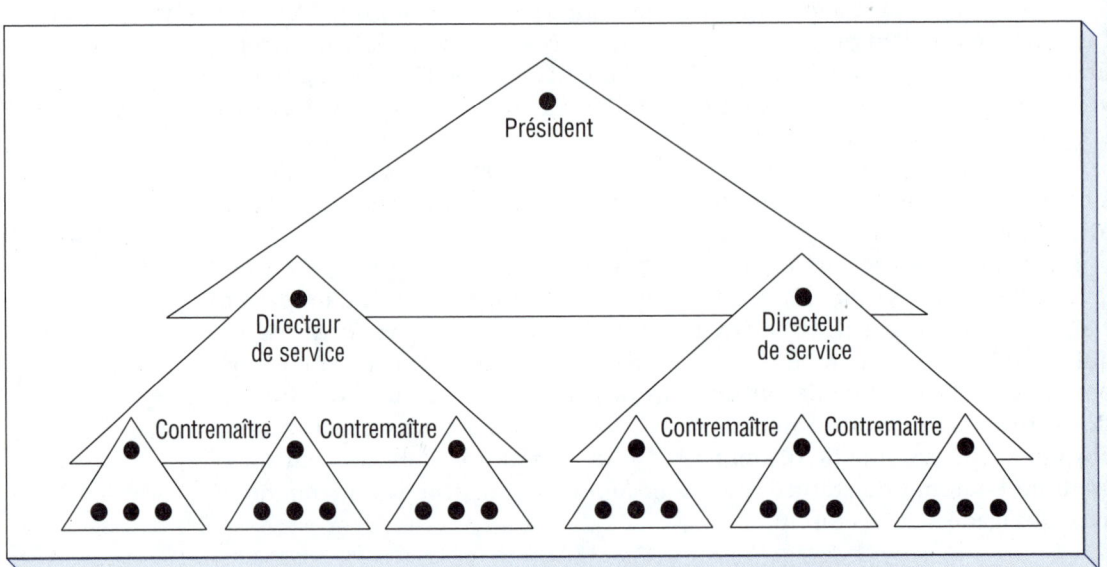

FIGURE 6.1 Le rôle de charnière[3]

---

2. Inspiré de Marvin E. Shaw, *Group Dynamics : The Psychology of Small Group Behavior*, 3ᵉ édition, New York, McGraw-Hill, 1981 ; et Clayton P. Alderfer, « An Intergroup Perspective on Group Dynamics », dans Jay W. Lorsch (éditeur), *Handbook of Organizational Behavior*, Englewood Cliffs, N.J., Prentice-Hall, 1987.
3. Inspiré de Rensis Likert, *New Patterns of Management*, New York, McGraw-Hill, 1961, p. 113.

sont pas confinés à un projet et le travail des membres de ce groupe est continu. Le gestionnaire a, dans ce contexte, un rôle de charnière entre les niveaux hiérarchiques. En effet, celui-ci assure la coordination entre deux niveaux hiérarchiques en remplissant le rôle de gestionnaire dans le groupe de niveau inférieur et le rôle de subordonné dans le groupe de niveau supérieur. Il est le lien dans la chaîne de commande à travers laquelle circulent les communications et l'autorité[4].

Un **groupe de travail** (*task force*) est un groupe formel qui est créé dans un but spécifique, soit de soutenir le groupe fonctionnel ou de le remplacer. Il peut s'agir d'un groupe temporaire ou d'un groupe permanent selon les circonstances. Un comité formé pour étudier l'informatisation des opérations se classerait dans le premier groupe, alors qu'un « cercle de qualité » se situerait dans le second. Les membres de ce type de groupe proviennent de plusieurs groupes fonctionnels.

COMITÉ

LES GROUPES INFORMELS

Un groupe informel est un groupe créé par les employés dans le but de rencontrer les intérêts ou de combler les besoins sociaux des membres. Dans certaines circonstances, ce groupe peut aussi viser les mêmes objectifs que ceux

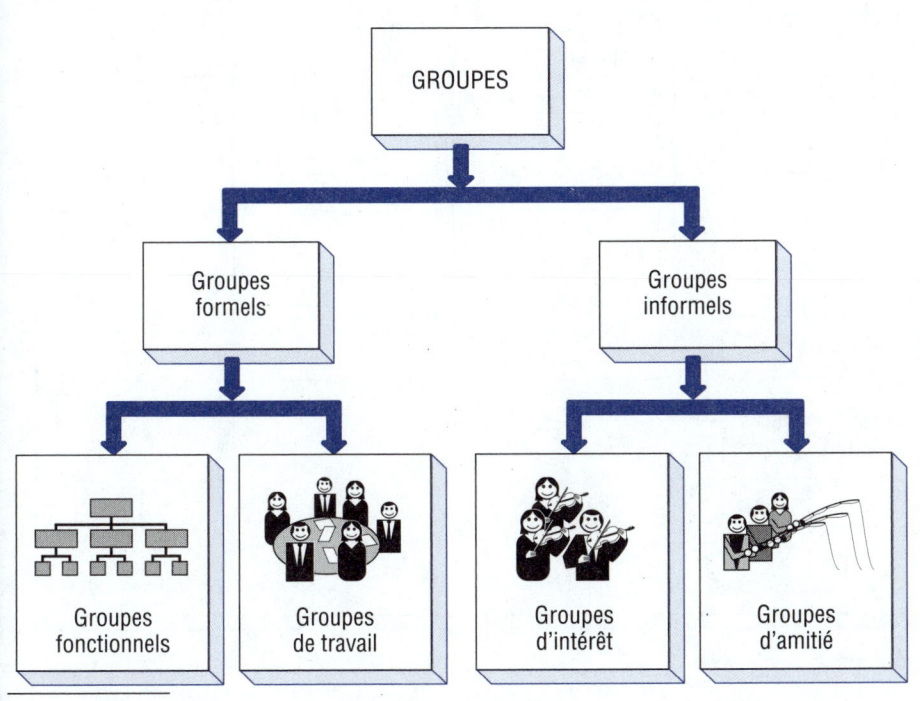

FIGURE 6.2
La classification des groupes[5]

---

4. Gregory Moorhead et Ricky W. Griffin, *Organizational Behavior*, 2e édition, Boston, Houghton Mifflin, 1989, p. 261-262.
5. Inspiré de Rensis Likert, *New Patterns of Management*, New York, McGraw-Hill, 1961, p. 113.

de l'organisation formelle. Il se peut aussi qu'il soit composé des mêmes personnes que le groupe formel. Il y a deux catégories de groupes informels : les groupes d'intérêt et les groupes d'amitié.

INTÉRÊT COMMUN

Un **groupe d'intérêt** est un groupe informel créé afin de faciliter la poursuite d'un intérêt commun aux membres du groupe. Les intérêts dont il est question ici vont de la pratique d'un sport à la contestation d'une politique controversée de l'organisation, en passant par une demande d'amélioration des conditions de travail.

BESOINS SOCIAUX

Un **groupe d'amitié** est un groupe informel qui se crée afin de combler les besoins sociaux. Ce genre de groupe est fondé sur l'existence de *caractéristiques communes* des membres, sur une *attirance mutuelle* des individus ou sur le *partage* d'un passé commun ou de valeurs communes. Ces groupes ont un impact positif sur l'organisation formelle, car il accentue la circulation de l'information et le désir de collaboration entre les membres, tout en rendant le climat de travail plus agréable.

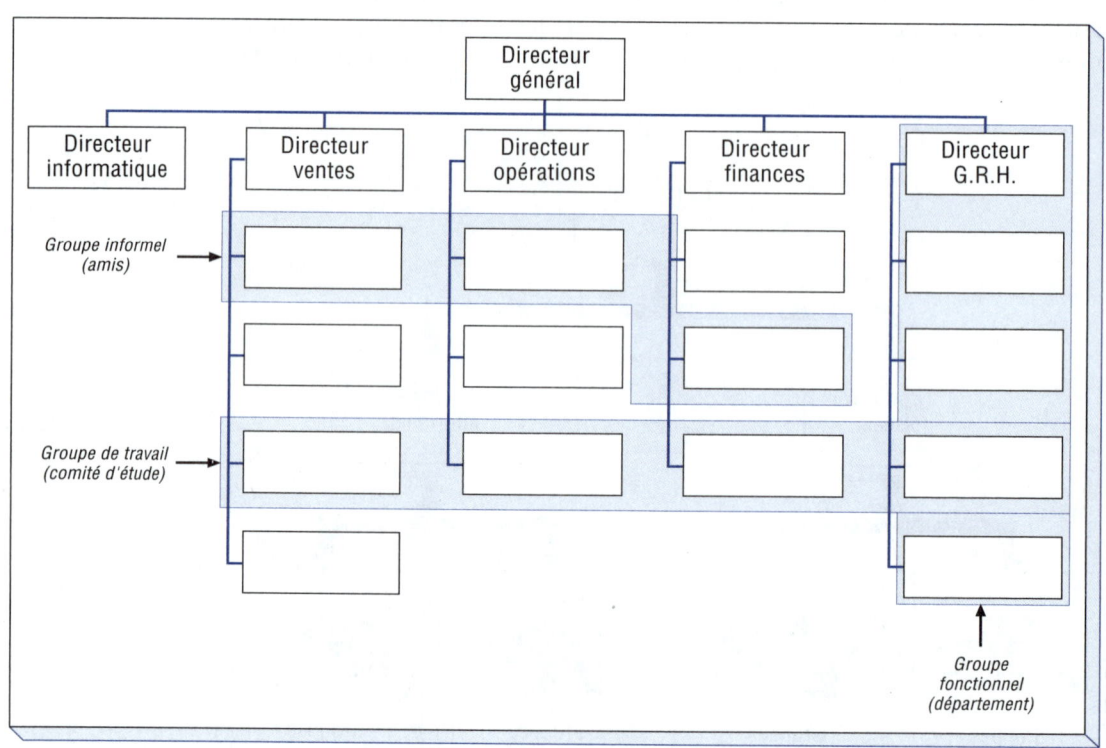

FIGURE 6.3 Les groupes formels et informels

TABLEAU 6.1 Les caractéristiques des groupes formels et des groupes informels[6]

Caractéristiques	Groupes informels	Groupes formels
Objectif	Satisfaction des besoins des membres	Profit, efficacité, service
Origine	Spontanée	Création de l'organisation
Influence sur les membres	Personnalité, expertise	Statut d'autorité, récompenses monétaires
Communication	Rumeurs, personne à personne, utilisation de tous les canaux	De haut en bas en suivant les canaux formels
Leadership	Émerge du groupe	Désignation par l'organisation
Relations interpersonnelles	Spontanée	Établies par les descriptions d'emploi et la structure organisationnelle
Contrôle	Sanctions sociales	Fondé sur la menace, utilisation des récompenses monétaires

LES RAISONS D'ÊTRE DES GROUPES

Lors de l'étude de la motivation, nous verrons que les individus ont de nombreux besoins à satisfaire. La plupart de ces besoins peuvent être satisfaits dans nos interrelations avec d'autres personnes. Les groupes sont donc formés pour répondre à nos besoins[7].

LES RAISONS PHYSIQUES

La proximité physique des individus découlant de l'organisation du travail crée une tendance au développement de relations, car l'être humain est fondamentalement social. Le simple fait de regrouper des travailleurs dans un même lieu de travail favorisera les communications entre eux.

LOIN DES YEUX, LOIN DU CŒUR

LES MOTIFS ÉCONOMIQUES

L'organisation du travail et le mode de rémunération peuvent influer sur la tendance au regroupement des membres d'une même organisation. Ainsi, un mode de rémunération fondé sur le résultat de l'équipe, tels les bonus aux

$$$

---

6. J.H. Donnelly, J.L. Gibson et J.M. Ivancevich, *Fundamentals of Management*, 6e édition, Plano, Texas, Business Publications inc., 1987, p. 333.
7. B. Aubrey Fisher et Donald G. Ellis, *Small Group Decision Making*, 3e édition, New York, McGraw-Hill, 1990, p. 10.

équipes gagnantes dans les sports professionnels, incitera les membres de l'équipe à multiplier les interactions et à renforcer leurs communications.

LES MOTIFS PSYCHOSOCIOLOGIQUES

SYNDICAT

Le groupe permet à l'individu de briser le sentiment de solitude face aux demandes de l'administration et il lui offre un sentiment de sécurité lui permettant de résister aux exigences trop élevées.

AFFILIATION

Ensuite, l'appartenance à un groupe offre aussi la possibilité de satisfaire nos besoins d'affiliation et elle procure la rétroaction nécessaire à la définition de notre image de soi. C'est aussi le moyen de participer aux plaisirs découlant des relations entre les individus dans les contacts quotidiens[8].

MENSA

De plus, l'appartenance à un groupe «prestigieux» confère à chacun des membres ce prestige. Un joueur de soccer moyen dans une équipe championne devient un joueur «champion».

Enfin, le désir d'un individu d'utiliser son potentiel au maximum et de se développer trouvent un terrain propice dans les échanges entre les membres d'un groupe où la qualité des autres membres favorisent sa croissance.

LE FONCTIONNEMENT DES GROUPES[9]

– INTRANTS
– COMPORTEMENTS
– EXTRANTS

Plusieurs facteurs affectent le mode de fonctionnement d'un groupe et son efficacité. Nous utiliserons l'*approche systémique* pour bien comprendre ce mode d'opération. Un groupe est donc un système qui utilise des intrants, adopte un certain nombre de comportements (procédés) et produit des extrants.

LES INTRANTS D'UN GROUPE

Les principaux intrants d'un groupe nécessaires à son fonctionnement sont sa composition, les rôles des membres et la taille du groupe.

La composition du groupe

COMPOSITION

La composition d'un groupe a un impact majeur sur le niveau de réussite de son fonctionnement. Par composition du groupe, nous faisons référence aux différentes caractéristiques des membres du groupe et à l'attrait que représente le groupe.

HOMOGÉNÉITÉ VS DIVERSITÉ

Les membres du groupe doivent avoir les *compétences* nécessaires pour relever le défi présenté au groupe. Ils doivent, de plus, posséder les *habiletés de relations interpersonnelles* indispensables, surtout dans les groupes où la

---

8. C.A. Insko et M. Wilson, «Interpersonal Attraction as a Function of Social Interaction», *Journal of Personality and Social Psychology*, vol. 35, n° 12, 1977, p. 903-911.

9. Pour un aperçu de l'approche systémique, voir: Jacques Guillaume, C. Benedetti et B. Turgeon. *La dynamique de l'entreprise*, 3ᵉ édition, Laval, Éditions Études Vivantes, 1993, chap. 1. Ce modèle d'analyse est suggéré par K.M. Bartol et D.C. Martin, *Management*, New York, McGraw-Hill, 1991, chap. 16. Le modèle original provient de George C. Homans, *The Human Group*, New York, Harcourt Brace Jovanovich, 1950.

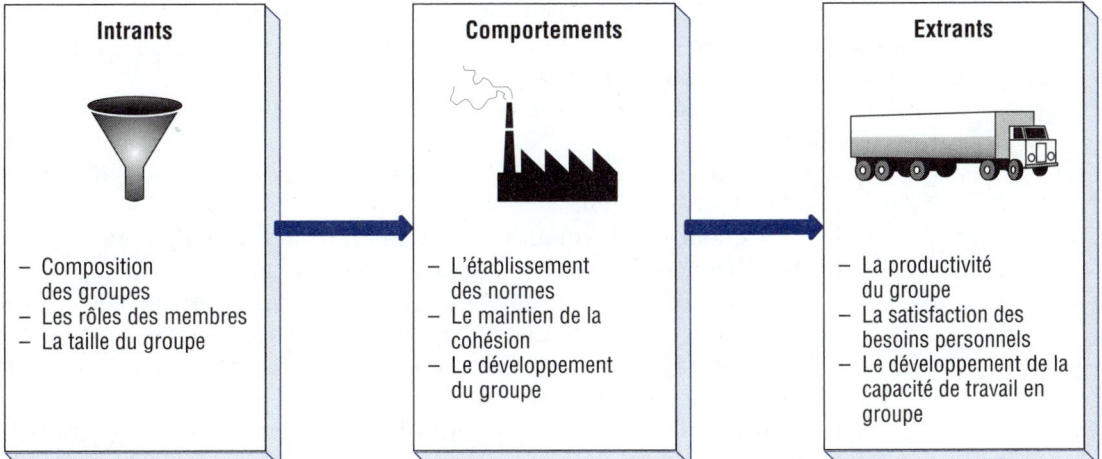

FIGURE 6.4 Le modèle du comportement des groupes

coordination entre les membres est primordiale[10]. Par contre, si les problèmes sont complexes, un certain degré de *diversité* dans la composition des membres du groupe s'avérera une source d'inspiration afin de parvenir à des solutions originales[11]; alors qu'une trop grande homogénéité, bien que favorisant la bonne entente, limitera les points de vue face aux problèmes.

Le groupe peut représenter un attrait pour les membres lorsque les membres eux-mêmes représentent un intérêt pour les autres membres. De plus, les activités du groupe sont autant d'éléments favorisant le désir d'appartenance au groupe. Enfin, les objectifs ou la raison d'être du groupe sont une autre motivation qui peut pousser des individus à désirer appartenir à un groupe spécifique.

ATTRAITS:
– MEMBRES
– ACTIVITÉS
– BUT

Les rôles des membres[12]

Un rôle est un ensemble de comportements attendus d'un individu dans une fonction donnée au sein d'un groupe. Au sein d'un groupe tel un comité, il est évident que les membres y jouent un rôle soit de président d'assemblée, d'expert ou encore de secrétaire. En fait, dans tous les groupes, les membres tiennent des rôles qui les distinguent des autres. Parfois, une personne peut

RÔLE = COMPORTEMENT

---

10. J.R. Hackman, «The Design of Work Teams», dans Jay W. Lorsh (éditeur), *Handbook of Organizational Behavior*, Englewood Cliffs, N.J., Prentice-Hall, 1987, p. 315-342.
11. Paul S. Goodman, E.C. Ravlin et L. Argote, «Current Thinking about Groups: Setting the Stage for New Ideas», dans Paul S. Goodman et associés (éditeur), *Designing Effective Work Groups*, San Francisco, Jossey-Bass, 1986, p. 1-33.
12. Toute cette section est basée sur un ouvrage classique: Kenneth Benne et P.H. Sheats, «Functional Roles of Group Members», *Journal of Social Issues*, vol. 4, 1948, p. 41-49. À lire aussi sur le même sujet: Seth Allcorn, «What Makes Groups Tick», *Personnel Journal*, septembre 1985, p. 52-58.

avoir un rôle unique et le détenir de façon quasi permanente. Mais généralement, un membre remplira différents rôles selon sa personnalité, les circonstances et l'évolution du groupe.

Les **rôles de tâches** visent la réalisation de l'objectif et comprennent généralement :
- L'initiateur qui propose des objectifs et suggère des méthodes de travail pour réaliser une tâche.
- Le chercheur d'information qui demande des renseignements, des points de vue et des suggestions concernant la tâche.
- L'expert qui offre des renseignements, donne des points de vue et propose des suggestions fondés sur son expertise et ses compétences.
- Le coordonnateur qui clarifie et synthétise les suggestions dans le but d'harmoniser les efforts de tous.
- Le guide qui résume et questionne la démarche vers l'atteinte de l'objectif.
- Le stimulateur qui énergise le groupe et le pousse à un degré ultime de rendement.

Les **rôles de maintien** du groupe aident surtout à l'établissement d'un bon climat dans les relations au sein du groupe et favorisent la cohésion. Ils comprennent :
- L'encourageur qui exprime beaucoup de sympathie à l'égard de chacun, les encourage à participer et les félicite pour leur contribution.
- Le médiateur qui cherche continuellement à atténuer les conflits et à réconcilier les points de vue différents.
- L'animateur qui cherche à maintenir la participation de tous et à éviter le repli d'un membre.
- Le modérateur qui travaille à l'établissement des modes de fonctionnement au sein du groupe et qui vérifie la satisfaction de chacun à l'égard du déroulement de l'activité.
- L'observateur qui analyse le fonctionnement du groupe et fait le point sur son mode d'opération.
- Le disciple qui acquiesce à toute suggestion, qui est cordial, mais dont la participation est minime.

Les **rôles égocentriques** favorisent la satisfaction des besoins d'un individu plutôt que ceux du groupe. Nous retrouvons :
- L'agressif qui attaque et ridiculise tous et chacun en dévalorisant leur apport.
- Le résistant qui s'oppose, décourage et bloque toute action du groupe et remet souvent en cause des points de vue déjà acceptés par le groupe.
- Le chercheur de sympathie qui recherche l'attention, exagère son apport et ne travaille que pour éviter d'être négligé par le groupe.
- Le dominateur qui essaie de prendre le contrôle du groupe et de le manipuler afin d'atteindre ses objectifs personnels.

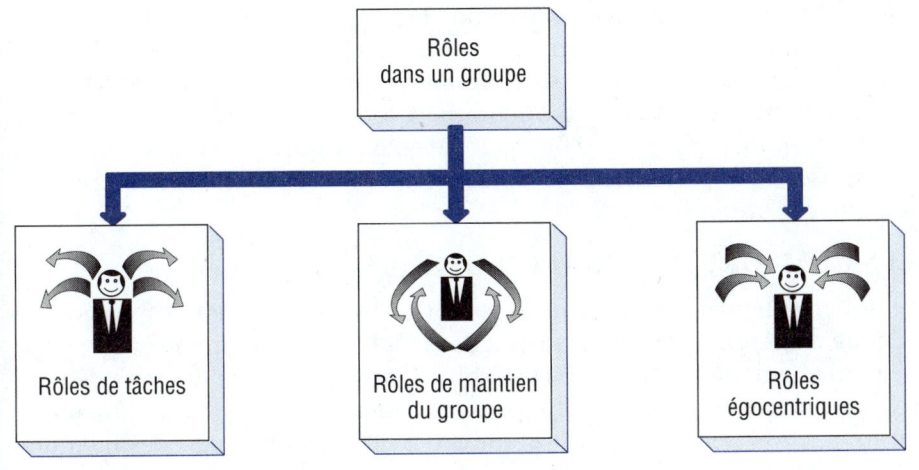

FIGURE 6.5
Les rôles des membres d'un groupe

La taille du groupe[13]

La taille des groupes influence les interactions entre les membres et le rendement du groupe.

TAILLE ET INTERACTIONS

Les interactions dans un groupe varient selon sa taille. Un petit groupe de deux ou trois personnes fonctionnera dans l'harmonie totale ou se scindera et vivra des conflits perpétuels. En fait, un aussi petit groupe ne bénéficie pas des avantages du groupe que sont le partage des informations et l'échange des idées[14]. Les groupes de quatre ou six personnes rencontreront souvent des situations sans issue, chaque sous-groupe restant sur ses positions. Les groupes de cinq ou sept personnes ont tendance à être efficaces: la situation d'imparité résout les problèmes de décision et le nombre de participants permet une dynamique productive sur le plan des idées. Un plus grand nombre de membres dans un groupe réduit la participation active de chacun[15]. Dans ce cas, quelques personnes prendront le contrôle du groupe, le niveau de satisfaction des membres sera à la baisse et la nécessité d'investir énormément dans les rôles de maintien du groupe absorbera beaucoup d'énergie.

TAILLE ET RENDEMENT

La taille d'un groupe a aussi un impact sur le rendement[16]. Généralement, l'ajout de travailleurs dans une équipe a un effet bénéfique sur le rendement.

---

13. Voir à ce sujet un document classique: Fremont A. Shell, A.L. Delbecq et L.L. Cumming, *Organizational Decision Making* New York, McGraw-Hill, 1970. Ces éléments ont été repris par Marvin E. Shaw, Group Dynamics: *The Psychology of Small Group Behavior*, 3e édition, New York, McGraw-Hill, 1981.
14. B. Aubrey Fisher et Donald G. Ellis, *Small Group Decision Making*, 3e édition, New York, McGraw-Hill, 1990, p. 20-21; Bernard M. Bass, *Bass & Stogill's Handbook of Leadership*, New York, The Free Press, 1990, p. 612.
15. Hugh J. Arnold et Daniel C. Feldman, *Organizational Behavior*, New York, McGraw-Hill, 1986, p. 187.
16. Paul S. Goodman, E.C. Ravlin et L. Argote, «Current Thinking about Groups: Setting the Stage of New Ideas», dans Paul S. Goodman et associés (éditeur), *Designing Effective Work Groups*, San Francisco, Jossey-Bass, 1986, p. 1-33.

Par contre, au-delà d'un certain nombre, le rendement sera décroissant dû au problème de coordination[17] en partie, mais surtout à cause de l'effet d'entraînement qu'amène la fainéantise. Nous faisons allusion ici au phénomène qui pousse les individus au sein d'un groupe à fournir moins d'effort lorsque le groupe grandit. Cet effet fera boule de neige si les autres membres constatent la paresse d'un partenaire, ils auront tendance dans les circonstances à réduire leur propre effort[18].

LES COMPORTEMENTS D'UN GROUPE[19]

Le fonctionnement même du groupe (les rôles de maintien) exige une somme d'énergie qui sera détournée de la tâche représentant ainsi une perte de rendement. Par contre, il est possible qu'un phénomène de synergie positive compense amplement cette perte. En effet, l'effort global des membres en interaction peut dépasser la somme des efforts individuels des membres d'un groupe. Les comportements clés d'un groupe qui ont un effet sur le degré de réalisation et de productivité sont l'établissement de normes, le maintien de la cohésion du groupe et le développement du groupe.

L'établissement de normes

Les normes sont les comportements attendus des membres d'un groupe et acceptés par les autres membres. Elles permettent de donner une personnalité propre à un groupe et implantent une certaine uniformité. Les normes affectent particulièrement les éléments essentiels de la vie de groupe tels le niveau de productivité, l'organisation sociale et la répartition des ressources sur les lieux du travail (emplacement du bureau, du casier, de la table à la cafétéria).

Les normes acceptées dans un groupe[20] proviennent de demandes explicites des leaders ou des membres du groupe, d'événements particuliers qui établissent des précédents, du respect des premiers comportements adoptés par les membres au moment de l'organisation du groupe ou d'emprunts aux normes utilisées dans les autres groupes.

Le maintien de la cohésion du groupe

La cohésion dans un groupe se mesure par le degré d'attrait qu'un groupe représente pour les membres, leur niveau de motivation à demeurer au sein du groupe et par l'influence qu'ils ont les uns sur les autres.

---

17. Norbert L. Kerr et Steven E. Bruun, « Dispensibility of Member Effort and Group Motivation Losses : Free Rider Effects », *Journal of Personality and Social Psychology*, vol. 44, 1983, p. 78-94.
18. Kate Szymanski et Stephen G. Harkins, « Social Loafing and Self-Evaluation with a Social Standard », *Journal of personality and Social Psychology*, vol. 53, 1987, p. 891-897.
19. De nombreux éléments de ce chapitre sont inspirés d'un article classique maintes fois repris par de nombreux auteurs : Leonard R. Sayles, « Research in Industrial Human Relations », *Industrial Relations Research Association*, New York, Harper & Row, 1957, p. 131-145.
20. Daniel C. Feldman, « The Development and Enforcement of Group Norms », *Academy of Management Review*, vol. 9, 1984, p. 47-53.

Un haut niveau de cohésion aura une influence positive sur les communications à l'intérieur du groupe, sur le niveau de rendement et sur le degré de satisfaction au travail. Par contre, l'impact peut être positif ou négatif sur la compétitivité de ce groupe face aux autres groupes et sur l'acceptation du changement.

Le cycle de vie d'un groupe

Les groupes traversent certaines étapes relativement prévisibles dans leur existence. La compréhension de ces étapes permet au gestionnaire de mieux s'intégrer dans la vie des groupes au travail. Ces étapes sont la formation, l'ajustement, la normalisation, l'accomplissement de la tâche et la dissolution[21].

La **formation** représente l'étape où les membres du groupe évaluent les comportements des autres et la tâche à accomplir. Ils cherchent à déterminer ce qui est acceptable et à établir le rôle de chacun et surtout le rôle du leader. C'est une période d'insécurité où le climat de confiance n'est pas encore établi.

L'**ajustement** est l'étape des conflits. Les rôles sont réévalués et les membres tentent parfois de contester la tâche qui leur est confiée ou encore le leader. À cette étape, certains tentent même d'imposer leurs propres normes. Il faut alors analyser ces conflits, car le groupe pourrait devoir absorber le départ de certains membres, ce qui affecterait son rendement.

L'étape de la **normalisation** voit apparaître la cohésion. Il y a enfin un consensus à l'égard des normes partagées par le groupe et chacun accepte le rôle qui lui est confié. Le climat de confiance s'installe et parfois un leader informel s'impose.

L'étape de l'**accomplissement de la tâche** permet à chacun de remplir ses fonctions, d'interagir avec les autres membres en fonction des normes établies. Ces dernières ont atteint, à ce stade, un haut degré d'acceptation et favorisent la réalisation de la tâche. Les rôles sont aussi clairement établis et la synergie du groupe est complète. Lorsqu'un groupe atteint cette étape, il est considéré fonctionnel. Par contre, les membres doivent continuer à consacrer toutes leurs énergies à la réalisation de la tâche et au maintien du groupe.

La **dissolution** représente l'étape où les membres du groupe se préparent à mettre un terme à leurs relations, car le groupe a complété sa tâche. La satisfaction personnelle du participant et la reconnaissance de l'apport de chacun des autres membres évoquent l'aspect positif de cette étape. Mais il y a aussi les regrets qu'apportent la séparation et le bris des relations sociales. Dans les groupes permanents, la dissolution du groupe n'est pas une étape fréquente, mais il faut tenir compte des modifications du groupe causées par les réorganisations, et les départs et arrivées de certains membres.

---

21. Modèle classique de : Bruce W. Tuckman, « Developmental Sequence in Small Groups », *Psychological Bulletin*, vol. 63, 1965, p. 384-399.

Les groupes de travail, à cause de leur permanence, ne traversent pas toutes ces étapes. Mais les tendances récentes et persistantes à travailler plusieurs heures en comité dans les entreprises mettent en évidence la nécessité d'établir des normes de fonctionnement très spécifiques au groupe et à la tâche et, surtout, à consacrer beaucoup d'énergie à la direction de ces comités[22].

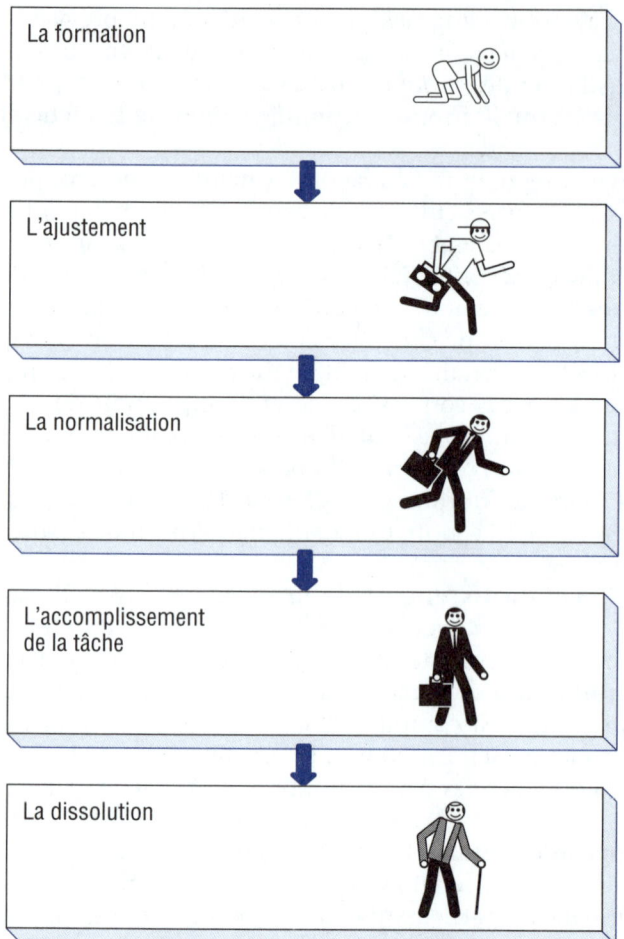

FIGURE 6.6
Les étapes de la vie d'un groupe[23]

---

22. Lire à ce sujet : Helen B. Schwartzman, « The Meeting as a Neglected Social Form in Organizational Studies », *Research in Organizational Behavior*, vol. 8, 1986, p. 233-258.

23. Inspiré d'une des approches les plus répandues pour l'étude du développement des groupes : Bruce Tuckman, « Developmental Sequences in Small Groups », *Psychological Bulletin*, vol. 63, 1965, p. 384-399 ; et Bruce W. Tuckman et Mary Ann C. Jensen, « Stages of Small-Group Development Revisited », *Group and Organization Studies*, vol. 2, 1977, p. 419-427.

LES EXTRANTS

Enfin, les extrants primordiaux ou les conséquences de l'appartenance à un groupe sont la productivité du groupe, la satisfaction des membres et le développement de la capacité de travail en groupe dans des projets ultérieurs. Ils représentent les résultats engendrés par le groupe.

La productivité du groupe[24]

La productivité du groupe mesurée par sa capacité à prendre des décisions a déjà été soulignée dans le chapitre concernant la prise de décision. En se fondant sur la notion du principe de synergie, nous pouvons affirmer que, généralement, le groupe prendra de meilleures décisions qu'un individu seul, surtout si la décision nécessite tout un ensemble de renseignements ou encore beaucoup de précision. Ainsi les tâches complexes et de grande envergure bénéficieront de l'effort collectif du groupe. Il en est de même pour les décisions qui nécessitent l'acceptation et le support du groupe pour la mise en opération.

De plus, la bonne marche du groupe affecte le rendement de l'organisation particulièrement à cause du niveau élevé des efforts consentis par les membres du groupe. Enfin, le climat favorable dans le groupe réduira le taux d'absentéisme et le taux de roulement, ce qui réduira d'autant les coûts d'opération.

La satisfaction des membres[25]

La satisfaction est reliée à la *perception de liberté qu'ils ont de participer*, à l'atteinte des résultats et à l'acceptation de la distribution des statuts au sein du groupe.

Cette *perception de liberté de participer* influence le degré même de participation des besoins personnels des membres. Cette liberté accentuée par un degré de participation élevé permet à chacun des membres de satisfaire leurs besoins sociaux, leurs besoins de reconnaissance et leurs besoins d'autoréalisation.

La *perception de participer à l'atteinte des résultats* ou à la progression positive de la démarche vers cette atteinte accentuera le degré de satisfaction des membres du groupe.

La présence d'un *consensus concernant la distribution des statuts* au sein du groupe influence directement la satisfaction des membres. Certains éléments favorisent ce consensus tels que la reconnaissance de la compétence des experts dans le groupe par les autres membres, la qualité de leadership et la reconnaissance de la nécessité du leadership.

---

24. J. Richard Hackman et Richard E. Walton, «Leading Groups in Organizations», dans Paul S. Goodman and Associates (éditeurs), *Designing Effective Work Groups*, San Francisco, Jossey-Bass, 1986, p. 72-119.
25. Inspiré d'une étude classique de Richard Heslin et Dexter Dunphy, «Three Dimensions of Member Satisfaction in Small Groups», *Human Relations*, mai 1964, p. 99-112.

Notons aussi que la présence de *conflits* entre les objectifs individuels des membres et les objectifs du groupe aura un impact négatif sur la satisfaction des membres.

Le développement de la capacité de travail en groupe dans des projets ultérieurs

Une dernière conséquence du travail en équipe consiste en un renforcement de la capacité, dans un groupe qui a réussi, à travailler de manière encore plus efficace lorsqu'il aura à faire face à de nouveaux défis. Le groupe aura alors atteint un haut degré de compatibilité. La loyauté à l'égard de l'organisation s'accroîtra et l'acceptation des buts et de la mission de l'organisation influencera favorablement l'implication des membres du groupe.

CARACTÉRISTIQUES DES GROUPES DE TRAVAIL

Il ne suffit pas de regrouper un certain nombre de personnes possédant les qualifications nécessaires à l'atteinte des objectifs pour former un groupe. La définition d'une structure organisationnelle formelle implique l'établissement des objectifs du groupe, la désignation d'un leader, la description des rôles et statuts des membres, l'établissement de normes de rendement, le développement de la cohésion du groupe, la constitution d'un système de relations entre les subordonnés, les gestionnaires et les collègues de travail, et la composition d'un réseau de communications. Ce sont là les principales caractéristiques d'un groupe que nous allons examiner.

L'**établissement des objectifs du groupe** comporte deux étapes: tout d'abord l'organisation impose au groupe des objectifs qui sont à la base de sa formation; puis le groupe définit ses propres objectifs à l'égard de la tâche et à l'égard du groupe même (le maintien du groupe). L'adhésion des membres aux objectifs du groupe dépend du degré de participation aux activités du groupe, de la relation entre les récompenses et l'atteinte des résultats et de la compétence des membres dans l'établissement des objectifs[26].

La **désignation ou l'émergence d'un leader** consiste à définir l'un des rôles les plus importants dans le groupe. Le leader formel est désigné par l'organisation et il possède le pouvoir de récompense et de punition. Le leader informel sera désigné par les membres du groupe et son rôle consistera à coordonner et à faciliter la communication.

La **description des rôles et statuts des membres** découle en partie de la structure formelle. Ainsi, les membres des groupes supérieurs dans la hiérarchie possèdent plus d'autorité, plus de pouvoir, plus de responsabilités et plus d'influence; ils ont donc un statut plus élevé. Les groupes informels accordent aussi à leurs membres un statut spécifique. Ce statut dépendra surtout de l'ancienneté du membre, de son leadership et de ses compétences.

---

26. John M. Ivancevich, «Different Goal Setting Treatments and Their Effects on Performance and Job Satisfaction», *Academy of Management Journal*, septembre 1977, p. 406-419.

Dans les groupes dont le rendement est élevé, les rôles formels sont clairement définis et pleinement acceptés. Lorsque les rôles ne sont pas assez clairement définis, il en découlera de l'ambiguïté concernant des rôles, des conflits de rôles ou une surcharge dans la définition du rôle[27].

— Ambiguïté
— Conflit
— Chevauchement

L'*ambiguïté* crée l'incertitude provenant de la perplexité face aux objectifs ou à la manière d'atteindre ces objectifs: c'est le cas, par exemple, du nouvel employé qui n'a pas reçu un programme d'intégration adéquat. Le *conflit* dans les rôles découle d'attentes incompatibles ou contradictoires. Un gestionnaire devant accroître la productivité et améliorer la qualité des produits finis percevra une incompatibilité entre les deux rôles qui lui sont octroyés. La *surcharge* dans les attentes du rôle apparaît lorsque les exigences dépassent les capacités de la personne ou que les ressources ne sont pas adéquates. La rationalisation des effectifs qu'ont effectuée les organisations au cours des dernières années a imposé une surcharge dans le rôle des individus qui sont restés en poste. L'ambiguïté, les conflits ou la surcharge entraînent des effets négatifs sur le rendement du groupe, ainsi que sur la motivation et la satisfaction des membres du groupe.

L'**établissement de normes de rendement** permet aux membres d'ajuster leur comportement en fonction des attentes du groupe[28]. Les rôles définissent le comportement spécifique à chaque membre du groupe; quant à elles, les normes définissent le comportement commun attendu de tous les membres. Les normes concernent le degré d'acceptation des directives des gestionnaires, la solidarité face aux exigences de la direction, le mode d'intégration des nouveaux employés, la définition de la « journée normale de travail » et de nombreux autres sujets reliés à la tâche et au fonctionnement du groupe.

La **cohésion du groupe** se définit par l'attrait que représente l'appartenance à un groupe pour un membre, par l'ensemble des forces qui incitent l'individu à demeurer membre du groupe et les éléments qui l'invitent à participer activement aux activités du groupe.

Les principaux facteurs qui favorisent la cohésion au sein du groupe sont: les *demandes des gestionnaires* qui lorsqu'elles sont perçues comme des menaces par le groupe auront un impact positif, temporaire ou permanent, sur la cohésion du groupe; le *statut du groupe* défini par son rendement, ses exigences, son système de récompenses, sa liberté d'action et le tremplin qu'il représente pour accéder à des fonctions supérieures; la *taille du groupe* qui a un impact inversement proportionnel à sa cohésion: plus la taille est élevée, moindre sera la cohésion; les *réalisations du groupe* qui rehaussent la fierté des membres, en fait, le succès et la cohésion sont interreliés; l'*acceptation des objectifs* qui élimine les sources de conflits, d'insatisfaction et de mésentente; et la *dépendance des membres à l'égard du groupe* pour satisfaire leurs besoins individuels.

---

27. C.D. Fisher et R. Gitelson, «A Meta-Analysis of the Correlates of Role Conflict and Ambiguity», *Journal of Applied Psychology*, n° 68, 1983, p. 320-333.
28. Daniel C. Feldman, «The Development and Enforcement of Group Norms», *Academy of Management Review*, vol. 9, n° 1, 1984, p. 47-53.

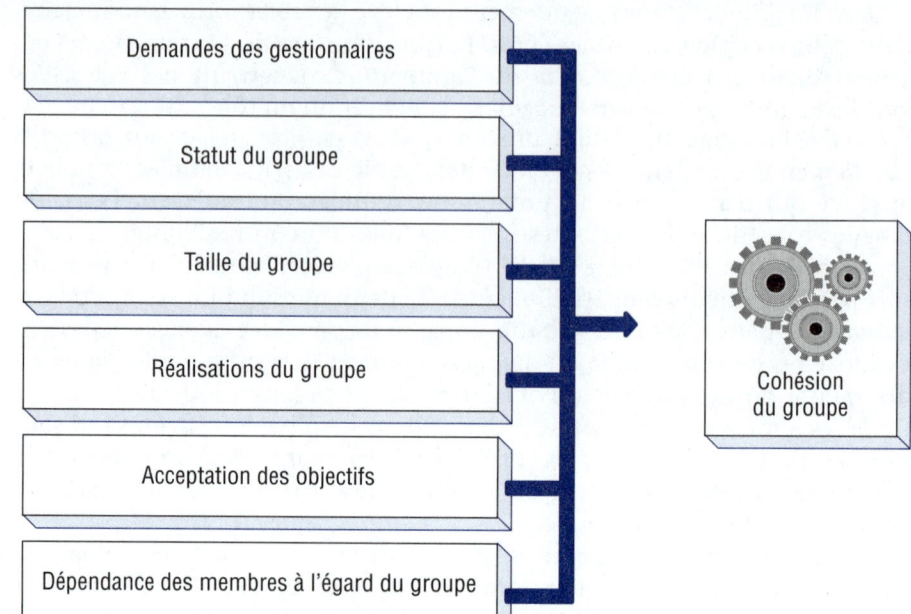

FIGURE 6.7
Les facteurs affectant la cohésion d'un groupe

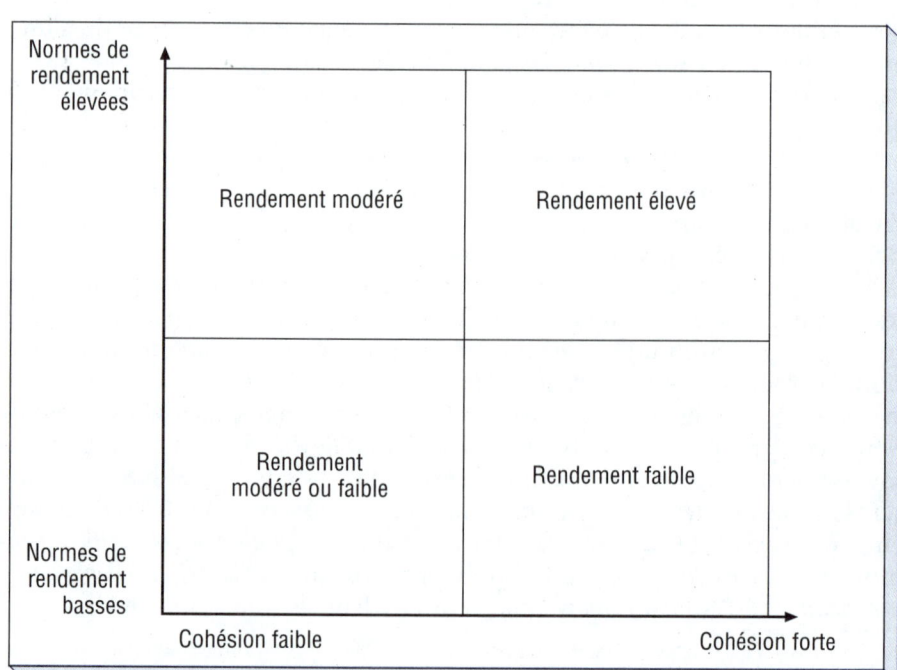

FIGURE 6.8
L'impact de la cohésion du groupe et des normes sur le rendement

29. Ralph M. Stogdill, « Group Productivity, Drive, and Cohesiveness », *Organizational Behavior and Human Performance*, vol. 8, 1972, p. 26-43.

LES CERCLES DE QUALITÉ

Les cercles de qualité sont des groupes de tâches composés d'un nombre restreint d'individus provenant d'un même service et de leur supérieur immédiat. Ce groupe formé sur une base volontaire se réunit de façon régulière afin d'étudier à l'aide de techniques de résolution de problèmes le contrôle de la qualité du travail, les améliorations à apporter à la productivité et pour régler toutes sortes de problèmes concernant leur travail[30].

Leur travail consiste à identifier les problèmes et à élaborer des solutions. Puis, les cadres supérieurs de l'entreprise évalueront le bien-fondé de la solution proposée et ils choisiront les éléments structuraux nécessaires à la mise en place des solutions acceptées. Enfin, les membres du cercle de qualité évalueront les résultats obtenus.

Les cercles de qualité favorisent l'utilisation des compétences de tous les membres d'une organisation concernés par un problème. La participation de ces personnes améliore les communications et développe un sens marqué du respect entre les individus. Le « nous » est ainsi plus utilisé que le « nous-eux » accentuant ainsi le sens de l'appartenance à l'organisation[31].

RÉSOLUTION DE PROBLÈMES

NOUS = UN SEUL GROUPE : LES EMPLOYÉS ET LES GESTIONNAIRES
NOUS-EUX = DEUX GROUPES : LES EMPLOYÉS ; LES GESTIONNAIRES

LA GESTION DES GROUPES

LA GESTION DES GROUPES FORMELS

Pour obtenir la collaboration des membres dans la formation d'un groupe efficace, le gestionnaire doit avant tout développer un climat de confiance. Par la suite, le gestionnaire pourra encourager l'esprit d'équipe et travailler au développement d'une équipe productive.

La nécessité pour les membres de se faire mutuellement *confiance* quant à leur désir et à leur capacité à atteindre les objectifs est fondamentale à l'établissement de normes de rendement et de comportement. De plus, le gestionnaire doit démontrer une confiance similaire en chacun de ses employés. Cette confiance est d'autant plus importante de nos jours qu'il est souvent exigé des membres d'un groupe de remplir des rôles difficiles et hors de leur champ de responsabilités traditionnelles et de souscrire à un programme de formation permanent[32]. Le gestionnaire doit donc s'impliquer personnellement en prenant partie pour le groupe et pour chacun des membres, en partageant l'information qu'il détient et en démontrant son intégrité et son honnêteté[33].

CONFIANCE

La création d'un esprit d'équipe exige pour sa part un style de leadership non traditionnel. Le gestionnaire devient alors un motivateur, un agent de

ESPRIT D'ÉQUIPE

---

30. Philip C. Thompson, *Quality Circles*, New York, Amacom, 1982, p. 3.
31. Michael Le Boeuf, *The Productivity Challenge*, New York, McGraw-Hill, 1982, p. 143.
32. John Hoerr, « The Payoff from Teamwork », *Business Week*, vol. 10, juillet 1989, p. 56-62.
33. B. Aubrey Fisher et Donald G. Ellis, *Small Group Decision Making*, 3e édition, New York, McGraw-Hill, 1990, p. 28-29.

ÉQUIPE EFFICACE

liaison et un conseiller plutôt qu'un « patron ». Le partage du pouvoir et des responsabilités, ainsi que la participation imposent cette nouvelle approche qui ne nie pourtant pas le rôle de leader dans la poursuite des objectifs. Le gestionnaire devient le visionnaire du groupe.

La mesure de l'efficacité d'un groupe repose sur les mêmes critères de rendement que ceux de l'organisation. Une équipe efficace doit être capable d'atteindre les objectifs qui lui sont dévolus. Le succès d'une équipe exige le recrutement et la sélection de membres possédant les qualifications nécessaires. L'organisation doit donc proposer aux candidats des éléments d'attrait telles la rémunération, la qualité de vie au travail, la possibilité de contrôler sa carrière[34].

LA GESTION DES GROUPES INFORMELS[35]

Lorsque le gestionnaire désire tirer partie de la richesse que peut apporter à l'organisation les groupes informels, il a intérêt à mettre en pratique les règles suivantes :

a) Prendre conscience des conditions permettant au groupe informel de favoriser l'atteinte des objectifs de l'organisation formelle, surtout si les normes du groupe informel sont compatibles avec celles du groupe formel en allouant aux individus une plus grande marge de manœuvre face aux imprévus ;

b) Utiliser la structure informelle pour compléter les insuffisances de la structure formelle en se servant d'experts informels pour des tâches qui ne pourraient leur être assignées selon les normes rigides de la structure formelle ;

c) Utiliser les normes du groupe informel pour accroître l'influence du gestionnaire en utilisant, par exemple, les pressions que le groupe peut exercer sur un individu ;

d) Remplacer occasionnellement la structure informelle pour compenser les carences de la structure formelle, les leaders informels pouvant permettre la réalisation rapide d'une tâche en usant de leur influence ;

e) Permettre au groupe informel de dispenser le support émotif et social aux membres du groupe afin de réduire l'anxiété de ces individus ;

f) Chercher à connaître les motivations des individus et réorganiser les groupes formels en tenant compte des relations des groupes informels ;

g) Accepter les activités reliées au maintien du groupe informel, même si elles ne sont pas directement reliées à l'atteinte de l'objectif de l'organisation. Elles sont nécessaires au bon fonctionnement du groupe.

---

34. Anne B. Fisher, « Morale Crisis », *Fortune*, vol. 18, novembre 1991, p. 70-72, 76, 80.

35. Adapté de R.W. Mondy et al., *Management Concepts and Practices*, 3e édition, Boston, Allyn & Bacon, 1986, p. 222 et J.A. Pearce II et R.B. Robinson fils, *Management*, New York, McGraw-Hill, 1989, p. 524. Certains éléments proviennent de K.E. Kram, « Phases of the Mentor Relationship », *Academy of Management Journal*, vol. 26, n° 4, 1983, p. 608-625 et de D.C. Ganster, M.R. Fusilier et B.T. Mayes, « Role of Social Support in the Experience of Stress at Work », *Journal of Applied Psychology*, vol. 71, n° 1, 1986, p. 102-110.

LES STRUCTURES DE RELATIONS INFORMELLES

Les structures de relations informelles sont différentes d'une entreprise à l'autre, d'un service à l'autre et parfois même d'un individu à l'autre. Pour ajouter à l'instabilité de cette structure, précisons qu'elle varie aussi dans le temps. Il existe donc différents types de réseaux de relations informelles[36]:
   a) les réseaux de relations supérieur-subordonné;
   b) les réseaux de relations subordonné-supérieur;
   c) les réseaux de relations horizontales;
   d) les réseaux de relations de procédures;
   e) les réseaux de relations externes.

LES RÉSEAUX DE RELATIONS INFORMELLES SUPÉRIEUR-SUBORDONNÉ

Examinons l'organigramme de la page suivante.

Cet organigramme respecte la définition officielle des responsabilités du réseau d'autorité et de communications que nous trouvons dans cette organisation. Sont illustrés dans ce graphique les liens d'autorité de commande entre un supérieur et ses subordonnés, et la transmission des ordres se fait verticalement du haut vers le bas.

La réalité quotidienne de l'entreprise est un peu différente de ce réseau pour des raisons que nous avons énumérées précédemment et que nous résumons ici. La nature humaine est ainsi faite que certains individus communiquent plus facilement avec certaines personnes qu'avec d'autres. Ainsi, dans notre exemple, le vice-président des finances (1) a plus d'affinités avec le directeur des achats qu'avec le vice-président de la production et communique donc directement avec le premier chaque fois qu'il a besoin d'informations.

Quant au président, il est convaincu qu'être le grand patron lui permet de communiquer directement (2) avec toutes les personnes dans la structure et il ne se gêne pas pour éliminer le principe des échelons en entretenant des relations directement avec la personne qui, selon lui, sera la plus apte à lui fournir l'information dont il a besoin. Le vice-président de la production (3), dans notre exemple, vit un conflit chronique avec le directeur de l'usine et il est convaincu que ce dernier ne cherche qu'à lui retirer son poste. Il entretiendra alors des relations directes avec tous les contremaîtres de l'usine afin de court-circuiter le directeur, d'éviter que celui-ci ne filtre les communications et de s'assurer l'appui des contremaîtres si jamais le conflit éclatait au grand jour. Le directeur de la recherche (4), quant à lui, a une opinion peu flatteuse du directeur de l'usine et il connaît le contremaître de l'atelier de tournage et certains employés depuis plus de vingt ans. Il s'adressera donc directement à eux chaque fois qu'il devra faire part au service de la production

---

36. Cette division a été proposée par: Michael Jucius *et al.*, *Elements of Managerial Action*, Homewood, Ill., Richard D. Irwin Inc., 1973.

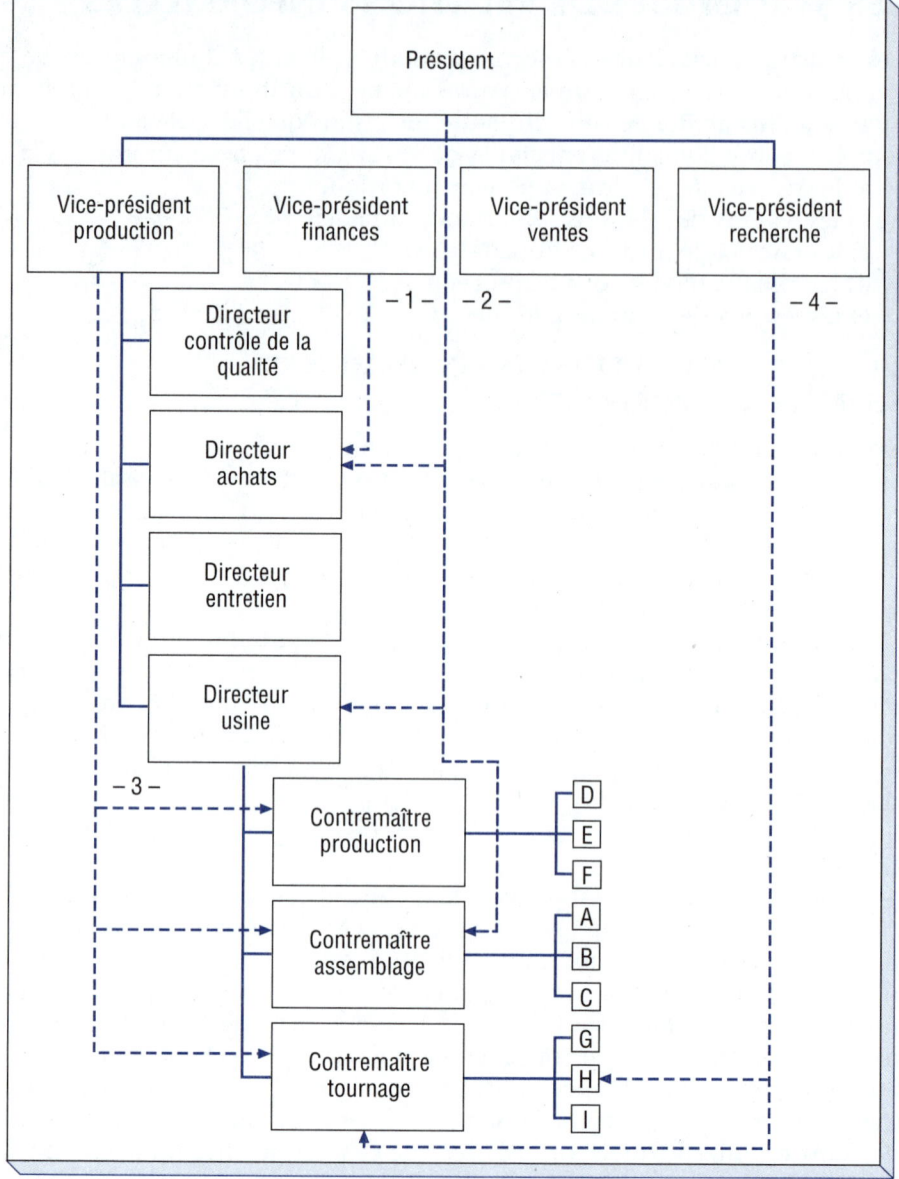

FIGURE 6.9
L'organigramme des liens informels supérieur-subordonné

d'une modification technique dans les procédés de fabrication. Il y a donc eu ici établissement d'un réseau informel afin de compenser les faiblesses réelles ou appréhendées du réseau formel.

CHAPITRE 6 : *La gestion des groupes* 221

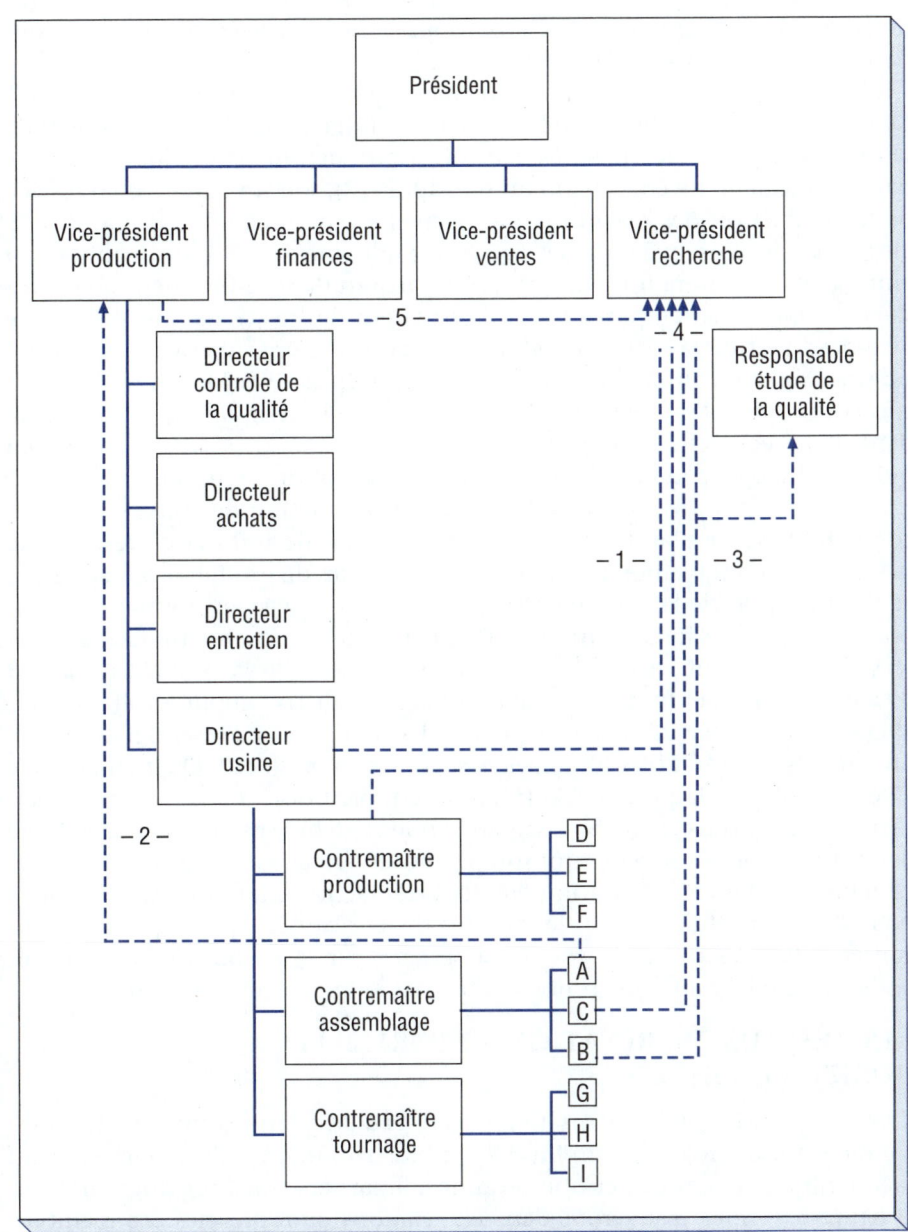

FIGURE 6.10
L'organigramme des liens informels subordonné-supérieur

LES RÉSEAUX DE RELATIONS INFORMELLES SUBORDONNÉ-SUPÉRIEUR

La structure formelle, lorsqu'elle témoigne de la ligne d'autorité ou des réseaux de subordination, demeure évidemment la même. Ainsi, si A est le supérieur de B et de C, B et C devront rendre compte de leur travail à A. Mais il arrive, là aussi, que certains subordonnés se lient avec d'autres gestionnaires que leur supérieur immédiat.

À la figure 6.10, nous pouvons constater qu'un grand nombre de liens (1) du réseau informel subordonné-supérieur se dirigent vers le vice-président de la recherche et que le vice-président de la production est quelque peu isolé dans le réseau. Il ne compte qu'un seul appui (2), soit un employé du service de la production des pièces qu'il a lui-même fait embaucher il y a plus de cinq ans. Cet employé est assez âgé et accorde une valeur inestimable à son emploi; il demeurera toujours un fidèle partisan du vice-président de la production. Quant à l'employé B (3), il entretient des relations directes avec le vice-président de la recherche afin qu'un gestionnaire supérieur sache qu'il est un employé compétent, dévoué et plein d'initiative. Mais il évalue qu'à très court terme le directeur des études de qualité remplacera le vice-président de la recherche et, plutôt opportuniste, il tente de s'assurer son appui qui prendra beaucoup de valeur lors d'une promotion éventuelle.

L'employé C et le contremaître (4) de la production des pièces sont très compétents sur le plan technique; ils ont perçu le désir du vice-président de la recherche de travailler de concert avec les unités de production et, puisque ce dernier apprécie la compétence technique, c'est avec enthousiasme qu'ils ont développé des liens court-circuitant leur supérieur hiérarchique. Le directeur de l'usine sait très bien que le vice-président de la production a peu d'estime pour lui et tente de compenser la perte de son appui en allant chercher celui du directeur de la recherche qui — et là repose l'essentiel de la base du réseau — sera très bientôt appelé à succéder au président. Quant au pauvre vice-président de la production (5), il se sent bien isolé, mais ne peut se permettre de faire des éclats, car il sait aussi que celui qui suscite toute la loyauté de ses subordonnés sera bientôt son propre supérieur. Comme vous le voyez, les membres d'une organisation oublient très facilement la structure formelle pour se laisser influencer par les besoins de leur carrière, par le prestige d'un contact avec un cadre de niveau supérieur, par le besoin de sécurité qui pousse à se rallier au plus fort ou encore par leurs sentiments personnels.

LES RÉSEAUX DE RELATIONS INFORMELLES HORIZONTALES

Il existe aussi dans les organisations un réseau de relations informelles horizontales qui permet aux employés ou aux gestionnaires d'un même niveau hiérarchique de manifester une certaine solidarité. Dans l'organigramme de la figure 6.9, nous trouverons dans les relations quotidiennes des membres de cette organisation des relations informelles fréquentes entre, par exemple, le directeur du contrôle de la qualité, le directeur de l'usine, le directeur des achats et le directeur du service de l'entretien. Selon l'organigramme, tout le réseau de communications devrait passer par l'intermédiaire du vice-président de la production, mais, dans les faits, cela est impossible. Certaines procédures de l'entreprise établissent des liens formels de consultation ou de contrôle entre des gestionnaires d'un même niveau. Ainsi, le directeur de l'usine pourrait, selon certaines procédures, être dans l'obligation d'obtenir l'approbation du directeur des achats avant de commander certains articles. Mais en plus de ces procédures, de nombreux contacts s'établissent sur une base informelle entre les gestionnaires d'un même niveau. C'est là un moyen permettant d'accélérer les relations entre les différents services en se fondant uniquement sur l'esprit de collaboration des individus. Ces relations représentent donc, en général, un actif important pour l'organisation si les gestionnaires y recourent avec discernement.

Malheureusement, il y a des cas où ces relations servent à contrecarrer l'autorité du supérieur. Retournons à la mise en situation décrite au début du chapitre : nous avons constaté qu'il y avait une entente entre les ouvriers afin de restreindre le niveau de production. Les membres du groupe se plient généralement aux directives de leurs collègues, car la sanction du groupe se traduit par l'expulsion du contrevenant dans la plupart des cas. Il arrive aussi que les membres d'un même niveau hiérarchique délaissent leur leader formel en qui ils ont perdu confiance et se tournent vers un des leurs pour obtenir des conseils quant à la façon d'exécuter une tâche ou quant à la manière d'affronter un problème.

LES RÉSEAUX DE RELATIONS INFORMELLES DE PROCÉDURES

Nous venons de voir que les individus à l'intérieur d'une organisation étaient interreliés par un réseau de procédures formelles qui les obligeaient à collaborer afin d'atteindre leurs objectifs. Ces procédures formelles devraient, dans des conditions normales, avoir un effet favorable sur l'entreprise. Cependant, certaines personnes constatent que, sur une base quotidienne, elles ne leur permettent pas d'agir efficacement dans toutes les situations ; elles finissent par découvrir des ressources qui les aident à réaliser des économies de temps, suivant alors leurs propres procédures plutôt que celles établies par l'entreprise.

De la même façon qu'un étudiant ira voir son professeur pour une révision de note avant de faire une démarche officielle, l'ouvrier dans l'usine demandera à un collègue qui utilise un outil dont il a besoin de le lui remettre directement plutôt que de le rapporter au magasinier. Ou encore certains cadres établiront des contacts privilégiés avec les responsables de l'imprimerie afin de faire accélérer leurs travaux d'impression. Certains directeurs de succursales entretiendront des contacts directs avec les interviewers du service de gestion des ressources humaines afin que leurs demandes officielles reçoivent une attention particulière. Toute personne se joignant à une organisation doit apprendre à connaître ces procédures informelles si elle ne veut pas se retrouver continuellement en fin de liste.

Les réseaux de relations informelles externes

L'entreprise ne vit pas en vase clos. Elle entretient un grand nombre de relations avec des organismes extérieurs tels que les syndicats qui représentent ses employés et parfois les centrales auxquelles ils sont affiliés. Il y a aussi les différents gouvernements et le très grand nombre d'organismes publics, comme l'Office de la langue française, qui absorbent quotidiennement beaucoup de ressources et de temps de l'entreprise. Enfin, il y a le public en général avec lequel certaines entreprises doivent continuellement maintenir des contacts soit directement, soit par l'intermédiaire des médias.

Dans la presque totalité des situations d'interrelations avec ces différents intervenants, les lignes d'autorité si importantes au sein de l'entreprise n'ont plus de signification. Le président de société n'a aucune autorité sur un journaliste, non plus que le directeur du personnel ne peut exiger d'un professeur qu'il lui présélectionne quelques bons candidats.

Toute collaboration émanant des organismes mentionnés ci-dessus repose sur une base volontaire dans une large mesure, et la réussite de ces contacts exige du doigté de la part du représentant de l'entreprise. Mais il ne faut pas oublier l'importance des contacts. Ainsi, un problème avec la Commission de santé et sécurité au travail sera plus facilement réglé si le directeur des ressources humaines connaît personnellement un des représentants de cet organisme. Il lui sera plus facile d'obtenir la collaboration d'un professeur si l'entreprise maintient régulièrement des relations d'échanges avec l'institution dans laquelle il enseigne et y délègue à l'occasion des conférenciers pour certains cours. Les relations d'un individu ne sont pas continuellement maintenues à un niveau officiel, et il est normal qu'avec le temps les facteurs humains et sociaux viennent appuyer ces relations.

RÉSUMÉ

(Il faut noter que le texte suivant ne représente qu'un résumé de la description des objectifs.)

1) Catégoriser les différents groupes dans les organisations.

    Les groupes formels

    Les groupes «formels», groupes fonctionnels et groupes de travail, représentent le regroupement d'individus effectué par une organisation dans un but spécifique.

    Un groupe fonctionnel est un groupe formel composé d'un gestionnaire et de ses subordonnés. Les objectifs d'un groupe fonctionnel ne sont pas confinés à un projet et le travail des membres de ce groupe est continu.

    Un groupe de travail est un groupe formel permanent ou temporaire, qui est créé dans un but spécifique, soit de soutenir le groupe fonctionnel ou de le remplacer.

    Les groupes informels

    Un groupe informel, d'intérêt ou d'amitié, est un groupe créé par les employés dans le but de rencontrer les intérêts ou de combler les besoins sociaux des membres.

2) Discuter les raisons d'être des groupes.

La plupart de nos besoins peuvent être satisfaits dans nos interrelations avec d'autres personnes. Les groupes sont donc formés pour répondre à nos besoins.

Les raisons physiques

La proximité physique des individus découlant de l'organisation du travail crée une tendance au développement de relations, car l'être humain est fondamentalement social.

Les motifs économiques

L'organisation du travail et le mode de rémunération peuvent influer sur la tendance au regroupement des membres d'une même organisation.

Les motifs psychosociologiques

Le groupe permet à l'individu de briser le sentiment de solitude face aux demandes de l'administration et il lui offre un sentiment de sécurité lui permettant de résister aux exigences trop élevées. L'appartenance à un groupe offre aussi la possibilité de satisfaire nos besoins d'affiliation et elle procure la rétroaction nécessaire à la définition de notre image de soi. C'est aussi le moyen de participer aux plaisirs découlant des relations entre les individus. De plus, l'appartenance à un groupe confère à chacun des membres certaines caractéristiques du groupe. Enfin, le désir d'un individu de se développer trouve un terrain propice dans les échanges entre les membres d'un groupe où la qualité des autres membres favorise sa croissance.

3) Présenter le processus de fonctionnement des groupes.

Un groupe est un système qui utilise des *intrants*, adopte un certain nombre de comportements et produit des extrants.

Les principaux intrants d'un groupe nécessaires à son fonctionnement sont sa composition, les rôles des membres et la taille du groupe.

Les *comportements* clés d'un groupe qui ont un effet sur le degré de réalisation et de productivité sont l'établissement de normes, le maintien de la cohésion du groupe et le développement du groupe.

Enfin, les *extrants* primordiaux ou les conséquences de l'appartenance à un groupe, sont la productivité du groupe, la satisfaction des membres et le développement de la capacité de travail en groupe dans des projets ultérieurs. Ils représentent les résultats engendrés par le groupe.

4) Distinguer les différents rôles des membres d'un groupe.

Un rôle est un ensemble de comportements attendus d'un individu dans une fonction donnée au sein d'un groupe.

Les rôles de tâches visent la réalisation de l'objectif et comprennent généralement: l'initiateur, le chercheur, l'expert, le coordonnateur, le guide, le stimulateur.

Les rôles de maintien du groupe aident surtout à l'établissement d'un bon climat dans les relations au sein du groupe et favorisent la cohésion. Ils comprennent: l'encourageur, le médiateur, l'animateur, le modérateur, l'observateur, le disciple.

Les rôles égocentriques favorisent la satisfaction des besoins d'un individu plutôt que ceux du groupe. Nous retrouvons: l'agressif, le résistant, le chercheur, le dominateur.

5) Expliquer l'impact de la taille des groupes sur les interactions et le rendement.

La taille des groupes influence les interactions entre les membres et le rendement du groupe.

Les interactions dans un groupe varient selon sa taille. Un plus grand nombre de membres dans un groupe réduit la participation active de chacun. Dans ce cas, quelques personnes prendront le contrôle du groupe, le niveau de satisfaction des membres sera à la baisse et la nécessité d'investir énormément dans les rôles de maintien du groupe absorbera beaucoup d'énergie.

La taille d'un groupe a aussi un impact sur le rendement. Généralement, l'ajout de travailleurs dans une équipe a un effet bénéfique sur le rendement. Par contre, au-delà d'un certain nombre, le rendement sera décroissant dû au difficulté de coordination en partie, mais surtout à cause de l'effet négatif qu'entraîne la fainéantise.

6) Décrire les divers comportements d'un groupe.

Le fonctionnement même du groupe (les rôles de maintien) exige une somme d'énergie qui sera détournée de la tâche, représentant ainsi une perte de rendement. Par contre, il est possible qu'un phénomène de synergie positive compense amplement cette perte. En effet, l'effort global des membres en interaction peut dépasser la somme des efforts individuels des membres d'un groupe. Les comportements clés d'un groupe qui ont un effet sur le degré de réalisation et de productivité sont l'établissement de normes, le maintien de la cohésion du groupe et le développement du groupe.

7) Présenter les différentes étapes du développement d'un groupe.

Le développement d'un groupe

Les groupes traversent certaines étapes relativement prévisibles dans leur existence. Ces étapes sont la formation, l'ajustement, la normalisation, l'accomplissement de la tâche et la dissolution.

La *formation* représente l'étape où les membres du groupe évaluent les comportements des autres et la tâche à accomplir. L'*ajustement* est l'étape des conflits. Les rôles sont réévalués et les membres tentent parfois de contester la tâche qui leur est confiée ou encore le leader. L'étape de la *normalisation* voit apparaître la cohésion. Il y a enfin un consensus à l'égard des normes partagées par le groupe et chacun accepte le rôle qui lui est confié. Le climat de confiance s'installe et parfois un leader informel s'impose. L'étape de l'*accomplissement de la tâche* permet à chacun de remplir ses fonctions, d'interagir avec les autres membres en fonction des normes établies. Ces dernières ont atteint, à ce stade, un haut degré d'acceptation et favorisent la réalisation de la tâche. La *dissolution* représente l'étape où les membres du groupe se préparent à mettre un terme à leurs relations, car le groupe a complété sa tâche. La satisfaction personnelle du participant et la reconnaissance de l'apport de chacun des autres membres évoquent l'aspect positif de cette étape.

8) Décrire les extrants d'un groupe.

Les *extrants* primordiaux ou les conséquences de l'appartenance à un groupe sont la productivité du groupe, la satisfaction des membres et le développement de la capacité de travail en groupe dans des projets ultérieurs. Ils représentent les résultats engendrés par le groupe.

La *productivité du groupe* se mesure à sa capacité à prendre des décisions. Le groupe prendra de meilleures décisions qu'un individu seul, surtout si la décision nécessite tout un ensemble de renseignements ou encore beaucoup de précision.

La satisfaction est reliée à leur perception de liberté de participer, à la perception de l'atteinte des résultats et à l'acceptation de la distribution des statuts au sein du groupe.

Une dernière conséquence consiste en un renforcement de la capacité, dans un groupe qui a réussi, à travailler de manière encore plus efficace lorsqu'il aura à faire face à de nouveaux défis.

9) Présenter les différentes caractéristiques d'un groupe.

Les principales caractéristiques d'un groupe sont la définition d'une structure organisationnelle formelle qui implique l'établissement des objectifs du groupe, la désignation d'un leader, la description des rôles et statuts des membres, l'établissement de normes de rendement, le développement de la cohésion du groupe, la constitution d'un système de relations entre les subordonnés, les gestionnaires et les collègues de travail, et la composition d'un réseau de communications.

10) Définir les éléments fondamentaux des « cercles de qualité ».

Les cercles de qualité sont des groupes de tâches composés d'un nombre restreint d'individus provenant d'un même service et de leur supérieur immédiat. Ce groupe formé sur une base volontaire se réunit de façon régulière afin d'étudier à l'aide de techniques de résolution de problèmes le contrôle de la qualité du travail, les améliorations à apporter à la productivité et pour régler toutes sortes de problèmes concernant leur travail.

11) Décrire les facteurs affectant la cohésion dans un groupe.

Les principaux facteurs qui favorisent la cohésion au sein du groupe sont: les demandes des gestionnaires qui, lorsqu'elles sont perçues comme des menaces par le groupe, auront un impact positif sur la cohésion du groupe; le statut du groupe défini par son rendement, ses exigences, son système de récompenses, sa liberté d'action et le tremplin qu'il représente pour accéder à des fonctions supérieures; la taille du groupe qui a un impact inversement proportionnel à sa cohésion; les réalisations du groupe qui rehaussent la fierté des membres; l'acceptation des objectifs qui élimine les sources de conflits, d'insatisfaction et de mésentente; et la dépendance des membres à l'égard du groupe pour satisfaire leurs besoins individuels.

12) Discuter des pratiques permettant l'utilisation des groupes informels dans l'atteinte des objectifs de l'organisation.

Lorsque le gestionnaire désire tirer partie de la richesse des groupes informels, il a intérêt à mettre en pratique les règles suivantes:

prendre conscience des conditions permettant au groupe informel de favoriser l'atteinte des objectifs de l'organisation formelle;
utiliser la structure informelle pour compléter les insuffisances de la structure formelle;
utiliser les normes du groupe informel pour accroître l'influence du gestionnaire;
remplacer occasionnellement la structure informelle pour compenser les carences de la structure formelle;
permettre au groupe informel de dispenser le support émotif et social aux membres du groupe;
chercher à connaître les motivations des individus et réorganiser les groupes formels en tenant compte des relations des groupes informels;
accepter les activités reliées au maintien du groupe informel.

13) Décrire les divers réseaux de relations informelles.

Les structures de relations informelles sont différentes d'une entreprise à l'autre, d'un service à l'autre et parfois même d'un individu à l'autre; de plus, elles varient dans le temps. Il existe donc différents types de réseaux de relations informelles: les réseaux de relations supérieur-subordonné; les réseaux de relations subordonné-supérieur; les réseaux de relations horizontales; les réseaux de relations de procédures; les réseaux de relations externes.

Vocabulaire

Cercle de qualité
Cohésion
Comportement
Groupe
Groupe d'amitié
Groupe d'intérêt
Groupe de travail
Groupe fonctionnel

Groupe formel
Groupe informel
Norme
Rôle
Rôle de maintien du groupe
Rôle de tâche
Rôle égocentrique
Statut

QUESTIONS DE RÉVISION

1. Définissez chacun des termes de la section.
2. Que peut offrir un groupe à un individu au travail ? au collège ?
3. Décrivez les cinq étapes du développement d'un groupe.
4. Est-ce que les gestionnaires doivent favoriser le développement de groupes informels au travail ? Pourquoi ?
5. Comment la structure d'un groupe influencera-t-elle le comportement des membres ?
6. Dans quelles circonstances les normes d'un groupe seront-elles inacceptables pour l'organisation ?
7. Le groupe par ses normes et ses objectifs influence le comportement des membres. Est-ce que la personnalité d'un membre peut avoir un impact sur le comportement du groupe ? Pourquoi ?
8. Comment un groupe dans lequel la cohésion est très grande traitera-t-il le problème de « fainéantise » ?
9. Dans quelles circonstances une organisation refusera-t-elle d'entériner les normes d'un groupe ?
10. Pourquoi les individus se joignent-ils à un groupe ?
11. Comment les normes, les rôles et la cohésion affectent-ils les individus et leur rendement dans un groupe ?

SUJETS DE DISCUSSION

1. Dans toutes les organisations, il existe des groupes informels. Cela signifie-t-il que cette organisation est mal gérée ?
2. Donnez des raisons qui pousseraient un individu à s'isoler de son groupe de travail.

3. Croyez-vous qu'il soit possible d'éliminer complètement la formation de groupes de travail informels?
4. Qu'est-ce qu'une norme de groupe? Quelles sont les normes dans votre famille concernant:
   – le choix des menus?
   – l'entretien de la maison?
   – l'utilisation de l'auto?
   – le choix des émissions de télé?
   – l'heure des repas?
5. Est-il préférable pour un gestionnaire de négocier avec ses subordonnés sur une base individuelle ou d'encourager la formation d'un groupe ayant une grande cohésion? Expliquez.
6. Si un employé est efficace et bon travailleur, c'est qu'il n'appartient pas à un groupe. Discutez.
7. Comparez les systèmes de récompenses qui sont utilisés dans les groupes formels et dans les groupes informels?
8. Croyez-vous qu'un gestionnaire peut faire partie du groupe de travailleurs qu'il dirige? Pourquoi?
9. Identifiez les principaux types de groupes. Décrivez les groupes existants dans votre collège ou dans votre lieu de travail.
10. Si vous étiez nommé à la direction d'une équipe de travail où la cohésion entre les membres est très forte et que les normes de productivité qu'ils ont établies soient insatisfaisantes, que feriez-vous pour changer la situation?
11. Le cercle de qualité est un concept formidable, alors pourquoi n'y en a-t-il pas dans toutes les entreprises?
12. Quels sont les effets positifs et négatifs des groupes d'amitié sur les individus et sur le rendement?
13. Que peut-il arriver lorsqu'une organisation désire simultanément accroître la productivité et réduire le nombre d'employés?

EXERCICES PRATIQUES

1. À partir de deux classes dont vous êtes membre, décrivez le réseau d'interrelations et indiquez ce qu'il y a de différent au plan des activités, des normes et des objectifs.
2. Dans une classe comme la vôtre, quels sont les facteurs qui permettent de déterminer les normes et le statut de chacun? Quels sont les moyens à la disposition du groupe pour faire respecter les normes (récompenses et punitions)? Décrivez quelques normes et statuts que l'on retrouve dans votre classe.

3. Choisissez un membre de votre famille qui travaille dans une entreprise et demandez-lui de déterminer pour un groupe donné son environnement, ses caractéristiques, le réseau de relations, et toutes autres caractéristiques de ce groupe.

4. Prenez le cas d'une entreprise dans laquelle vous avez travaillé et donnez des exemples de la norme d'une «journée normale de travail». Décrivez les moyens (récompenses et punitions) utilisés pour imposer cette norme.

5. Faites la liste des groupes auxquels vous appartenez.
    a) Classez-les en groupes formels et groupes informels.
    b) Décrivez ce que chaque groupe vous apporte.
    c) Décrivez ce qu'il apporte aux autres membres.
    d) Décrivez ce qu'il apporte à l'organisation dont il est issu.
    e) Quels sont les effets négatifs de ce groupe sur vous?
    f) Quels sont les effets négatifs sur les autres membres?
    g) Quels sont les effets négatifs sur l'organisation?

CAS

CAS 6.1 : DU PAIN ET DES JEUX

De vrais «joueurs professionnels», ces employés de la cie Nobab qui depuis plusieurs années jouent au volleyball tous les midis depuis des années! En effet, une partie de l'heure du dîner est consacrée à cette activité, et une section du stationnement a été aménagée par les employés pour permettre à quatre équipes de jouer en même temps.

L'hiver, les employés utilisent la section arrière de l'entrepôt afin de poursuivre leurs activités sportives. Depuis deux ans, les équipes ont été structurées par départements et des tournois ont été organisés. Compte tenu du grand nombre d'employés, certaines équipes ne jouent qu'une fois la semaine. Par contre, la compétition est tellement vive entre les départements que c'est devenu le sujet d'intérêt de tous les employés. Certains n'hésitent pas à dîner à la pause-café du matin pour être libres à l'heure du dîner.

Certains employés quittent leur travail vers 11 h 40 afin d'installer les filets. Les autres ralentissent leur rythme de travail à partir de 11 h 30 afin d'être en forme pour la compétition. Bien qu'ils n'aient qu'une heure pour dîner, il arrive souvent que les parties se terminent vers 13 h 15.

La direction a toujours ignoré ces activités. À certaines occasions les contremaîtres ont été vus en train d'encourager les membres de leur service alors que la pause du midi était terminée. Comme il arrive souvent dans ces activités, certaines personnes ont exagéré. Ainsi, la semaine dernière, une partie s'est terminée à 14 heures. Compte tenu que la direction avait remarqué que les participants à ces tournois étaient exténués à la pause-café de l'après-midi et avaient parfois de la difficulté à terminer leur journée de travail, la direction décida d'agir.

Un avis fut envoyé à tous les employés les informant que ces parties de volleyball étaient désormais interdites à cause des abus et que les responsables de la sécurité de l'entreprise verraient à l'application de cette directive.

Deux jours plus tard, le directeur général regardant par sa fenêtre voit deux équipes en train de s'affronter et de nombreux employés, dont trois gardiens de sécurité, les encouragent.

QUESTIONS-GUIDES POUR L'ANALYSE DU PROBLÈME
1. Pourquoi les employés n'ont-ils pas respecté la directive ?
2. Que devrait faire le directeur général ?

CAS 6.2 : LES RELATIONS

Carole Leclair travaille pour la société Nouvelle Image depuis neuf ans environ. Cette entreprise se spécialise dans la fabrication de tissus spéciaux devant servir dans les autos, dans les bateaux et dans les avions. Cette société est très prospère et les 900 employés qu'elle compte semblent s'y plaire.

Carole travaille au service d'organisation et méthodes avec huit autres collègues. Elle est appelée à travailler dans les différents services de l'entreprise. Le travail d'analyse qu'elle accomplit se fait parfois seul, mais en général les membres de l'équipe sont appelés à travailler en équipes de deux. Puisque les équipes ne sont pas stables, il s'est créé un esprit de groupe entre les neuf membres du service qui en viennent à travailler avec chacun des autres membres. Ces employés ont de sept à douze années d'ancienneté. Le directeur du service devant prendre sa retraite à la fin du mois, Carole a été nommée à sa place.

QUESTIONS-GUIDES POUR L'ANALYSE DU PROBLÈME
1. Croyez-vous que le comportement de Carole Leclair vis-à-vis du groupe se modifiera ?
2. Si vous étiez à la place de Carole, quelle attitude adopteriez-vous face au groupe ?

CAS 6.3 : UNE BLAGUE

Mélanie Dambroise dirige le service d'inspection de la qualité de la Compagnie Aliments Supérieurs et y accomplit un travail très apprécié de ses supérieurs. Son service est composé de 27 personnes, dont huit travaillent pendant le quart de travail qu'elle supervise. Elle doit aussi diriger, par l'intermédiaire de deux assistants, les deux autres quarts de travail. Dans son équipe, il y a quatre personnes, dont le leader est Serge Dumoulin, qui font bande à part. Mélanie ne s'est jamais véritablement préoccupée de l'existence de ce sous-groupe, car leur travail est irréprochable et dépasse même les espérances à l'occasion. Le seul problème vient de leur tendance à faire des blagues, ou plutôt à faire de mauvaises blagues. Évidemment, les nouveaux employés sont leurs victimes favorites.

Le travail s'accomplit dans des conditions d'asepsie semblables à celles d'une salle d'opération d'un hôpital. Il s'agit en fait d'une tâche extrêmement importante et la réputation de l'entreprise repose en partie sur le travail de ces employés. Depuis quelques mois, il semble que les quatre mousquetaires aient été à court d'idées, car les mauvais tours qu'ils ont inventés dépassèrent les bornes à quelques reprises.

Mélanie sentit alors le besoin de faire part au groupe de son désaccord face à cette attitude puérile que dénotaient leurs mauvais tours. Elle convoqua Serge à son bureau et eut une longue conversation avec lui dans laquelle elle fit appel à l'influence qu'il avait sur le groupe. Il justifia leur comportement par la difficulté de leur travail qui se faisait dans des conditions strictes et du besoin qu'avait le groupe de se défouler de temps à autre. Il promit que la situation s'améliorerait.

Un certain mois, trois nouveaux employés ont quitté après moins de trois jours de travail, invoquant comme cause principale de leur départ l'esprit qui régnait dans le service.

QUESTION-GUIDE POUR L'ANALYSE DU PROBLÈME
Que peut faire Mélanie?

CAS 6.4: LE NOUVEAU

Stéphane Bonneau vient de compléter son cours à l'Institut de Nicolet et croit posséder maintenant toutes les connaissances et les habiletés nécessaires au travail de policier. Aujourd'hui, c'est sa première journée de travail dans une petite ville prospère du nord du Québec. Il n'a qu'une idée en tête, soit d'appliquer pleinement toutes ses connaissances et de servir les citoyens de son mieux.

Le sergent Prévost l'a placé avec Bernard Lavertu, un policier ayant plus de vingt ans de métier. La première mission de l'équipe consistait à aller cueillir quelques renseignements concernant un vol par infraction commis dans un magasin de l'est de la ville. En route, Lavertu s'arrêta chez le concessionnaire où il venait d'acheter son automobile et discuta une vingtaine de minutes d'un problème avec le vendeur. Stéphane, qui était demeuré dans l'auto, montra quelques signes d'impatience au retour de Lavertu. Arrivés sur les lieux, Stéphane sortit immédiatement et entra dans le magasin. Lavertu le suivit quelques instants plus tard et lui dit: «Le jeune, tu es un policier, pas un pompier».

Au retour, Stéphane remarqua un camion stationné dans une ruelle. «Allons vérifier», dit-il à Lavertu. Invoquant la pluie battante, son partenaire ne voulut pas s'arrêter et poursuivit sa route en se moquant du zèle de Bonneau.

À l'heure du dîner, ils s'arrêtèrent dans un restaurant où trois autres policiers étaient attablés. Lavertu se dirigea vers eux et s'installa à leur table, laissant Bonneau s'asseoir derrière eux à l'écart. Pendant le repas, ils firent quelques blagues sur l'empressement du «jeune» et celui-ci fit semblant de les trouver drôles.

La fin du quart de travail se déroula de la même façon que le début. Lavertu répondit aux différents appels avec une certaine nonchalance, fit quelques vérifications de routine de sa propre initiative et maugréa presque tout le temps contre le sergent, le lieutenant ou le directeur quand ce n'était pas contre les citoyens en général.

Dans le vestiaire à la fin de la journée, Stéphane réfléchissait à sa situation lorsque le sergent s'approcha pour s'enquérir de l'état d'esprit de sa recrue.

Sergent : Et puis, le jeune ! Bonne journée ?

Stéphane : Très bien, très bien.

Mais il pensait tout autrement. « J'ai le choix, se disait-il, entre suivre Lavertu et ses méthodes de travail, soit faire le minimum nécessaire, ou agir selon mon désir, mais subir les quolibets de mes collègues et paraître à leurs yeux "un zélé qui veut faire ses preuves". »

QUESTIONS-GUIDES POUR L'ANALYSE DU PROBLÈME
1. Si Stéphane accepte de se conformer, quels seront ses motifs ?
2. Quelles seront les conséquences s'il refuse de suivre les autres ?
3. Peut-il changer la définition d'une « journée normale de travail » ?
4. Comment le sergent peut-il aider Stéphane ?

BIBLIOGRAPHIE

BURTON, G.E., « Group Process : Key to More Productive Management », *Management World*, mai 1981, p. 12-15.

DUMAINE, Brian, « Who Needs a Boss ? », *Fortune*, 7, mai 1990, p. 52-60.

FRENCH, W.L. et C.H.B. Bell, *Organization Development : Behavioral Science Interventions*, 4e édition, Englewood Cliffs, N.J., Prentice-Hall, 1990.

GABARRO, John J., « The Development of Working Relationship », *Handbook of Organizational Behavior*, édité par Jay W. Lorsh, Englewood Cliffs, N.J., Prentice-Hall, 1987, p. 172-189.

HAMMER, M. et J. Champy, *Reengineering the Corporation*, New York, Harper Business, 1993.

NAPIER, R.W. et M.K. Gershenfeld, *Groups : Theory and Experience*, 3e édition, Boston, Houghton Mifflin, 1985.

PARKER, G.M. *Team Players and Team Work*, San Francisco, Jossey-Bass, 1990.

QUATRIÈME PARTIE

La direction

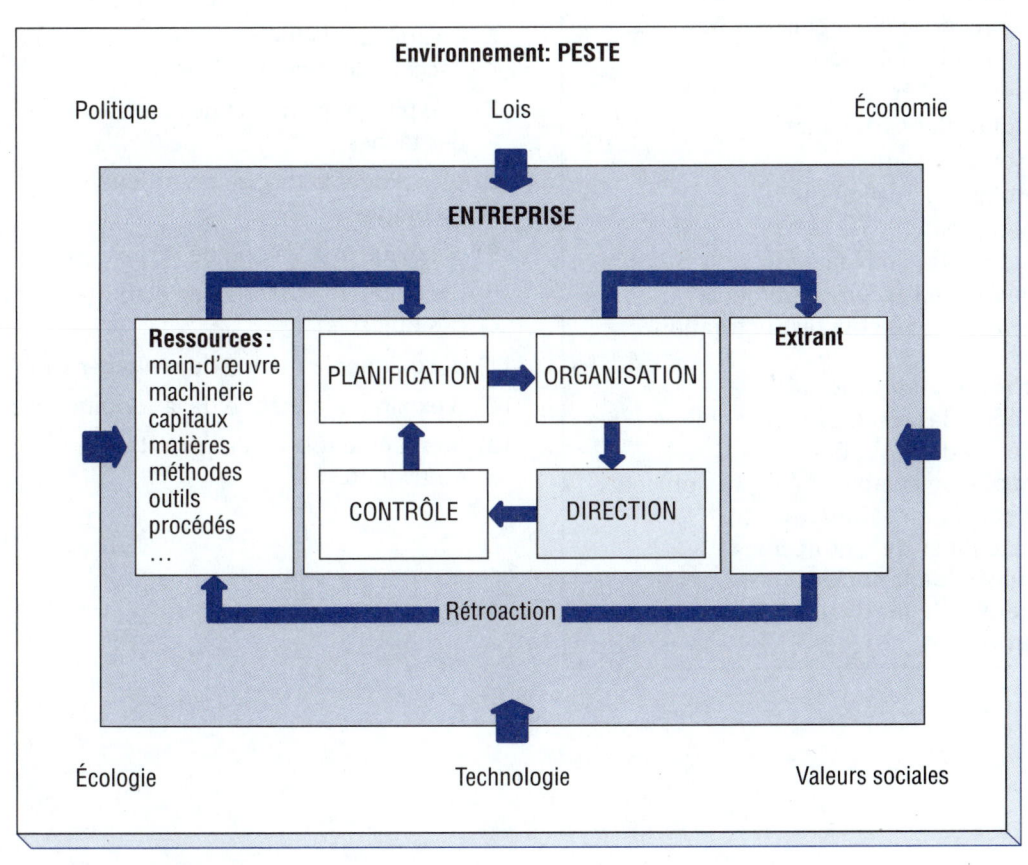

CHAPITRE 7
La motivation

UN APERÇU
Introduction
La nature de la motivation
La frustration
Le rôle du gestionnaire dans la motivation
Les théories de la motivation
Les théories originelles
L'école classique
L'école des relations humaines
Les théories axées sur le contenu
La théorie de la hiérarchie des besoins
- Besoins physiologiques
- Besoins de sécurité
- Besoins d'appartenance
- Besoins d'estime
- Besoins d'actualisation

La théorie MAC
La théorie des deux facteurs
La théorie de l'accomplissement
L'enrichissement et la restructuration des tâches
Les théories cognitives
La théorie des résultats escomptés
La théorie de l'équité
La théorie de l'établissement des objectifs
La théorie du renforcement
Les catégories de renforcement
La théorie de la socialisation
L'argent et la motivation
Résumé

OBJECTIFS SPÉCIFIQUES

Après avoir lu ce chapitre, vous devriez être en mesure :

1) de décrire le processus de motivation ;
2) de présenter les différentes réactions face à la frustration ;
3) d'expliquer la théorie de la hiérarchie des besoins ;
4) d'expliquer la théorie MAC ;
5) d'expliquer la théorie des deux facteurs ;
6) d'expliquer la théorie de l'accomplissement ;
7) d'expliquer la théorie de l'enrichissement des tâches ;
8) d'expliquer la théorie des résultats escomptés ;
9) d'expliquer la théorie de l'équité ;
10) d'expliquer la théorie de l'établissement des objectifs ;
11) d'expliquer la théorie du renforcement ;
12) d'expliquer la théorie de la socialisation ;
13) de situer le rôle de l'argent dans la motivation.

MISE EN SITUATION

Jean-Raymond Bourgeois est vice-président de la production pour la société Lino ltée depuis sept ans. Il s'est joint à cette entreprise il y a vingt-sept ans, soit immédiatement après avoir obtenu son diplôme de l'École polytechnique de Montréal.

Au début, il était contremaître responsable du contrôle de la qualité à l'usine du Cap-de-la-Madeleine. Par la suite, il a occupé différents postes de direction dans presque tous les services de l'entreprise. Il fut même responsable des négociations il y a douze ans lorsque le premier syndicat fut accrédité.

Aujourd'hui, il a cinquante-trois ans et n'espère plus de promotion au sein de l'entreprise, car le président et principal actionnaire n'a que cinquante-cinq ans et le frère de celui-ci est vice-président du marketing et semble le dauphin choisi pour lui succéder. Jean-Raymond Bourgeois comprend très bien la situation et n'en éprouve aucune rancœur. Il adore son travail actuel et se considère très bien traité par la société.

Son fils s'est marié l'an dernier et il habite Québec. Sa fille étudie présentement à l'université Cornell où elle termine une maîtrise. Quant à son épouse, elle est responsable des inscriptions aux cours du soir à l'université. Jean-Raymond siège au conseil d'administration du centre Épic de Montréal, où il s'entraîne régulièrement trois fois par semaine. Sa résidence de la Rive-Sud est à vendre et il envisage de s'établir au centre-ville dans un condominium.

Le travail de Jean-Raymond Bourgeois est impeccable et personne ne peut lui reprocher quoi que ce soit. Toutefois, le président de la société, Charles Walker, pressent que la flamme intérieure qui distingue les gestionnaires hors de pair semble s'éteindre peu à peu chez son vice-président production et que, face à une compétition très vive, son entreprise pourrait éprouver certaines difficultés s'il ne peut compter sur l'implication totale et sans réserve de ses adjoints.

Charles Walker en a indirectement fait allusion à quelques reprises à Jean-Raymond, mais, chaque fois, celui-ci a su détourner le sujet subtilement. Lors d'un dîner avec son frère Robert, Charles lui confia le problème auquel il faisait face en ce qui concerne Jean-Raymond : « Je ne peux tout de même pas m'en débarrasser, car il est responsable, à lui seul, de la moitié des succès de l'entreprise. De plus, il fournit présentement un travail que bien peu de jeunes cadres seraient en mesure d'accomplir. Je ne sais vraiment pas ce qu'il faut faire pour motiver un homme comme lui qui a tout et à qui il reste une dizaine d'années de productivité ».

INTRODUCTION

Pourquoi un individu se joint-il à une organisation ? Pourquoi demeure-t-il à l'emploi de cette organisation ? Pourquoi offre-t-il une performance plus élevée que les autres ? Bref, pourquoi une personne adopte-t-elle un comportement particulier ? Parce qu'il est motivé, tout simplement. Alors qu'entend-on par « motivation » ?

Comment motiver une personne comme Jean-Raymond Bourgeois, voilà un problème auquel il n'existe pas de réponse simple[1]. Les individus agissent toujours en fonction d'un objectif à atteindre ou d'une récompense à recevoir. Ainsi, nous pouvons dire que les gens sont toujours motivés, c'est-à-dire que leur comportement est orienté vers un but, mais pas nécessairement celui souhaité par l'organisation qui l'emploie. L'intensité ou la détermination qu'ils manifestent en essayant d'atteindre ce but est fonction de la perception qu'ils ont des bénéfices qu'ils peuvent en retirer.

Motivation et objectif

Le comportement des personnes vise la réduction du déséquilibre créé par un besoin, car le besoin cause une tension qui doit être éliminée afin d'éviter les conséquences négatives qui pourraient en résulter. Ainsi, une semaine avant un examen important, un étudiant passera de longues heures à réviser ses notes de cours et à pratiquer les différents exercices qui le rendront apte à réussir l'examen. Ce comportement dénote la présence d'un besoin, l'étudiant ayant un objectif à atteindre. Dans les jours qui suivent l'examen, l'étudiant ressent temporairement une nette diminution de son besoin d'étudier, puisque son objectif a été atteint. Son comportement sera modifié et il consacrera probablement ses heures libres à d'autres activités. Il n'est plus motivé pour étudier.

Ce n'est pas l'altruisme qui stimule le rendement de l'employé, mais son intérêt personnel et la possibilité qui lui sera donnée de satisfaire ses besoins. Quels sont alors les besoins des employés et comment le gestionnaire peut-il contribuer à les satisfaire ? Le secret de la gestion des individus se trouve là.

LA NATURE DE LA MOTIVATION

Du point de vue de la psychologie, tous les comportements volontaires des individus ayant un objet déterminé entrent dans le cadre de la motivation. Quant à nous, notre approche coïncidera avec celle du gestionnaire pour lequel l'employé motivé est celui qui consacre toutes les énergies dont il dispose à la réalisation de la tâche qui lui a été confiée. Cette situation est peu courante, puisque l'individu dans l'entreprise ne consacre pas toujours ses énergies à son travail ; lorsqu'il le fait, l'intensité varie selon les circonstances.

Motivation

La *motivation*, c'est donc l'ensemble des forces qui amorcent, orientent et maintiennent un comportement donné jusqu'à ce que le but soit atteint ou que le comportement soit interrompu.

---

1. À ce sujet : John R. Schermerhorn, *Management for Productivity*, 2e édition, Carbondale, 1986 (particulièrement le chapitre 12 : Leading Through Motivation).

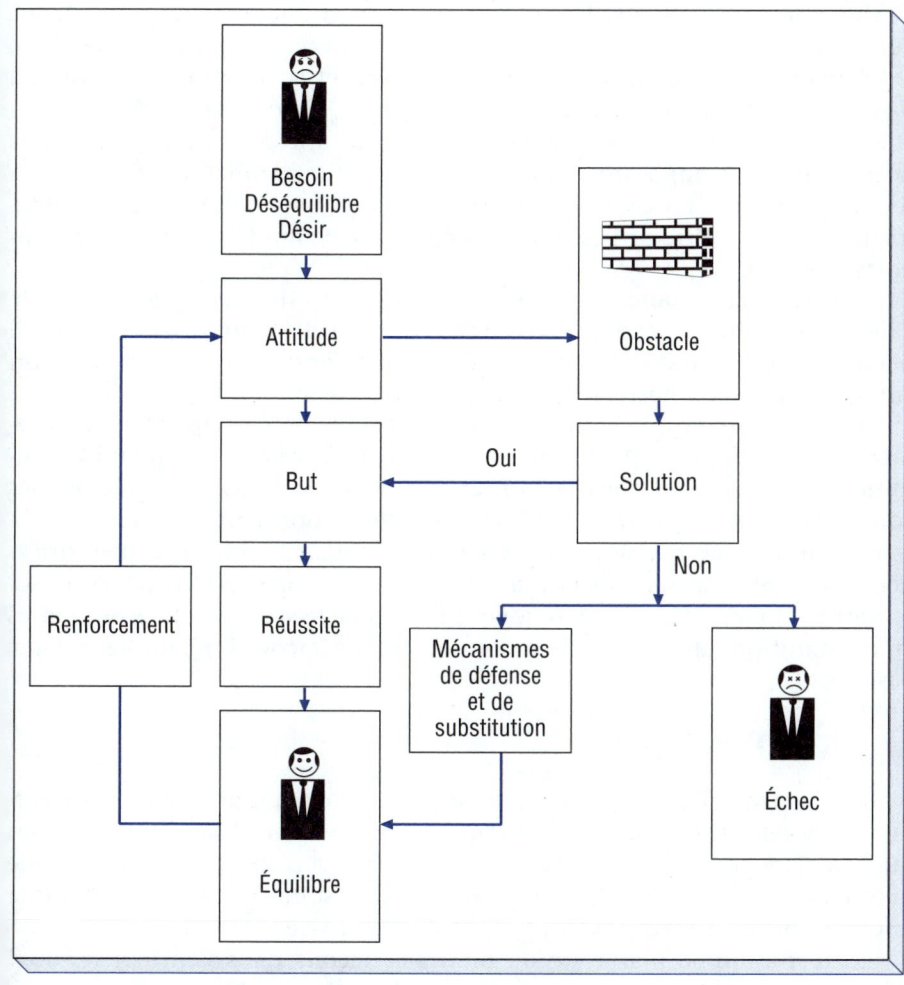

FIGURE 7.1
Le processus de motivation

La figure 7.1 présente le cheminement suivi par l'être humain afin de satisfaire ses besoins.

Analysons ensemble le déroulement des phénomènes reliés à la motivation. Au début du cycle, il y a la naissance d'un *besoin*. Il pourrait s'agir de la faim[2], d'un manque de sommeil ou encore d'un manque de contact humain profond (absence d'amitié). Ce besoin crée chez l'individu un *déséquilibre* physique ou psychologique (réactions physiologiques ou stress).

Le *désir*, c'est le stimulus; dans ce cas-ci, il s'agit de la faim. Les *attitudes* sont des réactions apprises, sorte d'habitude mentale, impliquant un jugement

Déséquilibre

Désir ⇒ Attitudes ⇒ But

2. Voir exemple détaillé décrit dans Diane E. Papalia et Sally Wendkos Olds, *Introduction à la psychologie*, Montréal, McGraw-Hill, 1985, p. 326-334.

de valeur face à des objets, des faits ou tout autre stimulus. Les attitudes[3] sont déterminées par l'échelle de valeurs de l'individu (la composante affective), le cadre de référence (la composante cognitive) et la situation de l'individu (la composante comportementale). Par exemple, si vous percevez la recherche sur les maladies cardiovasculaires comme une activité positive dans notre société (composante affective), puisqu'elle permet de soulager la société d'un mal dévastateur (composante cognitive), vous allez probablement travailler à titre de bénévole à la cueillette de fonds (composante comportementale).

Accomplissement ⇒ Réussite

L'individu agit, mange, dort, rencontre des gens. Il y a *accomplissement* de l'acte, satisfaction du besoin et retour à l'équilibre. Le besoin étant comblé, il n'agit plus. Cet état d'équilibre peut n'être que temporaire, jusqu'à ce qu'un autre besoin se manifeste. Alors le cycle recommence.

Solution: répondre au besoin

Ce que doit retenir le gestionnaire de ce processus, c'est que le comportement de l'être humain peut être modifié seulement si l'on comprend le cheminement de celui-ci dans la satisfaction de ses besoins. Puisque tous les comportements sont activés par les besoins, le gestionnaire doit surtout analyser comment ses décisions et ses actions affectent le processus de *satisfaction des besoins de ses subordonnés*. Bref, le gestionnaire réussira dans ses tentatives pour motiver ses employés s'il modifie le système de récompenses et de punitions ainsi que l'environnement de façon à répondre à leurs besoins.

LA FRUSTRATION

Frustration

Avant d'analyser les facteurs de motivation au travail, il nous semble important de noter que certains comportements ne visent pas à satisfaire le besoin qui a enclenché le processus de motivation, mais à permettre à l'individu de faire face à la *frustration*. La frustration est le résultat de la perception que quelque chose entrave la réalisation de l'objectif visé.

La frustration se manifeste de multiples façons dans l'entreprise, qu'il s'agisse de sabotage, d'un taux très élevé d'absentéisme, de roulement, d'accidents ou d'un moral très bas chez les employés, etc.

Examinons au tableau 7.1[4] certaines réactions courantes de frustration au sein d'une entreprise. Par ces réactions, l'individu tente de se protéger en maintenant son anxiété au plus bas niveau possible. Ces réactions sont un phénomène sain en soi, mais la fréquence d'utilisation de ces soupapes de sûreté peut dénoter des faiblesses psychologiques chez celui qui y recourt.

Au lieu de souhaiter la suppression de ces comportements d'ajustement adoptés par les employés, les gestionnaires devraient chercher les causes de frustration et travailler à les éliminer.

---

3. Pour plus de détails, voir: A.F. Wittig, *Introduction à la psychologie,* trad. par R. Auger, Montréal, McGraw-Hill, 1980, p. 304.
4. Inspiré de: Timothy W. Catello et Sheldon S. Zalkind, *Psychology in Administration: A Research Orientation,* Englewood Cliffs, N.J., Prentice-Hall, 1963, p. 148-149.

Les gens travaillent pour des raisons fort différentes. Certains le font pour se réaliser et faire carrière; d'autres doivent travailler afin de vivre normalement dans notre société, avoir une famille, acheter une maison, une auto, payer l'épicerie, etc. Il y en a pour qui le travail représente la possibilité de se procurer un bien en particulier; par exemple, telle personne travaille pour s'acheter une chaîne stéréo, une autre, un ameublement de salon et une troisième pour pouvoir envoyer ses enfants à l'école privée. Pour certaines personnes, le travail représente un passe-temps, une façon de remplir les journées et de rencontrer d'autres personnes.

LA MOTIVATION AU TRAVAIL EST FONDÉE SUR DES BESOINS DIFFÉRENTS

TABLEAU 7.1 Les réactions devant la frustration

Réactions	Comportements	Exemples
Compensation	L'individu exerce un effort et une énergie supplémentaires pour compenser ailleurs une déficience réelle ou imaginaire, c.-à-d. s'il se sent faible dans un domaine, il tente de se surpasser dans un domaine différent.	– Reporter son manque d'autorité à l'usine en jouant au tyran à la maison. – Travailler fort à l'organisation d'une activité sociale pour les cadres, alors qu'il n'a jamais atteint un degré très élevé dans la hiérarchie de l'entreprise.
Déplacement	L'individu dirige ses réactions agressives ou son hostilité vis-à-vis une personne ou un objet vers un substitut (innocent). Cela se produit surtout lorsque les circonstances ne sont pas favorables à l'expression ouverte et directe de ce sentiment.	– Refuser une permission à un employé à la suite d'une rebuffade de son supérieur.
Rationalisation	L'individu justifie ses actions, ses attitudes et ses opinions par des motifs plus logiques et plus acceptables afin d'en déguiser la véritable motivation.	– Arrondir son compte de dépenses parce que tous les autres le font. – Écraser un adversaire pour lui apprendre à perdre.
Projection	L'individu attribue aux autres ses propres sentiments et ses propres motivations inacceptables.	– Trouver les autres entêtés dans les discussions, alors qu'il maintient toujours une position très rigide.
Régression	L'individu adopte un comportement infantile afin d'éviter de prendre ses responsabilités sans perdre la face.	– S'attarder à des travaux routiniers propres à ses subordonnés à la suite d'un échec dans une tâche plus complexe.

Répression	L'individu renonce volontairement et consciemment à un désir répréhensible ou « oublie » un souvenir anxiogène.	– « Oublier » de faire part à son supérieur d'une situation embarrassante rencontrée en effectuant son travail.
Fantasme	L'individu a tendance à s'évader dans un monde de rêves et d'idées lorsque les problèmes réels et concrets deviennent trop harassants.	– Rêver au jour où on sauvera l'entreprise d'un désastre ou qu'on gagnera le million.
Négativisme	L'individu développe inconsciemment une résistance active ou passive, détruit ce qu'il a adoré afin de couvrir ses sentiments de peur ou de lâcheté.	– Attaquer toutes les propositions des membres d'un comité auquel on a été assigné à son corps défendant.
Résignation	L'individu développe une apathie ou une résignation devant ses échecs.	– Ne plus s'intéresser à la qualité de son travail suite à une longue période sans récompense ni encouragement.
Sublimation	L'individu rend acceptables socialement certains de ses besoins et de ses motivations qui, autrement, seraient tabous.	– Se passionner pour une activité virile (boxe, karaté) qui absorbe toute son agressivité.
Formation réactionnelle	L'individu adopte des comportements exactement à l'opposé de ses sentiments ou de ses véritables motivations.	– Adopter un comportement plus que favorable à l'égard d'un groupe pour cacher ses tendances discriminatoires.
Identification	L'individu adopte le comportement et la manière d'être d'une personne qu'il admire.	– Adopter les comportements (habillement, loisirs, prises de position, etc.) des autres cadres à la suite d'une promotion.

N'oublions pas que nous agissons tous pour des motifs différents. Cela signifie que tout jugement porté sur le comportement d'un employé nécessite au préalable une analyse, si brève soit-elle, des raisons réelles ou imaginaires qui l'ont poussé à agir. Il faut reconnaître ces différences chez les êtres humains et apprendre à en tenir compte.

LE RÔLE DU GESTIONNAIRE DANS LA MOTIVATION

Le rôle du gestionnaire consiste à accomplir une tâche par l'intermédiaire de subordonnés. Ne pouvant assurer seul le succès de son service ou de son entreprise, il doit confier certaines tâches spécialisées à d'autres individus. Le défi réside dans le fait de convaincre les autres de contribuer par leurs efforts à la réalisation des objectifs de l'organisation.

Nous avons vu au chapitre 1 qu'un des rôles du gestionnaire consistait à motiver son groupe. Gérer exige donc de connaître les facteurs qui créeront la motivation nécessaire chez les employés afin que ceux-ci accomplissent adéquatement la tâche qui leur a été confiée. La motivation est un processus en soi qui doit être respecté si l'on désire obtenir des résultats, car il ne s'agit pas qu'un supérieur demande à ses employés de fournir à l'entreprise un effort supplémentaire pour qu'ils le fassent.

Notons également que la motivation n'est pas l'assurance d'un rendement élevé. Les habiletés et les compétences de l'employé ainsi que les conditions dans lesquelles se déroule le travail (équipement, support technique, espace, encadrement, etc.) affectent aussi le niveau de performance.

Dans les cas où certaines des théories que nous étudierons dans ce chapitre seraient inapplicables, il ne faut pas conclure à l'impossibilité de rendre le travailleur plus motivé. Le style de leadership, la qualité de la communication et les moyens utilisés pour satisfaire les besoins inférieurs de l'employé ont une très grande influence sur les résultats qu'un *gestionnaire* peut obtenir quant au rendement de ses subordonnés.

RÔLE IMPORTANT DU GESTIONNAIRE

L'enrichissement des tâches demeure une source de motivation privilégiée, car elle offre à l'intérieur même du travail un défi et une source de réalisation. Mais d'autres moyens de motivation sont à la disposition du gestionnaire. Parmi ceux-ci, il y a les incitatifs financiers qui représentent non seulement plus d'argent, mais surtout une évaluation du travailleur par rapport aux autres, une mise en relief de son rendement comparativement à la moyenne de ses pairs.

Ajoutons que le pouvoir discrétionnaire du gestionnaire de distribuer des *récompenses et des punitions*, d'offrir des promotions ou de congédier ne laisse pas les employés indifférents. La qualité de l'exercice de l'autorité et la compétence du gestionnaire peuvent aussi influencer le subordonné qui, par respect pour son supérieur immédiat, sera peut-être amené à offrir un meilleur rendement. Les compliments, les récompenses publiques, les félicitations du supérieur immédiat peuvent aussi, dans de nombreux cas, constituer des facteurs de motivation.

RÔLE DE L'AUTORITÉ

Enfin, la *participation* du travailleur aux décisions qui le concerne ou concernant son travail sur le plan des objectifs, des méthodes ou de la planification représente une autre source de motivation que n'ont pas négligée les nouvelles théories de la gestion.

RÔLE DE LA PARTICIPATION

Il ne faut pas oublier que les employés d'une entreprise ont une personnalité propre et, par conséquent, des besoins propres. De plus, leurs réactions à différentes incitations peuvent varier dans le temps. Il nous reste donc à inviter le gestionnaire à être à l'écoute (voir figure 7.9) de chacun de ses subordonnés. Il doit être sensible à leurs messages, être capable de les évaluer et de les comprendre afin d'être en mesure d'agir, d'exercer son autorité en fonction de la situation perçue. Utiliser l'argent comme facteur de motivation a ses limites, comme le soulignait Clarence Francis:

Vous pouvez acheter le temps d'un individu, vous pouvez acheter sa présence physique à un endroit donné; vous pouvez même mesurer le nombre de mouvements musculaires à l'heure; mais vous ne pouvez pas acheter l'enthousiasme. Vous ne pouvez pas acheter l'initiative; vous ne pouvez pas acheter la loyauté; vous ne pouvez pas acheter la dévotion du cœur, de l'esprit et de l'âme. Vous devez les mériter[5].

LES THÉORIES DE LA MOTIVATION

Il existe plusieurs théories de la motivation dont peut s'inspirer le gestionnaire pour améliorer sa compréhension du comportement de ses employés.

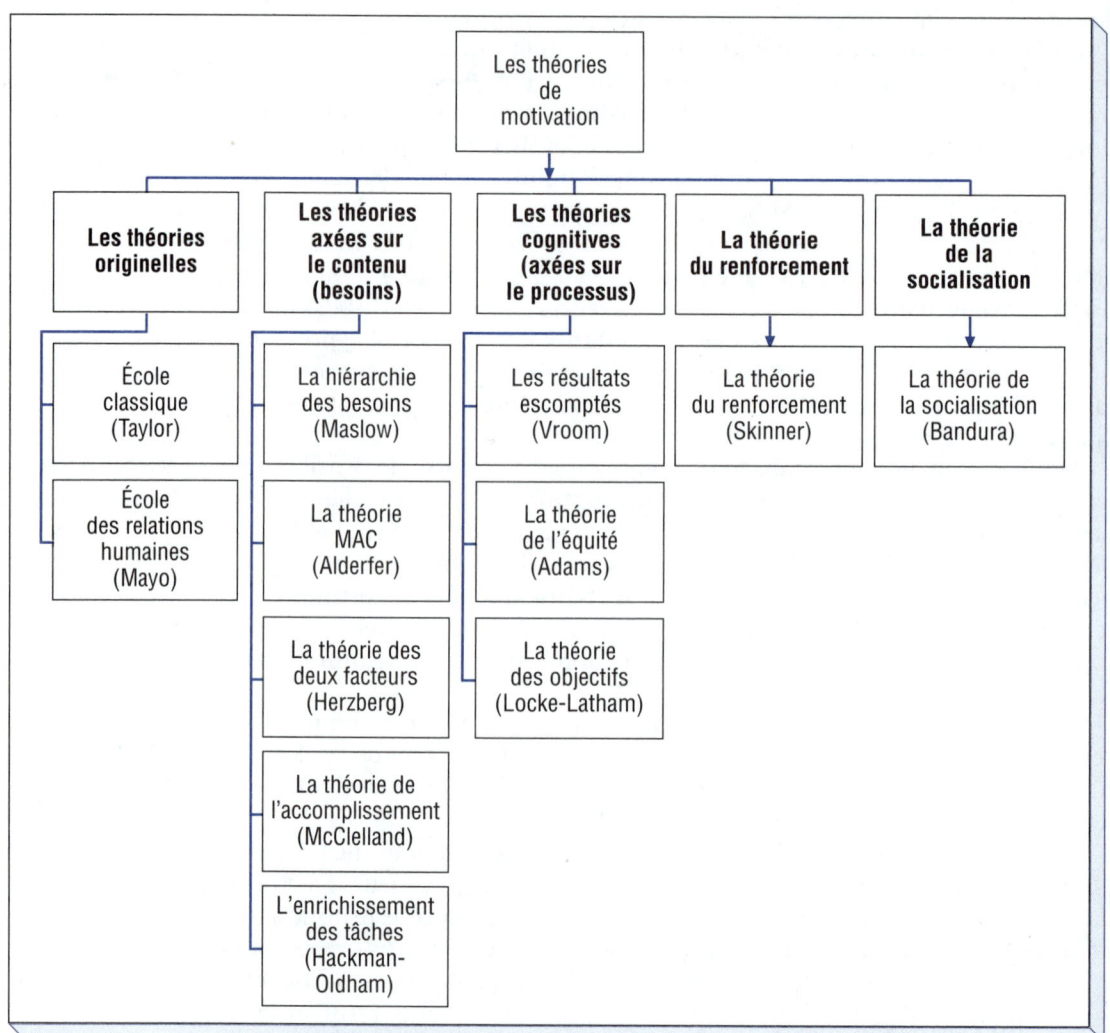

FIGURE 7.2 Les principales théories de la motivation

5. Clarence Francis, *Management Methods Magazine*, 1952. Cité dans: Leon C. Megginson, Donald C. Mosley et Paul H. Pietri, *Management, Concept and Applications*, 2e éd., New York, Harper and Row Publishers, 1986, p. 387.

Il n'y a rien de plus pratique qu'une bonne théorie, disait Kurt Lewin. Nous étudierons les plus populaires, sans tenter de déterminer laquelle est la meilleure. En fait, les éléments qui suivent doivent plutôt permettre au gestionnaire de développer une approche personnelle de la motivation.

La motivation d'un individu au travail a été la source d'une multitude d'études et de théories à commencer par F.W. Taylor et E. Mayo.

Les théories de la motivation, abstraction faite des théories originelles, se résument donc à quatre idées[6]:
- les théories axées sur le contenu: la nature des besoins et des désirs humains (physiologiques, sociologiques et d'autoréalisation);
- les théories cognitives: les modes de pensée utilisés par les individus pour satisfaire leurs besoins; ses connaissances (anticipation des conséquences potentielles de nos efforts) l'amènent à adopter certains comportements;
- la théorie du renforcement: les motifs qui poussent les gens à répéter certains comportements ou à les modifier; ces comportements ont généralement des conséquences positives, lorsqu'ils sont appropriés. Ces conséquences positives ou récompenses renforcent nos comportements, comblent nos besoins et enrichissent nos connaissances quant aux liens entre nos comportements et des récompenses futures;
- la théorie de la socialisation: les interactions entre les comportements, les facteurs personnels et les forces de l'environnement permettent de développer les comportements acceptables dans la société.

LES THÉORIES ORIGINELLES

Que doit faire le gestionnaire pour encourager la motivation de ses employés? Les points de vue divergent énormément[7]. Parmi les premiers théoriciens de la motivation, il y a Frederick W. Taylor et Elton Mayo que nous avons déjà abordés dans le premier chapitre.

L'ÉCOLE CLASSIQUE

La théorie traditionnelle de la motivation est née des travaux de Frederick W. Taylor et du mouvement du management scientifique qui apparut au début du siècle (1900-1915). L'approche de Taylor repose sur l'analyse qu'il fit des systèmes de récompenses de son époque, lesquels, selon lui, n'encourageaient aucunement le travailleur à être productif. Sa proposition fut fort simple: il s'agissait de mettre en place un système où l'individu serait rémunéré en fonction de sa productivité. Il fallait donc établir objectivement ou «scientifiquement» des standards de production. Taylor régla ce problème en décomposant les emplois en leurs différents éléments et en mesurant le

TAYLOR

---

6. Kathryn M. Bartol et David C. Martin, Management, New York, McGraw-Hill, 1991, p. 447.
7. Pour un résumé de ces points de vue, voir: Richard M. Steers et Lyman W. Porter (éditeurs), Motivation and Work Behavior, 4e édition, New York, McGraw-Hill, 1987, p. 14-19.

FIGURE 7.3
La théorie de Taylor

MOTIVATION PAR LA RÉMUNÉRATION

temps requis pour accomplir chacun de ces éléments ou opérations. Ainsi naissaient les études de temps et mouvements, bien connues de nos jours.

Le système de Taylor consistait à rémunérer l'employé selon un tarif pour chaque unité produite jusqu'à ce qu'une norme soit atteinte; au-delà de cette norme, il s'agissait d'appliquer un tarif plus élevé pour toutes les unités produites pour la journée où le taux était dépassé[8].

Cette théorie de la motivation repose sur l'hypothèse que la *rémunération est le facteur de motivation fondamental* de l'employé; de ce fait, elle pèche par son approche simpliste du phénomène de la motivation de l'individu. Bref, cette théorie part de l'hypothèse que les récompenses monétaires sont directement reliées au rendement de l'individu et que plus le salaire est élevé, plus l'employé produira.

À l'époque de Taylor, la situation économique des travailleurs les obligeait à limiter leurs ambitions à l'aspect monétaire, car ces derniers gagnaient à peine de quoi nourrir leurs familles. Encore aujourd'hui, certaines entreprises croient qu'il suffit de bien payer les travailleurs et de leur offrir de bons avantages sociaux pour les motiver et les satisfaire.

Nous savons maintenant que le salaire et les conditions de travail ne représentent qu'un aspect du monde fort complexe de la motivation. En fait, motivation et satisfaction ne sont pas synonymes; de plus, la satisfaction n'entraîne pas nécessairement une hausse du rendement. Pourquoi ne serait-ce pas une hausse du rendement qui créerait la satisfaction? Nous nous sommes peut-être trompés sur la direction de la causalité.

L'ÉCOLE DES RELATIONS HUMAINES

À la suite de recherches effectuées à l'usine Western Electric Company à Hawthorne (1927-1932), Elton Mayo et son équipe ont conclu que les gestionnaires doivent consacrer plus d'attention à l'aspect social du milieu de travail, démontrer aux employés qu'ils sont importants, accroître les communications et encourager un certain travail d'équipe. Bref, les gestionnaires sont invités à s'attarder aux aspects sociologiques et psychologiques du travail.

---

8. Frederick W. Taylor, Scientific Management, New York, Harper and Row Publishers inc., 1947.

LES THÉORIES AXÉES SUR LE CONTENU (BESOINS)

Nous allons étudier cinq des plus importantes théories axées sur le contenu de la motivation ou sur les besoins. Contenu signifie dans ce contexte la source de la motivation. Ces théories sont la théorie de la hiérarchie des besoins, la théorie MAC, la théorie des deux facteurs, la théorie de l'accomplissement et le modèle d'enrichissement des tâches.

La théorie de la hiérarchie des besoins

Dans le domaine des sciences humaines appliquées à l'administration, plusieurs auteurs méritent que l'on s'attarde à leur théorie. Maslow est un des plus connus. Sa théorie comprend deux volets: les besoins humains se classifient en cinq catégories et ces catégories se présentent dans un ordre hiérarchique, chaque niveau devant être raisonnablement satisfait avant que le niveau suivant n'ait un intérêt pour l'employé[9].

MASLOW: LA HIÉRARCHIE DES BESOINS

Il s'agit d'une des théories les plus connues en ce qui concerne la motivation. Développée par Abraham Maslow (début des années 1960), selon qui les besoins des individus sont classés dans un ordre hiérarchique à cinq niveaux[10]. Toujours selon cette théorie, les individus consacreront leurs énergies à satisfaire leurs besoins en fonction de cette hiérarchie en commençant par leurs besoins de base. Lorsqu'un besoin est relativement satisfait, l'individu s'orientera vers la satisfaction des besoins du niveau supérieur.

Voyons ce que représente chacun de ces besoins.

Besoins physiologiques

Ce sont les besoins les plus fondamentaux de tous. Appliqués au monde du travail, ils signifient le besoin d'un bon salaire. Les sommes ainsi gagnées par les travailleurs leur permettent de se procurer une maison, des vêtements et de la nourriture pour eux et les leurs. Une fois ces besoins satisfaits, seul le désir de satisfaire un besoin supérieur pourra entretenir leur motivation. Ajoutons que dans le cas où ces besoins de base sont satisfaits, la menace de se les voir retirer représente aussi une source de motivation.

BESOINS PHYSIOLOGIQUES

Exemples de besoins physiologiques: exercice, repos, santé, nourriture, boisson, salaire, vacances, pause-café, salle de repos.

---

9. À lire: A.H. Maslow, «A Theory of Human Motivations», *Psychological Review*, vol. 50, 1943, p. 370-396; A.H. Maslow, *Motivation and Personality*, New York, Harper & Brothers, 1954; A.H. Maslow, *Toward a Psychology of Being*, Princeton, N.J., D. Van Nostrand Co., 1962; A.H. Maslow, *Eupsychian Management*, Homewood, Ill., Irwin-Dorsey, 1965; A.H. Maslow, *The Farther Reaches of Human Nature*, New York, The Viking Press, 1971.

10. En fait, Maslow a proposé sept niveaux de besoins. Les besoins cognitifs (savoir, comprendre, explorer) et les besoins d'esthétisme (symétrie, ordre, beauté) n'ont pas été inclus dans le schéma final de sa théorie. Voir à ce sujet: Abraham H. Maslow, *Motivation and Personality*, New York, Harper & Row, 1954, p. 93-98.

Besoins de sécurité

BESOINS DE SÉCURITÉ — Se sentir raisonnablement à l'abri des menaces et des injustices représente le deuxième niveau de besoins. Pensons à la sécurité d'emploi, aux avantages qu'apportent les clauses d'ancienneté et à tous les programmes d'assurances offerts par l'employeur. Par contre, la sécurité ne peut être la base d'une motivation profonde et prolongée.

Exemples de besoins de sécurité: protection, confort, absence de menaces, environnement organisé, protection du revenu, sécurité, caisse de retraite, procédure de grief.

Besoins d'appartenance

BESOINS D'APPARTENANCE — Le besoin d'être accepté à l'intérieur du groupe de travail est profondément ressenti par la plupart des employés. L'attrait du groupe (voir le chapitre 6) peut dépasser celui d'une augmentation de salaire. En conséquence, cela poussera un employé à respecter les normes de production du groupe plutôt que de profiter des incitatifs d'une production supplémentaire.

Exemples de besoins d'appartenance: appartenance à un groupe, affection, amour, amitié, sentiment d'appartenance, groupe informel, activités subventionnées par l'entreprise.

Besoins d'estime

BESOINS D'ESTIME — Nous touchons maintenant des niveaux de besoins encore trop négligés lors des tentatives pour motiver les employés. Les moyens sont pourtant nombreux d'offrir aux employés la possibilité de satisfaire le besoin d'estime qu'ils éprouvent. Le gestionnaire peut faire participer l'employé à la prise de décision et au processus d'établissement des objectifs. Il faut laisser à l'employé la possibilité d'être fier de ce qu'il fait et de ce qu'il est, de se sentir capable de réussir dans ce qu'il entreprend, d'être respecté par les autres, d'être apprécié et reconnu.

Exemples de besoins d'estime: reconnaissance et prestige, leadership, réussite, compétence, force, pouvoir, statut, récompenses, titre, promotion.

Besoins d'actualisation

BESOINS D'ACTUALISATION — C'est le niveau ultime de la motivation. Il s'agit ici de réaliser son potentiel et d'utiliser ses habiletés et ses compétences. Malheureusement, peu d'employés aujourd'hui peuvent attendre de leur emploi la possibilité de s'actualiser. Cela explique en partie l'insatisfaction chronique des travailleurs et leurs perpétuelles demandes d'avantages supplémentaires. C'est aussi une des raisons de la grande participation des gens à toutes sortes de passe-temps afin de trouver un moyen de s'exprimer.

Exemples de besoins d'actualisation: réalisation de son potentiel, curiosité intellectuelle, défi, créativité.

Concluons cet aperçu de la théorie de Maslow en évoquant sa simplicité et sa facilité d'utilisation. Cette théorie aide à comprendre le pourquoi de

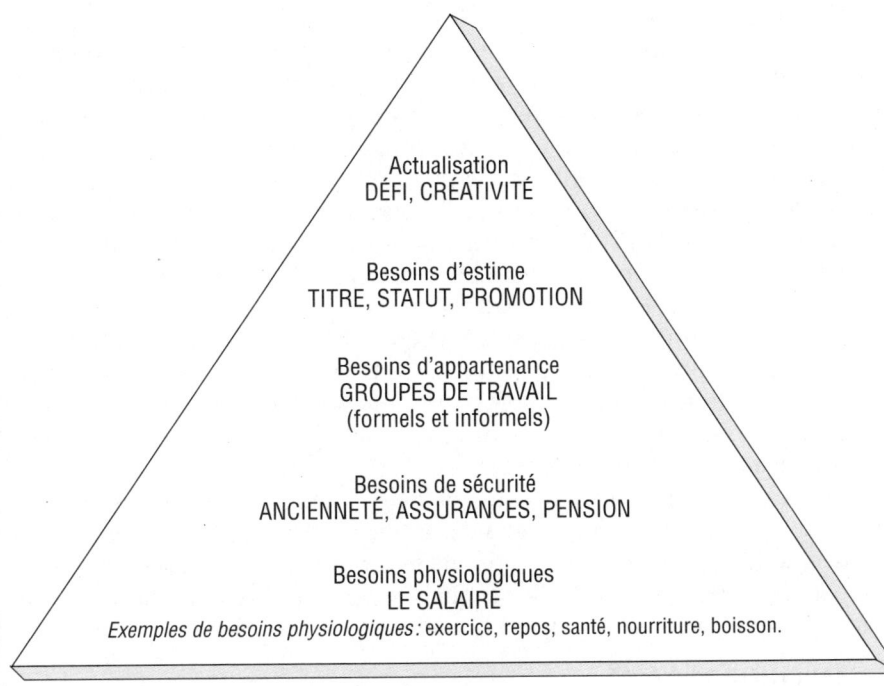

FIGURE 7.4
La hiérarchie des besoins

l'insatisfaction chronique des employés malgré toutes les améliorations que les entreprises ont pu apporter aux salaires et aux conditions de travail; de plus, elle incite les gestionnaires à s'intéresser aux besoins supérieurs de leurs employés. Toutefois, cette théorie comporte des inconvénients; en effet, il est impossible d'appliquer la hiérarchie des besoins pour un grand nombre d'individus limités par le contexte routinier de leur emploi. De plus, certains concentrent leurs efforts sur les besoins supérieurs et négligent presque totalement les besoins primaires, tandis que d'autres ne visent qu'à satisfaire ces derniers.

Il faut dire aussi que, pour un individu, l'importance de chacun de ces besoins varie selon les situations. Ainsi, en période de récession économique, les besoins physiologiques et surtout les besoins de sécurité deviendront prioritaires. De plus, les diverses étapes de la vie professionnelle d'un individu entraînent une modification de ses priorités, de ses valeurs et de ses besoins[11].

Mentionnons également que les valeurs sous-jacentes à cette étude sont celles de la société américaine; par conséquent, il est loin d'être acquis que l'ordre des besoins soit le même pour toutes les cultures[12].

LA HIÉRARCHIE DES BESOINS N'EST PAS UNIVERSELLE

---

11. R.E. Hill et E.L. Miller, «Job Change and the Middle Seasons of a Man's Life», *Academy of Management Journal*, mars 1981, p. 114-127.

12. Voir à ce sujet l'étude suivante: Mason Haire, Edwin Ghiselli et Lyman W. Porter, *Managerial Thinking*, New York, John Wiley & Sons, 1966.

Bref, le mérite fondamental de la théorie de Maslow est de faire prendre conscience au gestionnaire que la motivation des employés au travail repose sur la possibilité qui leur est offerte de satisfaire leurs *propres* besoins.

Application de la théorie de la hiérarchie des besoins dans la gestion. La théorie de Maslow est très populaire auprès des gestionnaires. Bien que fort incomplète, elle permet, surtout aux étudiants en gestion, de comprendre la base de la motivation. Très facile à comprendre, elle est aussi très facile à vérifier dans un environnement de travail, car elle souligne des facteurs qui sont réellement utilisés pour motiver les travailleurs.

Les recherches ont démontré que les besoins pouvaient être regroupés en trois catégories plutôt que cinq (voir: théorie MAC). De plus, la hiérarchie des besoins n'est pas la même pour tous. Certains individus peuvent se limiter à la satisfaction de leurs besoins physiologiques et de leurs besoins de sécurité, alors que d'autres cherchent la satisfaction de leur besoin de réalisation, parfois au détriment de leurs besoins de sécurité.

Enfin, les individus tentent souvent de satisfaire plusieurs besoins à la fois[13]. Ou encore, ils utilisent leur salaire pour satisfaire certains besoins de niveau supérieur à l'extérieur du cadre de leur travail. Par exemple, un revenu élevé peut permettre un niveau de vie qui ouvrira les portes de certains groupes sociaux auxquels veut se joindre le travailleur.

LA THÉORIE MAC[14]

La théorie de Clayton Alderfer[15] est une solution de rechange à la théorie de Maslow. Au lieu de cinq niveaux de besoins, Alderfer en propose trois: les besoins liés au maintien, les besoins apparentés et les besoins de croissance (ERG: *Existence, Relatedness and Growth needs*).

Les *besoins liés au maintien* concernent les besoins physiologiques et leur équivalent dans le monde du travail comme le salaire, les avantages sociaux et les conditions de travail en général. Les *besoins apparentés* comprennent nos relations avec les personnes importantes à nos yeux dans notre entourage tels nos amis, la famille, les collègues de travail. Il s'agit en fait de nos besoins d'être accepté par les autres, de partager avec eux et de les influencer. Les *besoins de croissance* sont associés à la créativité, à l'innovation, à nos besoins de progresser. C'est notre désir de fournir un travail qui aura un impact important dans notre milieu de travail.

Nous tenterons de satisfaire ces besoins dans l'ordre, les besoins satisfaits se transformant en outils pour satisfaire les besoins supérieurs. Lorsque les

---

13. Mahmoud A. Wahba et Lawrence G. Bridwell, «Maslow Reconsidered: A Review of Research on the Need Hierarchy Theory», *Organizational Behavior and Human Performance*, vol. 16, 1976, p. 212-240.

14. L'expression «ERG» de Clayton Alderfer (*Existence needs, Relatedness needs, Growth needs*) a été traduite par Pierre G. Bergeron par les expressions: besoins liés au maintien, besoins apparentés et besoins de croissance (MAC). Référence: Pierre G. Bergeron, *La gestion dynamique: concepts, méthodes et applications*, 2ᵉ édition, Montréal, Gaëtan Morin Éditeur, 1995, p. 477. Nous avons adopté cette traduction par souci d'uniformité.

15. Clayton P. Alderfer, *Existence, Relatedness and Growth: Human Needs in Organizational Settings*, New York, The Free Press, 1972.

besoins de maintien sont comblés, nous sommes en meilleure position pour entreprendre la mise en place d'un réseau de relations qui nous aideront à satisfaire notre besoin de croissance. Bref, nous pouvons parler du principe de la « progression de la satisfaction » tout comme dans la théorie de Maslow.

En revanche, Alderfer admet qu'un individu puisse viser la satisfaction de plusieurs objectifs simultanément, tout comme il peut ne pas respecter l'ordre de satisfaction de ces besoins. Enfin, en vertu du principe de « régression par frustration », un individu peut, lors d'une série d'échecs ou de frustrations, se concentrer sur la satisfaction d'un besoin inférieur et négliger complètement ceux du niveau supérieur[16]. Le gestionnaire doit donc offrir toute une panoplie de moyens permettant de satisfaire les divers besoins d'un employé.

Application de la théorie MAC dans la gestion. Il est difficile de démontrer dans la pratique le bien-fondé de cette théorie. Le gestionnaire, constatant que l'employé tente de satisfaire plusieurs besoins à la fois, se doit d'offrir une variété de moyens pour combler ses besoins. Il semble que les occasions de satisfaire leur besoin de croissance soient très efficaces, car elles comblent généralement d'autres besoins simultanément.

LA THÉORIE DES DEUX FACTEURS

Le travail de Herzberg[17] est, à l'instar de la théorie MAC, la suite logique de la théorie de Maslow. Très utilisée de nos jours dans les entreprises, particulièrement par les gestionnaires du service des ressources humaines, cette théorie diffère quand même de celle de Maslow. Celui-ci, en effet, élabora sa théorie à partir d'observations cliniques et ne l'a jamais vérifiée au moyen d'études systématiques dans l'entreprise[18]. Quant à Herzberg, il élabora sa théorie à partir de recherches empiriques auprès de très nombreux travailleurs dans des entreprises différentes.

ÉTUDE EMPIRIQUE

Son étude consistait à recueillir auprès des travailleurs la description des « incidents » ou événements qui les avaient motivés et ceux qui les avaient rendus malheureux et insatisfaits. Il découvrit que les gens sont motivés par la reconnaissance reçue à la suite d'un succès, par la responsabilité inhérente à certaines tâches, par la réalisation d'un objectif difficile, par une possibilité de croissance personnelle et par la nature du travail lui-même. Il qualifie ces composantes de facteurs de motivation.

FACTEURS DE MOTIVATION

---

16. À lire : Robert E. Kaplan et Ken K. Smith, « The Effect of Relatedness Need Satisfaction on Relatedness Desires », *Administrative Science Quarterly*, vol. 19, 1974, p. 507-532.

17. À lire : Frederick Herzberg, Bernard Mausner et Barbara Bloch Synderman, *The Motivation to Work*, 2ᵉ éd., New York, John Wiley and Sons, 1959 ; F. Herzberg, « One More Time : How Do You Motivate Employees ? » *Harvard Business Review*, janvier-février 1968 ; Frederick Herzberg, Bernard Mausner et Barbara Bloch Synderman, *The Managerial Choice : To Be Efficient and To Be Human*, Homewood, Ill., Dow-Jones-Irwin, 1976.

18. Voir à ce sujet : Edwin A. Locke, « The Nature and Causes of Job Satisfaction », dans *The Handbook of Industrial and Organizational Psychology*, sous la direction de Marvin D. Dunnette, Skokie, Ill., Rand McNally, 1976, p. 1309.

FACTEURS DE CONDITIONNEMENT

D'autres facteurs étaient presque toujours reliés à l'insatisfaction. Ils provenaient presque invariablement de l'environnement de la tâche, par opposition aux facteurs de motivation qui étaient plutôt rattachés à la tâche elle-même. Il s'agissait des conditions de travail, des relations avec le groupe, du statut de l'employé dans l'entreprise, de l'encadrement, des politiques et pro-

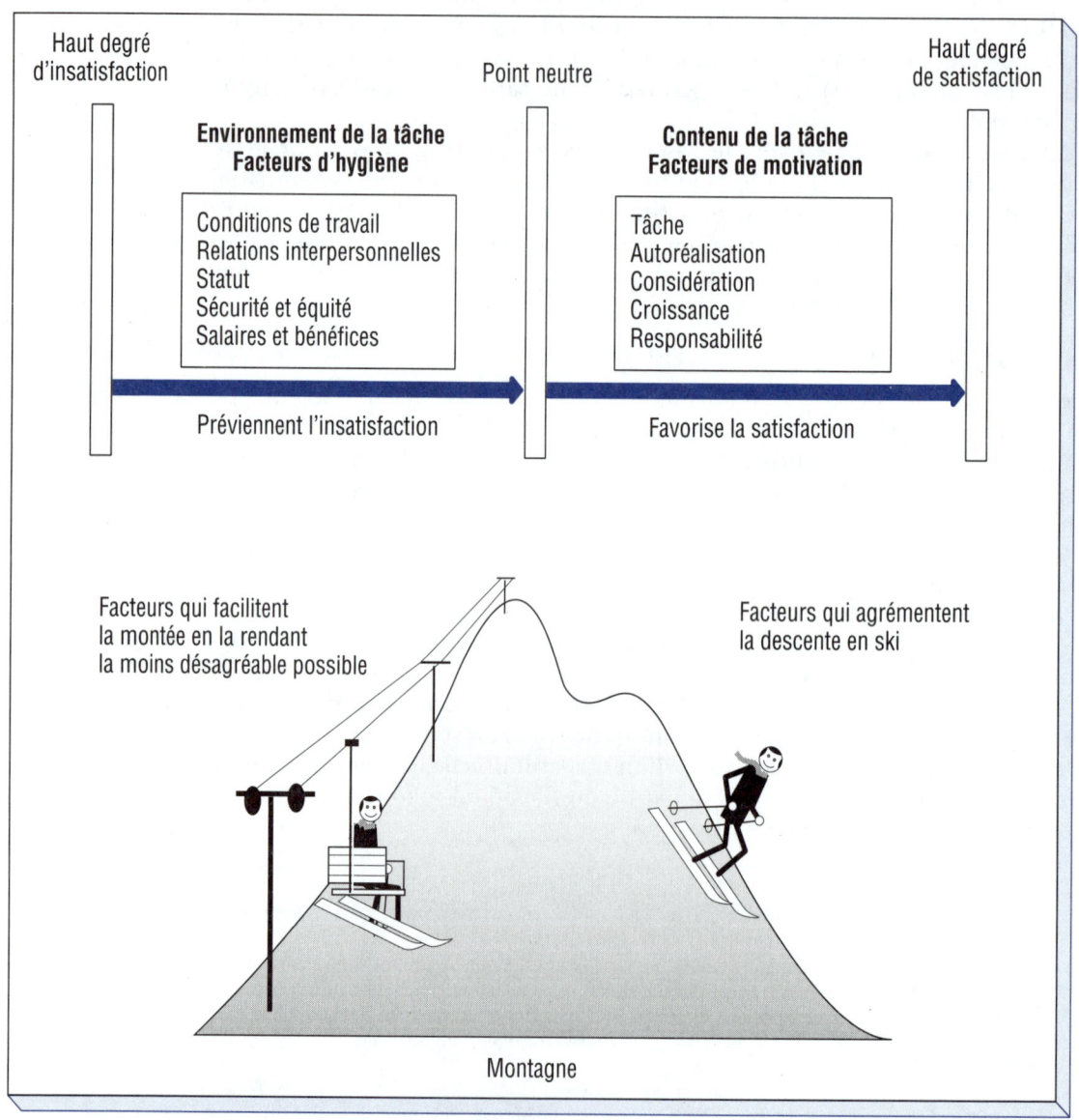

FIGURE 7.5 La théorie de Herzberg

cédures de l'organisation et, enfin, des conditions salariales. Ces composantes comprennent donc les facteurs d'hygiène ou de conditionnement. Ce sont des facteurs nécessaires mais non suffisants ; ils préviennent l'insatisfaction (hygiène) mais n'augmentent pas la motivation.

L'absence des facteurs d'hygiène rendra les employés insatisfaits et pourra affecter leur rendement. Mais leur présence dans de bonnes conditions de travail et de salaires, n'amènera pas ceux-ci à travailler mieux ou davantage.

Généralement, l'entreprise peut fournir les facteurs de conditionnement qui élimineront l'insatisfaction. Il est plus facile pour le gestionnaire, qui se trouve plus près de l'employé, de créer des conditions permettant de le satisfaire réellement en comblant ses besoins de motivation (voir au chapitre 1, Le rôle du gestionnaire) ; mais la véritable motivation provient de l'employé lui-même. Ce qui ressort principalement de la théorie de Herzberg, c'est l'existence d'un lien entre le contenu de la tâche et la satisfaction de l'employé.

Autrement dit, la *satisfaction et l'insatisfaction ne sont pas les deux extrêmes d'une même valeur, ce sont deux valeurs différentes*. Par exemple, quelqu'un qui ne pleure pas ne sourit pas pour autant. Les facteurs de motivation favorisent la satisfaction, alors que les facteurs d'hygiène ont une influence sur l'insatisfaction.

DEUX VALEURS DIFFÉRENTES

Application de la théorie des deux facteurs dans la gestion. La contribution de Herzberg est substantielle, car il a attiré l'attention des gestionnaires sur les facteurs directement reliés à la tâche. Toutes les tentatives d'amélioration des salaires, des conditions de travail ou des avantages sociaux ne s'étaient jamais traduites par une amélioration de la productivité. Herzberg a fourni une explication à cette situation. L'application de l'enrichissement des tâches comme source de motivation découle directement de ses recherches.

Il est à noter que plusieurs études utilisant une méthode de recherche différente n'ont jamais corroboré les conclusions de Herzberg[19], surtout que ses recherches avaient comme sujets des ingénieurs et des comptables. Les employés non professionnels ont souvent indiqué que le salaire et la sécurité d'emploi sont des facteurs de motivation.

Il semblerait que les gens soient portés à mentionner un élément dont ils sont responsables, une de leurs réalisations par exemple, lorsque l'expérience est enrichissante. D'autre part, ils mentionneraient un élément hors de leur contrôle lorsque les résultats leur apparaissent négatifs, les politiques de l'entreprise seraient représentatives de cette catégorie.

Enfin, selon Herzberg, quelle que soit la situation de travail, les deux groupes de facteurs s'appliquent de façon uniforme, ce qui soulève des questions. Cette approche simpliste de la relation entre la motivation et l'insatisfaction et entre les sources de motivation et d'insatisfaction au travail, malgré des

---

19. Voir à ce sujet : D.A. Ondrock, « Defense Mechanisms and the Herzberg Theory : An Alternate Test », *Academy of Management Journal,* 17, mars 1974, p. 78-89 ; D.A. Whitsett et E.K. Winslow, « An Analysis of Studies Critical of the Motivator-Hygiene Theory », *Personnel Psychology,* vol. 20, 1967, p. 391-415.

tentatives ultérieures de Herzberg pour démontrer leur bien-fondé, n'a pas toujours résisté aux analyses d'autres chercheurs[20].

LA THÉORIE DE L'ACCOMPLISSEMENT

Il ne s'agit plus ici de besoins inhérents à la constitution de l'être humain. David C. McClelland nous présente des besoins découlant de notre apprentissage de la vie, ce sont des « besoins acquis » (en anglais : *acquired-needs*). La théorie de l'accomplissement découle d'une étude où il a mesuré les thèmes développés par les personnes invitées à rédiger une courte histoire à partir d'images qui leur étaient montrées (TAT : *Thematic Apperception Test,* ou test de perception thématique). Trois besoins sont analysés : les besoins d'accomplissement, les besoins de pouvoir et les besoins d'affiliation.

ACCOMPLISSEMENT

Le besoin d'*accomplissement* est le désir de l'individu de se dépasser et de réaliser une chose parfaitement et de façon plus efficace que cela ne l'a été dans le passé. Ces personnes ont un grand besoin de rétroaction concernant leurs réalisations et elles portent un vif intérêt à toutes les formes de reconnaissance témoignant de leurs succès. Elles aiment prendre des risques calculés, recevoir des évaluations de leur rendement et être en situation de modifier des résultats.

POUVOIR

Le besoin de *pouvoir* consiste en un désir d'influencer les autres, d'être une force et une influence importantes dans le milieu où l'on évolue, d'acquérir un statut prestigieux ou d'augmenter son pouvoir personnel. Ces personnes aiment être dans une situation où elles pourront influencer les autres, les persuader et même parfois les contraindre. Bref, il semble y avoir une très grande corrélation positive entre le besoin d'accomplissement et la réussite d'un individu.

AFFILIATION

Enfin, le besoin d'*affiliation* est le désir d'être aimé, d'entretenir des relations positives avec son entourage. Les personnes qui ressentent fortement ce besoin sont très à l'aise pour intervenir dans les conflits, elles sont amicales et plus facilement portées à l'empathie. Elles excellent dans les situations où la coopération s'avère nécessaire, où les contacts sont nombreux et où les relations interpersonnelles sont importantes. Toutefois, une étude[21] a démontré que les gestionnaires ayant un plus grand besoin de pouvoir dirigeaient des services plus productifs que ceux dont le besoin le plus important était l'affiliation.

Selon cette théorie, les gestionnaires doivent connaître l'intensité de chacun de ces besoins chez eux et chez leurs subordonnés. Les trois besoins existent toujours en chacun de nous, mais à des degrés fort différents selon les individus. Les gestionnaires pourront susciter la motivation de leurs

---

20. Donalk P. Schwab, H. William DeVitt et Larry L. Cummings, « A Test of the Adequacy of the Two-Factor Theory as a Predictor of Self-Report Performance Effects », *Personnel Psychology,* été 1971, p. 293-303.

21. David C. McClelland et David H. Burnham, « Power Is the Great Motivator », *Harvard Business Review,* 54, mars-avril 1976, p. 100-110.

employés en leur offrant la possibilité de satisfaire par une tâche le besoin que chacun d'eux privilégie.

Puisque les employés réagissent différemment aux diverses situations de travail, les gestionnaires devront alors fournir à chacun d'eux les éléments nécessaires à la satisfaction de leurs besoins propres.

Application de la théorie de l'accomplissement dans la gestion. La théorie de l'accomplissement est une traduction de *Acquired-Needs Theory* ou la théorie des besoins acquis. En effet, McClelland considérait que les besoins des individus découlaient d'un apprentissage lorsque nous étions enfants, mais que cet apprentissage peut se poursuivre une fois adulte. Ainsi, selon McClelland, un employé désirant obtenir un poste de gestionnaire, mais n'ayant pas le profil approprié concernant les besoins (besoin d'accomplissement), peut développer ce besoin à l'aide d'un programme de formation approprié.

L'ENRICHISSEMENT ET LA RESTRUCTURATION DES TÂCHES

Véritable support pour le gestionnaire, la théorie de Herzberg — et c'est sa contribution fondamentale — souligne le lien existant entre le contenu de l'emploi et la satisfaction de l'employé. Le gestionnaire peut «enrichir» la tâche de ses employés en en modifiant les caractéristiques pour la rendre plus significative et en y intégrant justement des facteurs de motivation.

Afin de briser la monotonie des tâches répétitives, certaines entreprises ont appliqué le concept de l'élargissement des tâches. Le processus consiste, pour des emplois surspécialisés (par exemple, dans les chaînes d'assemblage), à *élargir la tâche en confiant au travailleur plus d'opérations*, mais d'un même

ÉLARGISSEMENT DES TÂCHES

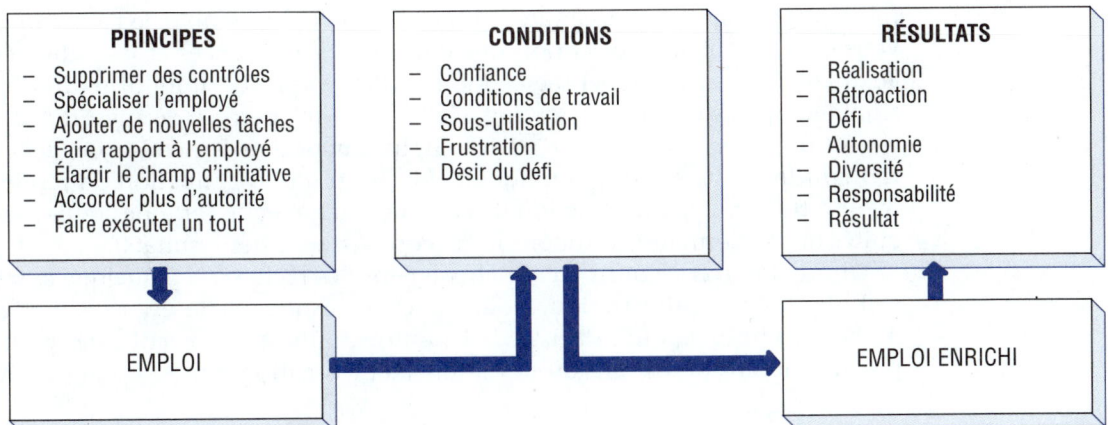

FIGURE 7.6 Le processus de l'enrichissement des emplois[22]

22. Adaptation de J.R. Hackman et F.R. Oldham, *Work Redesign,* Reading, Mass., Addison-Wesley, 1980.

ENRICHISSEMENT DES TÂCHES

niveau de compétence. En d'autres termes, il s'agit de prolonger le cycle de travail ou d'établir la rotation entre les postes de travail.

L'enrichissement des tâches constitue une extension de ce processus. Il consiste, selon le modèle de Hackman et Oldham, à incorporer dans l'emploi des facteurs de motivation; en général, il s'agit d'*accorder aux exécutants un contrôle plus complet de leurs tâches*[23].

Afin d'enrichir une tâche, Herzberg[24] nous invite à respecter certains principes. Bref, pour accroître la motivation chez un employé, il faut modifier la tâche en y incluant des facteurs de motivation. Ainsi, l'on pourra:

MOINS DE CONTRÔLE
a) supprimer certains *contrôles* périodiques ou secondaires, sans toutefois exclure certaines normes de rendement (responsabilité et accomplissement);

PLUS D'INITIATIVE
b) augmenter la *marge de manœuvre* vis-à-vis du travail et dans l'allocation et l'utilisation des ressources (responsabilité et considération);

UN TOUT
c) faire réaliser un *ensemble* plutôt qu'une partie du travail (responsabilité, accomplissement et considération);

PLUS D'AUTORITÉ
d) accorder une plus grande *autorité* à l'employé dans l'organisation de son travail (responsabilité, accomplissement et considération);

RAPPORTS DIRECTS
e) faire des *rapports périodiques directement à l'employé* concernant son travail (considération);

TÂCHES PLUS COMPLEXES
f) ajouter des *tâches plus difficiles* afin que l'employé puisse mettre en pratique ses connaissances et ses habiletés et puisse en acquérir de nouvelles (croissance);

EXPERTISE
g) affecter un employé à une *fonction spécialisée* qui lui permettra de se faire valoir, de devenir un «expert» et de voir sa contribution reconnue (croissance et responsabilité).

En fait, l'enrichissement des tâches offre réellement à l'employé un contenu de travail qui lui permettra de se réaliser. Ainsi, il lui concède ce niveau d'autonomie nécessaire à l'expression de son individualité dans le travail (perception d'une responsabilité); il lui présente un ensemble de tâches plus variées tant dans leur exécution que dans les connaissances et les habiletés auxquelles elles font appel (perception de l'importance); il lui offre un défi stimulant par son ampleur et son réalisme; il lui permet de mesurer son apport dans l'entreprise grâce à l'accomplissement d'un ensemble de tâches formant un tout; enfin, il implique l'obligation d'une évaluation du rendement rattachée à la transmission de certaines tâches et de certaines responsabilités du gestionnaire au subordonné (connaissance des résultats).

On ne doit pas recourir à l'enrichissement des tâches, ou à quelque autre technique en administration, pour la seule raison qu'elle est à la mode. Aucune technique, qu'il s'agisse de l'administration par objectifs, des groupes autonomes de travail, du développement organisationnel ou autre, ne

---

23. À lire, au sujet de l'enrichissement des tâches, les modèles proposés par: J.R. Hackman et F.R. Oldham, Work Redesign, Reading, Mass., Addison-Wesley, 1980, 1983.

24. Tiré de: F. Herzberg, «One More Time: How Do You Motivate Employees», *Harvard Business Review*, Boston, janvier-février 1968.

peut être le remède à tous les maux. Chacune améliore une situation, favorise une meilleure gestion, mais n'est vraiment efficace que dans des cas déterminés et ne corrige qu'un certain nombre de problèmes.

L'enrichissement des tâches n'apportera de réels bénéfices que dans les situations où un ensemble de conditions sont réunies. Le travailleur doit être et se sentir sous-utilisé, il doit ressentir une capacité et une volonté d'assumer des tâches plus exigeantes; de plus, il doit ressentir une certaine frustration face à l'impossibilité de satisfaire au travail des besoins supérieurs.

Application de la théorie de l'enrichissement dans la gestion. L'application du modèle de Hackman et Oldham exige du gestionnaire qu'il vérifie l'ampleur du besoin de croissance de ses subordonnés. L'enrichissement des tâches exige évidemment plus du travailleur, au nom de principes louables. Mais celui-ci peut y voir un abus du supérieur, une méthode pour accroître sa contribution sans augmenter sa rémunération. Il faudra donc, avant toute chose, établir un climat de confiance, afin que le travailleur comprenne et accepte les modifications à son contenu d'emploi.

Enfin, la noblesse de l'exercice et les principes supérieurs intervenant dans la méthode d'enrichissement des tâches nous invitent à l'appliquer là où c'est possible. Cependant, il ne faut pas y voir un moyen pour compenser les piètres conditions de travail offertes à certains employés.

Mais pour que les cinq conditions précédentes se réalisent, il faut que l'employé ressente les besoins de reconnaissance et de réalisation, ce qui est loin d'être toujours le cas, puisque de nombreux employés ne désirent que combler leurs besoins de base. Et lorsque les besoins supérieurs sont présents, il faut que l'employé veuille les satisfaire au travail; il est possible, en effet, que sa vie familiale et sa vie sociale fournissent la réponse à ses besoins. Sans le respect de ces deux préalables, le processus de l'enrichissement des tâches peut ne pas influencer le rendement du travailleur; pis encore, celui-ci peut éprouver de la confusion et de l'insécurité.

CONDITIONS :
– SOUS-UTILISATION
– DÉSIR DU DÉFI
– FRUSTRATION
– CONFIANCE
– CONDITIONS DE TRAVAIL

ÉVITER LA MANIPULATION

Y A-T-IL UN BESOIN D'ENRICHISSEMENT DES TÂCHES ?

LES THÉORIES COGNITIVES (axées sur le processus)

Les théories axées sur le contenu (les besoins) tentent d'identifier les désirs qui influencent notre comportement. Les théories cognitives envisagent la motivation sous l'angle du processus de pensée utilisé par les individus pour satisfaire leurs besoins. Les théories les plus marquantes sont la théorie des résultats escomptés, la théorie de l'équité et la théorie des objectifs.

LA THÉORIE DES RÉSULTATS ESCOMPTÉS

Il arrive que des subordonnés aient des besoins manifestes, mais ne fassent aucun effort pour les satisfaire.

L'EXISTENCE DU BESOIN N'EST PAS SUFFISANTE

EFFORT ⇒
HAUT RENDEMENT ⇒
RÉCOMPENSE ⇒
INTÉRÊT POUR
LA RÉCOMPENSE

Selon Victor H. Vroom[25], l'individu sera très productif si les trois conditions suivantes sont respectées :
1. Il existe une très haute probabilité que ses efforts se traduiront par un rendement élevé.
2. Il existe une très haute probabilité qu'un rendement élevé apportera une récompense (extrant) désirée.
3. Les résultats (extrants) présentent un très grand attrait (valeur) pour lui.

Autrement dit, Vroom croit que la motivation est chez un individu le produit de la valeur prévue (désirabilité ou non-désirabilité) du résultat d'un comportement — car son hypothèse fondamentale considère que l'être humain recherche ce qui est agréable et fuit ce qui est désagréable — et de la probabilité que le résultat soit effectivement atteint. Bref, la question de l'individu se résume comme suit : « Que puis-je en tirer ? »

Par conséquent, l'intensité de la motivation repose surtout sur l'importance des besoins et des motivations individuelles. Mais la motivation pour atteindre un objectif sera proportionnelle à l'estimation que l'adoption éventuelle d'un certain comportement mène à cet objectif.

Im = (Dr × Pr)
Im : intensité de la motivation
Dr : niveau de désirabilité des résultats (valence)
Pr : probabilité des résultats (espoir)

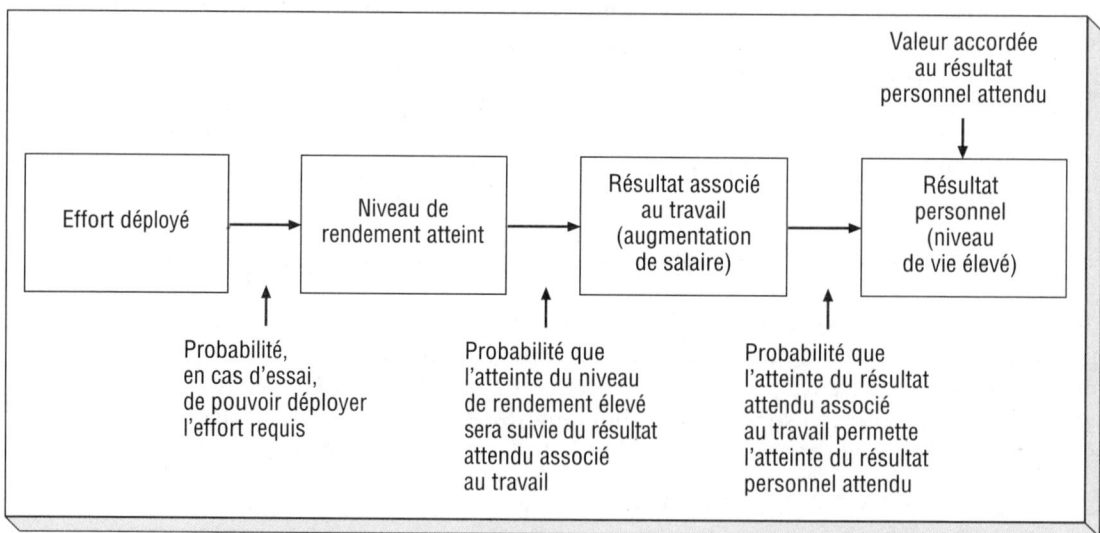

FIGURE 7.7 La théorie des résultats escomptés[26]

25. À lire : Victor H. Vroom, *Work and Motivation*, New York, John Wiley and Sons, 1964 ; T. Connely, « Some Conceptual and Methodological Issues in Expectancy Models of Work Performance Motivation », *Academy of Management Review*, vol. 1, n° 4, 1976, p. 37-47.

26. Adapté de James H. Donnellly Jr., James L. Gibson et John M. Ivancevich, Fundamentals of Management, 6ᵉ édition, Plano, Texas, Business Publications inc., 1987, p. 305.

Selon les théories de Maslow et de Herzberg, il faut offrir à l'individu une situation dans laquelle il pourra se sentir motivé. Vroom suggère plutôt que toutes les situations, tous les éléments intrinsèques ou extrinsèques d'une tâche sont des facteurs de motivation s'ils peuvent apporter à l'individu ce qu'il désire[27].

Examinons une situation au sein de l'entreprise. Dans un service, chacun des membres accorde une valeur (désirabilité, valence) aux différents éléments touchant son emploi, laquelle varie beaucoup d'un individu à l'autre. Que ce soit une promotion, une augmentation de salaire, la sécurité d'emploi ou toute autre condition de travail, l'importance accordée à chaque valeur varie pour chaque personne.

Si un individu accorde une grande importance à un niveau de vie élevé et considère qu'une hausse de salaire est un excellent moyen d'atteindre cet objectif, il adoptera un comportement en fonction de ses capacités (effort déployé) favorisant un rendement élevé. Un collègue de travail, au sein du même service, accorde lui aussi une grande valeur à une augmentation de salaire. Par contre, il croit que, pour obtenir cette augmentation, les contacts personnels avec les cadres supérieurs sont plus efficaces qu'un rendement accru ou, encore, il considère qu'il ne peut accomplir l'effort nécessaire. Il adoptera alors un comportement en conséquence et ne visera pas le rendement du premier employé[28].

CHOIX

Voici un problème : Nicolas vient d'être embauché comme machiniste dans un atelier d'usinage. Après une période de formation de trois mois, il peut maintenant travailler de façon autonome. Voici son dilemme : s'il offre une performance au-dessus de la moyenne, il aura un meilleur salaire ; s'il offre une performance moyenne, il sera accepté par ses collègues ; s'il offre une performance en-dessous de la moyenne, il évitera que le superviseur hausse les standards de production. Que fera-t-il ?

Application de la théorie des résultats escomptés dans la gestion. Cette théorie permet de prédire, face à un certain nombre de possibilités, où l'employé consacrera ses efforts pour atteindre ses objectifs. Mais il faut que le gestionnaire embauche des candidats sélectionnés en fonction des exigences de l'emploi et qu'il offre à ces nouveaux employés la possibilité de développer leurs compétences et leurs habiletés.

De plus, le gestionnaire doit être à l'écoute des besoins des employés et leur offrir le support et les ressources nécessaires à l'atteinte des objectifs. Les

---

27. Pour une analyse critique de la théorie de Vroom : Hugh J. Arnold, « A Test of the Validity of the Multiplicative Hypotheses of Expectancy - Valence Theories of Work Motivation », *Academy of Management Journal*, mars 1981, p. 128-141 ; D.R. Ilgen, D.M. Nebeker et R.D. Pritchard, « Expectancy Theory Measures : an Empirical Comparison in an Experimental Simulation », *Organizational Behavior and Human Performance*, octobre 1981, p. 189-223.

28. Pour un modèle plus complet de la théorie des résultats escomptés, voir : David A. Nadler et Edward E. Lawler III, « Motivation : A Diagnostic Approach », dans J. Richard Hackman, Edward E. Lawler III et Lyman W. Porter (éditeurs), *Perspectives on Behavior in Organizations*, 2e édition, New York, McGraw-Hill, 1983, p. 75 ; voir aussi Lyman W. Porter et Edward E. Lawler III, *Managerial Attitudes and Performance*, Homewood, Ill., Irwin, 1968, p. 165.

attentes, les moyens à utiliser pour les combler et la valeur accordée aux récompenses varient d'un individu à l'autre en fonction aussi de la perception. Cette perception qui diffère évidemment d'un individu à l'autre peut expliquer en partie les écarts d'intensité de motivation.

LA THÉORIE DE L'ÉQUITÉ

La théorie de l'équité avancée par J. Stacey Adams[29] soutient que les individus recherchent les situations d'équilibre et d'équité. Ces situations existent lorsque, selon sa perception, un individu établit que le ratio entre sa contribution et les récompenses qu'il en retire est égal au ratio des efforts et des récompenses de ceux avec qui il se compare.

Voici la formule qui illustre cette comparaison :
Contribution de l'employé / Récompenses de l'employé =
Contribution des autres / Récompenses des autres

PERCEPTION

Les comparaisons peuvent être faites avec des collègues de travail, des détenteurs d'emploi équivalents dans les autres services ou dans les autres entreprises. L'employé considérera les facteurs suivants dans sa contribution : sa formation, ses habiletés, son expérience, le nombre d'heures travaillées, son effort au travail, ses aptitudes et ses résultats. Les récompenses qu'il en retire peuvent inclure le salaire, les primes, les marques de reconnaissance, les conditions de travail (bureau, place de stationnement, ameublement, etc.), le statut, les promotions, etc. Chaque individu accorde à ces éléments une valeur qui lui est personnelle et qui est fondée sur sa perception.

ÉQUITÉ RELATIVE

Il s'agit, en fait, de l'équité relative. Bien que satisfait des récompenses qu'il reçoit, compte tenu de sa contribution, un employé serait globalement insatisfait s'il jugeait qu'un collègue reçoit les mêmes récompenses pour un effort moindre ou, encore, plus de récompenses pour le même apport.

La perception d'iniquité existe aussi lorsqu'une personne perçoit qu'elle reçoit plus qu'une autre pour une contribution équivalente. Il est démontré, par contre, que l'employé s'en accommode beaucoup plus facilement[30].

Lorsqu'il y a perception d'iniquité, une tension se développe chez l'employé et il aura le désir d'éliminer ou de réduire cette iniquité. L'employé tentera alors de maximiser ses récompenses en exigeant une augmentation de salaire, par exemple. Il pourra aussi réduire sa contribution. Il faussera sa perception de la contribution ou des récompenses des autres, afin de rendre les ratios comparables. Enfin, dans les cas d'iniquité intolérable, il quittera la situation où il se perçoit comme injustement récompensé ; généralement, cela implique qu'il remettra sa démission.

Application de la théorie de l'équité dans la gestion. Les gestionnaires doivent maintenir un climat de saine communication avec leurs

---

29. J. Stacey Adams, « Toward an Understanding of Inequity », *Journal of Abnormal and Social Psychology*, novembre 1963, p. 422-436.

30. Richard T. Mowday, « Equity Theory Predictions of Behavior in Organizations », Richard M. Steers et Lyman W. Porter (éditeurs), *Motivation and Work Behavior*, 4e édition, New York, McGraw-Hill, 1987, p. 89-110.

employés afin d'être informés de toute perception d'iniquité et d'expliquer clairement les règles d'attribution des récompenses, c'est-à-dire les hausses salariales, les mutations et les promotions[31].

LA THÉORIE DE L'ÉTABLISSEMENT DES OBJECTIFS

Lors de l'étude de l'évaluation du rendement à l'aide de la méthode d'évaluation du rendement par objectifs dans le cours de gestion des ressources humaines[32], il a été démontré que cette approche favorisait l'établissement d'un climat de collaboration véritable entre l'employé et son superviseur. D'après Locke et Latham[33], l'établissement d'objectifs dans le travail oriente l'action et l'attention, mobilise les efforts, accroît la persistance et encourage le développement de stratégies qui permettront de réaliser les objectifs de l'organisation. La rétroaction concernant les résultats atteints est donc un élément essentiel de motivation dans la théorie de l'établissement des objectifs.

Pour réussir à motiver un employé à l'aide de la théorie de l'établissement des objectifs, le gestionnaire se doit d'établir des objectifs mesurables, qui représentent un défi réalisable et inhérents à la tâche de l'employé[34] de même que définis dans le temps. L'implication de l'employé et l'effort qu'il consacrera à l'atteinte des objectifs proposés sont fonction de ses attentes. La théorie des résultats escomptés est d'une grande utilité pour comprendre la démarche de l'employé dans la théorie de l'établissement des objectifs.

Application de la théorie de l'établissement des objectifs dans la gestion. Cette approche est très utilisée par les gestionnaires. Tel qu'il est mentionné dans la théorie des résultats escomptés, les employés s'efforceront davantage pour atteindre leurs buts s'ils perçoivent une probabilité élevée de réussite compte tenu de leur capacité et de la relation entre leurs efforts et les récompenses.

RÉTROACTION = SOURCE DE MOTIVATION

LA THÉORIE DU RENFORCEMENT

La théorie du renforcement est presque à l'opposé des théories axées sur le contenu et de celles axées sur le processus. Ces dernières sont intéressées aux motifs ou au processus de pensée utilisé pour expliquer le comportement, alors que la théorie du renforcement, celle de F. Skinner[35], met l'accent sur les « conséquences de nos actes ». La plus répandue, celle du conditionnement

---

31. Voir à ce sujet le rôle du superviseur et la rémunération dans : Marie-Thérèse Miller et Bernard Turgeon, *Supervision et gestion des ressources humaines*, Montréal, McGraw-Hill Éditeurs, 1992, p. 311.
32. *Ibid.*, p. 430-431.
33. Edwin A. Locke et Gary P. Latham, *Goal Setting: A Motivational Technique That Works!* Englewood Cliffs, N.J., Prentice-Hall, 1984 ; Edwin A. Locke *et al.*, « Goal Setting and Task Performance: 1969-1980 », *Psychological Bulletin*, vol. 90, 1981, p. 125-152.
34. Marie-Thérèse Miller et Bernard Turgeon, *op. cit.*, p. 430.
35. B.F. Skinner, *Science and Human Behavior*, New York, The Free Press, 1953 ; B.F. Skinner, *Beyond Freedom and Dignity*, New York, Knopf, 1971 ; traductions : B.F. Skinner, *L'analyse expérimentale du comportement*, Bruxelles, Charles Dissant, 1971 ; et B.F. Skinner, *Par-delà la liberté et la dignité*, Paris, Laffont, 1971.

opérant (ou *behaviorisme*[36]), soutient que le comportement est causé par l'environnement et qu'il n'y a donc pas lieu d'en chercher les motifs[37]. L'être humain aurait tendance à répéter les comportements ayant des effets positifs et à éviter ceux dont les effets sont négatifs. L'employé qui est remercié publiquement par son superviseur pour avoir travaillé toute la fin de semaine sur un dossier acceptera plus volontiers de sacrifier d'autres fins de semaine si la demande lui en est faite. La non-reconnaissance de son effort par son supérieur l'incitera plutôt à invoquer une fin de semaine chargée pour refuser de consacrer ses heures libres à un dossier.

LES CATÉGORIES DE RENFORCEMENT

Quatre catégories de renforcement peuvent être utilisées par le gestionnaire pour influencer le comportement d'un employé : le renforcement positif, le renforcement négatif, l'extinction et la punition. Les deux premières catégories favorisent la répétition du comportement, alors que les deux dernières tentent d'éliminer la répétition d'un comportement.

RENFORCEMENT POSITIF

Le **renforcement positif** vise à favoriser la répétition d'un comportement en offrant une récompense à l'employé lorsqu'il affiche un comportement désiré. Les compliments, les félicitations, les hausses salariales, les bonus et les congés sont des exemples de récompenses. Il est évident que les désirs des employés étant différents d'une personne à l'autre, le gestionnaire se doit de vérifier si les récompenses offertes entraînent effectivement la répétition du comportement escompté. Ce renforcement favorise le développement de la maturité de l'employé.

RENFORCEMENT NÉGATIF

Le **renforcement négatif** vise aussi à favoriser l'adoption d'un comportement désiré, mais le but est atteint en créant une situation désagréable tant que ledit comportement ne se manifeste pas. Par exemple, l'employé arrive à l'heure afin d'éviter les remarques négatives de son supérieur. Ce type de renforcement favorise l'immaturité.

EXTINCTION

L'**extinction** consiste à priver un employé d'une récompense antérieurement offerte ou susceptible d'être offerte afin qu'il élimine un comportement non désiré. Ce renforcement favorise le développement de la maturité de l'employé.

PUNITION

La **punition** consiste à relier des conséquences négatives à un comportement non désiré. À la différence du renforcement négatif, la punition vise l'élimination d'un comportement non désiré plutôt que l'adoption d'un comportement désiré et elle s'applique après la manifestation d'un comportement non désiré, alors que le renforcement négatif cesse dès l'apparition du comportement désiré.

---

36. B.F. Skinner, *About behaviorism*, New York, The Free Press, 1974.
37. Fred Luthans et Robert Kreitner, *Organizational Behavior Modification*, Glenview, Ill., Scott Foresman, 1975.

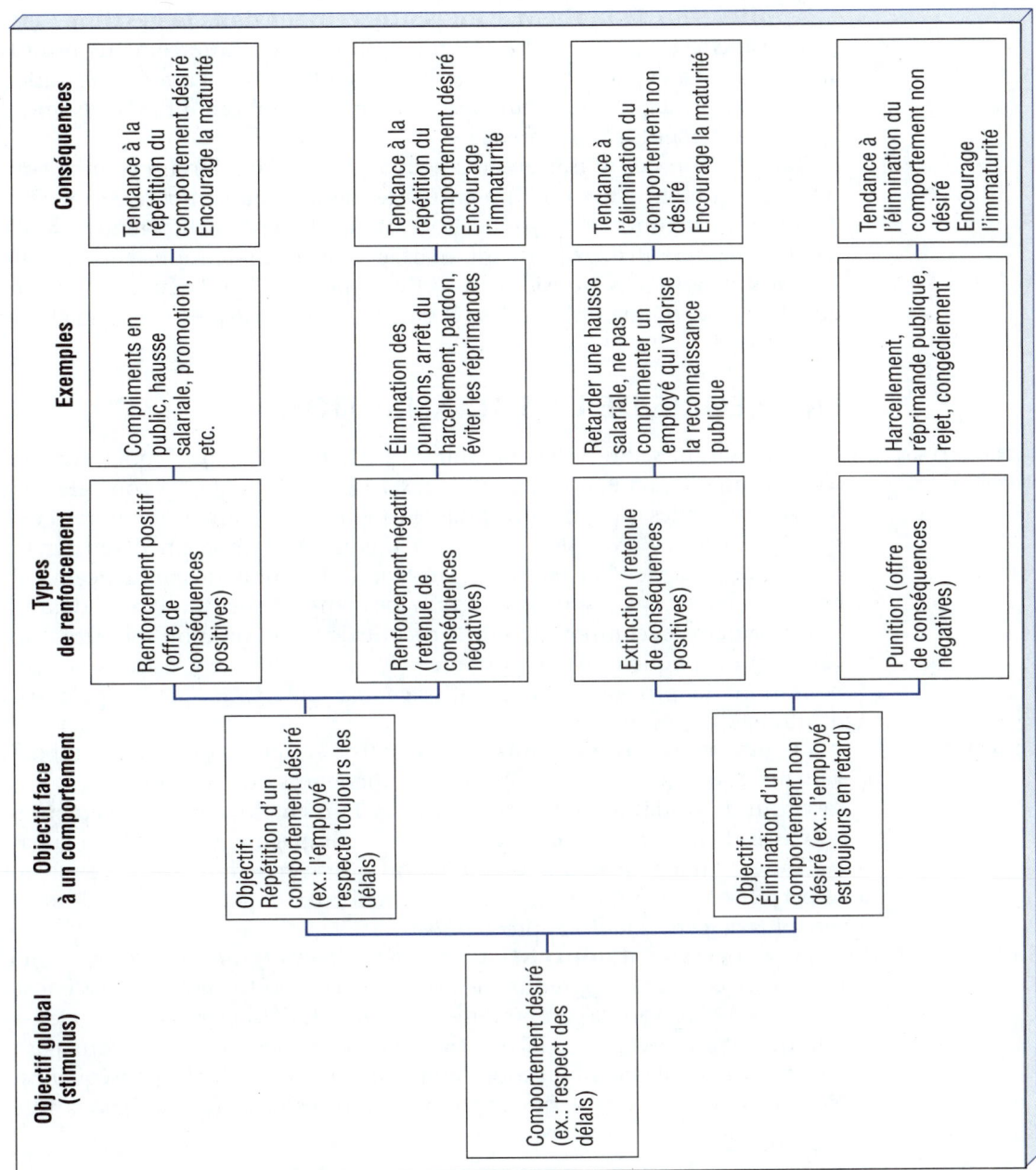

FIGURE 7.8 La classification des renforcements[38]

---

38. Adapté de James H. Donnelly Jr., James L. Gibson et John M. Ivancevich, *Fundamentals of Management*, 6ᵉ édition, Plano, Texas, Business Publications inc., 1987, p. 309 et Dae H. Chung et Leon C. Meggison, *Organizational Behaviour Developing Managerial Skills*, New York, Harper & Row, 1981, p. 89.

Application de la théorie du renforcement dans la gestion. Cette théorie incite les gestionnaires à utiliser surtout les renforcements positifs afin d'encourager l'adoption des comportements désirés. La communication demeure le principal outil pour faire connaître aux subordonnés quels seront les comportements récompensés.

L'application des renforcements peut aussi se faire selon un rythme continu, ce qui entraîne un apprentissage rapide du comportement chez l'employé. Par contre, une application intermittente du renforcement résultera en un apprentissage plus lent, mais le niveau de rétention sera meilleur.

Certains critiques considèrent cette approche frauduleuse et croient qu'elle ne s'applique qu'avec les récompenses extrinsèques tels le salaire et les bonus.

LA THÉORIE DE LA SOCIALISATION

INFLUENCER ET ÊTRE INFLUENCÉ

La socialisation selon Albert Bandura[39] est le processus par lequel une personne acquiert, en relation avec d'autres, les connaissances, les compétences, les normes et les valeurs avec lesquelles elle agira comme membre d'une société donnée. Il complète en fait la théorie du renforcement en tenant compte de la capacité de pensée des individus. Les individus influencent leur environnement qui, à son tour, façonne le comportement des individus.

Les principales composantes de la théorie de la socialisation sont trois processus qui expliquent le comportement d'un individu: le processus de symbolisation, le processus d'apprentissage par observation et le processus d'autorégularisation.

VISUALISATION

Le processus de symbolisation nous permet d'utiliser les symboles verbaux et imagés pour enregistrer nos expériences qui ultérieurement nous serviront de guides de comportement. Ainsi un employé peut facilement se voir assis dans le fauteuil du président de la compagnie même s'il n'a jamais réellement vu le bureau du « grand patron ». Un vendeur d'assurance-vie qui se perçoit comme un excellent vendeur rencontrera plus de clients et réalisera plus de ventes (auto-appréciation)[40].

SUCCÈS DES AUTRES

Le processus d'apprentissage par observation ou par personne interposée consiste à apprendre de nouveaux comportements et leurs conséquences en observant le comportement des autres. C'est le modelage[41], c'est-à-dire que, contrairement à la théorie du renforcement, nous n'avons pas à adopter personnellement un comportement pour en vérifier les conséquences. Nous observons les gens qui ont réussi dans les domaines qui nous inté-

---

39. Albert Bandura et R.H. Walters, *Social Learning and Personality Development,* New York, Holt, 1963; à lire aussi sur le sujet: G.W. Allport, *Structure et développement de la personnalité,* Neuchâtel, Dalchaux et Niestlé, 1970.
40. Exemple souvent utilisé dans le cours de *Représentation commerciale*: J. Barling et R. Beattie, « Self-Efficacy Beliefs and Sales Performance », *Journal of Organizational Behavior Management,* vol. 5, 1983, p. 41-51.
41. Albert Bandura, *L'apprentissage social,* Bruxelles, Mardaga, 1980.

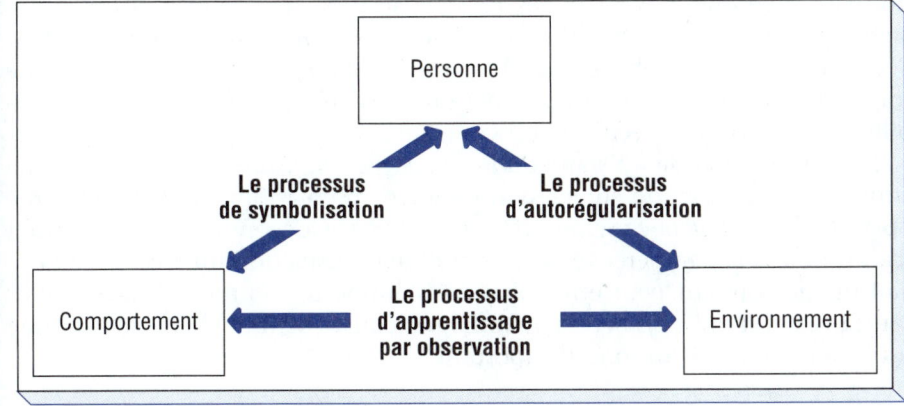

FIGURE 7.9
Les facteurs de socialisation[42]

ressent et nous tentons d'imiter les comportements qu'ils ont adoptés pour réussir.

Le processus d'autorégularisation représente notre capacité d'exercer un contrôle sur notre comportement en établissant nos propres normes et en définissant les conséquences qui doivent découler du respect ou non de ces normes. Un vendeur peut décider que son trimestre sera un succès s'il atteint des ventes de 1,2 million de dollars quel que soit le quota imposé par l'entreprise. Il peut aussi décider de s'octroyer une semaine de ski, s'il atteint son propre objectif.

AUTOCONTRÔLE

Application de la théorie de la socialisation dans la gestion. Cette approche implique deux sujets de réflexion pour le gestionnaire. Tout d'abord l'apprentissage des comportements désirés peut être accéléré si des modèles positifs sont présentés aux employés. Ensuite, les employés évalueront le potentiel de récompenses et de punitions non seulement à partir de leur expérience personnelle, mais en se basant sur celle des autres.

L'ARGENT ET LA MOTIVATION[43]

Il ne faut pas oublier non plus que les incitatifs financiers[44] facilitent la satisfaction de nombreux besoins. Ainsi, un *salaire* plus élevé permettra à un employé de s'installer dans un quartier où habite la catégorie de personnes à laquelle il désire s'identifier. En outre, celui-ci pourra se joindre à des clubs

---

42. Traduction de l'auteur : Robert Kreitner et Fred Luthans, « A Social Learning Approach to Behavioral Management : Radical Behaviorists Mellow Out », *Organizational Dynamics*, automne 1984, p. 55 ; originalement publié dans Tim R.V. Davis et Fred Luthans, « A Social Learning Approach to Organizational Behavior », *Academy of Management Review*, vol. 5, n° 2, 1980, p. 283.

43. E.J. Brennan, « The Myth and the Reality of Pay for Performance », *Personnel Journal,* mars 1985, p. 82-85.

44. Voici un article intéressant sur le sujet : Mildred Goden Pryor et R. Wayne Mondy, « How Men and Women View Their Jobs - And What This Means to the Supervisor », *Supervisory Management*, 23, novembre 1978, p. 17-25.

dont les membres possèdent les caractéristiques des groupes de référence auxquels il désire s'affilier. Enfin, un salaire plus élevé permet de grimper dans l'échelle sociale et de bénéficier d'un certain *prestige*. Posséder une fortune importante ou avoir de lourdes responsabilités offre à son détenteur la possibilité de recevoir une reconnaissance sociale.

L'argent permet de satisfaire un *besoin de pouvoir*, car il fournit un outil de contrôle extraordinaire sur l'environnement d'un individu et surtout une possibilité d'*autonomie*. Selon les conditions socioéconomiques, le besoin d'autonomie, la compétence et le désir d'une satisfaction intrinsèque au travail même, l'argent peut être considéré comme un outil très efficace pour satisfaire un grand nombre de besoins; par conséquent, il sera perçu comme un facteur de motivation très important[45].

RÉSUMÉ

(Il faut noter que le texte suivant ne représente qu'un résumé de la description des objectifs.)

1) Décrire le processus de motivation.

   Au début du cycle, il y a la naissance d'un besoin. Ce besoin crée chez l'individu un déséquilibre physique ou psychologique. Le désir, c'est le stimulus. Les attitudes sont des réactions apprises, impliquant un jugement de valeur face à des objets, des faits ou tout autre stimulus. L'individu agit. Il y a accomplissement de l'acte, satisfaction du besoin et retour à l'équilibre. Le besoin étant annulé, il n'agit plus.

2) Présenter les différentes réactions face à la frustration.

   Les différentes réactions face à la frustration sont la compensation, le déplacement, la rationalisation, la projection, la régression, la répression, le fantasme, le négativisme, la résignation, la sublimation, la formation réactionnelle et l'identification (tableau 7.1).

3) Expliquer la théorie de la hiérarchie des besoins.

   Développée par Abraham Maslow, cette théorie comprend deux volets: les besoins humains se classifient en cinq catégories et ces catégories se présentent dans un ordre hiérarchique, chaque niveau devant être raisonnablement satisfait avant que le niveau suivant n'ait un intérêt pour l'employé.

   Les besoins physiologiques sont les besoins les plus fondamentaux de tous. Appliqués au monde du travail, ils signifient le besoin d'un bon salaire.

   Les besoins de sécurité ou le besoin de se sentir raisonnablement à l'abri des menaces et des injustices représente le deuxième niveau de besoins. Pensons à la sécurité d'emploi, aux avantages qu'apportent les clauses d'ancienneté et à tous les programmes d'assurances offerts par l'employeur.

---

45. À lire au sujet du salaire comme motivateur: S.M. Klein, «Pay Factors as Predictors to Satisfaction: A Comparison of Reinforcement, Equity and Expectancy», *Academy of Management Journal*, vol. 16, nº 4, 1973, p. 598-610; Edward E. Lawler, *Pay and Organizational Effectiveness*, New York, McGraw-Hill Book Co., 1971; D.P. Schwab et L.D. Dyer, «The Motivational Impact of a Compensation System on Employee Performance», *Organizational Behavior and Human Performance*, vol. 9, 1973, p. 215-225.

Au troisième niveau, le besoin d'être accepté à l'intérieur du groupe de travail est profondément ressenti par la plupart des employés.

Au quatrième niveau, le besoin d'estime permet à l'employé d'être fier de ce qu'il fait et de ce qu'il est, de se sentir capable de réussir dans ce qu'il entreprend, d'être respecté par les autres, d'être apprécié et reconnu.

Enfin, le besoin d'actualisation lui permet de réaliser son potentiel.

4) Expliquer la théorie MAC.

La théorie de Clayton Alderfer est une solution de rechange à la théorie de Maslow. Au lieu de cinq niveaux de besoins, Alderfer en propose trois : les besoins liés au maintien, les besoins apparentés et les besoins de croissance.

Les besoins liés au maintien concernent les besoins physiologiques et leur équivalent dans le monde du travail comme le salaire, les avantages sociaux et les conditions de travail en général. Les besoins apparentés comprennent nos relations avec les personnes importantes à nos yeux dans notre entourage tels nos amis, la famille, les collègues de travail. Il s'agit en fait de nos besoins d'être accepté par les autres, de partager avec eux et de les influencer. Les besoins de croissance sont associés à la créativité, à l'innovation, à notre besoin de progresser. C'est notre désir de fournir un travail qui aura un impact important dans notre milieu de travail.

Nous tenterons de satisfaire ces besoins dans l'ordre ; nous pouvons parler du principe de la « progression de la satisfaction » tout comme dans la théorie de Maslow.

5) Expliquer la théorie des deux facteurs.

La satisfaction et l'insatisfaction ne sont pas les deux extrêmes d'une même valeur, ce sont deux valeurs différentes. Les facteurs de motivation favorisent la satisfaction, alors que les facteurs d'hygiène ont une influence sur l'insatisfaction. Herzberg découvre que les gens sont motivés par la reconnaissance reçue à la suite d'un succès, par la responsabilité inhérente à certaines tâches, par la réalisation d'un objectif difficile, par une possibilité de croissance personnelle et par la nature du travail lui-même. Il qualifia ces composantes de facteurs de motivation.

D'autres facteurs étaient presque toujours reliés à l'insatisfaction. Ils provenaient presque invariablement de l'environnement de la tâche, par opposition aux facteurs de motivation qui étaient plutôt rattachés à la tâche elle-même. Il s'agissait des conditions de travail, des relations avec le groupe, du statut de l'employé dans l'entreprise, de l'encadrement, des politiques et procédures de l'organisation et, enfin, des conditions salariales. Ces composantes comprennent donc les facteurs d'hygiène ou de conditionnement.

6) Expliquer la théorie de l'accomplissement.

David C. McClelland nous présente des besoins découlant de notre apprentissage de la vie, ce sont des « besoins acquis ». Trois besoins sont analysés : les besoins d'accomplissement, les besoins de pouvoir et les besoins d'affiliation.

Le besoin d'accomplissement est le désir de l'individu de se dépasser et de réaliser une chose parfaitement et de façon plus efficace que cela ne l'a été dans le passé.

Le besoin de pouvoir consiste en un désir d'influencer les autres, d'être une force et une influence importantes dans le milieu où l'on évolue, d'acquérir un statut prestigieux ou d'augmenter son pouvoir personnel.

Enfin, le besoin d'affiliation est le désir d'être aimé, d'entretenir des relations positives avec son entourage. Les personnes qui ressentent fortement ce besoin sont très à l'aise pour intervenir dans les conflits, elles sont amicales et plus facilement portées à l'empathie.

7) Expliquer la théorie de l'enrichissement des tâches.

Le gestionnaire peut modifier les caractéristiques d'un emploi pour les rendre plus significatives en y intégrant justement des facteurs de motivation. L'enrichissement des tâches consiste donc à incorporer dans l'emploi des facteurs de motivation; en général, il s'agit d'accorder aux exécutants un contrôle plus complet sur leurs tâches.

En fait, l'enrichissement des tâches offre réellement à l'employé un contenu de travail qui lui permettra de se réaliser. Ainsi, il lui concède ce niveau d'autonomie nécessaire à l'expression de son individualité dans le travail; il lui présente un ensemble de tâches plus variées tant dans leur exécution que dans les connaissances et les habiletés auxquelles elles font appel; il lui offre un défi stimulant par son ampleur et son réalisme; il lui permet de mesurer son apport dans l'entreprise grâce à l'accomplissement d'un ensemble de tâches formant un tout; enfin, il implique l'obligation d'une évaluation du rendement rattachée à la transmission de certaines tâches et de certaines responsabilités du gestionnaire au subordonné.

8) Expliquer la théorie des résultats escomptés.

Il arrive que des subordonnés aient des besoins manifestes, mais qu'ils ne fassent aucun effort pour les satisfaire. Selon Victor H. Vroom, l'individu sera très productif si les trois conditions suivantes sont respectées :
– Il existe une très haute probabilité que ses efforts se traduiront par un rendement élevé.
– Il existe une très haute probabilité qu'un rendement élevé apportera une récompense désirée.
– Les résultats présentent un très grand attrait (valeur) pour lui.

9) Expliquer la théorie de l'équité.

La théorie de l'équité soutient que les individus recherchent les situations d'équilibre et d'équité. Ces situations existent lorsque, selon sa perception, un individu établit que le ratio entre sa contribution et les récompenses qu'il en retire est égal au ratio des efforts et des récompenses de ceux avec qui il se compare.

Les comparaisons peuvent être faites avec des collègues de travail, des détenteurs d'emploi équivalents dans les autres services ou dans les autres entreprises. L'employé considérera les facteurs suivants dans sa contribution : sa formation, ses habiletés, son expérience, le nombre d'heures travaillées, son effort au travail, ses aptitudes et ses résultats. Les récompenses qu'il en retire peuvent inclure le salaire, les primes, les marques de reconnaissance, les conditions de travail (bureau, place de stationnement, ameublement, etc.), le statut, les promotions, etc. Chaque individu accorde à ces éléments une valeur qui lui est personnelle et qui est fondée sur sa perception.

10) Expliquer la théorie de l'établissement des objectifs.

Pour réussir à motiver un employé à l'aide de la théorie de l'établissement des objectifs, le gestionnaire se doit d'établir des objectifs mesurables qui représentent un défi réalisable, qui sont inhérents à la tâche de l'employé de même que définis dans le temps. L'implication de l'employé et l'effort qu'il consacrera à l'atteinte des objectifs proposés sont fonction de ses attentes. La théorie des résultats escomptés est d'une grande utilité pour comprendre la démarche de l'employé dans la théorie de l'établissement des objectifs.

11) Expliquer la théorie du renforcement.

L'être humain aurait tendance à répéter les comportements ayant des effets positifs et à éviter ceux dont les effets sont négatifs.

Quatre catégories de renforcement peuvent être utilisées par le gestionnaire pour influencer le comportement d'un employé : le renforcement positif, le renforcement négatif, l'extinction et la punition. Les deux premières catégories favorisent la répétition du comportement, alors que les deux dernières tentent d'éliminer la répétition d'un comportement.

12) Expliquer la théorie de la socialisation.

La socialisation est le processus par lequel une personne acquiert, en relation avec d'autres, les connaissances, les compétences, les normes et les valeurs avec lesquelles elle agira comme membre d'une société donnée. Les individus influencent leur environnement qui, à son tour, façonne le comportement des individus.

Les principales composantes de la théorie de la socialisation sont trois processus qui expliquent le comportement d'un individu : le processus de symbolisation, le processus d'apprentissage par observation et le processus d'autorégularisation.

13) Situer le rôle de l'argent dans la motivation.

Un salaire plus élevé permettra à un employé de s'installer dans un quartier où habitent la catégorie de personnes à laquelle il désire s'identifier. L'argent permet de satisfaire un besoin de pouvoir, car il fournit un outil de contrôle extraordinaire sur l'environnement d'un individu et surtout une possibilité d'autonomie. Selon les conditions socioéconomiques, le besoin d'autonomie, la compétence et le désir d'une satisfaction intrinsèque au travail même, l'argent peut être considéré comme un outil très efficace pour satisfaire un grand nombre de besoins ; par conséquent, il sera perçu comme un facteur de motivation très important.

Vocabulaire

Actualisation	Motivation
Attitude	Punition
Besoins	Renforcement négatif
Comportement	Renforcement positif
Désir	Satisfaction
Élargissement des tâches	Socialisation
Enrichissement des tâches	Théorie de l'équité
Extinction	Théorie des résultats escomptés
Facteurs de satisfaction	Théorie du renforcement
Frustration	Théorie MAC
Hiérarchie des besoins	Théories axées sur le contenu
Mécanismes de défense	Théories cognitives

QUESTIONS DE RÉVISION

1. Définissez chacun des termes de la section « Vocabulaire ».
2. La théorie des résultats escomptés semble intégrer des éléments importants des théories de Maslow, de Herzberg et de McClelland. Quels sont ces éléments et comment peuvent-ils s'y insérer ?
3. Faites un parallèle entre la théorie de Maslow et celle de Herzberg.
4. Qu'est-ce que l'enrichissement des tâches ? Comment peut-on le réaliser ?
5. Quelles sont les limites de l'enrichissement des tâches ?
6. Qu'est-ce que la motivation ? Décrivez-en le processus.
7. Donnez un exemple de comportement pour trois individus ayant :
   a) un besoin de pouvoir très élevé ;
   b) un besoin d'affiliation ;
   c) un besoin d'accomplissement.
8. Quelle est la différence entre la satisfaction au travail et la motivation ?
9. Qu'est-ce qui distingue fondamentalement les besoins secondaires de McClelland des autres besoins ?
10. Pourquoi un gestionnaire doit-il être préoccupé par la satisfaction des besoins de ses employés ?
11. Faites la distinction entre les théories axées sur le contenu (besoins) et les théories axées sur le processus (cognitives).

SUJETS DE DISCUSSION

1. « Les travailleurs ne recherchent que la paie. » Discutez.
2. Pierre désire le statut, le respect et le salaire reliés au poste de contremaître. Il possède les qualités pour occuper ce poste, mais ne semble pas vouloir y fournir l'effort nécessaire. À l'aide de la théorie des résultats escomptés, expliquez cette situation.
3. Si l'ensemble des conditions de travail sont fixées par convention collective, comment le gestionnaire peut-il motiver ses subordonnés ?
4. « Afin de créer un niveau élevé de satisfaction chez mes employés, il faudrait que je sois moins exigeant. » Que répondriez-vous à ce gestionnaire ?
5. Croyez-vous que la théorie des besoins de Maslow s'applique à de jeunes diplômés ? Quels changements apporteriez-vous à la hiérarchie des besoins ?
6. « Vous me dites que, selon la théorie de Maslow, l'employé dont les besoins sont satisfaits ne peut plus être motivé. Moi, je crois qu'un employé satisfait, c'est un employé qui a un supérieur trop tolérant. » Que répondriez-vous à ce gestionnaire ?

7. Comment les bénéfices de l'enrichissement des emplois dépendent-ils de l'attitude de l'employé?
8. « L'application du processus de motivation concerne les employés. Les gestionnaires réussissent à se motiver eux-mêmes et les différentes théories de motivation ne s'appliquent pas à eux. » Que répondriez-vous à ce gestionnaire?
9. Pourquoi une personne ayant atteint la quarantaine et possédant un patrimoine intéressant continue-t-elle à offrir un rendement très élevé au travail?

EXERCICES PRATIQUES

1. Choisissez cinq activités accomplies cette semaine et tentez de les relier à des besoins précis que vous tentiez de satisfaire.
2. Dans les situations suivantes, quels sont les besoins révélés directement ou indirectement par le comportement des individus? Utilisez les différentes théories étudiées dans le chapitre.
    a) Claude travaille beaucoup plus depuis qu'il a été muté à un emploi où il a dû acquérir de nombreuses connaissances et habiletés techniques.
    b) Gilbert a 63 ans et est à l'emploi de l'entreprise depuis 31 ans. Électricien très compétent, il gagne 31 500 $ par année, plus 4000 $ en temps supplémentaire.
    c) Roberte vient d'être nommée coordonnatrice du service du courrier la semaine dernière. Elle était commis dans ce même service depuis 13 ans et semble très fière de sa promotion.
    d) Malgré les exigences de son travail, Nicole est toujours disponible pour organiser les activités sociales et sportives pour les employés de l'entreprise. C'est une excellente analyste en informatique.
    e) Après l'obtention de son D.E.C. en techniques administratives, Alexandre travailla 3 ans dans une chaîne d'alimentation comme commis dans les produits laitiers. Il vient de quitter ce poste pour un emploi de stagiaire dans un bureau de comptable à un salaire 20 % inférieur à celui qu'il avait auparavant.
3. Faites une brève description de la tâche d'un étudiant. Comment pourriez-vous l'enrichir en appliquant les principes de Herzberg? Distinguez les facteurs de conditionnement des facteurs de motivation et indiquez comment le professeur pourrait enrichir la « tâche » de l'étudiant.
4. Interviewez deux ou trois gestionnaires dans des entreprises de votre région et tentez de connaître leur perception de la motivation. Comparez leurs commentaires avec les théories étudiées dans ce chapitre et présentez vos conclusions à la classe.

CAS

CAS 7.1 : LA TOUR D'IVOIRE

Benoît Gadoury est contremaître du service de sablage depuis trois ans. Bien vu de ses employeurs, c'est un travailleur forcené qui a obtenu son poste en travaillant dur. Afin d'améliorer ses qualités de superviseur, l'entreprise lui a demandé de participer à un séminaire sur la motivation organisé par le service de gestion des ressources humaines.

De retour depuis une semaine, il rencontre son supérieur Adalbert Laflamme, directeur de la production, qui lui demande ses impressions concernant le séminaire.

Benoît : Les gars du personnel vivent dans une tour d'ivoire. Ils croient que le salaire n'est pas important pour les ouvriers et que la façon de les motiver consiste à utiliser des facteurs tels que la considération et l'autoréalisation. Entendez-vous cela ? Moi, je les connais, les travailleurs, ils travaillent pour le salaire, un point c'est tout.

QUESTIONS-GUIDES POUR L'ANALYSE DU PROBLÈME
1. Est-ce que le message du responsable du séminaire est réaliste ?
2. Benoît a-t-il bien compris le sens de cette affirmation ?
3. À quel niveau se situe le salaire dans la motivation ?
4. Que répondriez-vous à Benoît si vous étiez Laflamme ?

CAS 7.2 : LA SOCIÉTÉ BELZIL

Sylvianne Groulx est une comptable de 57 ans et elle travaille pour la société Belzil inc. depuis l'âge de 21 ans. Outre le fait qu'elle soit une excellente employée, elle est engagée dans les activités sociales de l'entreprise, membre active du club récréatif de sa communauté et conseillère à la commission scolaire locale. C'est une personne-ressource importante pour les nouveaux employés qui désirent des renseignements concernant le travail.

Seule ombre au tableau, Sylvianne passe beaucoup de temps au téléphone pour régler des problèmes reliés à ses activités extérieures. Certains jours son travail peut accuser du retard, mais elle se rattrape le lendemain. Le véritable problème vient du fait qu'à certaines occasions d'autres personnes dans le bureau attendent ses rapports pour effectuer leur propre travail.

L'époux de Sylvianne travaille aussi en comptabilité dans un grand magasin du centre-ville. Ils ont deux voitures, une belle maison, un chalet confortable à la campagne. Elle aime son travail ; elle est convaincue qu'elle a atteint le sommet de sa carrière et semble heureuse qu'il en soit ainsi.

QUESTIONS-GUIDES POUR L'ANALYSE DU PROBLÈME
1. Si vous étiez le supérieur immédiat ou la supérieure immédiate de Sylvianne Groulx, que feriez-vous pour la motiver ?
2. Compte tenu du fait que Sylvianne Groulx connaît très bien son travail et en maîtrise tous les aspects, que feriez-vous si elle refusait une promotion ?

CAS 7.3: LES RESTAURANTS BON-BEC

Germain Chandonnet vient de terminer son cours de techniques administratives et travaille depuis peu pour Bon-Bec, une chaîne de dix-sept restaurants de type «fast-food» implantée surtout dans la région de Québec. Cette chaîne existe depuis vingt-deux ans et, bien qu'elle n'ait compris que deux restaurants durant les huit premières années, elle est maintenant très bien cotée, très fréquentée et surtout très prospère.

Monsieur C. Hébert organisait bimensuellement une réunion avec les vice-présidents et les directeurs régionaux; il visitait chacun des restaurants au moins quatre fois l'an. Quant aux directeurs régionaux, ils étaient en contact quotidien avec chacun des restaurants de leur juridiction et tenaient, tous les lundis matin, une réunion avec les gérants de restaurants.

Chacun des gérants donnait l'impression d'agir à sa guise et de ne pas se préoccuper des objectifs de l'entreprise. Ou bien le restaurant était géré comme s'il était indépendant de la chaîne, ou bien le gérant respectait les politiques du siège social, mais en accomplissant le minimum nécessaire, sans jamais lui-même faire preuve de créativité ou de dynamisme. Un autre problème affectait la chaîne de restaurants: le taux de roulement était extrêmement élevé chez les serveuses, ce qui est un peu normal dans l'industrie, mais il l'était aussi chez les gérants et les cuisiniers, ce qui comportait de nombreux inconvénients.

Germain Chandonnet a été embauché pour assister monsieur Hébert et pour prendre, en particulier, la responsabilité de la gestion des ressources humaines. Monsieur Hébert s'est plutôt orienté vers la publicité et les relations avec le public et il compte beaucoup sur Germain pour régler ses problèmes de main-d'œuvre.

Germain doit rencontrer monsieur Hébert dans une semaine et lui aussi est plutôt versé dans la publicité et les relations publiques. Il vous invite donc à lui préparer quelques notes sur les moyens de motiver les employés.

Germain Chandonnet se souvient d'avoir étudié Maslow, Herzberg, Vroom et McClelland et il voudrait que vous appuyiez vos arguments sur ces auteurs.

QUESTION-GUIDE POUR L'ANALYSE DU PROBLÈME

Comment ces différents théoriciens peuvent-ils être d'un certain secours dans un cas comme celui-ci?

BIBLIOGRAPHIE

HERZBERG, F., « Une fois de plus : comment motiver vos employés ? », *Harvard Business Review,* (tiré à part traduit en français), janvier-février 1968.

HERZBERG, F., *The Managerial Choice : To Be Efficient and To Be Human,* Homewood, Ill., Richard D. Irwin, 1976.

LUTHANS, F. et Robert KREITNER, *Organizational Behavior Modification and Beyond : an Operant and Social Learning Approach,* Glenview, Ill., Scott, Foresman and Company, 1984.

MASLOW, Abraham, *Motivation and Personality,* New York, Harper and Row, 1954.

McCLELLAND, D.C. et D.H. BURNHAM, « Power is the Great Motivator », *Harvard Business Review,* mars-avril 1976, p. 100-110.

PAUL, W.J. et K. ROBERTSON, *L'enrichissement du travail,* Paris, Entreprise Moderne d'Édition, 1974.

VROOM, Victor, *Work and Motivation,* New York, John Wiley and Sons, 1964.

CHAPITRE 8
Le leadership

UN APERÇU

Introduction
La nature du leadership
Le pouvoir, l'autorité et le leadership
Les théories du leadership
Les approches traditionnelles
Les traits de caractère d'un leader
Les comportements des leaders
- Les études de l'Université de l'Iowa
- Les théories X et Y
- Le continuum des styles de leadership?
- Les études de l'Université du Michigan
- Les études de l'Université de l'Ohio
- Blake et Mouton

Les théories situationnelles
- La théorie de la contingence
- L'approche de l'intégration des buts personnels Evans-House
- Le modèle normatif de leadership
- Le modèle situationnel de Hersey et Blanchard
- La théorie de Reddin

Les approches contemporaines
Le modèle transactionnel
Le modèle transformationnel
La nécessité des leaders
Résumé

OBJECTIFS SPÉCIFIQUES

Après avoir lu ce chapitre, vous devriez être en mesure:

1) de définir le terme «leadership»;
2) d'énumérer les principales sources de pouvoir des leaders;
3) d'expliquer les causes d'échec de la théorie des traits de personnalité;
4) de décrire les principales théories du comportement du leader;
5) de décrire les principales théories situationnelles du leadership;
6) d'expliquer le leadership transformationnel.

MISE EN SITUATION

Bruno Lessard représentait le type idéal de leader dans son service. Depuis de nombreuses années, les autres employés avaient pris l'habitude de venir le consulter à propos de leurs problèmes tant personnels que professionnels. Il faut dire que sa façon d'écouter les autres est exceptionnelle et que généralement les solutions qu'il soumettait à ses collègues s'avéraient très efficaces.

Lors d'une discussion fort animée à la cafétéria, il avait été question du style de leadership qui conviendrait le mieux à leur service. Tous semblaient privilégier un style plus ouvert et plus démocratique. Un leader qui favoriserait la participation de tous les membres de l'équipe leur apparaissait un élément essentiel à un bon rendement. Le directeur du service représentait le plus pur style autocratique qui puisse exister. Il était le seul à prendre les décisions et les employés n'en étaient informés qu'à la dernière minute.

Le service était composé de techniciens et de dessinateurs, et tous étaient très fiers de leur travail et des résultats qu'ils obtenaient. C'était une équipe très motivée dont les membres tenaient à rester à la fine pointe de l'évolution dans leur domaine respectif.

Il y a longtemps que tous et chacun considéraient Bruno comme le directeur officieux du service et leur attitude à l'égard du directeur de l'époque était empreinte d'indifférence. Bref, Bruno faisait office de directeur lorsqu'il s'agissait de discuter d'un problème.

Lorsque le directeur fut promu au siège social, il y a six mois, il a semblé tout à fait naturel aux employés que Bruno le remplace. C'était d'ailleurs la recommandation du directeur sortant et de la haute direction. C'est donc avec l'assentiment unanime que Bruno accéda au poste de directeur, cette fois-ci officiellement.

Bruno Lessard pouvait donc poursuivre la démarche qu'il avait adoptée et qui était fort appréciée des autres membres de l'équipe. Il continua à consulter ses subordonnés, leur délégua de nombreuses responsabilités et les rencontra très souvent afin de discuter avec eux des différents problèmes auxquels le service faisait face.

Un élément en particulier le distinguait du directeur précédent : chaque fois qu'un nouveau travail devait être accompli, c'est sur une base volontaire que les projets étaient distribués. Ainsi, chacun pouvait dépenser ses énergies dans un domaine qui l'intéressait.

Deux innovations majeures furent apportées sous la direction de Bruno. D'abord, les objectifs et les priorités du service furent établis en équipe, puis trois personnes furent choisies pour former un comité de sélection, lequel rencontrait les candidats et faisait ses recommandations à Bruno.

Mais depuis un ou deux mois, les relations de Bruno Lessard avec ses employés sont plus tendues, la participation se fait moins enthousiaste et Bruno doit souvent prendre seul les décisions qu'il avait confiées à des membres de son équipe. Lors des rencontres d'orientation avec son service, il remarqua que plusieurs arrivaient en retard ou partaient avant la fin, prétextant un travail urgent à compléter.

Il n'y avait plus d'équipe, mais un certain nombre d'individus désirant consacrer leurs efforts à des activités qui leur semblaient personnellement plus intéressantes, et ce, au détriment des objectifs majeurs du service.

Bruno ne comprenait pas ce qui se passait et cherchait désespérément la cause de ce revirement chez ses subalternes. Il ne voulait pas remettre en question son style de leadership, puisque c'était celui que tous attendaient en vain du directeur précédent.

Est-ce que le choix de Bruno à titre de directeur est approprié?

Pourquoi les employés se désintéressent-ils des enjeux du service?

INTRODUCTION

Lorsque des personnes se réunissent en vue d'accomplir une tâche en collectivité, l'on peut voir apparaître le phénomène du leadership. La réalisation d'un objectif d'envergure exige la présence d'une tête directrice qui orientera les énergies des membres du groupe. Le leadership est un phénomène universel qui se manifeste dans des comportements que nous pouvons observer lorsqu'un groupe est constitué pour réaliser un objectif commun. Il en est de même d'ailleurs au royaume des animaux.

Dans les entreprises, le phénomène du leadership est personnifié dans le rôle du gestionnaire. C'est en effet une partie intégrante de sa tâche (voir le chapitre 1) de canaliser les efforts des employés placés sous sa direction. Le leader d'un groupe informel vise à satisfaire les besoins des membres du groupe, le gestionnaire (leader d'un groupe formel) doit, en plus, viser la réalisation de la tâche qui lui a été confiée par l'organisation «formelle».

Il est donc important de comprendre le fonctionnement du leadership et son importance dans un milieu de travail. C'est pourquoi nous examinerons le processus de leadership, passerons en revue certaines théories concernant la classification des différents styles et analyserons surtout l'efficacité de ceux-ci.

CRITÈRE D'EFFICACITÉ DU LEADER

Un leadership efficace est nécessaire à la survie et au succès de toute organisation. L'efficacité du leader se mesure par les résultats obtenus dans l'exercice de ses fonctions, et le critère à utiliser pour mesurer ces résultats est le *rendement* du groupe sous la gouverne du leader.

En effet, un leader efficace peut influencer ses subordonnés de telle sorte qu'ils atteindront le plus haut niveau de performance eu égard à leurs connaissances, leurs capacités, leurs ressources et la technologie disponible.

Le concept de leadership suscite l'intérêt depuis fort longtemps. De très nombreuses études sur le sujet ont été effectuées au cours des ans et les résultats qui s'en dégagent laissent croire qu'il s'agit d'un concept fort complexe. Plusieurs théories, même parmi le nombre restreint que l'on trouve dans ce chapitre, présentent des hypothèses ou des éléments contradictoires. Vous pourrez constater que d'autres théories, vues sous un autre angle, se complètent et parfois se chevauchent.

LA NATURE DU LEADERSHIP

Les leaders ne se retrouvent pas uniquement dans la hiérarchie officielle des entreprises, mais aussi dans tous les groupes de travail formels ou informels. Par contre, dans ce chapitre, nous nous limiterons à l'étude de l'exercice du leadership par des individus au sein de la hiérarchie structurelle de l'entreprise.

Dans la recherche d'une définition précise du leadership, il y a un risque de confusion tant le nombre de définitions est impressionnant[1]. Stogdill nous offre la définition suivante :

Le leadership, c'est le processus qui consiste à influencer les activités d'un groupe structuré et qui permet l'établissement des objectifs et leur réalisation[2]. **LEADERSHIP**

Nous devons donc, dans notre analyse du leadership, mettre l'accent sur les *relations entre le leader et ses subordonnés*. En effet, le terme «influencer» signifie affecter, par notre attitude, le comportement d'un individu ou d'un groupe.

Le terme «influencer» est généralement utilisé en rapport avec deux **INFLUENCE** autres expressions : «le pouvoir» et «l'autorité». Parfois, ces termes sont utilisés comme synonymes ; dans ce chapitre, nous utiliserons le terme «influence» comme concept comprenant tous les moyens utilisés pour modifier le comportement des autres, que ces changements découlent du pouvoir (capacité) ou de l'autorité (droit ou pouvoir légitime).

LE POUVOIR, L'AUTORITÉ ET LE LEADERSHIP

Que contiennent ces trois concepts? Le *pouvoir* c'est la capacité de faire **POUVOIR** quelque chose[3] ou d'influencer un individu à faire une chose qu'il n'aurait **AUTORITÉ** pas faite sans cette influence[4]. L'*autorité*, c'est le droit d'exercer cette **LEADERSHIP** influence. Le *leadership* du gestionnaire, c'est donc l'exercice de ce pouvoir combiné à la légitimité de son utilisation.

---

1. R.M. Stogdill, *Handbook of Leadership,* New York, The Free Press, 1974.
2. R.M. Stogdill, «Leadership, Membership and Organization», dans *Psychological Bulletin,* janvier 1950, p. 4.
3. J.D. Mooney, *The Principles of Organization,* édition revue, New York, Harper and Brothers, 1947, p. 7.
4. R.A. Dahl, «The Concept of Power», *Behavioral Science,* vol. 2, 1957, p. 201.

TABLEAU 8.1 Les pouvoirs et les réactions[5]

Sources de l'influence du superviseur	Définitions	Exemples
Le pouvoir charismatique	Pouvoir lié à la capacité de susciter l'admiration et un désir d'admiration chez les autres.	Personnalités politiques, dirigeants d'entreprises ou autres ayant une personnalité et certains traits de caractère d'une grande valeur.
Le pouvoir dû à la compétence	Pouvoir découlant de connaissances et d'expertise technique valorisées par les autres.	Un médecin, un fiscaliste, un mécanicien ou tout individu pouvant devenir une personne-ressource pour ses pairs ou ses subordonnés.
Le pouvoir légitime	Pouvoir représentant l'autorité officielle accordée à un poste dans la hiérarchie de l'entreprise. Cette autorité est accordée à la fonction et non à la personne.	Un président d'entreprise, un directeur ou un contremaître. Ce pouvoir varie selon le niveau hiérarchique.
Le pouvoir sur l'information	Pouvoir résultant de l'accès privilégié aux informations et du contrôle exercé sur la distribution de cette information.	Les leaders légitimes sont généralement détenteurs de ce pouvoir de par leur fonction. Les relations informelles d'un individu à l'intérieur et à l'extérieur de l'organisation peuvent lui conférer ce pouvoir.
Le pouvoir de récompense et de punition	Pouvoir rattaché au contrôle de la distribution des récompenses.	Capacité du superviseur d'accorder des hausses salariales, des promotions ou de dispenser des compliments ou des félicitations.
Le pouvoir coercitif	Pouvoir permettant du punir ceux dont le comportement ne correspond pas aux attentes.	Capacité du superviseur de distribuer des punitions tels que des mandats désagréables, des plaintes, des rétrogradations ou autres à ceux dont le comportement n'est pas conforme à ses attentes.

SOURCES DE POUVOIR : PERSONNALITÉ POSITION

Il y a d'ailleurs plusieurs sortes de pouvoir que nous classerons en deux catégories : les pouvoirs découlant de la *personnalité* du gestionnaire soit le pouvoir dû à la compétence et le pouvoir charismatique ; le pouvoir issu de la *position* de la personne dans la hiérarchie de l'entreprise, c'est-à-dire le pouvoir

---

5. Adapté de Gary A. Yukl, *Leadership in Organizations,* 2ᵉ édition, Englewood Cliffs, N.J., Prentice-Hall 1989, p. 37-44, tableau p. 44. Voir aussi : Bernard M. Bass, *Bass & Stogdill's Handbook of Leadership,* New York, The Free Press, 1990, p. 247-250.

TABLEAU 8.1   Les pouvoirs et les réactions *(suite)*

Réactions des subordonnés

Implication	Acceptation	Résistance
PROBABLEMENT Si la demande semble importante.	POSSIBLE Si la demande semble peu importante pour le leader.	POSSIBLE Si la demande nuit au leader.
PROBABLEMENT Si la demande est convaincante et si les buts sont partagés.	POSSIBLE Si la demande est convaincante, mais que les subordonnés n'adhèrent pas aux objectifs.	POSSIBLE Si le leader est arrogant et que les subordonnés n'adhèrent pas aux objectifs.
POSSIBLE Si la demande est appropriée.	**PROBABLEMENT Si la demande semble légitime.**	POSSIBLE Si la demande est arrogante ou non appropriée.
POSSIBLE Si la demande est appuyée par des données.	**PROBABLEMENT Si la demande est raisonnable.**	POSSIBLE Si le leader est arrogant ou manipulateur.
POSSIBLE Si la demande est personnelle.	**PROBABLEMENT Si la demande est impersonnelle.**	POSSIBLE Si le leader est arrogant ou manipulateur.
Peu probable	POSSIBLE Lorsque le pouvoir est utilisé pour aider, sans aucune visée punitive.	**PROBABLEMENT Si le climat est à l'hostilité ou si la manipulation semble présente.**

Réactions :
Implication
Acceptation
Résistance

coercitif, le pouvoir de récompense et de punition, le pouvoir sur l'information et le pouvoir légitime (l'autorité du gestionnaire).

Tous ces pouvoirs peuvent potentiellement influencer le comportement des subordonnés. La source d'influence ou le pouvoir utilisé a un impact différent et la réaction des subordonnés et leur degré de motivation varient selon leur perception. Une première réaction peut être qualifiée d'*implication* des subordonnés, ce qui signifie qu'ils répondent avec beaucoup d'enthousiasme et qu'ils consacreront énormément d'efforts à la réalisation des objectifs de l'entreprise. Puis une autre réaction est celle de l'*acceptation* qui implique que les employés offriront un effort moyen et présenteront un rendement satisfaisant. Une troisième réaction possible est la *résistance* où les employés, qui en apparence, semblent accepter les demandes, s'en tiennent à un minimum d'effort pour respecter les exigences de leur superviseur et vont parfois jusqu'au sabotage des objectifs.

Lorsque le leader utilise le pouvoir charismatique ou le pouvoir dû à sa compétence, ses chances d'obtenir l'implication réelle de ses subordonnés sont très grandes. Leur niveau de satisfaction et leur rendement seront aussi très élevés. Par contre, l'utilisation du pouvoir légitime, de l'information ou de récompense entraînera probablement une réaction d'acceptation. Enfin, le recours au pouvoir coercitif résultera probablement en une réaction de résistance de la part des subordonnés. Il faut noter aussi qu'une attitude arrogante ou des tendances manipulatrices du leader sont les principales causes de la levée d'un bouclier de résistance de la part des subordonnés.

Réaction

La relation entre les réactions des subordonnés et la source de l'influence est présentée dans le tableau 8.1.

LES THÉORIES DU LEADERSHIP

Avant que nous n'examinions les diverses théories, il faut admettre qu'aucun modèle ne peut expliquer complètement l'efficacité du leadership, bien que chacun d'eux nous offre un éclairage intéressant. Bref, nous ne pouvons classifier les styles de leadership en « bons » et « mauvais », sans tenir compte des exigences de la situation.

Historiquement, et c'est ce que démontrera la lecture de ce chapitre, les théoriciens ont classé les styles de leaders selon deux systèmes. Le premier est fondé sur l'approche du leader où nous retrouvons trois catégories : les leaders démocratiques, les leaders autocratiques et les leaders « laisser-faire ». Le second découle de leur orientation dans l'exécution de la tâche. Certains leaders sont orientés vers la tâche (ou la production) ; d'autres sont orientés vers les employés (relations humaines). Il faut ajouter que certains leaders peuvent mettre l'accent sur les deux orientations à la fois.

Les principales théories du leadership peuvent être regroupées en cinq catégories : les approches traditionnelles, les théories axées sur les traits de caractère, les théories axées sur le comportement, les théories situationnelles et les approches contemporaines.

LES APPROCHES TRADITIONNELLES

Personne idéale

Les différentes approches traditionnelles du phénomène du leadership se caractérisent par la recherche quasi obsessionnelle de la *personne idéale*, laquelle possède les caractéristiques du leader efficace. Thomas Carlyle soutient la « théorie de l'homme idéal » en leadership qui affirme que le plus grand progrès de l'humanité, c'est l'accomplissement des êtres exceptionnels (*great persons*)[6].

Les tenants[7] de cette théorie prétendent que les qualités qui font les leaders sont *innées* et qu'il est tout à fait inutile de tenter de développer les habiletés des êtres humains à diriger les autres. L'histoire fournit de nombreux arguments à cette approche; pensons simplement à Napoléon, César, Cléopâtre, Attila, Hitler, De Gaulle, Kennedy. Cette théorie part de l'idée que, quelle que soit l'époque ou le pays, ces personnes seraient devenues des leaders en n'importe quelles circonstances. Mais cela est loin d'être prouvé. D'ailleurs, la plupart des théories que nous étudierons, tiennent compte de l'environnement, des subordonnés, de la situation, ce qui remet en question la théorie «du leader universel».

LE LEADERSHIP EST UNE QUALITÉ INNÉE

LES TRAITS DE CARACTÈRE D'UN LEADER[8]

Suite logique de l'approche de «la personne idéale», une nouvelle approche[9] fit son apparition entre les deux guerres, laquelle consistait à établir une liste de *traits physiques ou intellectuels* propres aux leaders. La recherche d'outils permettant de sélectionner des officiers durant la Première Guerre mondiale est à la source de ces études. Les traits de caractère d'un leader sont liés à des qualités individuelles telles que les traits de personnalité, les habiletés, les compétences ou à des facteurs sociaux. À titre d'exemples, mentionnons la taille, la vitalité, l'empathie, le tact, l'ambition, la confiance en soi, le jugement, les habiletés intellectuelles, etc.

TRAITS DE CARACTÈRE D'UN LEADER

En vertu de cette théorie, l'armée, selon une blague classique, choisirait ses généraux en faisant passer des tests d'intelligence, des tests d'habileté, des examens théoriques et des entrevues à tous les soldats et choisirait… le plus grand.

Des études ultérieures sur le sujet[10] ont démontré l'absence de traits de caractère qui distingueraient les leaders des autres; tout au plus, certaines qualités semblent être associées au leadership. En fait, la performance d'un leader dépend beaucoup plus des gestes qu'il pose que des traits de personnalité qui le caractérisent. Bref, l'étude des comportements des leaders semblent plus révélatrice.

---

6. Thomas Carlyle, *Lectures on Heroes, Hero-Worship, and Heroic in History*, édition P.C. Parr, Oxford, Clarendon Press, 1910.
7. J.R. French et Bertram Raven, «The Basis of Social Power», dans Cartwright, Dorwin and Zander, *Group Dynamics: Research and Theory*, New York, Harper & Row, 1968, p. 259-269.
8. La source privilégiée sur ce sujet: Arthur G. Jago, «Leadership: Perspectives in Theory and Research», *Management Science*, vol. 28, 1982, p. 315-336.
9. R.M. Stogdill, «Personal Factors Associated with Leadership: A Survey of the Literature», *Journal of Psychology*, 1948, p. 25, 35-72; Edwin E. Ghiselli, *Exploration in Management Talent*, Pacific Palisades, Californie, Goodyear, 1971; Eugene E. Jennings, «The Anatomy of Leadership», *Management: a Book of Readings*, éditeur Harold Koontz et O'Donnell, New York, McGraw-Hill, 1968.
10. Voir: R.D. Mann, «A Review of the Relationships between Personality and Performance in Small Groups», *Psychological Bulletin*, vol. 56, 1959, p. 241-270.

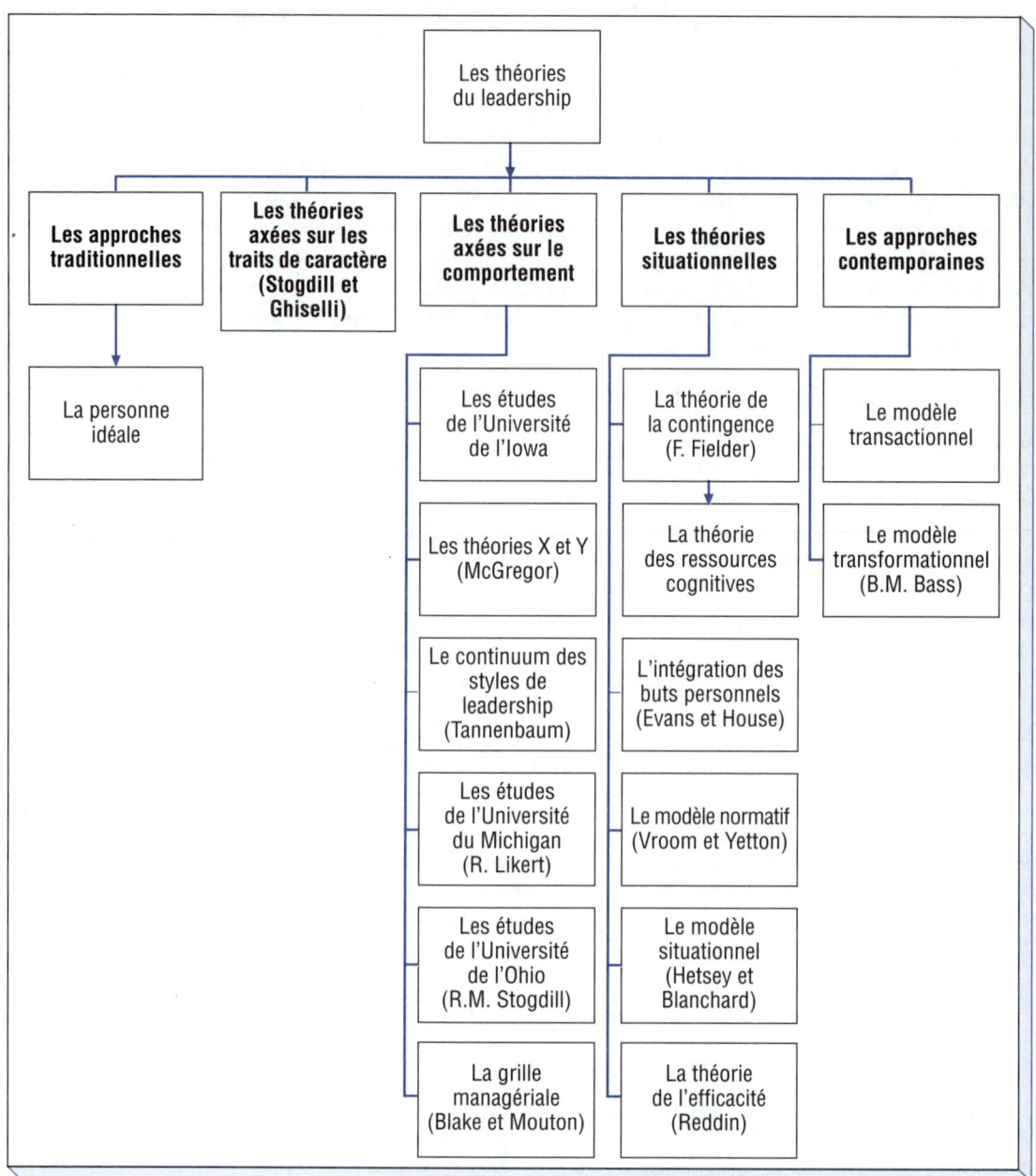

FIGURE 8.1 Les théories du leadership

LES COMPORTEMENTS DES LEADERS

S'il était possible d'identifier les comportements des leaders efficaces, nous pourrions apprendre ces comportements et réaliser des performances de leader identiques. Les principaux efforts consacrés à la recherche de ces comportements typiques sont les études de l'Université de l'Iowa, les hypothèses de McGregor, le continuum des styles de leadership, les études de l'Université du Michigan, les études de l'Université de l'Ohio, la grille managériale de Blake et Mouton et la théorie de Reddin.

Les études de l'Université de l'Iowa

Cette étude entreprise par Ronald Lippitt et Ralph White et dirigée par Kurt Luwin avait pour but d'analyser les *effets* que trois styles de leadership pouvaient avoir sur le comportement de groupes de jeunes[11].

COMPORTEMENT DU LEADER ET RÉSULTATS

TABLEAU 8.2 Les styles de leadership utilisés dans l'étude de l'Université de l'Iowa

	Leader	Membres du groupe
Style démocratique	1. La prise de décision est partagée entre le leader et son groupe. 2. Lorsque le leader doit prendre une décision, il en explique le bien-fondé à son groupe. 3. Les critiques et les évaluations sont objectives.	1. Les nouvelles idées sont les bienvenues. 2. Un sentiment de responsabilité est partagé par le groupe. 3. La qualité du travail et la productivité sont généralement élevées. 4. Le groupe partage un sentiment de réussite.
Style autocratique	1. Le leader est conscient de sa position. 2. Le leader n'a que très peu confiance dans les membres de son groupe. 3. Le leader croit que le salaire est la récompense pour le travail et la seule récompense qui motive les travaillleurs. 4. Les ordres sont dictés pour être exécutés et ce, sans question ni explication.	1. Ils n'assument aucune responsabilité quant au rendement, ils accomplissent le minimum requis. 2. La production fluctue à la hausse en présence du leader, à la baisse en son absence.
Style « laisser-faire »	1. Le leader n'a aucune confiance dans ses habiletés de leadership. 2. Le leader n'établit pas d'objectif pour le groupe.	1. Les décisions sont prises par qui veut bien s'y hasarder. 2. La productivité est généralement faible et la qualité du travail médiocre. 3. Les membres ont peu d'intérêt pour le travail. 4. Le moral et l'esprit d'équipe sont bas.

---

11. K. Lewin et R. Lippitt, « An Experimental Approach to the Study of Autocracy and Democracy : A Preliminary Note », *Sociometry*, vol. 1, 1938, p. 292-300 ; R. Lippitt, « An Experimental Study of the Effect of Democratic and Authoritarian Group Atmospheres », *University of Iowa Studies in Child Welfare*, vol. 16, 1940, p. 43-95.

LE RÉSULTAT

Les styles de leadership auxquels ont été soumis chacun des groupes en alternance sont décrits au tableau 8.2[12]. Le *résultat* de ces études démontre que, entre les trois, les groupes préféraient le style démocratique. Par ailleurs, sous la direction d'un leader «autocratique» ou «laisser-faire», un climat d'hostilité et d'agressivité s'est souvent établi. Enfin, lorsque le leader autocratique dirigeait un groupe, un sentiment de léthargie et d'apathie faisait parfois son apparition. Des études ultérieures ont démontré que ces résultats n'étaient pas aussi probants, si ce n'est que le niveau de satisfaction des employés est plus élevé lorsque le style démocratique est utilisé[13].

Les théories X et Y

McGregor a proposé une analyse de deux types de leadership connus sous les vocables de théorie X et théorie Y.

Une des grandes contributions à la compréhension du leadership nous est fournie par Douglas McGregor. Ses études sur les pratiques des gestionnaires nous révèlent que généralement les subordonnés se comportent selon les prévisions du gestionnaire. Cela signifie que les subordonnés répondent aux attentes de leur superviseur, et leur comportement est en conformité avec les croyances de leur supérieur. Selon McGregor, ce sont les croyances ou les hypothèses auxquelles adhèrent les gestionnaires qui influencent le comportement des employés. Ainsi, lorsque le gestionnaire croit que ses employés auront un rendement élevé et une bonne attitude au travail, cela se confirme dans leur comportement. Lorsqu'il s'attend à de piètres résultats, leur comportement lui donnera raison et les résultats seront décevants. C'est une prophétie dite «autoréalisante».

TABLEAU 8.3 Les théories X et Y

Théorie X	Théorie Y
1. Les gens sont naturellement paresseux; ils préfèrent ne rien faire.	Les gens sont naturellement actifs, ils aiment établir des objectifs et s'efforcer à les atteindre.
2. Les gens travaillent surtout pour la rémunération.	Les gens recherchent plusieurs satisfactions dans leur travail: fierté de la réalisation, plaisir d'exécuter un travail, sens de la contribution, plaisir du travail en équipe, stimulation devant de nouveaux défis.
3. Ce qui maintient les gens productifs, c'est la crainte de la rétrogradation et le congédiement.	Les gens sont productifs si, du même coup, ils peuvent réaliser les objectifs de la firme et leurs objectifs personnels et sociaux.

---

12. Brandford B. Leland et Ronald Lippitt, «Building a Democratic Work Group», dans *Personnel*, n° 3, American Management Association, novembre 1945.
13. Bernard M. Bass, *Stogdill's Handbook of Leadership*, New York, The Free Press, 1981, p. 289-299.

4. Les gens sont d'éternels enfants toujours dépendants d'un dirigeant.	Les gens visent la maturité, aspirent à l'indépendance, à la réalisation de soi et aux responsabilités.
5. Les gens se reposent sur les directives de leur supérieur et ne désirent pas avoir à penser.	Les gens engagés dans une situation sont capables de prendre eux-mêmes les décisions qui s'imposent.
6. Les gens ont besoin qu'on leur dise quoi faire et comment le faire.	Ceux qui comprennent et s'intéressent à ce qu'ils font peuvent, d'eux-mêmes, établir leurs propres méthodes de travail.
7. Les gens ont besoin d'un supérieur qui les surveille de près, qui évalue leur travail et corrige leurs erreurs.	Les gens ont besoin de sentir qu'on les considère capables d'assumer leurs responsabilités et de s'autocontrôler.
8. Les gens n'ont d'autre intérêt que leurs besoins matériels immédiats.	Les gens cherchent à donner un sens à leur vie en s'identifiant à une nation, une communauté, une Église, un syndicat, une société, une cause.
9. Les gens ont besoin d'être renseignés avec précision sur ce qu'ils doivent faire et comment ils doivent le faire ; toute politique plus générale ne les concerne pas.	Les gens ont des besoins de compréhension toujours croissants. Ils veulent connaître le sens du travail dans lequel ils sont engagés. Leur soif de connaître s'étend à l'infini.
10. Les gens aiment être traités avec courtoisie.	Les gens désirent surtout le respect de leur entourage.
11. Les gens désirent les activités du travail et celles des loisirs.	Les gens ont tendance à tout intégrer ; si la division entre leur travail et leurs loisirs est trop tranchée, les deux en seront affectés.
12. Les gens ont une tendance naturelle à résister aux changements.	Les gens fuient la monotonie et sont enthousiastes devant toute nouvelle expérience ; jusqu'à un certain point, tous sont créatifs.
13. La tâche est l'élément fondamental et doit être accomplie ; les gens sont choisis, formés en conformité avec un travail déterminé.	L'élément fondamental, c'est l'être et son autoréalisation. La tâche doit être définie, modifiée et ajustée à l'être.
14. L'hérédité prédestine l'homme, son enfance et son adolescence aussi ; une fois adulte, il n'évolue plus.	Les gens sont en perpétuel développement, ils aiment apprendre et accroître leurs connaissances et leurs capacités.
15. Les gens doivent être stimulés et dirigés.	Les gens ont besoin de liberté, d'encouragement et d'assistance.

Bref, toute activité de leadership repose sur des hypothèses. McGregor croit que, même si le gestionnaire est conscient de l'importance des concepts relatifs aux relations humaines, si sa pratique quotidienne prend sa source dans des concepts autocratiques traditionnels, la « théorie X » décrite au

THÉORIE X

tableau 8.3[14], les employés seront paresseux, sans initiative et à la seule recherche de la rémunération monétaire.

INTÉGRATION DES OBJECTIFS DE L'INDIVIDU À CEUX DE L'ENTREPRISE

À l'opposé de la théorie X qui favorise la direction et le contrôle par l'exercice de l'autorité hiérarchique, la théorie Y qui repose sur les hypothèses énumérées au tableau 8.3. Cette dernière met l'accent sur l'intégration des objectifs de l'individu à ceux de l'entreprise. Les tenants de la théorie Y croient que les travailleurs peuvent œuvrer à la *réalisation des buts de l'entreprise afin de réaliser leurs propres objectifs*. Ils ont un désir réel de travailler et de s'accomplir.

Notons qu'à la suite d'une expérience personnelle à titre d'administrateur de collège, McGregor s'est quelque peu amendé et ses idées sur le leadership se sont orientées vers une plus grande compréhension et acceptation de la dimension « intérêt pour la tâche[15] ».

Le continuum des styles de leadership[16]

CONTINUUM

Il est admis, malgré de nombreuses exceptions, que les leaders qui portent un intérêt à la tâche recourent à un style autocratique. À l'opposé, les leaders qui s'intéressent davantage aux relations humaines adopteront un style de leadership plus démocratique. Mais entre ces deux extrêmes, il y a place pour une *multitude de combinaisons* possibles.

Ce continuum représente plusieurs variations du comportement du leader allant de l'approche autocratique à l'approche démocratique.

INFLUENCE DES FORCES :
– LE LEADER
– LES SUBORDONNÉS
– LA SITUATION

Tannenbaum et Schmidt avancent que certains éléments peuvent se combiner pour demander un style de leadership chaque fois différent. Ces éléments peuvent aussi être regroupés en trois catégories qu'ils qualifient de forces. Ainsi, afin d'adopter le style de leadership le plus efficace, le gestionnaire devra tenir compte des éléments provenant de sa *propre force* (sa façon d'être), de la force que représentent ses *subordonnés* et de la force constituée par les *situations*. À long terme, selon Tannenbaum et Schmidt, le gestionnaire doit tendre vers un leadership plus démocratique et plus flexible, car c'est celui qui présente le plus grand potentiel pour favoriser la motivation des employés, améliorer la qualité des décisions, développer le travail d'équipe et permettre le développement des employés.

Nous résumons à la figure 8.3 les différentes forces que nous venons de mentionner. L'influence de ces forces sur le choix d'un style de leadership varie selon les circonstances. Mais il importe que le leader y soit attentif et analyse la situation de façon à pouvoir évaluer les problèmes et à faire le meilleur choix possible.

---

14. D. McGregor, *The Human Side of Enterprise,* New York, McGraw-Hill, 1960, p. 33-34 et 47-48.
15. D. McGregor, *Leadership and Motivation,* Cambridge, Mass., M.I.T. Press, 1966.
16. Extrait de : R. Tannenbaum et Schmidt, « How to Choose a Leadership Pattern », Harvard Business Review, vol. 51, n° 3, mai-juin 1973, p. 162-180.

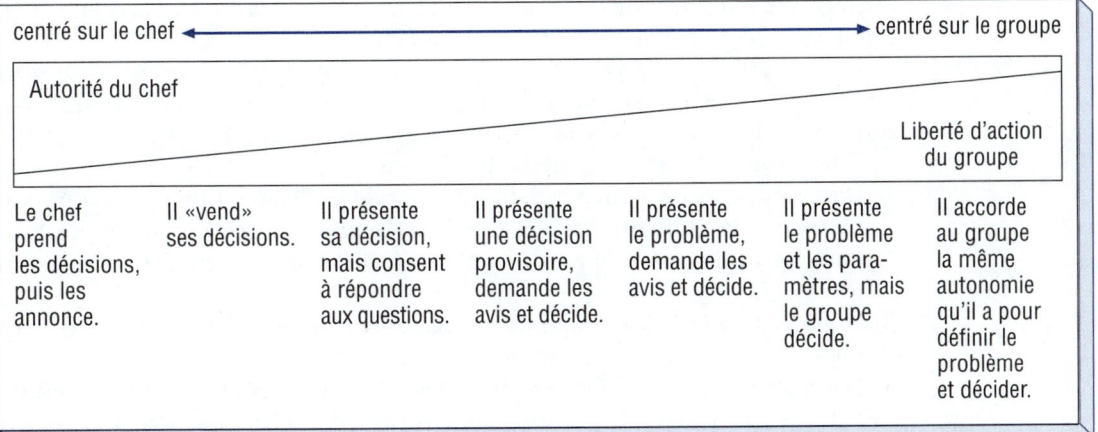

FIGURE 8.2 Le continuum du comportement du leader[17]

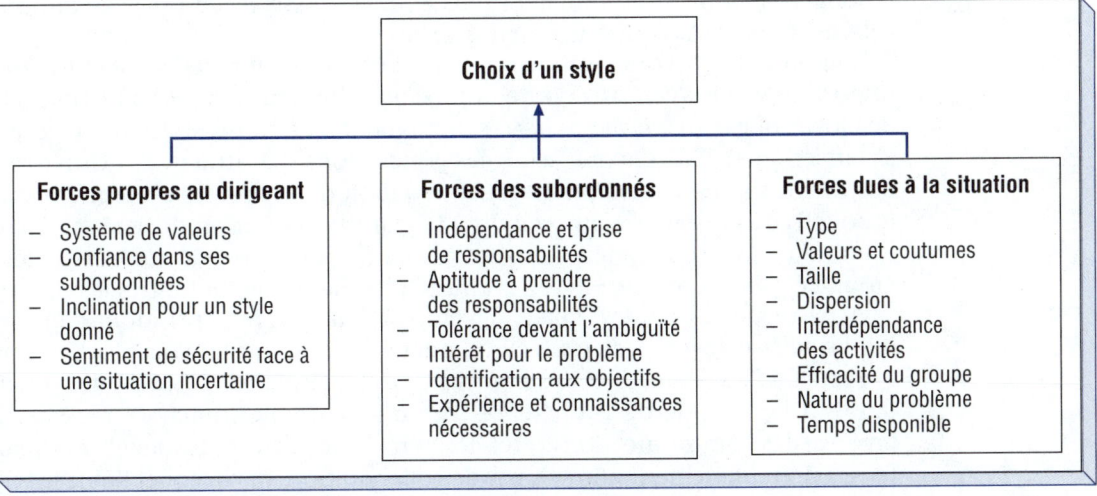

FIGURE 8.3 Les forces influençant le choix d'un style de leadership

Les études de l'Université du Michigan[18]

Ces études, fondées sur les résultats des recherches de Lewin (Université de l'Iowa) visaient principalement à identifier les effets que peut avoir le style de leadership sur la productivité et la satisfaction des employés. Elles furent

---

17. R. Tannenbaum et Schmidt, *ibid.*
18. Lire à ce sujet: R. Likert, *New Patterns of Management,* New York, McGraw-Hill, 1961; R. Likert, *The Human Organization,* New York, McGraw-Hill, 1967; R. Likert, « From Production- and Employee-Centeredness to Systems 1-4 », *Journal of Management,* vol. 5, 1979, p. 147-156.

STYLE DE LEADERSHIP ET RENDEMENT

entreprises dans une dizaine d'organisations, dont la Prudential Life Insurance Company à Newark, au New Jersey.

L'étude analysa les styles de leadership employés dans des unités administratives où le *rendement* était élevé et les compara avec les styles que l'on retrouvait dans des unités administratives à bas rendement.

Voici trois constatations découlant de ces études :
1. Dans les unités à haut rendement, le style de leadership le plus couramment utilisé était orienté vers les besoins des employés ; par opposition, dans les unités à faible rendement, les leaders orientaient leur action plutôt vers la tâche.
2. Dans les unités à rendement élevé, le gestionnaire entretenait des contacts plus directs avec ses subalternes.
3. Dans les unités à haut rendement, les gestionnaires étaient plus enclins à aider les employés, à planifier leur travail, à définir les objectifs en leur laissant toute la latitude nécessaire dans la réalisation quotidienne de leur tâche.

En conclusion, les gestionnaires qui se préoccupaient davantage des besoins des employés semblaient plus efficaces. Mais il n'est pas certain que cela se vérifie dans toutes les circonstances.

PRÉFÉRENCE POUR LE STYLE DÉMOCRATIQUE

L'apport des théories fondées sur le comportement des leaders est très important. Vous avez sans doute noté, d'après les études faites à l'Université de l'Iowa, que le *style démocratique* est nettement préféré aux styles autocratique et laisser-faire. Plus encore, selon les conclusions des études de l'Université du Michigan, les leaders privilégiant les relations humaines obtiennent une productivité plus élevée que ceux privilégiant la réalisation de la tâche. Mais nombreux sont les leaders autocratiques qui ont mérité le respect de leur groupe et ont atteint un niveau d'efficacité et de productivité très élevé.

PARTICIPATION

À partir de ces études, Likert développa son propre continuum comprenant quatre catégories de leadership, mieux connu sous les vocables Système 1, Système 2, Système 3 et Système 4. Selon Likert, la *participation* des subalternes à la prise de décision représente une véritable source de réussite. Il favorise des communications ouvertes et franches entre le leader et ses subalternes. L'établissement d'un climat de collaboration, dans lequel l'objectif du groupe est partagé par chacun, représente pour lui la seule façon de diriger efficacement un groupe.

Afin de clarifier ses concepts, les caractéristiques particulières des quatre systèmes de Likert sont présentées dans le tableau 8.4.

La méthode de Likert consiste essentiellement à analyser à l'aide d'un questionnaire[19] très détaillé les *attitudes* répandues dans une organisation. Les résultats sont retransmis aux cadres supérieurs afin qu'ils prennent les mesures correctives concernant la gestion des ressources humaines.

---

19. Rensis Likert, *op. cit.*, p. 208-209.

TABLEAU 8.4 Les quatre systèmes de gestion de Rensis Likert[20]

Caractéristiques	Systèmes			
	1 Autoritarisme-exploiteur	2 Autoritarisme-bienveillant	3 Consultatif	4 Participatif
Support aux employés	Nul	Paternalisme	Soutien très fréquent	Soutien très grand
Rapports supérieur-subordonnés	Rapports fondés sur absence totale de confiance	Assez distants	Très bons rapports	• Rapports ouverts et chaleureux • Confiance absolue
Participation	La prise de décision appartient au supérieur	Un certain degré de communication vers le haut : – suggestion – opinion	Un certain degré de participation dans la prise de décision – consultation assez grande	• Sollicitation continuelle des idées • Communication dans les deux sens
Système de motivation	• Crainte • Sanctions et récompenses occasionnelles	• Système de récompenses • Un peu de peur et de sanctions	• Récompenses • Sanctions occasionnelles	Récompenses fondées sur la participation
Esprit d'équipe	Inexistant	Faible	Assez fort	Très fort

Likert croit que l'employé est en situation d'échange avec l'entreprise. Cet échange doit permettre la naissance et le développement d'un sentiment de *valorisation de l'individu* au sein de l'entreprise. Celui-ci doit avoir la conviction qu'il est un *actif très important* pour elle. Bien entendu, le groupe informel offre la possibilité de nourrir ce sentiment, mais la structure formelle de l'entreprise doit aussi y concourir. Il ne faut pas interpréter le Système 4 comme une invitation à la « gentillesse » à l'égard des employés, il faut surtout retenir la nécessité de fixer des objectifs élevés.

SYSTÈME 4

Les études de l'Université de l'Ohio[21]

Les recherches de Stogdill avaient pour but de dégager les différentes *tâches des leaders*. Deux types de comportements furent identifiés à la fonction de leader :
1. Organisation de la structure (*Initiating structure*) : ce comportement consiste à définir les rôles et les interrelations du groupe en établissant les

TÂCHES DU LEADER

---

20. Rensis Likert, *The Human Organisation,* New York, McGraw-Hill, 1967, p. 197-211.
21. R.M. Stogdill, « Personal Factors Associated with Leadership : A Survey of the Literature », *Journal of Psychology*, 1948, p. 25, 35-71. Caroll L. Shartle, « The Early Years of the Ohio State University Leadership studies », *Journal of Management*, automne 1979, n° 5, p. 127-134 ; Chester Schriesheim et Barbara J. Bird, « Contributions of the Ohio State Studies of the Field of Leadership », *Journal of Management*, automne 1974, n° 5, p. 135-145.

Relations humaines

objectifs du groupe, en attribuant les tâches, en évaluant le rendement et en appliquant des mesures disciplinaires.
2. Considération : associé aux relations humaines, ce comportement implique le rôle de conseiller en relations humaines étudié au chapitre 1.

Les conclusions des études de l'Université de l'Ohio nous amènent à inclure deux aspects dans le rôle du leader : pour être efficace, ce dernier doit *orienter son action vers la tâche et vers les relations humaines*.

En abandonnant l'approche unidimensionnelle pour en adopter une où « l'organisation de la structure » et « la considération » sont perçues comme deux dimensions indépendantes, ces recherches ouvrent la possibilité de l'existence d'un leader très orienté vers la tâche, et qui peut obtenir un haut degré de satisfaction de ses employés parce qu'il leur démontre de la considération.

Blake et Mouton

Il existe d'autres approches qui tentent d'analyser le rôle du leader en fonction de son comportement. Nous en verrons maintenant l'une des plus intéressantes, c'est-à-dire la grille managériale de Blake et Mouton[22], telle que décrite à la figure 8.4.

Intérêt pour la tâche
Intérêt pour les relations humaines

Cette grille présente les styles de leadership en fonction d'un modèle bidimensionnel. La première dimension (l'abscisse) représente l'intérêt que le leader montre pour la *tâche* ou pour la production. La seconde dimension (l'ordonnée) représente l'intérêt qu'il manifeste pour les *relations humaines*. L'utilisation du terme « intérêt » n'indique pas la quantité de production obtenue ni jusqu'à quel degré les exigences des relations humaines ont été satisfaites. Elle signale plutôt « dans quelle mesure le gestionnaire est préoccupé » par la production ou l'élément humain. Bref, il ne s'agit pas vraiment d'analyser le comportement des leaders mais plutôt leur attitude.

Le style de gestion « anémique » (1,1)

Évitement

Ce style se caractérise par une approche « laisser-faire ». Le leader porte un minimum d'intérêt et à la tâche et aux relations humaines. Il est convaincu qu'il est préférable pour un gestionnaire de maintenir les routines établies ou de faire appel à des experts à l'extérieur du groupe afin d'éviter les désaccords et les réactions émotives.

Le style de gestion « club social » (1,9)

Les gens

Le leader porte un minimum d'intérêt à la tâche et un maximum d'intérêt aux *relations humaines*. L'attention est portée sur les besoins des individus afin de satisfaire les interrelations et créer un climat favorable, sans trop se soucier de la réalisation de la tâche. Ce style peut résulter en un rendement élevé et un haut degré de satisfaction chez les subordonnés, mais certains d'entre eux pourraient abuser de la situation.

---

22. Lire à ce sujet : R.R. Blake et Jane Mouton, *The Managerial Grid*, Gulf Publishing Co., Houston, Texas, 1954 ; traduction : *Les Deux Dimensions du management*, par P. Gourgand aux Éditions d'Organisation, Paris, 1977 ; nouvelle édition en 1985, non traduite.

Le style de gestion « autocratique » (9,1)

Ce style de gestion est centré sur la *tâche* avec un maximum d'intérêt pour la production et un minimum d'intérêt pour les relations humaines. Si la réalisation de la tâche est entravée par des individus, l'on n'aura aucun remords à sacrifier ceux qui pourraient nuire à l'objectif.

LA TÂCHE

Le style de gestion « intermédiaire » (5,5)

Ce style se caractérise par un niveau d'intérêt pour la production, qui permet au leader d'obtenir de ses subalternes un rendement moyen acceptable, et un niveau d'intérêt pour les relations humaines suffisant pour prévenir l'insatisfaction des employés, grâce à certaines concessions relatives à la tâche.

L'HOMME DE L'ORGANISATION « SANDWICH »

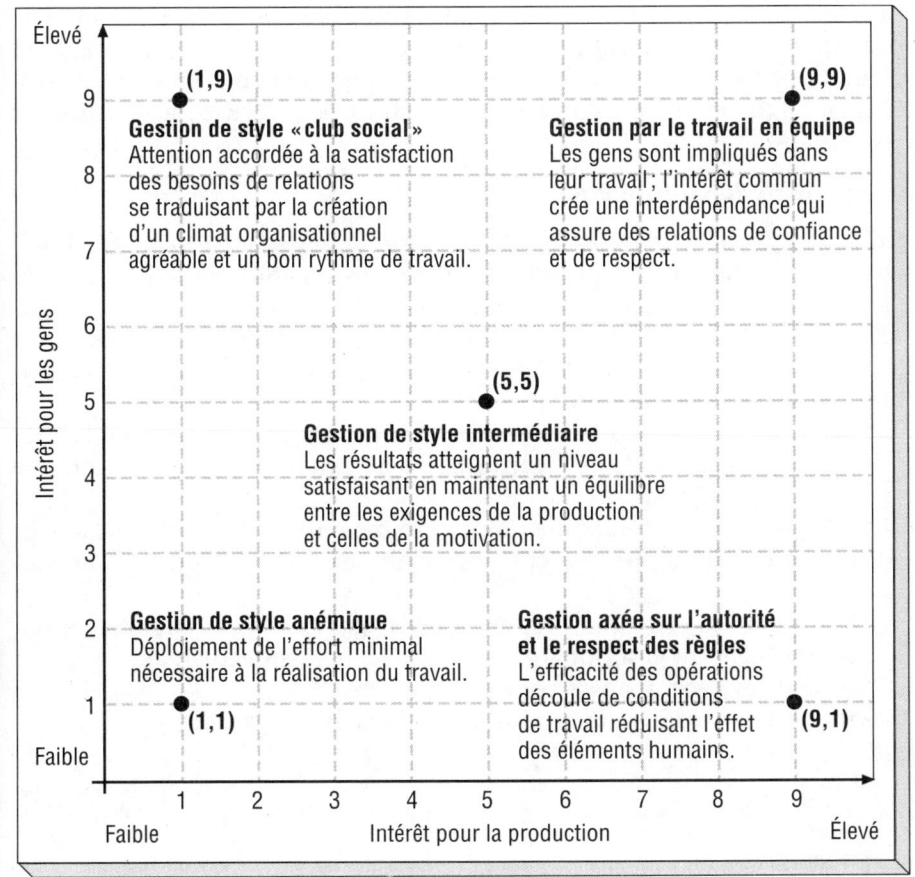

FIGURE 8.4
La grille managériale de Blake et Mouton (nouvelle version)[23]

---

23. Robert A. Blake et Jane S. Mouton, *The Managerial Grid III*. Gulf Publishing, Houston, 1985, p. 12.

Le style de gestion par le travail en équipe (9,9)

LE TRAVAIL EN ÉQUIPE

Ce style de gestion est à la fois axé au maximum sur le *rendement*, qui devient un objectif de groupe, et sur les relations humaines. La production résulte d'un effort pour relier la tâche et les exigences humaines en fonction de l'objectif poursuivi.

À l'analyse, cette théorie laisse croire que le style 9.9 est le style idéal dans la plupart des entreprises[24]; mais là interviennent les théories situationnelles, et plus particulièrement celles de William Reddin et de Hersey et Blanchard.

LES THÉORIES SITUATIONNELLES

La difficulté de trouver les comportements d'un leader idéal amena les chercheurs à prendre en considération les facteurs spécifiques à certaines situations. En fait, le comportement idéal d'un leader dépend des caractéristiques de l'environnement, c'est-à-dire les facteurs de chacune des situations. Les théories suivantes ont été retenues parmi d'autres à cause de leur popularité: la théorie de la contingence, l'intégration des buts personnels, le modèle normatif, le modèle situationnel et la théorie de l'efficacité. Tannenbaum et Schmidt ont été les premiers à soulever cet aspect du comportement du leader en soulignant les forces influençant le choix d'un style de leadership sur le continuum de styles.

La théorie de la contingence

Fred Fiedler[25], de l'Université de Washington, a réussi, à partir de tests permettant d'identifier les styles de leadership et les situations, à isoler certaines relations existant entre les facteurs situationnels.

Examinons maintenant les résultats de ses recherches, comme ils sont illustrés à la figure 8.5[26]. Les différentes dimensions considérées dans la définition de la situation sont les suivantes:

a) la *qualité des relations interpersonnelles* entre le leader et ses subordonnés fait référence au degré de confiance et d'admiration que le groupe témoigne au leader;

b) le *degré de structure dans la tâche* du groupe indique la qualité de la définition des rôles, des objectifs, des méthodes et des normes de rendement;

c) le *pouvoir formel du leader* représente le degré de pouvoir que l'organisation délègue au gestionnaire pour embaucher, congédier, appliquer un système de récompenses et de punitions, etc.

Le modèle de Fiedler peut se résumer de la façon suivante:

---

24. R. Blake et J. Mouton, «Should You Teach There's Only One Best Way to Manage?» Training HRD, avril 1978, p. 25-29; R. Blake et J. Mouton «How to Choose a Leadership Style», Training and Development Journal, vol. 36, n° 2, février 1982, p. 38-45.

25. F.E. Fiedler et N.M. Chemers, *Leadership and Effective Management*, New York, Scott Foresman, 1974.

26. Simplification du graphique de Fiedler tiré de: F.E. Fiedler, «The Contingency Model — New Directions for Leadership Utilization», *Journal of Contemporary Business*, automne 1974, p. 71.

CHAPITRE 8 : Le leadership

Éléments de la situation		Situations très favorables		Situations favorables		Situations modérément favorables		Situations très défavorables	
Qualité des relations interpersonnelles		Excellente				Piètre			
Degré de structure de la tâche		Élevé		Faible		Élevé		Faible	
Pouvoir formel du leader		Élevé	Faible	Élevé	Faible	Élevé	Faible	Élevé	Faible
Situation		1	2	3	4	5	6	7	8
Style applicable	Style de leadership efficace	Orienté vers la tâche				Orienté vers les relations humaines			Orienté vers la tâche

FIGURE 8.5
Le modèle de Fiedler sur les relations entre le style de leadership et les variables situationnelles

1. Dans des situations *très défavorables*, le style de leadership orienté vers la tâche s'avère alors le plus efficace. Ce sont les situations où les relations entre le gestionnaire et ses subordonnés sont médiocres, où la tâche est

imprécise et où le leader a peu de pouvoir pour punir ou récompenser ses subordonnés.
2. Dans des situations *modérément favorables*, l'efficacité du groupe résultera d'un leadership orienté vers les relations humaines. Il s'agit de situations où les relations entre le gestionnaire et ses subordonnés sont correctes, où la tâche est plus ou moins définie et où le gestionnaire possède un certain pouvoir relativement aux sanctions à appliquer.
3) Lorsque le leader se trouve dans des situations *très favorables*, il doit opter pour un style orienté essentiellement vers la tâche s'il veut atteindre un maximum d'efficacité. Nous faisons allusion, ici, aux situations où le leader est respecté et très aimé de ses subordonnés, où la tâche et ses objectifs sont clairement définis et où l'autorité du leader repose sur un pouvoir réel de distribuer récompenses et punitions.

Ce qu'il faut retenir de cette étude, c'est que la réussite d'un style de leadership repose sur son application dans la situation qui lui convient. Si on ne devait considérer que le style à adopter pour atteindre les résultats les plus élevés, il faudrait opter généralement pour celui orienté vers la production ou la tâche. Mais la connaissance de la *situation* dans laquelle se trouve le leader permet de choisir un *style* plus approprié.

SOURCE DE RÉUSSITE : BONNE ADAPTATION DU STYLE À LA SITUATION

Selon Fiedler, un style axé sur la tâche convient mieux dans les situations très défavorables ou très favorables au leader, alors qu'un style axé sur les subordonnés convient mieux dans une situation moyennement favorable.

La théorie des ressources cognitives. Afin de compenser certaines faiblesses de sa théorie soulevées par des critiques, Fiedler a développé la théorie des ressources cognitives, laquelle tient compte d'un autre facteur affectant le rendement d'un leader. Il s'agit des ressources cognitives de celui-ci, soit ses habiletés intellectuelles, ses compétences techniques et ses connaissances de l'emploi[27].

Ces facteurs additionnels doivent être pris en considération pour prévoir l'efficacité du leader face à ses employés. Selon Fiedler et Garcia, les ressources cognitives du leader affecteront le rendement des subordonnés, car il pourra définir des objectifs plus clairs, ses décisions seront plus appropriées et ses stratégies plus pertinentes. De ce fait, les employés sauront exactement ce qui est attendu d'eux, ils bénéficieront de directives explicites et ils connaîtront précisément les normes de rendement à partir desquelles ils seront évalués.

L'approche de l'intégration des buts personnels Evans-House

LA MEILLEURE APPROCHE

Comme nous l'avons vu, le comportement d'un leader peut être efficace dans une situation donnée et inefficace dans une autre. Que doivent faire,

---

27. Fred E. Fiedler, « The Contribution of Cognitive Resources to Leadership Performance », *Journal of Applied Social Psychology*, vol. 16, 1986, p. 532-548; Fred E. Fiedler et Joseph E. Garcia, *New Approaches to Effective Leadership : cognitive Resources and Organizational Performance*, New York, Wiley, 1987.

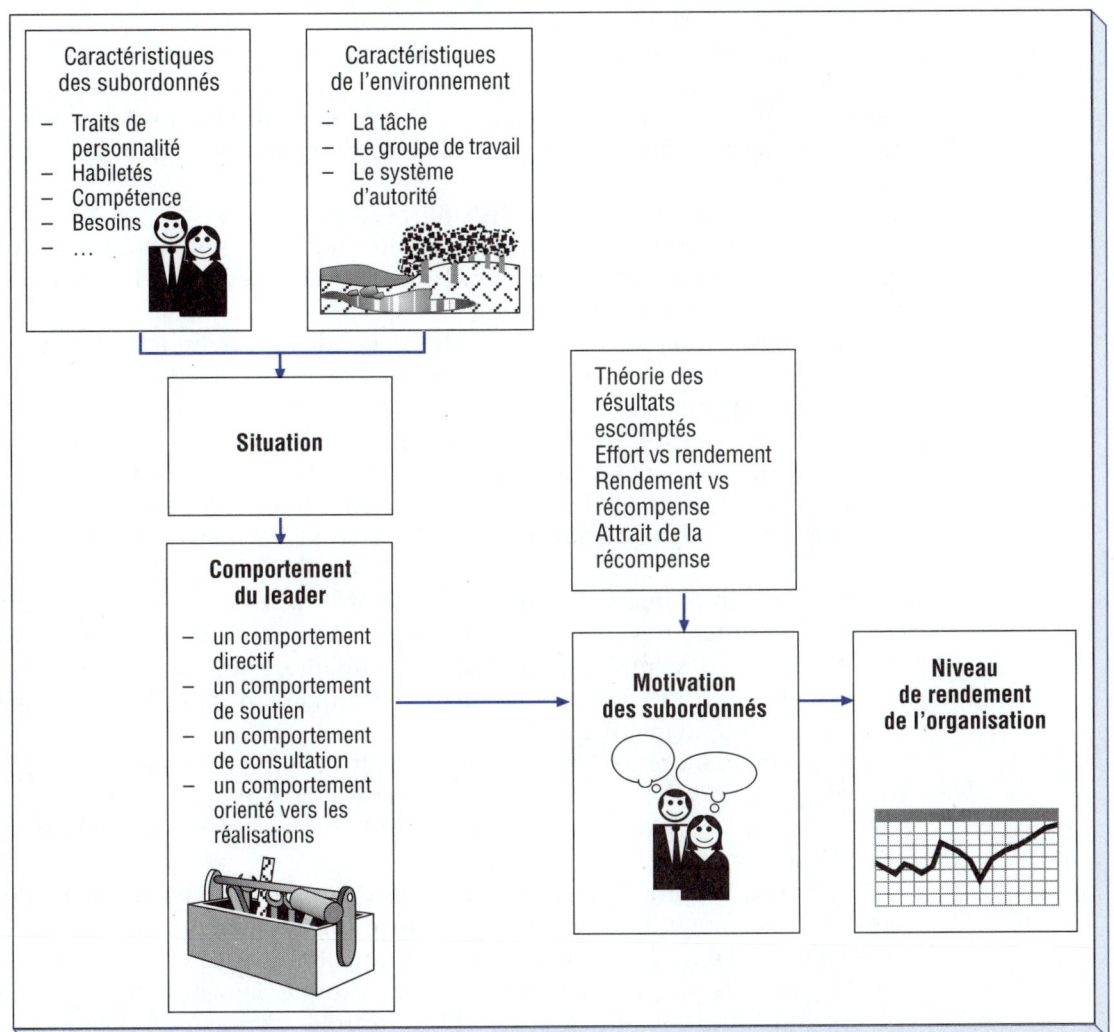

FIGURE 8.6 L'approche de l'intégration des buts personnels[28]

alors, les étudiants qui cherchent à développer leurs talents afin de se préparer à devenir gestionnaire?

Devant le besoin des gestionnaires à comprendre et à mettre en pratique le concept de leadership, une nouvelle approche est donc proposée. Robert J.

---

28. Adapté de Gary A. Yukl, *Leadership in Organizations*, Englewood Cliffs, N.J., Prentice-Hall, 1981, p. 148, 150; et de Heinz Wihrich et Harold Koontz, *Management: A Global Perspective*, 10ᵉ édition, New York, McGraw-Hill, 1993, p. 508.

House et ses collègues[29] proposent une théorie qui tente d'expliquer comment le superviseur peut améliorer la motivation, la satisfaction et le rendement de ses subordonnés. Cette théorie repose en grande partie sur la théorie des résultats escomptés (voir chapitre 7: La motivation). Ainsi un même superviseur peut utiliser quatre styles de comportement, mais dans des situations différentes.

Les comportements pouvant être utilisés sont:

– *un comportement directif*: le gestionnaire indique à ses subordonnés ce qu'il attend d'eux, comment ils seront récompensés et les guide dans leur travail (*orienté vers la tâche*);

– *un comportement de soutien*: le gestionnaire démontre un intérêt pour le statut, le bien-être et les besoins de ses employés, il est affable et amical (*orienté vers les gens*);

– *un comportement de consultation*: le gestionnaire consulte ses subordonnés et les encourage à faire des suggestions;

– *un comportement orienté vers les réalisations*: le gestionnaire établit des objectifs stimulants et démontre une grande confiance dans leur capacité à les atteindre.

Tous ces comportements peuvent donc être utilisés, mais il faut tenir compte des différentes situations qui sont définies selon deux facteurs: les caractéristiques des employés (traits de personnalité, habiletés, compétence, besoins, etc.) et les caractéristiques de l'environnement (la tâche, le groupe de travail et le système d'autorité).

Par exemple, un employé compétent réagit mieux à un leader axé sur le soutien qu'à un leader directif. Ou encore, un leader ayant un comportement axé sur le soutien s'avérera très efficace dans le cadre d'un travail monotone et routinier.

En résumé, l'approche de l'intégration des buts personnels suggère que le superviseur puisse influencer les liens entre le comportement et les objectifs. Pour ce faire, il doit définir les rôles de chacun, abolir les obstacles au rendement, susciter la participation des membres, stimuler la cohésion du groupe et l'esprit d'équipe, réduire le stress et les contrôles extérieurs et définir clairement les objectifs.

Le modèle normatif de leadership

Le modèle normatif de leadership de Vroom et Yetton[30], révisé par Arthur Jago en 1988, vise à aider les gestionnaires à évaluer les facteurs importants de l'environnement qui affectent le niveau de participation à accorder aux subordonnés dans la prise de décision.

---

29. Robert J. House, «A Path Goal Theory of Leader Effectiveness», *Administrative Science Quarterly*, vol. 16, 1971, p. 321-338.

30. Victor H. Vroom et Philip W. Yetton, *Leadership and Decision-Making*, Pittsburgh, University of Pittsburgh, 1973; Victor H. Vroom et Arthur G. Jago, «On the Validity of the Vroom-Yetton Model», *Journal of Applied Psychology*, vol. 63, 1978, p. 151-162; Victor H. Vroom et Arthur G. Jago, *The New Leadership: Managing Participation in Organizations*, Englewood Cliffs, N.J., Prentice-Hall, 1988.

MODES DE DÉCISIONS

Les modes de décisions sont regroupés en cinq catégories: les décisions prises par le gestionnaire seul (A: autocratie), les décisions prises à la suite d'une consultation (C: consultation) et les décisions prises par le groupe (G: groupe). Lorsqu'il y a deux variations (I et II), cela signifie qu'il existe deux modes, II étant plus démocratique que I.

Modes de décisions	Définition
AI	Le gestionnaire, s'appuyant sur l'information à sa disposition, prend la décision seul.
AII	Le gestionnaire s'informe auprès de ses subordonnés et prend seul la décision.
CI	Le gestionnaire fait part du problème à certains membres de son équipe, recueille leurs idées et prend seul la décision.
CII	Le gestionnaire fait part du problème à ses subordonnés en groupe, leur demande des suggestions et prend seul la décision.
G	Le gestionnaire partage le problème avec le groupe. Ensemble, ils élaborent et évaluent les solutions et prennent la décision par voie de consensus.

QUESTIONS

Afin d'aider le gestionnaire à choisir un mode de décision spécifique dans une situation donnée, le modèle suggère huit questions auxquelles il faut répondre (il y en a 12 si on utilise le nouveau modèle qui comprend aussi un programme informatique pour faciliter la tâche du gestionnaire).

L'arbre de décision de la page suivante nous permet d'opter pour le mode décisionnel le plus approprié[31].

Le modèle situationnel de Hersey et Blanchard

Le modèle situationnel de Paul Hersey et Kenneth Blanchard[32] est basé sur le postulat que le leader doit ajuster son comportement en fonction de l'empressement des subordonnés à s'impliquer, c'est-à-dire leur capacité et leur désir d'accomplir une tâche.

---

31. Source: Victor H. Vroom et Arthur G. Jago, *op. cit.*, p. 184-185.
32. Paul Hersey et Kenneth H. Blanchard, *Management of Organizational Behavior: Utilizing Human Resources*, 5e édition, Englewood Cliffs, N.J., Prentice-Hall, 1988. Note: Les termes et les définitions utilisés lors des 3e et 4e éditions ne sont pas les mêmes. Le terme «maturité/maturity» était alors utilisé, alors que le terme «empressement/readiness» est utilisé dans la dernière édition. Les traductions sont de l'auteur.

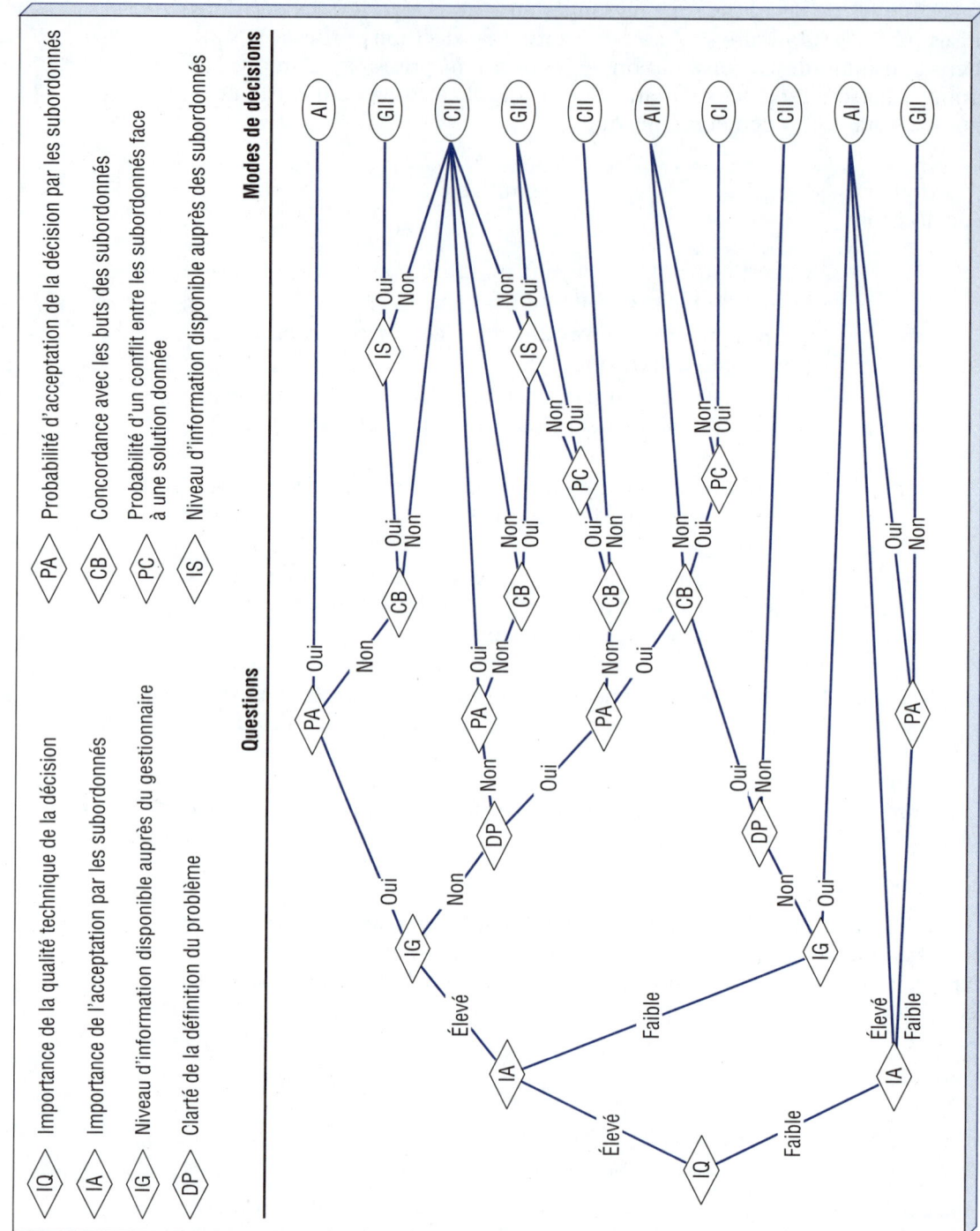

FIGURE 8.7 L'arbre de décision de Vroom

La «capacité» d'accomplir une tâche représente les habiletés, les compétences, les connaissances et l'expérience des subordonnés. Le «désir» comprend leur niveau de confiance en eux, leur degré d'implication et de motivation nécessaire à la poursuite de la tâche. L'empressement sera alors divisé en quatre niveaux, du plus élevé (E4) au plus faible (E1).

La théorie fait aussi référence aux deux comportements abordés lors des recherches de l'Université de l'Ohio et que nous retrouvons aussi dans la théorie de Blake et Mouton, c'est-à-dire le comportement orienté vers la tâche et le comportement orienté vers les relations humaines ou les gens. Compte tenu que ces deux comportements sont indépendants, il est donc possible pour un leader d'adopter l'un ou l'autre de ces comportements ou

CAPACITÉ
DÉSIR

QUATRE STYLES :
DÉLÉGATION
PARTICIPATION
PERSUASION
DIRECTION

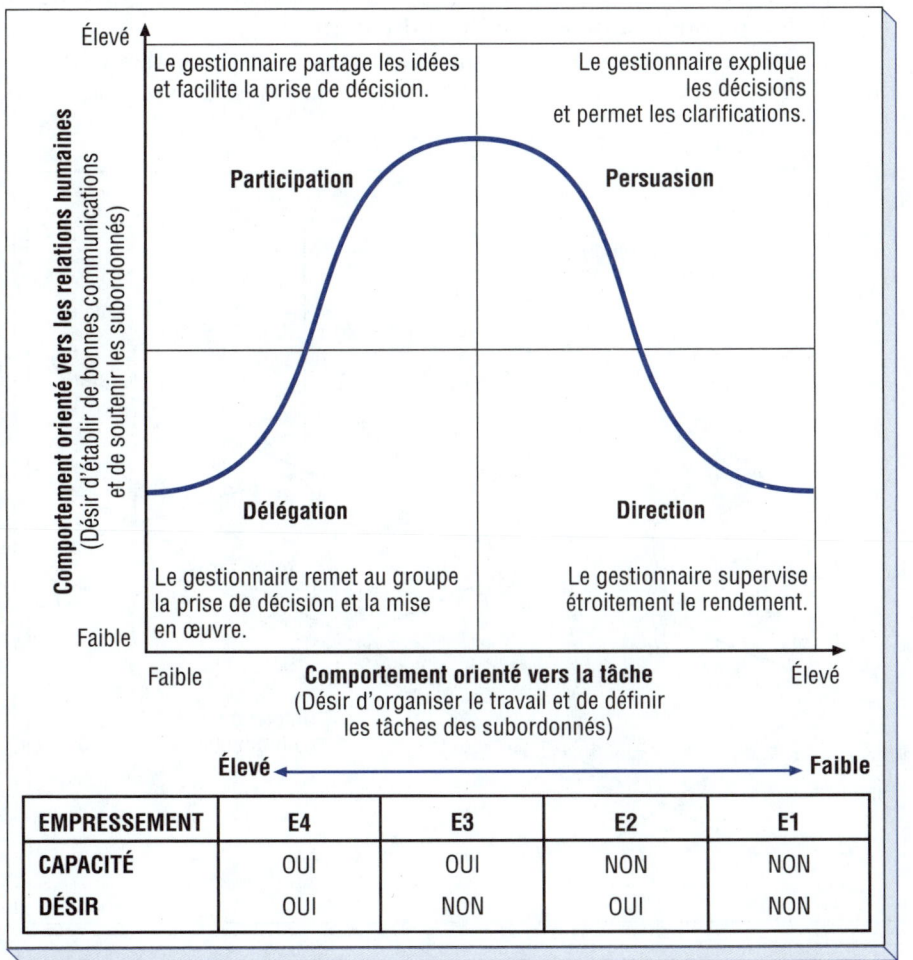

FIGURE 8.8
Le modèle situationnel de Hersey et Blanchard[33]

33. Adapté de Paul Hersey et Kenneth H. Blanchard, *Management of Organizational Behavior: Utilizing Human Resources*, 5e édition, Englewood Cliffs, N.J., Prentice-Hall, 1988, p. 188.

les deux ou ni l'un ni l'autre. Il y a donc quatre possibilités qui, selon la théorie, dépendent de l'empressement des subordonnés à s'impliquer, ce sont la *délégation*, la *participation*, la *persuasion* et la *direction*.

Donc, pour choisir un style de leadership efficace, les gestionnaires doivent déterminer le niveau de tâche qu'ils désirent contrôler et évaluer le niveau d'empressement de leurs subordonnés. La notion sous-jacente à la théorie situationnelle suppose que le gestionnaire doit tendre à développer l'empressement de ses subordonnés en ajustant progressivement son style de leadership à l'évolution de ces derniers.

La théorie de Reddin[34]

LA SITUATION

Les *circonstances* dans lesquelles se trouve le leader ainsi que les caractéristiques des subordonnés qu'il a à diriger auront un effet sur le style qu'il devra adopter pour répondre aux besoins de la situation.

Il faut donc reconnaître que certains individus seront des leaders dans certaines circonstances, mais nullement dans d'autres. De plus, selon les

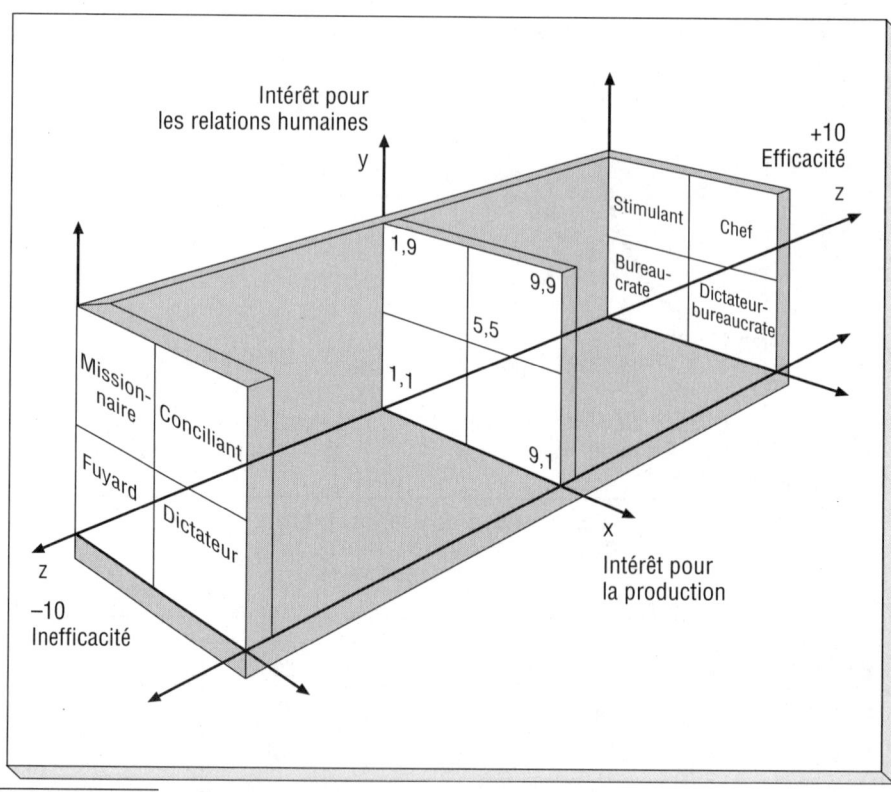

FIGURE 8.9
La théorie de William Reddin

34. Lire à ce sujet: W.J. Reddin, «Tri-dimensional Grid», dans *The Canadian Personnel and Industrial Relations Journal*, décembre 1965, p. 13-20; Paul Hersey et Kenneth H. Blanchard, *Management of Organizational Behavior*, 2e éd., Englewood Cliffs, N.J., Prentice-Hall, 1972.

employés de l'entreprise, les activités à accomplir, la structure organisationnelle et l'urgence de la situation, un style sera plus approprié qu'un autre.

Selon la théorie de Reddin, il importe que l'action du leader soit *efficace*. Dans certains cas, il se peut que tous les styles décrits par Blake et Mouton soient efficaces; bien plus, dans des occasions particulières, le style 9.9 peut n'être d'aucune efficacité. Il ajoute aux deux dimensions de Blake et Mouton une troisième dimension: l'efficacité.

EFFICACITÉ

Par exemple, dans la figure 8.9[35], nous pouvons constater que le style 1.1 de Blake et Mouton (la gestion anémique) peut s'avérer efficace dans une situation donnée (style bureaucrate) et inefficace dans une autre (style fuyard). Notons que la figure 8.9 présente deux situations extrêmes: le style inefficace et le style efficace. Dans la réalité, il existe de nombreux degrés entre ces extrêmes.

LES APPROCHES CONTEMPORAINES

Depuis quelques années, le lien entre les termes «gestionnaire» et «leader» est remis en question. En fait, gestionnaire ne serait pas synonyme de leader[36]. Selon certains chercheurs, les gestionnaires «font bien les choses», alors que les leaders «font les bonnes choses». Les premiers répètent ce qu'ils ont bien appris et le font bien. Les seconds innovent, apportent les changements et inspirent leurs subalternes dans la poursuite d'un effort soutenu.

Les distinctions, selon Bernard M. Bass, doivent être faites entre les leaders transactionnels et les leaders transformationnels[37].

LE MODÈLE TRANSACTIONNEL

Le leader transactionnel encourage ses subordonnés à atteindre un niveau de rendement préétabli en les amenant à assumer leurs responsabilités, à reconnaître les objectifs, à croire en leur capacité de rencontrer les attentes et à comprendre que la satisfaction de leurs besoins découle de la réalisation des buts de l'organisation (voir: L'approche de l'intégration des buts personnels).

Ce style de leadership peut s'apparenter à la gestion quotidienne des entreprises œuvrant dans un milieu stable. L'accent est alors mis sur le maintien du niveau de rendement actuel. C'est la perpétuation de la poursuite des objectifs classiques, c'est-à-dire affronter les problèmes routiniers d'une manière efficace et efficiente.

TRANSACTIONNEL:
MOTIVATION À LA
RÉALISATION DES
OBJECTIFS

---

35. *Id.*, p. 84 et W.J. Reddin, *Managerial Effectiveness*, New York, McGraw-Hill Book Co., 1970.
36. Lire à ce sujet: Abraham Zaleznik, «The Leadership Gap», *Academy of Management Executive*, vol. 4, 1990, p. 7-22; Charles R. Holloman, «Leadership and Head: There Is a Difference», *Personnel Administration*, juillet-août 1968; Abraham Zaleznik, «Managers and Leaders: Are They Different?», *Harvard Business Review*, mai-juin 1977; Patricia Pitcher, *Artistes, artisans et technocrates dans nos organisations: Rêves, réalités et illusions du leadership*, Montréal, Les éditions Québec/Amérique, 1994.
37. John J. Hater et Bernard M. Bass, «Superiors Evaluations and Subordinates Perceptions of Transformational and Transactional Leadership», *Journal of Applied Psychology*, vol. 73, 1988, p. 695-702.

**TRANSFORMATIONNEL :
MOTIVATION À LA SATISFACTION DE LEUR BESOIN D'AUTORÉALISATION ET AU DÉPASSEMENT**

LE MODÈLE TRANSFORMATIONNEL

Appliqué surtout dans les organisations à l'environnement changeant, le leader transformationnel pousse ses subordonnés, leur inculque le désir d'atteindre un niveau de réalisation qui dépasse les attentes normales. Les subordonnés sont stimulés à transcender leurs intérêts personnels, telle la sécurité, pour rechercher la satisfaction de leurs besoins d'autoréalisation. Sous la gouverne d'un leader transformationnel, les subordonnés développent leur confiance dans leur capacité à se dépasser.

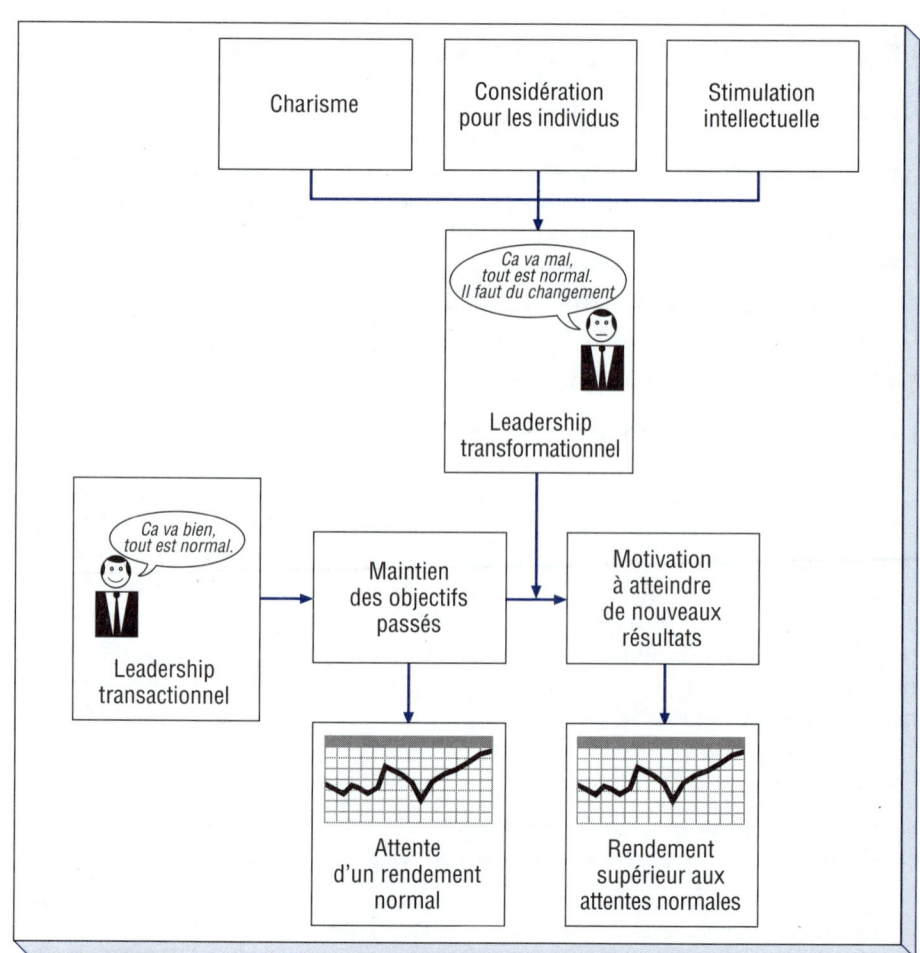

FIGURE 8.10
Le leadership transformationnel[38]

38. Adapté de : Bernard M. Bass, *Leadership and Performance Beyond Expectations*, New York, The Free Press, 1985, p. 23.

Le leadership transformationnel est donc un ajout au leadership transactionnel qui permettra non seulement d'atteindre les objectifs, mais de les dépasser. Ce style de leadership nécessite la présence de trois facteurs. Tout d'abord une capacité du leader d'inspirer la fierté, la capacité de distinguer l'important de l'accessoire et la capacité de communiquer une vision qui inspirera ses subordonnés. Bref, le leader devra avoir du *charisme*. Deuxièmement, la présence d'une réelle *considération pour les individus* qui se traduira par un degré élevé de délégation, des objectifs de développement des capacités des subordonnés et l'existence d'un climat de respect à l'égard de ces derniers. Enfin, troisième facteur, l'implantation d'un style permettant la *stimulation intellectuelle* des subordonnés en encourageant les suggestions, la remise en question des pratiques établies et en stimulant la créativité.

CHARISME
CONSIDÉRATION POUR LES *GENS*
STIMULATION INTELLECTUELLE

LA NÉCESSITÉ DES LEADERS[39]

Certaines recherches soulèvent des doutes quant à l'importance du leader dans les organisations. En effet, lorsqu'un groupe démontre un très haut degré de compétence, le style de leadership adopté n'a que peu d'influence sur la performance du groupe. De plus, certains éléments de l'organisation, les « substituts », peuvent se substituer au leader. Par exemple, une organisation bien structurée et où chacune des fonctions possède une description de tâche très claire n'aura nul besoin de directives de la part des superviseurs.

Certains neutraliseurs tels le désir élevé d'indépendance de la part des subordonnés, le peu d'importance accordé aux récompenses disponibles, la distance physique entre le superviseur et les subordonnés, la satisfaction issue de la tâche et le professionnalisme des subordonnés atténuent ou neutralisent complètement les effets du comportement des leaders sur le groupe.

---

39. Gary Yulk, « Managerial Leadership: a Review of Theory and Research », *Journal of Management*, vol. 15, 1989, p. 251-289.

RÉSUMÉ

(Il faut noter que le texte suivant ne représente qu'un résumé de la description des objectifs.)

1) Définir le terme «leadership».

   Le leadership, c'est le processus qui consiste à influencer les activités d'un groupe structuré et qui permet l'établissement des objectifs et leur réalisation. Le terme «influencer» est généralement utilisé en rapport avec deux autres expressions: «pouvoir» et «autorité». Le terme «influence» comme concept comprend tous les moyens utilisés pour modifier le comportement des autres, que ces changements découlent du pouvoir ou de l'autorité.

2) Énumérer les principales sources de pouvoir des leaders.

   Il y a deux catégories de pouvoir: les pouvoirs découlant de la personnalité du gestionnaire, soit le pouvoir dû à la compétence et le pouvoir charismatique; le pouvoir issu de la position de la personne dans la hiérarchie de l'entreprise, c'est-à-dire le pouvoir coercitif, le pouvoir de récompense et de punition, le pouvoir sur l'information et le pouvoir légitime.

3) Expliquer les causes d'échec de la théorie des traits de personnalité.

   Les études les plus récentes sur le sujet ont démontré l'absence de traits caractéristiques qui distingueraient les leaders des autres; tout au plus, certaines qualités semblent être associées au leadership. En fait, la performance d'un leader dépend beaucoup plus des gestes qu'il pose que des traits de personnalité qui le caractérisent.

4) Décrire les principales théories du comportement du leader.

   Les principaux efforts consacrés à la recherche de ces comportements typiques sont les **études de l'Université de l'Iowa**, les **hypothèses de McGregor**, le **continuum des styles de leadership**, les **études de l'Université du Michigan**, les **études de l'Université de l'Ohio**, la **grille managériale de Blake et Mouton** et la **théorie de Reddin**.

   Une étude de l'*Université de l'Iowa* dirigée par Kurt Luwin avait pour but d'analyser les effets des styles de leadership (autocritique, laisser-faire, démocratique) sur le comportement de groupes de jeunes. Le *résultat* de ces études démontre que, des trois styles, les groupes préféraient le style démocratique.

   Une des grandes contributions à la compréhension du leadership nous est fournie par les études de Douglas McGregor sur les pratiques des gestionnaires qui nous révèlent que généralement les subordonnés se comportent selon les prévisions du gestionnaire. Cela signifie que les subordonnés répondent aux attentes de leur superviseur et leur comportement est en conformité avec les croyances de leur supérieur. Ainsi, lorsque le gestionnaire croit que ses employés auront un rendement élevé et une bonne attitude au travail, cela se confirmera dans leur comportement. Lorsqu'il s'attend à de piètres résultats, leur comportement lui donnera raison et les résultats seront décevants. C'est une prophétie dite «autoréalisante».

   Le *continuum* représente plusieurs variations du comportement du leader allant de l'approche autocratique à l'approche démocratique. Afin d'adopter le style de leadership le plus efficace, le gestionnaire devra tenir compte des éléments provenant de sa *propre force*, de la force que représentent ses *subordonnés* et de la force constituée par les *situations*.

Trois constatations découlent des *études de Likert à l'Université du Michigan*: dans les unités à haut rendement, le style de leadership le plus couramment utilisé était orienté vers les besoins des employés; par opposition, dans les unités à faible rendement, les leaders orientaient leur action plutôt vers la tâche. Dans les unités à rendement élevé, le gestionnaire entretenait des contacts plus directs avec ses subalternes; ils étaient plus enclins à aider les employés, à planifier leur travail, à définir les objectifs en leur laissant toute la latitude nécessaire dans la réalisation quotidienne de leur tâche.

Les *études de l'Université de l'Ohio* avaient pour but de dégager les différentes tâches des leaders. Deux types de comportements furent identifiés à la fonction de leader: l'organisation de la structure et la considération (associées aux relations humaines).

La *grille managériale* présente les styles de leadership en fonction d'un modèle bidimensionnel. La première dimension représente l'intérêt que le leader montre pour la *tâche*, la seconde dimension représente l'intérêt qu'il manifeste pour les *relations humaines*.

5) Décrire les principales théories situationnelles du leadership.

Les théories situationnelles sont: la théorie de la *contingence*, l'*intégration des buts personnels*, le modèle *normatif*, le modèle *situationnel* et la *théorie de Reddin*.

La *théorie de la contingence* permet d'isoler certaines relations existant entre les facteurs situationnels. Les différentes dimensions considérées dans la définition de la situation sont la qualité des relations interpersonnelles entre le leader et ses subordonnés, le degré de structure dans la tâche du groupe et le pouvoir formel du leader. Ce qu'il faut retenir, c'est que la réussite d'un style de leadership repose sur son application dans la situation qui lui convient.

L'*approche de l'intégration des buts personnels* propose une théorie qui tente d'expliquer comment le superviseur peut améliorer la motivation, la satisfaction et le rendement de ses subordonnés. Ainsi un même superviseur peut utiliser quatre styles de comportement, mais dans des situations différentes définies selon deux facteurs: les caractéristiques des employés et les caractéristiques de l'environnement. Les comportements pouvant être utilisés sont: directif, de soutien, de consultation ou orienté vers les réalisations.

Le *modèle normatif* de leadership vise à aider les gestionnaires à évaluer les facteurs importants de l'environnement qui affectent le niveau de participation à accorder aux subordonnés dans la prise de décision. Les modes de décisions sont regroupés en catégories: les décisions prises par le gestionnaire seul, les décisions prises à la suite d'une consultation et les décisions prises par le groupe.

Le *modèle situationnel* est basé sur le postulat que le leader doit ajuster son comportement en fonction de l'empressement des subordonnés à s'impliquer, c'est-à-dire leur capacité et leur désir d'accomplir une tâche.

Selon la *théorie de Reddin*, les *circonstances* dans lesquelles se trouve le leader ainsi que les caractéristiques des subordonnés qu'il a à diriger auront un effet sur le style qu'il devra adopter pour répondre aux besoins de la situation.

6) Expliquer le leadership transformationnel.

Ce style de leadership nécessite la présence de trois facteurs: la capacité du leader d'inspirer la fierté, la capacité de distinguer l'important de l'accessoire et la capacité de communiquer une vision qui inspirera ses subordonnés. Bref, il doit avoir du charisme, de la considération pour les individus et un style permettant la stimulation intellectuelle des subordonnés.

Vocabulaire

Approche situationnelle
Autorité
Continuum de leadership
Grille managériale
Influence
Leadership
Leadership situationnel
Leadership transactionnel
Leadership transformationnel

Pouvoir
Pouvoir charismatique
Pouvoir coercitif
Pouvoir de récompense
Pouvoir dû à la compétence
Pouvoir légitime
Théorie des traits de leadership
Théorie X
Théorie Y

QUESTIONS DE RÉVISION

1. Définissez chacun des termes de la section « Vocabulaire ».
2. Donnez des exemples de situations se rapportant aux différents points du continuum des styles de leadership.
3. Décrivez l'approche situationnelle de Fiedler.
4. Décrivez la théorie de McGregor (X et Y).
5. Pourquoi met-on en doute la pertinence de l'approche des traits de caractère comme base du leadership ?
6. Quel style de leadership semble favorisé par la théorie de Blake et Mouton ?
7. Dans quelle situation le leader dont l'action est orientée vers les employés atteindra-t-il un niveau de rendement élevé pour son groupe ?
8. Dans la théorie situationnelle de Tannenbaum sur le leader, quels sont les facteurs responsables des différences entre les différents styles de leadership qu'il présente ?
9. Dans la théorie situationnelle de Fiedler, quelles sont les variables permettant de déterminer si une situation est favorable ou défavorable au leader ?
10. Dans la théorie de Tannenbaum, qu'est-ce qui différencie chacun des sept styles de leadership ?
11. Expliquer comment il est possible de modifier les trois dimensions situationnelles de la théorie de Fiedler afin d'améliorer le rendement dans une entreprise.
12. Quelles sont les deux sources des pouvoirs du leader ?
13. En quoi le leadership transactionnel est-il différent du leadership transformationnel ?
14. Qu'entend-on par « substitut » et « neutraliseur » et comment affectent-ils le comportement d'un leader ?

SUJETS DE DISCUSSION

1. Est-ce le style de leadership d'un professeur de cégep qui influence le comportement des étudiants ou est-ce que ce sont les étudiants qui influencent le style de leadership du professeur ?
2. Dans une situation d'urgence, quel est le meilleur style de leadership ?
3. Comment se fait-il que deux leaders puissent utiliser deux styles très différents et connaître tous deux le succès ?
4. « Le leadership est une qualité innée. » Commentez.
5. Croyez-vous que la théorie de leadership de Fiedler est valable ? Basez votre réponse sur votre expérience personnelle.
6. « Lorsque le leader est convaincu qu'un subordonné connaîtra l'échec, cela arrivera indubitablement. » Commentez.
7. Faites une comparaison entre la théorie des systèmes de gestion de Likert et le continuum de styles de leadership de Tannenbaum.
8. Pourquoi la grille managériale de Blake et Mouton est-elle si populaire de nos jours ?
9. Pourquoi le leadership est-il un facteur essentiel à la réussite d'un gestionnaire ?
10. Si la nécessité d'un leader formel disparaît à cause des « substituts », comment un groupe rendra-t-il compte de ses activités, et à qui ?
11. Dans ce chapitre, nous avons présenté plusieurs théories du leadership. Certaines de ces théories se contredisent. Décrivez deux théories qui sont incompatibles et expliquez en quoi ces contradictions sont utiles aux gestionnaires.
12. Faites la distinction entre les « substituts » et les « neutraliseurs ». Identifiez deux exemples pour chacun dans une organisation qui vous est bien connue.
13. Quel est le rôle du leader selon la théorie de l'intégration des buts personnels ?

EXERCICES PRATIQUES

1. Organisez un débat en classe entre deux personnes ou deux groupes, chaque partie devant défendre une des positions suivantes :
   a) Le gestionnaire démocratique utilise le meilleur style, car il permet aux employés d'être créatifs et de donner tout leur potentiel.
   b) Le gestionnaire doit garder un contrôle serré sur ses employés et utiliser une approche autoritaire, sinon la production en souffrira.

2. Questionnaire sur le leadership[40]

But de l'exercice :
Permettre aux participants d'évaluer leur orientation dominante en tant que responsables et leaders d'un groupe : vers la tâche, la discipline et le rendement ou vers les individus avec lesquels il travaille.

Taille du groupe :

Illimitée

Durée :

Environ 45 minutes.

Matériel nécessaire :
a) questionnaire remis à chaque participant,
b) un crayon pour chaque participant,
c) le tableau des « styles ».

Déroulement de l'exercice :
a) L'animateur demande à chaque participant de remplir le questionnaire sur le leadership.
b) Avant que les questionnaires soient notés, l'animateur fera un exposé sur le leadership en tant que fonction partagée entre le chef et le groupe et en tant que résultat de la double orientation vers les tâches (T) et les subordonnés (S).
c) La notation sera faite de la façon suivante :
- Faites un cercle tout d'abord autour des questions n°s 8, 12, 17, 18, 19, 30, 34 et 35.
- Inscrivez le chiffre 1 à la gauche des questions entourées d'un cercle dans le cas où vous avez répondu soit Rarement (R), soit Jamais (J) à ces questions.
- Inscrivez également le chiffre 1 à la gauche des questions qui ne sont pas entourées d'un cercle dans le cas où vous avez répondu Toujours (T) ou Souvent (S).
- Faites un cercle autour des 1 qui ont été inscrits à la gauche des questions portant les numéros suivants : 3, 5, 8, 10, 15, 18, 19, 22, 24, 26, 28, 30, 32, 34 et 35.
- Comptez le nombre de 1 que vous avez entouré d'un cercle. Le nombre obtenu constitue votre score en ce qui concerne l'orientation vers les subordonnés. Vous noterez ce score sur la ligne S prévue à la fin du questionnaire.
- Comptez le nombre de 1 qui n'ont pas été entourés d'un cercle. Le nombre obtenu constitue votre score en ce qui concerne l'orientation vers

---

40. Traduction d'un exercice publié par J. William Pfeiffer et John E. Jones (éditeurs), *A Handbook of Structured Experiences for Human Relations Training,* University Associates Publishers, 1974, La Jolla, Calif., vol. 1. Le questionnaire est une adaptation de Sergiovanni, Metzeus et Burden, « Leadership Behavior Description Questionnaire », *American Educational Research Journal,* vol. 6, 1969, p. 62-79.

la tâche. Vous noterez ce score sur la ligne T prévue à la fin du questionnaire.

4. L'animateur distribue ensuite le schéma «Profil» et demande aux participants de suivre les instructions présentées sur le schéma. Il propose ensuite une discussion sur les conclusions que chacun tire de sa position personnelle sur le schéma.

Variantes possibles de l'exercice:
a) On peut demander aux participants de prédire quelle position ils occuperont sur le schéma avant qu'ils ne remplissent le questionnaire.
b) Dans le cas où les participants se connaissent déjà, ils peuvent se grouper par paires et essayer de prédire les scores de leur partenaire. Dans le cas où ils ne se connaissent pas, ils peuvent toujours, par groupes de deux, se communiquer leurs réactions aux questions posées et faire des prédictions à partir de cet échange.
c) Les styles de leadership représentés sur le schéma peuvent être illustrés par un jeu de rôles. On proposera un cas ou une situation approprié et les leaders seront préparés à présenter les différents styles durant l'exercice.
d) En se basant sur les résultats du questionnaire, on peut former des sous-groupes avec des participants ayant la même tâche à effectuer (supervision d'une équipe de travail, etc.). On analysera ensuite les résultats obtenus par les différents sous-groupes en ce qui concerne l'ambiance et la productivité.

Instructions

Voici maintenant un certain nombre de questions concernant le comportement d'un gestionnaire. Supposons que vous soyez responsable d'une équipe de travail, répondez à toutes les questions en indiquant quelle serait la conduite la plus probable que vous adopteriez.

Faites un cercle autour des lettres qui correspondent à votre choix pour chacune des questions:

Toujours (**T**)   Souvent (**S**)   Occasionnellement (**O**)
Rarement (**R**)   Jamais (**J**)

Si j'étais gestionnaire:

T S O R J   1. Je me ferais probablement le porte-parole du groupe.

T S O R J   2. J'encouragerais le travail après les heures régulières.

T S O R J   3. Je donnerais à chaque personne la liberté la plus complète dans son travail.

T S O R J   4. Je standardiserais autant que possible les procédures de travail.

T S O R J   5. Je laisserais chaque personne exercer son jugement pour résoudre les problèmes.

T S O R J   6. J'encouragerais l'esprit de compétition vis-à-vis d'autres groupes ou services.

T S O R J   7. Je parlerais au nom de mon groupe.

T S O R J   8. J'encouragerais les efforts.

T S O R J   9. Je solliciterais les réactions des gens du groupe face à mes idées.

T S O R J   10. Je laisserais aux individus la liberté de s'organiser dans leur travail comme ils l'entendent.

T S O R J   11. Je travaillerais dur pour obtenir une promotion.

T S O R J   12. Je serais capable de tolérer l'incertitude et la procrastination.

T S O R J   13. Je parlerais au nom du groupe lorsqu'il y aurait des visiteurs.

T S O R J   14. Je ferais en sorte que le rythme de travail soit rapide.

T S O R J   15. Je confierais aux individus un travail et les laisserais s'y adapter eux-mêmes.

T S O R J   16. J'essaierais d'intervenir pour résoudre les conflits, le cas échéant.

T S O R J   17. Je m'arrêterais trop aux détails.

T S O R J   18. Je représenterais le groupe dans les réunions à l'extérieur.

T S O R J   19. J'aurais assez de mal à laisser une certaine liberté d'action aux individus.

T S O R J   20. Je déciderais de ce qui doit être fait et de la façon dont ce doit être fait.

T S O R J   21. Je pousserais les gens à produire.

T S O R J   22. Je déléguerais une partie de l'autorité que je pourrais garder.

T S O R J   23. Les choses se passeraient comme je l'aurais prévu.

T S O R J   24. Je laisserais une bonne marge d'initiative au groupe.

T S O R J   25. Je donnerais à chaque personne une tâche bien déterminée.

T S O R J   26. J'accepterais de faire certains changements.

T S O R J   27. Je demanderais à chaque personne de travailler plus fort.

T S O R J   28. Je ferais confiance au jugement de chaque personne.

T S O R J   29. Je planifierais le travail à faire.

T S O R J   30. Je n'expliquerais pas les raisons de mes actions.

T S O R J   31. J'essaierais de persuader les autres que mes idées servent leur intérêt.

T S O R J   32. Je laisserais le groupe définir son rythme.

T S O R J   33. J'encouragerais le groupe à toujours se surpasser.

T S O R J   34. J'agirais sans consulter le groupe.

T S O R J   35. Je demanderais à chaque personne de suivre des règles établies.

T:_____ S:_____

Afin de déterminer votre style de leadership, notez votre score pour l'orientation vers les tâches (T) à gauche et votre score pour l'orientation vers les subordonnés (S), à droite. Enfin, vous tirez une ligne entre les deux points obtenus sur T et S. Le point d'intersection de cette ligne avec le milieu indique votre score en ce qui concerne le style démocratique (partage de la fonction de leadership).

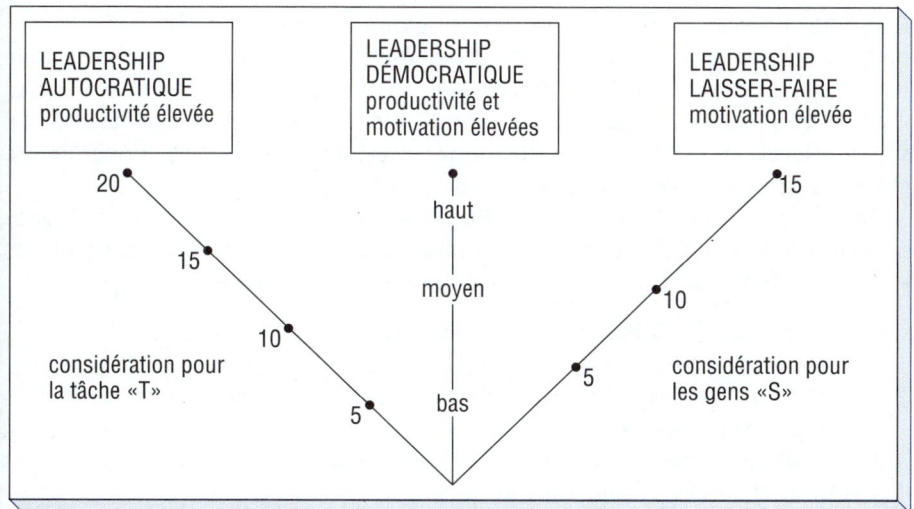

FIGURE 8.11
Test sur le style de leadership

CAS

CAS 8.1 : LA NOUVELLE DIRECTRICE

Claire Saint-Arnaud travaillait depuis trois ans à la succursale de Martinville à titre de responsable de l'épargne. L'évaluation du rendement de son travail s'est toujours située au-dessus de la moyenne et elle était très appréciée de ses collègues.

Il y a deux mois, elle a été promue au poste de directrice administrative de la succursale (responsable du personnel et des opérations). Au début, elle a éprouvé un peu de difficulté à s'adapter à son rôle, mais le soutien et la collaboration des autres employés l'ont grandement aidée.

Il y a deux semaines, deux employés ont quitté un peu avant l'heure sans avoir complété leur travail de la journée. Claire les réprimanda le lendemain et obtint pour toute réponse de ses anciens collègues : « Tu faisais la même chose auparavant.» Claire les invita à changer d'attitude ou bien ils auraient à en subir les conséquences.

Depuis cet incident, les plaintes des clients se font plus nombreuses, les employés semblent oublier des opérations très simples dans leur travail, les rapports sont en retard, etc. Bref, la succursale est devenue un véritable cirque.

QUESTIONS-GUIDES POUR L'ANALYSE DU PROBLÈME
1. Quelles sont les erreurs commises par Claire Saint-Arnaud?
2. Que devrait faire Claire pour ramener sa succursale à un niveau de rendement normal?

CAS 8.2: MONSIEUR BENOÎT

Claudette travaille depuis dix ans pour une grande entreprise. Elle est commis-dactylo et, avec vingt-cinq autres employés, elle partage une immense salle dans laquelle chacun tente de s'organiser un coin de travail. Son supérieur lui impose une procédure de travail stricte et il exige que tous les problèmes lui soient référés. En fait, les seules décisions prises par les employés concernent le choix du restaurant pour dîner le jour de la paie.

Monsieur Benoît, le supérieur de Claudette, passe le plus clair de son temps à régler les plus petits problèmes, à discuter travail avec chacun des employés et même à tenter de trouver des solutions à leurs problèmes personnels.

QUESTIONS-GUIDES POUR L'ANALYSE DU PROBLÈME
1. Se peut-il que cette situation existe réellement?
2. En utilisant une des théories du chapitre, déterminez le style de leadership utilisé par monsieur Benoît.
3. Quel sera le rendement de ce service sur une longue période?
4. Les besoins des employés sont-ils satisfaits?

CAS 8.3: DES MOTS, DES MOTS ET DES MAUX

Depuis trois ans, Jean-Robert Mirabeault était directeur des ventes pour le Québec de la société Médicamentex. Cette entreprise connaît depuis six ans une poussée fulgurante. En effet, pendant les trois dernières années, la progression annuelle des ventes a été de 20%, soit 8% de plus que la moyenne dans l'industrie.

Jean-Robert était très enthousiaste et son ardeur au travail s'est communiquée à toute son équipe. Il demandait à son équipe de travailler fort et promettait une réussite pour tous les membres. «Les salaires monteront en flèche et, pour les meilleurs, les promotions déferleront», disait-il.

Cette phrase, il la répétait chaque jour. Puis, à sa grande satisfaction, il fut promu directeur des ventes pour l'Ontario.

Gilbert Laforge le remplaça, car il travaillait comme assistant-directeur des ventes pour les Maritimes. Après un mois de travail, il constate que de nombreuses promesses ont été faites à l'équipe de vendeurs par Jean-Robert. À deux d'entre eux, il avait promis une promotion au-delà de leurs possibilités; à deux autres, il avait garanti des commissions dépassant les politiques de l'entreprise. Bien plus, il leur avait promis de les laisser aller jouer au golf deux fois la semaine l'été suivant, si les ventes se maintenaient.

QUESTIONS-GUIDES POUR L'ANALYSE DU PROBLÈME
1. Que pensez-vous du style de leadership de Jean-Robert Mirabeault?
2. Pourquoi agissait-il de la sorte?
3. Que feriez-vous si vous étiez Laforge?

CAS 8.4: JE SAIS COMMENT FAIRE

Diplômé de cégep l'an dernier, vous travaillez à titre d'adjoint à la directrice de la production. Votre supérieure est en poste depuis dix ans et, auparavant, elle avait occupé différentes fonctions à la production pendant vingt ans.

Elle connaît donc toutes les facettes des emplois et lorsqu'elle vous demande ou demande à un autre employé d'exécuter une tâche, elle est très explicite. Elle indique quoi faire, quand le faire, la méthode à utiliser et le résultat qu'elle attend. Aucune place n'est laissée à l'initiative personnelle. Même lorsque le travail est bien fait, elle adresse des reproches à la personne qui l'a effectué si elle n'a pas suivi sa méthode.

Ayant suivi de bons cours de management au collège, vous optez plutôt pour un style permettant aux membres de votre groupe de faire preuve d'initiative. Votre supérieure vous reproche souvent votre façon d'agir, prédisant que vous allez changer de style quand vous aurez acquis de l'expérience... «Le gestionnaire pense et l'ouvrier travaille. Si tu crois que l'ouvrier doit penser, nomme-le gestionnaire».

QUESTIONS-GUIDES POUR L'ANALYSE DU PROBLÈME
1. Que pensez-vous de votre supérieure?
2. Que pensez-vous de votre façon de diriger?
3. Croyez-vous que ce soit un avantage, pour vous, d'utiliser des styles différents?

CAS 8.5: JEAN-MARC LETENDRE

Jean-Marc Letendre est contremaître général pour la société Petro, une raffinerie de l'est de Montréal. Il est responsable de l'entretien de la raffinerie et dirige le travail de cinq contremaîtres qui, à leur tour, supervisent le travail d'une quarantaine de manœuvres et d'ouvriers de métier, tels des plombiers, des mécaniciens, des soudeurs, des électriciens.

Alexandre Bujold, un de ses contremaîtres, a demandé à Letendre de congédier Robert Cusson pour insubordination et assaut.

Voici les faits sur lesquels les versions de Bujold et de Cusson se recoupent. Cusson était à réparer une pompe lorsque Bujold arriva et lui fit part de la piètre opinion qu'il avait de son rendement au travail. Il s'ensuivit une engueulade entre les deux hommes pendant laquelle Bujold insulta Cusson en blasphémant.

Le lendemain, pendant que Cusson faisait un autre travail, Bujold lui adressa encore des reproches.

Là où il y a contradiction, c'est à propos des circonstances de l'incident. Selon Bujold, il est vrai qu'il a blasphémé, mais il devait le faire afin d'impressionner Cusson. Loin d'avoir réussi, la deuxième journée Cusson lui tourna le dos à quatre reprises pendant que lui, Bujold, lui parlait. Après lui avoir donné l'ordre de le regarder dans les yeux lorsqu'il s'adressait à lui, Bujold eut comme seule réponse une invitation à une discussion entre hommes. Cusson nie évidemment ces faits. Il affirme être retourné travailler dès qu'il en a reçu l'ordre et jamais il n'a invité Bujold à se battre.

Voici quelques éléments tirés du dossier de Cusson. Il a 45 ans, a complété son secondaire V et a travaillé pour la société Petro pendant douze ans au total. Il y a six ans, il a démissionné pour tenter sa chance à Toronto et a été réembauché un an plus tard. Son dossier contient cinq avertissements pour manque d'ardeur au travail et une suspension de deux jours pour avoir dormi pendant les heures de travail.

Aucun témoin n'a assisté aux deux discussions entre Bujold et Cusson.

QUESTION-GUIDE POUR L'ANALYSE DU PROBLÈME
Vous êtes Letendre, que faites-vous ?

BIBLIOGRAPHIE

BASS, Bernard M., *Stogdill's Handbook of Leadership,* New York, The Free Press, 1981.

BASS, Bernard M., *Leadership and Performance Beyond Expectations,* New York, The Free Press, 1985.

BLAKE, Robert A. et Jane S. MOUTON, *The Managerial Grid III*, Houston, Texas, Gulf Publishing Co., 1985.

BLAKE, Robert A. et Jane S. MOUTON, *The Managerial Grid,* Houston, Texas, Gulf Publishing Co., 1954 ; traduction : *Les deux dimensions du management,* par P. Gourgand, Paris, Éditions d'Organisation, 1977.

DILENSHNEIDER, Robert L., *Power and Influence,* New York, Prentice-Hall, 1990.

FIEDLER, F.E. et N.M. CHEMERS, *Leadership and Effective Management,* New York, Scott Foresman, 1974.

HERSEY, Paul et Kenneth H. BLANCHARD, *Management of Organizational Behavior : Utilizing Human Resources,* 5e éd., Englewood Cliffs, N.J., Prentice-Hall, 1988.

LIKERT, Rensis, *The Human Organisation,* New York, McGraw-Hill, 1967.

McGREGOR, D., *Leadership and Motivation,* Cambridge, Mass., M.I.T. Press, 1966.

McGREGOR, D., *The Human Side of Enterprise,* New York, McGraw-Hill, 1960.

MINTZBERG, Henry, *Power in and around Organization,* Englewood Cliffs, N.J., Prentice-Hall, 1983.

REDDIN, W.J., *Managerial Effectiveness,* New York, McGraw-Hill Book Co., 1970.

STOGDILL, Ralph M., *Handbook of Leadership,* New York, The Free Press, 1974.

VROOM, Victor H. et Arthur B. JAGO, *The New Leadership: Managing Participation in Organizations,* Englewood Cliffs, N.J., Prentice-Hall, 1988.

YUKL, Fary A., *Leadership in Organizations,* 2e édition, Englewood Cliffs, N.J., Prentice-Hall, 1989.

CHAPITRE 9
Les communications dans les organisations

UN APERÇU
Introduction
La nature de la communication
Le processus de la communication
Les voies de la communication
Les gestionnaires et la communication
Les communications organisationnelles
Les types de canaux de communication formelle
Les types de canaux de communication informelle
La communication interpersonnelle dans le canal
Les formes de réseaux de communication
Le cercle
La roue
La chaîne
La forme « Y »
La toile d'araignée
Les variables affectant la forme des réseaux de communication
Les effets de la forme du réseau sur la gestion
Les obstacles à la communication
L'émetteur
L'environnement
Le récepteur
La rétroaction
Des solutions aux problèmes de communication
Le rôle du gestionnaire dans le processus de communication organisationnelle
Résumé

OBJECTIFS SPÉCIFIQUES
Après avoir lu ce chapitre, vous devriez être en mesure :

1) de décrire le processus de communication ;
2) de décrire les voies de communication non verbale ;
3) d'expliquer les types de communication formelle ;
4) de présenter les types de canaux de communication informelle ;
5) de présenter les formes de réseaux de communication ;
6) de reconnaître les variables affectant la forme des réseaux de communication ;
7) de présenter les effets de la forme des réseaux de communication sur la gestion ;
8) de décrire les obstacles à la communication provenant des différents éléments du processus de communication ;
9) d'exposer des solutions aux problèmes de la communication.

MISE EN SITUATION

L'usine de Pointe-Claire de la société Armora connaît présentement de nombreux problèmes de productivité. Non seulement la production est-elle à son niveau le plus bas, mais les frais d'exploitation ont atteint un sommet très inquiétant.

Il semble que la moyenne d'âge des employés soit beaucoup plus élevée que dans les autres usines et que leur formation technique ne soit pas très poussée. En effet, les autres usines sont plus modernes, mieux équipées et bénéficient d'une main-d'œuvre de dix ans plus jeune en moyenne, car elles ont pu recruter depuis les quinze dernières années de jeunes diplômés au fait des innovations technologiques. Le déplacement de la production vers ces nouvelles usines a réduit l'embauche à l'usine de Pointe-Claire, causant ainsi l'accroissement de l'âge moyen et empêchant l'injection de sang neuf.

Les quatre autres usines de la société, situées dans d'autres provinces, ne semblent pas du tout affectées par ces problèmes. Bien qu'elles ne battent aucun record, il reste que leur taux de rendement soit légèrement à la hausse.

Nicole Côté, directrice de l'usine de Pointe-Claire, ne voyait aucun moyen d'améliorer la performance de l'usine à moins que les employés ne consentent à faire un effort supplémentaire en ce qui a trait à la qualité et à la quantité de leur travail.

Selon elle, il faudrait aussi améliorer les communications entre les gestionnaires et les employés, de façon que les gestionnaires puissent expliquer clairement aux employés les motifs de leurs décisions concernant les réductions de coûts et les mutations d'employés.

Le journal de l'entreprise a été mis à contribution et, depuis quelque temps, on inclut dans les enveloppes de paye des feuillets qui expliquent aux employés la situation dans laquelle se trouve l'usine. Des affiches portant sur la productivité et l'importance du profit pour la survie d'une entreprise ont été achetées et seront placardées dès que l'usine les recevra.

Le service de gestion des ressources humaines s'emploie à mettre au point un concours de suggestions afin de faire participer un peu plus les employés. La semaine prochaine, la direction de l'usine annoncera une réduction des salaires de 5 % pour tout le personnel non syndiqué dans le but de montrer aux employés la bonne volonté de l'entreprise à régler ses problèmes et de faire une mise en garde au syndicat à la veille des prochaines négociations en vue du renouvellement des conventions collectives.

Pendant ce temps, le taux de roulement chez les employés de l'usine ne fait que croître, les griefs s'accumulent sur le bureau de la directrice de l'usine et le moral des employés semble au plus bas, à en juger par le taux d'accidents à la hausse et la constance du taux d'absentéisme qui se maintient à près de 11 % depuis six mois.

Nicole croit qu'elle saura communiquer aux employés une vue d'ensemble de la situation, mais, à la lumière des tentatives qu'elle a faites depuis quelques semaines, elle a l'impression que ceux-ci ne perçoivent pas bien les dimensions du problème sur lesquelles elle voudrait attirer leur attention.

INTRODUCTION

BUT

La communication, c'est le partage de l'information entre les membres d'une organisation. Elle permet aux gestionnaires de réunir les renseignements nécessaires à l'identification des problèmes et à la prise de décision, d'informer les employés des actions à entreprendre et de se renseigner sur l'évolution du travail effectué par les employés.

MOYEN

La communication doit être dictée par les besoins de la situation. C'est un outil de travail, un moyen et non un objectif en soi. La communication nous permet de réaliser de façon plus efficace le travail demandé.

GÉRER LA COMMUNICATION

Il faut définir clairement ce qui doit être communiqué, où, quand, comment et à qui le communiquer. En fait, il y aurait lieu de parler de *gestion de la communication*.

La communication constitue le catalyseur du processus administratif dans son entier. La planification ne prend sa valeur qu'une fois communiquée aux personnes qui devront œuvrer à la réalisation des objectifs. L'organisation ne devient efficace qu'au moment où les intervenants connaissent leur rôle dans la structure. Ainsi, la direction doit pouvoir connaître les besoins des employés et communiquer les désirs de l'entreprise ; enfin, le contrôle est un acte de communication en soi.

On peut donc conclure de ce qui précède que, pour bien gérer une organisation, il faut être un bon communicateur. La réciproque n'est pas toujours vraie, car un bon communicateur n'est pas nécessairement un bon gestionnaire. Ajoutons que la communication n'est pas une activité propre au gestionnaire : elle est inhérente à toutes les activités de gestion.

Par conséquent, lorsqu'une situation problématique semble provenir d'une mauvaise communication, il y a lieu d'analyser tous les éléments de cette situation, car le nœud du problème se trouve souvent dans une mauvaise gestion de la communication.

L'ACTION IMPLIQUE LA COMMUNICATION

Pour qu'un concept devienne une réalité, il faut établir un plan d'action. Une fois ce plan élaboré, il faut le communiquer aux membres afin qu'ils s'impliquent dans sa réalisation. La *communication* est donc le processus qui consiste à informer les autres et à comprendre ce que les autres nous transmettent. Elle est la base de la compréhension entre les membres d'un groupe fondée sur le partage des renseignements, des faits, des opinions et même des émotions.

La coordination dans l'entreprise exige donc qu'il y ait communication pour que les activités des membres d'un ou de plusieurs groupes soient orientées vers un objectif commun. La capacité du leader d'influencer ses subalternes repose en grande partie sur la qualité de sa communication. Bref, l'efficacité et le rendement des gestionnaires dans l'exercice de leurs fonctions dépendent de leur habileté à communiquer.

LA NATURE DE LA COMMUNICATION

La communication est un processus par lequel des *significations* sont transmises d'un pôle à un autre, le terme «pôle» signifiant un individu ou un groupe. Cette définition fournie par Dance[1] nous semble la plus large parmi les centaines que l'on trouve. Les façons d'établir une communication sont fort nombreuses: il peut s'agir d'un contact direct, en face à face, entre deux personnes, comme il peut s'agir d'un lien indirect tel que les signaux lumineux, le téléphone, l'ordinateur ou encore une lettre.

DÉFINITION

Du point de vue de la gestion, la *communication* est le processus à l'aide duquel les employés et les gestionnaires se *transmettent des renseignements* et les interprètent. La communication rend plus dynamiques les individus et les services de l'entreprise en leur offrant les dernières informations dont ils ont besoin pour continuer à remplir leurs fonctions.

TRANSMISSION DE RENSEIGNEMENTS

Ces informations permettent aux gestionnaires de guider les individus et de leur transmettre les orientations et les objectifs de l'entreprise. De plus, elles aident les gestionnaires à améliorer leur mécanisme de prise de décision. Enfin, elles représentent le moyen le plus efficace pour améliorer le rendement des individus si elles répondent à certaines exigences et surtout si elles arrivent au bon moment et en quantité suffisante.

Le but premier de la communication est donc d'offrir aux gestionnaires et aux employés les éléments d'*information* et de *compréhension* qui leur permettront d'accomplir leurs tâches au mieux avec un maximum de motivation.

Le second but de la communication consiste à *persuader* les autres d'adhérer aux objectifs qui sont formulés. Elle suscite alors une réponse ou un comportement de la part des autres.

D'ailleurs, la mauvaise communication est souvent invoquée comme cause dans les cas de divorces, faillites, querelles entre amis, de guerres même. Si nous nous limitons aux organisations, les conséquences d'une communication déficiente se révèlent dramatiques. Bien sûr, l'absence d'une communication efficace et claire dans les organisations n'est pas un problème de fond. Elle est plutôt un indice de la présence d'autres problèmes qui se manifesteront entre autres par des coupures de communication.

Bref, la communication est un *outil essentiel,* certes, mais non suffisant dans le processus de gestion. Autrement dit, la présence d'un bon réseau de

---

1. Lire et comparer différentes définitions offertes par: F.E.X. Dance, «The Concept of Communication», *The Journal of Communication*, n° 20, 1970, p. 201-210; lire aussi: O.W. Baskin et E. Craig, Aronoff, *Interpersonal Communication in Organizations*, Santa Monica, Calif., Scott, Foresman, 1980.

communication ne peut compenser les autres déficiences de l'entreprise ou des individus.

Lorsque nous avons défini le processus administratif, nous avons retenu, comme principales activités du gestionnaire, les fonctions suivantes : la planification, l'organisation, la dotation, la direction et le contrôle. Mais dans le travail quotidien, la communication représente la principale activité du gestionnaire[2].

LE PROCESSUS DE LA COMMUNICATION

Nous verrons plus loin les éléments de la communication organisationnelle et de la communication personnelle. Mais auparavant, attardons-nous au processus même de la communication.

Processus bidirectionnel

La communication est un processus *bidirectionnel*. La nécessité d'une rétroaction dans la communication est évidente, s'il y a désir d'une communication vraiment complète. Fondamentalement, le processus de communication comprend un émetteur qui codifie un message et le transmet à travers un canal pour atteindre un récepteur. Comme illustré à la figure 9.1, le récepteur capte le message, le décode et renvoie à l'émetteur une rétroaction. Cela signifie que, dans ce processus, les deux pôles sont à la fois émetteur et récepteur.

L'émetteur

Mentionnons que l'*émetteur*, l'initiateur de la communication peut utiliser différents canaux pour transmettre son message et atteindre son interlocuteur ; parfois même, le message doit passer par l'intermédiaire de plusieurs personnes avant d'atteindre le dernier récepteur.

Encodage

Le processus de communication exige que le message soit codé par l'émetteur, c'est-à-dire transposé dans des *symboles* ayant une signification. Ceci implique que le message peut être écrit au moyen d'un alphabet reconnu, qu'il peut être dit au moyen d'une langue (des sons) ou même traduit dans un langage codé comme un programme d'ordinateur. Ces symboles sont nécessaires, car il est impossible de transmettre directement des significations.

Le message

Le *message* représente le résultat du processus d'encodage. Il comprend l'ensemble des symboles verbaux et non verbaux élaborés pour transmettre le concept.

Canal de transmission

Il faudra aussi utiliser un *canal*, un moyen pour transmettre le message. Il s'agit ici de trouver une façon de toucher les sens du récepteur soit par une lettre, soit par un discours, une image, un son, etc. Quel canal sera le plus efficace compte tenu de l'émetteur, du récepteur, du message, du temps disponible et d'autres facteurs de l'environnement ?

Le récepteur

À l'autre bout de la chaîne, le *récepteur* devra, face au message reçu, procéder à un décodage afin de trouver la signification des signes qui lui ont été transmis. Bien entendu, le décodage du message n'entraînera pas nécessairement chez le récepteur le comportement désiré, surtout si au moment du

---

2. Voir à ce sujet un excellent volume : Henry Mintzberg, *The Nature of Managerial Work*, New York, Harper & Row, 1973.

décodage l'interprétation des signes n'est pas la même que celle effectuée par l'émetteur. Le récepteur peut être unique ou il peut s'agir d'un groupe. Parfois, les récepteurs du message ne sont pas uniquement les personnes visées spécifiquement par l'émetteur.

Le *décodage* représente une étape fondamentale de la communication. La valeur même de la communication ne fait sens que si la traduction des symboles transmis par l'émetteur permet au récepteur de comprendre le contenu de la communication.

Les bruits sont les facteurs affectant la qualité du processus de communication. Ils interfèrent dans l'échange du message. Les bruits apparaissent à tous les stades de la communication; il peut s'agir d'interruption par un tiers, de l'état d'esprit d'un des interlocuteurs, du bruit réel dans la pièce, des inconvénients découlant du canal utilisé (le téléphone, une lettre, etc.).

Pour compléter le processus de communication, il ne faut pas uniquement transmettre un message, il faut aussi s'assurer qu'il a été reçu et bien compris. L'émetteur doit alors vérifier la qualité de sa communication. Il lui faudra donc une *rétroaction* pour savoir s'il y a eu compréhension. Il existe plusieurs façons de s'assurer que le message a été bien reçu. Vous pouvez demander au récepteur s'il a bien saisi le sens du message; toutefois, une réponse affirmative ne constitue pas une garantie. Vous pouvez lui demander de répéter le message, comme cela se fait sur les bateaux, mais cette méthode n'est pas usitée. Tout au plus pouvez-vous demander au récepteur de résumer le message, ce qui vous permettra d'évaluer s'il en a saisi l'essentiel.

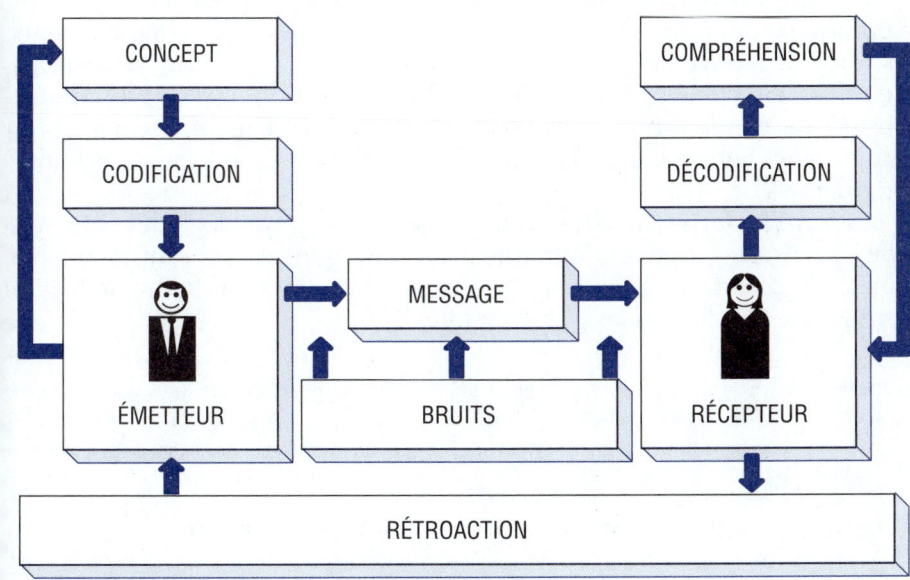

FIGURE 9.1
Le processus de communication

LES VOIES DE LA COMMUNICATION

La communication peut être *verbale*, c'est-à-dire utiliser un code composé de mots que l'on peut écrire ou prononcer. Elle peut aussi être *non verbale*, c'est-à-dire inclure tous les comportements de l'individu, soit des postures, des gestes, des attitudes ou encore des codes reposant sur des couleurs ou des sons. Analysons quelques voies de la communication.

COMMUNICATION VERBALE

La communication verbale est l'expression d'une idée, d'un désir, selon un code structuré représenté par des mots (parler, écouter, écrire, lire). Il est évident que le code devra être partagé par toutes les parties engagées dans la communication. Nous retrouvons effectivement cette forme de communication dans toutes les communications d'affaires.

Les principales formes de *communications verbales écrites* sont les lettres d'affaires, les notes de service, les rapports, les procès-verbaux, les notagrammes, les messages téléphoniques, les formulaires administratifs, les comptes rendus, les communiqués, les télégrammes, les télécopies, le courrier électronique. Cette forme de communication offre la possibilité de bien préparer le contenu du message avant de l'expédier, d'atteindre de nombreuses personnes en des lieux différents et d'être conservée dans des dossiers. Par contre, le coût de préparation peut être très élevé, les malentendus sont possibles et les délais de rétroaction sont relativement longs[3].

Les *communications verbales orales* sont généralement plus spontanées et plus directes. Elles comprennent les conversations face à face, les réunions, les conversations téléphoniques et les allocutions de tous genres. Les avantages et les inconvénients sont à l'inverse de la communication écrite.

COMMUNICATION NON VERBALE

La communication non verbale[4] comprend tous les messages non exprimés par des mots[5]. Il peut s'agir d'expressions faciales, de mouvements des yeux, de mouvements du corps, d'utilisation de l'espace, de paralangage et d'utilisation d'objets. Plus de 90 % de l'aspect émotionnel d'un message est exprimé de manière non verbale. Les gens accordent manifestement plus d'importance au message non verbal qu'au message verbal lorsqu'il y a non-congruence[6].

Les expressions faciales sont des réactions physiologiques, plus ou moins contrôlées, qui communiquent nos émotions et nos sentiments. Le sourire, les pleurs, les grimaces, le froncement des sourcils, le rire, le bâillement en sont les formes les plus courantes[7].

---

3. Phillip V. Lewis, *Organizational Communications: The Essence of Effective Management*, 2e édition, Englewood Cliffs, Prentice-Hall, N.J. 1980, p. 11.
4. Pour plus de détails: P. Ekman et W.V. Friesen, «The Repertoire Of Nonverbal Behavior: Categories, Origins, Usage and Coding», *Semiotica*, vol. 69, 1969; G. Nierenberg et H.H. Calero, *How to Read a Person like a Book*, New York, Pocket Book, 1973.
5. Lire à ce sujet: A. Mehrabian, *Silent Messages*, Belmont, Calif., Wadsworth, 1972.
6. Allan D. Frank et Judi L. Brownell, *Organizational Communication and Behavior: Communicating to Improve Performance*, New York, Holt, Rinehart and Winston, 1989, p. 271.
7. Lire à ce sujet: D. Leather, *Successful Nonverbal Communication*, New York, Macmillan, 1986.

Les mouvements des yeux[8], qu'ils soient furtifs ou en coin, et l'insistance du regard permettent d'exprimer le désir, l'hostilité, la curiosité, l'intérêt, l'enthousiasme ou tout autre sentiment. En fait, les yeux sont un outil important de la communication, car ils complètent les expressions faciales, ponctuent la communication verbale orale et définissent la relation entre les

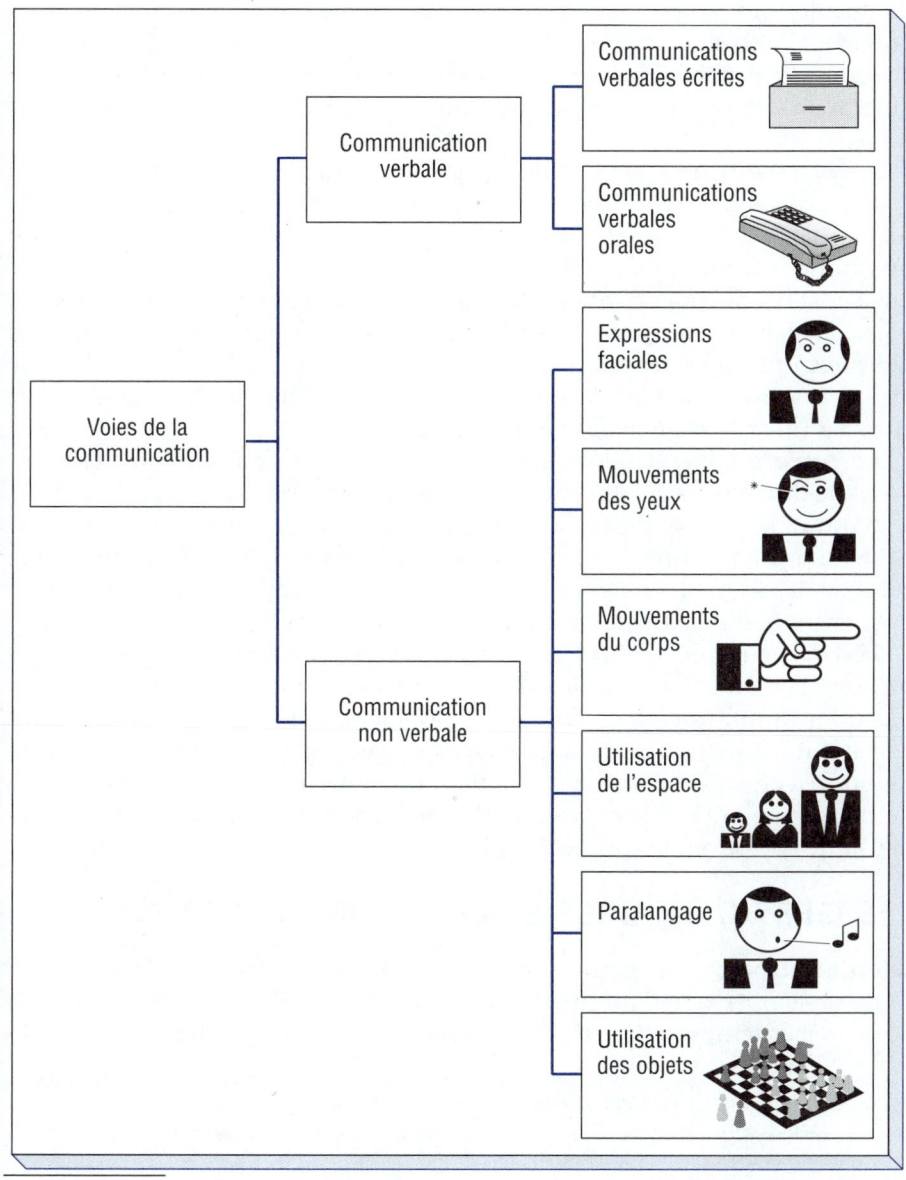

FIGURE 9.2
Les voies de la communication

---

8. Lire à ce sujet: E. Marshall, *Eye Language: Understanding the Eloquent Eye*, New York, New York Trend, 1983.

individus. Ainsi, la dilatation des pupilles laisse entrevoir notre intérêt pour un objet, le regard peut interroger notre interlocuteur et l'insistance de ce regard peut définir la relation de pouvoir entre deux interlocuteurs.

La kinesthésie a pour objet la perception consciente des mouvements du corps[9]. Il s'agit du langage corporel qui comprend[10] la position et les mouvements des différentes parties du corps tels la tête, le tronc, les bras, les mains, les épaules, les jambes, les pieds, etc. Par exemple, une personne assise les bras et les jambes croisés, le regard fixé vers le sol sera vraisemblablement peu ouverte aux propositions de son interlocuteur. Tourner le dos à quelqu'un qui s'approche constitue une communication très claire de nos sentiments à son égard.

La proxémique a pour objet l'étude de l'utilisation de l'espace et de la distance dans la communication. Le banc d'un juge ou le trône d'un roi (taille, hauteur, tribune, matériau, etc.) sont des expressions très claires du niveau de relation que le juge ou le roi veut établir avec les interlocuteurs. Elle concerne aussi les zones (bulles) que nous définissons autour de nous et que nous laissons envahir par certaines personnes selon le type de relation qui nous unit. Il existe quatre zones qui nous protègent des autres : la zone intime (moins de 50 cm), la zone personnelle (50 à 100 cm), la zone sociale (1 m à 3 m) et la zone publique (plus de 3 m)[11].

Le paralangage englobe les formes du langage portant sur l'élément vocal du discours, sauf la parole. Il s'agit de la forme du discours, soit le débit, le rythme, le ton, le timbre de voix (certains auteurs incluent le rire et le bâillement). Le rythme avec lequel un employé dira à son superviseur : «Je vais le faire immédiatement», laisse entrevoir le délai qui s'écoulera avant qu'il entreprenne le travail demandé.

L'utilisation des objets tels la tenue vestimentaire, les parfums, les meubles et même l'architecture d'un édifice sont d'autres formes de communication. L'uniforme du policier ou le mobilier du directeur général reflètent leur statut par rapport aux autres. Certains objets répondent à un code d'utilisation très précis : les feux de circulation, un drapeau en berne, les vêtements de deuil, une sirène, les gyrophares, l'organisation d'une table d'honneur dans une réception, le cortège nuptial, etc.

LES GESTIONNAIRES ET LA COMMUNICATION

Selon Mintzberg[12], les gestionnaires préfèrent les communications orales à cause de leur caractère informel et de leur à-propos. Ils y consacrent près de 80% de leur temps, se transformant ainsi en véritables centres de communi-

---

9. Lire à ce sujet: R.L. Birdwhistell, *Introduction to Kenesics*, Louisville, University of Kentucky Press, 1952; *Kenesics and Context*, Philadelphia, University or Pennsylvania, 1970.
10. Les expressions faciales et les mouvements des yeux sont des éléments très importants de la kinesthésie et, par conséquent, souvent traités indépendamment.
11. E.T. Hall, *The Silent Language*, New York, Doubleday, 1959.
12. Henry Mintzberg, *The Nature of Managerial Work*, Englewood Cliffs, N.J., Prentice-Hall, 1973.

Chapitre 9 : *Les communications dans les organisations*

cation (voir chapitre 1). Les informations, les analyses, les objectifs, les politiques, les demandes, tout transige par l'intermédiaire du gestionnaire. Il est donc la clé du succès des communications dans l'organisation.

La communication a été définie comme un échange d'information entre deux pôles. Cela signifie donc qu'il faut au moins deux parties dans la communication ; de plus, l'échange doit comporter un élément d'information, c'est-à-dire une signification. Si vous êtes seul dans votre bureau à répéter un discours, il n'y a pas de communication, « parler dans le désert » est d'ailleurs synonyme d'absence de communication. De la même façon, un geste ou un habillement doit avoir une signification pour être un élément de communication.

Tout comportement individuel ou tout geste de nature administrative dans l'entreprise représente un acte de communication si une ou plusieurs autres personnes sont concernées. L'efficacité de la planification, de l'organisation, de la direction et du contrôle dépend entièrement de la qualité de la communication. Toute activité de groupe, unifiée dans l'action et dans l'orientation, exige un effort de communication.

Donc, comme nous l'avons vu au chapitre 1, puisque le rôle principal du gestionnaire consiste à maximiser l'effort collectif des individus qui sont sous sa responsabilité, il faut conclure que la communication sera l'outil essentiel mis à sa disposition et constituera un des aspects fondamentaux du processus de gestion.

La *planification* réside dans la connaissance des facteurs de l'environnement et dans leur intégration au processus de décision afin que l'orientation de l'entreprise s'adapte aux facteurs internes et externes. La communication intervient au moment où il faut aller quérir ces renseignements, au moment où leurs implications sont analysées avec les personnes concernées par le processus de planification et surtout au moment où il faut transmettre les décisions aux personnes qui devront œuvrer à la réalisation des objectifs.

COMMUNICATION ET PLANIFICATION

L'*organisation* est une activité entièrement déterminée par la communication. La structuration de l'organisation, la rédaction des descriptions de tâches et la définition du rôle de chacun exigent des communications. En effet, l'établissement des activités de chaque service et des relations entre eux requiert une communication continue. Il en est de même pour l'utilisation de l'autorité et son partage entre les gestionnaires.

COMMUNICATION ET ORGANISATION

La *direction* des employés est un acte de communication en soi. La transmission des informations et des directives, la motivation des employés et l'application du leadership sont inconcevables sans la communication. Cela demeure vrai pour l'identification et le règlement des conflits.

COMMUNICATION ET DIRECTION

Le *contrôle* est un acte de communication. En effet, pour connaître les résultats des activités de l'entreprise, il faut un système de communication. Une fois l'analyse faite, le gestionnaire doit communiquer aux employés les correctifs qu'il a décidé d'apporter afin d'atteindre les objectifs établis.

COMMUNICATION ET CONTRÔLE

Vos activités quotidiennes exigent presque toujours que vous soyez en communication avec les autres. Il est entendu ici que tous les comportements possédant une signification constituent une communication.

Du point de vue strictement organisationnel, la communication permet de transmettre aux employés les renseignements nécessaires à l'exécution de leur tâche en matière de connaissances et de directives. De plus, elle offre au gestionnaire la possibilité de susciter chez ses employés une attitude favorisant un rendement élevé tout en leur permettant de se situer au niveau de satisfaction qu'ils recherchent.

But : influencer le comportement des autres pour atteindre l'objectif organisationnel

Le but ultime de la communication consiste donc à obtenir de l'individu qu'il adopte le comportement approprié pour la réalisation des objectifs organisationnels. Par conséquent, si la communication échoue, la démarche globale de l'entreprise risque d'être compromise, car elle repose sur le travail d'un groupe de personnes liées par des réseaux de communication.

LES COMMUNICATIONS ORGANISATIONNELLES

Le gestionnaire est un communicateur

La vie au sein de l'entreprise exige qu'il y ait des interactions entre les individus, d'où le besoin d'un réseau de communication[13]. Ces interactions ou ces contacts entre les individus dans une organisation sont innombrables. Le gestionnaire communique avec ses subalternes et son supérieur immédiat ; il communique aussi avec les gestionnaires-conseils de l'entreprise. De même, il entretient des communications avec les cadres des autres services et, la plupart du temps, il communique directement avec les cadres supérieurs. Les subordonnés communiquent entre eux et ils ont des contacts avec les personnes des autres services. Certains employés sont en relation avec les fournisseurs, les clients ou les représentants de gouvernements. D'autres échangent avec les actionnaires, le public en général ou les syndicats. Isolez les membres de l'entreprise et celle-ci se sclérosera très rapidement.

Bref, la communication est à l'entreprise ce que l'oxygène est à l'être humain. C'est la source fondamentale permettant d'améliorer la prise de décision, donc la gestion, dans l'entreprise[14]. En effet, la prise de décision, la coordination des activités et la qualité du rendement de l'ensemble de l'organisation dépendent de l'accessibilité d'une foule de données provenant de l'environnement interne et externe de l'entreprise.

La qualité de la communication repose sur la connaissance de ce qui doit être transmis ainsi que sur le motif de la transmission. De plus, il ne faut pas négliger l'environnement de la communication et toutes ses variables. Il faut, par exemple, prendre en considération le désir d'écouter des employés, leur capacité de comprendre ce qui leur est communiqué, leur intérêt à l'égard du message ainsi que leur degré de concentration.

---

13. Lire à ce sujet : Douglas McGregor, *The Professional Manager*, New York, McGraw-Hill Book Co., 1967, p. 150.

14. Lire les études de : T. Connely, « Information Processing and Decision Making in Organizations », dans *New Directions in Organizational Behavior*, sous la direction de B.M. Staw et G.R. Salancik, Chicago, St. Clair Press, 1977, p. 205-234 ; C.A. O'Reilly, « Superiors and Peers as Information Sources, Work Group Supportiveness and Individual Decision-Making Performance », *Journal of Applied Psychology*, vol. 62, 1977, p. 632-635.

La communication *formelle* correspond à tous ces réseaux officiels établis lors de la structuration de l'organisation et dont l'objectif est de canaliser les mouvements des renseignements à l'intérieur et à l'extérieur de l'entreprise.

Donc, au sein du système de communication établi, le gestionnaire effectuera des interactions, selon ses besoins et ses ressources. Comme nous l'avons vu dans les chapitres précédents, le rôle du gestionnaire comprend un certain nombre de contacts avec ses supérieurs et ses subordonnés, mais aussi avec les autres cadres de l'organisation qui ont des responsabilités de contrôle, de conseil ou de soutien.

Une grande partie du temps du gestionnaire est consacrée à la communication[15]. Il y a donc lieu d'examiner d'un peu plus près les canaux de communication formelle et les problèmes respectifs de chacune.

LES TYPES DE CANAUX DE COMMUNICATION FORMELLE

Les communications pouvant provenir de plusieurs sources dans l'organisation et être dirigées vers un grand nombre de récepteurs, il faudra organiser de façon formelle un canal de communication permettant de fournir à tous et chacun les informations requises. Les types de canaux de communication que nous retrouvons dans l'entreprise sont les communications descendantes, les communications ascendantes, les communications horizontales (latérales ou diagonales) et les communications extérieures.

Les communications descendantes

Il y a d'abord les *communications descendantes*, c'est-à-dire les messages émanant des cadres supérieurs; ceux-ci comprennent plus particulièrement les politiques de l'organisation, ses procédures, ses règlements, l'évaluation du travail des subordonnés, les encouragements à participer aux objectifs de l'entreprise ainsi que les instructions nécessaires à la réalisation des tâches des subordonnés. Il faut ajouter à ces messages les demandes de renseignements de toutes sortes qui proviennent des niveaux supérieurs et sont nécessaires à la prise de décision. Le respect des principes administratifs est important dans ce processus si l'on veut que la communication se fasse avec le moins d'accrocs possible. Là-dessus, une attention particulière doit être portée au principe des échelons.

POINT DE DÉPART: CADRES SUPÉRIEURS

Ces communications comprennent, en outre, les *éléments nécessaires au contrôle des activités des subordonnés* et de leur rendement. Malheureusement, l'information détenue par les supérieurs hiérarchiques n'est pas entièrement transmise aux niveaux inférieurs. Ce fait est imputable très souvent à la négligence de gestionnaires qui tiennent pour acquis que l'information qu'ils possèdent est déjà connue de leurs subordonnés. Ou bien croient-ils

ÉLÉMENTS DE CONTRÔLE

---

15. Ces constatations ont été analysées en profondeur dans: Henry Mintzberg, «The Manager's Job: Folklore and Fact», *Harvard Business Review*, juillet-août 1975, p. 55; L.W. Porter et K.H. Roberts, «Organizational Communication», dans *Handbook of Industrial and Organizational Psychology*, sous la direction de Dunnette, Skokie, Ill., Rand McNally and Co., 1976, p. 1585. Et ne pas oublier: Henry Mintzberg, *The Nature of Managerial Work*, New York, Harper & Row Publ. Inc., 1973.

qu'elle a peu d'importance pour l'exécution de la tâche et ils évitent de la communiquer afin de ne pas surcharger le message qu'ils présentent à leurs subordonnés. Par ailleurs, sachant que «l'information, c'est le pouvoir», certains gestionnaires se gardent bien de partager les éléments d'information qui leur permettent d'accroître leur emprise sur leurs subordonnés ou sur leur service en général.

Les communications ascendantes

Point de départ : les employés

Le processus de communication décrit plus haut comprend la rétroaction. Il faut donc, dans le canal de communications formelles, ajouter une autre dimension, c'est-à-dire un canal de *communications ascendantes*. Ce canal permet aux subordonnés de transmettre les renseignements requis par leurs supérieurs. Il vise aussi à faciliter la prise de décision des cadres supérieurs et à les informer de ce qui se passe dans leur organisation.

Le principe des échelons et celui de l'unité de commandement doivent être respectés en priorité lorsque ce genre de canal est établi. En général, les informations transmises par ce canal sont de nature quantitative et comprennent tous les rapports de production, de ventes ainsi que les rapports financiers que l'on trouve en très grand nombre dans les entreprises. Il faudrait ajouter les informations qualitatives, dont le rôle est parfois négligé, et qui sont très importantes dans la gestion des organisations. La connaissance du niveau de satisfaction et de motivation des employés en constitue un aspect.

Trop souvent, ces renseignements ne sont pas directement transmis aux autorités supérieures de l'entreprise et subissent ce que l'on pourrait appeler un «tamisage». Cette sélection dans la divulgation de l'information repose parfois sur des objectifs personnels reliés à un plan de carrière ou à une augmentation de salaire. Ainsi, un subordonné peut retenir certaines informations laissant supposer, par exemple, qu'il n'a pas effectué adéquatement sa tâche. Les luttes de pouvoir peuvent aussi entraîner un camouflage de renseignements. Aussi, le comportement du supérieur donne parfois à penser qu'il ne désire pas être mis au courant de certains détails ou de certains problèmes. Enfin, et ce phénomène ne date pas d'hier, le porteur de mauvaises nouvelles doit souvent subir les réactions causées par le message qu'il vient d'acheminer.

Les communications horizontales

Les points de départ et d'arrivée sont au même niveau hiérarchique

Les *communications horizontales (latérales ou diagonales)* ont pour principal objectif d'assurer une plus grande coordination entre les différentes unités de l'entreprise situées à un même niveau hiérarchique ou entre des personnes situées à des niveaux hiérarchiques différents, mais n'ayant aucun lien d'autorité entre elles (voir le chapitre 6 sur la structure formelle de l'entreprise).

Ce type de canal de communication est un aspect important de la vie de l'entreprise; la croissance des structures par projet ou des structures matricielles ne fait qu'accentuer l'impact de ce canal. Très souvent, ces communications sont plus ou moins formelles et les rumeurs s'y taillent une place appréciable.

Quoi qu'il en soit, les renseignements recueillis dans ce canal sont absolument nécessaires pour accélérer la prise de décision; en effet, celle-ci ne saurait être capable de subir les délais imposés par les canaux ascendants et descendants qui sont trop structurés. Par conséquent, ce canal vise avant tout l'efficacité.

Ce type de canal révèle la complexité croissante des organisations modernes. Retenons comme principal exemple d'activité incluse dans cette catégorie la mise sur pied de nombreux comités dont la tâche consiste à coordonner les objectifs des différentes unités qui composent les entreprises.

Quant au canal spécifique des communications diagonales, il comprend principalement les liens établis entre les cadres ayant une autorité de conseil et ceux qui bénéficient de leur assistance. S'il fallait, dans ces situations, s'en tenir uniquement aux canaux formels ascendants et descendants, les délais de transmission seraient exagérément prolongés; les cadres supérieurs de l'entreprise n'agiraient plus qu'à titre de répartiteurs et ils seraient de toute façon submergés.

Les communications extérieures

Enfin, il existe un canal de communication dont le *récepteur est à l'extérieur de l'entreprise*; ce canal représente une activité très délicate et très importante pour le succès de l'entreprise. Le public en général, les gouvernements, les différentes associations, les actionnaires et certains organismes de contrôle en sont les récepteurs.

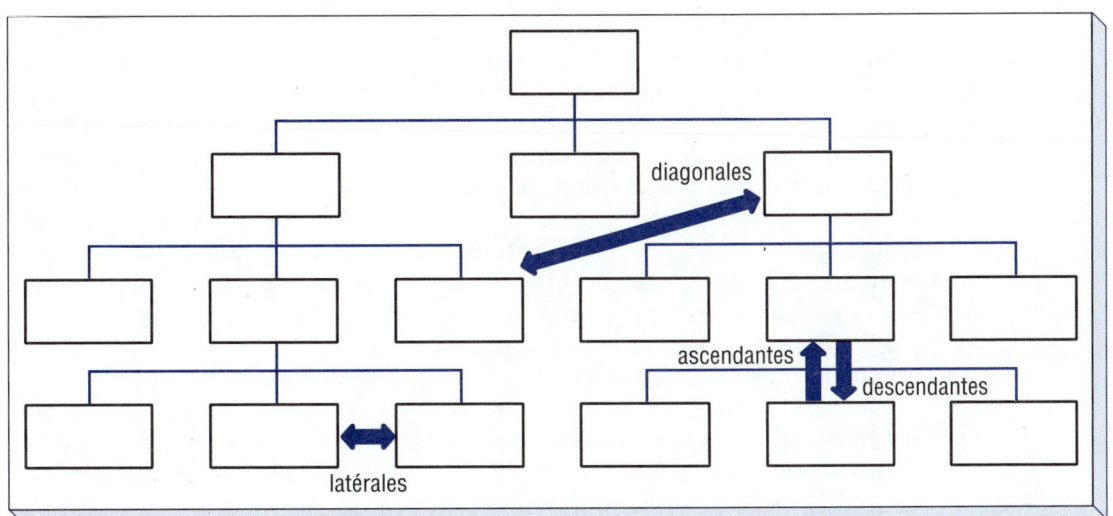

FIGURE 9.3 Les types de canaux de communication formelle

Le canal de communication le plus approprié

LE CHOIX EST DÉTERMINÉ PAR LA SITUATION

Ici comme dans de nombreuses situations qui se présentent au gestionnaire, l'approche situationnelle est de mise. Il faudra tenir compte de plusieurs facteurs, dont le principal est évidemment la *nature* de la communication. Faut-il transmettre une directive, de l'information, une opinion, veut-on convaincre, faire réfléchir ou déclencher une action immédiate, le canal à utiliser sera différent dans chacune des situations.

Ajoutons que le *temps* disponible impose une forte contrainte dans le choix du canal à utiliser. L'urgence de la situation exige souvent l'utilisation d'un canal unidirectionnel ne laissant place à aucune rétroaction. Ainsi, face à un problème dont la solution ne peut subir de délai, le gestionnaire optera plus facilement pour un ordre écrit ne permettant aucune discussion.

De plus, lors de l'étude du processus de communication, nous avons mentionné qu'il y avait deux éléments ou deux pôles. La *capacité de chacun de ces pôles* — l'émetteur et le récepteur — à participer activement et efficacement à la transmission du message influencera l'émetteur dans le choix du canal à utiliser. Par exemple, l'incapacité pour un employé de comprendre un message écrit, à cause de ses connaissances restreintes concernant son travail, obligera le gestionnaire à contrebalancer ses directives écrites. Ainsi, il devra parfois intervenir directement et oralement auprès de l'employé concerné pour lui expliquer dans un langage plus simple le travail à accomplir.

Un autre facteur concernant les récepteurs peut affecter le choix d'un canal. Certains canaux s'adressent à tous les membres d'une organisation, d'autres sont plus spécifiques à certains d'entre eux. Selon les *récepteurs* visés, le gestionnaire optera pour un canal plus ouvert ou un canal plus restrictif.

Notons que la sélection d'un canal implique des *coûts en temps et en ressources*. La formation dans l'entreprise peut être dispensée à l'aide de cours de type conférence ou à l'aide de matériel didactique écrit distribué aux bénéficiaires du cours. Dans les deux cas, les coûts en ressources sont fort différents.

Enfin, les *relations qui existent entre les pôles* seront aussi déterminantes dans le choix du canal. Le lien hiérarchique existant entre le gestionnaire et ses subordonnés pourra permettre à celui-ci d'utiliser un canal qui serait inapproprié dans une communication entre un cadre-conseil et un autre gestionnaire de l'entreprise. Le directeur de la gestion des ressources humaines sera mieux avisé en rencontrant personnellement un chef de service pour le convaincre de participer à un programme d'évaluation de rendement de ses employés qu'en lui envoyant une note qui pourrait être mal reçue.

Le canal officiel et protocolaire que représente la voie hiérarchique n'aurait dans ce cas-ci que des effets négatifs. Sans doute le directeur de la gestion pourra-t-il obliger le chef de service à effectuer l'évaluation de ses employés, mais il faudra alors s'interroger sur la qualité de l'exercice. Ajoutons que la quantité et la qualité des interactions entre les pôles influenceront le choix du canal. Des liens nombreux et positifs entre les différents pôles les amèneront à procéder de façon plus informelle que ne l'exigerait pareille situation entre d'autres individus.

LES TYPES DE CANAUX DE COMMUNICATION INFORMELLE

Les rumeurs sont des communications informelles qui s'établissent sans tenir compte de la hiérarchie de l'organisation. Les canaux de communication formelle établissent des liens entre les *fonctions*, c'est-à-dire que la communication se fait entre le directeur des opérations et le vice-président aux opérations ou entre le vice-président des ressources humaines et le directeur de l'usine. Les canaux de communication informelle tissent des liens plus personnels. Ce sont les individus qui communiquent entre eux parce que des liens d'amitié, d'intérêt ou autre les unissent.

Ces formes d'échanges spontanés[16] permettent la circulation de l'information à une vitesse foudroyante et avec une acuité respectable[17]. Il existe quatre

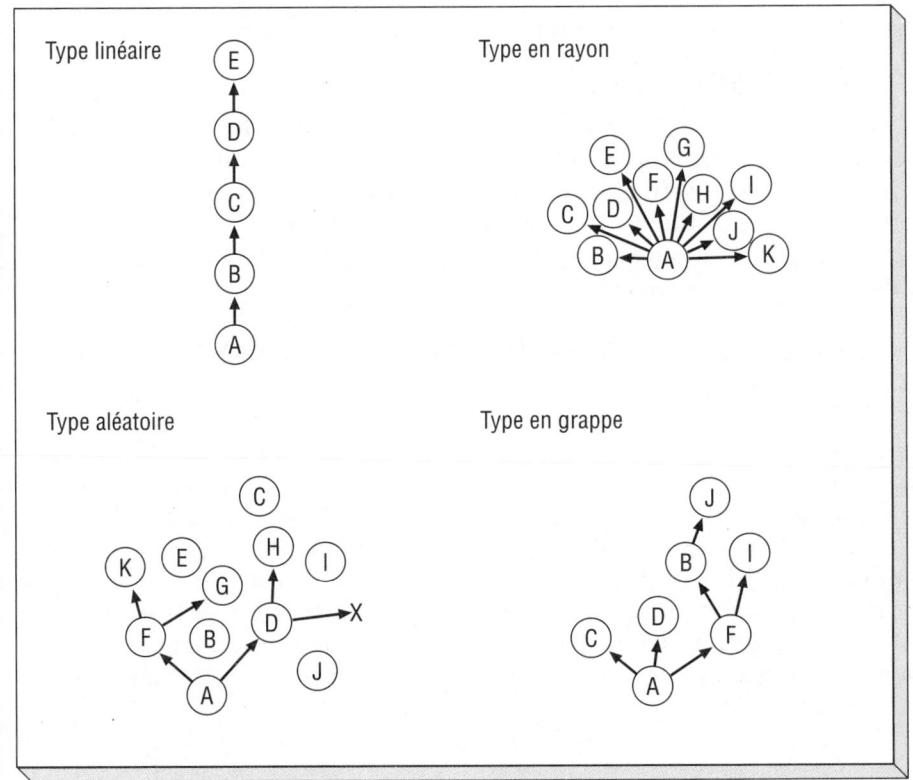

FIGURE 9.4
Les types de rumeurs dans les organisations[18]

---

16. Entrent dans cette catégorie le téléphone arabe et la rumeur.
17. Lire à ce sujet : M. Goldhaber, *Organizational Communication*, 4ᵉ édition, Dubuque, Iowa, Brown, 1986 ; Alan Zaremba, « Working with the Organizational Grapevie », *Personnel Journal*, juillet 1988, p. 38-42.
18. Keith Davis, « Management Communication and the Grapevine », dans Stewart Ferguson et Sherry Devereaux Ferguson (éditeurs), *Intercom: Readings in Organizational Communication*, Rochelle Park, N.J., Hayden, 1980, p. 59.

types de canaux de communication informelle: le type linéaire, le type en rayon, le type aléatoire et le type en grappe[19].

Le type linéaire

Dans le type linéaire, le détenteur de l'information, « A », la transmet à « B » qui la relaie à « C », etc.

Le type en rayon

Dans le type en rayon, le détenteur de l'information, « A », la distribue rapidement à toutes les personnes avec lesquelles il entre en contact.

Le type aléatoire

Dans le type aléatoire, l'information issue de « A » est transmise à « F » et à « D » qui, à leur tour, la diffuseront à d'autres personnes. Tous les récepteurs sont issus du hasard, il n'y a pas de liens privilégiés. Il y aura des laissés-pour-compte qui ne seront informés que beaucoup plus tard.

Le type en grappe

La transmission de l'information dans le type en grappe est plus sélective. Le détenteur de l'information, « A », sélectionne deux personnes à qui il confiera l'information. Ces dernières continueront la diffusion en choisissant les individus qui bénéficieront des renseignements. C'est la forme la plus fréquente, car les gens informés ne désirent transmettre leurs « secrets » qu'à un groupe sélectionné d'individus[20].

LA COMMUNICATION INTERPERSONNELLE DANS LE CANAL

Le gestionnaire doit tenir compte d'un ensemble d'éléments afin de choisir le canal le plus approprié à une communication efficace. Mais un autre facteur intervient, si important qu'il mérite une étude particulière. Il s'agit des réseaux et du volume de relations entre les membres de l'organisation selon leur niveau hiérarchique respectif.

LE NOMBRE DE CONTACTS CROÎT AVEC LE NIVEAU HIÉRARCHIQUE

Ainsi, le nombre de contacts quotidiens est proportionnel au niveau hiérarchique du gestionnaire. Plus celui-ci se trouve haut placé dans la structure organisationnelle, plus il aura de relations ou de communications avec ses subordonnés et ses supérieurs.

---

19. Le terme anglais pour signifier les canaux informels est « grapevine ».
20. Keith Davis, « Management Communication and the Grapevine », dans Stewart Ferguson et Sherry Devereaux Ferguson (éditeurs), *Intercom: Readings in Organizational Communication*, Rochelle Park, N.J., Hayden, 1980, p. 55-66.

D'autre part, les gestionnaires des niveaux inférieurs de l'organisation sont à la source de la plupart des interrelations dans la structure de l'organisation. Ils transmettent les instructions à la base et demandent l'approbation de leur supérieur. Il faut noter que la tendance à déléguer plus de responsabilités aux travailleurs fera d'eux les initiateurs des communications.

De plus, la part des communications latérales et diagonales ont un impact positif sur le statut de l'individu au sein de l'organisation. Plus une personne a de contacts, plus elle possède d'informations et meilleure est sa position pour influencer les décisions dans toute la hiérarchie.

LES INTERRELATIONS SONT SURTOUT INSTAURÉES PAR LES CADRES DE NIVEAU INFÉRIEUR

LE STATUT CROÎT AVEC LE NOMBRE DE CONTACTS

LES FORMES DE RÉSEAUX DE COMMUNICATION

Il existe un très grand nombre de formes de réseaux de communication permettant les échanges de messages entre les récepteurs et les émetteurs. Certains réseaux sont plus aptes que d'autres à transmettre l'information dans certaines circonstances. Bref, la forme de réseau la plus efficace dépend pour une grande part des besoins de l'organisation en termes de rapidité de transmission de l'information, de nécessité du respect de la structure hiérarchique, de contraintes dans la précision des données et du maintien d'un niveau élevé de motivation et de participation.

Les principales formes[21] que nous examinerons sont le cercle, la roue, la chaîne, la forme « Y » et la toile d'araignée ; elles sont illustrées à la figure 9.5.

LE CERCLE

Dans les réseaux adoptant la forme d'un cercle, la communication est laissée à l'initiative de chacun des membres. Il n'y a *pas de leader* désigné pour l'activité en question. Cette forme de réseau semble inefficace, car tous les membres sont sur un pied d'égalité. De plus, l'émergence d'un leader est difficile puisque aucun des membres n'a de contact avec tous les autres. D'ailleurs, nous venons de voir que le statut d'un membre dans un groupe dépend en grande partie du nombre de contacts qu'il entretient avec les autres membres.

ABSENCE DE LEADER

LA ROUE

La roue représente la forme de réseau la *plus apte à répondre aux situations nécessitant des décisions rapides* ou nécessitant la présence d'un leader unique détenant les pleins pouvoirs. Ce leader, qui se trouve au centre des activités, est en communication avec chacun de ses subordonnés, mais ces derniers

EFFICACITÉ POUR LES DÉCISIONS RAPIDES

---

21. Cette division des types de réseaux provient de : Alex Bavelas et Dermot Barrett, « An Experiential Approach to Organizational Communications », *Personnel Journal*, mars 1951, p. 366-371 ; Harold Guetzkow et Herbert A. Simon, « The Impact of Certain Communication Nets Upon Organization and Performance in Task-Oriented Groups », *Management Science*, avril-juillet 1955, p. 233-250. À lire aussi sur les types de réseaux : Harold J. Leavitt, « Some Effects of Certain Communication Patterns on Group Performance », dans *Readings in Social Psychology*, sous la direction de Swanson, Newcomb et Hartley, New York, Holt, 1952, p. 114 et ss ; Harold J. Leavitt, « Unhuman Organizations », dans *Readings in Managerial Psychology*, sous la direction de H.J. Leavitt et L. Pondy, Chicago, University of Chicago Press, 1966, p. 542-556.

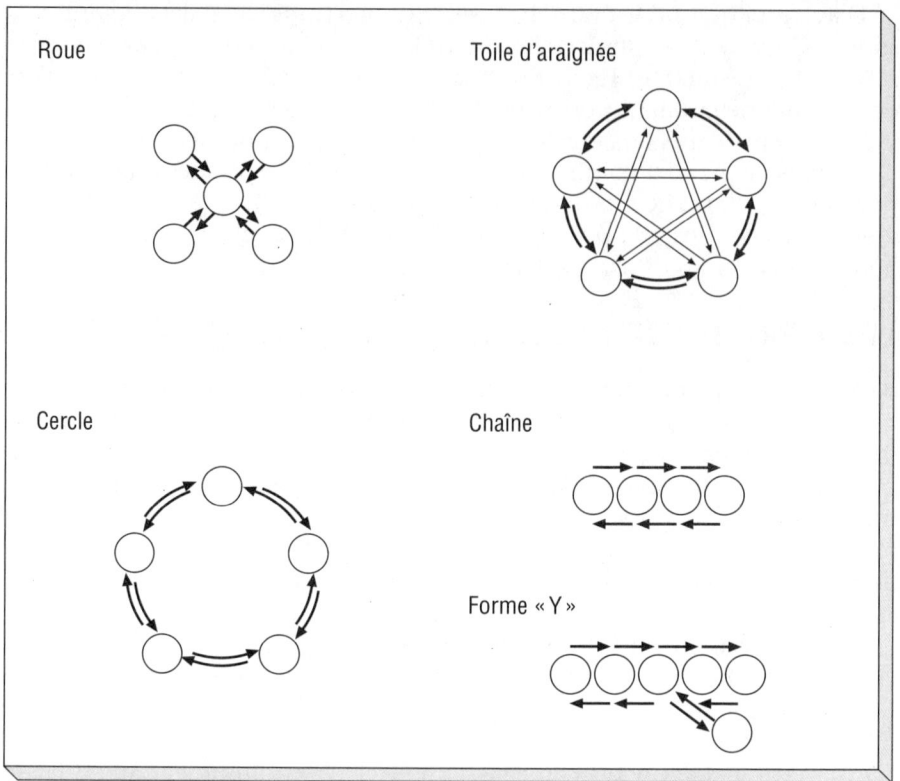

FIGURE 9.5
Les formes de réseaux de communication

sont placés dans une situation où ils ne peuvent communiquer entre eux. Cette forme de réseau se rencontre très souvent dans les organisations traditionnelles où la structure organisationnelle est très rigide et où le respect des niveaux hiérarchiques est très valorisé. Dans l'entreprise, c'est la forme la plus fréquente puisqu'elle représente le lien entre le gestionnaire et ses subordonnés. Cette forme de réseau est très efficace lorsqu'il s'agit d'exécuter des tâches simples et répétitives.

Le mouvement des informations est restreint et le *gestionnaire prend la position de pôle principal*. Il est au centre des communications et bénéficie d'un canal qui le maintient en contact avec chacun des membres du réseau. Cela lui permet donc de contrôler constamment la circulation des renseignements, de déterminer ce que chacun doit posséder comme information et de priver certains de renseignements dont il juge qu'ils ne leur sont pas nécessaires. Même dans les situations où l'individu placé au centre du réseau d'information ne détient aucune autorité formelle, il émergera avec le temps et deviendra le preneur de décisions ou le leader.

Malheureusement, cette situation place le gestionnaire dans un rôle de répartiteur de l'information, rôle qui peut gruger sérieusement son *temps et ses efforts*. De plus, la nécessité où il est de répéter à chacun le contenu d'un même message l'amènera à l'occasion à résumer approximativement celui-ci ou encore à négliger d'informer un ou deux membres du réseau soit volontairement, soit par inadvertance. Cette forme de réseau se révèle inefficace dans les situations où le travail à accomplir est très complexe et où le gestionnaire ne peut utiliser seul toute l'information.

LA CHAÎNE

Cette forme de réseau est adaptée du cercle. Toutefois, la chaîne n'a pas la forme d'une boucle qui permettrait de joindre entre eux l'ensemble des membres; l'on trouve plutôt à chaque extrémité un individu qui ne peut retransmettre à un autre le message qu'il a reçu. Le principal avantage de cette forme demeure la *rapidité* de transmission de l'information.

> RAPIDITÉ

Il existe une restriction importante dans le nombre d'échanges entre les membres du réseau. C'est un réseau de communication linéaire semblable à la transmission de directives que l'on observe dans les organisations militaires. Malheureusement, plus le nombre de chaînons sera élevé, plus le risque de distorsion du message sera grand. De plus, chacun des membres se voyant limité à un rôle de transmission, l'absence d'implication réelle provoquera probablement l'apparition d'un certain degré d'insatisfaction et de frustration.

LA FORME « Y »

Cette forme de réseau est une variation de la chaîne. Mais ici, contrairement à ce que l'on constatait dans la chaîne, il y a contact entre un des membres du réseau et une *personne située à l'extérieur*. Cela correspond exactement à cette forme de relation entre le gestionnaire, responsable d'un service, et un spécialiste-conseil de l'entreprise. En fait, la structure pyramidale de l'entreprise est une variante de la forme « Y ».

LA TOILE D'ARAIGNÉE

C'est la forme de réseau la plus ouverte. *Elle laisse l'information circuler dans tous les sens et entre tous les individus.* Tous les membres du réseau bénéficient d'un canal de communication avec chacun des autres membres. Ainsi, l'information la plus complexe et la plus récente est disponible à chacun, libérant ainsi le gestionnaire de sa tâche de répartiteur. Ce libre accès aux renseignements limitera bien sûr l'apparition de rumeurs, lesquelles peuvent avoir des effets très négatifs. Le principal avantage du réseau ouvert se trouve dans le fait qu'il encourage l'engagement et la participation de tous les membres de l'organisation et suscite le développement d'un esprit d'équipe. Cette forme de réseau se retrouve dans certains groupes de bénévoles, dans certaines associations, au sein du conseil d'administration de la plupart des entreprises, dans les comités de toutes sortes, dans les conseils de direction des syndicats et dans les groupes autonomes de travail.

Le gestionnaire perdra alors son contrôle sur la circulation des renseignements, et parfois même une partie de son prestige et de son statut. En outre, n'étant plus le répartiteur des communications, il ne pourra vérifier de façon

> RÉSEAU OUVERT

continue la véracité et la précision des informations qui circulent et devra mettre au point d'autres techniques pour rester à l'affût des distorsions de données toujours possibles. Il arrive fréquemment, dans cette forme de réseau, que des membres forment des canaux plus formels et moins nombreux afin de pallier une certaine inefficacité inhérente à la toile d'araignée. En effet, un des inconvénients majeurs de cette forme de réseau demeure la nécessité de consacrer beaucoup de temps aux discussions lors de la prise de décision.

LES VARIABLES AFFECTANT LA FORME DES RÉSEAUX DE COMMUNICATION

Selon Gibson, aucune forme de réseau de communication ne peut convenir à toutes les situations. Elle sera déterminée par la rapidité requise de transmission du message, par la nécessité de maintenir un niveau élevé de satisfaction et de motivation, par le besoin de précision dans la transmission et le contenu de l'information, et par la structure organisationnelle[22].

Ainsi, la forme de réseau qui sera retenue sera-t-elle affectée par chacune de ces variables. Même s'il semble que le réseau en toile d'araignée soit le plus ouvert et le plus efficace, la réalité est très différente. Par exemple, une réunion dont l'objectif est d'élaborer un plan de marketing peut commencer sous une forme ouverte afin de bénéficier des opinions et des suggestions de tous. Mais dès que certaines propositions se précisent et que le groupe désire avancer dans la discussion, une personne se voit alors confier, officiellement ou non, le rôle de président de la réunion de façon que les communications puissent être centralisées. Puis certaines personnes interviennent plus que d'autres, et le cercle ouvert qui était désiré se défait lentement. Que s'est-il produit ?

FACTEURS :
– OBJECTIF DU GROUPE
– CONVENTIONS
– STATUT DES MEMBRES
– AMÉNAGEMENT PHYSIQUE
– CARACTÉRISTIQUES DES MEMBRES

Un certain nombre de variables sont intervenues et ont structuré une forme particulière de réseau. L'*objectif* du groupe influencera principalement cette forme. Ainsi, une réunion d'information adoptera une structure semblable à la toile d'araignée ; par contre, les communications à l'intérieur d'un groupe intervenant dans un cas d'urgence, comme le ferait une équipe de pompiers, emprunteraient inévitablement la forme de la roue.

Les habitudes, les *conventions* et les normes de l'organisation affecteront directement la forme de réseau de communication. Les comportements à adopter et les canaux à utiliser au sein d'une organisation sont établis par les expériences passées, et les membres se doivent de respecter ces coutumes. Ainsi, le code Morin (Procédures d'assemblée délibérante), bien que très utile pour contrôler les communications à l'intérieur de grands groupes, devient une contrainte très lourde dans les discussions en comité restreint.

22. Ces commentaires proviennent des études de : James L. Gibson, John M. Ivancevich et James H. Donnelly, *Organizations : Structure, Processes, Behavior*, Dallas, Texas, Business Publications, 1973, p. 174.

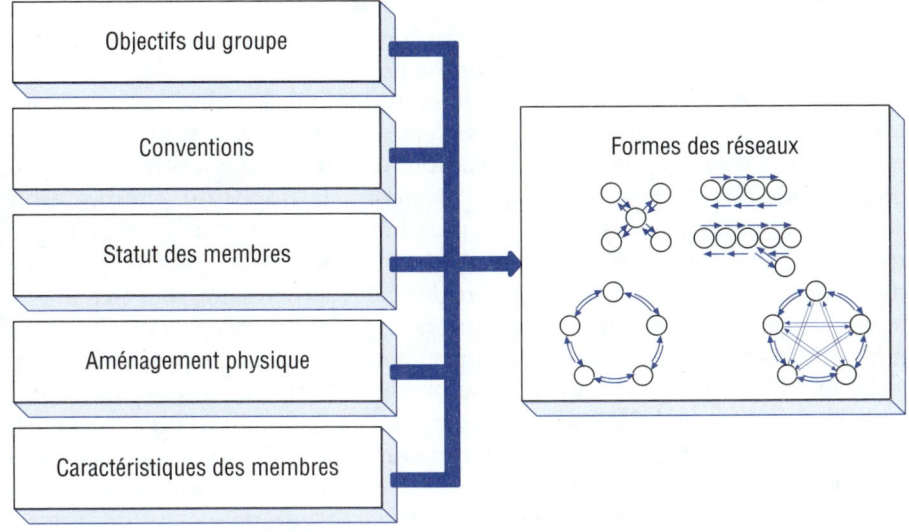

FIGURE 9.6
Les variables affectant la forme des réseaux

Le *statut des membres* et l'*aménagement physique* de la pièce où se déroulent les interrelations affecteront eux aussi le choix de la forme de réseau[23]. La zone d'intimité de chacun, qui varie selon son statut et sa culture, ainsi que l'aménagement des sièges autour de la table et la distance laissée entre eux auront un effet sur le ton et la forme des échanges.

Enfin, les *caractéristiques personnelles des membres* du groupe contribueront à dégager la forme de réseau qui émergera. À cela il faut ajouter les facteurs interpersonnels, comme les sentiments des uns à l'égard des autres, les perceptions et les rôles interpersonnels[24].

LES EFFETS DE LA FORME DU RÉSEAU SUR LA GESTION

Le gestionnaire constatera rapidement que la forme du réseau de communication qui a été adoptée par son service a une très nette influence sur son rôle en tant que leader, sur la capacité de son équipe à trouver des solutions et à prendre des décisions et, enfin, sur le niveau de satisfaction des membres[25].

---

23. Voir à ce sujet les études suivantes: G. Hearn, « Leadership and the Spatial Factor in Small Groups », *Journal of Abnormal and Social Psychology*, vol. 54, 1957, p. 269-272; B. Steinzor, « The Spatial Factor in Face-to-Face Discussion Groups », *Journal of Abnormal and Social Psychology*, vol. 54, 1957, p. 281-286; N.F. Russo, « Connotations of Seating Arrangements », *Cornell Journal of Social Relations*, vol. 2, 1967, p. 37-44.

24. Ces interrelations ont été analysées dans une étude portant sur l'analyse transactionnelle: Thomas A. Harris, *I'm OK-You're OK*, New York, Avon Books, 1973.

25. Ces éléments ont été révélés particulièrement dans les études de: R.L. Burgess, « Communication Networks: An Experimental Re-evaluation », *Journal of Experimental Social Psychology*, vol. 4, 1968, p. 324-337; M. Mulder, « Communication Structure, Decision Structure and Group Performance », *Sociometry*, vol. 22, 1960, p. 367-386.

APPARITION D'UN LEADER

Les relations que le gestionnaire établira dans son groupe de travail lui permettront de constater qu'un certain nombre de phénomènes proviennent de la forme du réseau de communication ou en ont subi l'influence.

De fait, l'*apparition d'un leader* ou la confirmation d'un individu dans son leadership dépend en grande partie de sa position de pilier dans le groupe. S'il est au centre du réseau de communication, son influence dans le groupe sera plus grande, et les possibilités qu'il devienne le leader du groupe seront accrues. Ce phénomène se retrouve plus fréquemment dans le réseau de la roue[26]. Puisque cette personne détient l'information et en contrôle parfois le mouvement, elle peut facilement coordonner les activités du groupe et, avec le temps, en prendre le contrôle. Bien entendu, il y a d'autres facteurs qui déterminent l'émergence du leadership; nous les avons vus au chapitre précédent.

PRISE DE DÉCISION ET EFFICACITÉ

La facilité avec laquelle un groupe parvient à analyser un problème et à prendre des *décisions* découle dans une certaine mesure du style de leadership qui est exercé par le gestionnaire. Mais il faut ajouter l'influence du réseau de communication existant entre les membres du groupe. Comme nous venons de le voir, face à une tâche simple et répétitive, le groupe sera plus efficace si la forme de la roue ou de la chaîne est adoptée.

Devant un travail complexe nécessitant l'intervention, par exemple, de compétences différentes, il faut en général opter pour une forme plus ouverte, où l'égalité de statut entre les membres permettra à chacun de s'exprimer et de participer pleinement. C'est donc dire que la forme de réseau en toile d'araignée est préférable dans les travaux multidisciplinaires[27].

SATISFACTION DES MEMBRES

Enfin, la forme du réseau de communication aura aussi une influence sur le niveau de *satisfaction et de motivation dans le groupe*. Plus le réseau de communication est centralisé, moins le niveau de satisfaction sera élevé. Les laissés-pour-compte ou les membres se situant en périphérie du réseau de communication ressentent une insatisfaction plus grande que ceux qui sont au cœur du réseau. Ainsi, la roue et la chaîne offrent peu de possibilités de satisfaction

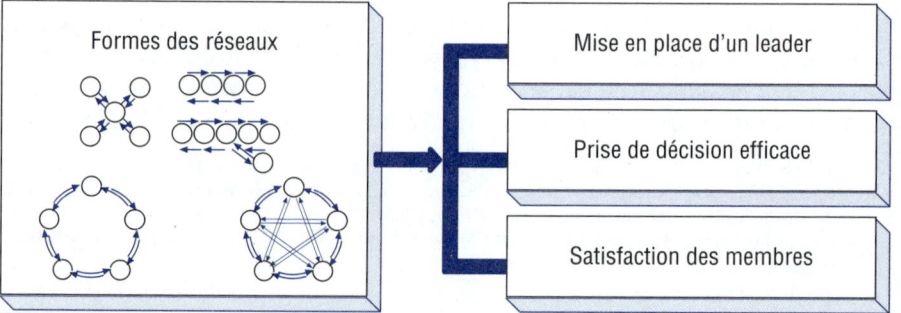

FIGURE 9.7
Les effets de la forme des réseaux sur la gestion

26. Ces constatations sont tirées de l'étude de: M.E. Shaw, G.H. Rothschild et J.F. Strickland, Decision Processes in Communication Nets", *Journal of Abnormal and Social Psychology*, vol. 54, 1957, p. 323-330.

27. R.L. Burgess, *op. cit.*

pour certains membres du groupe, alors que le cercle, et particulièrement la toile d'araignée, permettent plus de liberté à chacun.

Bref, la forme du réseau de communication influe sur la rapidité et la précision de la transmission du message. De plus, elle affecte le niveau de rendement des membres de l'équipe et, enfin, elle influence le degré de satisfaction du groupe[28]. Mais comme pour le choix des styles de leadership, il n'y a pas de réseau « idéal » de communication ; il faut plutôt optimiser chaque situation.

LES OBSTACLES À LA COMMUNICATION[29]

Il ne faut pas se surprendre du fait que les obstacles à la communication soient fort nombreux. Au contraire, la possibilité concrète de transmettre un message qui sera reçu et interprété exactement comme l'émetteur l'avait souhaité constitue tout un exploit.

Revenons au schéma du processus de communication présenté au début du chapitre. Chacun des éléments qui le composent est une source d'obstacles éventuels. Nous analyserons successivement les obstacles (les bruits) provenant de l'émetteur, de l'environnement, du récepteur et de la rétroaction.

L'ÉMETTEUR

Sa personnalité peut influencer l'efficacité de la transmission du message. Ses capacités de communication, sa façon d'écrire ou de parler peuvent, si elles sont déficientes, être la cause de problèmes de transmission du message. L'expérience et les connaissances de l'émetteur peuvent aussi avoir un effet sur la qualité de la communication. Les valeurs des individus affectent la communication. Les besoins et les intérêts de l'émetteur auront aussi une influence sur les résultats de la communication. Les techniques de la publicité sont une source inépuisable d'exemples dans ce domaine. Enfin, l'état d'émotivité de l'émetteur au moment de la transmission du message représente une autre variable à considérer dans l'étude du processus de communication.

Comme nous l'avons déjà mentionné, certains gestionnaires, lorsqu'ils sont émetteurs, n'apprécient pas le fait de devoir partager des informations importantes avec leurs subordonnés. Ils *limiteront leurs messages* afin de conserver un sentiment de supériorité et de pouvoir ou simplement parce qu'ils ne perçoivent pas l'importance de communiquer.

NON-DÉSIR DE COMMUNIQUER

---

28. D'autres constatations fort intéressantes à propos de l'impact de la modification des réseaux sur la prise de décision sont relatées dans : Kenneth Arrow, *Les Limites de l'organisation*, traduction de *Limits of Organizations*, New York, Norton and Co., 1974, Paris, Presses Universitaires de France, 1976, p. 35-52 ; M.E. Shaw, G.H. Rothschild et J.F. Strickland, *op. cit.*, et repris dans : M.E. Shaw, G.H. Rothschild et J.F. Strickland, « Decision Processes in Communication Nets », dans *Studies in Organizational Behavior and Management*, sous la direction de P.E. Porter, P.B. Applewhite et M.J. Misshauk, Scranton, Pa., International Textbook Co., 1971, p. 489-504.

29. D'autres barrières à la communication sont analysées dans un article classique : Carl Rogers et Fritz J. Roethlisberger, « Barriers and Gateways to Communications », *Harvard Business Review*, juillet-août, 1952, p. 29.

ENCODAGE

L'émetteur doit *encoder* son message afin de le transmettre. Le vocabulaire qu'il emploiera aura un sens universel dans la langue qu'il utilise. Mais un même mot pourra être interprété différemment selon les cultures ou les sous-cultures des récepteurs. Par exemple, dans certaines régions du Québec l'on déposera un « canard » sur la cuisinière électrique; dans d'autres régions, l'on y déposera une « bombe », et dans d'autres encore l'on y déposera une « bouilloire ». Vérifiez chez vos confrères et consœurs la signification des mots « cartable » ou « classeur », ou encore vérifiez s'il y a des « abreuvoirs » dans votre collège.

Alors apparaissent les premiers problèmes de la communication, lesquels découlent des différentes variables mentionnées plus haut en rapport avec l'émetteur. Le codage effectué par l'émetteur n'est pas toujours heureux. Il en résultera une mauvaise transmission au récepteur, qui risque de ne pas percevoir le message initial dans son intégrité. Il y aura alors distorsion.

VOCABULAIRE

Les textes du ministère de l'Éducation et du ministère des Affaires sociales (le MEQ et le MAS) fournissent de bons exemples de l'utilisation d'un *vocabulaire* quelque peu ésotérique. Qu'est-ce qu'un « bénéficiaire », le « décloisonnement », la « désinstitutionnalisation », un CLSC, le CRSSSMM, le SRAMM, « une commission scolaire dissidente » ou encore « une commission scolaire locale polarisante » ?

FACTEURS NON VERBAUX

De plus, il existe des communications verbales et des *communications non verbales*. Ces dernières sont les comportements, les attitudes, les regards, le timbre de la voix, etc. Si le récepteur perçoit une contradiction entre le message verbal et le message non verbal, il optera généralement pour le message non verbal[30].

STATUT DE L'ÉMETTEUR

Le *statut de l'émetteur* jouera souvent un rôle positif dans la réception du message. En général, plus le statut de l'émetteur est élevé, plus le récepteur donnera foi au contenu du message. C'est d'ailleurs un des problèmes que l'on retrouve souvent dans les entreprises. Les commentaires et suggestions des employés de niveau hiérarchique inférieur ont moins d'impact que ceux provenant d'un échelon élevé. Pourtant, leur contact quotidien avec certains problèmes sur le plan des opérations devrait faire d'eux des personnes-ressources de premier choix.

MESSAGE INCOMPLET

Combien de fois un professeur formulera-t-il de façon *très incomplète* une phrase, une explication, des directives pour l'exécution d'un travail ? Les étudiants, par un processus d'inférence, compléteront ou non le message qu'a voulu leur transmettre le professeur. Par exemple, que signifie : « Je veux un travail très propre » ? L'étudiant attentif comprendra sans doute qu'il s'agit d'un travail tapé à la machine, sans faute, bien présenté, comportant toutes les références et la bibliographie, etc.

---

30. Lire à ce sujet: Albert Mehrabian, *Silent Messages*, Belmont, Calif., Wadsworth Publishing Co., 1971; Edward T. Hall, *The Silent Language*, Garden City, N.Y., Anchor Press-Doubleday, 1973.

L'ENVIRONNEMENT

La distorsion du message rend celui-ci incompréhensible pour le récepteur. Plusieurs facteurs de l'environnement affectent la transmission du message. Les *bruits* causés par les autres personnes de notre entourage ou encore ceux causés par la machinerie et l'équipement de l'entreprise font perdre une partie du message lors de la transmission.

BRUITS

Le trop *grand nombre de niveaux hiérarchiques* à travers lesquels un message doit circuler avant d'atteindre le récepteur occasionne beaucoup de distorsions, de manipulations et de camouflages selon l'intérêt et les objectifs des intermédiaires.

NOMBRE D'INTERMÉDIAIRES

Certaines *structures organisationnelles* ne respectent pas les principes de base de la gestion; conséquemment, des problèmes se présentent. Par exemple, le principe de l'unité de commandement indique qu'un subordonné ne devrait répondre qu'à un seul supérieur. Le non-respect de ce principe compliquera la tâche de l'employé qui devra déceler l'essentiel à travers plusieurs messages. De même, un trop grand éventail de subordination aura pour conséquence de limiter le nombre de récepteurs d'un message ou bien chacun ne recevra qu'un message dilué.

STRUCTURES ORGANISATIONNELLES

Toutes sortes de perturbations surviennent alors le long du canal et il se produit un phénomène comparable à celui de l'entropie. Ainsi, certains messages sont retardés, d'autres déformés et certains simplement perdus.

LE RÉCEPTEUR

L'on peut classer les éléments affectant la réception du message en trois catégories. Le premier groupe comprend la *personnalité du récepteur*, ses caractéristiques psychophysiologiques. Le deuxième groupe est constitué de l'ensemble des expériences passées de l'individu. Enfin, le dernier groupe est composé des stimulus reçus.

PERSONNALITÉ DU RÉCEPTEUR

Chaque personne interprète à sa façon un message donné. En effet, chaque récepteur a sa *propre perception* des mots et des éléments importants du message à cause d'éléments psychologiques, d'une part, et de son niveau d'acuité sensorielle, d'autre part.

PERCEPTION SÉLECTIVE

Certaines personnes sont de piètres récepteurs. La non-implication des individus dans la prise de décision aura pour effet de réduire leur capacité à capter les directives de leur supérieur. De plus, le manque d'*intérêt* à l'égard du problème à régler limitera la capacité de percevoir les solutions que l'environnement peut offrir.

INTÉRÊT

Les *attentes* d'un individu viendront aussi perturber le message. Si son contenu ne correspond pas aux désirs du récepteur, ce dernier peut aller jusqu'à rejeter le contenu objectif et le remplacer, du moins en partie, par certains éléments plus conformes à ses attentes.

LES ATTENTES

Le récepteur est, lui aussi, affecté par les mêmes variables qui touchent l'émetteur. S'il partage les mêmes valeurs, les mêmes connaissances, le même vécu et s'il se trouve dans un état d'esprit semblable à celui de l'émetteur, la communication pourra en bénéficier. Sinon, il faudra vérifier si le code utilisé

La rétroaction

ABSENCE DE RÉTROACTION

par l'émetteur et le récepteur est bien le même et s'il est utilisé de la même façon.

La rétroaction est présente à différents degrés dans la communication et parfois elle est nulle. L'existence de *communications à sens unique* est partie intégrante de certains processus de communication, alors que dans d'autres situations elle est créée de toutes pièces par l'attitude de l'émetteur.

Ainsi, la communication écrite est une communication à sens unique au moment de l'émission du message. Il n'y a pas de rétroaction et l'émetteur doit, lorsqu'il s'exprime, se placer dans le rôle du récepteur afin d'éviter les barrières. Pour vous faire une bonne idée de ce qui vient d'être dit, vous pouvez analyser certains articles de journaux ou encore les directives accompagnant certains médicaments ou certains outils.

Dans d'autres situations, c'est l'émetteur qui coupe la rétroaction en interdisant au récepteur de réagir, de poser des questions ou de faire des commentaires. Croyant que son message sera ainsi plus clair, il se prive d'une source de contrôle de la réception de son propre message[31].

DES SOLUTIONS AUX PROBLÈMES DE COMMUNICATION

QUALITÉS DE COMMUNICATEUR

La façon la plus évidente de développer la communication consiste évidemment à *développer les qualités de communicateur* du gestionnaire. Il faudra d'abord s'attaquer à la communication verbale, qui représente un élément important de la communication du gestionnaire, en aidant celui-ci à concevoir un message direct, sans détour. De plus, il faudra amener le gestionnaire à recueillir les éléments essentiels du message ; autrement dit, établir avant tout l'objectif visé par la communication. Le gestionnaire recherche-t-il une action ou un changement de comportement ? Le choix des moyens en dépendra.

LE BON CANAL

Ensuite, le gestionnaire devra *choisir le canal le plus efficace* et mettre au point des techniques propres à susciter la rétroaction afin de vérifier la précision de la réception de son message. Il devra employer un langage précis, technique si les circonstances le permettent, mais toujours le plus simple possible. Ensuite, il devra déterminer à qui s'adresse le message et tentera d'être clair et précis en adaptant son message aux auditeurs visés.

COMPORTEMENT ADAPTÉ

La communication exprimée par le comportement doit correspondre à la communication verbale. Le gestionnaire ne doit pas demander à ses employés de suivre certains règlements et directives s'il n'a pas lui-même l'intention de les suivre. Les employés sont plus portés à *imiter* leur supérieur qu'à suivre ses directives.

---

31. Lire à ce sujet : Harold J. Leavitt et Ronald A.H. Mueller, « Some Effects of Feedback on Communicating », *Human Relations*, novembre 1951, p. 401-410.

Le *climat de travail et les relations* que le gestionnaire a établi par son style de leadership auront une grande influence sur la qualité des communications. En fait, il est impossible de forcer un employé à communiquer. Ce qu'il faut, c'est créer un climat de confiance qui amènera le subordonné à faire part de ses problèmes. De même, il faudra tenter, par la communication, de répondre aux besoins du récepteur, car si elle est motivante, elle encouragera l'action.

CLIMAT DE CONFIANCE

Le blocage dû à la différence de statut peut être en partie corrigé par l'*attitude du gestionnaire* et les démarches qu'il entreprendra pour obtenir de l'information. Il existe une grande différence entre appeler un subordonné à son bureau et aller le voir dans son propre bureau pour trouver une solution à son problème. Dans le second cas, le subordonné aura un préjugé favorable quant au statut et au rôle du gestionnaire.

ATTITUDE POSITIVE

À titre de récepteur (écouteur), le gestionnaire devra apprendre à se concentrer et à *mettre sa confiance dans ses subordonnés*. Il devra leur consacrer le temps nécessaire pour bien saisir l'essentiel de leurs messages. Particulièrement, il devra créer un environnement qui permettra à ses subordonnés de lui transmettre des messages sans être constamment interrompus.

CONFIANCE

Le gestionnaire devra, en outre, *apprendre à lire les messages non verbaux* et à les interpréter. Il lui faudra éviter, dans ses questions et ses réactions, de placer ses subordonnés dans une situation de défense, sinon la communication perdra automatiquement toute valeur. Le fait de porter un jugement avant que la communication soit complétée aura pour effet d'interrompre celle-ci.

ÉCOUTE

Par ailleurs, le gestionnaire essaiera de voir la situation ou le problème sous l'angle de son interlocuteur. Son ouverture d'esprit et sa réceptivité lui permettront de respecter les opinions et les attitudes de l'autre.

En résumé, selon Koontz et O'Donnell[32], la communication doit se conformer à trois principes fondamentaux: le principe de clarté, le principe d'intégrité et le principe de l'utilisation stratégique de l'organisation informelle.

La communication doit transmettre un *message très clair* pour être valable. Elle est «claire» lorsqu'elle est transmise et exprimée dans une forme que le récepteur peut comprendre. Cette obligation appartient à l'émetteur. Ce dernier doit donc employer un langage très précis et tâcher d'attirer l'attention du récepteur.

CLARTÉ

La communication étant un outil de travail, elle doit donc avoir «pour objet de renforcer chez les individus la compréhension du devoir qu'ils ont de créer et de maintenir la *collaboration* nécessaire à la réussite de l'entreprise». Aussi les cadres supérieurs doivent-ils appuyer les cadres intermédiaires et éviter de les court-circuiter.

INTÉGRITÉ

Enfin, il faut utiliser la *structure informelle* pour transmettre et recevoir les messages. C'est ce que stipule le dernier principe: «l'efficacité». Le canal formel ne convenant pas toujours à la transmission des messages, il peut être profitable d'utiliser l'autre canal si cela est fait avec prudence.

STRUCTURE INFORMELLE

---

32. Extrait de: Harold Koontz et Cyril O'Donnell, *Management: principes et méthodes de gestion* (traduit par Gilles Ducharme de *Essentials of Management*, New York, McGraw-Hill, 1974), Montréal, McGraw-Hill Éditeurs, 1980, p. 450-452.

LE RÔLE DU GESTIONNAIRE DANS LE PROCESSUS DE COMMUNICATION ORGANISATIONNELLE

Une revue des différents rôles du gestionnaire, tels qu'ils sont établis au premier chapitre de ce livre, nous permet de reconnaître à un grand nombre d'entre eux la fonction de communicateur. Le gestionnaire représente un élément essentiel du système de communications formelles de l'*entreprise* et il peut, selon son désir, jouer un rôle tout aussi important dans le réseau de communications informelles.

Le gestionnaire peut même amener le réseau informel à faciliter la réalisation des objectifs visés par le réseau formel. Si l'entreprise désire réellement partager l'information avec tous ses membres, l'intégration des deux réseaux sera alors une réalité.

Nous avons noté aussi qu'un certain nombre de variables dans l'organisation influencent le climat dans lequel se dérouleront les relations personnelles. Une grande partie de ces facteurs sont, à divers degrés, sous le contrôle du gestionnaire. Aussi, comme nous l'avons déjà souligné, les qualités de communicateur (émetteur et récepteur) du gestionnaire affecteront le réseau entier d'interrelations dans l'entreprise.

La qualité de la communication dans une entreprise est donc conditionnée par la façon dont le gestionnaire remplit son rôle de communicateur.

RÉSUMÉ

(Il faut noter que le texte suivant ne représente qu'un résumé de la description des objectifs.)

1) Décrire le processus de communication.

   La communication est un processus bidirectionnel. Fondamentalement, le processus de communication comprend un émetteur qui codifie un message et le transmet à travers un canal pour atteindre un récepteur. Le récepteur capte le message, le décode et renvoie à l'émetteur une rétroaction.

   L'émetteur peut utiliser différents canaux pour transmettre son message et atteindre son interlocuteur. Le processus de communication exige que le message soit codé par l'émetteur, c'est-à-dire transposé dans des symboles ayant une signification. Ces symboles sont nécessaires, car il est impossible de transmettre directement des significations. Le message représente le résultat du processus d'encodage. Il comprend l'ensemble des symboles verbaux et non verbaux élaborés pour transmettre le concept. Il faudra aussi utiliser un canal, un moyen pour transmettre le message. À l'autre bout de la chaîne, le récepteur devra, face au message reçu dans sa forme de transmission, procéder à un décodage afin de trouver la signification des signes qui lui ont été transmis. La valeur même de la communication ne fait sens que si la traduction des symboles transmis par l'émetteur permet au récepteur de comprendre le contenu de la communication. Les bruits sont les facteurs affectant la qualité du processus de communication. Ils interfèrent dans l'échange du message. Les bruits apparaissent à tous les stades de la communication. Pour compléter le processus de communication, il faut aussi s'assurer qu'il a été reçu et bien compris. L'émetteur doit alors vérifier la qualité de sa communication. Il faudra donc une rétroaction, laquelle est le moyen permettant de savoir s'il y a eu compréhension.

2) Décrire les voies de communication non verbale.

La communication non verbale comprend tous les messages non exprimés par des mots.

Les expressions faciales sont des réactions physiologiques, plus ou moins contrôlées, qui communiquent nos émotions et nos sentiments. Les mouvements des yeux et l'insistance du regard permettent d'exprimer le désir, l'hostilité, la curiosité, l'intérêt, l'enthousiasme ou tout autre sentiment. La kinesthésie a pour objet la perception consciente des mouvements du corps. Il s'agit du langage corporel qui comprend la position et les mouvements des différentes parties du corps tels la tête, le tronc, les bras, les mains, les épaules, les jambes, les pieds, etc. La proxémique a pour objet l'étude de l'utilisation de l'espace et de la distance dans la communication. Il existe quatre zones qui nous protègent des autres : la zone intime, la zone personnelle, la zone sociale et la zone publique. Le paralangage englobe les formes du langage portant sur l'élément vocal du discours, sauf la parole. Il s'agit de la forme du discours tels le débit, le rythme, le ton, le timbre de voix. L'utilisation d'objets tels la tenue vestimentaire, les parfums, les meubles et même l'architecture d'un édifice sont d'autres formes de communication.

3) Expliquer les types de communication formelle.

La communication formelle correspond à tous ces réseaux officiels établis lors de la structuration de l'organisation et dont l'objectif est de canaliser les mouvements des renseignements à l'intérieur et à l'extérieur de l'entreprise.

Les types de canaux de communication que nous retrouvons dans l'entreprise sont les communications descendantes, les communications ascendantes, les communications horizontales (latérales ou diagonales) et les communications extérieures. Il y a d'abord les communications descendantes, c'est-à-dire les messages émanant des cadres supérieurs ; ceux-ci comprennent plus particulièrement les politiques de l'organisation, ses procédures, ses règlements, l'évaluation du travail des subordonnés, les encouragements à participer aux objectifs de l'entreprise ainsi que les instructions nécessaires à la réalisation des tâches des subordonnés. Les communications ascendantes permettent aux subordonnés de transmettre les renseignements requis par leurs supérieurs. Ce canal vise à faciliter la prise de décision des cadres supérieurs et à les informer de ce qui se passe dans leur organisation. Les communications horizontales ont pour principal objectif d'assurer une plus grande coordination entre les différentes unités de l'entreprise situées à un même niveau hiérarchique ou entre des personnes situées à des niveaux hiérarchiques différents, mais n'ayant aucun lien d'autorité entre elles. Enfin, il existe un canal de communication dont le récepteur est à l'extérieur de l'entreprise. Le public en général, les gouvernements, les différentes associations, les actionnaires et certains organismes de contrôle agissent comme récepteurs.

4) Présenter les types de canaux de communication informelle.

Ces formes d'échanges spontanés permettent la circulation d'information à une vitesse foudroyante et avec une acuité respectable.

Dans le type linéaire, le détenteur de l'information, « A », la transmet à « B » qui la relaie à « C », etc. Dans le type en rayon, le détenteur de l'information, « A », la distribue rapidement à toutes les personnes avec lesquelles il entre en contact. Dans le type aléatoire, l'information issue de « A » est transmise à « F » et à « D » qui, à leur tour, la diffuseront à d'autres personnes. Tous les récepteurs sont issus du hasard, il n'y a pas de liens privilégiés. La transmission de l'information dans le type en grappe est plus sélective. Le détenteur de l'information, « A », sélectionne des personnes à qui il confiera l'information. Ces dernières continueront la diffusion en choisissant les individus qui bénéficieront des renseignements.

5) Présenter les formes de réseaux de communication.

Les principales formes sont le cercle, la roue, la chaîne, la forme «Y» et la toile d'araignée.

Dans les réseaux adoptant la forme d'un cercle, la communication est laissée à l'initiative de chacun des membres. Il n'y a pas de leader désigné pour l'activité en question. La roue représente la forme de réseau la plus apte à répondre aux situations nécessitant des décisions rapides ou nécessitant la présence d'un leader unique détenant les pleins pouvoirs. Ce leader, qui se trouve au centre des activités, est en communication avec chacun de ses subordonnés, mais ces derniers sont placés dans une situation où ils ne peuvent communiquer entre eux. La chaîne est une forme de réseau adaptée du cercle. Elle n'a pas la forme d'une boucle qui permettrait de joindre entre eux l'ensemble des membres; l'on trouve plutôt à chaque extrémité un individu qui ne peut retransmettre à un autre le message qu'il a reçu. La forme «Y» est une variation de la chaîne. Mais ici, contrairement à ce que l'on constatait dans la chaîne, il y a contact entre un des membres du réseau et une personne située à l'extérieur. La toile d'araignée laisse l'information circuler dans tous les sens et entre tous les individus. Tous les membres du réseau bénéficient d'un canal de communication avec chacun des autres membres.

6) Reconnaître les variables affectant la forme des réseaux de communication.

Aucune forme de réseau de communication ne peut convenir à toutes les situations. Un certain nombre de variables interviennent et structurent une forme particulière de réseau. L'objectif du groupe influencera principalement cette forme. Les habitudes, les conventions et les normes de l'organisation affecteront directement la forme de réseau de communication. Le statut des membres et l'aménagement physique de la pièce où se déroulent les interrelations affecteront eux aussi le choix de la forme de réseau. Enfin, les caractéristiques personnelles des membres du groupe contribueront à dégager la forme de réseau qui émergera. À cela il faut ajouter les facteurs interpersonnels, comme les sentiments des uns à l'égard des autres, les perceptions et les rôles interpersonnels.

7) Présenter les effets de la forme des réseaux de communication sur la gestion.

La forme du réseau de communication a une très nette influence sur le rôle du gestionnaire en tant que leader, sur la capacité de son équipe à trouver des solutions et à prendre des décisions et, enfin, sur le niveau de satisfaction des membres.

Ainsi, l'apparition d'un leader ou la confirmation d'un individu dans son leadership dépend en grande partie de sa position de pilier dans le groupe. S'il est au centre du réseau de communication, son influence dans le groupe sera plus grande, et les possibilités qu'il devienne le leader du groupe seront accrues. La facilité avec laquelle un groupe parvient à analyser un problème et à prendre des décisions découle dans une certaine mesure de l'influence du réseau de communication existant entre les membres du groupe. Enfin, la forme du réseau de communication aura aussi une influence sur le niveau de satisfaction et de motivation dans le groupe. Plus le réseau de communication est centralisé, moins le niveau de satisfaction sera élevé.

8) Décrire les obstacles à la communication provenant des différents éléments du processus de communication.

Chacun des éléments qui le composent est une source d'obstacles éventuels. Nous analyserons successivement les obstacles provenant de l'émetteur, de l'environnement, du récepteur et de la rétroaction.

La personnalité de l'émetteur peut influencer l'efficacité de la transmission du message. Ses capacités de communication, son expérience et ses connaissances, ses valeurs, ses besoins et ses intérêts, son état d'émotivité, son «non-désir» de communiquer et son statut peuvent être la cause de problèmes de transmission du message. Plusieurs facteurs de l'environnement affectent la transmission du message. Les *bruits* de notre entourage font perdre une partie du message lors de la transmission. Le trop grand nombre de niveaux hiérarchiques, certaines structures *organisationnelles*, toutes sortes de perturbations surviennent alors le long du canal et il se produit un phénomène comparable à celui de l'entropie. Les éléments affectant la réception du message se classent en trois catégories. Le premier groupe comprend la *personnalité du récepteur*, ses caractéristiques psychophysiologiques. Le deuxième groupe est constitué de l'ensemble des expériences passées de l'individu. Enfin, le dernier groupe est composé des stimulus reçus. La rétroaction est présente à différents degrés dans la communication et parfois elle est nulle. Ainsi, la communication écrite est une communication à sens unique au moment de l'émission du message. Il n'y a pas de rétroaction et l'émetteur doit, lorsqu'il s'exprime, se placer dans le rôle du récepteur afin d'éviter les barrières. Dans d'autres situations, c'est l'émetteur qui coupe la rétroaction en interdisant au récepteur de réagir, de poser des questions ou de faire des commentaires.

9) Exposer des solutions aux problèmes de la communication.
La façon la plus évidente de développer la communication consiste évidemment à *développer les qualités de communicateur* du gestionnaire. Il faudra d'abord s'attaquer à la communication verbale en aidant celui-ci à concevoir un message direct, sans détour. De plus, il faudra amener le gestionnaire à établir avant tout l'objectif visé par la communication. Ensuite, le gestionnaire devra *choisir le canal le plus efficace* et mettre au point des techniques propres à susciter la rétroaction afin de vérifier la précision de la réception de son message. Ensuite, il devra déterminer à qui s'adresse le message et tentera d'être clair et précis en adaptant son message aux auditeurs visés. La communication exprimée par le comportement doit correspondre à la communication verbale. Le *climat de travail et les relations* que le gestionnaire a établis par son style de leadership auront une grande influence sur la qualité des communications. Le blocage dû à la différence de statut peut être en partie corrigé par l'*attitude du gestionnaire* et les démarches qu'il entreprendra pour obtenir de l'information. À titre de récepteur, le gestionnaire devra apprendre à se concentrer et à *mettre sa confiance dans ses subordonnés*. Le gestionnaire devra *apprendre à lire les messages non verbaux* et à les interpréter. De plus, le gestionnaire essaiera de voir la situation ou le problème sous l'angle de son interlocuteur.

En résumé, la communication doit se conformer à trois principes fondamentaux: le principe de clarté, le principe d'intégrité et le principe de l'utilisation stratégique de l'organisation informelle.

Vocabulaire

Canaux
Codage
Communication
Communication ascendante
Communication descendante
Communication en diagonale
Communication formelle
Communication informelle
Communication interpersonnelle
Communication latérale

Communication organisationnelle
Décodage
Émetteur
Récepteur
Voies de communication
Message
Obstacles à la communication
Perception
Processus de communication
Rétroaction

QUESTIONS DE RÉVISION

1. Définissez chacun des termes de la section «Vocabulaire».
2. Décrivez quatre types de réseaux de communication dans l'entreprise.
3. Décrivez le processus de communication.
4. Quelles sont les différentes voies de la communication?
5. a) Quels sont les renseignements et les éléments d'information qui composent la communication ascendante?
   b) Quels sont les renseignements et les éléments d'information qui composent la communication descendante?
6. Faites une comparaison entre le réseau de communication en forme de roue et celui en forme de toile d'araignée.
7. Pourquoi un gestionnaire qui ne pense qu'à faire passer son message subit-il si souvent un échec dans sa communication?
8. Comment se fait-il qu'une personne œuvrant au sein d'une organisation puisse ne pas désirer communiquer?
9. Quelles barrières à la communication retrouvons-nous chez l'émetteur? chez le récepteur? dans la transmission du message?
10. Quels sont les liens entre la communication et
    a) la planification?
    b) le contrôle?
    c) l'organisation?
    d) la direction?

SUJETS DE DISCUSSION

1. « Les rumeurs ne contiennent que des faussetés. » Commentez.
2. Quelles sont les distorsions qui peuvent apparaître dans la communication lorsque le premier ministre du Québec donne une conférence de presse ?
3. Commentaire d'un gestionnaire : « Je ne dirige pas, je communique. » Discutez.
4. « Pour réussir, la communication doit être bidirectionnelle. » Discutez.
5. « La piètre qualité de la communication sert souvent de prétexte pour éviter de voir les autres problèmes. » Commentez.
6. Que peut faire une organisation pour améliorer ses communications internes ?
7. Quelle devrait être la position d'un gestionnaire face aux rumeurs ?
8. Pour atteindre un meilleur degré de communication, vaut-il mieux utiliser la communication écrite ou la communication orale ?
9. Peut-il y avoir un conflit entre le besoin de diriger d'un gestionnaire et son besoin de communiquer ?
10. Communiquer, c'est plus que transmettre des faits. Qu'y a-t-il de plus ?
11. Quels sont les éléments de la communication qui vous apportent le plus de problèmes et qui nuisent à votre efficacité ? Que pouvez-vous faire pour améliorer la situation ?
12. Décrivez, à l'aide d'exemples, comment une personne peut communiquer non verbalement.
13. Tous les groupes ou les organisations utilisent un jargon qui leur est spécifique. Donnez des exemples de termes utilisés dans des groupes auxquels vous appartenez. Quels sont les avantages et les inconvénients découlant de l'utilisation d'un vocabulaire « particulier » ?

    Quelles sont les implications positives et négatives de l'utilisation d'outils électroniques (courrier électronique, Internet, etc.) en remplacement des outils traditionnels tels le téléphone, le courrier, les réunions, les notes de service ?

EXERCICES PRATIQUES

1. Un groupe fait une enquête auprès des étudiants pour connaître la définition qu'ils donnent aux expressions et termes suivants. Un rapport est fait à la classe.

Au ras de	Pécane	Offense
Caler	Assaut	Aujourd'hui pour demain
Appartement	Taraud	Tête d'oreiller

| Moulin à viande | Coutellerie | Courtoisie de |

Pourquoi y a-t-il différentes interprétations de ces termes et expressions?

2. Dessinez sur une feuille cinq formes géométriques simples (carré, rectangle, triangle, parallélogramme...) ayant un côté commun ou se rejoignant en un point et remettez votre feuille à un étudiant. Ce dernier doit, en tournant le dos à la classe, décrire les formes et leur emplacement sur la feuille de façon que les autres étudiants puissent les reproduire très exactement sur leur propre feuille. Personne n'a le droit de poser de questions ou de faire de commentaires.

   Répétez l'exercice en modifiant le dessin et demandez à un autre étudiant de procéder de la même façon. Cette fois-ci, les étudiants ont le droit de poser des questions. Une fois l'exercice terminé, obtenez les commentaires des deux étudiants et de la classe. Utilisez du papier quadrillé.

   Faites un lien avec le processus de communication étudié dans le chapitre et tirez vos conclusions.

3. Choisissez cinq étudiants ayant des personnalités très différentes, mais pouvant s'exprimer facilement, et faites-en sortir quatre de la classe. Projetez un court film aux étudiants qui sont demeurés en classe. Puis faites entrer le premier étudiant. Celui des cinq étudiants choisis qui a assisté à la projection du film raconte à son confrère ou à sa consœur le contenu du film. La classe agit en tant qu'observateur et ne peut intervenir.

   Puis un deuxième étudiant entre dans la classe. Celui à qui l'on a résumé le film doit le lui raconter à son tour, et ainsi de suite jusqu'au cinquième. Le cinquième présente le film à la classe et on assiste à une seconde projection. Discutez ensuite des facteurs qui ont influencé la communication. Que peut-on conclure?

   Suggestion de film: *Le campeur décampe* de l'ONF (très court et sans paroles, mais combien efficace!). Le film peut être remplacé par une anecdote racontée par un des participants.

4. Un groupe interviewe le gestionnaire d'une entreprise de votre localité. L'objectif de l'entrevue est de connaître ses besoins d'information dans son travail et d'obtenir la liste des moyens qu'il utilise pour les satisfaire. Le groupe fait part de ses découvertes à la classe.

CAS

CAS 9.1: JE NE SAIS PAS

Nicole: Société Multiplan, bonjour!
Le client: Bonjour madame...
Nicole: En quoi puis-je vous aider?

Le client : Madame, il y a dix jours j'ai donné une commande à madame Nicole Lemans pour une douzaine de boîtes de contrôle ZX122 et je voudrais savoir ce qui arrive avec cette commande.
Nicole : Oui, oui, c'est moi qui ai pris votre commande. Celle-ci a été envoyée au service de livraison. Il faut prévoir en moyenne six ou sept jours pour recevoir une commande.
Le client : Ouais, mais cela fait dix jours. Alors...
Nicole : Je comprends. Donnez-moi vos coordonnées et je vous rappelle aussitôt que la vérification aura été faite.
Le client : Bon, votre entreprise semble un peu perdue, mais vérifiez tout de même.

Voilà le genre de situations auxquelles fait face Nicole des douzaines de fois par semaine. Il semble que l'entreprise fasse tout pour que les employés se retrouvent dans une situation embarrassante.

Lorsqu'une vendeuse comme Nicole prend une commande téléphonique, elle l'envoie au service de comptabilité qui vérifie le crédit du client et prépare la facturation. Puis la commande est acheminée au service d'entreposage qui la complète. Ensuite, une copie de la commande est remise au service de livraison qui planifie la feuille de route des livreurs et prend possession de la commande. À ce moment, un avis est remis au service de comptabilité qui enverra la facture au client.

Afin de ne pas nuire au travail des différents services, les vendeurs sont priés de n'entrer en communication qu'avec le service de comptabilité lorsqu'il s'agit des commandes. En fait, une fois la commande remise à la comptabilité, il peut s'écouler une semaine avant que le vendeur ne retrouve la trace de sa commande.

Cette situation est très frustrante pour les vendeurs qui sont en contact direct avec les clients et qui souvent doivent leur fournir des renseignements dans des délais très courts.

QUESTIONS-GUIDES POUR L'ANALYSE DU PROBLÈME
1. Décrivez la catégorie de réseau de communication utilisée dans cette entreprise.
2. Quelle solution entrevoyez-vous? Croyez-vous que l'on devrait ajouter d'autres canaux de communication?
3. Dans une telle situation, pourrait-on voir naître des réseaux informels?

CAS 9.2 : TU N'ÉCOUTES PAS...

Nous pénétrons dans le bureau de Bernard Pincourt au moment où il termine une conversation téléphonique avec sa supérieure immédiate Julie Arbour. Le ton de Julie est exaspéré, et Bernard a plutôt l'air penaud et embarrassé. Voici d'ailleurs quelques bribes de la conversation :
Julie : Bernard, il me semble que nous en avons discuté à plusieurs reprises; je ne veux plus de rapports incomplets ou erronés. Je n'ai que quelques heures

pour les analyser et les présenter au vice-président et je ne peux vérifier si les données sont justes.

Bernard : Oui, je sais, mais les rapports d'hier sont impeccables. Mon meilleur employé y a vu.

Julie : Je regrette, Bernard, mais il y a au moins cinq erreurs. J'espère que tu vas y voir, sinon la prochaine fois nous devrons avoir une conversation sérieuse.

Bernard : Bon, j'y vois tout de suite.

Sans perdre un instant, Bernard reprend le téléphone et appelle Marc, le responsable des rapports envoyés à Julie Arbour.

Bernard : Marc, qu'est-ce qui se passe ? Tu ne sais plus faire les rapports des prix de revient ?

Marc : Pardon ? De quoi est-il question ?

Bernard : Julie Arbour vient de m'appeler ; il paraît que tes rapports sont incorrects. Elle ne peut les utiliser pour déterminer les tendances de la semaine dernière.

Marc : Incorrects ? C'est impossible ! Jusqu'à la dernière seconde, nous avons dû faire des ajustements, compte tenu des problèmes qu'a connus le service de production la semaine dernière. Mais j'ai tout vérifié et tout était impeccable. Même que...

Bernard : J'ai dit que je voulais toujours voir les rapports avant qu'ils sortent du service. Je veux les vérifier moi-même.

Marc : Je ne me rappelle pas avoir entendu...

Bernard : Je sais, tu ne te souviens de rien, tu n'entends rien, tu ne fais rien.

Marc : Non, mais écoute...

Bernard : Toi, écoute, car ton problème est là. Tu n'écoutes jamais.

Marc : Mais je...

Bernard : Bon, pour le moment cela suffit. Nous en reparlerons cet après-midi. Bonjour !

QUESTIONS-GUIDES POUR L'ANALYSE DU PROBLÈME

1. Quel est le problème ?
2. Si vous étiez Bernard, qu'auriez-vous fait ?

Note : Ce cas peut servir de jeu de rôles.

CAS 9.3 : DES PROBLÈMES

Caroline Lamarre travaille comme réceptionniste chez un concessionnaire d'automobiles depuis deux ans. Elle étudie à temps plein au cégep, et monsieur Dandurand, le directeur des ressources humaines, lui a préparé un horaire qui lui permet de poursuivre ses études. Elle est une très bonne employée, efficace et méticuleuse.

Mardi dernier, elle devait passer un examen de comptabilité. Le professeur était arrivé avec un retard d'une heure, et l'examen commença à trois heures plutôt qu'à deux heures. Puisque l'examen devait durer quatre heures, Caroline eut énormément de difficulté à terminer avant six heures trente. Elle arriva donc à son travail avec un retard de trente minutes.

Hier, en se rendant à son travail, elle prit comme à l'accoutumée la rue Principale, mais une manifestation d'ouvriers en grève lui bloqua le chemin durant une quarantaine de minutes. Elle arriva donc encore en retard. La réceptionniste de jour lui en fit la remarque et en informa son supérieur, le directeur des ventes. Elle réclama même d'être payée pour le temps supplémentaire qu'elle avait fait.

Comble de malheur, cet après-midi-là, en sortant du cégep, Caroline constata qu'elle avait une crevaison. Elle téléphona au garage le plus près et le changement de pneu la retarda d'une heure. C'est donc très en retard qu'elle se présenta au travail. Le directeur des ventes, Robert Chicoine, la reçut ainsi:

Chicoine (très brusque): Alors, on se permet de modifier son horaire?
Caroline (surprise de la brutalité de l'accueil): Je n'ai rien modifié, j'ai eu des problèmes.
Chicoine: Et moi? À cause de vous, je dois payer une employée en temps supplémentaire. Ne croyez-vous pas que j'ai d'autres chats à fouetter?
Caroline: J'ai voulu...
Chicoine: Ma petite, si vous ne corrigez pas votre façon d'agir, je devrai trouver quelqu'un d'autre.
Caroline: J'ai tenté de...
Chicoine: Si vous vous croyez indispensable, vous allez apprendre très rapidement que nous sommes tous remplaçables.
Caroline: Bon, eh bien... trouvez-vous quelqu'un d'autre. Moi, je pars.

QUESTIONS-GUIDES POUR L'ANALYSE DU PROBLÈME
1. Quels obstacles à la communication se sont dressés dans cette discussion?
2. Y aurait-il eu moyen d'éviter cette coupure de communication? Comment?

CAS 9.4: LA «RÉUNIONITE»

Monique Labrie est assise à son bureau, le regard dans le vide. Nous sommes mercredi et il est quinze heures trente. Depuis lundi matin, Monique a participé à quatre réunions. Elle est depuis deux ans directrice du marketing de la Société canadienne de mécanique industrielle et elle adore ses fonctions. Mais l'approche du président de l'entreprise vis-à-vis de la communication lui pèse un peu. Son désir de partager l'information et de faire participer tout le monde à toutes les décisions rend la structure administrative très lourde et le travail de chacun commence à s'en ressentir.

L'an dernier, le président a suivi un cours de deux semaines sur la communication. Il faut préciser que celui-ci est issu de la base et n'a pas un énorme bagage scolaire. Par contre, sa compétence et son efficacité au travail lui ont valu une série de promotions qui l'ont conduit à la direction de l'entreprise. Il connaît le marché et la clientèle; mais surtout, c'est un meneur. Toutefois, le nombre exagéré de réunions qu'il impose à ses subalternes les épuise. Il semble que le cours qu'il a suivi ait eu comme objectif de démontrer aux cadres des entreprises que la plupart des problèmes de leur organisation découlaient de mauvaises communications.

Il s'ensuit donc que tous les lundis matin, les directeurs de services se réunissent à huit heures trente pour un déjeuner au cours duquel le déroulement du plan d'action annuel est vérifié. Les échanges de cette réunion ont aussi pour but de coordonner les activités de la semaine dans toute l'organisation, et l'on procède en outre à une évaluation des activités de la semaine précédente. Puis un directeur est pointé du doigt; il est placé dans une position où il doit défendre les décisions qu'il a prises la semaine précédente.

Aussi, le premier mardi de chaque mois, les directeurs de services doivent réunir tous leurs gestionnaires et discuter des problèmes de leurs services. Hier, c'était la réunion du service du marketing. C'est dire que deux avant-midi sont passés en réunion. Lundi, le tout s'est terminé à onze heures quinze, et hier à onze heures. De plus, la réunion d'hier ne fut qu'une suite de critiques sur l'absence de ressources et même, dans un cas en particulier, sur l'absence de direction.

Monique accepte difficilement le but des réunions, la préparation de celles-ci et le rôle des participants. Il semble que les réunions visent non pas la coordination, mais la non-collaboration. En effet, à chacune des réunions, le travail d'un directeur semble la cause des problèmes rencontrés et la discussion s'oriente toujours sur la critique de ce dernier.

La réunion de ce matin a consisté en un long monologue de deux heures du vice-président de l'exploitation. Monique a l'impression qu'il était question de problèmes d'approvisionnement. Mais une chose est certaine en tout cas: elle a passé son temps à se demander ce qui motivait sa présence à cette réunion.

Bref, elle croit que le but non avoué de ces réunions est de faire en sorte que chacun des gestionnaires contrôle le travail effectué par les autres cadres.

QUESTIONS-GUIDES POUR L'ANALYSE DU PROBLÈME
1. Est-ce que les techniques de communication sont bien utilisées?
2. Que feriez-vous pour résoudre le problème de communication dans cette entreprise?

BIBLIOGRAPHIE

BASKIN, O.W. et Craig E. ARONOFF, *Interpersonal Communication in Organizations*, Santa Monica, Calif., Scott, Foresman, 1980.

JABLIN, Fredric M. et al., *Handbook of Organizational communication: an Interdisciplinary Perspective*, Newbury Park, Calif., Sage Publications, 1987.

KNAPP, M., *Nonverbal communication in Human Interaction*, 2e édition, New York, Holt, Rinehart & Wilson, 1978.

MANNING, George et Kent CURTIS, *Communication: The Miracle of Dialogue*, Cincinnati, Ohio, South-Western Publishing, 1988.

MINTZBERG, Henry, *Le manager au quotidien - les dix rôles du cadre*, Paris et Montréal, les Éditions d'Organisation et les éditions Agence d'Arc, 1984, p. 51.

MUNTER, Mary, *Business communication: Strategy and Skill*, Englewood Cliffs, N.J., Prentice-Hall, 1987.

CHAPITRE 10
La gestion des conflits

UN APERÇU

Introduction
Les conflits
Les perceptions du conflit
La perception traditionnelle du conflit
La perception moderne du conflit
Les avantages et les inconvénients des conflits
Les avantages
Les inconvénients
Les types de conflits
Les formes de conflits intrapersonnels
Le conflit interpersonnel
Le conflit entre un individu et son groupe
Le conflit organisationnel
Les causes de conflits organisationnels
Les variables affectant les conflits organisationnels
Les stratégies de résolution des conflits organisationnels
Gagnant-perdant
Perdant-perdant
Gagnant-gagnant
Les conditions favorisant la résolution d'un conflit
Les conditions fondamentales
La qualité de la communication
La centration sur le problème
La solidarité
La procédure de gestion des conflits
La gestion des conflits
La création de conflits
Résumé

OBJECTIFS SPÉCIFIQUES

Après avoir lu ce chapitre, vous devriez être en mesure:

1) d'expliquer ce qu'est un conflit;
2) de distinguer la perception traditionnelle et moderne du conflit;
3) de présenter les avantages et les inconvénients des conflits;
4) de distinguer les types de conflits;
5) de présenter les causes de conflits;
6) de décrire les variables affectant les conflits organisationnels;
7) d'expliquer les stratégies de résolution des conflits organisationnels;
8) de décrire les conditions favorables à la résolution des conflits organisationnels.

MISE EN SITUATION

Pierre Bernard est directeur du service de la comptabilité à la société Les Adhérents permanents inc. depuis quatre ans. Il y a deux ans, monsieur Labonté, président du conseil d'administration et principal actionnaire de l'entreprise, lui a demandé de préparer un budget prévisionnel pour l'année qui s'annonçait.

Pierre Bernard profita de l'occasion qui lui était offerte pour se tailler une réputation auprès du conseil d'administration. Il travailla d'arrache-pied pendant un mois et produisit des états prévisionnels concernant les ventes, les dépenses totales, les coûts de production, les dépenses de marketing, les bénéfices et le rendement par action; bref, tout y était.

La société Les Adhérents permanents inc. est une nouvelle venue dans le domaine des fournitures de bureau telles que les systèmes de lettrage, les microfilms, les adhésifs de toutes sortes, les rubans magnétiques, etc. La compétition étant très vive, le service de recherche et développement est en constante ébullition, et il est très difficile de prévoir les coûts de ce service en particulier.

Du fait, la société a dû répondre à deux reprises à des campagnes de publicité de ses concurrents, ce qui a complètement déséquilibré le budget de ce service et bouleversé les prévisions du service de la comptabilité. La première année, l'écart entre les résultats et les prévisions était de plus de 20 %. Compte tenu des circonstances normales entourant un premier essai, le conseil d'administration se montra déçu, mais conserva sa confiance en Pierre Bernard.

L'an dernier, les prévisions ont été préparées avec encore plus de soin. Pourtant, les résultats attendus à la fin du mois laissent entrevoir une variation d'au moins 15 % par rapport aux prévisions. Ces résultats désastreux ont fait réagir certains membres du conseil.

Le conseil a donc décidé de confier à Thierry Montgrain, nouvellement embauché à titre d'adjoint au président, la responsabilité de préparer les prévisions de l'an prochain. À cet effet, un service de planification a été mis sur pied et la responsabilité en a été donnée à Thierry.

Afin de bien remplir son mandat, Thierry sait très bien qu'il doit compter sur la collaboration de Pierre Bernard. Aussi, dès que sa nomination a été officielle, il s'est empressé de le rencontrer pour lui offrir son appui et lui demander le sien.

La réaction de Pierre fut immédiate. Il refusa d'aider Thierry, prétextant qu'il n'avait pas les qualifications pour lui être de quelque utilité que ce soit. Ses expériences passées avaient démontré qu'il n'excellait pas dans ce domaine et qu'en conséquence, Thierry ne devait pas compter sur lui.

Pris au dépourvu par la réaction de Pierre, Thierry cherche les motifs réels de la prise de position de son collègue. Il espère aussi trouver un moyen pour obtenir la collaboration d'un individu qui ressent de la frustration et tente à tout prix d'éviter le conflit qui se dessine entre Pierre et lui. Il ne sait trop comment s'y prendre.

INTRODUCTION

Trop souvent, les conflits dans les organisations sont perçus comme un élément pernicieux. Une approche plus réaliste nous permet d'aborder le conflit en tant que facteur positif ou négatif. La gestion que l'on en fera donnera à celui-ci son orientation. Le conflit est une dimension inévitable dans la vie de l'entreprise; c'est aussi une source d'innovation et de créativité, une sorte de remise en question des pratiques et des habitudes de gestion.

Les conflits découlent des relations entre les individus et entre les groupes. Ils sont causés par l'augmentation du stress chez un individu et par les conséquences qu'il entraîne sur ses activités dans son milieu de travail. Ils émanent aussi des attentes incompatibles des individus ou des groupes et des différences entre les tâches de chacun, entre les procédures, les valeurs ou les désirs. De plus, une interdépendance croissante entre les personnes, l'augmentation de la charge de travail et les pressions externes constituent d'autres facteurs propices à l'apparition des conflits.

Cette situation n'est pas de nature à rassurer et amène souvent les membres de l'organisation à développer du stress et à résister aux changements proposés ou plutôt, aux conséquences de ces changements, comme vous le verrez dans le prochain chapitre.

La vie des entreprises est comme celle des individus. Elle a un objectif, des règles de fonctionnement, une orientation et une certaine stabilité. Mais surtout, elle est dynamique. Il faut donc accepter que les principes organisationnels que vous avez étudiés jusqu'ici soient bousculés et même bouleversés à l'occasion.

Ces principes ont toujours leur place et doivent être intégrés dans l'entreprise; toutefois, dans des périodes d'instabilité ou d'évolution rapide, les conflits et les changements apparaissent souvent[1].

Les conflits diffèrent par leurs enjeux autant que par les parties mises en situation d'opposition. La composition des organisations, divisées en structure fonctionnelle selon le travail à accomplir et en structure hiérarchique selon le niveau d'autorité, crée une hétérogénéité d'objectifs, de valeurs et de personnalités. Il n'est donc pas surprenant que les solutions des uns ne soient pas nécessairement acceptées par les autres. Il ne faut pas non plus s'étonner de la perception d'incompatibilité des objectifs de chacun lorsque leur réalisation dépend du partage des ressources limitées de l'organisation.

---

1. Lire: John R. Schermerhorn, *Management for Productivity*, Carbondale, 1986, chap. 17.

LES CONFLITS[2]

Lorsqu'un membre d'une organisation, ou encore un groupe qui en fait partie, travaille en vue de promouvoir ses intérêts propres au détriment de ceux de l'organisation, il faut s'attendre à une vive réaction dans le comportement des autres membres, réaction que l'on qualifiera de conflit. En fait, il y a conflit lorsqu'un individu est sollicité par plusieurs facteurs incitatifs en même temps[3].

L'acceptation de l'existence des conflits doit se faire au nom du *réalisme* des gestionnaires. Il n'est plus question de tenter par tous les moyens d'éliminer ceux-ci dès qu'on en décèle la présence. Il est même démontré qu'une grande partie des activités des gestionnaires contemporains est consacrée à la gestion des conflits[4].

LE CONFLIT EST INÉLUCTABLE

Les résultats d'un conflit sont parfois difficiles à évaluer. D'ailleurs, afin de déterminer si ceux-ci sont positifs ou négatifs, il faut définir sous quel angle ils sont analysés.

Revenons à l'exemple présenté dans la mise en situation de ce chapitre. Le conflit entre Pierre Bernard et Thierry Montgrain peut être analysé du point de vue de chacun et aussi du point de vue de l'entreprise. Ainsi, la perception que Pierre Bernard aura des résultats du conflit sera très négative. Il a perdu du prestige, du pouvoir, des responsabilités et probablement une chance d'accéder à la présidence de l'entreprise. Quant à Thierry, il est convaincu que la compétition larvée entre Pierre Bernard et lui a permis que le meilleur des deux l'emporte faisant ainsi bénéficier l'organisation de ses talents. Mais l'angle d'analyse le plus important est sans doute celui de l'entreprise. Si, de Pierre ou de Thierry, le plus apte à mener à bien cette planification est le second, alors le conflit aura eu des effets positifs.

PERCEPTION DES CONSÉQUENCES D'UN CONFLIT

Malheureusement, le conflit se poursuit entre Pierre et Thierry. L'absence de collaboration du premier peut entraîner un échec de la planification. Le conflit aura alors des effets perçus comme « positifs » par Pierre et « négatifs » par Thierry. Quant à l'entreprise, la faillite de la planification est un échec, mais le risque de voir Thierry Montgrain quitter son emploi ne fait qu'ajouter à l'insuccès de la planification.

Quoi qu'il en soit, *il y a toujours une leçon à tirer d'un conflit*. Même si les résultats négatifs d'un conflit paraissent parfois l'emporter facilement, une analyse plus poussée de la part du gestionnaire lui en fera entrevoir les retombées indubitables mais cachées. D'ailleurs, Jane Templeton croit tellement à

APPORT D'UN CONFLIT

---

2. Un certain nombre d'éléments de ce chapitre proviennent de notes et de discussions entourant le cours La gestion des conflits, qu'a suivi l'auteur dans le cadre de la maîtrise en sciences de la gestion (École des hautes études commerciales, Montréal, professeur : Maurice Lemelin, printemps 1980).
3. Extrait de : Arnaud F. Wittig, *Introduction à la psychologie : théorie et problèmes*, trad. par R. Auger, Montréal, McGraw-Hill, Éditeurs, 1980, p. 109.
4. Kenneth W. Thomas et W.H. Schmidt, « A Survey of Managerial Interests with Respect to Conflict », *Academy of Management Journal*, juin 1976, p. 315-318.

la valeur des conflits qu'elle a écrit un article dans lequel elle invite les gestionnaires à les créer[5].

En effet, chaque fois qu'il y aura des conflits dans l'entreprise, un certain nombre de phénomènes les accompagneront. D'abord, ce genre d'activité réveille les gens qui s'adonnent à leur routine quotidienne; autrement dit, le conflit les *stimule*. Puis les démarches inhérentes au conflit obligent les parties à *communiquer*, à créer de nouveaux réseaux de communication. De plus, le conflit permet de prendre conscience du rôle, des responsabilités et des problèmes de l'autre partie, ce qui suscite l'empathie dans bien des cas. Ajoutons que la recherche d'une solution oblige les parties à *quitter les sentiers battus* et à remettre en question des éléments de l'entreprise que l'on croyait immuables. Enfin, le conflit permet d'épurer l'*atmosphère des tensions sous-jacentes* qui grugent souvent les relations entre les individus pendant de longues périodes avant de faire surface.

> **LE CONFLIT: STIMULE, CRÉE DES COMMUNICATIONS, SUSCITE L'EMPATHIE, DÉVELOPPE LA CRÉATIVITÉ, ÉLIMINE LES TENSIONS**

Évidemment, ces conséquences positives ne sont pas toujours présentes et dépendent d'un certain nombre de facteurs tels que les *objectifs des parties* en cause, le *partage des ressources* et l'*interdépendance des parties*. Mais ce qui importe surtout dans la détermination du résultat, c'est la manière dont le conflit a été géré.

> **FACTEURS AFFECTANT LES CONFLITS**

Cette approche moderne des conflits va à l'encontre des vues traditionnelles de la gestion. Nous verrons brièvement ces deux approches.

LES PERCEPTIONS DU CONFLIT

Nous avons vu que la communication était un échange entre deux parties. Parfois cet échange devenait difficile à cause des différences existant entre les pôles qui participaient à la communication. Afin de bien se comprendre, il fallait que chacun fasse sa part pour arriver à établir un code ou une interprétation commune. C'est en fait le début d'un conflit, car toute différence en entraîne l'apparition. Mais la perception du conflit, naguère négative, connaît une évolution qui mérite d'être soulignée.

LA PERCEPTION TRADITIONNELLE DU CONFLIT

Traditionnellement, et parfois encore aujourd'hui, le conflit était perçu de façon très négative. Il arrivait souvent que les gestionnaires se glorifient de pouvoir gérer sans créer aucune sorte de conflit. L'agressivité et la violence étaient associées au conflit et avaient fort mauvaise presse. Ce qui importait, c'était de pouvoir administrer dans un climat d'unité et de coordination sans faille; dans un ordre impeccable; en un mot, vivre dans l'*harmonie* parfaite. L'harmonie était une vertu de la vie de l'entreprise; le conflit en était le pire des vices.

> **L'HARMONIE EST VERTU, LE CONFLIT EST VICE**

Les valeurs sociales, et surtout celles propagées par les différentes religions du monde occidental, sont aussi associées à l'harmonie et à la bonne

---

5. Jane Templeton, « For Corporate Vigor, Plan a Fight Today », *Sales Management*, 15 juin 1969, p. 32-36.

entente. Toute remise en question était perçue comme contraire aux intérêts communs.

LA PERCEPTION MODERNE DU CONFLIT

Le « conflit » est neutre; ce qui importe, c'est la façon de le traiter. Une équipe plongée dans l'indolence totale peut très bien être stimulée par un conflit sur le partage des ressources ou sur les objectifs. Ainsi, le conflit aura une valeur positive ou négative selon la situation. De plus, l'absence de conflit dans un groupe, pendant une certaine période, n'est pas nécessairement synonyme de saine gestion.

LE CONFLIT EST NEUTRE

En fait, le conflit est inévitable, car il provient des facteurs inhérents à la structure des organisations. C'est aussi un élément du processus de changement que nous examinerons plus loin.

Selon Kelly[6], quelle que soit la relation avec l'autre partie, quel que soit le degré d'amitié, d'acceptation ou de compatibilité, il y aura toujours des occasions où les besoins, les idées ou les sentiments entreront en contradiction avec ceux de l'autre partie.

Il existe aussi plusieurs niveaux de conflits. Par exemple, un conflit peut porter sur les moyens, les objectifs, les valeurs. Un conflit concernant les moyens, s'il y a bonne foi de part et d'autre ne pourra pas dégénérer. Par contre, lorsque les objectifs ou les valeurs sont en jeu, la réconciliation entre les parties sera plus difficile. Un conflit pourra donc maintenir la coopération, la réduire ou même l'anéantir. Parfois, il pourra se transformer en un affrontement majeur.

Quoi qu'il en soit, le plus grave conflit, le plus définitif (gagnant-perdant) aura toujours des retombées qui peuvent favoriser le développement de l'organisation. Voilà la conception moderne du conflit. Nous ne pouvons rien changer à l'existence des conflits, mais nous pouvons modifier notre approche, notre façon de les gérer ou de les résoudre.

LES AVANTAGES ET LES INCONVÉNIENTS DES CONFLITS[7]

Nous aborderons plus loin les sortes de conflits et les résultats qui peuvent s'en dégager. Mais avant, il serait intéressant de noter quelques conséquences positives et négatives rattachées à la majorité de ceux-ci.

LES AVANTAGES

La figure 10.1 illustre les principaux avantages découlant de l'existence des conflits dans les organisations.

---

6. Extraits de: Joe Kelly, *Organizational Behavior*, Homewood, Ill., Richard D. Irwin Inc. *and* The Dorsey Press, 1969.

7. Lire à ce sujet: Dean Tjosvold, « Making Conflict Productive », *Personnel Administrator*, juin 1984, p. 121-130.

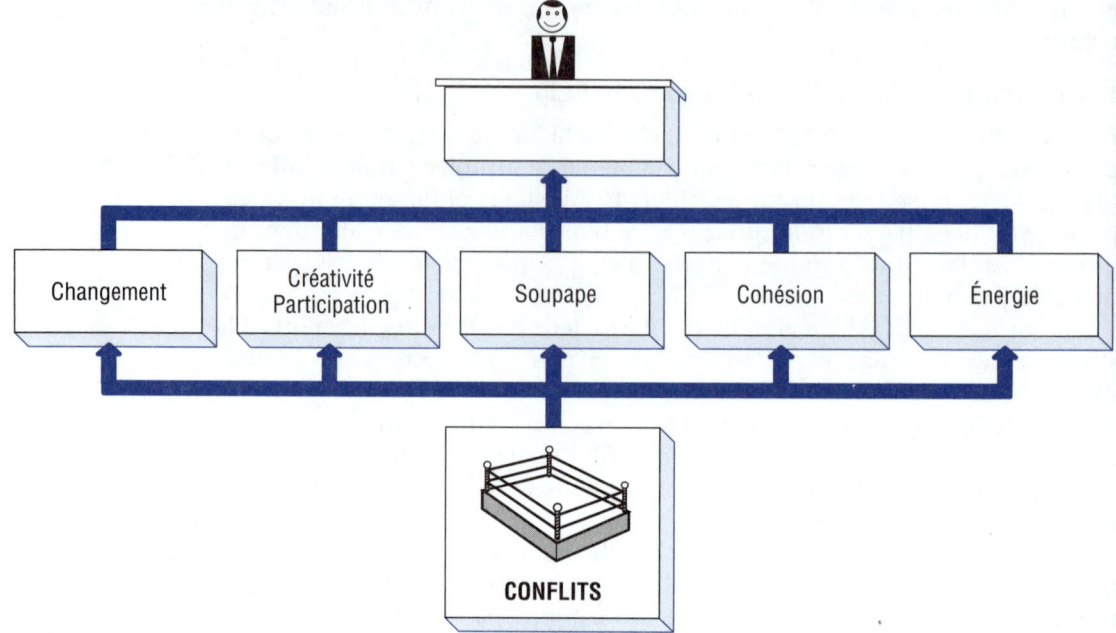

FIGURE 10.1 Les avantages des conflits dans les organisations

CHANGEMENT

Lorsqu'une situation apporte de l'insatisfaction à une des parties, l'on verra poindre à l'horizon les bases d'un conflit. Si les membres de l'entreprise n'acceptent plus les procédures, s'ils perçoivent de l'iniquité ou remettent en question les objectifs, leur insatisfaction se traduira par un conflit. Leur opposition manifeste amènera une réaction des autres membres, principalement de la direction. Des questions seront posées, des suggestions seront émises, des solutions seront proposées. Cette effervescence débouchera sur des *changements* dans le sens de ce qui était désiré. Si les conflits sont éliminés par conservatisme du souci d'uniformité et de stabilité, les nouvelles idées feront difficilement leur chemin. Donc, le conflit est une étape nécessaire à l'avènement du changement.

CRÉATIVITÉ ET PARTICIPATION

Comme le raconte Peter Drucker dans son film *Les Décisions efficaces*, monsieur Sloan, alors président du conseil d'administration de la General Motors, a un jour refusé une proposition qui faisait l'unanimité du conseil. Il prétexta que lorsqu'une proposition ne soulève aucune opposition, c'est qu'elle n'est pas valable. À la réunion suivante, la proposition fut rejetée à la majorité. En fait, la pire chose qui puisse arriver à une proposition, c'est qu'elle ne soit pas contestée. La remise en question est une source de créativité et d'innovation et un signe de santé. Les conflits entourant l'allocation des ressources dans les entreprises obligent les divers services à préciser leur orientation et à mieux planifier leurs besoins. Le conflit active donc les idées et invite à la *participation* et à l'implication.

Pour que deux parties puissent trouver une solution à un conflit, encore faut-il qu'elles soient conscientes de l'existence du conflit. Tant que le conflit est latent, qu'une des deux parties subit sa frustration sans jamais manifester de mécontentement, aucune solution ne peut être trouvée puisqu'on n'en cherche pas. L'expression ouverte du conflit, même dans la colère ou la violence, entraîne des effets positifs. D'abord, l'«explosion» ou la manifestation de son déplaisir face à une situation représente un geste qui diminue la pression ressentie. Ensuite, cela permet à l'autre partie de réaliser l'existence du problème et de travailler à trouver des solutions. Certains conflits peuvent être institutionnalisés. Par exemple, la procédure de grief offre la possibilité à l'employé de montrer son désaccord et elle permet au gestionnaire de prendre conscience d'une situation puisqu'elle exige son intervention. Le conflit est donc une *soupape* bénéfique.

SOUPAPE ET IMPLICATION DE L'AUTRE

L'apparition d'un «ennemi» extérieur a toujours eu un effet de cohésion à l'intérieur des groupes. Par exemple, un club de hockey dans lequel existent de nombreux problèmes d'interrelations et où l'esprit d'équipe est totalement absent retrouvera un nouveau souffle, une nouvelle cohésion face à un club qu'il faut absolument battre. Plusieurs chefs d'État ont utilisé cette tactique pour amener leur peuple à se regrouper derrière eux; l'Allemagne d'Hitler et l'Argentine des généraux en sont deux exemples. La collaboration entre les employés et les gestionnaires n'est jamais aussi forte que lorsque l'entreprise fait face à des problèmes de survie. Certains pays luttant pour leur indépendance ont vu leur population resserrer les rangs, puis, l'ayant obtenue, ont retrouvé leurs profondes divisions qui devaient les mener à la guerre civile. Les conflits intergroupes sont donc des catalyseurs de la cohésion interne.

COHÉSION DU GROUPE

La compétition est une forme de conflit. Un karatéka se surpassera lors d'une compétition; de même, un coureur de fond prêt à abandonner trouvera-t-il une source d'énergie cachée lorsqu'il sentira un compétiteur le talonner. Analysez le comportement de deux personnes en situation de conflit. Chacune fournit un effort dont elle ne se croyait pas capable. La compétition avec soi-même peut avoir des effets positifs similaires. Le coureur de marathon fournira un effort maximum lors d'un événement officiel afin de battre son propre record. Les examens sont d'autres exemples de situations qui amènent les personnes à se surpasser. Le vendeur qui désire devenir le meilleur de son entreprise travaillera jour et nuit pour réussir. Ce faisant, il atteindra son objectif et fera bénéficier ultimement l'entreprise de ses efforts. Et que dire, enfin, de l'étudiant qui se soumet à une entrevue de sélection où un seul des trente candidats sera retenu? Le conflit engendre le stress, lequel est une *source d'énergie*.

SOURCE D'ÉNERGIE

LES INCONVÉNIENTS

Certains conflits atteignent une forme extrême dans leur manifestation. Ils ont évidemment des répercussions négatives sur la vie interne de l'organisation. Examinons rapidement les conséquences négatives des conflits telles qu'elles sont illustrées à la figure 10.2.

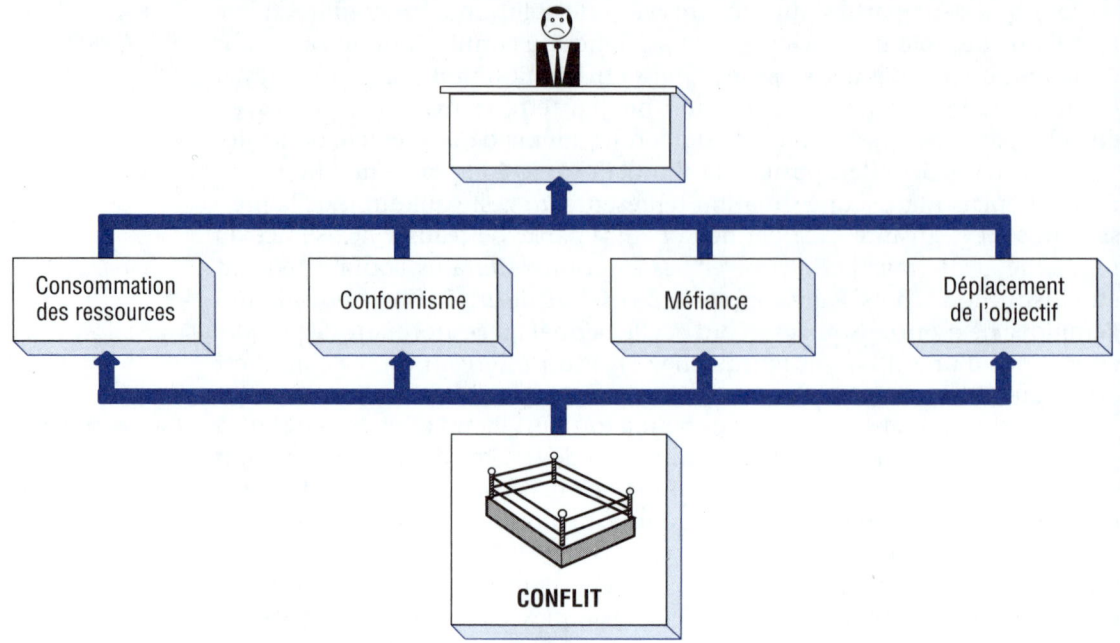

FIGURE 10.2 Les inconvénients des conflits dans les organisations

Consommation de ressources

La perpétuation d'un conflit peut entraîner une démarche d'hostilité ouverte et violente, comme une grève ou même une guerre. Dans ces cas, les points de vue respectifs sont exclusifs et toute forme de coopération est anéantie. Les querelles entre les partis à l'Assemblée nationale appartiennent à ce genre de conflits. Même dans les moments difficiles où la population attend une loi qui pourrait la soulager de certains problèmes, les partis vont dépenser temps et énergie à s'attaquer et à démontrer la mauvaise foi de l'autre. Toute forme de collaboration est détruite et c'est l'ensemble de l'organisation qui en souffre. Si le conflit consomme trop de ressources, celles qui resteront à consacrer à la solution pourront être insuffisantes.

Maintient le conservatisme

Le conflit peut aussi être une source de *conservatisme* et de conformisme. Lorsque les gens sentent que leurs supérieurs n'apprécient pas la présence d'un conflit, aussi minime soit-il, ils auront tendance à rentrer dans le rang, à accepter tout ce qui vient de la haute direction sans jamais faire de remise en question. Le désir d'un consensus amènera le groupe à s'entendre sur ce qui est acceptable pour tous et non sur ce qui est préférable pour l'entreprise. La décision la plus populaire l'emporte sur la plus efficace.

Déplacement de l'objectif

La cause première d'un conflit peut, à l'occasion, être mise à l'écart et remplacée par un *nouvel objectif* : la destruction de l'autre partie. Le conflit entre Thierry Montgrain et Pierre Bernard est de ce genre. Il ne s'agit plus de chercher le meilleur gestionnaire pour préparer le budget prévisionnel, mais plutôt de montrer que l'autre n'a pas la compétence nécessaire, quitte à entraîner l'entreprise dans une autre année de problèmes. Sortir gagnant du conflit devient alors plus important que le coût que cela occasionne à l'entreprise. Dans notre exemple, il est évident que Thierry n'est pas responsable des décisions du conseil d'administration, mais le ressentiment et la rage de Pierre à l'égard de l'ensemble de la situation deviennent incontrôlables.

Enfin, les conflits majeurs amènent une nette *réduction de la confiance* mutuelle. Chacun des membres de l'organisation abandonnera les objectifs du groupe pour se consacrer exclusivement à ses objectifs personnels. Les jugements seront faussés et biaisés, les arguments rationnels seront oubliés, et place sera faite à l'émotivité, à la distorsion et à l'aigreur. Le conflit a amené la suspicion et la méfiance, refoulant ainsi les possibilités de solutions.

AMÈNE LA SUSPICION ET LA MÉFIANCE

Bref, l'existence d'un certain niveau de conflits dans les organisations a des effets positifs, mais de trop nombreux conflits affectent le rendement et peuvent à la rigueur détruire l'organisation. Un niveau de conflits trop faible peut témoigner d'un exercice de camouflage des discordes et des tiraillements, alors qu'un niveau élevé de conflits témoigne d'un intérêt pour les dissensions et les oppositions. Dans les deux situations extrêmes les inconvénients prévalent et le rendement sera affecté.

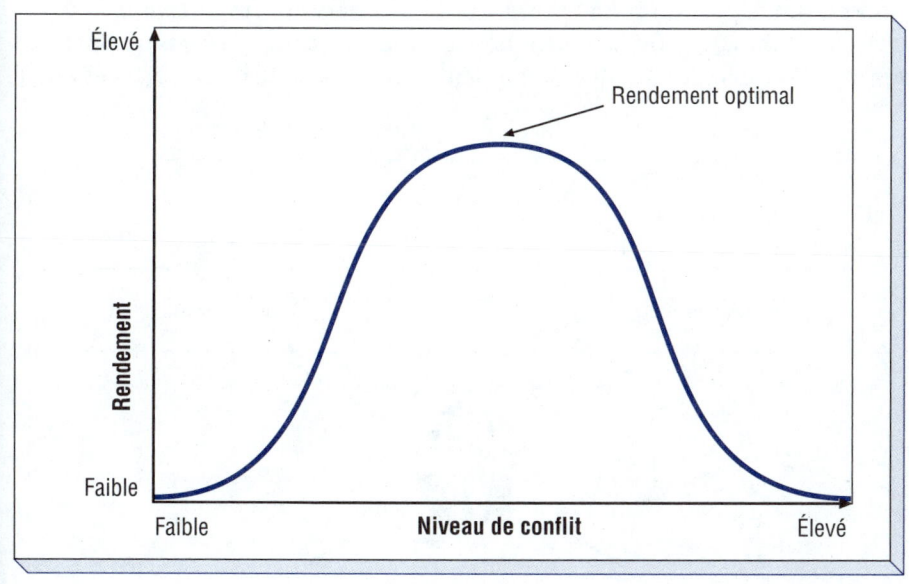

FIGURE 10.3
Les effets des conflits sur le rendement[8]

---

8. Reproduit de Kathryn M. Bartol et David C. Martin, *Management*, New York, McGraw-Hill, 1991, p. 578.

LES TYPES DE CONFLITS[9]

Les conflits ayant de nombreuses causes, il est normal que, suivant leur origine, ils soient classés différemment. La première catégorie, les *conflits intrapersonnels*, comprend tous les conflits auxquels est confronté l'individu lorsqu'il est sollicité par plusieurs facteurs motivants ou par plusieurs besoins. La deuxième catégorie, les *conflits interpersonnels*, comprend les conflits d'allégeance ou d'orientation et les luttes de pouvoir entre les individus. La troisième catégorie comprend tous les conflits entre un individu et le groupe auquel il appartient. Enfin, la quatrième catégorie englobe tous les conflits organisationnels ou intergroupes et originant principalement de l'évolution dynamique des groupes qui la composent. Les conflits organisationnels sont ceux que l'on retrouve entre les différentes entités d'une même organisation, c'est-à-dire entre des groupes qui doivent obéir à des règles similaires.

LES FORMES DE CONFLITS INTRAPERSONNELS

Il y a différents types de situations conflictuelles qui se présentent à l'individu qui se trouve déchiré entre deux ou plusieurs choix possibles et où un seul doit être retenu; ce sont le conflit approche-approche, le conflit évitement-évitement et le conflit approche-évitement.

CONFLIT APPROCHE-APPROCHE

Le conflit le plus simple à résoudre pour une personne est le *conflit approche-approche*. Dans ce conflit, la personne est sollicitée par deux objets qui lui apparaissent désirables. Remarquez qu'il peut y avoir plus de deux objets et que le

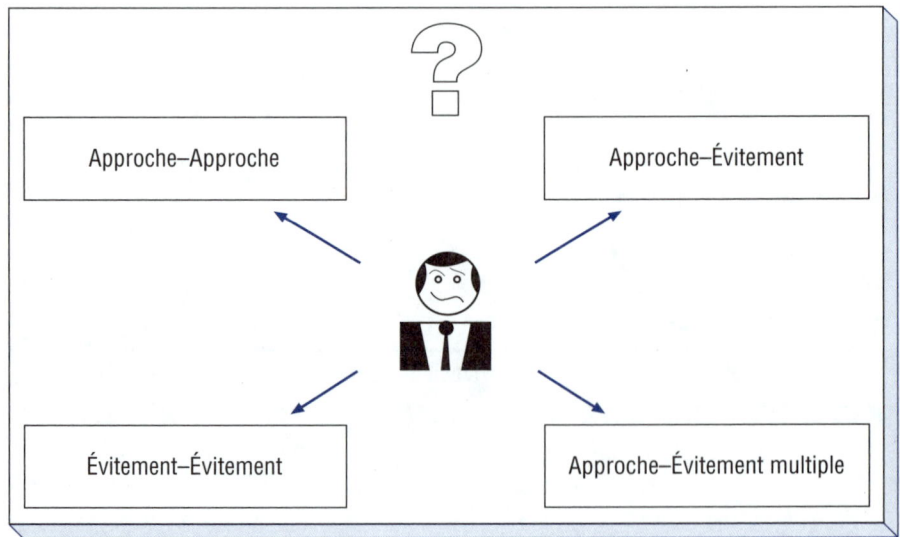

FIGURE 10.4
Les formes de conflits intrapersonnels

9. Extraits de: Michele Tolela Myers et Gail E. Myers, *Managing by Communication*, New York, McGraw-Hill Book Company, 1982, p. 237-245.

terme « objet » signifie un bien, une valeur ou une personne. Par exemple, un étudiant à qui deux employeurs ont offert un emploi intéressant se retrouve dans une situation de conflit approche-approche. Il en est de même pour l'étudiant qui doit choisir entre deux universités qui lui ouvrent ses portes.

Le *conflit évitement-évitement* représente une même situation de choix que la précédente, sauf que les deux objets sont indésirables. Souvent, dans pareil cas, le fait de refuser une chose nous oblige par le fait même à prendre l'autre. À titre d'exemple, prenez l'étudiant qui a choisi ses cours complémentaires pour la session suivante et qui apprend qu'il ne peut obtenir aucun de ses choix. Il devra alors choisir dans une liste de cours offerts, mais aucun de ceux-ci ne l'intéresse. C'est le drame quotidien de l'individu qui déteste son emploi, mais qui ne peut se permettre de ne pas travailler.

CONFLIT ÉVITEMENT-ÉVITEMENT

Le *conflit approche-évitement* est celui où l'individu doit accepter ou refuser un objet (une option unique) qui présente des éléments positifs et des éléments négatifs. À la recherche d'un emploi depuis six mois, une personne s'en voit offrir un très rémunérateur, mais à Yellowknife. Elle doit donc y réfléchir sérieusement, car les conséquences sont à la fois alléchantes et contraignantes.

CONFLIT APPROCHE-ÉVITEMENT

Enfin, les *conflits approche-évitement multiples* sont notre lot quotidien. Il s'agit de situations où nous sommes face à des choix multiples comportant des éléments positifs et des éléments négatifs dans chacun des cas. Ce serait le cas pour un individu qui reçoit une offre d'emploi alléchante à Yellowknife et un poste peu rémunérateur dans sa ville natale. Ou encore, l'étudiant qui doit choisir entre se préparer pour un examen ou aller au théâtre avec la personne aimée.

CONFLITS APPROCHE-ÉVITEMENT MULTIPLES

LE CONFLIT INTERPERSONNEL

Les conflits interpersonnels sont, bien sûr, la conséquence des différences individuelles, mais souvent aussi des facteurs structuraux de l'entreprise. Des personnalités qui pourraient très bien s'allier dans des circonstances normales s'affronteront peut-être dans l'entreprise à cause, par exemple, de conflits structuraux déjà existants. Voici d'ailleurs les sources des conflits interpersonnels les plus courants.

Les problèmes de communication[10] que nous avons étudiés dans le chapitre précédent sont la principale cause des conflits interpersonnels. En fait, parfois il n'existe aucun conflit, mais l'incapacité des membres d'une organisation à communiquer efficacement les empêche de prendre les décisions nécessaires. L'absence d'échanges laisse l'impression d'un écart d'opinion, donc de l'existence d'un conflit.

PROBLÈMES DE COMMUNICATION

Les *différences individuelles* en matière d'âge, de sexe, de valeurs, d'expérience ou de formation influencent la perception d'une situation donnée. Puisque les perceptions peuvent être différentes face à un problème, deux individus verront poindre un conflit simplement à cause d'une divergence de

DIFFÉRENCES INDIVIDUELLES

---

10. William H. Koch, *Negotiator's Factomatic*, Englewood Cliffs, N.J., Prentice-Hall, 1988, p. 227-246.

points de vue. Il s'agit là de conflits de personnalités que l'on retrouve souvent entre le diplômé et le non-diplômé, entre l'employé d'expérience et le «p'tit nouveau», etc. Il peut s'agir aussi de différences de caractères et de tempéraments. L'optimiste et le pessimiste, l'impulsif et le pondéré, le réservé et l'exubérant sont des catégories d'employés qu'il ne faut pas faire travailler ensemble.

PROBLÈMES DE RÔLES

Les conflits interpersonnels proviennent aussi de l'individu qui est en désaccord avec le type de relations interpersonnelles existant dans l'organisation. En fait, la personne concernée est insatisfaite de son *rôle* dans l'entreprise en comparaison avec celui des autres. L'employé se préoccupe moins de la chose qui doit être faite que de la personne qui en contrôlera le déroulement et qui en sera félicitée. Par exemple, un employé peut désirer terminer un travail et même consentir à apporter les rapports chez lui pour les compléter. Il suffit que son supérieur exige de lui qu'il les étudie à la maison pour que l'employé s'y oppose. Ainsi, Pierre Bernard était d'accord pour faire le travail de planification seul, mais refuse d'aider Thierry Montgrain. Pourtant, cette collaboration représente moins de travail et moins de responsabilités. Mais il est difficile d'accepter qu'un autre prenne le contrôle d'une de nos activités et surtout qu'il en reçoive le crédit.

RARETÉ DES RESSOURCES

Enfin, les conflits interpersonnels proviennent de la *rareté des ressources*. Un des rôles importants du gestionnaire — nous l'avons vu au premier chapitre — consiste à redistribuer les ressources de l'entreprise. Ces ressources, quelles qu'elles soient, sont toujours présentes en quantité limitée et généralement ne peuvent répondre aux besoins de chacune des unités de l'organisation. Il y aura donc compétition. Il suffit alors de trouver la répartition des ressources qui sera le plus rentable pour l'ensemble de l'organisation. Si tout le monde s'entend sur cet objectif, il n'est pas certain pour autant que le concept de répartition le plus rentable pour l'organisation sera défini de la même façon par tous. L'individu qui a la conviction qu'il n'a pas reçu son dû

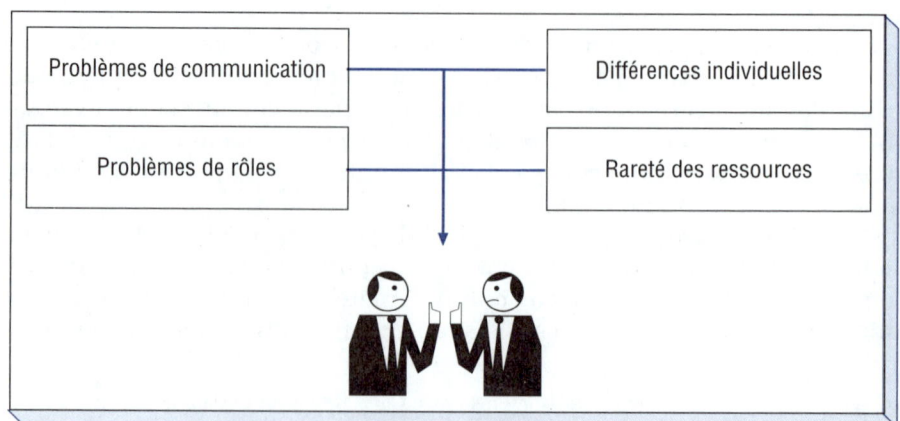

FIGURE 10.5
Les sources de conflits interpersonnels

entrera en conflit avec celui qui est la cause de ce partage inéquitable ou avec celui qui semble avoir reçu plus que sa part.

LE CONFLIT ENTRE UN INDIVIDU ET SON GROUPE

Ce type de conflit résulte de l'incompatibilité entre le comportement d'un individu et les normes du groupe.

Nous avons vu au chapitre 6 que les normes permettaient de donner une personnalité propre à un groupe et une certaine uniformité tout en affectant particulièrement les éléments essentiels de la vie de groupe. Elles gouvernent les comportements acceptés par les autres membres et participent à la cohésion du groupe.

Aussi le non-respect des normes par un des membres du groupe entraînera-t-il une dissension au sein du groupe. Cela pourrait se produire lorsqu'un individu dans le groupe dépasse les normes acceptées concernant la journée « normale » de travail.

LE CONFLIT ORGANISATIONNEL

Un conflit organisationnel (structurel) est créé par la structure de l'organisation. L'organisation structurelle d'une entreprise met en opposition des personnes qui n'ont pas *a priori* de relations personnelles conflictuelles. La nuance, quasi imperceptible, entre un conflit organisationnel et un conflit interpersonnel tient dans le fait que, dans le premier cas, les individus en conflit sont parties intégrantes d'un même système, l'entreprise, et que cette appartenance pose des contraintes et influence leurs comportements.

Dans les conflits interpersonnels, ce sont les individus qui sont en opposition, tandis que dans les conflits organisationnels, l'opposition provient de la situation des personnes au sein de l'entreprise. À l'extérieur de celle-ci, leurs relations peuvent être très cordiales. Par exemple, deux chefs de parti peuvent n'avoir aucun conflit interpersonnel, mais s'opposer (conflit organisationnel) au sein du Parlement. De même en est-il du conflit classique entre le directeur des ventes et le directeur des opérations, tous deux liés par des objectifs divergents qui visent d'une part à satisfaire complètement le client et d'autre part à réduire les coûts de production.

Nous avons vu plus haut que le conflit revêt une dimension négative lorsqu'il est constitué de querelles, batailles, disputes, etc.; mais il peut être une source d'innovation, de créativité, de remise en question et d'évolution. Bref, le conflit peut permettre aux différentes entités de l'entreprise d'atteindre des niveaux de réalisation insoupçonnés ou, au contraire, être la cause de son éclatement.

Les différentes composantes de l'organisation auxquelles nous nous intéressons, les services, devraient profiter de la dimension positive du conflit si certaines conditions d'environnement, d'opérations et d'attitudes s'y trouvent et sont respectées.

LES CAUSES DE CONFLITS ORGANISATIONNELS

Selon Thomas, le conflit se définit de la façon suivante[11] :

> *Le conflit est un processus essentiellement caractérisé par la perception qu'une personne ou un groupe, avec laquelle ou lequel nous avons des rapports suivis, nous frustre ou est sur le point de nous frustrer soit délibérément, soit par manque de considération à notre égard.*

Le mode de résolution des conflits entre les différentes unités administratives dépendra du type de conflit et de sa cause. Comme nous l'avons déjà dit, l'on peut catégoriser les conflits selon leur origine. Nous pouvons énumérer les causes[12] suivantes tout en retenant qu'un conflit peut avoir plusieurs causes, mais qu'il y en a toujours une qui est prépondérante.

L'**incompatibilité des objectifs** dévolus aux individus ou aux différents groupes de par la distribution des rôles inhérente à la structure de l'organisation est source de conflit. Les besoins des vendeurs qui désirent satisfaire pleinement leur client et les objectifs du service de livraison qui planifie la distribution en fonction de l'économie sont fondamentalement incompatibles.

L'**interdépendance des tâches** laisse place au conflit[13]. Il existe deux formes d'interdépendance : la forme *séquentielle* et la forme *réciproque*. La forme séquentielle existe lorsqu'un individu dans sa tâche dépend du travail effectué par un autre individu à une étape antérieure. Ainsi, le pilote de Formule 1 réussira à gagner une course si les ingénieurs ont préparé correctement sa voiture ; de même, le personnel de la salle à manger offrira un service impeccable à condition que le personnel de cuisine ait fait correctement son travail. L'interdépendance de la forme réciproque existe lorsque les membres d'un groupe ou les groupes (départements) d'une même entreprise sont interdépendants. Par exemple, le service des achats requiert des spécifications très précises pour commander les produits les moins coûteux ou négocier les meilleurs prix ; par contre, le service qui demande les produits préfère spécifier la marque du produit et même le fournisseur afin d'avoir les produits

---

11. Kenneth W. Thomas, «Conflict and Conflict Management», dans *Handbook of Industrial and Organizational Psychology*, sous la direction de Marvin D. Dunnette, Skokie, Ill., Rand McNally, 1976, p. 891, et repris par Pierre Dubois, «*Le behavior modeling II* - Comment résoudre des conflits interpersonnels», *Revue Commerce*, mars 1980, p.76. Lire aussi au sujet de la classification des conflits : Kenneth W. Thomas, *op. cit.*, p. 902. Il a aussi été fait mention de ces catégories dans les études suivantes : National Training Laboratories Institute of Applied Behavioral Sciences, *1968 Reading Book*; B.R. Patton, *Decision-making Group Interaction*, 2ᵉ éd., New York, Harper and Row, 1978, p. 78 ; R.E. Walton et R.B. McKersie, *Behavioral Theory of Labor Negociations : An Analysis of a Social Interaction System*, New York, McGraw-Hill Book Co., 1965.

12. Synthèse des éléments suggérés par : P. Dubois, *op. cit.*, p. 76-77 ; E. Phillips and Ric Cheston, «Conflict Resolution : What Works», *California Management Review*, vol. 21, nº4, été 1979, p. 77 ; Richard E. Walton et John M. Dutton, «The Management of Interdepartemental Conflict : A Model and Review», *Administrative Science Quarterly*, mars 1969, p. 73-89 ; Stephen P. Robbins, *Organizational Theory : The Structure and Design of Organizations*, Englewood Cliffs, N.J., Prentice-Hall, 1983.

13. Lire à ce sujet : Les catégories d'objectifs dans la négociation : Mark K. Schoenfield,et Rick M. Schoenfield, *The McGraw-Hill 36-Hour Negociationg Course*, New York, McGraw-Hill, 1991, p. 15-32.

le plus tôt possible. L'on parle d'«intérêt commun» lorsqu'il y a une trop grande interdépendance des individus dans l'exécution de leurs tâches ou lorsque plusieurs personnes cherchent à obtenir un privilège. Le succès d'un service dépend du succès d'un autre. Le succès des concessionnaires représentant un manufacturier d'ordinateurs est lié à l'efficacité du service de recherche et de développement du manufacturier; en même temps, le succès d'un produit du manufacturier dépend de l'efficacité des concessionnaires. Lorsqu'une partie semble croire que l'autre partie ne fait pas correctement son travail, il peut y avoir conflit, car c'est le succès des deux qui est compromis.

La **rareté des ressources** telles que l'équipement, le financement, l'espace, les ressources humaines, etc. est souvent cause de conflit lors du partage, car la réussite d'un service dépend souvent de la somme des moyens mis à sa disposition. Le conflit peut naître de l'allocation de ressources rares, ou de la lutte pour l'utilisation de l'ordinateur ou pour l'obtention d'une heure de service de la part de l'équipe d'entretien débordée.

Les **mauvaises communications** sont cause de conflit découlant des bruits multiples inhérents au processus même. Ici, il peut s'agir de la structure même du processus, de problèmes de sémantique, de langage ésotérique, de la possession de renseignements ambigus ou incomplets. L'on retrouve aussi cette cause dans les conflits organisationnels.

Répétons qu'une des causes des conflits interpersonnels dans un groupe est la personnalité des individus. Il en va de même pour les conflits organisationnels. Ainsi, certains conflits sont causés par la **différence de personnalité**

> **LES CARACTÉRISTIQUES DES CONFLITS INTERPERSONNELS INFLUENCENT LES CONFLITS ORGANISATIONNELS**

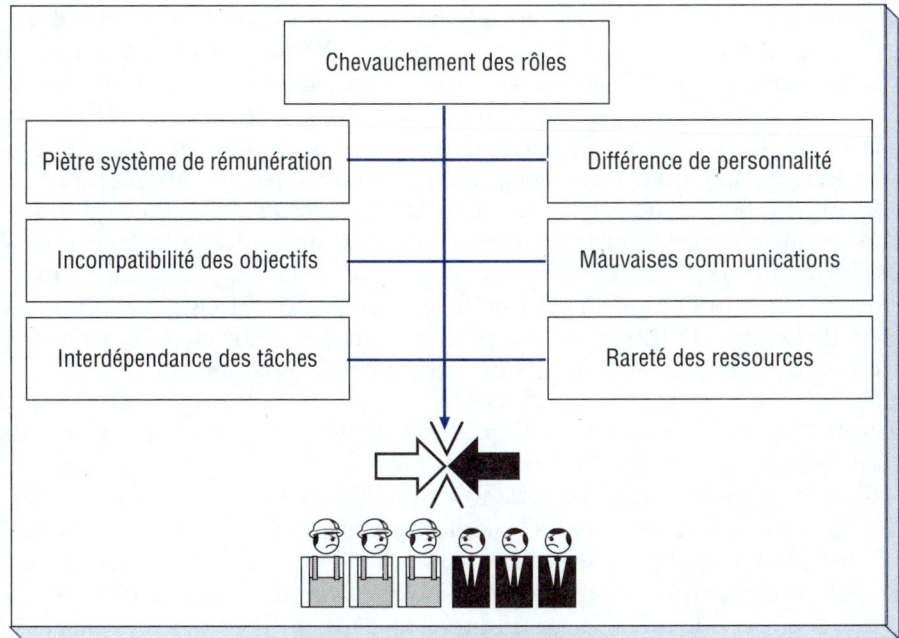

FIGURE 10.6
Les causes de conflits organisationnels

entre les membres du groupe, l'incapacité d'un membre d'accepter cette différence, le caractère autoritaire d'un membre, les différences de valeurs ou toute autre caractéristique personnelle.

Le **piètre système de rémunération** qui accorde des récompenses à certains individus ou à certains groupes engendre la compétition entre ceux-ci dans des circonstances où la collaboration est exigée. Peut-on imaginer rémunérer les joueurs de hockey uniquement en fonction du nombre du buts marqués ? Alors pourquoi accorder des bonus aux vendeurs et négliger le personnel de l'entrepôt, les membres du service de livraison et les techniciens du service après-vente.

LES VARIABLES AFFECTANT LES CONFLITS ORGANISATIONNELS

Un conflit sera résolu d'une façon ou d'une autre, aura des conséquences négatives ou positives, sera vécu par tous ou ignoré selon la cause du conflit et en fonction d'un certain nombre de variables. Ces variables qui affectent le cours des conflits et, par voie de conséquence, le choix du mode de résolution, sont les suivantes : l'existence de conflits interpersonnels, les caractéristiques des membres des parties en cause, le niveau de neutralité des parties au départ et la qualité de leurs relations antérieures, les enjeux du conflit, l'environnement social dans lequel évolue le conflit, le système auquel les parties appartiennent et les tactiques et stratégies utilisées. Il faut absolument vérifier la présence de ces éléments pour modifier l'évolution d'un conflit.

L'EXISTENCE DE CONFLITS INTERPERSONNELS

D'abord, l'*existence de conflits interpersonnels* entre des membres d'unités administratives différentes se répercutera dans les relations formelles entre ces entités. Ainsi le conflit entre Pierre Bernard et Thierry Montgrain dans la mise en situation du début se transformera en conflit entre le directeur du service de la comptabilité et le directeur du service de planification. Dans une telle situation, la résolution des conflits organisationnels sera facilitée par l'élimination du conflit interpersonnel ou du moins par son atténuation.

CARACTÉRISTIQUES DES MEMBRES

Ensuite, il faut connaître les *caractéristiques des membres* liés au conflit. Par quoi sont-ils motivés ? Quels sont leurs valeurs, leurs aspirations, leurs objectifs ? À quelles ressources personnelles peuvent-ils faire appel pour s'impliquer dans le conflit ? Ont-ils des préjugés face au conflit en général ou des restrictions face à l'utilisation de certaines tactiques ? Pour un groupe donné, il faut faire l'analyse des systèmes de récompenses et de punitions.

LES CARACTÉRISTIQUES DES CONFLITS INTERPERSONNELS INFLUENCENT LES CONFLITS ORGANISATIONNELS

Par exemple, la possibilité d'obtenir une promotion est perçue comme une avenue enrichissante pour un cadre et peut ne présenter qu'un intérêt relatif pour un professionnel ou un professeur de cégep ou d'université. L'attitude négative d'un groupe de travail à l'égard d'un membre ou de certains membres peut l'amener à s'isoler lorsque le groupe est son milieu de travail, mais elle a peu de conséquences pour un vendeur dont les relations avec la clientèle compensera largement le manque de communication avec ses collègues. Il en sera de même pour un professeur mis à l'écart par ses collègues ;

il pourra se créer un environnement de travail avec ses étudiants. À l'inverse, le professeur de comptabilité jugé incompétent par ses élèves sur le plan pédagogique, se retranchera derrière la réaction favorable de son groupe professionnel concernant un de ses articles ou de ses livres. Bref, les aspirations des membres d'un groupe peuvent être hétérogènes, voire fort divergentes.

Le *niveau de neutralité* des parties au moment où elles font face à un conflit représente la troisième variable. Le vécu des membres dans les conflits précédents déterminera en grande partie l'état d'esprit dans lequel on entamera la phase résolutive du conflit. Si une partie a l'impression ou la conviction que l'autre partie n'a pas respecté les règles du jeu dans la solution d'un précédent conflit, la solution d'un nouveau conflit sera plus difficile. Ainsi, lorsque le syndicat et l'entreprise ont réussi à signer trois conventions collectives sans affrontements majeurs, la négociation d'un quatrième contrat de travail se fera dans un climat plus serein.

LE NIVEAU INITIAL DE NEUTRALITÉ

L'enjeu du conflit constitue la quatrième variable. Thomas[14] a souligné le fait que l'importance des résultats des conflits et leur signification relative pour chaque groupe affectent l'attitude qui sera adoptée. Il y a une différence entre un conflit idéologique et un conflit concernant la possession d'un bien ; en effet, selon les individus, une concession peut être acceptable dans un cas, mais pas dans l'autre. Enfin, le conflit peut être exceptionnel ou récurrent ; le compromis ou la concession n'a pas la même signification dans le premier cas que dans le second.

LES ENJEUX

À cela s'ajoute une cinquième variable: l'*environnement social*. Cette variable concerne particulièrement l'organisation informelle du groupe et l'existence de normes, de règles ou de traditions quant à la solution des conflits en général. De plus, les relations au sein du groupe peuvent être à l'origine de pressions sociales qui influencent le mode de résolution ou le niveau d'acceptation adopté par le leader du groupe. Par exemple, le président du syndicat pourrait considérer, en tant qu'individu, que les offres patronales sont parfaitement acceptables, mais, par crainte de déplaire au membership, il exigera plus, afin de se faire réélire lors des prochaines élections.

L'ENVIRONNEMENT SOCIAL

La sixième variable concerne le groupe comme élément intégré dans un système où les interactions sont affectées par une série de contacts, d'échanges, de négociations ou d'ententes. Les parties de ce système entretiennent des *liens extérieurs* avec des groupes de référence, par exemple, qui ont une incidence sur l'attitude des parties devant le conflit et restreignent les modes de solutions envisageables en imposant des contraintes supplémentaires. Les négociations pour les conventions collectives sont influencées par le nombre de participants autour de la table ; l'intervention d'un médiateur de renom influe sur le déroulement des discussions ; le maraudage qu'effectue un syndicat concurrent a un effet sur le comportement du permanent syndical. Ces liens, qui vont de l'amitié au contrôle formel entre certains membres, sont nombreux et modifient la dynamique du conflit.

LIENS EXTÉRIEURS

---

14. Kenneth W. Thomas, *op. cit.*

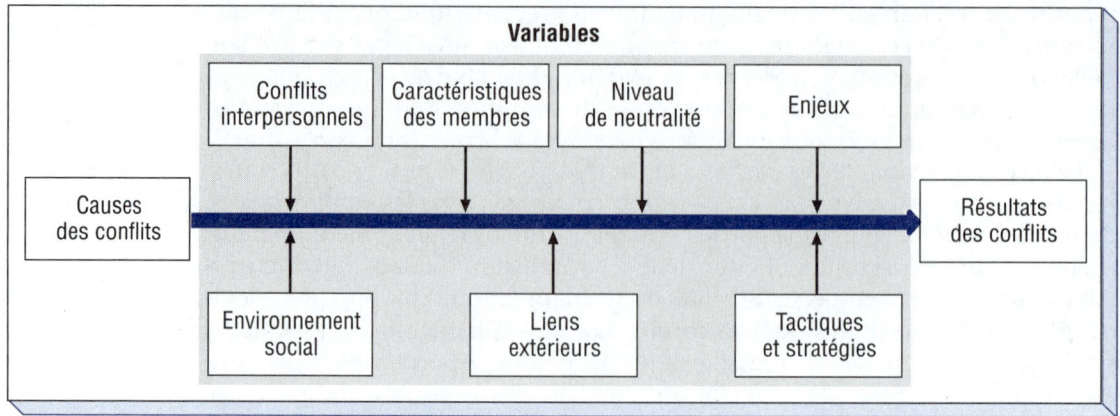

FIGURE 10.7 Les variables affectant le cours des conflits organisationnels

STRATÉGIES ET TACTIQUES

Enfin, les *stratégies et les tactiques* utilisées par les parties auront à leur tour une influence sur le déroulement et probablement sur les résultats du conflit. Le choix d'une stratégie[15] plutôt qu'une autre déterminera directement le résultat probable du conflit. Nous aborderons ces stratégies plus en détail. Quant aux tactiques, Schelling[16] nous en présente un certain nombre qui sont parfois explicites, parfois tacites (sous-entendues). Ces tactiques s'appliquent dans un conflit entre partenaires ou adversaires, et les principales sont le chantage, la séduction, la coercition, la persuasion, les promesses, les menaces, la communication ouverte, l'attaque surprise et la retraite stratégique.

LES STRATÉGIES DE RÉSOLUTION DES CONFLITS ORGANISATIONNELS

Selon les facteurs déjà énumérés et selon la perception d'un groupe face aux conflits, différentes options s'offrent au gestionnaire quant au mode de résolution des conflits. Nous explorerons les sentiers tracés par Derr[17] pour analyser les résultats possibles des différentes stratégies de résolution d'un conflit. Ces résultats peuvent être classés en trois catégories: perdant-gagnant, perdant-perdant ou gagnant-gagnant. Les stratégies utilisées par les parties déboucheront presque systématiquement sur un de ces résultats et ce, de façon prévisible.

Nous analyserons chacune de ces stratégies, que vous retrouverez d'ailleurs à la figure 10.8.

---

15. Lire à ce sujet : Les catégories d'objectifs dans la négociation : Mark K. Schoenfeld et Rick M. Schoenfeld, *The McGraw-Hill 36-Hour Negociating Course*, New York, McGraw-Hill, 1991, p. 112-197.
16. Extrait de : T.C. Schelling, *The Strategy of Conflict*, London, Oxford University Press, 1960, chap. 5, 7, 8.
17. Catégorisation proposée par : C.B. Derr, « Managing Organizational Conflict : Collaboration, Bargaining and Power Approaches », *California Management Review*, vol. 21, n° 2, hiver 1978, p. 77.

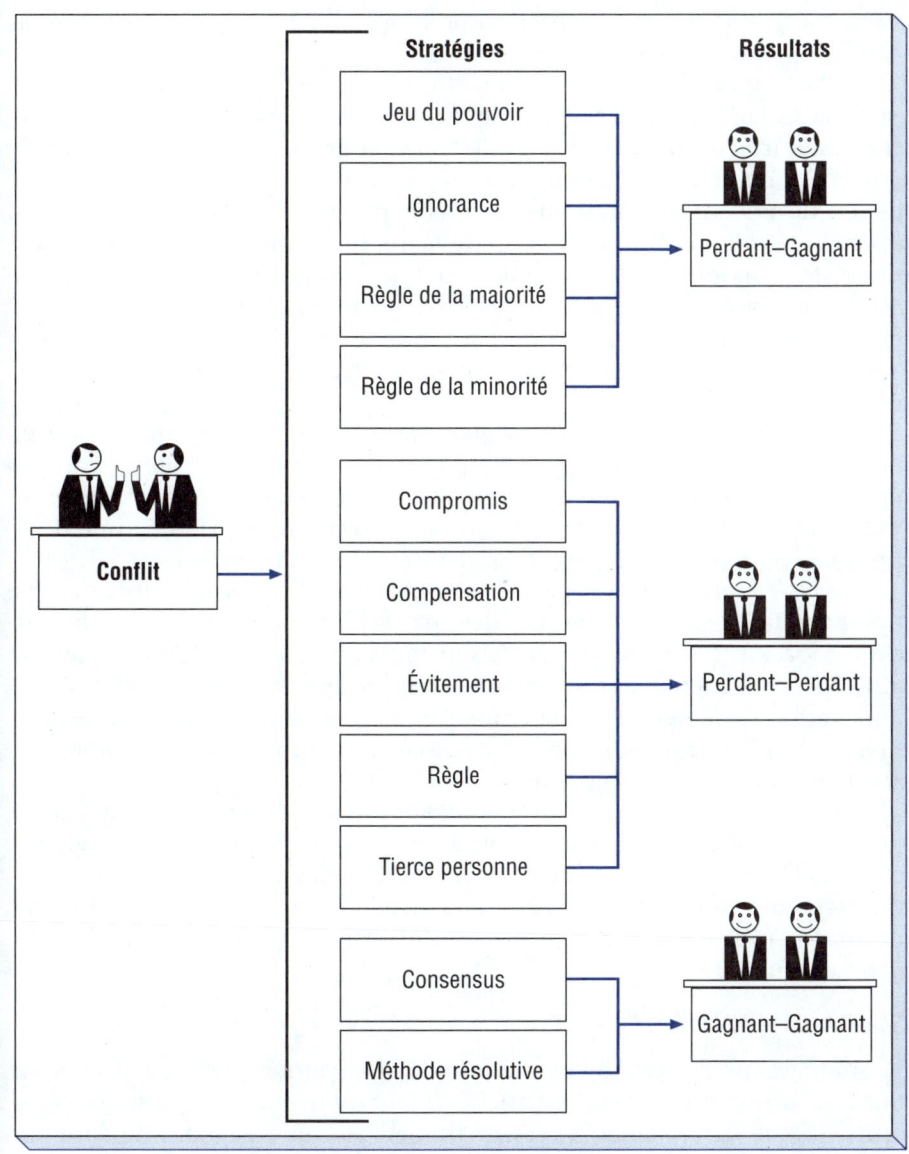

FIGURE 10.8
Les stratégies de résolution des conflits organisationnels

Chacune présente un coût de renonciation différent, offre des avantages sous forme de compensations et s'applique dans des conditions très précises.

Gagnant-perdant

Le résultat d'un conflit dans lequel une des parties obtient satisfaction et où l'autre se retrouve dans le camp des perdants découle de la stratégie utilisée: le jeu du pouvoir, l'ignorance des arguments de l'autre ou l'ignorance de l'autre tout simplement, l'utilisation de la règle de la majorité ou l'attaque systématique (le «bélier mécanique»).

JEU DU POUVOIR

L'utilisation du *pouvoir* doit être un choix délibéré fait à la suite d'une analyse de la situation. Il s'agit en fait de régler définitivement le conflit ou d'en déterminer irrévocablement les résultats. Les coûts sont importants et représentent un inconvénient à l'utilisation de la tactique. Tout d'abord, il y aura une réaction hostile de l'autre partie, même si elle ne s'exprime pas toujours ouvertement. Il s'ensuit une coupure dans la communication, situation lourde de conséquences dans une structure organisationnelle fondée sur l'interdépendance des fonctions. Les sources de pouvoir d'une partie dans une organisation proviennent de l'autonomie vis-à-vis des autres parties, d'une compétence exceptionnelle ou d'une coalition avec l'autorité formelle[18].

IGNORANCE DE L'AUTRE

La deuxième stratégie consiste à *ignorer les efforts de l'autre* pour influencer une décision. Toute réaction, question, tout appui, désaccord ou une simple manifestation d'un intérêt quelconque représenteraient une attitude de réceptivité. L'ignorance de l'intervention de l'autre partie signifie une décision finale et irrévocable, dans ce cas, l'autre partie est perdante.

RÈGLE DE LA MAJORITÉ

La *règle de la majorité* doit permettre à chacun de s'exprimer librement et implique que les parties se sentent liées par la décision finale. L'existence de «cliques» à l'intérieur de l'organisation fausse le jeu de la démocratie, car l'individu votera en fonction de son sous-groupe et non en fonction de l'implication de la décision. Malheureusement, la partie minoritaire ressent souvent de l'incompréhension et a tendance à riposter par une nouvelle bataille dont elle sortira gagnante.

RÈGLE DE LA MINORITÉ

La *règle de la minorité* emprunte deux approches. Une première approche consiste à s'assurer de la participation d'un appui ou à faire à la fois une proposition et l'appuyer. Le silence ou le temps de réflexion des autres membres est interprété comme un assentiment. La deuxième approche consiste à faire une charge à l'emporte-pièce contre tout intervenant, limitant ainsi les tentatives de celui-ci.

PERDANT-PERDANT

Ces stratégies permettent à chaque individu de gagner quelque chose. Mais pour cela, une condition est essentielle : il faut qu'il y ait eu repli sur certains points. L'issue de certaines de ces méthodes peut être gagnant-perdant sur certains points, mais sur l'ensemble du litige, il y a deux perdants. Les principales stratégies sont la négociation (le compromis), l'appel fait à une tierce personne qui agira comme arbitre, l'utilisation d'une norme, l'évitement et la compensation.

---

18. Pour plus de détails sur les sources du pouvoir, lire : G. Gilman, «An Inquiry Into the Nature of Authority», dans M. Haire, *Organization Theory and Industrial Practice*, New York, Wiley and Sons, 1962; D.C. Lortie, «The Balance of Control and Autonomy in Elementary School Teaching», dans A.E. Tzion, *The Semi-Professions and Their Organizations*, New York, The Free Press, 1969; G.L. Peabody, «Power Alinsky and Other Thoughts», dans H. Hornstein *et al.*, *Social Intervention*, New York, The Free Press, 1971.

Le *compromis* consiste à partager les ressources fixes d'un commun accord. **COMPROMIS**
Cette méthode se rapproche de la collaboration et du jeu de pouvoir. C'est le trait d'union entre les tactiques de collaboration (consensus et méthode résolutive) et celle du jeu de pouvoir. L'avantage majeur du compromis est qu'il permet le règlement du litige. Ici, il ne s'agit plus de négocier sur le partage des biens, des privilèges ou des avantages, mais de céder sur des positions fondamentales qui affectent l'essence même de la position des parties; cela met en danger, parfois, la survie de la partie qui concède.

La *compensation* est l'acceptation d'une rémunération liée à la négociation **COMPENSATION**
en retour d'un repli ou de l'abandon d'un élément constitutif de la vie d'une des parties. Un groupe peut, par exemple, accepter de travailler dans un local donné en retour d'une compensation monétaire, sachant que la piètre qualité du local affectera son travail ou la santé des membres du groupe.

Blake[19] décrit l'*évitement* lorsqu'il parle de la réduction de l'interdépen- **ÉVITEMENT**
dance des parties. Les parties peuvent soit battre en retraite et s'isoler l'une de l'autre, soit feindre l'indifférence et ignorer les conflits d'intérêts, ou encore (de la part d'un sous-groupe) s'effacer complètement. En général, c'est une tactique de *retraite* qui permet de mieux préparer la bataille ou d'attendre une situation plus favorable.

Une autre façon de réduire l'implication des parties consiste à se choisir **RÈGLE**
une *règle* qui, à la manière de la tierce personne, aidera à résoudre le conflit. Tirer à la courte paille suppose qu'un membre du groupe héritera de la tâche que personne ne veut accomplir. Il demeure qu'une méthode jugée équitable (pile ou face) amènera les parties à en accepter les résultats même si ces derniers paraissent injustes.

Pour éviter un affrontement direct entre les parties, il est possible de faire **ARBITRE**
appel à une *tierce personne*. L'arbitrage se fera, comme dans le cas de la règle de la majorité, entre des options toutes acceptables, mais auxquelles les parties n'accordent pas la même importance.

GAGNANT-GAGNANT

Les modes de résolution des conflits débouchant sur un résultat gagnant-gagnant satisfont les parties à la fois sur les plans psychologique et des gains réels. Il s'agit du consensus et de la méthode résolutive.

Le *consensus* est partie intégrante d'un grand nombre d'exercices qui amè- **CONSENSUS**
neront les participants à prendre ensemble certaines décisions, particulièrement dans les cours de relations humaines et de psychologie industrielle. Des exercices tels que «Perdus en forêt» «La NASA», «Perdus en mer» ou «La classification des valeurs» donnent à penser que les membres d'une équipe ont tendance à considérer le choix final de l'équipe plus approprié que leurs choix individuels initiaux. Cette acceptation de la décision finale ralliant les membres d'un groupe représente la meilleure définition que nous puissions

---

19. R.R. Blake, H.A. Shepard et J.S. Mouton, *Managing Intergroup Conflict in Industry*, Houston, Texas, Gulf Publishing Co., 1964.

donner du consensus. Par cette attitude, les participants cherchent beaucoup plus à résoudre le problème qu'à imposer leurs idées aux autres.

MÉTHODE RÉSOLUTIVE

Il n'existe pas de différence fondamentale entre le consensus et la *méthode résolutive*. Dans cette approche, les parties considèrent qu'il est possible de trouver une solution profitable à tous. Ainsi, les énergies consacrées à cet objectif sont sans restriction. Le pouvoir et les renseignements détenus par chaque partie sont mis au service de la solution du problème.

BÉNÉFICES DE LA MÉTHODE RÉSOLUTIVE

Une telle attitude face au conflit entraînera un certain nombre de modifications à la vie du groupe, rendant celle-ci plus riche et plus productive. Parmi ces modifications, mentionnons[20] l'accroissement de l'intensité des communications sur les plans de l'émission et de la rétroaction.

Par ailleurs, le groupe verra de plus en plus dans le conflit un outil favorisant la créativité et l'innovation. De plus, les relations entre les membres deviendront plus intenses, plus profondes et plus honnêtes. Enfin, le climat du groupe permettra une plus grande ouverture à l'autre, l'instauration d'une relation de confiance, un sentiment d'intégrité et d'authenticité et une attitude plus positive face au désir et à la capacité de prendre des risques.

LES CONDITIONS FAVORISANT LA RÉSOLUTION D'UN CONFLIT

L'énumération des différentes stratégies de résolution de conflits avait pour but de présenter tous les outils disponibles. Mais il est évident que la valeur de certaines techniques est relative et que d'autres présentent des risques à long terme. Nous examinerons maintenant les *conditions d'application des méthodes gagnant-gagnant*, soit le consensus et la méthode résolutive. Le choix des techniques fondées sur l'approche résolutive ne découle d'aucun facteur normatif; il est plutôt motivé par des éléments de choix personnel. D'autres techniques qui semblent, pour certains, inutilisables en raison de normes morales, sont employées couramment par d'autres individus dans la plupart des groupes et représentent même, pour certains groupes, la méthode unique de résolution des conflits. Le jeu du pouvoir est un exemple de méthode employée couramment.

LES CONDITIONS FONDAMENTALES[21]

TEMPS
ÉGALITÉ DE POUVOIR
TAILLE
APPUI

L'absence de pression en ce qui concerne le temps laisse à chaque partie la possibilité de s'ajuster à l'autre et constitue donc une condition fondamentale favorisant la résolution des conflits. Une autre condition est l'égalité de pouvoir et d'autorité des parties; s'il y a inégalité, cette différence est presque

---

20. Inspiré de : R. Likert et J. Gibson, *New Ways of Managing Conflict*, New York, McGraw-Hill Book Co., 1976.
21. Les conditions fournies dans le texte sont de Filley; nous en avons ajouté d'autres pour souligner notre point de vue. Quant à Filley, il résume dans le texte suivant les données d'une cinquantaine d'auteurs : A.C. Filley, «Conflict Resolution : The Ethic of the Good Loser», dans G.P. Cross, Jean H. Names et D. Beck, *Conflict and Human Interaction*, Dubuque, Iowa, Kendall-Hunt.

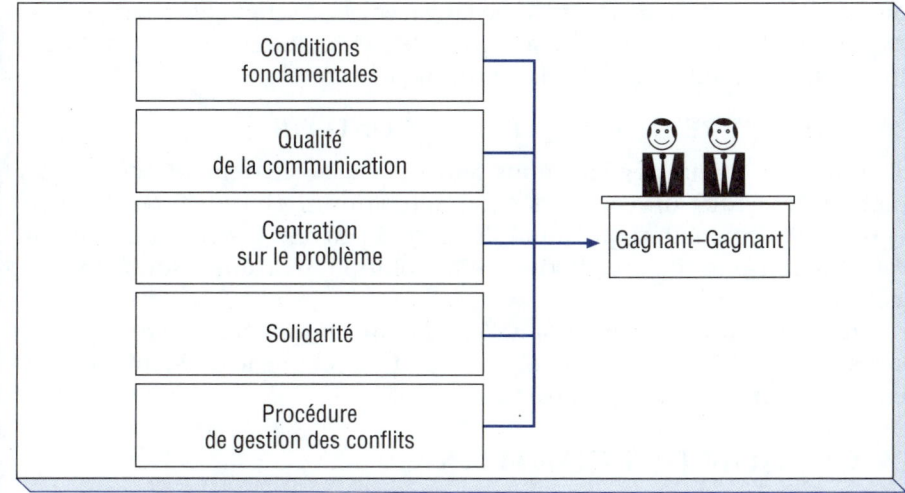

FIGURE 10.9
Les conditions favorisant la résolution d'un conflit

totalement ignorée et aucune des parties ne désire entreprendre une lutte de pouvoir. Par ailleurs, la taille du groupe est importante dans une discussion; lorsqu'elle est appropriée, elle favorise les interactions et la participation. Enfin, la structure organisationnelle supporte cette démarche et suscite la dépense d'énergie nécessaire à la réalisation de cet objectif.

LA QUALITÉ DE LA COMMUNICATION

Les échanges dans le groupe doivent tendre au partage complet des renseignements disponibles. De plus, les modes de communication des idées doivent être très efficaces. Enfin, l'information doit avoir pour tous les individus la même signification; pour cela, la rétroaction doit être descriptive, précise et nullement évaluative.

PARTAGE
EFFICACITÉ
RÉTROACTION

LA CENTRATION SUR LE PROBLÈME

C'est le problème, et non l'autre partie, qui doit être au centre des échanges, et le désir de résoudre ce problème doit être partagé par tous. Les parties doivent être conscientes de l'existence ou de la virtualité du problème. Elles doivent de plus sentir qu'elles sont liées entre elles (enjeu) et que leur sort commun les oblige à s'impliquer dans la discussion et à appuyer la décision qui en découlera. Enfin, les parties doivent savoir que toute concession représente un sacrifice coûteux, mais qu'il en coûte également quelque chose lorsqu'un accord n'est pas atteint.

CENTRATION SUR LE PROBLÈME
IMPLICATION
COÛT

LA SOLIDARITÉ

Les membres doivent partager un sentiment de respect et de réceptivité à l'égard de l'autre partie et garder leur esprit ouvert en tout temps. Le climat en sera alors un de confiance mutuelle. Il n'y aura donc aucune intervention

RESPECT
CONFIANCE

teintée de menace ou de colère, et le langage utilisé sera neutre. Le point faisant l'objet d'une discussion sera dépersonnalisé et les interventions et questions viseront uniquement la clarification des données.

LA PROCÉDURE DE GESTION DES CONFLITS

RECHERCHE D'UNE SOLUTION

La condition la plus négligée nous semble l'existence d'une procédure permettant de déceler un conflit dès son apparition. L'objectif final recherché repose sur la conviction que toutes les parties peuvent bénéficier d'une solution qui respecte leurs objectifs; cette solution sera donc souhaitable et acceptable.

Il faut surtout que les membres s'entendent sur la procédure et les modes de résolution avant l'ouverture des délibérations et que le problème soit clairement défini pour toutes les parties.

LA GESTION DES CONFLITS

Afin de réduire ou de résoudre les conflits dans les organisations, les gestionnaires disposent de plusieurs approches[22]. Il s'agit non pas d'éliminer les conflits, mais d'en réduire les conséquences négatives. Les approches utilisées sont l'élimination de la cause du conflit, l'établissement d'un objectif rassembleur et les méthodes interpersonnelles.

Lorsqu'un conflit survient, le gestionnaire peut tenter d'en *éliminer la cause*. Ainsi, si le chevauchement des rôles est à l'origine du conflit, il doit clarifier les responsabilités et le niveau d'autorité des personnes reliées au conflit. Ou encore, si la rareté des ressources est en cause, il s'agit alors d'accroître la disponibilité des ressources convoitées. Bref, le gestionnaire peut redéfinir le système de rémunération, améliorer le réseau de communication, éliminer ou réduire les interdépendances, etc. Malheureusement, cette approche est parfois difficile ou impossible à utiliser.

Une autre approche consiste à rallier les troupes derrière *un objectif rassembleur* exigeant un effort et un soutien de chacun des membres du groupe ou de chacun des groupes en conflit. Cette méthode, souvent utilisée par l'administrateur, a pout but de rétablir un climat de collaboration au sein d'une équipe où les conflits interpersonnels nuisent au rendement. Cet objectif rassembleur ou encore la nécessité de se regrouper face à un adversaire commun stimule les membres du groupe qui relégueront leurs différents en seconde place. Pensons aux querelles intestines d'une équipe de hockey qui disparaissent lors de l'approche des finales de la saison.

Parallèlement à l'utilisation des approches mentionnées précédemment, le gestionnaire peut utiliser des *méthodes interpersonnelles* (ou intergroupes selon le cas) pour résoudre les conflits. Ces méthodes représentent différentes combinaisons de deux dimensions des interactions des groupes. La première

---

22. Lire à ce sujet: Stephen P. Robbins, *Organizational Theory: The Structure and Design of Organizations*, Englewood Cliffs, N.J., Prentice-Hall, 1983.

dimension, le degré de coopération, repose sur la conviction du gestionnaire que les objectifs des deux groupes sont compatibles. La seconde dimension, le degré d'assurance, reflète l'importance de l'objectif. Aucune de ces approches, soit l'évitement, la conciliation, la compétition, le compromis et la collaboration, ne représente la solution idéale. Chacune possède des avantages et des inconvénients et chacune représente une approche intéressante dans des circonstances particulières.

- L'évitement consiste à ignorer le conflit en espérant que le temps le fera disparaître ou, du moins, que ses conséquences négatives s'atténueront.
- La conciliation implique la résolution du conflit en effectuant des concessions qui favoriseront les autres; il s'agit, en fait, de se rallier non par conviction, mais pour éviter les conflits.

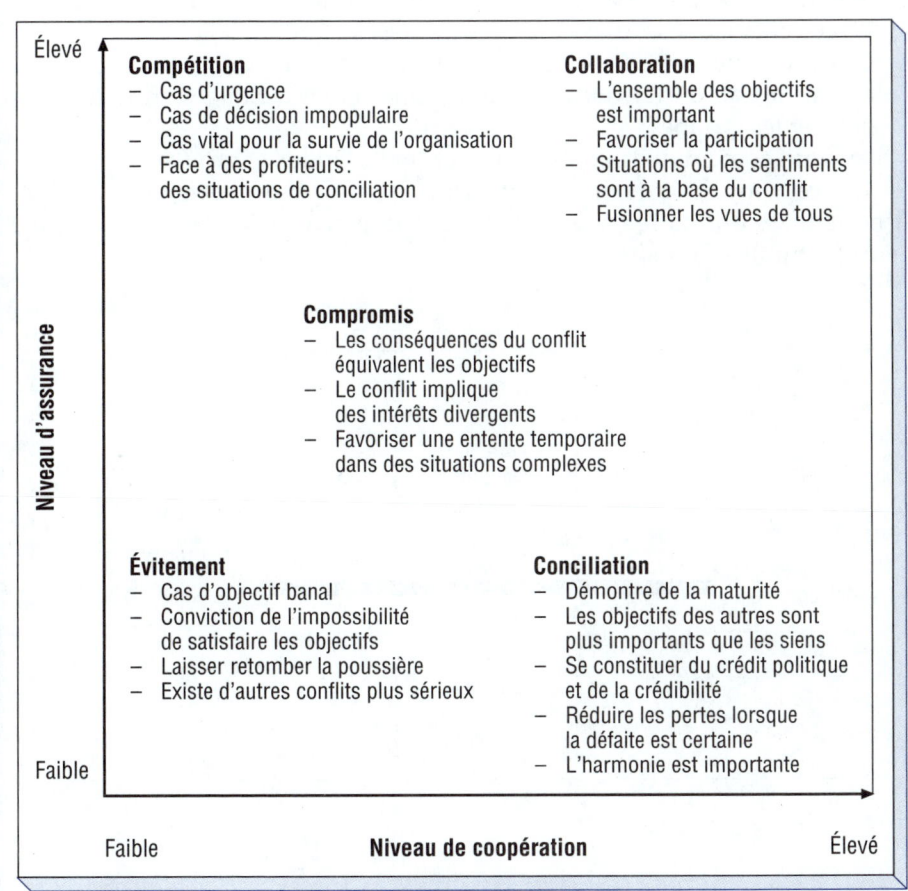

FIGURE 10.10
Les approches interpersonnelles[23]

---

23. Adaptation de Kenneth W. Thomas, «Conflict and Conflict Management», M.D. Dunnette, éditeur, *Handbook of Industrial and Organizational Psychology*, Chicago, Ill., Rand McNally, 1976, p. 900 et Kenneth W. Thomas, «Toward Multi-Dimensional Values in Teaching: The Example of Conflict Behaviors», *Academy of Management Review*, vol. 2, 1977, p. 484-490.

- La compétition consiste à tenter de remporter la victoire en éliminant les autres. Dans ce cas, il y aura un perdant et un gagnant.
- Le compromis ou la négociation consiste à échanger afin que la solution finale permette à chacune des parties de se retrouver dans une situation plus avantageuse à la fin du conflit; de fait, il y aura deux gagnants.
- La collaboration vise l'atteinte complète des objectifs de chacune des parties, du moins en ce qui concerne les objectifs importants, ce qui exige une bonne dose d'imagination et de créativité.

LA CRÉATION DE CONFLITS

Comme nous l'avons vu à la figure 10.3, un faible niveau de conflit entraîne l'apathie, la léthargie et un rendement médiocre. En conséquence, le gestionnaire se doit, comme le suggérait Jane Templeton[24], de stimuler les conflits. Il y a plusieurs façons[25] d'exhorter les troupes au conflit, soit:
- le regroupement d'individus aux valeurs et croyances divergentes;
- la distribution d'information afin de stimuler les échanges entre les individus et les groupes;
- l'encouragement de la compétition entre individus et groupes.

Tous ces moyens doivent être utilisés avec compétence et sous le contrôle attentif du gestionnaire qui doit s'assurer que le niveau de conflit soit à l'intérieur des limites souhaitées.

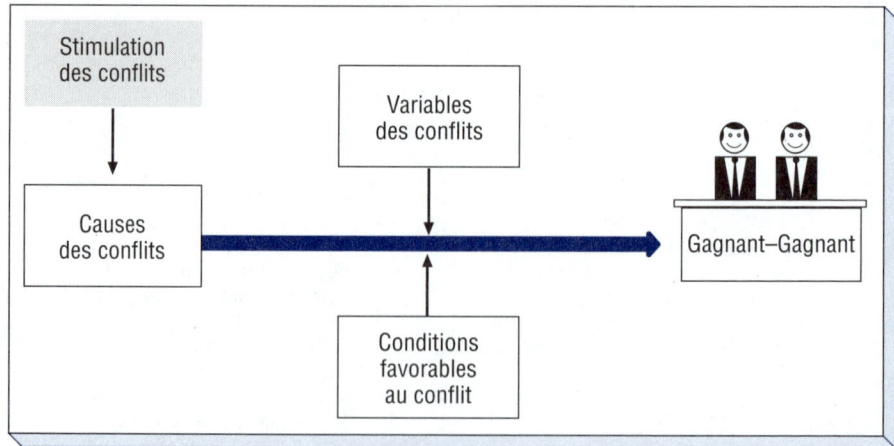

FIGURE 10.11
La résolution des conflits organisationnels

---

24. Voir note n° 5.
25. Inspiré de Stephen P. Robbins, *Organizational Theory: The Structure and Design of Organizations*, Englewood Cliffs, N.J., Prentice-Hall, 1983.

RÉSUMÉ

(Il faut noter que le texte suivant ne représente qu'un résumé de la description des objectifs.)

1) Expliquer ce qu'est un conflit.

   Le conflit est une dimension inévitable dans la vie de l'entreprise. C'est une source d'innovation et de créativité, une sorte de remise en question des pratiques et des habitudes de gestion. Il découle des relations entre les individus et entre les groupes. Il est causé par l'augmentation du stress chez un individu et par les conséquences qu'il entraîne sur ses activités dans son milieu de travail. Il émane aussi des attentes incompatibles entre individus ou groupes et des différences entre les tâches de chacun, entre les procédures, les valeurs ou les désirs. De plus, une interdépendance croissante entre les personnes, l'augmentation de la charge de travail et les pressions externes constituent d'autres facteurs propices à l'apparition d'un conflit.

2) Distinguer la perception traditionnelle et moderne du conflit.

   Auparavant, le conflit était perçu de façon très négative. Il arrivait souvent que les gestionnaires aient la réputation de pouvoir gérer sans créer aucune sorte de conflit. L'agressivité et la violence étaient associées au conflit, et ces phénomènes avaient fort mauvaise presse. L'harmonie était une vertu de la vie de l'entreprise, le conflit en était le pire des vices.

   Dans la perception moderne, le «conflit» est neutre. Il aura une valeur positive ou négative selon la situation. De plus, l'absence de conflit pendant une certaine période dans un groupe n'est pas nécessairement synonyme de saine gestion. En fait, le conflit est inévitable, car il provient des facteurs inhérents à la structure des organisations.

3) Présenter les avantages et les inconvénients des conflits.

   Les avantages

   Lorsqu'une situation apporte de l'insatisfaction à une des parties, l'on verra poindre à l'horizon les bases d'un conflit. Cette effervescence débouchera sur des changements dans le sens de ce qui était désiré. Donc, le conflit est une étape nécessaire à l'avènement du changement. Le conflit active les idées et invite à la participation et à l'implication. L'expression ouverte du conflit, même dans la colère ou la violence, entraîne des effets positifs. D'abord, la manifestation de son déplaisir face à une situation représente un geste qui diminue la pression ressentie. Le conflit est donc une soupape bénéfique. La collaboration entre les employés et les gestionnaires n'est jamais aussi forte que lorsque l'entreprise fait face à des problèmes de survie. Les conflits intergroupes sont donc des catalyseurs de la cohésion interne. La compétition avec soi-même peut avoir des effets positifs similaires. Le conflit engendre le stress, lequel est une source d'énergie.

   Les inconvénients

   La perpétuation d'un conflit peut entraîner une démarche d'hostilité ouverte et violente, comme une grève ou même une guerre. Si le conflit consomme trop de ressources, celles qui resteront à consacrer à la solution pourront être insuffisantes. Le conflit peut aussi être une source de conservatisme et de conformisme. La décision la plus populaire l'emporte sur la plus efficace. La cause première d'un conflit peut, à l'occasion, être mise à l'écart et remplacée par un nouvel objectif, soit la destruction de l'autre partie. Il ne s'agit plus de chercher la meilleure solution, mais plutôt de démontrer que l'autre a tort. Enfin, les conflits majeurs amènent une nette réduction de la confiance mutuelle. Chacun des membres de l'organisation abandonnera les objectifs du groupe pour se consacrer exclusivement à ses objectifs personnels.

4) Distinguer les types de conflits.

La première catégorie, les conflits intrapersonnels, comprend tous les conflits auxquels est confronté l'individu lorsqu'il est sollicité par plusieurs facteurs motivants ou par plusieurs besoins. Il y a différents types de situations conflictuelles qui se présentent à l'individu qui tente de satisfaire en même temps plusieurs besoins, l'un excluant l'autre; ce sont les conflits approche-approche, évitement-évitement et approche-évitement.

La deuxième catégorie, les conflits interpersonnels, comprend les conflits d'allégeance ou d'orientation et les luttes de pouvoir entre les individus.

La troisième catégorie comprend tous les conflits entre un individu et le groupe auquel il appartient. Il s'agit la plupart du temps de conflits concernant le non-respect des normes du groupe.

Enfin la quatrième catégorie englobe tous les conflits organisationnels ou intergroupes et originant principalement de l'évolution dynamique des groupes qui la composent. Les conflits organisationnels sont ceux que l'on retrouve entre les différentes entités d'une même organisation, c'est-à-dire entre des groupes qui doivent obéir à des règles similaires.

5) Présenter les causes de conflits.

L'incompatibilité des objectifs dévolus aux différents individus ou aux différents groupes de par la distribution des rôles inhérente à la structure de l'organisation est source de conflit. L'interdépendance des tâches laisse place au conflit. Il existe deux formes d'interdépendance: la forme séquentielle et la forme réciproque. La forme séquentielle existe lorsqu'un individu dans sa tâche dépend du travail effectué par un autre à une étape antérieure. L'interdépendance existe lorsque les membres d'un groupe ou les groupes d'une même entreprise sont interdépendants. La rareté des ressources telles que l'équipement, le financement, l'espace, les ressources humaines, etc., est souvent cause de conflit lors du partage, car la réussite d'un service dépend souvent de la somme des moyens mis à sa disposition. Les mauvaises communications sont cause de conflit découlant des bruits multiples inhérents au processus même. Il peut s'agir de la structure même du processus, de problèmes de sémantique, de langage ésotérique, de la possession de renseignements ambigus ou incomplets. La différence de personnalité entre les membres du groupe, l'incapacité d'un membre d'accepter cette différence, le caractère autoritaire d'un membre, les différences de valeurs ou toute autre caractéristique personnelle sont aussi causes de conflit. Le piètre système de rémunération qui accorde des récompenses à certains individus ou à certains groupes crée de la compétition entre ceux-ci dans des circonstances où la collaboration est importante.

6) Décrire les variables affectant les conflits organisationnels.

Un conflit sera résolu d'une façon ou d'une autre, aura des conséquences négatives ou positives, sera vécu par tous ou ignoré selon la cause du conflit et en fonction d'un certain nombre de variables. Ces variables qui affectent le cours des conflits et, par voie de conséquence, le choix du mode de résolution, sont les suivantes: l'existence de conflits interpersonnels, les caractéristiques des membres des parties en cause, le niveau de neutralité des parties au départ et la qualité de leurs relations antérieures, les enjeux du conflit, l'environnement social dans lequel évolue le conflit, le système auquel les parties appartiennent et les tactiques et stratégies utilisées. Il faut absolument vérifier la présence de ces éléments pour modifier l'évolution d'un conflit.

7) Expliquer les stratégies de résolution des conflits organisationnels.

Selon les facteurs déjà énumérés et selon la perception d'un groupe face aux conflits, différentes options s'offrent à lui quant au mode de résolution. Ces résultats peuvent être classés en trois catégories: gagnant-perdant, perdant-perdant ou gagnant-gagnant. Les stratégies utilisées par les parties déboucheront presque systématiquement sur un de ces résultats et ce, de façon prévisible.

Gagnant-perdant

Le résultat d'un conflit dans lequel une des parties obtient satisfaction et l'autre se retrouve dans le camp des perdants découle de différentes tactiques utilisées: le jeu de pouvoir, l'ignorance des arguments de l'autre ou l'ignorance de l'autre tout simplement, l'utilisation de la règle de la majorité et l'attaque systématique (le bélier mécanique).

Perdant-perdant

Ces stratégies permettent à chaque individu de gagner quelque chose. Mais pour cela, une condition est essentielle: il faut qu'il y ait eu repli sur certains points. L'issue de certaines de ces méthodes peut être gagnant-perdant sur certains points, mais sur l'ensemble du litige, il y a deux perdants. Les principales stratégies sont la négociation (le compromis), l'appel fait à une tierce personne qui agira comme arbitre, l'utilisation d'une norme, l'évitement et la compensation.

Gagnant-gagnant

Les modes de résolution des conflits débouchant sur un résultat gagnant-gagnant satisfont les parties à la fois sur les plans psychologique et des gains réels. Il s'agit du consensus et de la méthode résolutive.

8) Décrire les conditions favorables à la résolution des conflits organisationnels.

Voici tout d'abord les conditions fondamentales favorisant la résolution d'un conflit:

L'absence de pression en ce qui concerne le temps laisse à chaque partie la possibilité de s'ajuster à l'autre et constitue donc une condition fondamentale favorisant la résolution des conflits. Une autre condition est l'égalité de pouvoir et d'autorité des parties; s'il y a inégalité, cette différence est presque totalement ignorée et aucune des parties ne désire entreprendre une lutte de pouvoir. La taille du groupe est importante dans une discussion; lorsqu'elle est appropriée, elle favorise les interactions et la participation. Enfin, la structure organisationnelle supporte cette démarche et suscite la dépense d'énergie nécessaire à la réalisation de cet objectif.

Enfin, voici l'ensemble des conditions favorisant la résolution d'un conflit.

Les échanges dans le groupe doivent tendre au partage de tous les renseignements disponibles. Les modes de communication des idées doivent être très efficaces. Les parties doivent être conscientes de l'existence ou de la virtualité du problème. Elles doivent de plus sentir qu'elles sont liées entre elles et que leur sort commun les oblige à s'impliquer dans la discussion et à appuyer la décision qui en découlera. Les membres doivent partager un sentiment de respect et de réceptivité à l'égard de l'autre partie et garder en tout temps leur esprit ouvert. Le climat en sera alors un de confiance mutuelle et de solidarité. Les membres s'entendent sur la procédure et les modes de résolution avant l'ouverture des délibérations et le problème doit être clairement défini pour toutes les parties.

Vocabulaire

Collaboration
Compétition
Compromis
Conciliation
Conflit

Conflit interpersonnel
Conflit intrapersonnel
Conflit organisationnel
Évitement
Résistance au changement

QUESTIONS DE RÉVISION

1. Définissez chacun des termes de la section «Vocabulaire».
2. Décrivez les répercussions positives et négatives des conflits.
3. Pourquoi y a-t-il des conflits dans les organisations?
4. Quelles sont les causes des conflits interpersonnels?
5. Définissez les types de conflits dans les organisations.
6. Pourquoi les théories traditionnelles de management considéraient-elles le conflit comme négatif?

SUJETS DE DISCUSSION

1. «Les conflits doivent être évités à tout prix, car ils consomment trop de ressources et d'énergie.» Commentez.
2. Quelle est l'attitude des individus face au conflit dans votre classe, dans votre milieu de travail?
3. Y a-t-il des situations dans lesquelles une approche gagnant-perdant pourrait être avantageusement remplacée par une approche gagnant-gagnant? Discutez.
4. Certaines personnes semblent vouloir éviter les conflits à tout prix, d'autres donnent l'impression qu'elles les recherchent. Expliquez cette différence d'attitude.
5. Dans la gestion des conflits, quelles sont les qualités de communication les plus utiles?
6. Selon vous, pourquoi y a-t-il des conflits dans les organisations?
7. «Le meilleur moyen de favoriser la compétition dans mon service, c'est de créer des conflits.» Commentez cette affirmation d'un gestionnaire.
8. Pourquoi les gestionnaires s'opposaient-ils traditionnellement aux conflits?

CHAPITRE 10 : *La gestion des conflits*

EXERCICES PRATIQUES

1. Choisissez une situation de conflit que vous avez vécue dernièrement. Essayez d'en déterminer les aspects suivants :
   - ce que vous recherchiez ultimement ;
   - les concessions acceptables que vous étiez prêt à consentir ;
   - les stratégies qui s'offraient à vous.

   Faites une comparaison avec les événements réels qui se sont déroulés.

2. Le bar[26]

   La classe est partagée en 2 groupes égaux. Les groupes se retirent dans un coin isolé, si possible dans des locaux différents. Le but de l'exercice consiste pour chaque équipe à obtenir un score positif à la fin des 10 périodes. Si le total de points des 2 équipes est positif, les 2 gagnent, même s'il y a une différence dans le pointage. De la même façon, un pointage négatif entraîne la défaite de l'équipe ou des équipes.

   Pour compter des points, chaque équipe doit faire un choix entre 2 éléments dans le tableau qui suit. L'équipe bleue peut choisir entre le Cinzano et le Ricard, l'équipe rouge entre le gin et la vodka. Le choix doit permettre à l'équipe de compter le plus grand nombre de points possible.

   Les conséquences du choix d'une équipe dépendent aussi du choix de l'autre équipe. Cet élément de confiance demeure la seule ressource des équipes. Voici le tableau des choix et leurs conséquences :

CHOIX		RÉSULTATS	
Équipe rouge	Équipe bleue	Équipe rouge	Équipe bleue
GIN	CINZANO	+3	+3
VODKA	RICARD	−3	−3
GIN	RICARD	−6	+6
VODKA	CINZANO	+6	−6

   Déroulement :

   Les équipes ont 10 décisions à prendre, une à la suite de l'autre, et prennent connaissance des résultats avant de passer à la décision suivante.
   a) Les équipes isolées décident du choix de la première étape en visant le maximum de points possibles et en tentant de prévoir le choix de l'autre équipe.

---

[26]. Adapté de J. Williams et John E. Jones. *A Handbook of Structural Experiences For Human Relations Training*, vol. III, San Diego, University Associates inc., 1974.

b) Après cinq minutes de discussion, le choix de chacune des équipes est remis par écrit au professeur. Celui-ci indique les résultats aux deux équipes en se référant au tableau. Par exemple, si les bleus ont choisi Ricard et les rouges Gin, le résultat est le suivant: Bleus: +6, Rouges: –6.
c) Les équipes procèdent alors à la deuxième étape, elles ont trois minutes.
d) Les choix sont de nouveau remis au professeur qui indique les résultats de la deuxième étape et le total de chaque équipe.
e) Les équipes poursuivent l'exercice jusqu'à la fin de l'étape 10.
Notes:
1) Les résultats des décisions 1, 2, 4, 5, 6, 7 et 9 sont ceux indiqués au tableau.
2) Les résultats des décisions 3 et 8 sont doublés et ajoutés au total.
3) Les résultats de la décision 10 sont mis au carré, sans changer le signe mathématique, et ajoutés au total.
4) Il n'y a aucun contact entre les équipes, sauf à deux occasions: après les décisions 3 et 8, chaque équipe se choisit un représentant; ces deux personnes se rencontrent à l'abri des regards et de l'écoute des équipes. Après discussion, ils retournent dans leur équipe et l'exercice se poursuit. Une fois les résultats finals connus, les équipes discutent:
– de leur stratégie;
– de leur objectif;
– du résultat;
– de l'orientation des discussions dans les équipes;
– du mode de prise de décision;
– du rôle des deux représentants;
– de la perception de l'autre équipe avant, pendant et après l'exercice;
– des éléments qui ont influencé leur comportement.
3. La résolution de conflit en groupe[27]

Objectif

Vérifier le mode de résolution de problème seul ou en groupe et analyser les conflits.

Directives
1. Chaque participant prend 15 minutes pour lire attentivement l'histoire et répondre aux questions qui suivent l'anecdote en indiquant Vrai ou Faux.
2. En groupe de quatre, vous devez arriver à un consensus afin de fournir une réponse commune pour le groupe. Vous avez 20 minutes. (Ne changez pas vos réponses personnelles sur la feuille.)
3. Vous ne pouvez pas vous référer au texte de l'histoire pour répondre aux questions.
4. Le consensus est requis, donc pas de pile ou face, pas de vote majoritaire ou autre technique.

---

27. Inspiré de James H. Donnelly *et al.*, *Fundamentals of Management*, 6e édition, Plano, Texas, Business Publications inc., 1987, p. 370.

5. Lorsque l'instructeur vous fournira les bonnes réponses, compilez votre pointage, le pointage moyen du groupe et indiquez le pointage individuel le plus élevé.

Voici l'histoire.

Un épicier vient tout juste d'éteindre les lumières de son magasin, lorsqu'un homme apparaît dans l'entrée et lui demande de l'argent. Le propriétaire ouvre sa caisse enregistreuse. Le contenu du tiroir-caisse est vidé complètement et l'homme sort rapidement du magasin. Un membre des forces policières est immédiatement informé.

Questions

1. Un homme est apparu après que l'épicier eût éteint la lumière du magasin. Vrai Faux

2. Le voleur était un homme. Vrai Faux

3. L'homme ne demanda pas d'argent. Vrai Faux

4. La personne qui ouvrit le tiroir-caisse était le propriétaire. Vrai Faux

5. Le propriétaire vida le tiroir-caisse et s'enfuit en courant. Vrai Faux

6. Quelqu'un ouvrit le tiroir-caisse. Vrai Faux

7. Après que la personne qui demanda l'argent eut vidé le tiroir-caisse, elle s'enfuit en courant. Vrai Faux

8. Le tiroir-caisse contenait de l'argent, mais l'histoire ne dit pas combien. Vrai Faux

9. Le voleur demanda l'argent du propriétaire. Vrai Faux

10. L'histoire concerne une série d'événements concernant trois personnes, soit le propriétaire du magasin, un homme qui demanda de l'argent et le policier. Vrai Faux

11. Les éléments suivants sont vrais : quelqu'un a demandé de l'argent, le tiroir-caisse fut ouvert et un homme s'est précipité hors du magasin. Vrai Faux

4. Décrivez à la classe le rôle d'un médiateur en indiquant ses responsabilités, ses objectifs et les techniques mises à sa disposition. Pour ce faire, recourez à une expérience personnelle au cours de laquelle vous avez dû vous interposer entre des parents, des amis, des collègues de travail, etc.

CAS

CAS 10.1 : LE CONFLIT

Rollande Boisvert dirige le service de vérification des équipements de Motorex, une grande entreprise spécialisée dans l'entretien des moteurs diesel. Elle est responsable de ce service depuis plus de cinq ans et se tire très bien d'affaire.

Toutefois, il y a trois mois, elle a vu un conflit prendre forme entre deux de ses meilleurs employés. André Saint-Pierre a 47 ans, il travaille pour cette entreprise depuis plus de douze ans. Il a terminé ses études secondaires, sans plus, mais il a travaillé dans les meilleures entreprises de l'industrie avant de se joindre à Motorex.

Son expérience et son savoir-faire lui ont valu une réputation d'expert dont il se flatte. D'autant plus que, depuis quatre ans, Motorex a comme nouvelle politique de n'embaucher que des diplômés de cégep. En effet, afin de réduire les coûts de formation, la société a décidé de ne recruter que du personnel ayant une formation de base assez poussée.

André a reçu officieusement la responsabilité d'initier les nouveaux venus. De plus, ces nouveaux collègues de travail ont gardé l'habitude de consulter André chaque fois qu'ils rencontraient un problème. N'ayant aucune possibilité de promotion à cause de son manque de scolarité, André trouve dans cette marque de confiance une compensation satisfaisante.

Mais depuis trois mois, un nouvel employé, Claude Martel, lui cause indirectement des ennuis. Ni l'un ni l'autre n'éprouve d'antipathie au premier abord. Au contraire, lors de la période d'initiation, tout s'est déroulé normalement, André trouvait même que Claude présentait beaucoup de potentiel ; de son côté, Martel nota dans son rapport, à la fin des trente jours d'initiation, que Saint-Pierre était un excellent formateur.

Martel a été assigné à un poste il y a trois mois. Il n'a jamais fait appel à Saint-Pierre pour régler ses problèmes. Plus encore, il a fait part à Rollande Boisvert de nombreuses suggestions visant à améliorer la qualité des opérations et surtout à en réduire les coûts.

Maintenant, chaque fois que Martel fait une proposition, Saint-Pierre exprime les critiques les plus sévères. D'autre part, Martel a commencé à désapprouver les interventions de Saint-Pierre auprès des employés et critique même sa façon de former les nouveaux.

Bref, le conflit entre les deux hommes est devenu la principale préoccupation du service, et Rollande a l'impression certains jours que la seule solution consisterait à construire une cage et à y enfermer les deux belligérants.

QUESTIONS-GUIDES POUR L'ANALYSE DU PROBLÈME
1. D'où provient le conflit ?
2. Quelles sont vos propositions pour régler ce conflit ?

CAS 10.2: LE CONTRÔLE DE LA QUALITÉ

Fred Robinson est directeur de la production d'une usine de meubles de Victoriaville. Il détient ce poste depuis plus de 25 ans déjà et il est fier de participer à la fabrication de meubles dont la réputation de qualité dépasse les frontières. En effet, plus de 80% de la production de l'usine est exportée aux États-Unis et 7% en Europe.

La qualité des meubles est indiscutable, car les prix exigés sont très élevés et malgré cet handicap, les ventes ne cessent de grimper d'année en année. Dans ce contexte, le rôle du service de contrôle de la qualité est très important et ce dernier a instauré des procédures de vérification très sévères.

C'est justement ces procédures qui ont mis Fred en colère. Il est entré dans votre bureau ce matin protestant contre les initiatives du service de contrôle de la qualité. Il reproche à ce service et particulièrement à Jean-Raymond Laurin le nouveau directeur de ce service, de contrôler l'usine au complet. Fred croit que Jean-Raymond ne désire que se créer une réputation et, en conséquence, il refuse tout produit comportant un défaut, ne serait-ce qu'une pécadille. Fred a l'intention de déclarer la guerre à Jean-Raymond et il est venu vous avertir que sa patience était mise à rude épreuve.

QUESTIONS-GUIDES POUR L'ANALYSE DU PROBLÈME
1. De quel type de conflit s'agit-il?
2. Vous êtes directeur de l'usine, donc le supérieur immédiat de Fred et de Jean-Pierre, que pouvez-vous faire?

BIBLIOGRAPHIE

BARON, R.A., *Behavior in Organizations*, 2e édition, Boston, Allyn & Bacon, 1986.

BENNIS, W.G. et J.M. THOMAS (sous la direction de), *Management of Change and Conflict*, Baltimore, Md Penguin Books, 1972.

BLAKE, R.R., H.A. SHEPARD et J.S. MOUTON, *Managing Intergroup Conflict in Industry*, Houston, Texas, Gulf Publishing Co., 1964.

BLAKE, R.R., H.A. SHEPARD et J.S. MOUTON, *Solving Costly Organizational Conflicts*, San Francisco, Calif., Jossey-Bass, 1984.

BURKE, R.J., «Methods of Resolving Superior-Subordinate Conflict: The Constructive Use of Subordinate Differences and Disagreements», *Organizational Behavior and Human Performance*, vol. 5, n° 4, 1970, p. 393-411.

DERR, C.B., «Managing Organizational conflict: Collaboration, Bargaining and Power Approaches», *California Management Review*, vol. 21, n° 2, hiver 1978, p. 77 ss.

DEUTSCH, M., *The Resolution of Conflict*, New Haven, Conn., Yale University Press, 1973.

GAGNON, J.H., *L'art de bien négocier*, Montréal, Éditions Agence d'Arc, 1987.

HARE, A.P., *Handbook of Small Group Research*, New York, The Free Press, 1962.

THOMAS, K.W., «Conflict and Conflict Management», M. Dunnette, éditeur, *Handbook of Industrial and Organizational Psychology*, Chicago, Ill., Rand McNally, 1976, p. 889-935.

UTTAL, Bro, «The Corporate Culture Vultures», *Fortune*, octobre, 17, 1983, p. 66-70.

CHAPITRE 11
La gestion du changement

UN APERÇU
Introduction
Le cycle de vie des organisations
Le stade entrepreneurial
Le stade charismatique
Le stade de la formalisation
Le stade de la structuration
Le changement dans les organisations
La distinction entre le changement et l'innovation
La classification des changements
Le processus du changement
Les phases du changement
Les causes de résistance au changement
Les stratégies des gestionnaires pour faciliter le changement
- L'information
- La participation
- Le soutien
- La manipulation
- La négociation
- La contrainte

Les étapes du processus de changement
Le développement organisationnel
Le processus de développement organisationnel
Les habiletés du gestionnaire dans le développement organisationnel
Les conditions facilitant le succès du développement organisationnel
Le stress
Les causes du stress
La gestion du stress
Les conséquences du stress
Résumé

OBJECTIFS SPÉCIFIQUES

Après avoir lu ce chapitre, vous devriez être en mesure :

1) de définir le changement ;
2) de présenter le cycle de vie des organisations ;
3) de différencier changement et innovation ;
4) de présenter la classification des changements ;
5) d'expliquer les phases du changement ;
6) de décrire les causes de résistance au changement ;
7) de comparer les stratégies pour faciliter le changement ;
8) de décrire le processus de changement ;
9) de définir le processus de développement organisationnel ;
10) d'énumérer les stratégies de développement organisationnel ;
11) d'énumérer les habiletés du gestionnaire dans le développement organisationnel ;
12) de décrire les prérequis au succès du développement organisationnel ;
13) d'énumérer les causes du stress ;
14) d'énumérer les conséquences du stress.

MISE EN SITUATION

Deborah Millen est directrice d'une usine de fabrication de composante électronique à Saint-Jérôme. Cette usine appartient au groupe ÉlectroMondial qui possède des usines dans sept pays. Elle est en exploitation depuis 21 mois et Deborah y consacre toutes ses énergies, car cela représente la chance de sa vie. Diplômée de l'École de technologie supérieure et détentrice d'une maîtrise en génie informatique du Massachusetts Institute of Technology (MIT), elle a participé au projet depuis le tout début, alors que l'usine n'était qu'une idée sur papier.

Près de deux ans après le début des opérations, l'usine ne rencontre pas ses objectifs initiaux. Les opérations sont chaotiques et le seuil de rentabilité demeure un objectif lointain. L'usine possède l'équipement le plus perfectionné du monde et les effectifs, choisis par Déborah, sont parmi les plus qualifiés dans leur domaine. Malgré tout, les problèmes sont nombreux et Déborah craint qu'une autre année dans ces conditions marquera la fin de l'usine ou du moins la fin de son ascension au sein du groupe ÉlectroMondial.

Elle fait donc appel à un ami d'enfance qui enseigne à l'Université du Québec à Trois-Rivières. Il est spécialisé en comportement organisationnel. À la suite de trois réunions avec Déborah, le directeur des relations de travail et deux représentants du siège social, il en vient à la conclusion que l'usine souffre d'un grave problème de gestion, particulièrement aux plans du leadership et de la communication.

La qualité technique des gestionnaires de l'usine ne peut être remise en cause, mais les 14 cadres de l'usine ne forment pas une équipe homogène. Au sein de chacun des services, l'esprit d'équipe ne règne pas non plus. Il apparaît donc évident que les gestionnaires ont un urgent besoin de formation en gestion des ressources humaines. Par contre, Déborah ne veut pas de quelques séances de formation qui se traduiraient par des changements aussi rapides qu'éphémères. Elle tient à ce que les attitudes, les mentalités et les comportements changent. Elle désire surtout que les changements touchent l'ensemble de l'usine et se répercutent jusqu'à la base de la hiérarchie.

Lors d'une rencontre subséquente avec le consultant, ce dernier lui fit part de ses premières constatations. Selon lui, il semble y avoir des conflits majeurs entre le service d'exploitation et le service de conception, du moins entre les dirigeants de ces deux services. De plus, la très grande majorité des gestionnaires ont pris l'habitude, lors de l'implantation de changements technologiques, d'effectuer les modifications sans en informer au préalable les personnes concernées. Les communications latérales et le fonctionnement des comités de coordination laissent à désirer. Il n'y a aucun respect des principes fondamentaux de l'organisation tels que le respect de la hiérarchie, la définition des responsabilités et de l'autorité, etc. Ajoutons à cela un style de leadership très autoritaire qui laisse peu de place à la participation. Quant aux gestionnaires, ils consacrent trop de temps à participer à la gestion des problèmes techniques, négligeant ainsi les autres problèmes de gestion. Enfin, le système d'évaluation du rendement des employés n'est pas utilisé efficacement et il semble représenter un exercice futile et encombrant pour la plupart des gestionnaires.

Pour compléter le tout, deux des cadres du service d'organisation et méthodes sont en congé pour épuisement professionnel, le taux d'absentéisme est à la hausse et des conflits interpersonnels voient le jour dans tous les services.

Comme le dit la chanson: « Tout va très bien, madame la marquise. » C'est donc dire que Déborah a du pain sur la planche. En fait, aucun problème n'est insurmontable. Le problème de Déborah consiste à apporter des solutions à ses tracas, mais d'une façon efficace et permanente. La question qu'elle adressa à son ami, c'est: « Comment peut-on effectuer des changements en profondeur et qui affectent l'ensemble de l'organisation ? »

INTRODUCTION

Le changement est une caractéristique inéluctable de la vie de l'entreprise[1] au même titre que le conflit. Puisque les organisations sont des systèmes ouverts sur leur environnement et qu'elles doivent s'ajuster constamment, elles doivent donc changer leurs politiques, leurs procédures, leurs structures et parfois leurs membres.

Cette situation n'est pas de nature à rassurer et amène souvent les membres de l'organisation à développer du stress et à résister aux changements proposés ou plutôt, comme vous le verrez, aux conséquences de ces changements.

La vie des entreprises est comme celle des individus. Elle a un objectif, des règles de fonctionnement, des stades, une orientation et une certaine stabilité. Mais surtout elle est dynamique. Il faut donc accepter que les principes organisationnels que vous avez étudiés jusqu'ici soient bousculés et même bouleversés à l'occasion. Un coup d'œil sur l'environnement interne et externe des organisations nous permet d'y constater des changements rapides et importants: les lois ne cessent de changer, les prix sont de moins en moins stables, la disponibilité des matières premières pose souvent des problèmes, on exige une main-d'œuvre de plus en plus qualifiée, la composition de la main-d'œuvre se modifie constamment et la technologie ne cesse de nous surprendre tant son évolution est rapide. Les exigences de cette évolution écartent toute possibilité de définir une fois pour toutes ce que pourraient être la situation et la structure idéale d'une entreprise. Ce qui est valable aujourd'hui peut très bien ne plus l'être demain.

Nous avons vu que les conflits entraînent le changement, mais le changement crée aussi de nombreux conflits du genre de ceux que nous venons

---

1. Textes présentant les tendances des entreprises de l'avenir: John Naisbitt, *Les dix commandements de l'avenir*, Paris-Montréal, Sand-Primeur, 1984; John Naisbitt et Patricia Aburdene, *Méga tendances 1990-2000: Ce qui va changer*, Paris, First Documents, 1990; et John Naisbitt et Patricia Aburdene, *Coup d'État dans l'entreprise*, Paris, InterÉditions, 1986.

d'analyser. C'est alors qu'une gestion compétente du changement débouchera sur des conflits positifs, lesquels n'apporteront que des bénéfices à ceux qui les vivent et à l'entreprise.

La fréquence et la variété des changements obligent les gestionnaires à être plus conscients des implications de cette évolution; ils devront acquérir des habiletés en rapport avec la planification des changements. Plus encore, ils devront être à l'origine des changements. Pour cela, ils devront apprendre à leur faire de la place dans leur gestion quotidienne, à en prévoir les conséquences et surtout leur impact sur les autres membres de l'organisation. Enfin, ils devront s'habituer à contrôler toute résistance à ces changements.

Ces principes ont toujours leur place et doivent être intégrés dans l'entreprise; toutefois, dans des périodes d'instabilité ou d'évolution rapide, les conflits et les changements apparaissent souvent [2].

LE GESTIONNAIRE DOIT SUSCITER LE CHANGEMENT

La recherche de la stabilité et de la réalisation de son objectif oblige l'entreprise à s'adapter aux facteurs variables de l'environnement. L'absence de dynamisme, de flexibilité et d'adaptation dans ses opérations verra la complaisance et la stagnation s'installer. Le problème n'est pas de savoir si le changement doit être apporté, mais comment l'effectuer sans soulever de résistance. N'oublions jamais que les gens peuvent se conformer aux demandes des gestionnaires par obligation, mais la perte d'enthousiasme aura pour conséquence le maintien d'un rendement tout juste adéquat.

Ce qui est constant dans les organisations, c'est le changement, et les gestionnaires compétents y voient un aspect inéluctable, nécessaire et rentable. Le développement organisationnel (DO) est un domaine du management qui offre aux gestionnaires les outils pour effectuer efficacement les changements requis. En fait, les gestionnaires désirent planifier les changements et cet objectif sera atteint à l'aide du développement organisationnel.

LE CYCLE DE VIE DES ORGANISATIONS

Les organisations passent par un certain nombre de stades très précis dans leur cycle de vie. Le passage d'un stade à l'autre exige de l'adaptation, des changements, sinon l'évolution de l'organisation sera entravée gravement, parfois même au point de disparaître purement et simplement. Le nombre de stades varie selon les théoriciens du management. Nous avons retenu les auteurs[3] proposés par Bartol et Martin[4] pour analyser les impacts des stades du

---

2. Lire: John R. Schermerhorn, *Management for Productivity*, Carbondale, 1986, chap. 17.
3. Il n'y a pas de consensus sur ce sujet, mais adoptons le cycle de vie proposé par les auteurs suivants: Robert E. Quinn et Kim Cameron, «Organizational Life Cycles and Shifting Criteria of Effectiveness: some Preliminary Evidence», *Management Science*, vol. 29, 1983, p. 33-51; Ken G. Smith, Terrence R. Mitchell et Charles E. Summer, «Top Level Management Priorities in Different Stages of the Organizational Life Cycle», *Academy of Management Journal*, vol. 28, 1985, p. 799-820; et Larry E. Greiner, «Evolution and Revolution as Organizations Grow», *Harvard Business Review*, juillet-août 1972, p. 37-46.
4. Kathryn M. Bartol et David C. Martin, *Management*, New York, McGraw-Hill, 1991, chap. 7.

cycle de vie sur l'innovation. Ces stades sont: le stade entrepreneurial, le stade charismatique, le stade de la formalisation et le stade de la structuration.

LE STADE ENTREPRENEURIAL

**PEU DE STRUCTURE
OBJECTIF DE SURVIE
TRÈS INNOVATEUR
PEU DE PLANIFICATION
ENTREPRENEURS**

La majorité des organisations sont créées à partir d'une invention ou d'une innovation. C'est la concrétisation de l'idée ou du rêve d'un individu ou d'un petit groupe de personnes: la motoneige de J.A. Bombardier, le Apple de Jobs et Wozniak, la chaîne d'épiceries de Sam Steinberg, par exemple. Il ne s'agit pas à ce stade de consacrer des énergies à la planification ou à la coordination. En fait, l'initiateur consacre toute son énergie et ses ressources à faire évoluer son projet, ce qui l'obligera à chercher des appuis extérieurs.

LE STADE CHARISMATIQUE

**STRUCTURE INFORMELLE
OBJECTIF DE CROISSANCE
AMÉLIORATION DU PRODUIT
PLANIFICATION À COURT TERME
ENTREPRENEURS ET COLLABORATEURS**

À ce stade, d'autres personnes, souvent aussi enthousiastes que le fondateur, joignent l'organisation. Les efforts sont dépensés sans compter, le groupe part en croisade, l'organisation devient leur raison de vivre. L'implication de chacun est à son maximum et l'identification au groupe est très forte. Tout est informel, les structures sont quasi inexistantes, seul l'avancement du projet compte.

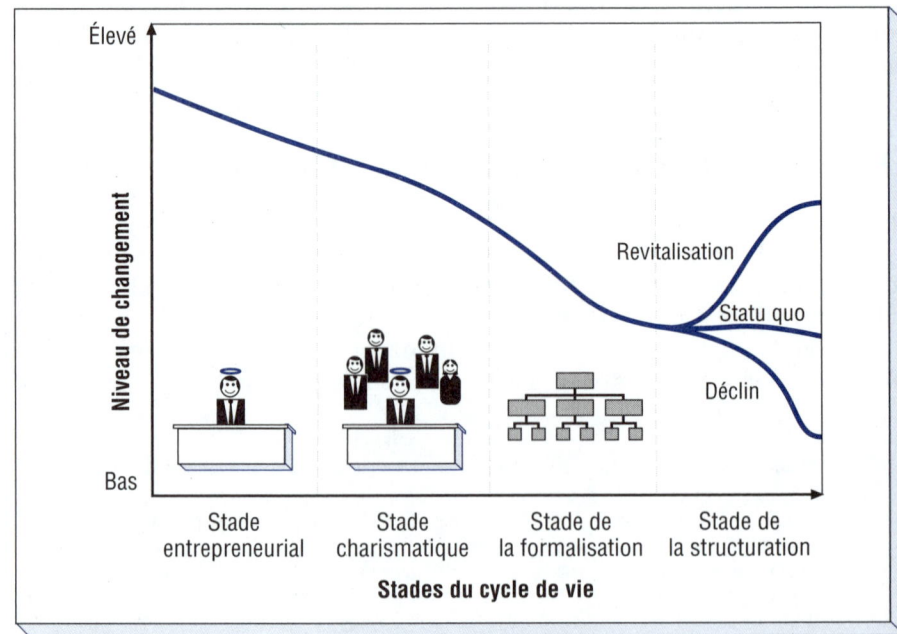

FIGURE 11.1
Les impacts des stades du cycle de vie sur l'innovation[5]

---

5. *Ibid.*, p. 229.

Le degré de croissance de l'organisation rend la gestion et surtout le contrôle extrêmement difficiles. L'« artiste »[6], le visionnaire ou le fondateur de l'organisation est dépassé par son entreprise et il devra faire appel à de véritables gestionnaires.

LE STADE DE LA FORMALISATION

Ce stade correspond à l'application du processus d'organisation présenté au chapitre 4. L'organisation est structurée en divers départements généralement en fonction des spécialités : les finances, l'exploitation, les ventes ; le contrôle est centralisé et les règlements et procédures deviennent monnaie courante afin d'assurer la coordination des activités. L'accroissement de la centralisation de la gestion étouffe l'organisation et l'empêche d'évoluer. L'entreprise devient sclérosée affectant ainsi l'innovation et le désir de prendre des risques.

STRUCTURE CENTRALISÉE
OBJECTIF D'EFFICACITÉ
MISE EN APPLICATION DE LA RECHERCHE
PLANIFICATION À LONG TERME
GESTIONNAIRES PROFESSIONNELS

LE STADE DE LA STRUCTURATION

L'organisation effectuera alors un exercice de décentralisation de la prise de décision. La départementalisation par fonction sera souvent remplacée par une départementalisation par produit. L'organisation vivra alors une phase de débureaucratisation et de réduction des coûts. Bref, il s'agit de revitaliser l'organisation, de lui donner le goût de l'innovation.

L'incapacité de traverser ce stade entraînera une réduction de l'innovation, la recherche constante d'un bouc émissaire, un fort taux de roulement et des conflits[7]. Dans ces conditions, l'intensité de la résistance au changement affectera, encore plus, le niveau d'innovation. La faillite, la liquidation ou la fusion seront les seules portes de sortie offertes aux organisations incapables de maintenir un degré minimum d'innovation.

DÉCENTRALISATION
OBJECTIF DE RESTRUCTURATION
RECHERCHE DE NOUVEAUTÉS
PLANIFICATION À LONG TERME
GESTIONNAIRES PROFESSIONNELS

LE CHANGEMENT DANS LES ORGANISATIONS

LA DISTINCTION ENTRE LE CHANGEMENT ET L'INNOVATION

Avant d'analyser la gestion du changement, il apparaît opportun de préciser la distinction entre le changement et l'innovation. Le *changement* représente une modification de l'état des choses. L'innovation représente une nouvelle idée appliquée à un processus, un produit ou un service : c'est une catégorie de changement[8].

Il s'agit donc de processus similaires, bien que l'innovation, parce qu'elle entraîne des idées tout à fait nouvelles, comporte des difficultés plus grandes.

---

6. Terme utilisé dans un merveilleux petit manuel : Patricia Pitcher, *Artistes, artisans et technocrates dans nos organisations*, Montréal, Québec/Amérique et Presses HEC, 1994.
7. Kim S. Cameron, David A. Whetten et Myung U. Kim, « Organizational Dysfunctions of Decline », *Academy of Management Journal*, vol. 30, 1987, p. 128.
8. Définitions fournies par Peter F. Drucker, « A Prescription for Entrepreneurial Management », *Industry Week*, 29 avril 1985, p. 33-38.

Ainsi toutes les innovations impliquent un changement, mais tous les changements ne comportent pas nécessairement des innovations.

L'innovation se distingue par un certain nombre de caractéristiques particulières. Ainsi, elle se définit par un environnement d'*incertitude*, car les étapes qui la composent et le succès qui est visé sont aléatoires. Ensuite, le processus de l'innovation est fondé sur la *concentration des connaissances*, surtout durant la période de développement, au sein d'un groupe relativement restreint d'employés; ce qui rend l'entreprise vulnérable dans sa recherche de l'innovation lorsque le taux de roulement dépasse un certain seuil. Troisièmement, la *controverse*, particulièrement reliée à l'allocation des ressources, accompagne généralement le processus d'innovation, car certaines activités à plus court terme peuvent réclamer ces mêmes ressources. Enfin, le processus de l'innovation exige un niveau d'*effort relativement élevé*, car il implique généralement la participation de plus d'un département dans l'organisation[9].

La classification des changements

Il existe essentiellement deux catégories de changements, soit les changements réactionnels et les changements planifiés. Ces derniers se subdivisent en différents types tels les changements structuraux, les changements technologiques et les changements touchant les membres de l'organisation.

Les catégories de changements[10]

> RÉACTIONS :
> – NÉGATION
> – IGNORANCE
> – RÉSISTANCE
> – ACCEPTATION
> – ANTICIPATION

Face au changement, les employés et les gestionnaires peuvent réagir de diverses façons. Tout d'abord, ils peuvent *nier le changement*, ce qui aura pour effet la chute continue du niveau de rendement de l'organisation. Puis les gens peuvent *ignorer le changement* en espérant que le temps corrigera la situation, c'est la procrastination. Troisièmement, les membres de l'organisation peuvent *résister au changement* pour toutes sortes de raisons, ce qui compliquera l'introduction des modifications requises au sein de l'organisation. Quatrièmement, les gens peuvent *accepter le changement* et s'adapter à la nouvelle situation. Enfin, ils peuvent l'*anticiper*, le planifier et ainsi mieux le contrôler.

Ce qui nous permet de classer les changements en deux groupes: les changements réactionnels et les changements planifiés.

Les changements réactionnels

> LES CHANGEMENTS RÉACTIONNELS

Les *changements réactionnels* sont ceux qui apparaissent soudainement à la suite d'un événement majeur et qui obligent les organisations à restructurer leurs opérations. Ce sont des changements apportés en réaction à des événements, des crises. Les quatre formes de réactions décrites plus haut font partie de ces changements. Dans ces circonstances, les gestionnaires n'ont

---

9. Caractéristiques proposées par Rosabeth Moss Kanter, citée dans Kathryn M. Bartol et David C. Martin, *op. cit.*, p. 226-227.
10. S.E. Seashore *et al.*, *Assessing Organizational Change: A Guide to Methods, Measures, and Practices*, New York, Wiley, 1983.

généralement que peu de temps à consacrer à l'analyse de la situation et à la planification du changement, optant pour des solutions inappropriées ou inadéquates. Les résultats pourront donc être décevants. Sans la présence de l'événement déclencheur, jamais ces changements n'auraient été apportés ou ils l'auraient été plus tard et effectués à un rythme plus lent.

Les types de changements planifiés

Le changement planifié représente la dernière forme de réaction des membres de l'organisation. Il existe cinq types de changements planifiés, soit les changements stratégiques, les changements structuraux, les changements technologiques, les changements au niveau des membres et les changements culturels. Leur interrelation est évidente. Ainsi, un gestionnaire qui désire effectuer les changements qui touchent la technologie se verra dans l'obligation d'effectuer aussi des changements au niveau des membres de l'organisation et des structures de celle-ci.

LES CHANGEMENTS PLANIFIÉS

Les changements stratégiques

Les *changements stratégiques* sont des moyens de s'ajuster à l'environnement, de profiter des opportunités de marché, de miser sur les capacités particulières de l'organisation. Cela peut aussi être une manœuvre pour se défendre contre les menaces de l'environnement ou pour pallier les faiblesses de l'organisation. Ces changements consistent à modifier la mission ou les objectifs stratégiques de l'organisation. Il peut s'agir de changements dans la politique de croissance de l'organisation, d'acquisition de nouvelles entreprises ou de liquidation de centres d'activités non rentables, de modification dans la gamme des produits offerts, ou encore de la réallocation des ressources disponibles par la concentration dans certains secteurs.

Les changements structuraux[11]

Les *changements structuraux* sont plus systématiques et visent un ensemble de l'organisation, sinon la totalité. Il s'agit en fait de réorganisation. Cette catégorie de changements affecte généralement les structures et les procédures, la répartition du pouvoir entre les gestionnaires possédant une autorité de commande et les gestionnaires possédant une autorité de conseil, et un changement de structure, passant de la structure par fonction à une structure matricielle. L'informatisation ou l'automatisation d'une entreprise est un exemple de changement planifié. On effectuera ces changements selon un processus identique dans presque toutes les circonstances.

Les changements structuraux concernent les modifications apportées à l'aménagement de la structure organisationnelle. Généralement, ces changements découlent de la modification de la mission de l'organisation ou de ses

LES CHANGEMENTS STRUCTURAUX

---

11. Harold J. Leavitt, «Applied Organization Change in Industry: Structural, Technical, and Human Approaches», dans W.W. Cooper, H.J. Leavitt, M.W. Shelly II, éditeurs, *New Perspectives in Organization Research*, New York, Wiley, 1964, p. 55-71.

objectifs. Il peut s'agir, entre autres, de faire disparaître certains niveaux hiérarchiques, de changer les procédures, de redistribuer l'autorité, de réformer l'éventail de subordination, de modifier le degré de centralisation de l'organisation, les réseaux de communication, la conception des emplois (voir chapitre 4), ou simplement d'aménager de nouveaux horaires de travail.

Les changements technologiques

LES CHANGEMENTS TECHNOLOGIQUES

Les *changements technologiques* sont ceux qui affectent l'équipement, les outils, les procédures, le matériel et les connaissances nécessaires à la production de biens et de services. Ces changements se traduisent d'ailleurs très souvent par une amélioration notable des biens et services fournis par l'organisation. Il s'agit de l'introduction de progrès techniques telles l'implantation de la robotisation et de l'automatisation dans les usines, de l'informatisation de la gestion par la bureautique par exemple, ou encore de l'intégration des

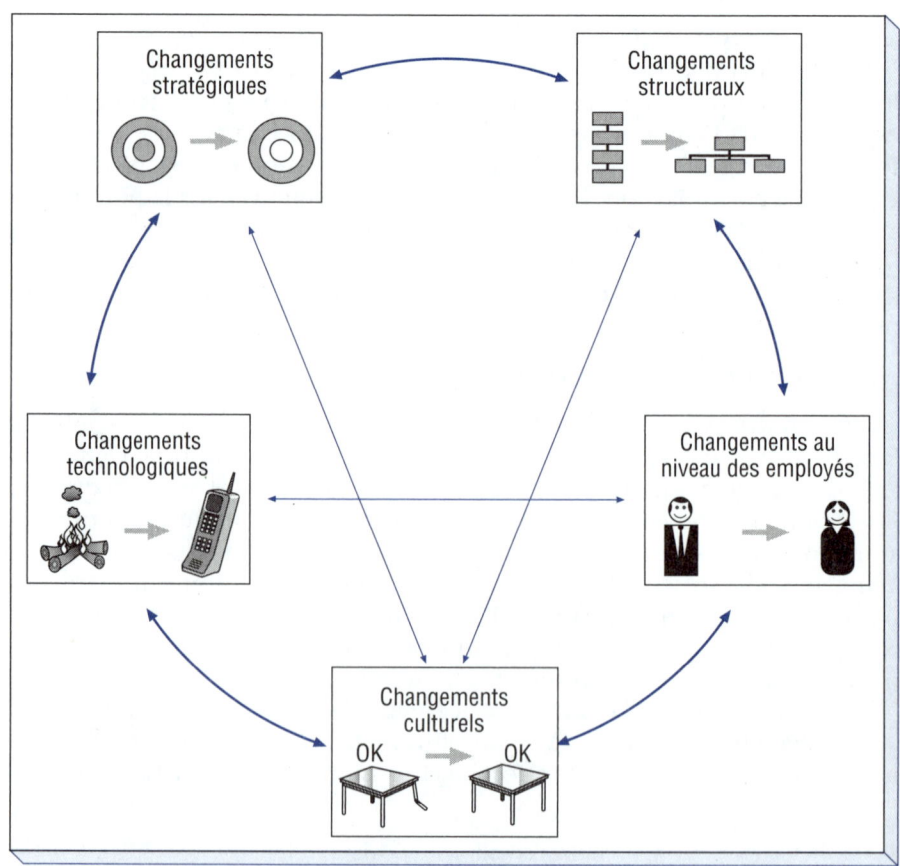

FIGURE 11.2
Les cinq types de changements planifiés[12]

12. Adapté de Harold J. Leavitt, *op. cit.*, p. 56.

technologies de l'information qui affectent toutes les sphères de l'organisation en modifiant les réseaux de communication. Les changements technologiques, qu'ils soient instaurés par la base de l'organisation ou imposés par la hiérarchie, impliquent généralement des changements structuraux.

Les changements au niveau des employés

Les *changements au niveau des employés* découlent surtout d'un désir d'accroître l'efficacité et le rendement de l'organisation. Ils exigent habituellement une modification des comportements, des attitudes, des habiletés, des modes de travail et des attentes des employés.

LES CHANGEMENTS AU NIVEAU DES EMPLOYÉS

Ces changements sont réalisables dans le cadre de l'implantation de divers programmes. Premièrement, les changements affectant l'élément humain de l'organisation peuvent être réalisés par un programme de formation afin de les initier aux nouvelles manières d'être et de faire de l'organisation. Deuxièmement, un programme d'embauche permettant de recruter des personnes dont les comportements, attitudes et habiletés correspondent aux désirs de l'organisation permettra de renouveler progressivement la main-d'œuvre en fonction de nouveaux besoins. Enfin, un programme de développement organisationnel représente une autre approche favorisant le changement au niveau des employés. Par ce programme, l'ensemble de l'organisation sera modifié, c'est-à-dire tous les employés, mais aussi les structures et la technologie utilisée. Nous étudierons plus en détail le développement organisationnel dans la seconde partie du chapitre.

Les changements culturels de l'organisation

Les *changements culturels* représentent une modification des valeurs, des croyances et des normes qui cimentent la cohésion des membres d'une organisation[13]. Les changements culturels sont directement reliés aux changements stratégiques et technologiques. En effet, la culture d'une organisation doit s'ajuster aux objectifs de celle-ci. Cette culture peut comprendre la valorisation de l'innovation, un esprit très développé de compétitivité, un accent mis sur les profits, une orientation vers le développement de la main-d'œuvre, un intérêt pour la productivité ou un attrait pour la qualité du travail[14].

---

13. Lire à ce sujet: Ralph H. Kilmann *et al.*, « Issues in Understanding and Changing Culture », *California Management Review*, vol. 28, 1986, p. 87-94.

14. Lire à ce sujet: Noel M. Tichy, *Managing Strategic Change: Technical, Political, and Cultural Dynamics*, New York, Wiley, 1983, p. 254; Yoash Wiener, « Forms of Value Systems: A Focus on Organizational Effectiveness and Cultural Change and Maintenance », *Academy of Management Review*, vol. 13, n° 4, 1988, p. 534-545; Courtenay J. Culp, « Shaping Your Corporate Culture », *Association Management*, août 1988, p. 77-79.

LE PROCESSUS DU CHANGEMENT

La mise en œuvre du changement par les gestionnaires lorsque le besoin est clairement établi ne s'effectue pas toujours selon les attentes. Les employés ont tendance à accepter le changement, puis à revenir aux anciennes méthodes de travail.

LES PHASES DU CHANGEMENT[15]

Le changement dans les organisations s'effectue en trois étapes: le dégel, le changement et le regel.

La *phase de dégel* apparaît habituellement lorsque les membres de l'organisation font face à de nombreux problèmes dont certains sont répétitifs. C'est

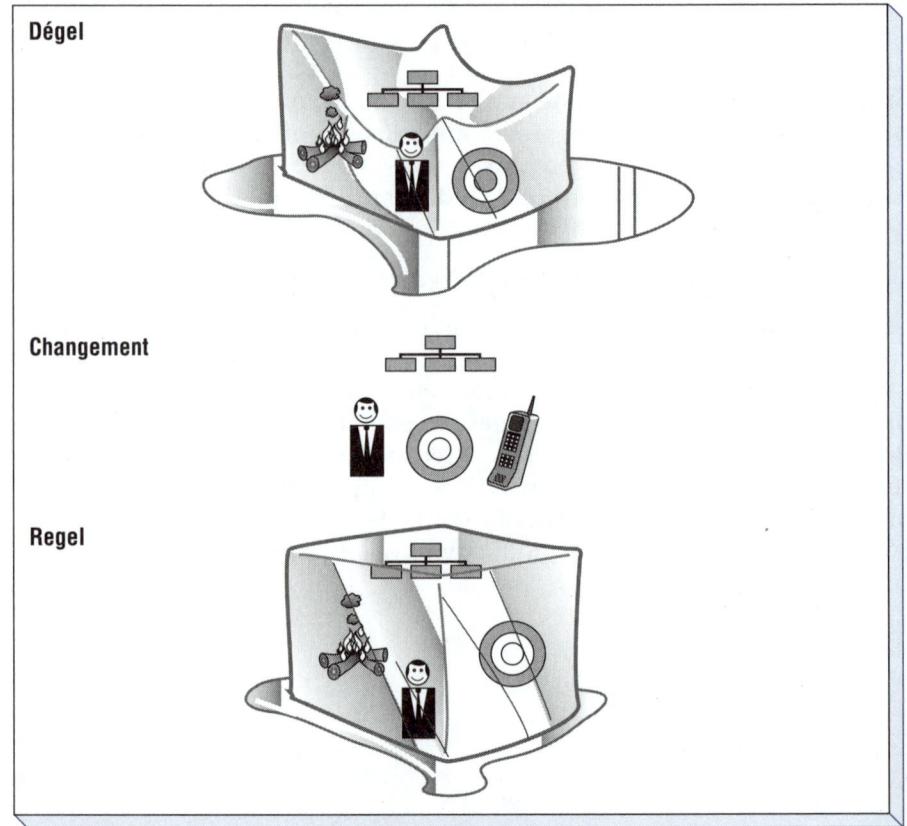

FIGURE 11.3
Les phases du changement

---

15. Ce modèle a été proposé par Kurt Lewin et modifié par E. Schein. Kurt Lewin, *Field Theory in Social Science*, New York, Harper and Row, 1951; Kurt Lewin, «Group Decision and Social Change», dans G.E. Swanson *et al.*, éditeurs, *Readings in Social Psychology*, New York, Holt, 1952, p. 459-473; E. Schein, *Coercive Persuasion*, New York, Norton, 1961.

le signal du dégel au sein de l'organisation. C'est la phase de la prise de conscience que les stratégies, les structures, les modes de fonctionnement utilisés ne fonctionnent plus, c'est la phase de la sensibilisation au changement. Le dégel apparaît concrètement lorsque les individus concernés entament des discussions concernant les besoins de changement. Les membres de l'organisation refusent le *statu quo*, reconnaissent le besoin de changement, proposent et discutent des solutions de rechange.

La *phase du changement* est amorcée par l'implantation de programmes qui permettront l'avènement de nouvelles structures, de nouveaux objectifs, d'une nouvelle façon de faire. Cette phase comprend l'étude des solutions de rechange, l'implantation de celle qui sera retenue et l'ajustement final en fonction des résultats obtenus.

La *phase du regel* correspond à l'acceptation des changements et à l'implantation d'un nouveau *statu quo*. C'est la phase de la stabilisation du changement. La tentation de retourner à « l'ancienne manière » ou de résister au changement est complètement disparue. Cette phase est atteinte seulement après une période d'ajustement qui comporte des manifestations de résistance au changement. Il est plus aisé de traverser cette période de résistance lorsque le gestionnaire connaît les motifs de résistance et les stratégies pour faciliter le changement.

LES CAUSES DE RÉSISTANCE AU CHANGEMENT[16]

Selon une opinion assez répandue, les employés résistent instinctivement à tout changement. Les difficultés que les gestionnaires rencontrent lorsqu'ils remplacent leurs méthodes ou leurs procédures justifient cette opinion.

Le changement suscite de l'opposition surtout lorsque ses *conséquences sont perçues négativement* ou lorsqu'il est difficile, justement, de prévoir ses conséquences. La première question que se pose un individu face au changement, c'est: Comment ce changement va-t-il m'affecter? Le réaménagement des bureaux, par exemple, peut susciter de vives réactions de la part de certaines personnes, une indifférence totale de certaines autres et une adhésion entière d'un dernier groupe. La perception d'une même situation diffère selon la situation actuelle des individus et l'importance accordée aux éléments affectés par le changement.

PERCEPTION NÉGATIVE DES CONSÉQUENCES

Les individus qui résistent le plus à toute forme de changement sont ceux-là mêmes que la *situation du moment privilégie*. En effet, tout changement implique une nouvelle distribution du pouvoir. Par exemple, une restructuration organisationnelle fera en sorte que les fonctions, les responsabilités et l'autorité des gestionnaires seront reformulées. Les personnes qui jouissent

PERTE DE PRIVILÈGES

---

16. Les causes et les stratégies énumérées sont tirées principalement de: John P. Kotter et Leonard A. Schlesinger, « Choosing Strategies for Change », *Harvard Business Review*, mars-avril 1979, p. 106-114; Paul R. Lawrence, « How to Deal with Resistance to Change », *Harvard Business Review*, janvier-février 1969, p. 4-14, 166-176; Pierre Simon, *Le ressourcement humain*, Montréal, Éditions Agence d'Arc, 1970, p. 149-153; Gerald Zaltman et Robert Duncan, *Strategies for Planned Change*, New York, John Wiley and Sons, 1977, chap. 4.

d'une grande autorité dans la structure en place risquent d'y perdre; du moins, il est peu probable qu'ils y gagneront quelque pouvoir. Ce seront donc les premiers à s'opposer à toute modification du partage des rôles. Souvent, les employés s'opposeront à des changements en vertu de critères semblables. Le vécu de l'entreprise, les conséquences des décisions passées sur leur situation personnelle orienteront leur façon de réagir à toute proposition de changement émanant des autorités supérieures. Les changements structuraux et technologiques causent souvent de l'insécurité: risque de perte d'avantages financiers, de pouvoir ou de prestige[17].

TABLE RASE

La résistance au changement se manifestera aussi chez ceux qui ont investi en ressources humaines ou en ressources financières dans les projets ou les activités que d'autres souhaitent éliminer. Certains se seront impliqués personnellement, moralement ou politiquement dans des activités qui de ce fait ont pris une grande valeur à leurs yeux. L'acceptation du changement dans ces situations signifie la perte des ressources déjà investies ou une *renonciation totale aux principes ou valeurs souvent si âprement défendus*. Le refus d'abandonner un programme de recherche qui n'aboutit pas aux objectifs prévus est de plus en plus difficile au fur et à mesure que de nouvelles ressources y sont investies.

MODIFICATIONS DU SYSTÈME SOCIAL

La structure organisationnelle définit souvent le système social des membres de l'organisation. Tout changement apporté à cette structure *redéfinit les rôles* de chacun et surtout le système d'interactions. On doit s'attendre à une opposition quasi spontanée envers ce genre de changement, car il implique un réajustement des comportements si difficilement appris. Comme nous l'avons vu dans le chapitre 6 portant sur les groupes, les relations sociales des membres de l'entreprise font partie du système de récompenses.

PERCEPTION DE LA PERSONNE QUI PROPOSE LE CHANGEMENT

La *personne qui apporte un changement* joue un rôle important dans l'acceptation du changement par les autres. Ainsi, les gestionnaires auront tendance à recevoir avec méfiance une proposition émanant du syndicat. De même, les militants syndicaux auront peut-être des appréhensions devant les initiatives de la haute direction.

REFUS DE TOUTE INGÉRENCE DE L'EXTÉRIEUR

Le choix de propositions de changement issues de l'extérieur sera aussi un facteur important de résistance. Supposons qu'un groupe d'employés, après des discussions serrées, décide de redéfinir les procédures de leur service pour en améliorer l'efficacité. La mise en place de nouvelles procédures par le service d'organisation et méthodes sera très mal reçue, car elle remet en cause l'effort des employés, en lui accordant une valeur limitée. Ce qui est en cause ici, ce n'est pas la valeur réelle des propositions de chacune des parties, mais plutôt l'impression créée par le rejet des propositions du groupe et par la mise en place de normes extérieures. Autrement dit, il s'agit d'une question de principe.

L'INCERTITUDE

L'*incertitude* face aux conséquences des changements sur leur vie personnelle et professionnelle suffit aux employés pour développer une résistance

---

17. Robert D. Gilbreath, « The Myths about Winning Over Resisters to Change », *Supervisory Management*, janvier 1990, p. 1-2.

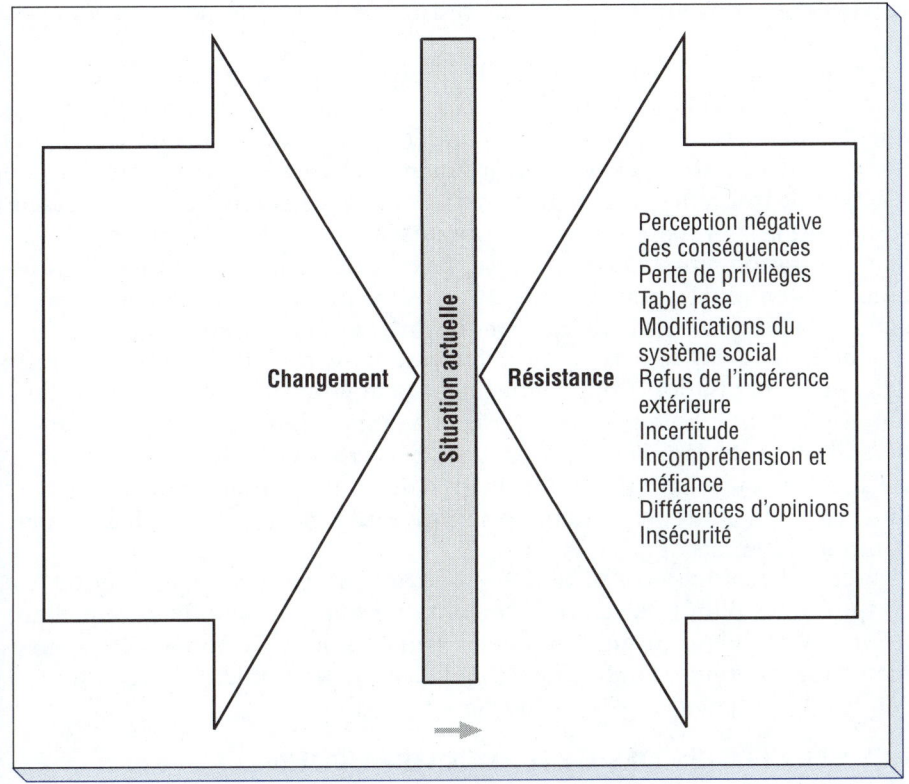

FIGURE 11.4
Les causes de la résistance au changement

aux propositions de changement. Il peut ne s'agir que d'une simple appréhension de la situation ambiguë et de la période de flottement qui accompagne tout changement. Ou encore d'une inquiétude réelle quant à leur capacité d'adaptation au changement, particulièrement au changement technologique. Enfin, l'employé pourrait résister de peur de perdre son emploi, conséquence fréquente lors de l'automatisation ou de l'informatisation des activités d'une entreprise[18].

L'*incompréhension et la méfiance* représentent une autre source de résistance au changement. Lorsque les motifs de changement n'ont pas été clairement expliqués ou compris, les employés peuvent se sentir manipulés, convaincus que les raisons réelles du changement leur ont été cachées. Les gestionnaires sont aussi affectés par cette incompréhension et cette méfiance. Les tentatives actuelles pour redonner aux employés un plus grand contrôle de leur travail, l'enrichissement des tâches, la constitution de groupes de travail autonomes

L'INCOMPRÉHENSION ET LA MÉFIANCE

---

18. Arnold S. Judson, «Invest in a High-Yield Strategic Plan», *Journal of Business Strategy*, juillet-août 1991, p. 34-39; Paul R. Lawrence, *op. cit.*, p. 4-12, 166-176.

et autres ont souvent rencontré une résistance démesurée de la part des gestionnaires[19].

LES DIFFÉRENCES D'OPINIONS

Les *différences d'opinions* quant à la nécessité du changement, au genre de changement ou à la manière d'effectuer le changement sont des sources fréquentes de résistance. Devant un problème, les conclusions des différents intervenants ne sont pas toujours les mêmes et elles peuvent entraîner une réaction de résistance de la part de ceux qui ne réussissent pas à imposer leur choix. Un gestionnaire efficace doit permettre à ses employés de manifester leur opposition à une décision. Ainsi, face à une mauvaise décision, la résistance des employés pourrait bloquer effectivement le changement et ainsi éviter à l'entreprise les conséquences négatives qui en auraient résulté.

INSÉCURITÉ

Finalement, l'acceptation du changement varie d'un membre à l'autre dans une organisation. Tout changement peut être perçu par certains individus comme une *menace à leur sécurité* et à leurs habitudes. Parfois, le fait de détenir un poste dans l'entreprise fait suite à certains événements circonstanciels. Alors, la perspective d'un changement quelconque peut insécuriser l'individu qui a atteint ou dépassé son niveau d'incompétence. Il sera donc parmi les premiers opposants.

OBJECTIF FINAL: SATISFACTION DES BESOINS

Bref, si les individus résistent au changement, ce n'est pas par étroitesse d'esprit, mais plutôt parce qu'ils veulent que soit maintenu le système dans lequel ils évoluent puisqu'il répond à leurs besoins. La portée des changements est inconnue, tandis que les bénéfices de leur situation présente sont connus: « Un tien vaut mieux que deux tu l'auras. »

LES STRATÉGIES DES GESTIONNAIRES POUR FACILITER LE CHANGEMENT[20]

Les gestionnaires ne doivent pas être décontenancés par l'apparition d'une résistance au changement, car plusieurs stratégies s'offrent à eux pour réduire ce phénomène. Malheureusement, certains gestionnaires ne tiennent pas compte des différentes façons qu'utilisent les employés pour manifester leur résistance au changement ou, encore certains d'entre eux ont mis au point une approche et tentent de l'appliquer dans toutes les situations et avec n'importe quel employé.

Or, le désir d'atteindre des résultats convenables exige que chaque stratégie soit utilisée dans des circonstances particulières pour être vraiment efficace. Afin de réduire les résistances au changement, le gestionnaire se doit de considérer les employés comme partie intégrante de l'organisation. Ainsi, lorsqu'il recourt à l'une des stratégies mises à sa disposition, il doit procéder par étapes et prendre le temps nécessaire afin d'éviter les chocs inutiles et coûteux.

---

19. Lire à ce sujet: Bill Saporito, « The Revolt against Working Smarter », *Fortune*, 21 juillet 1986, p. 58-65.

20. John P. Kotter et Leonard A. Schlesinger, *op. cit.*

Les principales stratégies sont l'information, la participation, le soutien, la manipulation, la négociation et la contrainte.

L'information

Cette stratégie visant à modifier le comportement des employés est sans doute la plus utilisée. Elle a pour postulat que l'ennemi principal du changement, c'est l'ignorance. Généralement, cette approche demande au gestionnaire qu'il indique à l'employé ce qu'il aura à faire, comment il devra le faire et surtout pourquoi il devra le faire. Il s'agit souvent d'un programme de formation dispensé à un individu ou à un groupe. Cette approche exige le respect de deux conditions fondamentales: d'abord que la personne qui véhicule l'information soit digne de confiance et, ensuite, que les employés soient capables de comprendre le message qui leur est transmis. Cette information peut s'avérer coûteuse ; elle peut surtout avoir un impact très limité si l'ennemi n'est pas l'ignorance, mais plutôt la présence de valeurs ou de croyances différentes de celles contenues dans le changement.

De plus, le gestionnaire doit communiquer avec les employés, c'est-à-dire non seulement parler, mais écouter. Là-dessus, souvenez-vous de l'importance de la rétroaction. Il faut absolument que le gestionnaire connaisse le motif réel de la résistance au changement.

Le gestionnaire devra être très clair concernant les objectifs et les conséquences de ces changements. La résistance des employés est souvent causée par le fait qu'ils ignorent les effets du changement. Le gestionnaire peut démontrer, s'il possède des données concrètes, les résultats obtenus dans d'autres unités ou dans d'autres entreprises afin de convaincre les employés du bien-fondé des changements. Informer les employés, autant que faire se peut, du contenu des changements afin qu'ils puissent réagir en fonction des faits et non des rumeurs, voilà une exigence de l'acceptation du changement.

Cette stratégie est très utile lorsqu'il s'agit de changements technologiques, ou encore lorsque la compréhension des changements exige la connaissance précise de certaines données et, enfin, lorsque les délais permettent d'informer correctement toutes les personnes concernées.

POUR COMBATTRE L'IGNORANCE EMPLOYÉS CONVAINCUS = PARTENAIRES EXIGE BEAUCOUP DE TEMPS

La participation

Cette approche (orientée vers des valeurs) soutient que la résistance d'un employé à faire une chose découle d'un choix. En fait, si l'employé refuse le changement, c'est qu'il a trouvé une autre façon de faire qui correspond mieux à ses valeurs. Donc, avant de le former (voir l'approche information), il faudra modifier ses valeurs et ses opinions. Pour y parvenir, le gestionnaire devra susciter des rencontres et des discussions, créer un climat de confiance en faisant preuve d'ouverture[21].

---

21. Lire à ce sujet: S. Hinckley, «A Closer Look at Participation», *Organizational Dynamics*, vol. 13, n° 3, hiver 1985, p. 57-67 ; et Paul R. Lawrence, *op. cit.*, p. 4-12, 166-176.

Pour finaliser les propositions de changement Employés participants = concernés Implique l'ouverture aux propositions des employés

Les individus qui participent à l'élaboration des changements seront plus à même d'en comprendre le bien-fondé et ils vivront moins d'incertitude quant aux répercussions de ces changements. Mais il se peut que la mise à contribution de l'employé amène un changement de comportement chez le gestionnaire. Celui-ci devra accepter d'avoir à modifier éventuellement sa proposition de changement, puisque l'exercice risque d'amener des propositions de changements de part et d'autre. Mais il est fort probable que les idées qui émergeront de cet exercice amélioreront le changement proposé, sa mise en œuvre et les résultats attendus[22]. Enfin, ce processus peut s'avérer long et coûteux.

Le soutien[23]

En vertu de cette approche, le gestionnaire offrira à l'employé qui éprouve de l'insécurité devant le changement, le soutien technique, moral et psychologique nécessaire pour affronter les difficultés qui en résultent[24]. Par exemple, le gestionnaire peut fournir aux employés l'équipement et le matériel adéquat pour permettre au changement de s'effectuer sans trop de problèmes. Cette stratégie doit souvent être utilisée avec les employés qui occupent un poste depuis longtemps et qui se sentaient jusqu'alors en sécurité. De plus, cette approche exige un effort important et soutenu de la part du gestionnaire.

Pour remédier au problème d'ajustement Unique solution pour permettre l'ajustement Coûteux et astreignant

S'il n'est pas prêt ou s'il ne dispose pas du temps nécessaire, vaut mieux qu'il n'entreprenne pas cette démarche, car il n'y a pas de demi-mesure dans son application. Si le soutien provient de la haute direction de l'organisation, ce sera là un avantage marqué pour annihiler ou du moins réduire la résistance au changement, particulièrement dans les cas de changements structuraux affectant plusieurs départements.

La manipulation

Cette approche diplomatique à tendance persuasive est souvent choisie par dépit. En effet, le gestionnaire sera tenté d'y recourir s'il sent qu'il ne jouit pas de la confiance des employés pour communiquer directement avec eux et les convaincre, s'il n'a pas la force nécessaire pour utiliser la contrainte et s'il n'est pas assuré de la réaction positive des employés. Par exemple, le gestionnaire ne fournira aux employés que l'information ayant un impact positif, leur dissimulant les effets négatifs déjà connus. Cette stratégie repose sur le principe que la fin justifie les moyens. Malheureusement, le coût de cette méthode peut dépasser toute évaluation. En effet, lorsque les employés découvrent qu'ils ont été manipulés, ils en gardent un souvenir vivace. Par voie de conséquence, l'avenir des relations entre les employés et le gestionnaire peut être dangereusement hypothéqué.

---

22. Paul R. Lawrence, *ibid.*
23. Lire : D. DiBlase, « Influence Works Better Than Force in Leading Change », *Business Insurance*, 21, p. 28-29, 17 août 1987.
24. Tom Terez, « A Manager's Guidelines for Implementing Successful Operational Changes », *Industrial Management*, juillet-août 1990, p. 18-20.

Parfois le gestionnaire utilisera la cooptation qui est une forme de manipulation où le gestionnaire choisira un employé qui représente une opposition possible et, avec de l'imagination, il reliera les besoins de celui-ci avec les objectifs visés. Il suffira, par exemple, d'accorder à la personne qui risque le plus de s'opposer au changement, un poste au sein du comité responsable de l'implantation du changement. L'individu se ralliera, espérant faire accepter ses propositions lors des rencontres de ce comité. Malheureusement, sa situation minoritaire risque de rendre ses efforts caducs. Le gestionnaire ne désire pas vraiment la participation d'un « résistant », l'objectif consiste surtout à obtenir l'adhésion de celui-ci et son concours pour éliminer les velléités de résistance des autres.

Choix par dépit
Méthode rapide et efficace pour éviter la résistance
Implications négatives pour le futur

La négociation

Sans affecter son autorité, il est normal pour un gestionnaire de négocier avec les personnes affectées par le changement, afin de réduire le niveau de résistance. Lorsqu'un élément important (individu, groupe ou département) représente une source potentielle de résistance, son appui peut être négocié en échange de garanties ou de concessions.

Ajoutons que le compromis n'est pas déshonorant. Lorsque le gestionnaire propose des changements, il se peut que les membres du service concerné exigent que des modifications soient apportées. Mieux vaut un changement amendé et accepté qu'un changement intégral mais bloqué.

Enfin, le changement crée des remous, dérange la routine. C'est pourquoi le gestionnaire doit offrir certaines garanties ou compensations. Il se peut qu'on ne puisse éliminer toutes les résistances au changement, mais si les motifs favorisant le changement sont fondés, il faudra accepter de ne pouvoir satisfaire tout le monde.

Pour éviter l'affrontement
Stratégie facile pour éviter la résistance
Les autres groupes peuvent désirer négocier

La contrainte

L'approche contraignante (coercitive) repose sur les punitions et les récompenses, le jeu de pouvoir. Le gestionnaire emploie cette stratégie lorsqu'il considère que les changements auront des conséquences négatives pour les employés ou qu'ils ne leur sont nullement agréables. Il peut s'agir de pertes d'emploi, de rétrogradations, de mutations, de coupures de salaires, ou autres. Cette technique est fort pratique lorsque le temps manque. Mais pour l'appliquer, le gestionnaire doit posséder un grand pouvoir de récompenses et de punitions et doit généralement édicter une « règle », la communiquer et en faire connaître les conséquences. Mais surtout, les punitions ou les récompenses doivent être plus importantes que le motif de refus de l'employé, et le gestionnaire doit avoir la situation bien en main. Cette situation de dernier recours est aussi fondée sur le principe que la fin justifie les moyens. Malheureusement, le coût de cette méthode peut dépasser ses avantages et tout effort de changement futur risque de rencontrer de grandes difficultés[25].

Pour les situations d'urgence
Rapide et efficace à court terme
Très risquée à long terme

---

25. Arnold S. Judson, *op. cit.*

LE CHANGEMENT NE SE FAIT PAS SEUL

Tout compte fait, la meilleure stratégie dépend de la situation. Il faut éviter de s'en tenir à une seule, sinon les employés finissent par connaître cette stratégie et comprennent qu'elle n'est pas fondée sur une démarche sérieuse, qu'elle est simplement une solution de facilité. De plus, il ne faut surtout pas croire que le changement traversera le temps avec succès et que, de toute façon, les employés finiront par l'accepter. Il faut planifier le changement.

Afin d'utiliser *la stratégie la plus appropriée et la plus efficace,* les gestionnaires utilisent une technique appelée l'*analyse des champs de forces*[26]. Cette méthode implique que le gestionnaire analyse deux catégories de forces affectant une proposition de changement, soit les forces *positives* (*driving forces*) et les forces *négatives* (*restraining forces*). Les forces positives sont les facteurs favorisant le changement et les forces négatives sont les facteurs qui militent à l'encontre du même changement. Ainsi, à un moment spécifique dans le temps, ces deux groupes de forces s'équilibrent, créant le *statu quo*. Afin de réaliser un changement, le gestionnaire doit accroître les forces positives ou réduire les forces négatives, ou faire les deux. Selon Lewin, lorsque le gestionnaire augmente les forces positives, il risque d'engendrer une réaction

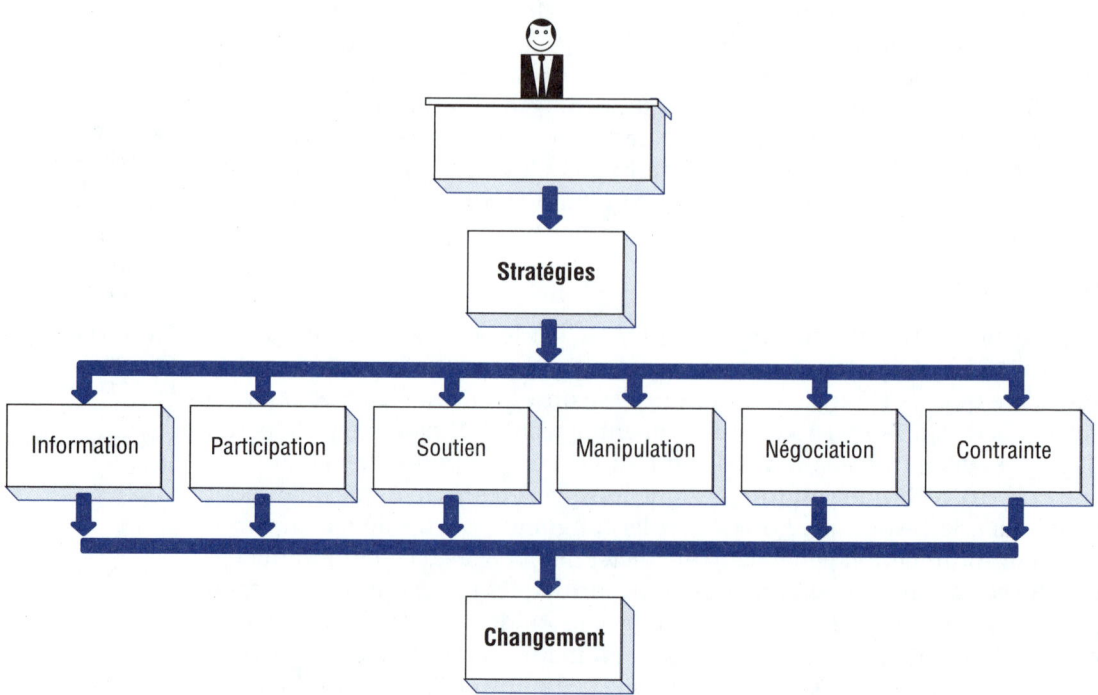

FIGURE 11.5 Les stratégies de changement

26. Analyse développée par Kurt Lewin : Kurt Lewin, *op. cit.*; Michael Beer, Russell A. Eisenstat et Bert Spector, « Why Change Programs Don't Produce Change », *Harvard Business Review*, novembre-décembre, 1990, p. 158-166.

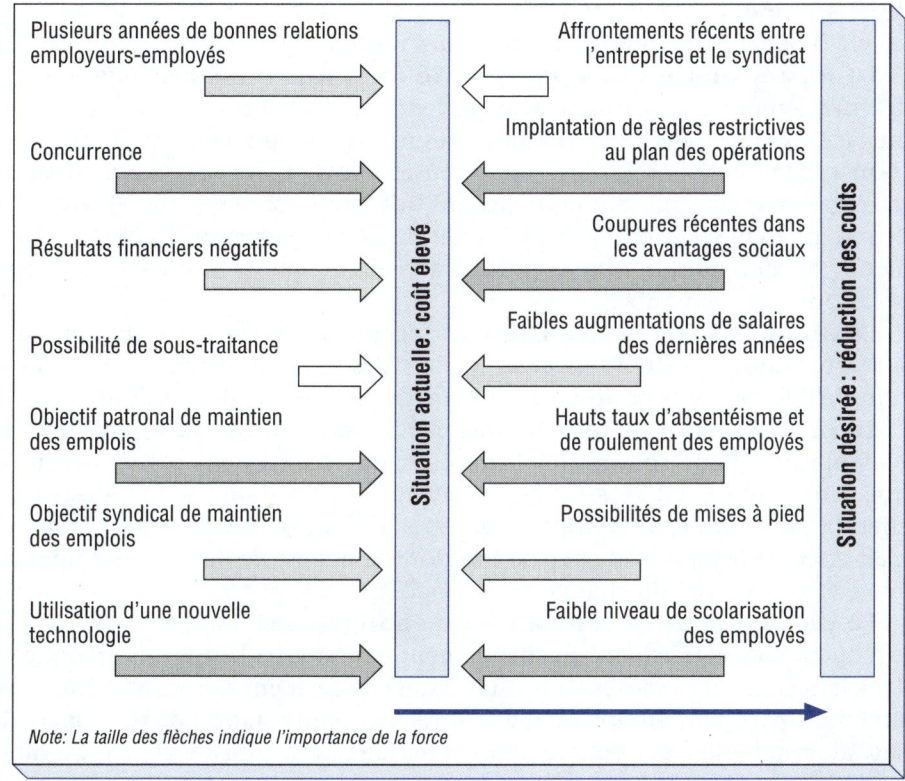

FIGURE 11.6
L'analyse des champs de forces

qui augmentera les forces négatives. Il est donc préférable de travailler surtout à la réduction des forces négatives. La figure 11.6 illustre un exemple[27] d'analyse des champs de forces. Dans son désir de réduire les coûts de production, l'entreprise pourrait hausser le niveau de scolarisation de ses employés, déterminer clairement le nombre de mises à pied, améliorer les taux d'absentéisme et de roulement et revoir les règles restrictives nouvellement implantées dans l'usine. Déjà, ces quelques démarches favoriseraient la modification de la situation vers une situation plus favorable de coûts réduits.

LES ÉTAPES DU PROCESSUS DE CHANGEMENT

Afin de réaliser les changements planifiés, les gestionnaires doivent respecter un processus en six étapes, soit la perception d'une opportunité ou d'une menace, l'analyse de la situation, la présentation d'une solution et l'adoption

---

27. Inspiré de Kathryn M. Bartol et David C. Martin, *op. cit.*, p. 244.

du changement, la réduction de la résistance au changement, la mise en œuvre du changement et l'évaluation des résultats[28].

La perception d'une opportunité ou d'une menace. Le processus de changement commence par la perception d'une opportunité ou d'une menace. Généralement, les gestionnaires réagissent aux menaces et aux problèmes. Malheureusement, de nombreuses occasions de changement sont ratées parce qu'ils ignorent les occasions que leur offre le marché. Il faut évidemment analyser ce qui ne va pas, mais il faut aussi examiner à fond les éléments de l'organisation qui vont très bien et qui présentent aussi des occasions d'amélioration[29].

Le diagnostic de la situation. La seconde étape du processus consiste à diagnostiquer la situation et à générer des idées novatrices, en tenant compte des éléments positifs dans le fonctionnement de l'organisation.

La présentation de la solution et l'adoption du changement. La présentation d'une solution et l'adoption du changement représentent la troisième étape. C'est l'étape où généralement la résistance se manifeste. En effet, la proposition sera probablement rejetée, à moins que le gestionnaire n'ait effectué un travail de persuasion dont le but est de démontrer l'importance et la nécessité du changement proposé.

La réduction de la résistance au changement. Puis, c'est l'étape de la réduction de la résistance au changement. Pour toutes les raisons invoquées dans la section « Les causes de résistance au changement » de ce chapitre, il y aura de la part d'un groupe ou d'un autre une manifestation de résistance. Il faut alors planifier des actions afin de réduire cette résistance, c'est-à-dire bien planifier l'introduction du changement à l'aide des stratégies déjà présentées dans la section « Les stratégies des gestionnaires pour faciliter le changement » du présent chapitre.

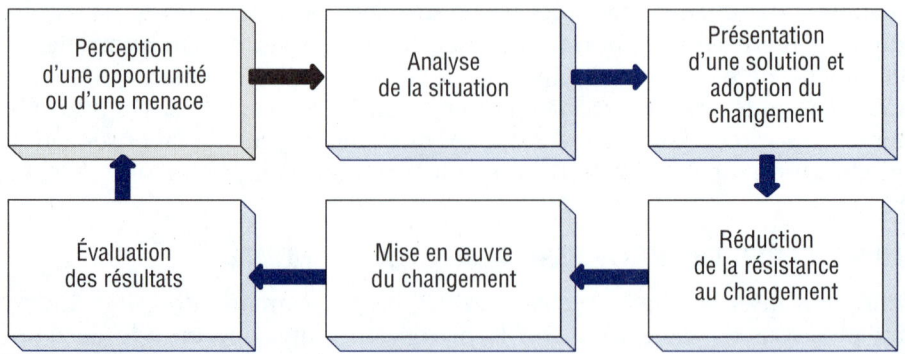

FIGURE 11.7
Les étapes du processus de changement[30]

28. Inspiré de : Gerald Altman, Robert Duncan et Johny Holbek, *Innovations and Organizations*, New York, Wiley, 1973 ; Richard L. Daft et Richard M. Steers, *Organizations : A Micro/Macro Approach*, Glenview, Ill., Scott, Foresman, 1986.

29. Peter Drucker, « A prescription for Entrepreneurial Management », *Industry Week*, 29 avril 1985, p. 33-34.

30. Richard L. Daft et Richard M. Steers, *op. cit.*, p. 569.

La mise en œuvre du changement. La mise en œuvre du changement constitue la cinquième étape. L'effort investi dans la préparation du changement et la qualité de réalisation des étapes précédentes rendent cette étape relativement facile. C'est le moment de vérité.

L'évaluation des résultats. L'évaluation des résultats représente la sixième étape. Comme nous l'avons vu lors de l'étude du processus de gestion, la planification ne prend sa vraie valeur que lors du contrôle qui permet de vérifier l'atteinte des objectifs ou encore, de mesurer l'ampleur des correctifs à apporter afin de rapprocher les résultats des attentes.

LE DÉVELOPPEMENT ORGANISATIONNEL

Nous venons de voir que les organisations doivent être constamment prêtes au changement compte tenu de l'instabilité de l'environnement externe. Le développement organisationnel représente l'outil par excellence permettant à l'organisation d'atteindre ses objectifs à long terme. Le développement organisationnel peut être défini comme un effort (1) planifié, (2) touchant généralement l'ensemble de l'organisation, et (3) géré par les cadres supérieurs, dont l'objectif (4) est d'améliorer l'efficacité et la santé de l'organisation par (5) des interventions planifiées dans les processus administratifs en (6) utilisant les connaissances des sciences du comportement[31].

Nous analyserons brièvement le processus du développement organisationnel, les habiletés requises du gestionnaire, les techniques utilisées et les conditions facilitant le succès du développement organisationnel.

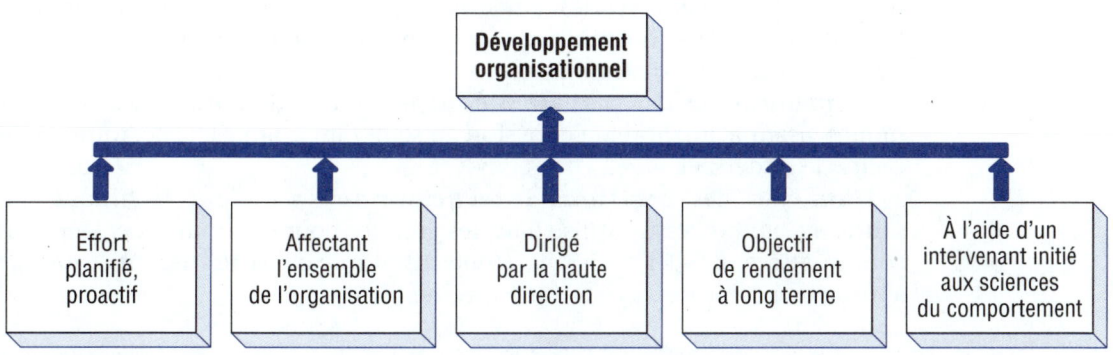

FIGURE 11.8 Les caractéristiques du développement organisationnel

---

31. Inspiré de la définition d'un classique: R. Beckhard, *Organization Development: Strategies and Models*, Reading, Mass., Addison-Wesley, 1968, p. 9; et Michael Beer, *Organization Change and Development: A Systems View*, Santa Monica, Calif. Goodyear, 1980.

Le processus de développement organisationnel[32]

Le processus se subdivise en trois étapes soit le diagnostic, l'intervention et l'évaluation des résultats. Notez que ces étapes se confondent avec le processus de changement étudié plus haut. Cela est normal, car le développement organisationnel représente un effort de changement particulier.

Le diagnostic

Le processus de développement organisationnel commence généralement par un diagnostic de la situation présente. Il s'agit d'analyser les opinions, les valeurs et les normes des membres de l'organisation qui pourraient jouer un rôle négatif dans la recherche de l'efficacité maximum. Généralement, l'agent de changement[33] procède par enquête (entrevues, questionnaires, observations des comportements et analyses des documents disponibles) pour cueillir les informations nécessaires. Par suite d'une première analyse, les renseignements sont distribués aux personnes concernées par le changement. Un plan d'action est élaboré en collaboration avec tous les membres; il est mis en œuvre et évalué. L'exercice est répété jusqu'à la satisfaction complète des membres et de la haute direction.

L'intervention

Lorsque le diagnostic est clairement posé, les interventions de développement organisationnel sont définies et mises en application. Ces stratégies de changement sont élaborées par les membres de l'organisation et l'agent de changement. Les six principales stratégies[34] utilisées sont la promotion du travail d'équipe, l'analyse des relations interpersonnelles, l'intervention d'un tiers, l'approche sociotechnique, le changement de la culture organisationnelle et les activités de formation.

La **promotion du travail d'équipe**[35] implique l'utilisation de techniques visant à améliorer la cohésion au sein d'un groupe et à accroître l'efficacité de ce dernier.

L'**analyse des relations interpersonnelles** est une technique qui s'intéresse au processus utilisé dans les groupes pour communiquer, gérer les conflits et prendre des décisions. L'objectif ultime consiste à rendre le groupe apte à gérer sa propre dynamique interne.

---

32. Étapes proposées par Wendell L. French et Cecil H. Bell fils, *Organization Development: Behavioral Interventions for Organizational Development*, Englewood Cliffs, N.J., Prentice-Hall, 1978; Edgar F. Huse et Thomas G. Cummings, *Organizational Development and Change*, 3ᵉ édition, St. Paul, Minn., West, 1985.

33. L'agent de changement est la personne responsable de la mise en œuvre du changement. Il est un catalyseur. Ce peut être un consultant externe spécialiste des sciences du comportement ou un gestionnaire de l'entreprise. Mais il est important qu'il ne soit pas relié au changement afin d'apporter un regard nouveau.

34. Proposées par R. Beckrard, *op. cit.*, 1968, p. 9-14.

35. William G. Dyer, *Team Building: Issues and Alternatives*, 2ᵉ édition, Reading, Mass., Addison-Wesley, 1987.

L'**intervention d'un tiers** a pour objet d'aider les individus et les groupes à solutionner leurs conflits majeurs sur le plan de la tâche ou des relations interpersonnelles.

L'**approche sociotechnique**[36] tente de rallier les contraintes organisationnelles et les exigences des employés. Il s'agit en fait d'améliorer parallèlement la productivité et la qualité de vie au travail.

Le **changement de la culture organisationnelle** implique le développement d'une culture organisationnelle conforme aux stratégies de l'organisation et à la structure organisationnelle entre autres facteurs. En fait, il faut déterminer la culture existante de l'organisation, en vérifier la pertinence et en implanter une nouvelle si nécessaire. La culture organisationnelle correspond à la façon de faire acceptée dans l'organisation. Elle comprend un ensemble de valeurs, d'opinions et de normes partagées par les membres de l'organisation.

Les **activités de formation** ont pour objectif de fournir à chaque individu les compétences et les connaissances requises pour œuvrer au sein de l'organisation et y apporter une contribution positive.

À ces stratégies nous pouvons ajouter les réunions de confrontation, la grille de développement organisationnel, la planification des objectifs personnels et des objectifs professionnels, la direction par objectifs, les cercles de qualité, la technique d'analyse des rôles, la négociation, les systèmes de Likert, l'analyse transactionnelle, etc.[37]

Ces stratégies de développement tentent de solutionner les problèmes immédiats, mais elles visent surtout à offrir aux membres de l'organisation la possibilité d'acquérir les habiletés, les compétences et les attitudes nécessaires pour affronter les futurs problèmes et pour s'adapter plus facilement aux nouvelles situations de l'organisation.

L'évaluation des résultats

Les étapes du changement discutées plus haut supposent que les comportements, les attitudes, les valeurs, les connaissances et les habiletés des individus doivent être évalués périodiquement. À partir des données recueillies préalablement à l'application des différentes stratégies, il sera possible de mesurer de temps à autre l'évolution de l'organisation vers les objectifs qu'elle se sera fixés au début de l'exercice.

---

36. Maurice Boisvert, *L'approche socio-technique*, Montréal, Les éditions Agence d'Arc, 1990.
37. Pour plus de détails concernant ces techniques, voir: Judith R. Gordon, *A Diagnostic Approach to Organizational Behavior*, Boston, Allyn and Bacon, 1983.

LES HABILETÉS DU GESTIONNAIRE DANS LE DÉVELOPPEMENT ORGANISATIONNEL[38]

Afin d'obtenir des résultats satisfaisants lors de l'utilisation du développement organisationnel, les gestionnaires (ou les agents de changement) doivent acquérir certaines habiletés: habiletés interpersonnelles, habiletés de résolution de problème, habiletés dans la dynamique des groupes et habiletés politiques.

Les **habiletés interpersonnelles** comprennent la capacité d'établir des réseaux de communication efficaces même dans les moments de tensions vives où l'émotion est à son comble. La compétence du gestionnaire à interpréter la communication non verbale fait aussi partie de ses atouts. Enfin, il doit être capable de créer un climat où la rétroaction sera non menaçante et où l'expression des sentiments se fera dans une atmosphère de tolérance.

Les **habiletés de résolution de problème** sont fondamentales, car l'objet même du développement organisationnel est d'apporter une réponse aux divers problèmes vécus. Il lui faut donc être capable de reconnaître les éléments cruciaux et importants dans l'ensemble de la situation. Il se doit aussi de garder une certaine neutralité, afin d'éviter de s'impliquer émotivement dans le problème. Il doit aussi pouvoir se contrôler lorsque certains membres du groupe manifesteront leurs récriminations de manière très émotive et parfois virulente.

Les **habiletés de gestion de la dynamique des groupes** sont importantes, car l'ensemble de l'exercice se fera au sein de groupes et de comités. Il lui faudra diriger ces groupes, c'est-à-dire non seulement amener les personnes à prendre part à la discussion, mais il devra intervenir pour faire avancer les échanges de manière concrète (voir le chapitre 6: Le rôles des membres).

Les **habiletés politiques** sont aussi requises afin d'établir sa crédibilité qui permettra aux membres du groupe de faire connaître leur point de vue plus franchement. Le gestionnaire doit savoir quoi dire à tous moments, il doit savoir comment le dire et, surtout, il doit être capable de gérer les situations difficiles.

LES CONDITIONS FACILITANT LE SUCCÈS DU DÉVELOPPEMENT ORGANISATIONNEL

Les résultats du développement organisationnel ne sont pas toujours probants. Souvent les échecs sont attribuables à l'absence d'un environnement favorable. Les conditions nécessaires[39] au succès de cet exercice sont: la reconnaissance de l'existence du problème, particulièrement par la haute direction; l'utilisation d'un consultant externe en développement organisationnel; le soutien clairement avoué des cadres supérieurs; l'obtention d'un

---

38. Pour des guides d'utilisation du développement organisationnel, voir: John A. Pearce II et Richard B. Robinson fils, *Management*, New York, McGraw-Hill, 1989, p. 390 et 392.

39. Tiré de Wendell L. French et Cecil H. Bell fils, *Organization Development: Behavioral Interventions for Organizational Improvement*, 3ᵉ édition, Englewood Cliffs, N.J., Prentice-Hall, 1984.

résultat rapide; la formation des membres aux techniques de développement organisationnel; la reconnaissance des forces des membres; la formation de spécialistes en développement organisationnel au sein de l'entreprise, et particulièrement au niveau des gestionnaires; l'excellence et le sérieux de la gestion du programme de développement organisationnel et l'analyse périodique des résultats.

LE STRESS[40]

Le changement ou les conflits créent chez les individus un stress. Le terme *stress* est souvent utilisé pour décrire ce phénomène de tension. La meilleure *définition* que nous ayons pu trouver pour comprendre la signification réelle du mot « stress » nous est fournie par Ivancevich et Matteson[41]:

> *Le stress représente l'interaction de l'organisme avec l'environnement [...] C'est une réponse adaptée, transformée par les caractéristiques de l'individu ou par son processus psychologique, à une situation externe qui exige d'une personne un effort physique ou psychologique spécial.*

DÉFINITION

Hans Selye définissait le stress comme « une réponse non spécifique du corps à une demande quelconque ».

Le stress n'est, en soi, ni mauvais ni bon, ni dommageable ni stimulant. Il ne faut pas chercher à l'éviter; il faut plutôt apprendre à le maîtriser, à le gérer[42].

Le stress est devenu un des sujets d'étude les plus courants dans la littérature actuelle du comportement organisationnel. En effet, le stress peut dans certains cas affecter psychologiquement et physiquement le gestionnaire et, conséquemment, sa contribution à l'organisation. Il est une des principales causes de l'absentéisme et du taux de roulement. Enfin, nous sommes maintenant convaincus que le stress peut être maîtrisé[43].

LES CAUSES DU STRESS

Notez qu'un événement susceptible de provoquer du stress, ne le provoquera pas chaque fois. En fait, ce n'est pas l'événement lui-même qui déclenche du stress chez l'individu, mais la façon dont celui-ci le perçoit. Les principales

---

40. À lire sur le sujet: A. Antovsky, *Health, Stress and Coping*, Londres, Jossey Bass Publications, 1981; S. Levine et H. Ursin, *Coping Health*, New York, Plenum Press, 1980; P. Lôo et H. Lôo, *Le stress permanent*, Paris, Masson, 1986; J. Rivolier, *L'homme stressé*, Paris, P.U.F., 1989; et H. Selye, *Stress in Health and Desease*, Boston, Butterworth, 1976; H.J. Freudenberger, *L'épuisement professionnel: La brûlure interne*, Chicoutimi, Gaëtan Morin éditeur, 1987.

41. John M. Ivancevich et Michael T. Matteson, *Stress and Work*, Glenview, Ill., Scott, Foresman, 1980, p. 5-9.

42. Lire à ce sujet: Hans Selye, *Le stress sans détresse*, Montréal, La Presse, 1974. Du même auteur: *Le stress de la vie*, Paris, Gallimard, 1975; *Le stress de ma vie*, Montréal, Stanké, 1986. Et James C. Quick et Jonathan D. Quick, *Organizational Stress and Preventive Management*, New York, McGraw-Hill, 1984, p. 8-9.

43. Ces motifs sont suggérés par: Richard M. Steers, *Introduction to Organizational Behavior*, Glenview, Ill., Scott, Foresman, 1981, p. 339-341.

causes du stress (les stresseurs) proviennent de la même origine que les causes des conflits. Nous pouvons classer les stresseurs en quatre catégories selon leur origine: les stresseurs issus de l'*environnement* de l'organisation, les stresseurs issus de l'*organisation même*, les stresseurs issus des *groupes* en relation avec l'employé et les stresseurs issus de l'*employé* lui-même[44].

ENVIRONNEMENT

Les variables de l'*environnement* (voir le chapitre 1: Les variables de l'environnement qui influencent le comportement du gestionnaire) qui affectent l'employé en augmentant son stress sont les modifications des variables économiques, les changements dans les valeurs sociales et familiales[45], les changements technologiques, les problèmes de relations de classes et surtout de groupes ethniques, phénomène nouveau au Québec.

ORGANISATION

L'*organisation* offre, quant à elle, des situations de stress de par ses politiques et sa structure organisationnelle (voir le chapitre 4). Arthur Brief[46] mentionne les évaluations du rendement arbitraire, les iniquités salariales, les procédures ambiguës, la centralisation des décisions, la spécialisation des tâches, l'absence d'intimité (bureaux à aire ouverte), le bruit, les mauvaises communications, les contrôles irréalistes, etc.

GROUPE

Le *groupe* de travail représente aussi une source de stress. Il doit répondre aux besoins sociaux de l'individu; dans le cas contraire, il y aura augmentation du stress chez ce dernier. La cohésion du groupe apporte sécurité et réconfort à l'individu. Un groupe privé de cette cohésion sera cause de stress pour ses membres. Enfin, comme mentionné dans le chapitre précédent, les conflits entre individus et entre groupes suscitent la méfiance et génèrent du stress[47].

INDIVIDU

L'*individu* lui-même peut être une source de conflit (voir le début du chapitre 10), il peut donc être la cause de son stress. Sa personnalité tel un tempérament impatient, colérique, agressif est souvent à l'origine du stress d'un individu. Les différents rôles du gestionnaire, dans sa famille, dans son travail, dans sa vie professionnelle et dans sa vie sociale, sont parfois en conflit. De plus, au travail, il peut exister des incompatibilités entre les exigences de son poste, les politiques de l'entreprise et les ressources mises à sa disposition. La quantité de travail exigée, écrasante ou exagérément réduite, prédispose aussi l'individu au stress[48].

---

44. Adapté de: John M. Ivancevich et Michael T. Matteson, *op. cit.*, p. 145 et ss.
45. Lire à ce sujet: Paul H. Mussen, *The Psychological Development of the Child*, Englewood Cliffs, N.J., Prentice-Hall, 1963, p. 60-61.
46. Arthur P. Brief, Randall S. Schuler et Mary Van Sell, *Managing Job Stress*, Boston, Little, Brown, 1981, chap. 2.
47. John M. Ivancevich et Michael T. Matteson, *op. cit.*, p. 125-129.
48. Extrait de: Peter J. Nicholson fils et Swee C. Goh, «The Relationship of Organization Structure and Interpersonal Attitudes to Role Conflict and Ambiguity in Different Work Environments», *Academy of Management Journal*, mars 1983, p. 149. Lire sur le même sujet: Arthur G. Bedeian et Achilles A. Armenakis, «A Path-analytic Study of the Consequences of Role Conflict and Ambiguity», *Academy of Management Journal*, juin 1981, p. 417-424.

Nous nous servirons de l'échelle bien connue de Holmes-Rahe[49] pour présenter une base d'évaluation quantitative du stress. Il faut bien sûr nuancer la valeur indiquée pour chacun de ces agents stressants, mais l'échelle demeure une évaluation pertinente. À noter que plusieurs des agents de stress concernent le milieu familial. Cet environnement nous apparaissant de prime abord plus rassurant que le milieu de travail, nous sommes moins préparés à nous prémunir contre lui. Voici donc un extrait de l'échelle de Holmes-Rahe :

Décès du conjoint	100
Divorce	73
Séparation des époux	65
Décès d'un proche parent	63
Mariage	50
Perte d'emploi	47
Retraite	45
Grossesse	40
Difficultés sexuelles	39
Réaménagement de la vie professionnelle	39
Changement de carrière	36
Modifications de ses responsabilités professionnelles	29
Succès personnels éclatants	28
Changement de l'horaire de travail	20

La planification de la main-d'œuvre au sein des organisations permet à certains égards de limiter le stress résultant d'une modification de carrière. La planification de la main-d'œuvre, son impact sur le plan de carrière des individus à l'intérieur de la structure de l'entreprise, l'évaluation périodique ainsi que le rendement du gestionnaire permettent de préparer ces réorientations et de limiter le stress qui pourrait en découler.

LA GESTION DU STRESS

Le gestionnaire doit s'intéresser à la présence du stress dans son organisation. Il doit en premier lieu tenter de déceler les situations à potentiel de stress. Il peut d'autre part offrir un cadre d'implication plus large à l'employé. Ainsi, l'enrichissement des tâches[50] (voir le chapitre 7 : L'enrichissement et la restructuration des tâches), la décentralisation (voir le chapitre 4 : L'autorité centralisée et l'autorité décentralisée), la participation, l'amélioration des réseaux de communication (voir le chapitre 9 : « Les formes de réseaux de communication ») sont au nombre de ces stratégies. Ajoutons l'importance de clarifier les rôles et fonctions de chacun dans l'organisation et de réduire les conflits découlant des problèmes de rôles. Enfin, nous devons réitérer la

---

49. Adapté de L.O. Ruch et T.H. Holmes, « Scaling of Life Changes : Comparison of Direct and Indirect Methods », *Journal of Psychosomatic Research*, vol. 15, 1971. Traduit par Peter G. Hanson, *Les plaisirs du stress*, Montréal, Les éditions de l'Homme, 1985, p. 70.

50. Voir à ce sujet : J. Richard Hackman et Greg R. Oldham, « Motivation through the Design of Work : Test of a Theory », *Organizational Behavior and Human Performance*, août 1976, p. 250-279.

nécessité pour l'organisation de préparer et de développer des plans de carrière pour tous ses gestionnaires.

Les efforts pour réussir à résister et à maîtriser le stress se traduisent par le *coping*[51]. Sur le plan individuel, une personne réagira fort différemment d'une autre, face à un stresseur. Un certain nombre de facteurs affectent la réaction à un stresseur; ce sont: le niveau hiérarchique, l'âge, l'expérience, la constitution psychologique, l'autoappréciation de ses compétences, la motivation, l'hérédité, l'activité physique, la prévisibilité du stresseur, la possibilité de contrôle sur l'événement.

La réaction d'une personne devant une situation de stress peut être modifiée par son éducation; il n'est jamais trop tard pour faire un effort dans le sens positif. Selon Hanson, les trois principes fondamentaux de la gestion du stress consistent d'abord à *se faire plaisir*, à s'offrir fréquemment de petites récompenses. Puis il faut *cesser de s'inventer des excuses* et il faut cesser d'utiliser des justifications sécurisantes dont la source est hors de notre volonté. Enfin, il faut *affronter la vie* et s'acharner à modifier uniquement ce qui est en notre pouvoir.

L'individu peut donc utiliser des techniques comme l'exercice physique, les méthodes de relaxation, les méthodes d'autocontrôle ou toute autre thérapie favorisant la connaissance de soi. Ces outils lui permettront d'éliminer le stress ou de le gérer plus efficacement[52].

LES CONSÉQUENCES DU STRESS

PHYSIQUE

Les réactions au stress sont physiques et psychologiques autant que comportementales. Un niveau acceptable de stress peut avoir des conséquences positives sur le rendement du gestionnaire. Sur le plan *physique*, les décharges de cortisone par les glandes surrénales, l'augmentation du taux d'hormone thyroïdienne dans le sang, l'accélération du rythme cardiaque et l'augmentation de l'apport d'oxygène peuvent avoir des conséquences positives pour l'individu. Elles peuvent aussi être la cause de problèmes cardiaques, d'ulcères ou d'artériosclérose cardiaque, sans oublier le cancer[53].

PSYCHOLOGIQUE

Au plan *psychologique*, le stress peut conduire à la colère, à l'anxiété et à la dépression. Ces problèmes psychologiques se traduiront au travail par une baisse de l'estime de soi, une agressivité à l'égard de la direction et de la difficulté à prendre des décisions[54].

---

51. L'expression est de H. Usin et S. Levine (voir le *Grand dictionnaire de la psychologie*, Paris, Larousse, 1991).

52. Suggéré par Daniel C. Ganster, Bronston T. Mayes, Wesley E. Sime, et Gerald D. Tharp, «Managing Organizational Stress: A Fiel Experiment», *Journal of Applied Psychology*, octobre 1982, p. 536.

53. Meyer Friedman, «Feasibility of Altering Type A Behavior Pattern after Myocardial Infarction», dans *Current Issues in Occupational Stress*, Toronto, Ronald J. Bruke éditeur, 1984, p. 347-377.

54. Tiré de J.E. McGrath, «Stress and Behavior in Organizations», dans M.D. Dunnette (éditeur), *Handbook of Industrial and Organizational Psychology*, Chicago, Rand McNally, 1976.

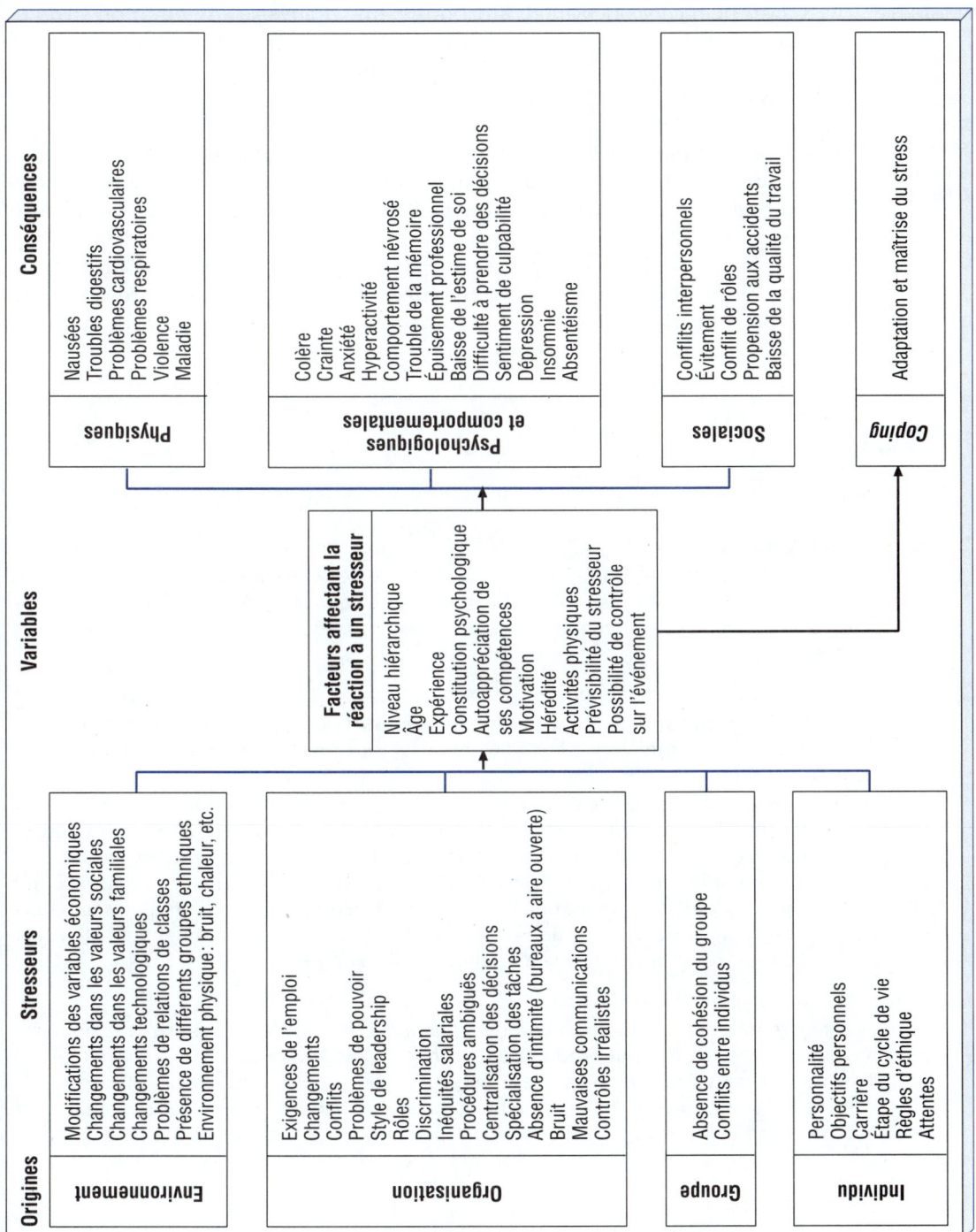

FIGURE 11.9 Les causes et les conséquences du stress

Comportement

Au plan *comportemental*, l'insomnie, une mauvaise alimentation (trop ou pas assez de calories), l'établissement d'objectifs irréalistes, l'utilisation de «poisons» (alcool, tranquillisants, caféine, tabac)[55] sont les problèmes les plus courants rattachés au stress.

Phases:
1. Réaction d'alarme
2. Résistance
3. Épuisement

Il existe deux formes de réaction face au stress: la réaction syntoxique, un évitement passif de la situation stressante ou la fuite, ou la réaction catatonique, la lutte active devant la même situation. Selon Hans Selye, il existe trois *phases* d'adaptation au stress: la réaction d'alarme, la résistance et l'épuisement.

Ainsi, lorsque l'individu est dans la phase de résistance (ou d'adaptation), son rendement sera généralement affecté positivement par le stress. Par contre, si cette phase se prolonge indûment, le rendement décroîtra dramatiquement lorsque le stress atteindra des niveaux très élevés[56].

RÉSUMÉ

(Il faut noter que le texte suivant ne représente qu'un résumé de la description des objectifs.)

1) Définir le changement.
   Le changement est une caractéristique inéluctable de la vie de l'entreprise, puisque les organisations sont des systèmes ouverts sur leur environnement et qu'elles doivent s'ajuster constamment; elles doivent donc changer leurs politiques, leurs procédures, leurs structures et parfois leurs membres.

2) Présenter le cycle de vie des organisations.
   Les organisations passent par un certain nombre de stades très précis dans leur cycle de vie. Ces stades sont: le stade entrepreneurial, le stade charismatique, le stade de la formalisation et le stade de la structuration.
   Le stade entrepreneurial, c'est la concrétisation de l'idée ou du rêve d'un individu ou d'un petit groupe de personnes. Le stade charismatique où d'autres personnes, souvent aussi enthousiastes que le fondateur, joignent l'organisation. Les efforts sont dépensés sans compter, le groupe part en croisade, l'organisation devient leur raison de vivre. Le stade de la formalisation correspond à l'application du processus d'organisation. Le stade de la structuration où l'organisation effectuera alors un exercice de décentralisation de la prise de décision. La départementalisation par fonction sera souvent remplacée par une départementalisation par produit.

3) Différencier changement et innovation.
   Le *changement* représente une modification du *statu quo*. L'innovation représente une nouvelle idée appliquée à un processus, un produit ou un service, c'est une catégorie de changement. Il s'agit donc de processus similaires, bien que l'innovation, parce qu'elle entraîne des idées complètement nouvelles, comporte des difficultés plus grandes. Ainsi, toutes les innovations impliquent un changement, mais tous les changements n'entraînent pas nécessairement des innovations.

---

55. Inspiré par Peter G. Hanson, *op. cit.*, chap. 3.
56. Robert A. Baron, *Behavior in Organization*, Boston, Allyn and Bacon, 1983, p. 294.

4) Présenter la classification des changements.

Il existe essentiellement deux catégories de changements, soit les changements réactionnels et les changements planifiés. Les changements réactionnels qui apparaissent soudainement à la suite d'un événement majeur et qui obligent les organisations à restructurer leurs opérations. Le changement planifié représente la dernière forme de réaction des membres de l'organisation. Il existe cinq types de changements planifiés, soit les changements stratégiques, les changements structuraux, les changements technologiques, les changements au niveau des membres et les changements culturels.

5) Expliquer les phases du changement.

Le changement dans les organisations s'effectue en trois étapes : la *phase de dégel* apparaît habituellement lorsque les membres de l'organisation font face à de nombreux problèmes dont certains sont répétitifs ; la *phase du changement* est initiée par l'implantation de programmes qui permettront l'avènement de nouvelles structures, de nouveaux objectifs, d'une nouvelle façon de faire ; et la *phase du regel* correspond à l'acceptation des changements et à l'implantation d'un nouveau *statu quo*.

6) Décrire les causes de résistance au changement.

Les individus qui résistent à toute forme de changement sont ceux-là mêmes que la situation du moment privilégie. La résistance au changement sera d'autant plus grande qu'un individu aura investi dans un projet beaucoup de ressources financières ou humaines ou qu'il s'y sera investi lui-même. Tout changement apporté à la structure organisationnelle *redéfinit les rôles* de chacun et surtout le système d'interactions. La *personne qui apporte un changement* joue un rôle important dans l'acceptation du changement par les autres. Le choix de propositions de changements venant de l'extérieur sera aussi un facteur important de résistance. L'*incertitude* face aux conséquences des changements sur leur vie personnelle et professionnelle suffit aux employés pour développer une résistance aux propositions de changement. L'*incompréhension et la méfiance* représentent une autre source de résistance au changement. Les *différences d'opinions* à propos de la nécessité du changement, du genre de changement ou de la manière d'effectuer le changement sont des sources fréquentes de résistance.

7) Comparer les stratégies pour faciliter le changement.

Les principales stratégies sont l'information, la participation, le soutien, la manipulation, la négociation et la contrainte. L'information qui vise à modifier le comportement des employés est sans doute la plus utilisée. La participation soutient que la résistance d'un employé à faire une chose découle d'un choix. En fait, si l'employé refuse le changement, c'est qu'il a trouvé une autre façon de faire qui correspond mieux à ses valeurs. Le soutien permet au gestionnaire d'offrir à l'employé, qui éprouve de l'insécurité devant le changement, le soutien technique, moral et psychologique nécessaire pour affronter les difficultés qui en résultent. La manipulation sera utilisée si le gestionnaire sent qu'il ne jouit pas de la confiance des employés pour communiquer directement avec eux et pour les convaincre, s'il n'a pas la force nécessaire pour utiliser la contrainte et s'il n'est pas assuré de la réaction positive des employés. La négociation est utilisée lorsqu'un élément important (individu, groupe ou département) représente une source sérieuse de résistance ; son appui peut être négocié en échange de garanties ou de concessions. L'approche contraignante repose sur les punitions et les récompenses, le jeu de pouvoir. Le gestionnaire emploie cette stratégie lorsqu'il considère que les changements auront des conséquences négatives pour les employés ou qu'ils ne leur sont nullement agréables.

8) Décrire le processus de changement.

Afin de réaliser les changements planifiés, les gestionnaires doivent respecter un processus en six étapes, soit la perception d'une opportunité ou d'une menace, l'analyse de la situation, la présentation d'une solution et l'adoption du changement, la réduction de la résistance au changement, la mise en œuvre du changement et l'évaluation des résultats.

9) Définir le processus de développement organisationnel.

Le développement organisationnel représente l'outil par excellence permettant à l'organisation d'atteindre ses objectifs à long terme.

Le développement organisationnel représente l'outil par excellence permettant à l'organisation d'atteindre ses objectifs à long terme. Le développement organisationnel peut être défini comme un effort (1) planifié, (2) touchant généralement l'ensemble de l'organisation, et (3) géré par les cadres supérieurs, dont l'objectif (4) est d'améliorer l'efficacité et la santé de l'organisation par (5) des interventions planifiées dans les processus administratifs en (6) utilisant les connaissances des sciences du comportement. Le processus se subdivise en trois étapes soit le diagnostic, l'intervention et l'évaluation des résultats. Notez que ces étapes se confondent avec le processus de changement étudié plus haut. Cela est normal, car le développement organisationnel représente un effort de changement particulier.

10) Énumérer les stratégies de développement organisationnel.

La promotion du travail d'équipe comporte l'utilisation de techniques visant à améliorer la cohésion au sein d'un groupe et à accroître l'efficacité de ce dernier. L'analyse des relations interpersonnelles est une technique qui s'intéresse au processus utilisé dans les groupes pour communiquer, gérer les conflits et prendre des décisions. L'intervention d'un tiers a pour objet d'aider les individus et les groupes à solutionner leurs conflits majeurs relativement à la tâche et aux relations interpersonnelles. L'approche sociotechnique tente de rallier les contraintes organisationnelles et les exigences des employés.

Le changement de la culture organisationnelle implique le développement d'une culture organisationnelle conforme aux stratégies de l'organisation et à la structure organisationnelle entre autres facteurs. En fait, il faut déterminer la culture actuelle de l'organisation, en vérifier la pertinence et en implanter une nouvelle si nécessaire. Les activités de formation ont pour objectif de fournir à chaque individu les compétences et les connaissances requises pour œuvrer au sein de l'organisation et y apporter une contribution positive.

11) Énumérer les habiletés du gestionnaire dans le développement organisationnel.

Afin d'obtenir des résultats satisfaisants lors de l'utilisation du développement organisationnel, les gestionnaires doivent acquérir certaines habiletés: les habiletés interpersonnelles, les habiletés de résolution de problème, les habiletés dans la dynamique des groupes et les habiletés politiques.

12) Décrire les prérequis au succès du développement organisationnel.

Les conditions nécessaires au succès de cet exercice sont la reconnaissance de l'existence du problème; particulièrement par la haute direction; l'utilisation d'un consultant externe en développement organisationnel; le soutien clairement avoué des cadres supérieurs; l'obtention d'un résultat rapide; la formation des membres aux techniques de développement organisationnel; la reconnaissance des forces des membres; la formation de spécialistes en développement organisationnel au sein de l'entreprise; et particulièrement au niveau des gestionnaires; l'excellence et le sérieux dans la gestion du programme de développement organisationnel et l'analyse périodique des résultats.

13) **Énumérer les causes du stress.**

Les principales causes du stress (les stresseurs) proviennent de la même origine que les causes des conflits. Nous pouvons classer les stresseurs en quatre catégories selon leur origine : les stresseurs issus de l'*environnement* de l'organisation, les stresseurs issus de l'*organisation même*, les stresseurs issus des *groupes* en relation avec l'employé et les stresseurs issus de l'*employé* lui-même.

Les variables de l'*environnement* qui influencent le comportement du gestionnaire sont les modifications des variables économiques, les changements dans les valeurs sociales et familiales, les changements technologiques, etc.

L'*organisation* offre, quant à elle, des situations de stress de par ses politiques et sa structure organisationnelle telles que : les évaluations du rendement arbitraire, les iniquités salariales, les procédures ambiguës, la centralisation des décisions, la spécialisation des tâches, l'absence d'intimité, etc.

Le *groupe* de travail représente aussi une source de stress. Il doit répondre aux besoins sociaux de l'individu ; dans le cas contraire, il y aura augmentation du stress chez ce dernier. La cohésion du groupe apporte sécurité et réconfort à l'individu.

L'*individu* lui-même peut être une source de conflit, il peut donc être la cause de son propre stress. Sa personnalité tel un tempérament impatient, colérique, agressif est souvent à l'origine du stress d'un individu. Les différents rôles du gestionnaire, dans sa famille, dans son travail, dans sa vie professionnelle et dans sa vie sociale, sont parfois en conflit.

14) **Énumérer les conséquences du stress.**

Les réactions au stress sont physiques et psychologiques autant que comportementales. Un niveau acceptable de stress peut avoir des conséquences positives sur le rendement du gestionnaire. Sur le plan *physique*, les décharges de cortisone par les glandes surrénales, l'augmentation du taux d'hormone thyroïdienne dans le sang, l'accélération du rythme cardiaque et l'augmentation de l'apport d'oxygène peuvent avoir des conséquences positives pour l'individu. Elles peuvent aussi être la cause de problèmes cardiaques, d'ulcères ou d'artériosclérose cardiaque, sans oublier le cancer. Sur le plan *psychologique*, le stress peut conduire à la colère, à l'anxiété et à la dépression. Ces problèmes psychologiques se traduiront au travail par une baisse de l'estime de soi, une agressivité à l'égard de la direction et de la difficulté à prendre des décisions. Au plan *comportemental*, l'insomnie, une mauvaise alimentation (trop ou pas assez de calories), l'établissement d'objectifs irréalistes, l'utilisation de « poisons » (alcool, tranquillisants, caféine, tabac) sont les problèmes les plus courants rattachés au stress.

Vocabulaire

Agent de changement
Changement organisationnel
Changement planifié
Changement réactif

Développement organisationnel
Résistance au changement
Stress
Stresseur

QUESTIONS DE RÉVISION

1. Définissez chacun des termes de la section «Vocabulaire».
2. Décrivez le processus du stress. Qu'entend-on par stress? Qu'est-ce que le mécanisme de *coping*?
3. Expliquez les phases du changement.
4. De quels facteurs le gestionnaire doit-il tenir compte dans le contrôle de la résistance au changement?
5. Décrivez les réactions les plus caractéristiques des employés face au changement.
6. Décrivez comment un gestionnaire peut atténuer la résistance au changement, et illustrez à l'aide d'un exemple une de ces techniques.
7. Quelles sont les causes de la résistance au changement?
8. Expliquez la différence entre changement et innovation. Utilisez un exemple pour illustrer votre propos.
9. Décrivez les stratégies que l'on peut employer pour contrer la résistance au changement.
10. Décrivez les quatre étapes du cycle de vie des organisations. En utilisant comme exemple une entreprise dans votre milieu, déterminez à quel stade elle se situe et décrivez les changements probables qui la toucheront dans les prochaines années.
11. Décrivez les types de changements que l'on retrouve dans les organisations. Trouvez, dans votre cégep, un changement qui a eu lieu récemment. Décrivez le type de changement et quels sont les autres changements qui durent être effectués.

SUJETS DE DISCUSSION

1. À titre de gestionnaire, si vous aviez à effectuer un important changement dans une organisation, comment procéderiez-vous?
2. Les personnes qui entrent sur le marché du travail aujourd'hui sont-elles plus difficiles à diriger que celles des années 1960-1965? Pourquoi?
3. Si vous étiez responsable de l'implantation d'un programme de développement organisationnel dans votre collège, comment réaliseriez-vous ce projet? Quelles méthodes de collecte de données utiliseriez-vous pour compléter la phase du diagnostic?
4. Pourquoi les changements issus d'un programme de développement organisationnel s'implantent-ils lentement?
5. Comment les gestionnaires peuvent-ils utiliser les équipes multidisciplinaires pour atténuer la résistance au changement?
6. Pourquoi les gestionnaires s'opposaient-ils traditionnellement aux conflits?

EXERCICES PRATIQUES

Décrivez un changement que vous aimeriez effectuer dans votre environnement (Ex.: obtenir de meilleures notes, initier un projet au niveau de l'organisation étudiante, améliorer vos relations avec votre entourage, etc.).

Décrivez la situation actuelle (le *statu quo*).

Décrivez la situation désirée.

Décrivez les forces positives qui favoriseront le changement.

Décrivez les forces négatives qui s'opposeront au changement.

Confectionnez un graphique d'analyse des champs de forces.

Sélectionnez trois forces négatives et décrivez les moyens à votre disposition pour réduire le degré de résistance provenant de ces forces.

Présentez le tout au groupe de participants.

CAS

CAS 11.1: LE VENDEUR

Œuvrant au sein d'une entreprise de distribution de matériaux de construction et de rénovation depuis près de cinq ans, Marianne Rubert a accédé au poste de directrice des ventes il y a quatre mois. L'entreprise comprend onze services spécialisés et emploie quatorze vendeurs, soit cinq femmes et neuf hommes. À titre de directrice, elle est responsable des commandes, des salles de montre, des ventes et des ressources humaines. Trois autres personnes travaillent dans son service à titre de commis.

Ses qualités personnelles et son expérience se traduisent par une expertise et une efficacité foudroyante dans son travail. S'investissant au maximum depuis sa nomination, elle n'a pas compté les heures. Travaillant souvent six jours par semaine, elle a réussi à réduire les stocks de façon significative. De plus, les étalages ont été complètement renouvelés et les salles de montre affichent un air de modernité qui contraste avec les présentations classiques auxquelles les clients étaient habitués. Bref, tout va bien et les profits sont en hausse de 20% comparativement à la période précédent son entrée en fonction.

Très au fait des techniques de vente, elle organise tous les mardis matin une réunion de son équipe au cours de laquelle elle présente les nouveaux produits, informe les employés de la situation du département, leur fournit les résultats de ventes et de profits et discute avec eux des campagnes de promotion à venir. Immédiatement après ces réunions, elle rencontre un ou deux vendeurs dont les résultats sont nettement sous la moyenne. Évidemment, après quelques réunions, tous ont compris qu'une invitation à rester après une rencontre signifiait que le travail de l'employé n'était pas à la hauteur des attentes de «madame».

Adalbert Lamothe fut l'heureux élu de ces rencontres à six reprises depuis trois mois. Ses ventes étaient sérieusement en baisse et son comportement laissait à désirer. Marianne lui reprocha son peu d'empressement à conclure une vente, son attitude souvent cinglante envers la clientèle et surtout sa tiédeur à collaborer avec elle afin de hausser les ventes du département.

Adalbert, rouge de colère, lui reprocha de l'avoir relégué dans les sections des armoires de cuisine à une époque de l'année où les ventes sont au plus bas. De toute façon, c'est un des produits qu'il déteste le plus vendre. Il est frustré de voir ses bonus fondre comme neige au soleil et, en désespoir de cause, l'accuse de l'avoir refoulé dans la section « cuisine » parce qu'il était le plus vieux et le plus ancien des employés, alors qu'il sait qu'elle désire rajeunir le personnel afin de pouvoir exercer un meilleur contrôle sur des employés sans expérience.

Dans le feu de l'action, il poussa l'outrance jusqu'à l'accuser d'incompétence, d'organiser des réunions inutiles et de ne gérer qu'en humiliant ses employés. Outrée, Marianne lui ordonna de se taire. En tant que directrice, lui répliqua-t-elle, elle n'avait pas à tolérer ces commentaires sans fondement.

« Ton petit air hautain me fait pleurer », ajouta-t-il. « Eh bien! mon vieux, tu vas pleurer longtemps, car tu es congédié », fut sa réplique dont elle mordit chaque mot.

QUESTIONS-GUIDES POUR L'ANALYSE DU PROBLÈME
1. Quel est le problème? Qui en est responsable?
2. Est-ce que Marianne gère le problème correctement? Qu'aurait-elle dû faire?
3. Dans une situation semblable, quel comportement Adalbert aurait-il dû adopter?

CAS 11.2: LE DÉMÉNAGEMENT

La société Les Pétroles du Québec a son siège social dans une tour à bureaux du centre de Montréal. Cet emplacement est très favorable à son image; il permet aux cadres d'être près des autres entreprises offrant des services à leur société et aussi d'être disponibles pour les entreprises clientes. D'ailleurs, trois des principaux clients ont leur siège social dans le même édifice.

Vu l'expansion qu'elle connaît, cette société doit déménager certains services dans d'autres locaux. Le service des ventes de l'entreprise a ses bureaux au siège social. Les employés de ce service se divisent en deux groupes: le premier groupe est composé d'employés dont le rôle consiste à prendre des commandes téléphoniques; le deuxième groupe réunit les vendeurs qui ne passent que quelques heures par semaine à leur bureau, partageant le reste de leur temps entre les visites aux clients et les vérifications au service de l'entreposage à la raffinerie de l'est de Montréal.

Il a donc été décidé de déménager ce groupe dans les bureaux de la raffinerie puisque rien ne justifiait les dépenses élevées des bureaux du centre-ville. Pierre Racine, directeur du service des ventes, a donc reçu une directive du vice-président du marketing lui demandant d'annoncer le déménagement à ses employés.

Un très grand nombre de ceux-ci demeurent à Laval ou dans une municipalité de la Rive-Sud. Ils ont aménagé dans ces villes à cause de l'accessibilité au centre-ville par le métro. Ils ont pris l'habitude de dîner dans les restaurants du centre-ville où le choix est très grand. Enfin, la proximité des magasins permet à plusieurs d'effectuer leurs achats le midi, leur évitant ainsi d'entamer leurs journées de congé.

Le déménagement les priverait de la proximité des magasins, les obligerait à manger très souvent à la cafétéria de la raffinerie et causerait surtout de nombreux problèmes de transport.

QUESTIONS-GUIDES POUR L'ANALYSE DU PROBLÈME
1. Pierre Racine doit-il informer le vice-président des problèmes personnels que le déménagement causera aux employés?
2. Si vous étiez Pierre Racine, comment annonceriez-vous la nouvelle aux employés?
3. Comment procéderiez-vous pour le déménagement? Limitez-vous aux domaines de la compétence d'un directeur de service.

CAS 11.3 : LE CHANGEMENT

La société Fabribec est située à Jonquière. C'est une entreprise très prospère depuis de nombreuses années. Elle a d'ailleurs connu une croissance phénoménale ces trois dernières années, mais les profits se sont stabilisés. L'an dernier, la société internationale Constructo a acheté Fabribec à cause des possibilités qu'offrait cette dernière.

En effet, Fabribec connaissait les mêmes problèmes de croissance que toutes les entreprises. Les politiques et procédures qui avaient fait son succès lorsqu'elle était une petite entreprise devenaient un fardeau depuis qu'elle avait pris de l'envergure. Il fallait donc transformer totalement le système administratif de l'entreprise; pour y arriver, on nomma, il y a dix mois, Yves Vadeboncoeur directeur général. Jusqu'ici, la société Fabribec n'a été qu'une source de problèmes pour Constructo. Vadeboncœur n'a réussi qu'à s'aliéner les employés et aucune de ses propositions ne s'est traduite dans les opérations de l'entreprise.

Il vient donc de remettre sa démission et vous êtes la personne choisie pour le remplacer. Les employés de Fabribec ont vécu longtemps sous une même administration et semblent très réfractaires au changement. En septembre dernier, il y a eu une grève d'une heure pour protester contre de nouvelles directives de l'administration. De plus, les cadres intermédiaires n'offrent pas toujours le soutien nécessaire pour effectuer des changements.

QUESTIONS-GUIDES POUR L'ANALYSE DU PROBLÈME
1. Pourquoi cette opposition au changement existe-t-elle?
2. Que feriez-vous pour faire accepter de nouvelles idées dans cette entreprise?

CAS 11.4 : L'OUTIL DE TRAVAIL

Marie-Hélène Perrin retrouve son bureau après une dure semaine passée au siège social de la société. C'était la semaine de présentation des demandes budgétaires. Selon les procédures de l'entreprise, chaque année le responsable de chacun des services devait aller défendre ses prévisions budgétaires. Marie-Hélène avait réussi à obtenir satisfaction pour l'ensemble de ses demandes, et même plus.

Pendant ces rencontres, elle a appris que la société achèterait vingt machines à traitement de textes cette année, afin d'en tester l'efficacité. Si l'opération s'avérait un succès, elle planifiait d'en acheter près de quatre cents l'an prochain.

Bien que n'ayant pas prévu cet équipement dans ses demandes, Marie-Hélène réussit à obtenir que son service hérite d'une de ces machines. Thérèse, sa secrétaire, demandait depuis quelques mois le nouveau modèle de la machine à écrire qu'elle utilisait. D'ailleurs, un vendeur en avait laissé une à l'essai pour deux semaines et Thérèse avait été enchantée des possibilités nouvelles qu'elle offrait.

Une machine à traitement de textes offrait encore plus d'avantages, et Marie-Hélène était certaine de faire plaisir à Thérèse en lui annonçant la nouvelle.

Marie-Hélène : Cela n'a pas été facile, mais j'ai réussi. La semaine prochaine, tu assistes à un cours complet d'une durée de 30 heures et la semaine qui suit, l'appareil sera ici prêt à servir.

Thérèse : Ce n'est pas ce que j'avais demandé...

Marie-Hélène : Je sais, c'est même mieux.

Thérèse : Je suis une excellente secrétaire et je n'ai nul besoin de cet outil qui compense les faiblesses des employés incompétents.

Marie-Hélène : Je sais que tu es une excellente secrétaire et justement cet appareil va simplifier ton travail en te permettant de faire la même chose plus facilement.

Thérèse : Ce que j'aime, c'est une machine à écrire, voilà.

Marie-Hélène : Moi qui croyais te faire plaisir... De toute façon, la décision est prise et lundi tu dois te présenter au centre de formation à neuf heures.

QUESTIONS-GUIDES POUR L'ANALYSE DU PROBLÈME

1. Pouvez-vous expliquer la réaction de Thérèse ?
2. Faites une critique du comportement de Marie-Hélène.
3. Comment auriez-vous procédé à la place de Marie-Hélène ?

BIBLIOGRAPHIE

ARSENAULT, A. et S.L. DOLAN, *Le stress au travail et ses effets sur l'individu et l'organisation*, Notes et rapports scientifiques et techniques, Montréal, IRSST, 1983.

BENNIS, W.G. et J.M. THOMAS (sous la direction de), *Management of Change and Conflict*, Baltimore, Md, Penguin Books, 1972.

DELISLE, G. et P. COLLERETTE, *Le changement planifié*, Montréal, Éditions Agence d'Arc, 3e réimpression, 1987.

DEUTSCH, M., *The Resolution of Conflict*, New Haven, Conn., Yale University Press, 1973.

DOLAN, S.L., A. ARSENAULT, L. ABENHAIM, « Stress and Performance at Work : An Empirical Test », *Stress*, 2, 1981, p. 29-34.

GAGNON, J.H., *L'art de bien négocier*, Montréal, Éditions Agence d'Arc, 1987.

HARE, A.P., *Handbook of Small Group Research*, New York, The Free Press, 1962.

IVANCEVICH, J.M. et M.T. Matteson, *Stress and Work,* Glenview, Ill., Scott, Foresman, 1980.

JAMAL, M. et S.W. AHMED, « Job Stress and Employee Behaviors », *Canadian Journal of Administrative Science,* 2, 1985, p. 360-374.

CINQUIÈME PARTIE

Le contrôle

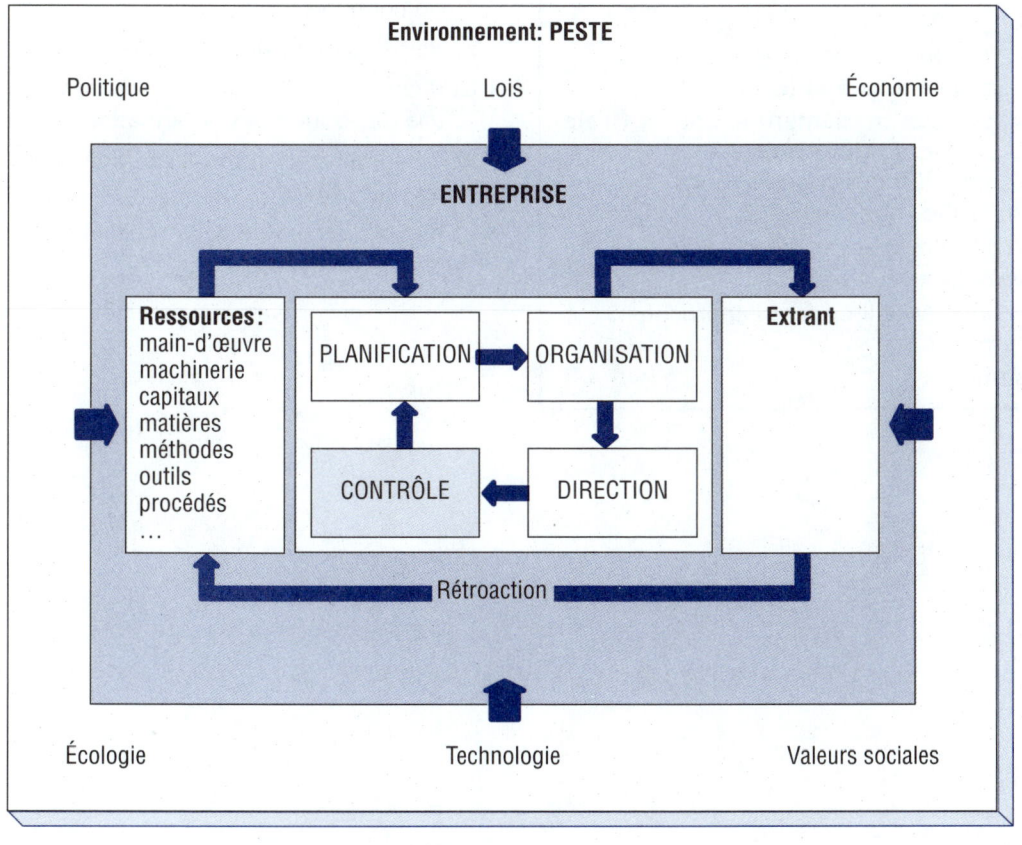

CHAPITRE 12
Le processus de contrôle

UN APERÇU
Introduction
Définition du contrôle
L'utilité du contrôle
Les types de contrôle
Les contrôles proactifs
Les contrôles concomitants
Les contrôles rétroactifs
Les éléments du processus de contrôle
Les standards
Les moyens de mesure et de comparaison
L'analyse des écarts
Les mesures correctives
Le facteur humain et le contrôle
Les principes fondamentaux du contrôle
Les techniques de contrôle à la disposition des organisations
Les contrôles budgétaires les plus utilisés
Les contrôles financiers et les ratios
Le rôle de la vérification
Les contrôles utilisés dans l'approche systémique
Résumé

OBJECTIFS SPÉCIFIQUES

Après avoir lu ce chapitre, vous devriez être en mesure:

1) d'expliquer le concept du contrôle;
2) de présenter le processus de contrôle;
3) de rappeler l'utilité du contrôle;
4) de distinguer les types de contrôles;
5) de décrire les éléments du processus de contrôle;
6) de reconnaître l'élément humain du contrôle;
7) de décrire les principes du contrôle;
8) d'énumérer les techniques de contrôle à la disposition des organisations;
9) d'énumérer les contrôles budgétaires les plus utilisés;
10) d'expliquer le rôle de la vérification.

MISE EN SITUATION

François-Pierre Mellini est directeur de La maison internationale de surveillance inc. division du Québec. Cette entreprise se spécialise dans la distribution d'équipements de surveillance électronique de haute technologie. François-Pierre est directeur de la division depuis trois ans. Son salaire comprend un boni, basé sur les profits de sa division, dont la moyenne a été de 22 000 $ par année pour cette même période.

Il vient de prendre connaissance des états financiers de l'entreprise et des résultats de sa division. Comme appréhendé, les performances de sa division sont désastreuses. Les dépenses excèdent de 25 % les sommes prévues et les pertes du dernier trimestre dépassent les profits accumulés durant les trois premiers trimestres. Pire encore, les profits de l'année sont en baisse de 30 % comparativement à l'an dernier. Bien sûr, il vient de voir son boni s'envoler en fumée, peut-être même son poste de directeur.

Il convoque donc à son bureau Christine Bannantyme, la directrice des finances. Voici le résumé des échanges de cette rencontre.

François-Pierre : Tu veux des mauvaises nouvelles ? Eh bien ! en voici, et plus qu'il n'en faut. C'est monstrueux, épouvantable, effroyable !

Christine : Non, c'est exactement ce que j'avais prévu. Depuis des mois, je te dis que nous nous enfonçons. Les représentants embauchés au cours des derniers mois ont des conditions salariales qui dépassent celles de nos concurrents. Nos entrepôts sont pleins à craquer, nous avons des stocks pour couvrir les ventes des prochains trois mois. Enfin, le système informatique que nous venons d'acheter dépasse nos besoins pour les deux prochaines années, nous aurions dû choisir une installation moins complexe et surtout moins coûteuse. Et que dire de toutes les autres dépenses qui n'ont cessé de croître depuis le début de l'année.

François-Pierre : Peut-être as-tu raison pour les dépenses, mais regarde les mauvaises créances. Il faut croire que nous avons choisi de vendre à crédit à toutes les entreprises qui allaient déclarer faillite cette année. Qui analyse les comptes avant d'accorder une marge de crédit à nos clients ? Qui décide d'augmenter la marge de ces autres clients qui ont déclaré forfait pendant l'année ? Je veux une analyse des décisions prises, je veux savoir qui est coupable et je te jure que des décisions seront prises.

Christine : Les marges ont été accordées en fonction de nos critères. Nous ne pouvons blâmer nos employés de respecter les critères établis ; le problème, c'est que nos critères n'ont pas été révisés depuis plus de six ans. L'économie nous oblige à être plus parcimonieux dans l'octroi des marges de crédit. Il faudrait réviser tous nos standards.

François-Pierre : Et les profits ? Ils sont de 25 % inférieurs à ceux budgétés et ils sont en baisse de 20 % par rapport à ceux de l'an dernier. Les vendeurs maintiennent leurs ventes en accordant des rabais ou en se pliant à toutes les exigences de leurs clients.

Christine : Il est vrai que les profits ont baissé, mais les hausses de dépenses en sont responsables en grande partie. Les vérifications de crédit sont maintenant systématiques pour toutes les ouvertures de compte, et cela coûte cher. Nos frais de recouvrement de créances et nos frais légaux ont augmenté énormément.

François-Pierre : Soyons brefs, Christine, je viens de perdre plus de 20 000 $ de bonis et j'ai décidé de reprendre le contrôle de cette organisation. Dorénavant, tout crédit accordé à un nouveau client devra recevoir mon approbation. Toute embauche de personnel devra recevoir mon consentement et les salaires offerts correspondront au minimum de la classe d'emploi. Enfin, tout rabais excédent 3 % devra recevoir mon approbation.

Christine : Plus de contrôle signifie plus de travail. Notre système de contrôle décentralisé a bien fonctionné jusqu'ici. Il ne faut pas créer de goulot d'étranglement.

François-Pierre : Je ne suis pas sûr que cela fonctionne bien, regarde les résultats. Dès cette semaine, je te ferai parvenir les nouvelles procédures de contrôle. J'analyserai plus en détail les problèmes et au début de la semaine prochaine, les standards seront modifiés dans beaucoup de domaines. Le service du crédit sera mieux contrôlé, il en sera de même pour le service des ventes, l'entrepôt et l'expédition. Fais-le savoir à tous, il y aura plus de contrôle et les erreurs seront de moins en moins tolérées.

INTRODUCTION

Vérification du respect des plans

Le contrôle vise à orienter les membres de l'organisation vers l'accomplissement des tâches requises par les objectifs en fonction de délais prédéterminés. Par le contrôle, on cherche à s'assurer que les ressources adéquates seront utilisées par les services les plus appropriés. Bref, l'exercice du contrôle a comme seul objectif le respect des plans établis lors de la détermination des buts de l'entreprise.

Vérification de l'atteinte des objectifs

Les contrôles permettent aux gestionnaires d'être informés de façon continue du déroulement des activités et du respect des plans. Ils leur permettront d'évaluer si les efforts fournis mèneront à la réalisation des objectifs ; pour cela, il faudra effectuer une évaluation des résultats. Si ceux-ci ne sont pas satisfaisants, les gestionnaires devront alors prendre les mesures de correction qui permettront de neutraliser les écarts constatés. Cet exercice constitue l'essentiel du processus de contrôle.

Comparaison entre la réalité et les plans

Le contrôle est un exercice qui consiste essentiellement à rendre les activités conformes aux plans. Il implique la mesure des réalisations et la correction des déviations afin d'assurer la réalisation de l'objectif global de l'organisation.

Lorsque le gestionnaire planifie, il a en tête un objectif et des moyens pour l'atteindre. Il exécute donc trois activités: il établit des objectifs, planifie et détermine les contrôles. C'est pourquoi, dans la pratique, il est souvent difficile de délimiter exactement la zone qui sépare la planification du contrôle.

Contrôler, c'est surveiller les activités dans leur progression. Il s'agit en fait de *mesurer certains éléments* tels que le temps, la qualité, la quantité et le coût, puis de les comparer avec des standards préétablis. Il s'agit aussi de faire les ajustements nécessaires quand les éléments ne concordent pas avec ce qui était prévu. Ce peut être des résultats internes qui sont mal dirigés ou encore des variables externes dont on n'a pas le contrôle, mais auxquelles on doit s'ajuster.

MESURE DE LA PROGRESSION DES ACTIVITÉS

Enfin, pour bien comprendre un système de contrôle, il faut reconnaître que l'élément le plus important est le respect des objectifs établis ou, dans certains cas, la modification des objectifs en tenant compte des nouvelles réalités. De plus, l'utilisation de ces outils exige un certain équilibre entre la nécessité de respecter les objectifs et le besoin de créativité face à l'environnement dynamique. Bref, le contrôle n'est pas un carcan, mais un outil de gestion.

LES OBJECTIFS PEUVENT ÊTRE MODIFIÉS EN FONCTION DE LA RÉALITÉ

DÉFINITION DU CONTRÔLE

Pour le profane, «contrôle» signifie souvent «gestion». Le gestionnaire vérifie ce qui a été accompli, en évalue la qualité et prend de nouvelles décisions. À ce stade-ci de votre lecture, vous savez que la gestion comporte d'autres fonctions et d'autres activités. Certaines personnes, en outre, associent «contrôle» à «pouvoir», «autorité» ou «influence». C'est là une vision très restreinte du contrôle.

Fayol a défini le contrôle comme un exercice qui veille à ce que «les événements se passent en conformité avec les plans adoptés, les directives émises et les principes établis»[1].

Le contrôle, c'est le processus de gestion qui permet au gestionnaire d'évaluer le rendement des activités dont il a la responsabilité, de comparer les résultats obtenus avec les objectifs et de prendre les mesures correctives nécessaires dans les cas jugés défavorables. En fait, contrôler signifie évaluer. Ce processus d'accumulation de données sur les activités permet aux preneurs de décisions de comparer les résultats avec les prévisions et de décider ce qu'il faudra faire s'il y a des écarts[2].

DÉFINITION

Tous les jours, vous faites face à des contrôles de toutes sortes. À la maison, vous avez le réveille-matin, le grille-pain, le four de la cuisinière électrique, le

---

1. Extrait de: Henri Fayol, *General and Industrial Management*, London, Sir Isaac Pitman and Sons Ltd, 1949, p. 107.
2. Pour une analyse des différentes définitions du contrôle, voir: G.B. Giglioni et A.G. Bedeian, «A Conspectus of Management Control Theory: 1900-1972», *Academy of Management Journal*, vol. 17, juin 1974, p. 292-305; R.J. Mockler, *The Management Control Process*, Englewood Cliffs, N.J., Prentice-Hall, 1972, p. 2.

thermostat. Lorsque vous allez au cégep, il y a les feux de circulation, la jauge à essence et autres «gadgets» de votre tableau de bord, le tourniquet du métro. Au cégep, il y a la prise des présences, les examens, les travaux, la carte d'étudiant pour la bibliothèque, etc. Ces outils de contrôle permettent que les événements se déroulent tels qu'ils ont été planifiés. Si vous voulez garder une température prédéterminée dans une pièce, il faut donc la contrôler et prendre les mesures correctives dès qu'il y a un écart entre la température «planifiée» et la température réelle.

RELATIONS ENTRE LES FONCTIONS

Le contrôle comprend donc la supervision des opérations afin qu'elles demeurent à l'intérieur des limites établies et permet un suivi des autres fonctions du processus de gestion, soit la planification, l'organisation et la direction. En fait, ces fonctions sont interreliées, et en particulier la planification et le contrôle. La planification fixe des objectifs et les moyens pour les atteindre ; elle fournit de plus les standards qui permettront de mesurer les résultats. Si chacune de ces fonctions pouvait être exécutée à la perfection, il n'y aurait pas lieu de contrôler. Le contrôle permet uniquement d'ajuster le processus de gestion aux nouveaux besoins qui se sont manifestés depuis l'établissement des objectifs.

L'UTILITÉ DU CONTRÔLE

MESURER ET AJUSTER

Le but réel du contrôle est de déterminer si les activités et les programmes se déroulent comme il était prévu et s'ils permettront d'atteindre les objectifs fixés. Car, comme nous l'avons vu plus haut, s'il y a une certitude, c'est que les variables de l'environnement interne ou externe seront autres que celles prévues. Le contrôle avertit le gestionnaire de l'apparition éventuelle d'une situation non désirée. Bref, le contrôle, c'est du traitement d'informations qui permet de s'ajuster aux fluctuations des variables.

ACTIVITÉ CONTINUE

Compte tenu de cette certitude concernant l'environnement, il faut que le gestionnaire se fasse une obligation d'évaluer constamment l'évolution des activités. Ce n'est que par ce moyen qu'il pourra se protéger, en partie, des sursauts des différents facteurs influençant le déroulement des opérations. Ainsi, le contrôle sera une *activité continue*, une activité de prévention et non un exercice de correction du cours des programmes.

Qui plus est, le contrôle est une fonction obligatoire non seulement pour l'entreprise, mais pour toute organisation, de quelque nature qu'elle soit. Quant à l'entreprise, dont il est si souvent question dans ce manuel, il faut qu'elle applique le contrôle à toutes ses activités. À ce propos, Lawler et Rhode indiquent que :

La question concernant l'impact du système de contrôle sur le comportement est fondamentale pour toute personne intéressée aux déterminants de l'efficacité organisationnelle. Les systèmes de contrôle représentent un élément si important des orga-

nisations devenues si complexes qu'il est impossible d'expliquer le comportement des gens au sein de ces organisations sans en examiner les systèmes de contrôle [3].

Une fois les renseignements colligés, ils peuvent servir plusieurs fins :
a) augmenter l'efficacité du rendement de l'entreprise et servir à protéger ses ressources contre le vol, les pertes et les mauvaises utilisations ;
b) être un outil indispensable à la prévention des crises ;
c) répondre aux besoins des clients ;
d) standardiser la qualité et la quantité de sa production ;
e) renforcer la délégation de l'autorité en posant des limites dans les descriptions de tâches ;
f) être l'outil essentiel de l'évaluation du rendement de chacun des membres de l'entreprise ;
g) équilibrer les plans et les programmes de la haute direction en intégrant les politiques, les procédures et les budgets de l'ensemble de l'organisation[4].

François-Pierre Mallini dans la mise en situation en début du chapitre doit viser un ou plusieurs de ces objectifs dans la mise sur pied de son système de contrôle.

UTILISATION DES CONTRÔLES

LES TYPES DE CONTRÔLE

Les activités de contrôle peuvent s'exercer à trois occasions par rapport à l'activité visée. Certains contrôles ont lieu avant que l'activité ne commence, ce sont les contrôles proactifs. D'autres ont lieu pendant que l'activité se déroule, ce sont les contrôles concomitants. Enfin, les plus connus et les plus pratiqués sont les contrôles rétroactifs, ceux qui ont lieu une fois l'activité complétée.

CONTRÔLES :
– PROACTIFS
– CONCOMITANTS
– RÉTROACTIFS

LES CONTRÔLES PROACTIFS

Les contrôles proactifs, ou préliminaires, sont effectués avant l'accomplissement de l'activité. Par exemple, supposons qu'une entreprise ait organisé une vente au rabais extraordinaire pour souligner son dixième anniversaire. Avant le « jour J », le gestionnaire se doit de vérifier si toute la marchandise est en magasin, si l'étiquetage a été complété, si les postes de radio et les journaux lanceront bien la campagne de publicité quarante-huit heures avant le jour du solde, si le personnel supplémentaire a bien été embauché, etc. Il s'agit donc de s'assurer que toutes les ressources nécessaires au succès de cette journée seront disponibles.

---

3. Edward E. Lawler et John Grant Rhode, *Information and Control in Organizations*, Santa Monica, Calif., Goodyear, 1976, p. xiii. Traduction de l'auteur.

4. Certains des objectifs mentionnés proviennent de : W.T. Jerome, *Executive Control : The Catalyst*, New York, John Wiley, 1961, p. 32-33 ; Aaron Q. Sartain et Alton W. Baker, *The Supervisor and the Job*, New York, McGraw-Hill Book Co., p. 78-81 ; J.A.F. Stoner, *Management*, Englewood Cliffs, N.J., Prentice-Hall, 1978, p. 586-589.

PRÉPARATION

Les contrôles préventifs (tel l'entretien de la machinerie) font aussi partie des contrôles proactifs et permettent d'éviter les surprises désagréables. Au plan des ressources humaines, la sélection des candidats à un emploi représente aussi une forme de contrôle préliminaire. Le contrôle de la qualité des matières premières présente une forme additionnelle de ces contrôles. Enfin, les budgets permettent d'anticiper les flux de caisse ou d'inventaire pour une période donnée et sont, à ce titre, des contrôles proactifs.

LES CONTRÔLES CONCOMITANTS

SURVEILLANCE

Les contrôles concomitants ont lieu pendant l'exécution de l'activité. L'utilisation d'outils électroniques de toutes sortes a généralisé cette pratique. La correction est apportée dès qu'un écart est décelé et ce, avant même que l'activité ne soit terminée.

Reprenons l'exemple précédent. Un gestionnaire peut constater, dès la première heure du « jour J », qu'en raison de l'affluence de la clientèle, le personnel ne sera pas en nombre suffisant ou certaines marchandises seront épuisées avant la fin de la journée. Il peut donc immédiatement prendre les mesures nécessaires.

Les techniques PERT et CPM peuvent être utilisées comme systèmes de contrôle concomitant. Elles permettent un ajustement et une nouvelle réallocation des ressources dès qu'une étape semble prendre du retard ou qu'une autre est complétée avant le délai prévu.

L'évaluation du rendement des employés représente aussi une forme de contrôle concomitant. Les mesures correctives prises à la suite de mauvais résultats permettent de réorienter l'employé et d'améliorer sa performance.

LES CONTRÔLES RÉTROACTIFS

ÉVALUATION DES RÉALISATIONS

Enfin, les contrôles rétroactifs sont effectués une fois l'activité complétée. Ainsi, lorsque l'activité du « jour J » est terminée, il faut évaluer les résultats. Des comparaisons pourront être faites avec les ventes à rabais précédentes, avec les prévisions ; il faudra évaluer les coûts, la satisfaction des employés, l'utilisation des ressources, etc.

Les constatations qui découleront de ces analyses permettront d'ajuster les ressources et les énergies pour la prochaine occasion ; elles aideront aussi à évaluer le rendement des gestionnaires et des employés et à prendre les décisions appropriées. Mais les mesures prises ne pourront en aucun cas affecter les présents résultats. Ajoutons dans cette catégorie les états financiers, l'analyse des coûts standards, le contrôle de la qualité des produits finis et, sous certains aspects, l'évaluation du rendement des employés.

LES ÉLÉMENTS DU PROCESSUS DE CONTRÔLE

Le contrôle consiste en une série d'étapes (voir figure 12.1) dont le but est de ramener le déroulement réel des activités à l'intérieur des balises prévues.

Nous pouvons envisager le processus de contrôle comme un mécanisme permettant de détecter et de corriger les écarts significatifs entre les résultats obtenus et les objectifs planifiés. Il est évident qu'il se glissera toujours des erreurs, que des efforts seront mal orientés, que des directives seront ambiguës ou ne seront pas suivies, etc. Tous ces éléments concourent à un éloignement des buts visés. C'est alors que s'impose le processus de contrôle, c'est-à-dire un moyen de réviser la planification, l'organisation et la direction des ressources.

Le contrôle comporte donc *cinq activités* principales, soit :
1) la détermination des critères et des normes ;
2) la mesure des résultats ;
3) la mesure de l'écart avec les prévisions ;
4) l'analyse des écarts et des causes ;
5) la prise de mesures correctives.

ÉTAPES

Les éléments de base du contrôle se retrouvent bien sûr dans le processus de planification (référez-vous au chapitre 2 portant sur la planification). Lorsqu'un gestionnaire veut effectuer une activité de contrôle, il doit posséder certains outils essentiels, que ce soit un contrôle des coûts, un contrôle de la qualité des produits finis ou encore un contrôle du rendement d'un employé.

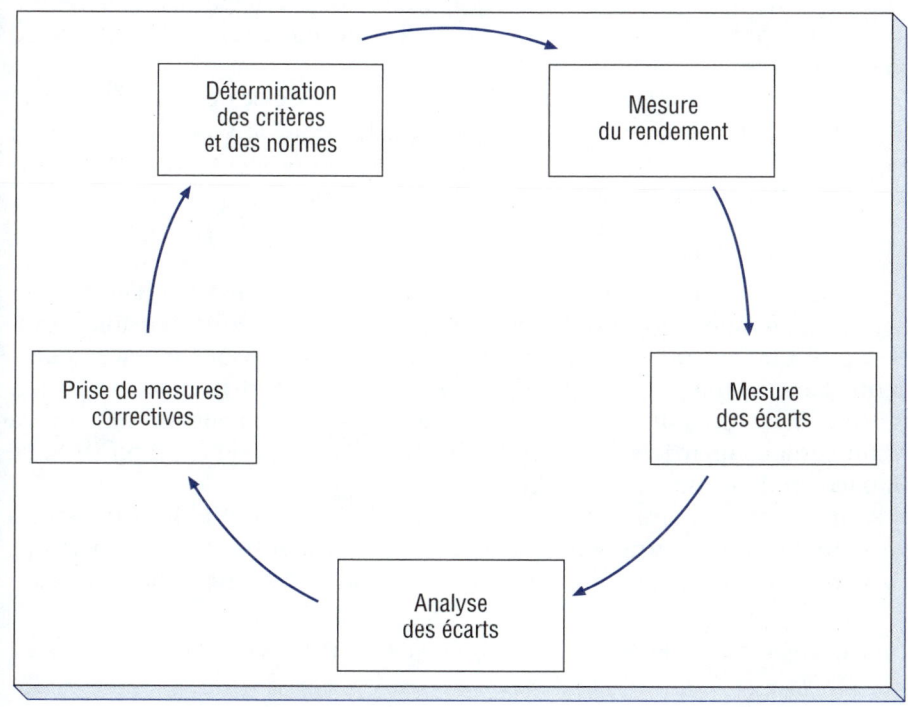

FIGURE 12.1
Le processus de contrôle

ÉLÉMENTS DU CONTRÔLE :
— CRITÈRE
— NORME
— OUTIL DE MESURE
— ANALYSE
— MÉTHODE CORRECTIVE

Le gestionnaire devra d'abord avoir en main un moyen de comparer, c'est-à-dire un critère, un indicateur de rendement. Deuxièmement, il lui faudra une mesure (une norme) pour comparer l'activité en question avec les standards établis et, troisièmement, pour mesurer les écarts possibles. La norme représente une valeur de référence pour mesurer les autres valeurs. Quatrièmement, il devra rechercher la cause des écarts afin de définir clairement le problème (voir le chapitre 3 sur le processus décisionnel). Enfin, il lui faudra des méthodes pour apporter des mesures correctives. On trouve des exemples de critères et de normes au tableau 12.1.

Cette figure montre la relation qui existe entre ces cinq éléments. Tout d'abord, les opérations et les activités sont analysées de façon continue à l'aide d'un instrument qui mesure les résultats et les compare aux normes ou standards établis. Généralement, la phase de planification a déjà établi ces normes. Le gestionnaire agit sur les activités en prenant les mesures correctives nécessaires à partir de l'information fournie par le système de mesure. Son action se situe avant le début de l'activité, pendant son déroulement ou après. Nous verrons plus loin ces trois formes de contrôle. Il s'agit là d'un système basé sur la rétroaction.

AIDE

Le contrôle a donc un but positif. Ce n'est pas un exercice de répression qui tente d'écarter certaines activités, mais plutôt un catalyseur. Le contrôle vise très précisément l'accomplissement d'actes propices à la réalisation du but prédéterminé. Un skieur analysant sa dernière descente en compétition pourra expliquer l'écart entre ses résultats et le temps prévu ; il pourra alors modifier son entraînement, son équipement ou sa technique en conséquence. Le contrôle est donc une nécessité et une aide et non une entrave ou une contrainte.

Le contrôle fournit les données nécessaires à la prise de décision ; il a partie liée avec la planification. Sans planification, le contrôle serait inutile, voire impossible[5], sauf dans les rares cas où une action serait entreprise dans l'unique but d'en constater les résultats.

LES STANDARDS

Les *standards* sont les critères et les normes acceptées permettant d'établir des comparaisons avec les résultats des activités. Il est d'ailleurs impossible d'évaluer quoi que ce soit sans avoir une base de comparaison, même inconsciente. Par exemple, qu'est-ce qu'une belle maison ? L'individu qui n'a jamais quitté son patelin a une idée très nette de ce qu'est une belle maison. S'il va visiter certains quartiers de Los Angeles ou encore ceux de la principauté de Monaco, sa définition d'une belle maison changera.

Pour le gestionnaire, les standards sont donc des outils indispensables grâce auxquels il pourra déterminer si les activités entreprises permettront d'atteindre l'objectif de l'organisation. Les standards sont la base du con-

---

5. Voir : Geerf Hofstede, « The Poverty of Management Control Philosophy », *Academy of Management Review*, juillet 1978, p. 450-461.

TABLEAU 12.1 Exemples de critères et de normes

	Critères	Normes
Fonction finances		
	ratio de liquidités	0,50 à 1,00
	profit net / ventes	7 %
Fonction ressources humaines		
	taux de roulement	10 %
	griefs	1 grief / 10 employés
Fonction production		
	heures supplémentaires	2000 heures / année
	rejet	1 unité / 1000 unités produites
Fonction marketing		
	ventes	2 000 000 $ / année
	part du marché	15 %

trôle. Leur nature peut varier énormément selon les activités à contrôler. Par exemple, il peut s'agir de standards budgétaires, de quantité, de quotas, d'objectifs ou de critères de qualité. Ce qui importe, c'est qu'ils soient mesurables, et de façon satisfaisante.

Le chapitre 2 sur la planification vous a permis de prendre connaissance des différents éléments que celle-ci comprend, soit les politiques, les procédures, les méthodes, les règlements, les budgets et les programmes. Ces plans sont aussi des standards. Par exemple, une procédure est un plan qui établit une façon précise d'effectuer un travail; les opérations sont définies par ordre chronologique. Une procédure est aussi un standard, car elle permet une comparaison avec les gestes posés par un employé. Il existe de nombreuses façons de définir un standard, mais l'important, c'est de l'expliciter de manière quantitative autant que possible. Toutefois, il ne faudrait pas pour autant négliger les critères qualitatifs des opérations d'une entreprise; ceux-ci ne se prêtent pas toujours à une norme quantifiable. À titre d'exemple, mentionnons le moral des employés ou l'image de l'entreprise auprès du public. Bref, *les standards dérivent directement des objectifs*.

PLANS = STANDARDS

LES MOYENS DE MESURE ET DE COMPARAISON

Les standards ne sont pas toujours faciles à établir. Parfois, le choix d'un critère imprécis ou le faible niveau d'une norme laisse une grande marge d'interprétation au gestionnaire. Les outils de mesure du rendement connaissent aussi ce problème. La mesure de la qualité et de la quantité du travail s'avère relativement facile dans les opérations standardisées, facilement localisables et répétitives. Mais plusieurs domaines de l'entreprise moderne échappent à ce genre d'activités.

De nombreux emplois de bureau, le secteur des services en général, de même que le travail en équipe dans les usines rendent la mesure difficile. Comment, par exemple, mesure-t-on la qualité et la quantité de travail d'un professeur? L'exercice semble plus simple qu'il ne l'est en réalité. Peut-on mesurer la valeur d'un vendeur uniquement à son chiffre de ventes? Qu'est-ce qu'un bon chef cuisinier? Comment définit-on un mécanicien efficace dans une station-service? Il faut éviter d'appliquer la même approche à des situations différentes.

Si vous croyez qu'un examen n'est pas la bonne façon de mesurer le rendement d'un étudiant, essayez de vous entendre avec vos collègues de classe pour définir l'outil de mesure idéal. Le défi peut être plus grand qu'il n'y paraît au premier abord.

La mesure des résultats peut prendre différentes formes allant de la simple observation jusqu'à une analyse très poussée faite par une équipe de spécialistes.

Uniformisation des unités de mesure utilisées

Afin de permettre une comparaison rapide, les unités utilisées pour mesurer le rendement doivent être les mêmes que celles qui définissent le standard. De plus, la définition du standard doit comprendre une marge de tolérance. Les activités d'une entreprise se déroulent rarement comme il était prévu. Afin d'éviter une multitude d'interventions de la part du gestionnaire, il faut indiquer clairement les limites de variations qui sont acceptables. Mais ce qui importe, c'est que le standard permette d'isoler rapidement le problème.

Il faut donc définir au départ ce qui sera mesuré, à quelle étape du processus des opérations, à quel moment et à quelle fréquence. Toutefois, n'oublions pas que plus les vérifications seront nombreuses, plus l'information sera adéquate, mais aussi plus coûteuse.

L'ANALYSE DES ÉCARTS

Analyse

L'analyse des écarts présente très souvent un défi de taille. Nombreux sont les cas où la certitude existe et permet de pointer les causes des écarts. Le bris d'une machine, un taux d'absentéisme élevé, un retard dans la livraison des matières premières appartiennent à cette catégorie. Mais dans la recherche de la cause des écarts, les hypothèses de causalité sont souvent les seules explications disponibles. Par exemple, il est bien difficile de cerner la cause réelle de l'échec ou du succès de la campagne de promotion d'un nouveau produit. Pourquoi les Beatles ont-ils vendu plus d'albums en 1996 que pendant toutes les autres années? Les actions posées par les concurrents, la situation économique, l'image du manufacturier, le choix des médias de publicité, les délais de livraison, la date de lancement doivent être analysés si l'on veut obtenir un début de réponse. Dans le cas de certains produits, la température ou même des événements se produisant dans d'autres pays peuvent affecter une campagne publicitaire. Les ventes de motoneiges, d'équipement de ski, de piscines, etc., sont directement reliées à la température.

Les mesures correctives

Passons maintenant à la phase active: il s'agit de prendre des mesures correctives. Mais clarifions d'abord certains points. Le fait de ne prendre aucune mesure réelle constitue une décision et une action de correction. De plus, une mesure corrective ne vise pas nécessairement la modification d'une activité. La mesure peut consister à modifier la norme parce qu'elle n'est pas réaliste. Elle peut aussi consister à modifier son critère qui peut ne pas être représentatif de la réalité à évaluer. La figure 12.2 illustre certaines possibilités offertes au gestionnaire. Celui-ci peut opter pour un de ces éléments, mais rien ne l'empêche d'en choisir plusieurs.

LA CORRECTION S'APPLIQUE À TOUS LES ÉLÉMENTS DU CONTRÔLE

Lorsqu'une situation semble présenter un écart par rapport aux normes établies, le gestionnaire doit prendre une décision concernant une intervention. Celle-ci doit viser le problème. Il ne s'agit pas d'éliminer l'écart entre les résultats et les standards, mais de faire en sorte que la même situation ne se représente plus.

Toute intervention implique des coûts en ressources et en temps; elle peut affecter la motivation des employés ou la satisfaction d'un client ou d'un fournisseur. Il faut donc juger de la pertinence et de l'impact global d'une intervention de correction. Peut-être vaut-il mieux tolérer certains écarts? Bref, une mesure corrective dans la fonction contrôle peut signifier une réévaluation des autres fonctions du processus de gestion. Peut-être faut-il

CONSÉQUENCES SUR LES AUTRES FONCTIONS DE LA GESTION

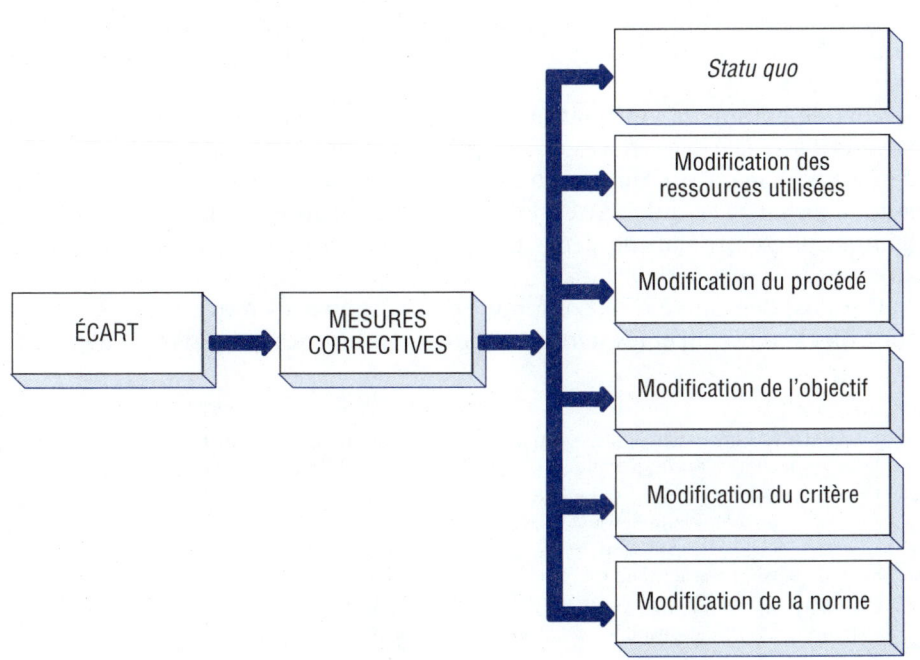

FIGURE 12.2
Les mesures correctives

repenser la planification, refaire l'organisation, modifier la dotation ou corriger des problèmes de direction ? Le processus de gestion, vous l'avez vu dans les premiers chapitres, forme une boucle.

LE FACTEUR HUMAIN ET LE CONTRÔLE

Le contrôle a pour but de connaître et de mesurer l'efficience d'une organisation ou d'un individu. Il est une assise de la prise de décision et une mesure du rendement. Il faut ajouter un deuxième objectif tout aussi important, lequel consiste à mesurer le comportement afin d'accroître l'efficacité des employés. L'entreprise doit donc utiliser ces deux formes de contrôle, car chacune a un rôle différent[6].

Nous venons de voir que le contrôle est une activité positive. Perçu de cette façon, le contrôle est un processus désiré par les membres d'une organisation. Les employés retirent généralement une certaine satisfaction de leur travail. Cette satisfaction peut être maintenue et même accrue si les individus sont appelés à exercer encore mieux leurs fonctions. Le contrôle peut contribuer à la réalisation de cet objectif.

LE CONTRÔLE AMÉLIORE LA MOTIVATION

Si le gestionnaire contrôle le travail des employés dans le but de les aider à s'améliorer (évaluation formative) et à contribuer à l'efficacité de leur service, il peut déterminer de nouveaux défis et créer des occasions de dépassement qui auront une influence très grande et directe sur leur motivation. Plus le gestionnaire est exigeant pour lui-même et pour ses employés, meilleur sera leur rendement[7]. Nous insistons sur ce dernier point qui est trop souvent négligé. Il ne s'agit pas de mesurer un rendement comptable ou la productivité d'une machine quelconque. Dans les sciences sociales, il est impossible de mesurer un comportement sans affecter le comportement même qui est mesuré[8].

Lors de l'étude de l'évaluation du rendement, nous avons vu qu'une des raisons d'être de cet exercice consistait à répondre au besoin de l'employé qui désirait faire le point. Afin qu'un employé sache où il en est dans son travail, il doit connaître ce qu'on attend de lui. Il serait d'ailleurs illusoire d'attendre d'un employé un élan de dépassement si celui-ci ne connaît même pas les attentes de son supérieur[9].

De plus, l'employé doit comprendre et accepter les moyens utilisés pour contrôler son travail et les standards, critères et normes qui serviront d'étalon.

---

6. Extrait de : William Ouchi et Mary Ann Maguire, «Organizational Control: Two Functions», *Administrative Science Quarterly*, décembre 1975, p. 559-571.
7. Cette conclusion provient des études de Livingston : S. Livingston, «Pygmalion in Management», *Harvard Business Review*, juillet-août 1969, p. 81-89.
8. Cité dans : Eugene J. Webb *et al.*, *Unobstructive Measures: Non-reactive Research in the Social Sciences*, Skokie, Ill., Rand McNally and Co., 1966.
9. Cité dans : L.L. Cummings, D.P. Schwab et M. Rosen, «Performance and Knowledge of Results as Determinants of Goal-Setting», *Journal of Applied Psychology*, vol. 55, 1971, p. 526-530.

Il pourrait même à la rigueur participer à l'élaboration des standards et des techniques de mesure et de comparaison.

Cette acceptation de la part de l'employé repose en partie sur l'ouverture d'esprit du gestionnaire face aux standards et aux moyens de contrôle. Par exemple, certaines situations appellent des ajustements et de la flexibilité dans leur application. Si le gestionnaire y consent, l'employé réagira positivement au réalisme et à l'équité du système de contrôle. D'ailleurs, McMahon et Perritt[10] soutiennent dans leur théorie que l'efficacité de l'organisation sera améliorée s'il y a un haut degré de contrôle, si ce contrôle est bien réparti dans la structure et s'il y a un accord sur cette répartition du pouvoir entre chaque échelon hiérarchique.

De plus, comme il en a été question lors de l'étude des principes de base de l'enrichissement des tâches, les informations et les conclusions extraites du processus de contrôle devraient être acheminées prioritairement vers les personnes engagées dans l'exécution de la tâche. Ce principe a pour objet de laisser à l'employé concerné l'occasion d'apporter lui-même les mesures correctives avant l'intervention des spécialistes-conseils ou des cadres supérieurs[11].

LES PRINCIPES FONDAMENTAUX DU CONTRÔLE

Afin d'utiliser le plus efficacement possible cette fonction du processus administratif, il faut la connaître à fond et surtout respecter certains principes fondamentaux qui lui donnent toute sa valeur.

L'ORIENTATION VERS LE FUTUR

D'abord, le contrôle doit être orienté vers le *futur*. Ici, il ne s'agit pas de mettre l'accent sur les erreurs qui ont été commises la veille, mais de savoir ce qui sera accompli demain pour les corriger. Le contrôle, c'est en fait le « pilotage » de l'entreprise. D'ailleurs, les normes de contrôle d'une entreprise sont souvent regroupées dans un « tableau de bord », c'est-à-dire l'ensemble des standards concernant une activité en particulier. Le tableau de bord de la fonction finances, par exemple, comprendra tous les ratios.

FUTUR

LA SÉLECTION DES POINTS DE CONTRÔLE

Il n'est pas indispensable de contrôler toutes les opérations de l'organisation. Certains points névralgiques appellent un suivi plus constant que d'autres. De plus, les contrôles doivent être efficaces et opérationnels. Rien ne sert de contrôler si de trop nombreuses erreurs peuvent passer inaperçues ou si le processus est trop onéreux. Ajoutons que les contrôles doivent reposer sur

CONTRÔLER LES POINTS NÉVRALGIQUES

---

10. Cité dans : J. Thimothy McMahon et G.W. Perritt, « Toward a Contingency Theory of Organizational Control », *Academy of Management Journal*, décembre 1973, p. 624-635. La citation est traduite du texte de la page 635. Tannenbaum avait déjà abordé ce point : Arnold S. Tannenbaum, *Control in Organizations*, New York, McGraw-Hill, 1968, p. 12-15.

11. William Newman, *Constructive Control*, Englewood Cliffs, N.J., Prentice-Hall, 1975, p. 21-22.

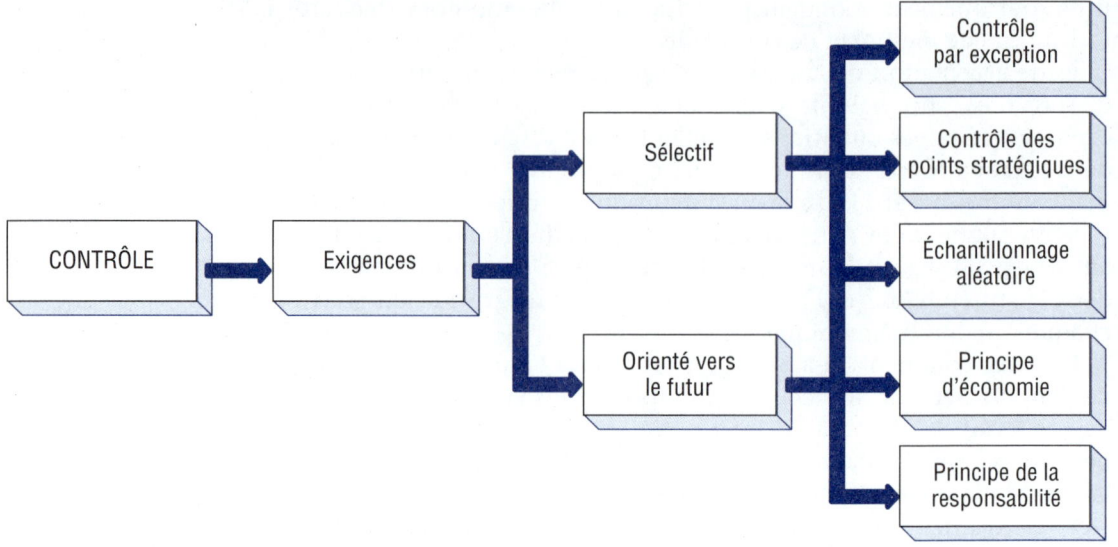

FIGURE 12.3 Les principes fondamentaux du contrôle

des standards vérifiés et précis. La qualité du contrôle est directement proportionnelle à la valeur des standards utilisés. Ensuite, les contrôles doivent être multiples. Nous avons insisté plus haut sur le besoin d'un système de contrôle simple et nous maintenons cette position ; mais il serait téméraire de croire qu'un seul outil de mesure suffira à la plupart des opérations de vérification. Enfin, les contrôles doivent être eux-mêmes objets de contrôle, afin que le coût du remède ne dépasse pas les frais causés par le mal.

Voyons maintenant les principes fondamentaux qui découlent de ces exigences. Précisons d'abord que le contrôle n'est pas un ensemble de techniques mais plutôt une façon de voir, une philosophie. Cette philosophie s'appuie sur la conviction que, dans un environnement en constante évolution, il est possible d'assurer à l'entreprise une certaine forme de stabilité, un moyen d'atteindre des objectifs prédéterminés.

LE PRINCIPE DU CONTRÔLE PAR EXCEPTION

Puisque le processus de contrôle comporte un coût, il faut conserver le niveau de ce coût en deçà des avantages qu'en retire l'entreprise. Dans le cas contraire, le contrôle n'a plus aucune valeur pour elle.

NE CONTRÔLER QUE L'EXCEPTION

Il s'agit ici d'appliquer la règle de Pareto étudiée dans le chapitre 4 sur la gestion du temps. Brièvement, il est inutile de disperser ses énergies à vouloir contrôler tous les aspects de l'organisation. Ce qui importe en dernière analyse, c'est de faire porter l'essentiel du contrôle sur les quelques domaines d'importance où les déviations peuvent avoir des conséquences graves sur l'ensemble de l'entreprise. À titre d'exemple, mentionnons qu'il arrive souvent que 20 % des employés qui se sont absentés dans l'année soient responsables de 80 % des jours d'absence (20 et 80 % découlent de la règle de Pareto). Il faut donc s'attarder à analyser le problème de ces 20% seulement, car les conséquences de nos efforts se répercuteront sur 80% du problème de l'absentéisme.

LE PRINCIPE DU CONTRÔLE DES POINTS STRATÉGIQUES

Nous appliquons ici le principe de l'exception aux différentes étapes du processus de production ou à toute autre opération. Il n'y a nul besoin de contrôler constamment le déroulement des opérations. Il suffit de délimiter les étapes importantes, là où des modifications significatives sont apportées. Cette approche libère le gestionnaire d'un contrôle continu et lui permet d'être plus efficaces, et même d'exercer un contrôle sur un plus grand nombre d'employés ou d'opérations.

POINTS STRATÉGIQUES

LE PRINCIPE DE L'ÉCHANTILLONNAGE ALÉATOIRE

On utilise cette technique pour faire un contrôle par exception ou par points stratégiques. Les contrôles n'étant exercés que sur un certain nombre d'employés ou d'opérations, il ne faudrait pas négliger complètement les autres. Aussi, par un choix laissé au hasard et ne représentant qu'une faible proportion des autres éléments de l'ensemble de la population (au sens statistique) à contrôler, il est possible d'avoir un aperçu assez significatif du rendement des opérations et cela, à faible coût. Il peut s'agir d'un nombre important de contrôles informels et rapides ou encore d'un nombre plus restreint de contrôles formels.

ÉCHANTILLON

LE PRINCIPE D'ÉCONOMIE

Il a été indiqué plus haut que les contrôles devaient représenter une dépense inférieure aux conséquences négatives qui découleraient de l'absence de tout contrôle. Le contrôle doit être une activité rentable. D'ailleurs, une certaine limitation des contrôles peut permettre de réaliser des économies. Évidemment, la sagacité du gestionnaire doit s'exercer dans la sélection des contrôles.

CONTRÔLE RENTABLE

LE PRINCIPE DE LA RESPONSABILITÉ

Le contrôle permet de déceler les zones à problèmes dans l'entreprise. Mais avant de prendre des mesures correctives, il faut s'assurer que les opérations ou les personnes fautives sont responsables des écarts constatés. Donc, point n'est-il besoin de suggérer un programme de recyclage à un employé dont le rendement est faible s'il n'a pas été correctement informé de ce qu'on attendait de lui. Autre exemple, les opérations d'un service qui produisent de piètres résultats n'ont pas à être modifiées si les employés n'ont pas reçu la formation nécessaire pour bien les exécuter. Finalement, il est inutile de revoir les techniques de planification de la production si ce service n'a aucun contrôle sur la qualité des achats de matières premières.

Bref, un individu doit faire l'objet de mesures correctives seulement s'il est adéquatement informé de ce qu'on attend de lui, s'il connaît la façon de procéder et s'il contrôle les opérations qu'il effectue.

En conclusion, il importe de retenir que les principes de contrôle sont universels, mais la façon de les appliquer reste propre à chaque entreprise, à chaque unité administrative.

LES TECHNIQUES DE CONTRÔLE À LA DISPOSITION DES ORGANISATIONS

Il existe de nombreuses techniques pour contrôler l'évolution des entreprises et leurs ressources. Nous avons retenu la classification suivante : les contrôles budgétaires, les contrôles financiers et les ratios, la vérification, les techniques de contrôle des opérations, les contrôles utilisés dans l'approche systémique.

LES CONTRÔLES BUDGÉTAIRES LES PLUS UTILISÉS

BUDGET

La budgétisation est la technique de gestion la plus utile dans le cadre du processus de planification et de contrôle. Il faudrait même ajouter que c'est un véritable outil de planification. Cette technique est utilisée largement par toutes les entreprises pour prévoir leurs besoins en ressources financières, matérielles et humaines. Cette approche globale est souvent appelée dans les entreprises le *profit planning* ou encore le concept du centre de responsabilité. Les membres de chaque centre sont responsables des activités, des revenus et des dépenses. Ils sont généralement divisés en centres de coûts et en centres de profits. Les centres de coûts permettent de vérifier la somme des ressources que l'organisation consomme et les centres de profits déterminent le revenu net des opérations « profits ». Le budget est l'expression quantitative des plans.

L'exercice consiste à traduire les objectifs de l'entreprise dans un plan d'action, sorte de formulation chiffrée des plans, et d'y indiquer les ressources

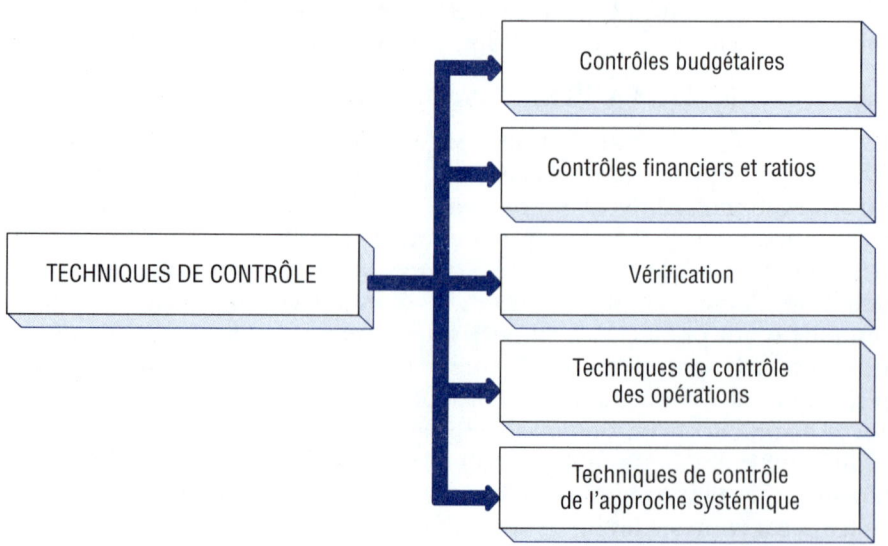

FIGURE 12.4
Exemples de techniques de contrôle

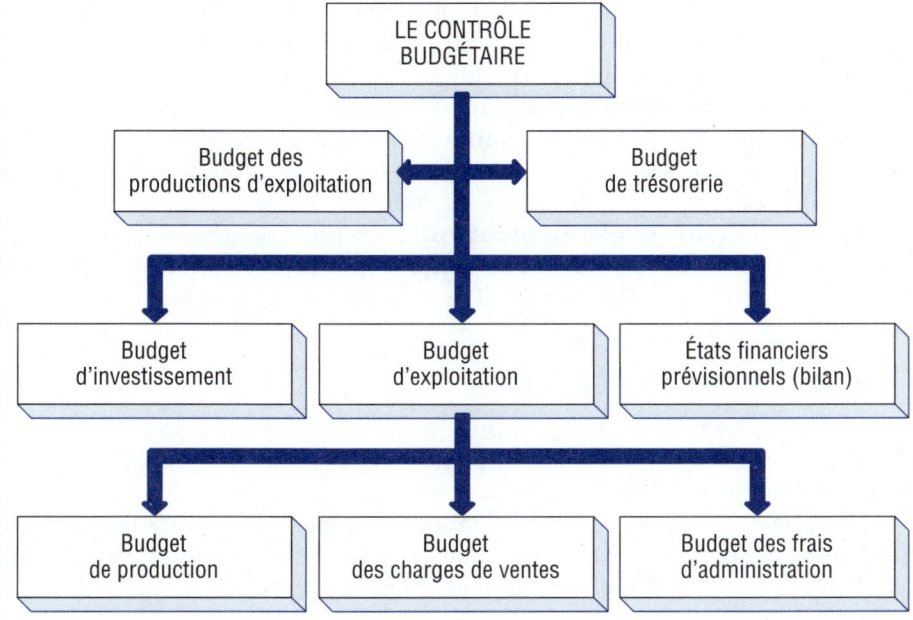

FIGURE 12.5
Le contrôle budgétaire

qui seront nécessaires. Un budget n'est rien d'autre que le résumé des activités d'une période ainsi que les états financiers anticipés de l'entreprise. Les principaux budgets de l'entreprise sont le budget des produits d'exploitation, les budgets d'exploitation, le budget de trésorerie, le budget d'investissement et les états financiers prévisionnels (le bilan, l'état des résultats, l'état de source et d'emploi des fonds).

Le budget des produits d'exploitation (revenus)

Le budget des ventes est le plus représentatif des budgets de revenus. Il traduit les objectifs formels et détaillés des ventes. Les prévisions des ventes du service du marketing sont traduites en valeurs. Le résultat représentera alors les revenus de l'entreprise pour la période à venir. Ajoutons que le budget des ventes est la base du contrôle budgétaire dans son entier, puisqu'il déterminera tous les autres budgets de l'entreprise.

Les budgets d'exploitation

Ils comprennent les budgets de la production, des charges de vente et des frais d'administration.

Budget de la production. Ce budget découle de celui des ventes. En effet, les quantités à produire sont déterminées par les quantités que l'entreprise s'attend à vendre et les stocks qu'on désire avoir en fin d'exercice.

Le budget de la production permettra d'établir les quantités de matières premières à acheter, le nombre total d'heures de main-d'œuvre ainsi que les frais indirects. La connaissance préalable des matériaux nécessaires à la production permettra à l'agent acheteur d'obtenir de meilleures conditions d'achat. Le service du personnel sera en mesure de combler à temps les besoins de la firme en employés qualifiés et compétents.

Budget des charges de vente. Ce budget reflétera les dépenses à allouer au service des ventes : le nombre et la rémunération des représentants des ventes, le coût des agences, des campagnes de publicité, des services après-vente, etc.

Budget des frais d'administration. Toutes les charges administratives, telles que le nombre et les salaires des employés affectés à l'administration, la dotation en équipement et en mobilier, les locaux, etc., sont prévues dans ce budget.

L'état des résultats prévisionnels

Les budgets de vente, de production, de frais de vente et d'administration permettent d'estimer les résultats auxquels l'entreprise peut s'attendre si les prévisions du budget se réalisent.

Le but de ces budgets consiste à établir exactement le prix de revient des différents produits ou services afin d'analyser les écarts entre les coûts et les quantités et de déterminer ainsi le rendement des services.

Le budget de trésorerie

Ce budget permet d'enregistrer les mouvements de trésorerie pour un service en particulier et pour une certaine période ; il s'agit en fait d'une prévision des entrées et des sorties de fonds pendant la période concernée. Il permet aussi d'établir la disponibilité des liquidités en fonction des obligations et de prévoir les besoins de fonds pour chacune des périodes à venir ; ainsi, on pourra négocier avec les institutions bancaires les marges de crédit nécessaires ou investir de façon rentable les fonds non utilisés.

Le budget d'investissement

Ce budget est sans doute celui qui porte sur la plus longue période de prévisions. Il implique généralement des sommes importantes puisqu'il regroupe tous les projets d'immobilisations en immeubles, en machinerie, en équipement, etc. Compte tenu des sommes engagées et de la relative inflexibilité de ces placements, ces décisions sont parmi les plus délicates et les plus importantes. Pour analyser les résultats de ce genre de budget, on utilise les techniques du taux de rendement interne, de la valeur actuelle nette, du délai de récupération et des analyses de risque.

Le bilan

C'est un document comptable qui traduit la situation d'une entreprise à un moment donné. À sa lecture, on prend connaissance de tous les éléments de l'actif de l'entreprise, de tout son passif et de l'avoir net des propriétaires. L'actif représente l'utilisation que l'entreprise fait des fonds qui sont mis à sa disposition. Le passif à court terme et à long terme ainsi que l'avoir des propriétaires indiquent l'origine de ces fonds.

En partant du bilan et de l'état des résultats, il sera possible d'évaluer les activités globales de l'entreprise durant une période donnée. La valeur de ces deux états financiers provient du fait qu'ils fournissent un aperçu de la qualité de la gestion des administrateurs et de la santé financière de l'entreprise sous leur responsabilité. C'est en fait la synthèse des autres budgets. Il y a lieu aussi d'analyser certains aspects ou postes du bilan, et nous verrons plus loin l'utilisation des ratios.

Les avantages des contrôles budgétaires

Les principaux avantages des contrôles budgétaires consistent en un raffermissement de la structure organisationnelle, une définition plus précise des objectifs de chaque groupe et en une réorientation commune des objectifs de l'entreprise. À cela il faut ajouter la dynamisation d'un système d'information plus orienté vers le futur. Ajoutons aussi à ces bénéfices une amélioration de la qualité de la planification.

LES CONTRÔLES FINANCIERS ET LES RATIOS

Les chiffres fournis par les états financiers étant très relatifs, il faut utiliser des ratios pour apprécier la valeur des résultats. Le ratio vise à *comparer la valeur d'un poste du bilan ou de l'état des résultats avec la valeur d'un autre poste*. Un certain nombre de ratios sont très bien connus et sont acceptés par l'ensemble des gestionnaires. D'autres ont surtout un rôle de soutien et agissent à titre d'indicateurs, attirant l'attention du gestionnaire sur certains points de son administration[12]. Enfin, un grand nombre de ratios (taux d'absentéisme, taux de roulement, etc.) ne sont pas des ratios financiers, mais leur importance ne doit pas être négligée.

RATIO

Mentionnons de plus que les ratios ont une *utilité limitée*. Ils doivent être interprétés et évalués pour être significatifs. En plus de la comparaison entre eux de deux éléments d'un état financier, il faut comparer les ratios réels (selon les résultats) avec les ratios prévus, comparer les ratios d'une période avec ceux d'une autre période et analyser leur tendance, et comparer les ratios de l'entreprise pour laquelle on travaille avec ceux des autres entreprises du même secteur.

COMPARAISON

De plus, avant de faire quelque comparaison que ce soit, il faut bien *cerner le contenu des éléments du ratio*. Par exemple, l'actif comprend-il les amortissements ? Quelle est la base d'évaluation des investissements ?

DÉFINIR CLAIREMENT LES RATIOS

Enfin, les ratios sont d'une grande utilité comme *indicateurs* ; toutefois, ils mettent souvent l'accent sur certains aspects du rendement et en négligent d'autres très importants qui, à cause de leur caractère qualitatif, ne peuvent prendre la forme d'une équation.

INDICATEUR

---

12. Pour de plus amples renseignements sur les ratios, voir : Gagnon, Jean-Marie et Nabil Khoury, Traité de gestion financière, 3e édition, Boucherville, Gaëtan Morin, Éditeur, 1988.

Voici une liste des principaux ratios utilisés dans les entreprises:
1. **Les ratios sur la solvabilité de l'entreprise à court terme:**
   a) Le fonds de roulement nous indique la capacité qu'a une entreprise de s'acquitter rapidement de ses dettes. Plus il est élevé, meilleure est la position de l'entreprise.
   Fonds de roulement = actif à court terme – passif à court terme
   $$\text{Ratio du fonds du roulement} = \frac{\text{actif à court terme}}{\text{passif à court terme}}$$
   b) Mais si une entreprise compte surtout dans ses disponibilités une encaisse et des comptes à recevoir, elle sera perçue comme plus «liquide». Afin de mieux saisir la situation, il faut donc utiliser le ratio de liquidités, nommé *acid test*, qui permettra de mieux mesurer la capacité de l'entreprise à respecter ses engagements.
   $$\text{Indice de liquidités} = \frac{\text{actif à court terme} - \text{stocks}}{\text{passif à court terme}}$$
   c) Le ratio.
   $$\frac{\text{fonds de roulement}}{\text{actif total}}$$
   indique la situation relative des liquidités par rapport à l'ensemble de l'actif et la répartition des ressources utilisées par l'entreprise.
2. **Les ratios concernant la structure de capitalisation** (ou les ratios d'équilibre)
   a) La couverture des dettes à long terme nous montre la capacité de l'entreprise à rembourser ses créanciers à long terme, dans un cas de faillite par exemple.
   $$\text{Couverture des dettes à long terme} = \frac{\text{immobilisations (nettes)}}{\text{dettes à long terme}}$$
   b) Le ratio de l'endettement à long terme et du capital investi illustre le risque des créanciers dans le cas d'une faillite; plus il est faible, plus le risque est minime.
   $$\text{Ratio des dettes à long terme} = \frac{\text{passif à long terme}}{\text{dettes à long terme} + \text{capital}}$$
   c) Le ratio d'endettement total montre l'importance de la dette par rapport à l'investissement total des actionnaires.
   $$\text{Le ratio d'endettement total} = \frac{\text{passif total}}{\text{capital}}$$

3. Les ratios de rentabilité

a) La marge brute de profit indique l'efficacité des opérations de l'entreprise et la marge de profit une fois les coûts de fabrication déduits.

$$\text{Marge brute de profit} = \frac{\text{ventes} - \text{coût des marchandises vendues}}{\text{ventes}}$$

b) La marge de profit net, pour sa part, nous laisse voir le profit résiduel, une fois toutes les charges déduites ainsi que les impôts.

$$\text{Marge de profit net} = \frac{\text{profit net après impôts}}{\text{ventes}}$$

c) La rentabilité de la valeur nette indique le rapport entre les bénéfices nets et les capitaux utilisés.

$$\text{Rentabilité de la valeur nette} = \frac{\text{profit net après impôts}}{\text{valeur nette de l'avoir des propriétaires}}$$

4. Les ratios d'efficacité

a) Efficacité du service de crédit: ce ratio, ainsi que le délai de recouvrement des comptes clients, indiquent l'efficacité du service du crédit à recouvrer les montants dus à l'entreprise.

$$\text{Rotation des comptes à recevoir} = \frac{\text{ventes à crédit}}{\text{comptes clients moyens}}$$

b) Efficacité du service de crédit.

$$\frac{\text{Délai de recouvrement}}{\text{des comptes clients}} = \frac{\text{comptes clients moyens} \times \text{jours}}{\text{ventes à crédit annuelles}}$$

c) Liquidité des stocks: les ratios de rotation des stocks et des périodes de rotation indiquent l'efficacité de l'entreprise dans l'utilisation de ses stocks; si le taux est trop élevé, cela signifie que le volume du stock moyen dépasse ses besoins.

$$\text{Rotation des stocks} = \frac{\text{coût des marchandises vendues}}{\text{stock moyen}}$$

d) Période de rotation des stocks.

$$\text{Période de rotation des stocks} = \frac{\text{stocks moyens} \times 365}{\text{coût des marchandises vendues}}$$

Ce sont là quelques exemples de ratios et pas nécessairement les plus importants. Chaque gestionnaire doit choisir les ratios les plus adaptés au secteur dont il a la responsabilité. Un trop grand nombre de ratios n'améliore pas le contrôle. Ils sont des outils de travail, des indicateurs de ce qui se passe dans l'entreprise.

Le rôle de la vérification

La vérification est une technique de gestion créée spécialement aux fins de contrôle. La vérification comptable a trait particulièrement aux états financiers que nous avons étudiés plus haut. Il y a la *vérification externe* et la *vérification interne*. Il faut ajouter à cela une autre forme de vérification, la *vérification de gestion*.

La vérification externe

La vérification externe est faite par un vérificateur indépendant nommé par les actionnaires, qui analyse les comptes d'une entreprise et ses états financiers. Elle est effectuée par un bureau de comptables agréés et consiste essentiellement en la vérification des états financiers à l'aide de principes comptables généralement reconnus. Elle confirme que les états financiers présentés sont exacts et conformes à ces conventions comptables et représentent fidèlement la situation financière de l'entreprise.

La vérification interne

Quant à la vérification interne, outre qu'elle vise essentiellement les mêmes buts, elle permet de vérifier l'exactitude de tous les autres registres ou rapports produits à des fins de gestion interne. Grâce à elle, on peut savoir si les procédures et les règlements de l'entreprise ont été respectés. De plus, la vérification interne permet d'évaluer l'efficacité et le rendement des différents services.

Contrairement aux vérificateurs externes, les vérificateurs internes sont des salariés au service de l'entreprise. Les rapports des vérificateurs internes comportent souvent des suggestions concernant la correction des écarts par rapport aux objectifs des services. Cependant, les gestionnaires, et principalement ceux engagés dans les opérations, sont trop souvent sceptiques à l'égard des spécialistes-conseils responsables de la vérification (voir le chapitre 5 : Le processus organisationnel).

La vérification de gestion

La vérification de gestion procède à une évaluation plus générale et porte surtout sur le rendement des gestionnaires. Elle analyse le déroulement de la planification, de l'organisation et de la direction. L'on vérifie surtout le respect des principes et des règles de gestion généralement reconnus. C'est habituellement le service d'organisation et méthodes ou encore un conseiller en administration indépendant de l'entreprise qui procède à cette vérification.

Il s'agit en fait de vérifier si les politiques et les procédures en cours sont toujours conformes aux objectifs de l'entreprise et d'établir jusqu'à quel point elles sont respectées ; une réévaluation de chacun de ces éléments peut découler de cette vérification. On étudie les interrelations entre les services en tentant de découvrir les domaines de responsabilités qui se chevauchent et ceux qui ne relèvent d'aucun service en particulier.

Les principaux outils dont disposent les analystes sont les documents internes concernant la structure administrative et les descriptions d'emplois, les états financiers et les rapports internes sur les opérations, les observations, les entrevues avec les gestionnaires et les enquêtes auprès du personnel, une enquête sur le niveau de satisfaction des employés, par exemple.

Toutes les données concernant la structure organisationnelle sont recueillies et analysées; des recommandations sont ensuite présentées. L'on scrute plus particulièrement les moyens d'améliorer la coordination entre les différents services. Généralement, il n'y a pas d'évaluation en tant que telle des gestionnaires, mais des recommandations peuvent concerner certaines mutations ou certaines modifications dans le degré d'autorité et de responsabilité d'un cadre en particulier.

L'efficacité de cette vérification dépend de l'empressement des gestionnaires à prendre les mesures correctives proposées. En effet, l'autorité du vérificateur ne dépasse jamais celle de la recommandation; si un correctif doit être apporté, la directive devra provenir des cadres hiérarchiques supérieurs[13].

Les techniques de contrôle des opérations

Le contrôle des opérations a pour champ d'action les méthodes utilisées pour obtenir le bien ou le service que l'entreprise offre aux consommateurs. Toute l'attention porte sur la qualité, les coûts, le temps et la quantité.

QUALITÉ
COÛTS
TEMPS
QUANTITÉ

De plus, une partie des activités de contrôle concerne la gestion des ressources financières, la gestion des ressources humaines, la gestion des ressources physiques et matérielles et la gestion du marketing ou de la commercialisation.

La gestion des ressources financières

En ce qui touche la gestion des ressources financières, les contrôles préalablement mentionnés sont fort utiles. Qu'il suffise de mentionner les différents budgets et les ratios.

De plus, la société E.I. Du Pont de Nemours a mis au point un système qui permet l'évaluation du rendement financier de l'entreprise à tous les niveaux. L'avantage de ce système (voir figure 12.6), c'est qu'il permet l'analyse de plusieurs ratios et de leurs interrelations.

Enfin, ajoutons une solution graphique au problème du contrôle: le point mort. L'analyse du point mort consiste à trouver le montant des ventes où l'entreprise ne fait ni profit ni perte en tenant compte des coûts fixes et des coûts variables, les premiers n'étant pas touchés par le volume de production, les seconds y étant directement reliés. La somme de ces deux coûts forme le coût total. Il s'agit alors de tracer la droite des coûts totaux sur un graphique (voir figure 12.7) en ajoutant la droite des revenus. Le prix de

POINT MORT

---
13. Voir le rôle et les techniques du service d'organisation et méthodes dans : Michael Hammer et James Champy, *Reingineering the Corporation*, New York, Harper Collins, 1993.

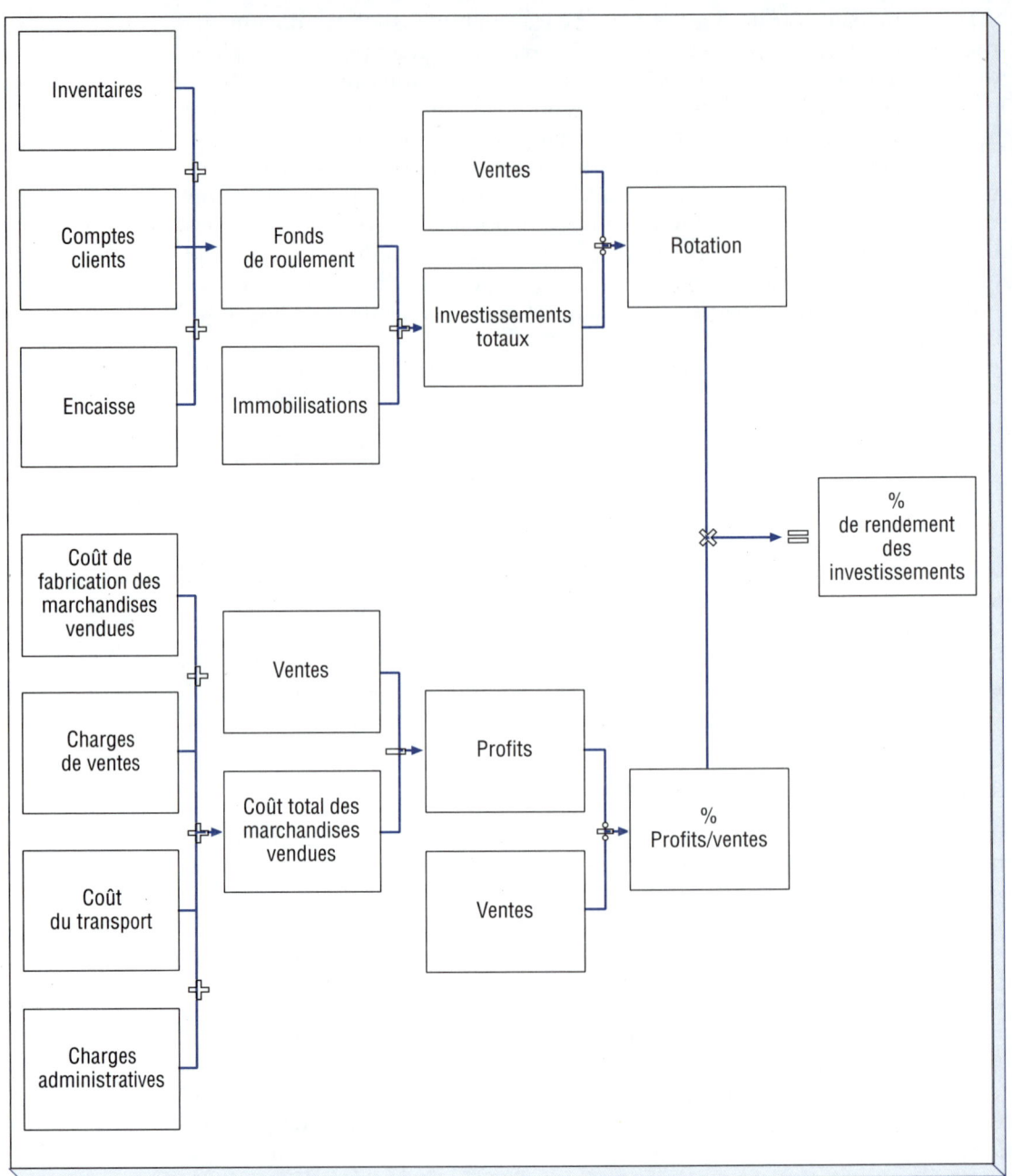

FIGURE 12.6 Le système Du Pont

vente est présumé fixe. L'intersection des deux droites détermine le niveau de production ou de ventes grâce auquel l'entreprise couvrira ses frais.

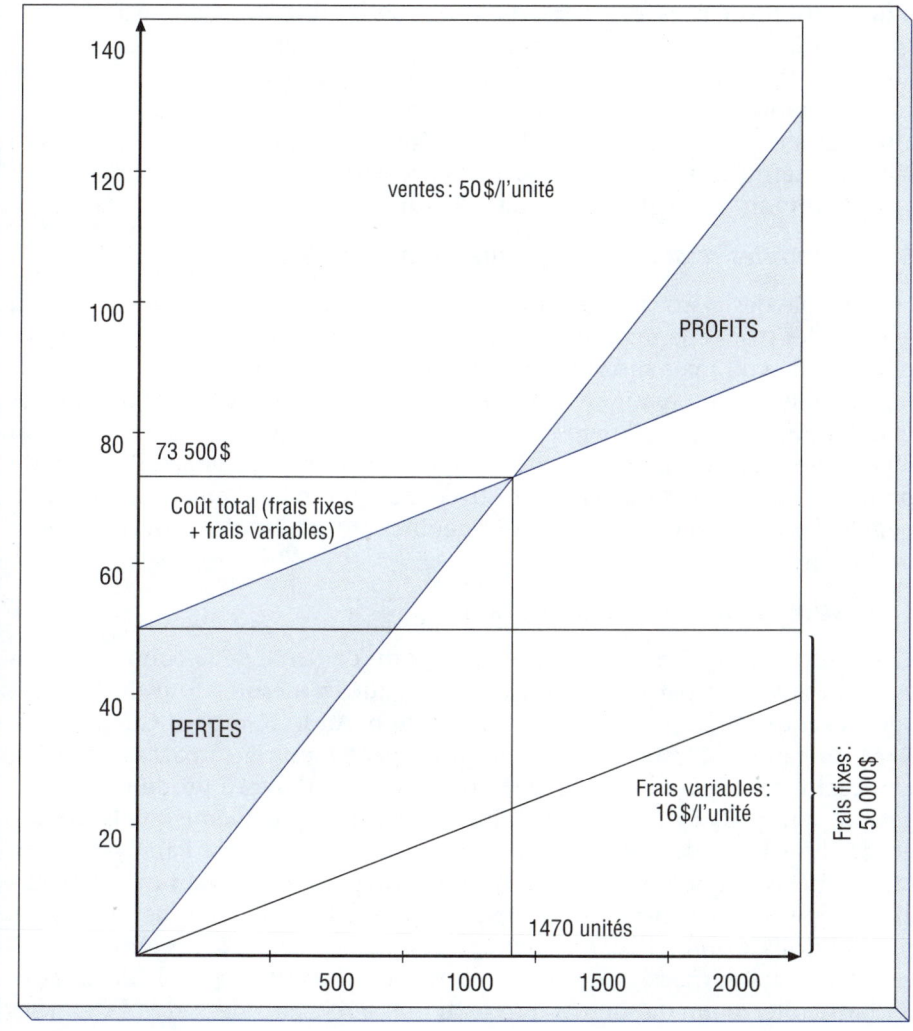

FIGURE 12.7
Le point mort

Le point mort est en réalité un outil de planification, mais il est important de noter que la limite entre les outils de planification et les outils de contrôle n'est pas franchement marquée; ils sont souvent interchangeables. En fait, lorsqu'on ferme la boucle du processus de gestion, il est normal d'y trouver un certain nombre de chevauchements.

La gestion des ressources humaines

Le contrôle de la gestion des ressources humaines s'effectue à différentes étapes : au moment de l'embauche, par la sélection serrée des candidats; au moment de la dotation, par une comparaison des spécifications de l'emploi avec les qualifications du candidat; au moment de la sélection, par l'utilisation d'une batterie de tests, de l'entrevue et parfois d'un centre d'appréciation par simulation (centre d'évaluation); enfin, au moment de l'intégration de l'employé, afin de vérifier s'il y a des besoins de formation.

L'on établit aussi des standards pour contrôler le nombre de personnes affectées à certaines opérations, la compétence des employés œuvrant à des tâches déterminées, le taux d'absentéisme, de roulement ou d'accidents, et aussi le niveau de satisfaction et de motivation de la main-d'œuvre.

La gestion des ressources physiques et matérielles[14]

Le contrôle des ressources physiques et matérielles comprend bien entendu le suivi des stocks de matières premières et de fournitures pour éviter le gaspillage et le vol, mais surtout pour empêcher une interruption de la production en raison d'un manque de matériel. Il faut aussi contrôler la qualité des marchandises et des matières premières achetées afin de s'assurer qu'elles répondent aux normes de qualité recommandées par les caractéristiques du produit à fabriquer. Il faut enfin contrôler l'utilisation et l'entretien des équipements, de la machinerie et des immeubles afin qu'ils aient un rendement optimum.

La gestion de la commercialisation

Complétons ce tableau par un bref aperçu du contrôle de la commercialisation[15]. Souvent à partir de standards ou d'autres mesures fournies par des agences indépendantes telles que A.C. Nielsen, Audit Bureau of Circulations, BBM Bureau of Measurement, l'entreprise peut mesurer sa part du marché, l'efficacité de sa publicité ou la pénétration d'un nouveau produit. Les budgets ne sont pas négligés comme outils de contrôle, de même que la mesure et l'analyse du rendement. Pensons aux rapports de ventes, à l'analyse de certains ratios tels que les ventes par vendeur, le taux de rotation des vendeurs et les dépenses de ventes, à la comparaison avec le rendement de l'industrie, puis à l'utilisation de l'analyse séquentielle étalée sur plusieurs périodes[16]. À ce sujet, le grand magasin de détail américain J.C. Penny emploie deux ratios en particulier pour mesurer la productivité de chacun des services, soit les ventes par personne/heure et les ventes par pied carré de surface[17].

---

14. Pour de plus amples détails sur cet aspect du contrôle, voir: Claudio Benedetti, *Introduction à la gestion des opérations*, Laval, Mondia, 1980, chap. 6, 7, 8.

15. Pour de plus amples détails sur cet aspect du contrôle, voir: Philip Kotler, *Marketing Management: Analysis, Planning and Control*, Englewood Cliffs, N.J., Prentice-Hall, 1972.

16. Lire à ce sujet: John V. Petrof *et al.*, *Small Business Management: Concepts and Techniques for Improving Decisions*, New York, McGraw-Hill, 1972, p. 114-116; Alfred R. Oxenfeldt, «The Marketing Audit as a Total Evaluation Program», *Analyzing and Improving Marketing Performance: Marketing Audits in Theory and Practice*, New York, American Management Association, 1959.

17. Cité dans J.C. Penny: «Getting More from the Same Space», *Business Week*, 7 décembre 1974, p. 72-78. Certaines chaînes comme Club Price Costco utilise les ventes par pied cube.

Les contrôles utilisés dans l'approche systémique

Le concept de système[18] est une approche qui met l'accent sur les relations entre les fonctions fondamentales de la gestion, et ce, à tous les niveaux de l'entreprise. Cette façon d'envisager l'organisation peut être adoptée par tous les gestionnaires et dans chacune des fonctions de la gestion. Ce concept illustre simplement la complexité de l'entreprise.

L'entreprise est considérée ici comme un système ouvert composé de différents sous-systèmes qui doivent travailler en coordination pour atteindre l'objectif global. De plus, ce système est ouvert sur son environnement avec lequel il échange des intrants et des extrants. Bref, un système est un ensemble d'éléments interdépendants agissant en harmonie en vue d'atteindre un objectif.

Travaillant chaque jour dans un réseau de systèmes à l'intérieur de l'organisation, le gestionnaire doit apprendre de nouvelles techniques pour contrôler cet ensemble. Les principales sont : la recherche opérationnelle, la gestion de projets et les techniques PERT et CPM.

La recherche opérationnelle

La recherche opérationnelle est une technique permettant de fonder la prise de décision sur une base mathématique. Grâce à elle, on peut quantifier les différentes solutions possibles pour régler un problème. Dans un aéroport, la gestion d'un service de réservations, la planification des services de soutien et le contrôle des coûts exigent l'utilisation de ces modèles mathématiques.

D'ailleurs, la recherche opérationnelle a pour principale caractéristique de prendre en considération dans son analyse le mode de fonctionnement des systèmes. Son champ d'application se situe évidemment au niveau supérieur de l'entreprise, compte tenu du fait que les gestionnaires doivent considérer l'ensemble de l'organisation avant de prendre des décisions.

La gestion de projets

La gestion de projets est apparue lors de l'élaboration de l'approche systémique. Cette technique consiste à intégrer dans la hiérarchie traditionnelle de l'entreprise une structure horizontale temporaire qui a la responsabilité d'un projet donné. Par exemple, dans une entreprise de fabrication d'appareils électroniques, une personne est affectée à la direction du projet de mise en marché d'un décodeur électronique. Elle est alors responsable de toutes les étapes allant de la conception du produit à sa mise en marché. Pendant la durée du projet, elle a autorité sur les personnes engagées dans la réalisation de ce décodeur. Une fois le projet terminé, elle retourne à ses occupations antérieures.

---

18. Pour une excellente introduction à la théorie des systèmes, lire : Richard Farmer, *Management of the Future*, Belmont, Calif., Wadsworth, 1967, p. 55-70. Ne pas négliger non plus le numéro spécial : « General System Theory », *Academy of Management Journal*, vol. 15, n° 4, 1972.

Notons que les personnes mises à contribution dans le projet auront, pendant un moment, plus d'un supérieur hiérarchique : celui de la structure organisationnelle officielle et celui qui est responsable du projet.

Les techniques PERT et CPM[19]

PERT signifie *Program Evaluation and Review Technique* et CPM, *Critical Path Method*. Nous avons déjà abordé ces techniques lors de l'étude de la planification. D'ailleurs, ces techniques sont fort utiles tout au long du processus de gestion. Lorsqu'on utilise l'approche « système », ces techniques permettent une adaptation continuelle des opérations aux fluctuations des variables de l'environnement interne et externe.

La technique PERT fut mise au point par la marine américaine et Lockheed Aircraft pour contrôler le déroulement du projet Polaris en 1958. Quant à la technique CPM, elle a été conçue par Du Pont et Remington Rand Univac afin de réduire le temps nécessaire pour l'exécution d'un projet d'entretien ou d'un projet de construction.

La différence essentielle entre les deux techniques provient de l'évaluation du temps requis. La technique PERT recourt à trois évaluations du temps requis, une pessimiste, une optimiste et une probable, alors que la technique CPM ne recourt qu'au temps estimé.

Comme lors de l'utilisation de la technique de gestion de projets, les techniques PERT et CPM offrent au gestionnaire un outil de contrôle intégré de toutes les unités d'un projet ; mais de plus, elles présentent un tableau ayant un grand impact visuel, lequel facilite le travail des personnes engagées dans le projet. La figure 12.8 nous montre un diagramme de PERT simplifié.

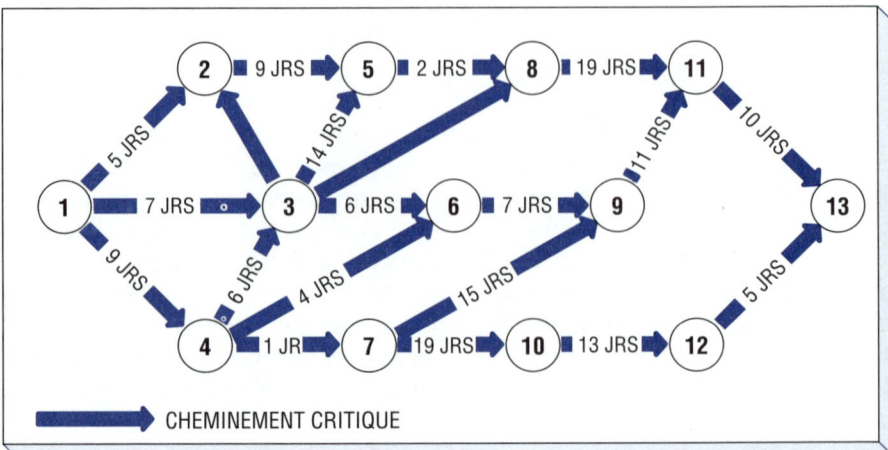

FIGURE 12.8
Un exemple de PERT

---

19. Cité par : Thomas Haiman et William G. Scott, *Management in the Modern Organization*, Boston, Houghton Mifflin, 1970, p. 231.

RÉSUMÉ

(Il faut noter que le texte suivant ne représente qu'un résumé de la description des objectifs.)

1) Expliquer le concept du contrôle.

   Le contrôle, c'est le processus de gestion qui permet au gestionnaire d'évaluer le rendement des activités dont il a la responsabilité, de comparer les résultats obtenus avec les objectifs et de prendre les mesures correctives nécessaires dans les cas jugés défavorables. En fait, contrôler signifie évaluer. Ce processus d'accumulation de données sur les activités permet aux preneurs de décisions de comparer les résultats avec les prévisions et de décider ce qu'il faudra faire s'il y a des écarts. Le contrôle comprend donc la supervision des opérations afin qu'elles demeurent à l'intérieur des limites établies et donne un suivi des autres fonctions du processus de gestion, soit la planification, l'organisation et la direction.

2) Présenter le processus de contrôle.

   Le contrôle consiste en une série d'étapes dont le but consiste à ramener le déroulement réel des activités à l'intérieur des balises prévues.

   Le contrôle comporte donc cinq activités principales, soit:
   1- la détermination des critères et des normes,
   2- la mesure des résultats,
   3- la mesure de l'écart avec les prévisions,
   4- l'analyse des écarts et des causes,
   5- la prise de mesures correctives.

3) Rappeler l'utilité du contrôle.

   Le but réel du contrôle est de déterminer si les activités et les programmes se déroulent comme il était prévu et s'ils permettront d'atteindre les objectifs fixés. Car, comme nous l'avons vu plus haut, s'il y a une certitude, c'est que les variables de l'environnement interne ou externe seront autres que celles prévues. Le contrôle avertit le gestionnaire de l'apparition éventuelle d'une situation non désirée. Bref, le contrôle, c'est du traitement d'informations qui permet de s'ajuster aux fluctuations des variables. Il peut servir plusieurs fins:

   a) augmenter l'efficacité du rendement de l'entreprise et protéger ses ressources contre le vol, les pertes et les mauvaises utilisations;
   b) être un outil indispensable à la prévention des crises;
   c) répondre aux besoins des clients;
   d) standardiser la qualité et la quantité de la production d'une entreprise;
   e) renforcer la délégation de l'autorité en posant des limites dans les descriptions de tâches;
   f) être l'outil essentiel de l'évaluation du rendement de chacun des membres de l'entreprise;
   g) équilibrer les plans et les programmes de la haute direction en intégrant les politiques, les procédures et les budgets de l'ensemble de l'organisation.

4) Distinguer les types de contrôles.

   Les activités de contrôle peuvent s'exercer à trois occasions par rapport à l'activité visée. Certains contrôles ont lieu avant que l'activité ne commence, ce sont les contrôles proactifs. D'autres ont lieu pendant que l'activité se déroule, ce sont les contrôles concomitants. Enfin, les plus connus et les plus pratiqués sont les contrôles rétroactifs, ceux qui ont lieu une fois l'activité complétée.

5) Décrire les éléments du processus de contrôle.

Lorsqu'un gestionnaire veut effectuer une activité de contrôle, il doit posséder certains outils essentiels, que ce soit pour un contrôle des coûts, un contrôle de la qualité des produits finis ou encore un contrôle du rendement d'un employé.

Le gestionnaire devra d'abord avoir en main un moyen de comparer, c'est-à-dire un critère, un indicateur de rendement. Deuxièmement, il lui faudra une mesure (une norme) pour comparer l'activité en question avec les standards établis et, troisièmement, une norme pour mesurer les écarts possibles. Quatrièmement, il devra rechercher la cause des écarts afin de définir clairement le problème. Enfin, il lui faudra des méthodes pour apporter des mesures correctives.

6) Reconnaître l'élément humain du contrôle.

Si le gestionnaire contrôle le travail des employés dans le but de les aider à s'améliorer (évaluation formative) et à contribuer à l'efficacité de leur service, il peut déterminer de nouveaux défis et créer des occasions de dépassement qui auront une influence très grande et directe sur leur motivation. Plus le gestionnaire est exigeant pour lui-même et pour ses employés, meilleur sera leur rendement. Il ne s'agit pas de mesurer un rendement comptable ou la productivité d'une machine quelconque. Dans les sciences sociales, il est impossible de mesurer un comportement sans affecter le comportement même qui est mesuré.

7) Décrire les principes du contrôle.

Afin d'utiliser le plus efficacement possible cette fonction du processus administratif, il faut la connaître à fond et surtout respecter certains principes fondamentaux qui lui donnent toute sa valeur. Voici les principaux principes : l'orientation vers le futur, la sélection des points de contrôle, le principe du contrôle par exception, le principe du contrôle des points stratégiques, le principe de l'échantillonnage aléatoire, le principe d'économie, le principe de la responsabilité.

8) Énumérer les techniques de contrôle à la disposition des organisations.

Il existe de nombreuses techniques pour contrôler l'évolution des entreprises et leurs ressources. Nous avons retenu la classification suivante : les contrôles budgétaires, les contrôles financiers et les ratios, la vérification, les techniques de contrôle des opérations, les contrôles utilisés dans l'approche systémique.

9) Énumérer les contrôles budgétaires les plus utilisés.

La budgétisation est la technique de gestion la plus utile dans le cadre du processus de planification et de contrôle. Cette technique est utilisée largement par toutes les entreprises pour prévoir leurs besoins en ressources financières, matérielles et humaines. Cette approche globale est souvent appelée dans les entreprises le *profit planning* ou encore le concept du centre de responsabilité.

L'exercice consiste à traduire les objectifs de l'entreprise dans un plan d'action, sorte de formulation chiffrée des plans, et d'y indiquer les ressources qui seront nécessaires. Un budget n'est rien d'autre que le résumé des activités d'une période ainsi que les états financiers anticipés de l'entreprise. Les principaux budgets de l'entreprise sont le budget des produits d'exploitation, les budgets d'exploitation, le budget de trésorerie, le budget d'investissement et les états financiers prévisionnels (le bilan, l'état des résultats, l'état de source et d'emploi des fonds).

10) Expliquer le rôle de la vérification.

La vérification est une technique de gestion créée spécialement aux fins de contrôle. La vérification comptable a trait particulièrement aux états financiers que nous avons étudiés plus haut. Il y a la vérification externe et la vérification interne. Il faut ajouter à cela une autre forme de vérification, la vérification de gestion.

CHAPITRE 12 : *Le processus de contrôle* 469

Vocabulaire

Analyse du point mort
Budget
Budget flexible
Contrôle
Contrôle concomitant
Contrôle proactif
Contrôle rétroactif
CPM
PERT
Standard
Vérification
Vérification de gestion

QUESTIONS DE RÉVISION

1. Définissez chacun des termes de la section « Vocabulaire ».
2. Quels sont les cinq éléments du contrôle ?
3. Quels sont les liens entre les normes et les objectifs de l'organisation ?
4. Quelle différence y a-t-il entre les systèmes de contrôle proactif, concomitant et rétroactif ?
5. Décrivez les différentes étapes du processus de contrôle.
6. Quels sont les avantages des contrôles pour les employés ?
7. Quelle différence y a-t-il entre le budget d'exploitation, le budget de trésorerie et le budget d'investissement ?
8. Pourquoi les mesures correctives font-elles partie du processus de contrôle ?
9. Quel est le degré de contrôle requis dans une entreprise ?
10. Quelle est l'utilité des contrôles ?

SUJETS DE DISCUSSION

1. Quelle est l'importance du contrôle dans le processus de gestion ? Discutez.
2. Est-il possible d'établir des standards donnés pour tous les domaines de l'entreprise ?
3. Pourquoi la plupart des contrôles sont-ils d'ordre financier ?
4. « Les techniques efficaces de contrôle passent souvent inaperçues. » Discutez.
5. Y a-t-il des situations où il est préférable de ne rien contrôler ?
6. D'où vient l'hésitation des gestionnaires à prendre des mesures correctives lorsque les employés sont concernés ?
7. « La planification et le contrôle sont aussi liés que les pôles positif et négatif d'un aimant. » Discutez.

8. Quels sont les liens entre la vérification de gestion et la vérification comptable externe ?

9. Les techniques utilisées pour effectuer le contrôle sont souvent les mêmes que celles utilisées pour la planification. Cela pose-t-il un problème ?

10. Comment le contrôle peut-il améliorer le rendement ?

EXERCICES PRATIQUES

1. *a)* Un groupe d'étudiants établit un programme de contrôle du rendement des professeurs et le présente à la classe. Le groupe doit établir les standards et définir clairement les critères et les normes.

   b) Même travail, mais cette fois il s'agit d'évaluer le rendement des étudiants.

2. Si vous devez participer à une activité, mieux vaut qu'il y ait des mesures de contrôle afin d'en améliorer le déroulement et d'en retirer plus de bénéfices. Puisque vous participez à un cours de management, déterminez les objectifs et les mesures de contrôle qui pourraient s'y appliquer. Présentez vos conclusions à la classe.

3. Procurez-vous les états financiers d'une entreprise. Faites-en l'analyse à l'aide des ratios que vous connaissez et faites part à la classe de vos conclusions sur la situation financière de cette entreprise.

4. Un groupe choisit un aspect particulier d'une entreprise de sa région et fait à son sujet une analyse des techniques de contrôle utilisées et de leur efficacité. Un compte rendu est présenté à la classe.

5. Un groupe prépare une liste de contrôle devant être utilisée par :
   – un concessionnaire d'automobiles,
   – un dentiste,
   – un professeur,
   – la coop étudiante.

   Il doit indiquer :
   – les informations nécessaires,
   – les sources de renseignements,
   – les points de comparaison,
   – les critères et les normes.

6. Lorsque les critères et les normes sont établis et connus, les individus sont tentés de ne viser que l'atteinte de la norme ; ils ne se sentent plus concernés par l'objectif. Supposons qu'un cégep désire accroître le nombre de ses diplômés, les professeurs seront alors invités à améliorer leur enseignement. Afin de contrôler cette qualité, une norme est établie : il s'agit d'évaluer le nombre d'étudiants à l'examen de fin de session pour chacun des cours (nombre d'échecs / nombre d'étudiants à l'examen). Tous les étudiants

inscrits à un cours subissent un examen commun et les résultats des professeurs (la norme) sont utilisés pour comparer leur efficacité.

Serge Laterreur, professeur d'expérience, force les plus faibles à abandonner son cours pendant la session. Lorsqu'il a détecté les élèves plus faibles, il corrige plus sévèrement leurs copies de devoirs et d'examens. Son attitude en classe, ses paroles sarcastiques, ses remarques désobligeantes ont raison des plus coriaces. Ils abandonnent avant l'examen final.

Que feriez-vous pour maintenir votre contrôle tout en évitant le piège de la norme utilisée?

CAS

CAS 12.1: UN P'TIT EFFORT!

Ronald Sévigny est directeur de l'entreposage et de l'expédition dans une fabrique de boîtes de carton. Il connaît très bien son travail, mais depuis six mois son budget d'exploitation lui cause de sérieux embêtements. Durant ces six mois, pas une seule semaine il n'a réussi à respecter le montant des dépenses prévues. Les écarts varient de 5 à 14% au-dessus de ce qui était prévu. Le directeur des opérations, son supérieur immédiat, a donc décidé, il y a un mois, de le suivre pas à pas.

Aussi lorsque Mireille Lamarre, directrice des ventes, pénétra dans son bureau, ce mardi matin, elle sentit immédiatement une atmosphère de stress.
Mireille: Bonjour Ronald... Tu as l'air tendu, mon vieux, tu devrais prendre des vacances.
Ronald: Chose certaine, en ce moment tout autre endroit serait préférable à celui-ci. Qu'est-ce que je peux faire pour toi? Viens-tu vérifier les stocks?
Mireille: Mieux que cela! Tu connais la société de tabac Treni? Nous lui fournissons 20% de ses emballages depuis deux ans.
Ronald: Oui... oui.
Mireille: Son principal fournisseur est en grève; c'est donc pour nous l'occasion rêvée de lui démontrer notre savoir-faire. Elle a réparti entre deux fournisseurs les commandes de la société en grève et, si nous respectons bien ses exigences, il se peut que nous récupérions une bonne part de ces commandes de façon permanente.
Ronald: Tant mieux pour tout le monde, sauf évidemment pour l'entreprise en grève.
Mireille: Alors il faudrait, pour les deux prochaines semaines, doubler les livraisons quotidiennes et surtout garder en stock un surplus de nos emballages au cas où elle manifesterait un besoin pressant. Nous pourrions alors l'impressionner par notre capacité à offrir un service hors pair, et le nouveau contrat serait à coup sûr dans le sac.
Ronald: C'est bien beau tout ça, mais je n'ai aucun budget pour faire face à ces nouvelles demandes. Je ne peux faire travailler mes employés en temps supplémentaire ni louer de camions.

Mireille : Mais Ronald, cela représente…
Ronald : …des frais supplémentaires. Voilà comment je vois la chose.

QUESTIONS-GUIDES POUR ANALYSER LE PROBLÈME
1. Que pensez-vous de la façon de voir de Ronald Sévigny ?
2. Que pensez-vous du système de contrôle de l'entreprise ?
3. Que peut faire Mireille pour résoudre le problème ?

CAS 12.2 : IL EN MANQUE !

Claude Larue, diplômé de cégep en techniques administratives option marketing, est un travailleur infatigable. Il a obtenu son D.E.C. avant l'âge de vingt ans. Pendant ses études, il a travaillé comme emballeur et commis dans une chaîne d'alimentation et ses supérieurs l'ont remarqué. Aussi, à la fin de ses études, l'entreprise lui a offert un emploi à la mesure de ses talents et de ses espérances.

Le sérieux qu'il a mis dans son travail lui a valu d'être promu gérant adjoint dans une succursale de Trois-Rivières. Il adore la région, les employés sont compétents ; bref, tout va bien. La seule ombre au tableau, c'est son supérieur immédiat, le gérant de la succursale. Il est très méticuleux, tout doit toujours être en ordre ; d'ailleurs, c'est le magasin le plus propre de la chaîne.

Nous sommes à deux semaines de Noël, c'est dire que le magasin est très fréquenté. Or, la semaine dernière, une des caissières a eu un déficit de caisse de 28,34 $. Claude et la caissière ont tenté pendant une heure et demie de trouver l'erreur, mais en vain. Lundi matin, la première chose que le gérant a demandé à Claude a été de retracer l'erreur, et ce, malgré les protestations de Claude qui disait que cette somme était ridicule, compte tenu du chiffre d'affaires de 178 800 $ la semaine dernière, et qu'il en coûterait plus cher pour retrouver l'erreur que la somme supposément manquante. De toute façon, il y avait d'autres tâches plus urgentes que celle-là.

QUESTIONS-GUIDES POUR ANALYSER LE PROBLÈME
1. Que pensez-vous de cette situation ?
2. Quelles sont les techniques de contrôle utilisées ?
3. Peut-on remplacer ces techniques par d'autres ?

CAS 12.3 : ASSEZ !

Nicole Lapointe est chimiste dans une raffinerie de l'est de Montréal. Elle connaît très bien son travail, mais manque un peu de motivation à l'occasion. Il faut préciser qu'elle possède un diplôme universitaire de premier cycle et qu'elle envisageait une carrière plus excitante.

Depuis un an, elle travaille au laboratoire de l'usine de lubrifiant et ses responsabilités consistent à vérifier les produits au moment du remplissage. Les échantillons sont pris juste avant d'être mis dans les contenants, mais compte tenu du délai causé par les tests, les opérations se poursuivent et très souvent le produit est expédié chez le client sans tarder. Généralement, les tests confirment que le produit respecte les normes, alors il n'y a aucune raison de retarder l'expédition. Lorsque les standards ne sont pas atteints, on demande immédiatement au client de ne pas utiliser le produit et on effectue alors une nouvelle livraison.

Le service est dirigé par Christiane Millaire depuis trois mois. Auparavant, Christiane travaillait au laboratoire de développement de produits. Elle est très consciente que ce premier poste de direction est un test ; si elle accomplit un bon travail, une carrière intéressante l'attend dans l'entreprise. Aussi a-t-elle décidé de garder un parfait contrôle sur toutes les activités de son service.

C'est dans ce contexte qu'elle a convoqué Nicole à son bureau cet après-midi.

Christiane : Nicole, il me semble qu'il y a un certain laisser-aller dans votre travail ces derniers temps.
Nicole : Pas du tout, je connais mon travail et je l'accomplis de mon mieux.
Christiane : Bon, d'accord. Mais ce matin, les échantillons que vous avez vérifiés ont été classés dans la catégorie A. Or je viens de refaire le test et ils dépassent de beaucoup les normes.
Nicole : Peut-être ai-je fait une erreur. Qui n'en fait pas ?
Christiane : Et vendredi dernier, le rapport d'utilisation des calibreurs ne faisait aucune mention des problèmes rencontrés avec l'unité numéro 3.
Nicole : Bon, ça va ! Mais je dois dire que vous passez votre temps à vérifier tout ce que je fais. Bref, vous refaites mon travail derrière moi. Je trouve cela très frustrant. Je me demande si cela vaut la peine de me forcer, puisque de toute manière le travail sera repris de A à Z.
Christiane : Bien sûr, mais c'est mon travail. Et puisque vous parlez de travail, j'aimerais vous demander de me laisser faire le mien.

QUESTIONS-GUIDES POUR ANALYSER LE PROBLÈME
1. Comment expliquez-vous le comportement de Christiane Millaire ?
2. Comment expliquez-vous la réaction de Nicole Lapointe ?
3. Que suggérez-vous à Christiane ?

BIBLIOGRAPHIE

BERGERON, P.G., *Planification, budgétisation et gestion par objectifs*, Hull, Éditions Asticou, 1981.

HAMMER, Michael et James CHAMPY, *Reengineering the Corporation*, New York, Harper Collins, 1993.

KILLOUGH, Larry N. et Wayne E. LEININGER, *Cost Accounting: Concepts and Techniques for Management*, New York, West Publishing, 1984.

KOONTZ, H. et C. O'DONNELL, *Management: principes et méthodes de gestion*, Montréal, McGraw-Hill, 1981.

MARCHANT, K.A., *Control in Business Organizations*, Boston, Mass., Pilman, 1985.

SWEENY, H.W. Allen et Robert RACHLIN, éditeurs, *Handbook of Budgeting*, New York, John Wiley & Sons, 1981.

VAN de VEN, A.H. et D.L. FERRY, *Measuring and Assessing Organizations*, New York, John Wiley and Sons, 1980.

GLOSSAIRE

Note: Cette liste comprend les termes utilisés dans le livre, plus certains termes pouvant être utilisés par le professeur dans le cadre du cours de management

Accueil et orientation: Programme qui a pour but de familiariser le nouvel employé avec l'organisation et de l'intégrer à son poste pour qu'il devienne productif.

Actualisation: C'est le niveau ultime de la motivation. Il s'agit ici de la réalisation de son potentiel, de la satisfaction de sa curiosité intellectuelle ou de l'utilisation de sa créativité.

Agenda: Carnet permettant d'inscrire ce que l'on doit faire chaque jour, ses rendez-vous, ses dépenses, ses priorités.

Agent de changement: Individu formé aux sciences du comportement qui permet d'entrevoir les problèmes de l'organisation sous un angle nouveau. C'est un acteur très important dans le développement organisationnel.

Analyse des activités: Exercice qui découle de l'inventaire des activités et des tâches du gestionnaire et qui consiste à examiner celles-ci afin d'en déterminer le domaine, la valeur et la pertinence en vue d'une utilisation efficace de son temps.

Analyse des aptitudes: Méthode de détermination des besoins de formation qui consiste à faire la liste complète des tâches comprises dans un emploi et à vérifier quels employés sont aptes à les accomplir adéquatement.

Analyse des tâches: Processus qui consiste à recueillir de façon systématique les données essentielles sur les attributions d'un emploi et les exigences de celui-ci en matière de qualifications et de responsabilités.

Analyse des tendances: Technique mathématique de prévision utilisant l'équation (linéaire ou non) qui résume les données connues et tient compte de leur dispersion, pour prévoir une estimation probabiliste du futur.

Analyse du point mort: Modèle algébrique linéaire dans lequel le revenu est égal aux charges d'exploitation totales (fixes et variables).

Analyse du rendement: Méthode de détermination des besoins de formation à partir de l'évaluation du rendement d'un employé pour une période donnée.

Approche des principes universels: Philosophie de gestion fondée sur les écrits de Henri Fayol. Celui-ci a défini les principales fonctions de la gestion (planification, organisation, commandement, coordination, contrôle) et les principes universels sur lesquels la gestion devrait se fonder.

Approche des relations humaines: Philosophie de gestion invitant le gestionnaire à s'intéresser aux problèmes de relations humaines afin de satisfaire l'employé et ainsi le rendre plus productif.

Approche du management scientifique: Philosophie de gestion fondée sur les principes de F. Taylor. Elle souligne l'importance de l'analyse et de l'organisation du travail à partir d'une approche scientifique.

Approche rationnelle: Processus analytique utilisé en prise de décision et qui fait appel à des méthodes employées dans les recherches plus structurées telles que la recherche scientifique.

Approche situationnelle: Philosophie de gestion qui découle de la négation de solutions universelles aux problèmes de gestion. Il faut alors prendre les décisions et utiliser les techniques adaptées à chaque problème et à chaque situation.

Approche sociotechnique: Approche qui vise l'optimisation conjointe des aspects administratifs, humains et techniques de l'organisation du travail en vue d'aménager les postes en se basant sur la participation des employés.

Approche systémique: Approche définissant l'entreprise comme un système dont les parties sont reliées entre elles et interdépendantes avec l'environnement externe.

Aptitude: Habileté nécessaire à un individu pour rencontrer efficacement les exigences de sa fonction.

Arbre de décision: Modèle mathématique dynamique et probabiliste qui représente des situations exigeant une séquence de décisions-événements, et fournit pour chaque élément une espérance mathématique de gain ou de perte.

Attitude: Réactions apprises, sorte d'habitudes mentales, impliquant un jugement de valeur face à des objets, des faits ou tout autre stimulus.

Autorité: Pouvoir légitime attribué à un gestionnaire afin qu'il puisse agir dans sa fonction, c'est le droit d'exercer une influence.

Autorité de commande (en anglais: *line*): Relation d'autorité entre un supérieur et un subordonné selon laquelle le supérieur délègue une partie de son autorité au subordonné qui à son tour en délègue une partie à son propre subordonné, formant ainsi une ligne hiérarchique qui part du haut de l'organigramme structurel et qui va jusqu'au bas de celui-ci.

Autorité de conseil (état-major ou en anglais: *staff*): Autorité détenue par les membres de l'entreprise dont le rôle est de soutenir ou de conseiller les détenteurs de l'autorité de commande.

Autorité fonctionnelle: Autorité obtenue par délégation qui consiste à contrôler les activités dont la responsabilité appartient à un autre unité organisationnelle.

Besoin: Déséquilibre physique ou psychologique perçu par un signal de «douleur» physique ou psychique.

Bilan: État financier indiquant les actifs et les passifs de l'organisation ainsi que la valeur nette des actionnaires.

Budget flexible: Budget élaboré de manière à permettre certaines modifications en fonction du volume des ventes ou de la production, ou encore de tout autre extrant.

Budget: Expression quantitative des résultats attendus, c'est-à-dire à l'aide de toute fonction mesurable numériquement et non seulement en termes financiers. Les budgets représentent souvent dans une entreprise le plan le plus important. En fait, ils définissent de façon quantitative les besoins en ressources pour compléter les programmes.

Canal de communication: Voie utilisée pour transmettre un message.

Candidature non sollicitée: Candidature que fait spontanément une personne à la recherche d'un emploi en se présentant directement à l'entreprise, sans qu'un poste n'ait été annoncé.

Centralisation: Structure organisationnelle où l'autorité est concentrée au niveau supérieur de l'organisation n'accordant aux subordonnés qu'une autorité minimale.

Cercle de qualité: Groupe d'employés réunis pour trouver des solutions à l'amélioration de la qualité du milieu de travail ainsi que celle des produits. Ils tentent alors d'identifier et de résoudre les problèmes de production et présentent leurs recommandations aux gestionnaires.

Changement: 1- Modification environnementale influençant les structures, les interrelations, les politiques, les procédures, etc., dans le milieu de travail organisé. 2- Modification de l'état actuel des choses, du statu quo.

Changements au niveau des employés: Changements qui découlent surtout d'un désir d'accroître l'efficacité et le rendement de l'organisation. Ils exigent habituellement des modifications au niveau des comportements, des attitudes, des habiletés, des modes de travail et des attentes des employés.

Changements culturels: Changements qui représentent une modification des valeurs, des croyances et des normes qui cimentent la cohésion des membres d'une organisation. Les changements culturels sont directement reliés aux changements stratégiques et technologiques.

Changements planifiés: Changements préparés par les gestionnaires de l'organisation.

Changements réactionnels: Changements qui apparaissent soudainement à la suite d'un événement majeur et qui obligent les organisations à restructurer leurs opérations. Ce sont des changements apportés en réaction à des événements ou à des crises.

Changements stratégiques: Moyens de s'ajuster à l'environnement, de profiter des opportunités de marché, de miser sur les capacités particulières de l'organisation. Ces changements consistent à modifier la mission ou les objectifs stratégiques de l'organisation.

Changements structuraux: Changements plus systématiques qui visent un ensemble de l'organisation, sinon la totalité. Il s'agit en fait de réorganisation. Ces changements seront toujours effectués en respectant un processus identiques dans presque toutes les circonstances.

Changements technologiques: Changements qui affectent l'équipement, les outils, les procédures, le matériel et les connaissances utilisés à la production de biens et de services. Ces changements se traduisent d'ailleurs très souvent par une amélioration dramatique des biens et services fournis par l'organisation. Les changements technologiques, qu'ils soient initiés par la base de l'organisation ou imposés par la hiérarchie, impliquent généralement des changements structuraux.

Cohésion du groupe: Solidarité entre les membres d'un groupe. Elle se réfère au nombre et à la valeur des attitudes positives entre les membres du groupe telles qu'on les perçoit dans les attirances interpersonnelles.

Collaboration: Un mode de gestion des conflits qui nous incite à développer des solutions qui permettront de rencontrer les objectifs de toutes les parties en cause.

Comité *ad hoc*: Terme signifiant « groupe de travail ».

Comité: Groupe de personnes prises au sein d'un corps plus nombreux et réunies pour discuter de certains problèmes, donner leur avis ou prendre des décisions.

Communication: Processus à l'aide duquel les employés et les gestionnaires travaillant dans les organisations se transmettent des renseignements et les interprètent.

Communication ascendante: Canal qui permet aux subordonnés de transmettre les renseignements requis par leurs supérieurs.

Communication descendante: Canal qui permet aux gestionnaires de transmettre aux subordonnés les messages concernant les procédures, les règlements et les instructions nécessaires à la réalisation de la tâche.

Communication interpersonnelle: Réseaux de communication entre les membres d'une organisation.

Communication latérale et en diagonale: Canal de communication qui consiste à assurer une plus grande coordination entre les différentes unités de l'entreprise situées à un même niveau hiérarchique ou entre des personnes situées à des niveaux hiérarchiques différents.

Communication non verbale: Transmission de renseignements ou de messages sans l'aide de mots.

Communication organisationnelle: Tout comportement individuel ou toute action de nature administrative dans l'entreprise qui transmet des significations d'un pôle à un autre.

Compétition: Un mode de gestion des conflits qui nous incite à favoriser nos objectifs aux dépens des autres.

Comportement: Ensemble des réactions objectivement observables chez un employé.

Conflit: Situation où un membre d'une organisation, ou encore un groupe qui en fait partie, travaille en vue de promouvoir ses intérêts propres au détriment de ceux de l'organisation. Il faut alors s'attendre à une réaction sans détour dans le comportement des autres membres que l'on qualifiera de conflit. En fait, lorsqu'un individu est sollicité par plusieurs facteurs motivants en même temps, il y a conflit.

Conflit interpersonnel: Conflit entre individus émanant de la différence de leurs personnalités ou des facteurs structuraux de l'entreprise.

Conflit intrapersonnel: Ensemble des conflits auxquels est confronté l'individu lorsqu'il est sollicité par plusieurs conditions motivantes.

Conflit organisationnel: Processus caractérisé par la perception qu'une personne ou un groupe avec laquelle ou lequel nous avons des rapports suivis nous frustre ou est sur le point de nous frustrer, soit délibérément, soit par manque de considération (Thomas).
Conformisme: Adhésion d'un individu aux normes d'un groupe consécutive à l'influence de ce groupe.
Continuum de leadership: Ensemble des résultats au niveau des styles de leadership découlant des différentes combinaisons de forces qui affectent le leader. Les différents styles de leadership possibles sont représentés sur une courbe continue, d'où le terme «continuum».
Contrôle: Étape du processus de gestion au cours de laquelle on mesure les résultats atteints et prend les mesures nécessaires pour corriger les écarts constatés par rapport aux objectifs visés.
Contrôles concomitants: Contrôles qui ont lieu pendant l'exécution de l'activité.
Contrôles proactifs: Contrôles effectués avant l'accomplissement de l'activité.
Contrôles rétroactifs: Contrôles qui ont lieu une fois l'activité complétée.
CPM *Critical Path Method*: Méthode de planification et de contrôle à l'aide de réseaux.
Créativité: Capacité de créer de nouvelles combinaisons à partir d'éléments existants et ainsi de trouver de nouvelles solutions à des problèmes.
Culture organisationnelle: Ensemble des valeurs et des comportements partagés par les membres d'une organisation.
Cycle de vie d'une organisation: Les divers stades prévisibles de l'évolution d'une organisation.
Décision: Action de choisir une option parmi d'autres afin d'atteindre un but.
Décision nonprogrammée: Décisions prises dans un contexte nouveau ou concernant un problème nouveau et pour lesquelles les normes n'ont pas été établies. Il faut alors utiliser ses capacités d'analyse et de créativité et ses autres habiletés.

Décision programmée: Décisions prises en conformité avec des politiques, des procédures ou des règlements déjà établis. Ce sont des décisions dont les contraintes sont déjà prévues.
Gestionnaire de premier niveau: Gestionnaire se situant au niveau le plus bas dans la hiérarchie et directement responsable du travail des employés aux opérations.
Décodage: Une étape fondamentale de la communication. La valeur même de la communication ne prend un sens que si la traduction des symboles transmis par l'émetteur permet au récepteur de comprendre le contenu de la communication.
Délégation: Affectation d'autorité et de responsabilité à une autre personne en fonction de ses compétences pour que le travail soit exécuté.
Départementalisation: Principe d'organisation qui établit une division du travail par secteurs au sein de l'entreprise.
Description d'emploi: Document résumant les tâches, les activités, les objectifs, les responsabilités et l'autorité reliés à un emploi.
Désir: C'est le stimulus qui déclenche le processus de motivation.
Développement organisationnel: Effort planifié concernant l'ensemble de l'organisation et administré par les gestionnaires de niveau supérieur, en vue d'améliorer l'efficacité de l'organisation; ils utilisent pour cela les connaissances des sciences humaines.
Direction: Étape du processus de gestion au cours de laquelle le gestionnaire communique, dirige, motive et gère les conflits.
Direction par objectifs: Approche de planification et de contrôle qui repose sur la définition commune d'objectifs clairs et l'identification des responsabilités de chacun. Elle sert de guide d'action et d'outil d'évaluation des résultats.
Dotation en personnel: Étape du processus de gestion qui permet de pourvoir l'entreprise des ressources humaines nécessaires à la réalisation de l'objectif.

Dotation: Processus qui consiste à remplir les postes dont la nécessité a été établie lors de la phase de l'organisation. Il comporte la sélection, l'orientation, la formation et l'évaluation des employés.

Effet de halo: Effet qui se produit lorsque les attentes concernant le comportement d'un individu sont influencées par le biais constant apporté par un évaluateur, lequel tend à amplifier une perception privilégiée au détriment d'autres perceptions.

Élargissement des tâches: Formule d'organisation du travail qui consiste à regrouper des activités de travail d'un même niveau de compétence dans le but d'amener à réaliser des ensembles complets de travail et d'augmenter la durée du cycle de travail.

Élargissement des tâches: Regroupement des opérations de même niveau de responsabilités. L'employé exécute un plus grand nombre d'activités différentes, mais n'ayant aucun effet sur ses possibilités de croissance, de reconnaissance, de responsabilité ou de réalisation.

Émetteur: C'est l'initiateur de la communication qui utilise différents canaux pour transmettre son message et atteindre son interlocuteur; parfois même, le message doit passer par l'intermédiaire de plusieurs personnes avant d'atteindre le récepteur final.

Encodage: Étape du processus de communication où l'émetteur traduit son message à l'aide d'un ensemble de symboles verbaux et non verbaux élaborés pour transmettre le concept afin que le récepteur puisse le comprendre.

Enrichissement des tâches: Application de la théorie des deux facteurs de Herzberg. Cette technique consiste à ajouter à l'emploi des activités offrant des possibilités de motivation, de croissance, de reconnaissance, de responsabilité ou de réalisation.

Équité salariale: Principe de rémunération qui permet de payer un salaire égal pour tous les emplois équivalents.

Évaluation du rendement: « Activité de contrôle qui consiste à porter un jugement sur la contribution spécifique de l'employé aux objectifs de l'organisation. » (André Bazinet)

Évaluation du rendement: Méthode permettant de mesurer le rendement d'une personne qui effectue le travail ou des résultats qu'elle atteint au moyen de critères prédéterminés.

Éventail de subordination: Nombre de personnes relevant directement d'un même gestionnaire.

Extinction: Méthode de renforcement consistant à priver un employé d'une récompense antérieurement disponible afin qu'il élimine un comportement non désiré. Ce renforcement favorise le développement de la maturité de l'employé.

Extrant: Produit que génère un système.

Formation: Ensemble des activités qui visent à accroître la compétence des employés et des gestionnaires dans l'accomplissement de leurs fonctions.

Frustration: C'est le résultat de la perception que quelque chose entrave la réalisation de l'objectif visé.

Gestion: Le management est un processus, une suite d'activités de planification, d'organisation, de direction et de contrôle, dont le but consiste à réaliser l'objectif de l'organisation.

Gestion de conflits: Processus visant à remédier à un conflit entre des individus, entre des individus et des groupes, et entre des groupes.

Gestion du temps: La gestion du temps consiste à concentrer ses efforts et ses ressources au moment le plus propice au règlement de problèmes importants que seuls les gestionnaires peuvent résoudre.

Gestion par objectifs: Méthode de gestion selon laquelle l'employé et le superviseur se fixent des objectifs à atteindre pour une période de temps donné et évaluent régulièrement les résultats en les comparant aux objectifs planifiés.

Gestionnaire: Personne qui organise le travail et en permet la réalisation par l'intermédiaire de ses subordonnés.

Grille managériale: Grille cartésienne conçue par Blake et Mouton et qui représente les différents styles de leadership en fonction de deux dimensions, l'intérêt à la tâche et l'intérêt aux individus.

Groupe: Ensemble de personnes qui interagissent et collaborent à la réalisation d'un objectif commun.

Groupe d'amitié: Groupe informel qui se crée afin de combler les besoins sociaux. Ce genre de groupe est fondé sur l'existence de caractéristiques communes des membres, sur une attirance mutuelle des individus ou sur le partage d'un passé commun ou de valeurs communes.

Groupe d'intérêt: Groupe informel créé afin de faciliter la poursuite d'un intérêt commun aux membres du groupe. Les intérêts dont il est question ici vont de la pratique d'un sport à la contestation d'une politique controversée de l'organisation, en passant par une demande d'amélioration des conditions de travail.

Groupe de référence: Groupe d'individus auquel une personne s'identifie quant à l'idéologie, le style de vie et les normes.

Groupe de travail: Groupe formel qui est créé dans un but spécifique, soit de soutenir le groupe fonctionnel ou de le remplacer. Il peut s'agir d'un groupe temporaire ou d'un groupe permanent selon les circonstances. Les membres de ce type de groupe proviennent de plusieurs groupes fonctionnels

Groupe fonctionnel: Groupe formel composé d'un gestionnaire et de ses subordonnés. Cela correspond en fait à chacun des services ou des sections d'une organisation. Les objectifs d'un groupe fonctionnel ne sont pas confinés à un projet et le travail des membres de ce groupe est continu.

Groupe formel: Ensemble de personnes réunies dans une unité organisationnelle et responsable de l'accomplissement d'une activité et de l'atteinte d'un objectif.

Groupe informel: Ensemble de personnes réunies sur une base volontaire.

Habileté: Capacité que possède un employé de faire un travail.

Habitude: Méthode de prise de décision fondée sur la répétition, l'automatisme.

Hiérarchie des besoins: Théorie de Maslow selon laquelle les besoins de l'être humain sont répartis en cinq niveaux: les besoins physiologiques, les besoins de sécurité, les besoins sociaux, les besoins d'estime et les besoins de réalisation.

Influence: Changement dans le comportement d'un individu découlant de ses relations avec un autre individu ou un groupe.

Innovation: Nouvelle idée appliquée à un processus, un produit ou un service, c'est une catégorie de changement.

Intuition: Méthode de prise de décision fondée sur ce que ressent le gestionnaire.

Inventaire de la main-d'œuvre: Analyse des ressources humaines en fonction de critères tels que la spécialité, le niveau hiérarchique, l'âge, l'ancienneté et le rendement.

Jugement: Méthode de prise de décision fondée sur les connaissances et les expériences accumulées par le gestionnaire.

Leadership: Processus à l'aide duquel un individu influence le comportement et les activités d'un groupe ou d'un individu dans une situation donnée et vers un objectif déterminé.

Leadership situationnel: Approche du leadership qui refuse la supériorité universelle d'un style particulier et qui favorise l'adoption d'un style propre à chaque situation.

Leadership transactionnel: Style de leadership qui encourage les subordonnés à atteindre un niveau de rendement préétabli en les amenant à assumer leurs responsabilités, à reconnaître les objectifs, à croire à leur capacité de rencontrer les attentes et à comprendre que la satisfaction de leurs besoins découle de la réalisation des buts de l'organisation.

Leadership transformationnel: Capacité d'un gestionnaire d'inspirer les employés, de leur inculquer le désir d'atteindre un niveau de réalisation qui dépasse les attentes normales. Les subordonnés sont stimulés à transcender leurs intérêts personnels, telle la sécurité, pour rechercher la satisfaction de leurs besoins d'autoréalisation.

Lot économique: Modèle permettant de calculer la quantité à fabriquer qui permettra de rendre minimaux les coûts totaux de mise en route et de fabrication.

Management: Le management est un processus, une suite d'activités de planification, d'organisation, de direction et de contrôle, dont le but consiste à réaliser l'objectif de l'organisation.

Mécanismes de défense: Procédés utilisés par l'individu pour faire face à l'anxiété ou à la frustration.

Message: Le message représente le résultat du processus d'encodage. Il comprend l'ensemble des symboles verbaux et non verbaux élaborés pour transmettre le concept.

Motivation: Pulsions qui amorcent, orientent et maintiennent un comportement jusqu'à ce que le but soit atteint ou le comportement interrompu.

Mutation: Tout déplacement d'un employé dans la structure de l'entreprise. Généralement, le terme est utilisé pour signifier un déplacement latéral vers une autre fonction comportant un statut et des responsabités équivalents, mais des tâches différentes.

Norme: C'est la valeur de référence pour mesurer les autres valeurs.

Norme du groupe: Ensemble des règles de comportement édictées par un groupe.

Objectifs: Ils représentent la fin, le but ultime, ce vers quoi tend toute l'activité de l'organisation.

Obstacles à la communication: Toutes les barrières qui se présentent dans un processus de communication et qui en affectent la qualité.

Organigramme: Représentation graphique de la structure formelle de l'entreprise montrant les liens d'autorité et le réseau de communication officiel.

Organisation: 1. Regroupement de personnes et d'autres ressources ayant comme but commun la réalisation d'un objectif déterminé. 2. Étape du processus de gestion permettant de déterminer les liens entre les ressources humaines et les tâches à accomplir ainsi que la mise en place des différentes ressources requises pour atteindre l'objectif.

Organisation centralisée: Organisation où la prise de décision est centralisée au niveau hiérarchique supérieur.

Organisation décentralisée: Organisation où la prise de décision est déléguée au niveau inférieur de la hiérarchie.

Orientation: Programme ou ensemble d'activités ayant pour objectif de familiariser les nouveaux employés avec les politiques, les procédures et les exigences de l'organisation, ainsi qu'avec leur emploi et leur milieu de travail.

Perception: Interprétation des stimulus reçus comme sensations.

Période de probation: Période correspondant au dernier test de la sélection, pendant laquelle le nouvel employé doit démontrer son aptitude à remplir le poste. La décision finale d'embauche suit cette période.

PERT *Program Evaluation and Review Technique*: Méthode de planification et de contrôle à l'aide de réseaux qui permet d'évaluer la probabilité de réalisation à une certaine date (*Pert-time*) ou d'un certain coût (*Pert-cost*).

Plan de succession: Organigramme représentant pour chacun des gestionnaires son niveau de rendement actuel et ses possibilités de promotions futures.

Planification de la main-d'œuvre: Processus par lequel une organisation s'assure qu'elle a le nombre adéquat de personnes compétentes dans les fonctions requises et au bon moment en utilisant les méthodes les plus efficaces et les plus économiques.

Planification: Étape du processus de gestion où l'on décide des objectifs à atteindre, des ressources requises pour ce faire, en tenant compte des forces environnementales susceptibles d'influencer l'activité. L'on compare à ce moment la situation future de l'entreprise avec sa situation présente.

Politiques: Énoncés qui guident l'action ou la réflexion dans la démarche effectuée pour atteindre les objectifs.

Possibilités: Ensemble de choix de solutions s'offrant au gestionnaire lors de la prise de décision.

Pouvoir charismatique: Pouvoir lié à la capacité de susciter l'admiration et un désir d'admiration chez les autres.

Pouvoir coercitif: Pouvoir permettant de punir ou de refuser des récompenses à ceux dont le comportement ne correspond pas aux attentes.

Pouvoir de récompense: Pouvoir rattaché au contrôle de la distribution des récompenses.

Pouvoir dû à la compétence: Pouvoir découlant de connaissances et d'expertises techniques valorisées par les autres.

Pouvoir légitime: Pouvoir représentant l'autorité officielle et accordé à un poste dans la hiérarchie de l'entreprise. Cette autorité est accordée à la fonction et non à la personne.

Pouvoir sur l'information: Pouvoir résultant de l'accès privilégié aux informations et du contrôle exercé sur la distribution de cette information.

Pouvoir: Possibilité, en vertu d'une autorité, d'une force ou d'un autre facteur, d'agir sur quelqu'un.

Présélection: Étape du processus où l'on réalise le premier tri qui consiste à identifier les candidats qualifiés et ceux qui ne le sont pas à l'aide de formulaires de demande d'emploi, de curriculum vitae ou de tests de performance.

Principe: Règle d'action s'appuyant sur un jugement de valeur et représentant un modèle à respecter.

Principe d'équivalence: Principe de gestion qui exige que la responsabilité que doit supporter un gestionnaire soit égale à l'autorité qu'il possède.

Principe de l'éventail de subordination (étendue de gestion): Principe qui limite le nombre de personnes que peut diriger un gestionnaire en fonction de la nature de leur travail, de la variété des tâches à accomplir et d'un certain nombre d'autres facteurs.

Principe de l'unité de commandement: Principe de gestion qui veut qu'un subordonné ait un supérieur hiérarchique, et un seul.

Principe des échelons: Principe de gestion en vertu duquel l'autorité et la responsabilité dans l'entreprise sont orientées du haut vers le bas et définissent une relation supérieur-subordonné à chacun des niveaux de l'entreprise.

Priorités: Mise en rang des différentes activités à accomplir selon leur importance en fonction du poste détenu.

Prise de décision: Processus qui permet aux gestionnaires de définir un problème et d'élaborer une solution.

Prise de décision (processus de): Démarche rationnelle permettant d'effectuer un choix parmi des possibilités dans le but d'atteindre un objectif.

Probabilité: Possibilité numérique par laquelle on exprime le caractère aléatoire d'un événement découlant d'une décision.

Procédures: Plans qui définissent le déroulement chronologique et normal de l'exécution des activités en indiquant les méthodes, les mouvements ou les outils utilisés.

Processus de management: Ensemble des activités du management qui comprend la planification, l'organisation, la direction et le contrôle.

Processus de planification: Ensemble des étapes permettant d'identifier et de déterminer les buts à atteindre et l'agencement des ressources le plus approprié pour les réaliser.

Processus de prise de décision: Processus par lequel un gestionnaire choisit entre différentes possibilités celle qui convient le mieux à la situation.

Processus du management: Ensemble des fonctions du gestionnaire qui consiste à planifier, organiser, doter en ressources humaines, diriger et contrôler.

Procrastination: Tendance à remettre au lendemain les activités à accomplir.

Programmation linéaire: Modèle mathématique utilisé pour réallouer les ressources lorsque l'objectif peut être exprimé par une fonction linéaire (équation) représentant les choix en fonction de contraintes s'exprimant aussi par une équation linéaire.

Programme: Ensemble des buts, des politiques, des procédures, des règlements et des budgets concernant un objectif déterminé.

Promotion: Mutation qui permet à un individu d'accéder à un poste hiérarchique supérieur dans l'organisation, c'est-à-dire un poste comportant un statut plus élevé et des responsabilités plus grandes.

Punition: C'est l'établissement d'une relation entre les conséquences négatives et un comportement non désiré dans le but d'éliminer ce comportement ou d'en réduire l'ampleur.

Qualité de vie au travail: L'amélioration de la qualité de vie au travail comprend tous les gestes posés par la direction de l'entreprise de concert avec les employés concernés afin d'améliorer la tâche elle-même ou les conditions dans lesquelles elle sera exécutée.

Quantité économique à commander: Résultat du calcul de la quantité optimale de produits qui doit être commandée aux fournisseurs à chaque commande en fonction des coûts de la commande et des coûts d'inventaire.

Rationalité: Caractère de la prise de décision qui recherche la solution idéale comportant le rendement maximum et la consommation minimum de ressources.

Récepteur: Personne ou groupe à l'autre bout de la chaîne qui devra, face au message reçu dans sa forme de transmission, procéder à un décodage afin de trouver la signification des signes qui lui ont été transmis.

Recherche opérationnelle: Étude des systèmes complexes regroupant des personnes, des équipements, des investissements, des procédures et toutes autres ressources dans le but de comprendre leur fonctionnement et leurs interrelations et d'en améliorer l'efficacité.

Recrutement: L'ensemble des activités qui consiste à rechercher la main-d'œuvre qualifiée et à l'inciter à poser sa candidature aux postes disponibles dans l'entreprise.

Règlement: Énoncé d'actions ou de comportements imposés et attendus dans certaines situations.

Rémunération directe: Paiements directs, versés pour compenser les employés à la suite de l'exécution d'un travail. Elle comprend le salaire de base, les primes de rendement et d'intéressement attribués pour stimuler la productivité.

Rémunération indirecte: Indemnités non monétaires consenties par l'employeur sous forme d'avantages ou de services, en vue de garantir aux employés et à leur famille une sécurité financière, si la situation d'emploi est modifiée par suite d'une maladie, d'un accident, du chômage, de la retraite ou du décès.

Rendement: Résultat obtenu par un employé dans l'exécution de son travail.

Renforcement négatif: Méthode qui vise à favoriser la répétition d'un comportement en offrant une récompense à l'employé lorsqu'il affiche un comportement désiré. Les louanges, les félicitations, les hausses salariales, les bonus et les congés sont des exemples de récompenses. Ce renforcement favorise le développement de la maturité de l'employé.

Renforcement positif: Méthode qui vise à favoriser l'adoption d'un comportement désiré, mais le but est atteint en créant une situation désagréable tant que ledit comportement ne se manifeste pas. Ce type de renforcement favorise l'immaturité.

Réseaux: Outils de planification représentant graphiquement les relations entre les différents objectifs et les activités à accomplir pour les réaliser.

Réseaux de relations informelles de procédures: Réseaux de relations fondés sur des procédures officieuses élaborées par les membres de l'organisation afin de répondre à leurs besoins propres.

Réseaux de relations informelles externes: Réseaux de relations fondés sur des contacts directs avec des membres d'autres organisations et ne respectant pas les lignes d'autorité officielles.

Réseaux de relations informelles horizontales: Réseaux de relations fondés sur des contacts directs entre les membres d'un même niveau hiérarchique.

Réseaux de relations informelles subordonné-supérieur: Réseaux de relations spontanés entre un employé et un cadre de niveau hiérarchique supérieur avec lequel aucun lien hiérarchique direct n'existe.

Réseaux de relations informelles supérieur-subordonné: Réseaux de relations spontanés entre un cadre de niveau hiérarchique supérieur et un employé avec lequel aucun lien hiérarchique direct n'existe.

Réseaux de relations informelles: Réseaux de relations spontanées dans l'entreprise qui reposent sur des liens individuels et qui visent à satisfaire les besoins propres des membres de l'organisation.

Résistance au changement: Refus d'un changement organisationnel découlant de la perception des aspects négatifs de cette modification sur l'environnement de l'individu.

Responsabilité: Obligation d'atteindre les objectifs qui ont été déterminés.

Rétroaction: Retour de la communication qui boucle le processus. C'est la phase qui permet de vérifier si le message a été bien reçu par le récepteur.

Risque: Éventualité d'un événement découlant de la prise de décision et ne dépendant pas de la volonté du preneur de décision.

Rôle: C'est un ensemble de comportements attendus d'un individu dans une fonction donnée au sein d'un groupe.

Rôles de maintien du groupe: Rôles qui aident surtout à l'établissement d'un bon climat dans les relations au sein du groupe et favorisent la cohésion. Ils comprennent: l'encourageur, le médiateur, l'animateur, le modérateur, l'observateur et le disciple qui acquiesce à toute suggestion, qui est cordial, mais dont la participation est minime.

Rôles de tâche: Rôles qui visent la réalisation de l'objectif et comprennent généralement: l'initiateur, le chercheur d'information, l'expert, le coordonnateur, le guide et le stimulateur.

Rôles égocentriques: Rôles qui favorisent la satisfaction des besoins d'un individu plutôt que ceux du groupe. Nous retrouvons l'agressif, le résistant, le chercheur de sympathie et le dominateur.

Rotation des postes: Formule d'organisation du travail qui consiste à affecter périodiquement l'employé à d'autres postes de travail dans le but de rompre la monotonie, d'éviter que ce ne soit toujours les mêmes personnes qui exécutent les travaux les moins recherchés ou encore de favoriser la polyvalence.

Satisfaction: État d'équilibre découlant de la réalisation de l'objectif désiré.

Sélection: Processus qui consiste à identifier, évaluer et choisir parmi les candidats disponibles ceux qui seront jugés qualifiés et compétents pour combler les postes et fournir un rendement satisfaisant au travail.

Sélection: Processus qui consiste à choisir les candidats dont les caractéristiques les rendent aptes à remplir efficacement les différents postes à combler.

Simulation: Mise en scène d'une situation imaginaire visant à imiter les éléments et le comportement d'une situation réelle. Le modèle doit être apte à démontrer les relations entre les étapes successives du système étudié.

Socialisation: Processus par lequel on fait comprendre ou accepter à un nouvel employé la culture de l'organisation, ses normes, ses valeurs et ses manières de procéder.

Spécifications d'emploi: Qualifications minimums nécessaires afin de remplir adéquatement un emploi.

Standard: Mesure acceptée permettant d'établir des comparaisons avec les résultats des activités. Un standard est composé d'un critère et d'une norme.

Statut: Position de fait qu'occupe un individu dans un groupe.

Stress: Le stress représente l'interaction de l'organisme avec l'environnement. C'est une réponse adaptée, transformée par les caractéristiques de l'individu ou par son processus psychologique, à une situation externe qui exige d'une personne un effort physique ou psychologique spécial.

Stresseur: Facteur ou événement qui impose certaines exigences difficiles à un individu.

Structure organisationnelle: Ensemble des liens définissant les relations entre les diverses unités de l'organisation.

Structure formelle: Ensemble des fonctions, des statuts, des relations et des responsabilités qui servent de base à l'organisation pour réaliser ses objectifs.

Structure informelle: Regroupement spontané d'individus indépendamment de l'organisation formelle, qui sont en relation les uns avec les autres et qui ont des caractéristiques distinctes, identifiables et différentes de la structure formelle.

Structure matricielle: Conception nouvelle de la structure organisationnelle fondée à la fois sur une base technique et sur une base administrative. La direction est bicéphale, car chaque employé a un supérieur administratif et un supérieur technique.

Symboles du statut: Signe extérieur et apparent témoignant de la place de l'individu dans un groupe.

Système en temps réel: Système d'enregistrement et de contrôle permettant d'obtenir une rétroaction presque simultanément à l'enregistrement d'une opération.

Taux d'absentéisme: Mesure du niveau auquel les employés ne se présentent pas au travail alors qu'ils devraient le faire.

Taux de roulement: Mesure du nombre de personnes qui quittent l'entreprise pendant une période donnée par rapport à l'ensemble de la main-d'œuvre moyenne de l'entreprise pendant la même période.

Technique de corrélation: Technique d'analyse utilisant comme base le degré d'association entre une variable indépendante et une variable dépendante. La corrélation varie entre −1 et +1 ; +1 indique une corrélation positive parfaite, 0 indique qu'il n'existe aucune corrélation et −1 indique une corrélation négative parfaite.

Technique de projection: Technique de planification se basant sur les comportements passés.

Techniques de conception des emplois: Techniques qui permettent d'organiser les tâches d'un emploi de manière à regrouper les activités logiquement afin d'atteindre un certain degré d'efficacité tout en permettant à l'employé d'y trouver une source de motivation.

Test: Examen psychotechnique permettant de vérifier certains aspects de la personnalité du candidat à un emploi.

Théorie de l'équité: Théorie de motivation qui soutient que les individus recherchent les situations d'équilibre et d'équité. Ces situations existent lorsque, selon sa perception, un individu établit le ratio entre sa contribution et les récompenses qu'il en retire est égal au ratio des efforts et des récompenses de ceux avec lesquels il se compare.

Théorie des files d'attente: Théorie mathématique qui étudie les files d'attente de toutes sortes et qui vise à réduire de façon optimum le temps d'attente et les congestions.

Théorie des jeux: Modèle mathématique offrant une structure rationnelle pour la prise de décision. Il est utilisé dans un contexte de concurrence où plusieurs équipes se font face. Chaque équipe contrôle un certain nombre de variables, mais aucune n'en contrôle la totalité.

Théorie des résultats escomptés: Théorie de motivation de Victor H. Vroom selon laquelle l'individu sera très productif s'il croit qu'il existe une très haute probabilité que ses efforts se traduiront par un rendement élevé, qu'une très haute probabilité qu'un rendement élevé apportera une récompense désirable et que les résultats présentent un très grand attrait pour lui.

Théorie des traits de leadership: Théorie du leadership qui visait l'établissement d'une liste de traits physiques ou intellectuels particuliers aux leaders.

Théorie du renforcement: Théorie de motivation, principalement de F. Skinner, qui suppose que l'être humain a tendance à répéter certains comportements qui entraînent des conséquences positives et à éviter ceux dont les effets sont négatifs.

Théorie MAC: Théorie de motivation de Clayton Alderfer qui propose une hiérarchie de trois besoins: les besoins liés au maintien, les besoins apparentés et les besoins de croissance.

Théorie X: Conception traditionnelle de la gestion et du contrôle. Selon cette théorie, l'être humain fera tout ce qui lui est possible pour éviter le travail. Il doit donc être contrôlé et encadré, il n'a aucune ambition et fuit les responsabilités.

Théorie Y: Conception plus récente de la gestion et du contrôle (McGregor). Selon cette théorie, l'être humain recherche l'effort mental et physique, il aime le travail et n'a pas besoin d'être contrôlé et menacé. Il désire se réaliser et recherche alors les responsabilités et les défis.

Théorie Z: Théorie élaborée par William Ouchi qui découle de l'amalgame des aspects positifs de chacune des philosophies américaines et japonaises de gestion afin d'obtenir une performance supérieure tout en respectant les valeurs de la société nord-américaine. Selon cette théorie, la confiance et la loyauté des employés ne se développent que lorsque les employeurs adoptent une attitude responsable vis-à-vis eux.

Théories axées sur le contenu: C'est l'ensemble des théories de motivation reposant sur l'hypothèse que le désir est la source de motivation des gens. Ces théories sont la hiérarchie des besoins, la théorie MAC, la théorie des deux facteurs, la théorie de l'accomplissement et le modèle d'enrichissement et de restructuration des tâches.

Théories cognitives: Ensemble des théories de motivation axées sur le contenu (les besoins) et qui tentent d'identifier les désirs et les buts qui influencent notre comportement. Les théories cognitives envisagent la motivation sous l'angle du processus de pensées utilisées par les individus pour satisfaire leurs besoins. Les théories les plus marquantes sont la théorie des résultats escomptés, la théorie de l'équité et la théorie des objectifs.

Vérification de gestion: Technique de contrôle qui cherche à faire une évaluation plus générale de l'organisation et des gestionnaires.

Vérification: Technique de contrôle faisant appel aux données internes et externes, et qui permet de vérifier et d'analyser les comptes et les états financiers d'une entreprise.

Voies de communication: Moyens utilisés pour transmettre un message. La communication peut utiliser la voie verbale, c'est-à-dire utiliser un code composé de mots que l'on peut écrire ou prononcer. Elle peut aussi utiliser la voie non verbale, c'est-à-dire inclure tous les comportements de l'individu, soit des postures, des gestes, des attitudes ou encore des codes reposant sur des couleurs ou des sons.

INDEX

A
Agenda, 55
Analyse
    des tendances, 54
    du point mort, 96
    du risque, 101
Apprentissage
    méthodes, 172
    processus, 172
Arbre de décision, 102
Autorité, 135, 279
    centralisée, 143
    conflits, 141
    décentralisée, 143
    de commande, 136
    de conseil, 137
    définition, 135
Avantages sociaux, 179

B
Bernard, Chester I., 14
Besoins
    d'actualisation, 248
    d'appartenance, 248
    de sécurité, 248
    d'estime, 248
    physiologiques, 247
Bilan, 456
Blake et Mouton, 292
Blanchard, Kenneth, 299
Bruits, 323
Budget(s), 41, 49
    de la production, 455
    des charges de vente, 456
    des frais d'administration, 456
    des produits, 455
    de trésorerie, 456
    d'exploitation, 455
    d'investissement, 456

C
Canal, 322
Canaux de communication, 329
Cercles de qualité, 217
Changement(s), 401
    au niveau des employés, 405
    causes, 407
    classification, 402
    culturels de l'organisation, 405
    étapes, 415
    phases, 406
    planifiés, 403
    processus, 406
    réactionnels, 402
    stratégies, 410
    stratégiques, 403
    structuraux, 403
    technologiques, 404
Communication(s), 32
    ascendantes, 330
    bruits, 323
    canal, 322
    décodage, 323
    descendantes, 329
    émetteur, 322
    encodage, 322
    extérieures, 331
    horizontales, 330
    interpersonnelle, 334
    message, 322
    non verbale, 324
    obstacles, 341
    organisationnelles, 328
    processus, 322
    récepteur, 322
    réseaux, 335
    solutions, 344
    verbale, 324
Communication informelle
    canaux, 333
Conception des emplois, 125
Conflits, 361
    avantages, 363
    création, 384
    entre un individu et son groupe, 371
    inconvénients, 365
    types, 368
Conflits interpersonnels, 369
    formes, 368
Conflits organisationnels, 371
    causes, 372
    variables, 374
Contrôle(s), 7
    budgétaires, 454
    concomitants, 444
    définition, 441
    des stocks, 99
    facteur humain, 450
    financiers, 457
    principes, 451
    proactifs, 443
    rétroactifs, 444
    techniques, 454
    types, 443
    utilité, 442
Counseling, 182, 184
CPM, 54, 466

D
Décisions, 80
    non programmées, 84
    programmées, 83
Décodage, 323
Départementalisation
    en fonction des horaires de travail, 132
    par fonction, 129
    par procédé, 132
    par produit, 130
    par type de clientèle, 131
    structure matricielle, 133
    territoriale, 129

Développement
    organisationnel, 417
    processus, 418
Diagramme de Gantt, 56
Direction, 7
    par objectifs, 51
Discipline, 182
D.P.O., 51

E
Échelle
    de notation, 176
    graduée des
        comportements, 177
Élargissement des tâches, 126
Émetteur, 322
Encodage, 322
Enrichissement des tâches,
    126, 255
État des résultats
    prévisionnels, 456
Évaluation
    des postes, 180
    des résultats, 177
Évaluation du rendement,
    175
        entrevue, 178
        erreurs, 177
        méthodes, 176
Evans-House, 296
Expressions faciales, 324

F
Fayol, Henri, 13
Feuille de contrôle, 55
Fiedler, Fred, 294
Formation, 171
    efficacité, 173
    programmes, 173
Frustration, 240

G
Gantt, Henry L., 12, 56
Gestion
    de projets, 465
    des conflits, 382

    des opérations, 17
Gestion des ressources
    humaines
        environnement externe,
            162
        processus, 165
Gestionnaire
    comportements, 9
    niveaux, 10
    rôle, 21
Gilbreth, Frank et Lillian M.,
    12
Groupe
    avantages, 94
    classification, 202
    cohésion, 210
    comportements, 210
    composition, 206
    cycle de vie, 211
    d'amitié, 204
    d'intérêts, 204
    extrants, 213
    fonctionnel, 202
    fonctionnement, 206
    formels, 202
    gestion, 217
    inconvénients, 95
    informels, 203
    intrants, 206
    normes, 210
    productivité, 213
    raisons d'être, 205
    satisfaction des membres,
        213
    taille, 209
Groupes de travail, 203
    caractéristiques, 214

H
Hersey, Paul, 299
Herzberg, F., 251
Hiérarchie des besoins, 247
Horaire de travail, 126
House, Robert J., 298

I
Innovation, 401

K
Kinesthésie, 326

L
Leader
    comportements, 284
    traits de caractère, 283
Leadership, 279
    approche de l'intégration
        des buts personnels,
        296
    approches traditionnelles,
        282
    continuum, 288
    études de l'Université
        de l'Iowa, 285
    études de l'Université
        de l'Ohio, 291
    études de l'Université
        du Michigan, 289
    modèle normatif, 298
    modèle situationnel, 299
    modèle transactionnel,
        303
    modèle
        transformationnel, 304
    théorie de la contingence,
        294
    théorie de Reddin, 302
    théorie des ressources
        cognitives, 296
    théories, 282
    théories situationnelles,
        294
    théories X et Y, 286
Likert, 290
Luwin, Kurt, 285

M
Management, 5
    approche administrative,
        13

approche bureaucratique, 12
approche du management scientifique, 11
approche situationnelle, 19
approches quantitatives, 17
approche systémique, 18
écoles classiques, 11
écoles contemporaines, 17
écoles de pensée, 11
éléments, 7
théorie Z, 20
variables de l'environnement, 24
Maslow, Abraham, 16
Mayo, Elton, 14
McClelland, D.C., 254
McGregor, Douglas, 86
McGregor, R.M., 16
Message, 322
Mesures disciplinaires, 183
Mission, 40
Motivation, 238
　argent, 265
　axées sur le contenu, 247
　école classique, 245
　école des relations humaines, 246
　renforcement, 262
　théorie de l'équité, 260
　théorie de l'établissement des objectifs, 261
　théorie du renforcement, 261
　théories, 244
　théories cognitives, 257
Mouvements des yeux, 325

O

Objectifs, 40
　caractéristiques, 38
　niveaux, 37
　opérationnels, 37
　stratégiques, 37
　tactiques, 37
Organisation, 5, 7
　cycle de vie, 399
　principes, 122
Ouchi, William, 20

P

Paralangage, 326
Perceptions
　conflit, 362
PERT, 52, 466
Planification, 7
　avantages, 46
　caractéristiques, 44
　critiques, 48
　des postes de travail, 165
　implications, 46
　processus, 36, 42
　réseaux, 52
　simulation, 55
　techniques, 49
　techniques à court terme, 55
　techniques statistiques, 54
Planification personnelle
　mythes, 57
Plans, 40
Politiques, 40
Pouvoir, 279
Présélection, 169
Prévision
　demande interne de travail, 166
　offre interne de main-d'oeuvre, 167
Principe(s)
　d'économie, 453
　de la départementalisation, 122
　de la progressivité, 183
　de la responsabilité, 453
　de la spécialisation, 122
　de l'échantillonnage aléatoire, 453
　de l'éventail de subordination, 123
　de l'unité de commandement, 124
　d'équivalence de l'autorité et de la responsabilité, 124
　des échelons, 124
　du contrôle des points stratégiques, 453
　du contrôle par exception, 452
　universels, 15
Prises de décision, 80
　approches modernes, 96
　avantages, 94
　catégories, 83
　créativité, 85
　étapes du, 86
　fondements, 83
　inconvénients, 95
　pratiques à éviter, 91
　probabilités, 101
　rationalité, 85
Problèmes
　catégories, 82
　solutions, 344
Procédures, 40
Processus
　disciplinaire, 182
　éléments, 7
Processus de contrôle
　éléments, 444
Processus de décision
　étapes, 86
Processus de sélection
　étapes, 169
Processus d'organisation
　étapes, 120
Programmation linéaire101
Programme, 39
Proxémique, 326

R

Ratios, 457

Récepteur, 322
Recherche opérationnelle, 98, 465
Recrutement
    sources, 169
Reddin, W.J., 302
Régimes
    d'incitation, 181
    d'intéressement, 181
Règlements, 40
Relations
    d'autorité, 133
    informelles, 219
Relations humaines
    écoles, 14
Rémunération, 179
    méthode par points, 180
Rendement
    critères, 175
Renforcement, 261
    négatif, 262
    positif, 262
Réseaux
    cercle, 335
    chaîne, 337
    forme «Y», 337
    relations informelles de procédures, 223
    relations informelles externes, 224
    relations informelles horizontales, 222
    relations informelles subordonné-supérieur, 221
    relations informelles supérieur-subordonné, 219
    roue, 335
    toile d'araignée, 337
Réseaux de communication
    variables, 338
Résistance
    causes, 407
Résolution des conflits

    gagnant-gagnant, 379
    gagnant-perdant, 377
    perdant-perdant, 378
Résolution des conflits organisationnels
    stratégies, 376
Ressources humaines
    acquisition, 168
Rétroaction, 323
Rôles
    de maintien, 208
    de tâches, 208
    égocentriques, 208
    membres, 207
Rotation des emplois, 125

S

Santé et la sécurité, 178
Science du management, 17
Sélection
    entrevue, 171
    références, 171
Services
    de commande, 136
    de conseil, 136
Socialisation
    théorie, 264
Spécialistes-conseils
    aviseurs, 139
    de contrôle, 139
    de service, 139
    de soutien personnel, 139
    fonctionnels, 140
Stade
    charismatique, 400
    de la formalisation, 401
    de la structuration, 401
    entrepreneurial, 400
Standards, 446
Stogdill, 291
Stratégies, 40
Stress, 421
    causes, 421
    conséquences, 424
Structure organisationnelle

    fondements, 118
Surspécialisation du travail, 125
Systèmes d'information administrative, 17

T

Taylor, Frederick W., 2
Techniques
    de corrélation, 55
    de projection, 54
Tests psychométriques, 170
Théorie(s)
    axées sur le contenu, 247
    de l'accomplissement, 254
    de la préférence, 104
    des deux facteurs, 251
    des files d'attente, 100
    des jeux, 100
    des résultats escomptés, 257
    MAC, 250
    X et Y, 16

V

Vérification, 460
    de gestion, 460
    externe, 460
    interne, 460
Voleurs de temps, 61
Vroom, Victor H., 298

W

Weber, Max, 12

Y

Yetton, 298